国家文物局考古研究中心·论著系列-3

水下考古学概论

国家文物局考古研究中心　编著

宋建忠　主编

科学出版社
北　京

内 容 简 介

本书系统阐述了水下考古学的概念、研究领域、学科关系、国内外水下考古发展简史等理论问题，以及考古潜水、水下考古调查、发掘、水下文物保护、水下文化遗产管理等专门的技术与方法问题，同时还介绍了国内外水下考古实践案例、海上丝绸之路考古发现与研究、中国古代航海与造船简史、海洋贸易陶瓷四个专题研究。本书是中国学者编写的第一本水下考古学著作，它充分吸收了国内外水下考古学理论、技术与方法的最新成就，又结合了我国水下考古30多年发展的历史积淀和最新成果，在考古学、历史学、海洋学等相关领域具有重要的学术地位。

本书适合于文物考古、历史学、海洋学、造船史和航海史等相关领域专业学者、高等院校相关师生以及考古爱好者参考阅读。

图书在版编目（CIP）数据

水下考古学概论 / 国家文物局考古研究中心编著；宋建忠主编. — 北京：科学出版社，2023.11
（国家文物局考古研究中心·论著系列；3）
ISBN 978-7-03-077099-8

Ⅰ.①水… Ⅱ.①国… ②宋… Ⅲ.①考古技术 – 水下技术 – 概论 Ⅳ.①K854.1

中国国家版本馆CIP数据核字（2023）第219847号

责任编辑：雷　英
责任校对：邹慧卿
责任印制：吴兆东
书籍设计：北京美光设计制版有限公司

水下考古学概论

科 学 出 版 社 出版
北京东黄城根北街16号
邮政编码：100717
http://www.sciencep.com
北京中科印刷有限公司印刷
科学出版社发行　各地新华书店经销

2023年11月第　一　版　开本：787×1092　1/16
2025年 2 月第二次印刷　印张：26
字数：615 000
定价：280.00元
（如有印装质量问题，我社负责调换）

编辑委员会

主 任

唐 炜

委 员

王大民　张建华　佟　薇
孙　键　赵嘉斌　杨招君
王　冉　邓启江　余建立
张治国　孟原召

《水下考古学概论》编辑委员会

主 编

宋建忠

编 委

孙　键　邓启江　孟原召
梁国庆　周春水　张治国
王　晶　姜　波　丁见祥

目　录

第 1 章　导论 001

    1.1　什么是水下考古学 003
    1.2　水下考古学的研究范围与对象 007
    1.3　水下考古学技术、方法与理论 014
    1.4　水下考古学相关学科 019

第 2 章　国外水下考古发展简史 028

    2.1　水下考古的起源与萌芽（1830 年以前）.................. 029
    2.2　水下考古的酝酿与形成（1830—1960 年）................ 031
    2.3　水下考古的发展与成熟（1960 年至今）.................. 037

第 3 章　中国水下考古发展简史 055

    3.1　水下考古传入前的早期基础（1987 年以前）.............. 056
    3.2　中国水下考古的发生与发展（1987—2009 年）............ 064
    3.3　中国水下考古的持续发展（2009 年至今）................ 072

第 4 章　水下环境与考古潜水 081

    4.1　潜水技术对水下考古的特殊重要性 082
    4.2　水下环境与潜水适应 084

4.3　高压气体与减压理论 ………………………………………… 094
　　4.4　潜水方式与潜水装备 ………………………………………… 100
　　4.5　考古潜水与考古潜水计划 …………………………………… 104

第 5 章　水下考古调查 …………………………………………… 108

　　5.1　定义、对象、目的与原则 …………………………………… 109
　　5.2　前期调查 ……………………………………………………… 114
　　5.3　定位 …………………………………………………………… 118
　　5.4　物探调查 ……………………………………………………… 124
　　5.5　潜水调查 ……………………………………………………… 138

第 6 章　水下考古发掘 …………………………………………… 151

　　6.1　发掘原则 ……………………………………………………… 152
　　6.2　发掘方法 ……………………………………………………… 153
　　6.3　测绘与记录 …………………………………………………… 168
　　6.4　遗物采集 ……………………………………………………… 173

第 7 章　水下文物保护 …………………………………………… 185

　　7.1　海洋环境对水下文物的影响 ………………………………… 186
　　7.2　海洋出水文物常见病害特征 ………………………………… 193
　　7.3　出水文物现场保护 …………………………………………… 199
　　7.4　出水文物科技保护 …………………………………………… 204
　　7.5　小结 …………………………………………………………… 215

第 8 章　水下文化遗产保护管理 …… 216

- 8.1　水下文化遗产保护管理的特点与原则 …… 217
- 8.2　水下文化遗产保护与展示阐释方法 …… 219
- 8.3　水下文化遗产保护管理的相关法律 …… 224
- 8.4　水下文化遗产保护管理的国际实践 …… 228
- 8.5　我国水下文化遗产保护管理的实践 …… 234
- 8.6　讨论 …… 239

第 9 章　水下考古案例 …… 243

- 9.1　中国水下考古案例 …… 244
- 9.2　国外水下考古案例 …… 282

第 10 章　海上丝绸之路的考古发现与研究 …… 295

- 10.1　海上丝绸之路的时空框架与历史脉络 …… 296
- 10.2　形成海上丝绸之路的自然因素 …… 300
- 10.3　港口与海上丝绸之路 …… 301
- 10.4　沉船与海上丝绸之路 …… 303
- 10.5　贸易品与海上丝绸之路 …… 312
- 10.6　考古所见海上丝绸之路族群、语言和宗教交流 …… 316

第 11 章　中国古代航海与造船 …… 324

- 11.1　概述 …… 325
- 11.2　萌芽阶段：旧石器—新石器时期 …… 327
- 11.3　发展阶段：商代—宋元明清 …… 330

11.4　中国古代船型 351
　　11.5　中国对航海的贡献 353

第 12 章　海洋贸易陶瓷 359

　　12.1　概念与地位 360
　　12.2　唐五代时期 366
　　12.3　宋元时期 371
　　12.4　明清时期 382
　　12.5　海洋贸易陶瓷与海上丝绸之路 402

后记 406

第 1 章 导论

国家文物局考古研究中心　宋建忠

在人类的知识体系中，现代意义上的考古学是一门年轻的人文学科，直到19世纪中叶，随着古物学、地质学和生物学的发展，它才在欧洲被最终确立，迄今不足两百年历史。在西方考古学诞生后的19世纪末至20世纪初，英国、法国、俄国、德国、瑞典、日本等列强组织各种考察团纷纷踏上中国西北、东北、西南甚至中部地区进行所谓的探险科考，其实许多是赤裸裸的考古掠夺。因此，陈星灿认为："无论这批探险家和考古学家在学术上的成就多大，他们有意无意都成了帝国主义的帮凶。"[①]尽管如此，这些外国学者在中国的早期考古活动对中国考古学的诞生还是起到了催化剂作用。

五四运动前后，随着西风东渐和一批留学生学成归国，中国近代西方学科体系逐步建立，中国考古学就产生于这样一个大的时代背景之下。1921年，作为中国北洋政府农商部矿政司顾问的瑞典地质学家安特生，先后主持发掘了辽宁锦西沙锅屯洞穴遗址和河南渑池仰韶村遗址[②]。1922年，北京大学国学门下成立了以马衡为主任的考古学研究室，还外聘罗振玉、法国东方学家伯希和等著名学者为考古学通信导师。1926年，李济主持发掘了山西夏县西阴村遗址[③]，这是第一处由中国学者独立主持发掘的遗址。1928年，当年成立的中研院历史语言研究所开始对安阳殷墟遗址进行考古发掘，这是中国第一个专门的考古研究机构进行的第一次考古发掘，标志着中国考古学正式走上轨道。

西方考古学在诞生一百多年后，迎来首次科学技术的广泛应用。格林·丹尼尔（Glyn Daniel）认为20世纪40—70年代"自然科学对考古学的贡献使得这一时期成为考古学历史上最值得回忆、也是最激动人心的时刻"[④]。其中由美国芝加哥大学教授威拉德·利比（Willard Libby）于20世纪40年代发明的^{14}C测年无疑对考古学产生了极其深远的影响，而由法国海军军官雅克·库斯托（Jacques Cousteau）同时期改良的自携式水下呼吸系统（self-contained gas system）则为水下考古的正式诞生开启了大门。通常认为，时任美国宾夕法尼亚大学考古学副教授的乔治·巴斯（George Bass）1960年对土耳其格里多亚角（Gape Gelidonya）海域古典时代沉船的调查发掘标志着水下考古学（underwater archaeology）的正式开始，因为这是由考古学家主持并穿上潜水服亲自对水下遗存开展的第一次调查发掘。随后，乔治·巴斯带领学生在地中海展开了连续的水下考古发掘，并于1966年出版了《水下考

---

① 陈星灿：《中国史前考古学史研究》，社会科学文献出版社，2007年，第43页。
② 〔瑞典〕安特生著，袁复礼译：《奉天锦西县沙锅屯洞穴层》，古生物志丁种第一号，农商部地质调查所，1923年；安特生：《中华远古之文化》，地质汇报第五号，1923年。
③ 李济：《西阴村史前的遗存》，清华学校研究院丛书第三种，1927年。
④ 〔英〕格林·丹尼尔（Glyn Daniel）著，黄其煦译，安志敏校：《考古学一百五十年》，文物出版社，1987年，第351页。

学》一书①。尽管这本小书今天看上去有些过时，但对于水下考古学仍具有里程碑意义。

中国水下考古学缘于1986年。当时佳士得（Christie's）拍卖行在荷兰首都阿姆斯特丹举行了一场拍卖会，在这场拍卖会上，英国商人迈克·哈彻（Michael Hatcher）对打捞于南中国海沉船所载清代中国瓷器的疯狂拍卖，深深地刺激了中国文物考古界的专家学者。在中国政府有关部门的大力支持下，1987年3月，文化部文物事业管理局牵头成立了国家水下考古工作协调小组；同年8月，交通部广州救捞局联合英国海洋探测公司在广东上下川岛海域探寻荷兰东印度公司"莱茵堡"号沉船时意外发现南海一号沉船；同年11月，中国历史博物馆馆长俞伟超设立水下考古学研究室，标志着中国水下考古学的正式起步。俞伟超也因此成为当之无愧的中国水下考古事业的开创者、中国水下考古学科的奠基人。

1.1 什么是水下考古学

正如乔治·巴斯在《水下考古学》导言中所讲："人们曾试图为这门新兴的学科取一个诱人的名字，然而竟没有一个是完全合适的。'海洋考古'或'海底考古'仅仅把它的范围局限于海上，而与此同时人们在河湖水井之中也已做了许多；'水之考古'又包括了对古代水源等问题的研究；而笼统地称之为混合考古学则更不近题。"② 这是乔治·巴斯60多年前对水下考古学定名时遇到的困惑，这种困惑并未随着时间的推进而消除。今天，世界各地从事水下考古的学者仍然面临当年乔治·巴斯的困惑，那么究竟什么是水下考古学？它与海洋考古学、沉船考古学又有何区别？

1.1.1 水下考古学

如果按字面意义给水下考古学下个定义，可用一句话概括，水下考古学（underwater archaeology）是专门研究淹没于江河湖海等水下或埋藏于水底的与人类活动有关的物质文化遗存的一门考古学分支学科。这里强调淹没于水下或埋藏于水底，前者容易理解，后者主要指遗存部分或全部被水底淤积物掩埋。理论上说，水下考古与陆地考古没有本质的区别，沧海桑田，世事变迁，水淹没后即为水下，干涸后即为陆地。因此，乔治·巴斯认为水下考古学就是简单的考古学，他说，我们不把在山地工作的称

---

① George F Bass. *Archaeology Underwater*. London & New York, 1966.
② 曹兵武译自乔治·巴斯《水下考古学》第一章导言，见中国历史博物馆考古部水下考古研究室：《水下考古通讯》1987年第1期（内部刊物），第5页。

为山地考古学家，在丛林工作的称为丛林考古学家，因为他们都试图回答人类往昔的问题，都能够发掘并解释古代的建筑、墓葬、城址及其所包含的人工遗物，研究古船及其货物、毁弃的港口及城墙与此并无根本区别，只不过在水中的工作需要一些特殊的工具与技术，正如在广阔的田野上进行考古工作时需要空中摄影、地磁定向等一些在旧石器洞穴中进行发掘时并不需要的技术和程序，它们的根本目的都是一样的，都属于考古学。乔治·巴斯在这里强调了考古学本质的相同，但过于淡化了水下与田野埋藏环境的巨大不同。如果埋藏环境的区别仅限于平原、山地、丛林甚至沼泽，那么这种区别确实不大，任何一个田野考古学家都能胜任这些不同埋藏环境下的考古工作，毕竟它们都在陆地上；但是水下环境则完全不同，没有经过专门潜水训练的考古学家是不可能在水下进行考古工作的，而且即使经过训练能在水下工作也不像进行田野考古那样相对容易。无论怎么说，水下考古都是一个相对独特的工作领域。

日本是继欧美之后较早探索水下考古的东亚国家。小江庆雄在《水下考古学入门》一书中写道，水下考古学不应囿于欧美一些学者所常用的"沉船考古学""沉船打捞考古学"，而应具有更为广泛的意义。除了古代沉船、货物、航线之外，沉没的城市、建筑及港湾设施，甚至被人们作为圣地的水域中的祭品，都是水下考古学研究的对象。他认为水下考古学既没有扩大考古学的概念，也没有改变考古学的研究方法，它不过是以水底的资料为研究对象，应运用考古学所特有的观点和研究方法作为认识问题的手段并使其发挥应有的作用。应该说，小江庆雄的认识基本沿用了乔治·巴斯水下考古学的概念，是对水下考古学定义的进一步说明。

1.1.2　海洋考古学

与水下考古学概念不同，水下考古工作开展较早的英国一般称其为"海洋考古学"（maritime archaeology）。这大概有两个原因，一是水下考古起源于地中海海域，二是英国属于典型的海洋国家，与海洋有关的社会生产生活占据着主要地位。因此，英国考古学者基思·马克尔瑞（Keith Muckelroy）定义"海洋考古学是对人类在海上活动之物质文化遗存的科学研究"。他认为海洋考古学研究的首要对象是人，而不是研究者直接接触的船只、货物、设备或仪器。与其说考古学是研究遗物本身，不如说是通过遗物来了解制造或使用它们的人。此外，他又对"海洋"加以说明，认为这里提到的根本不是船舶，而是与最广泛意义上的海洋活动有关的一切物质，涉及海洋文化的各个方面，不仅有技术问题，还包括社会、政治、经济、宗教及其他许多方面的问题[1]。从马克尔瑞给海洋考古学下的定义及阐述，可以明显看出其浓厚的过程主义考古学色彩。马克尔瑞受业于剑桥大学，深受戴维·克拉克（David Clarke）及其分析考古学理论的影响，是一位才华横溢的考古学者。当他完成《海洋考古学》一书并于1978年出版时，他的年龄还不到30岁。然而，殊为遗憾的是作者的生命止步于一次潜水事故，这本《海洋考古学》遂成为其短暂人生的永恒纪念。正如圣安德鲁斯大学苏格兰海洋研究所科林·马丁（Colin Martin）在该书前言中评价："基思·马克尔瑞总是将海洋考古学看成是一个整体的学科，他认为这一学科不可能局限于某些特殊领域、时期或地理分布，只有将部分和整体联系起来进行研究，才能认识到其真正的价值。从这一观点出发，对某一特殊遗址所进行的探讨，就比孤立的研究具有更重要的意义。例如，基思自己在'肯那默兰'沉船上所做的广泛研究，就是对探讨沉船的特殊时代和整体关系的重要贡献。但其更为广泛的价值则在于将一个残破遗址上的沉船形成过程看成是一个有规律可循的过程。这一看法适用于世界各地所有时期的残存沉船遗址。"[2]

吴春明是我国最早从事水下考古的考古学者之一，他编著的《海洋考古学》一书大致沿用了马克尔瑞的海洋考古学概念。他综合了欧美学者关于海洋考古学的定义后指出："海洋考古学是调查、发掘和研究古代人类从事海洋活动之文化遗存的考古学分支学科。"[3]他在这里强调的是与人类海洋文化有关的一切遗存，而不单是沉没于海洋的人类遗存，进一步扩大了海洋考古学的外延。

1.1.3 船舶考古学

顾名思义，船舶考古学（boat archaeology）是对船舶及相关遗存进行考古研究的一门学科。它与水下考古学、海洋考古学互有交叉，是考古学的重要分支学科。从目前的考古发现看，世界上最早的船舶实物遗存是在中国浙江跨湖桥遗址发现的8000年前的独木舟[4]，有学者认为它"完全有可能是一艘适于海上航行的双边架艇独木帆舟"[5]。另外，在英格兰东北部斯塔·卡尔（Star Carr）一个约8000年的中石器时代宿营地的泥炭和淤泥沉积层中发现了桦木桨，据推测属于用兽皮、桦树皮（木框架）建造的小船遗存[6]。由此可知，最晚在距今8000年前后，东西方均已出现早期的船舶，这

---

[1]〔英〕基思·马克尔瑞著，戴开元、邱克译：《海洋考古学》，海洋出版社，1992年，第3页。
[2]〔英〕基思·马克尔瑞著，戴开元、邱克译：《海洋考古学》，海洋出版社，1992年，第1页。
[3] 张威主编，吴春明等编著：《海洋考古学》，科学出版社，2007年，第2页。
[4] 浙江省文物考古研究所、萧山博物馆：《跨湖桥》，文物出版社，2004年，第50页。
[5] 吴春明：《涨海行舟——海洋遗产的考古与历史探索》，海洋出版社，2016年，第17页。
[6]〔英〕理查德·A.古尔德主编，张威、王芳、王东英译：《考古学与船舶社会史》，山东画报出版社，2011年，第73页。

是目前发现的人类最早使用的水上交通工具。

天下事有一利必有一弊，船舶的出现同时也意味着船难的开始。无论是发生的概率还是死亡的人数，沉船大概在古代交通工具的事故中都是占第一位的，因此而形成的沉船遗址数量也是不可估量的。如果船舶考古学主要局限于对沉船的研究，那么它又可称为沉船考古学（shipwreck & wreck archaeology）。沉船考古虽然是船舶考古学最主要的工作，但它毕竟不是船舶考古学的全部，船舶考古学还应包括对沉船以外其他船舶实物或与船舶有关的船厂、码头、锚地等相关遗迹的研究。因此，吴春明认为船舶考古是航海考古也是海洋考古的核心，是通过历史上各类船舶实物及相关遗存来复原古代船舶形态、造船技术及船货物质背后的社会经济与文化史的一门学问[1]。

1.1.4　三者之间的关系

前述分别介绍了水下考古学、海洋考古学、船舶考古学的概念与定义，此三者均为考古学分支学科，都与沉船考古有较大关系。三者虽紧密相连，但并不完全一致，其间相互交叉，难以用一个概念完全概括。具体而言，水下考古学强调了遗存的水下环境，与水有关的海洋和江河湖泊均属水下考古范围，而沉船无疑是其中最多的一个类别；海洋考古学强调了遗存的海洋文化属性，除海洋本身覆盖的遗存外还包括陆地上与海洋文化相关的遗存，但对船舶或沉船的研究无疑是其主要内容；船舶考古学则强调了遗存的类别属性，但与前二者相比，其内涵与范围相对要小。因此，三者之间形成了错综复杂的交叉关系，难以清晰量化。马克尔瑞在《海洋考古学》一书中用示意图对三者关系进行了说明（图1.1）[2]。事实上，造成三者相互交叉的主要原因在于分类标准的差异化。如果按遗存所处环境划分，水下考古学应对

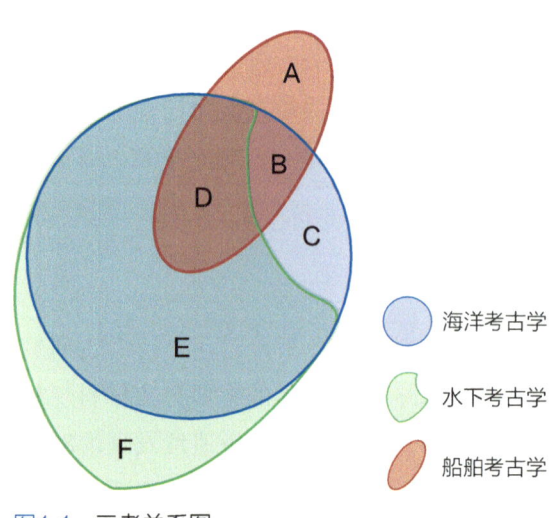

图1.1　三者关系图
（陈博宇根据马克尔瑞的原图改绘）

A：在完全与海洋无关的环境中发现的古船，如随葬船；B：不在水下，但与海洋活动有关的材料，如拖到岸上的古船；C：与海洋活动有关的陆上遗址；D：航海技术的研究；E：水下考古且与海洋活动有关的其他方面；F：与海洋活动没有直接关系的遗址，属于水下考古对象的一部分，如沉没于水下的古代陆上遗址。

---
[1] 张威主编，吴春明等编著：《海洋考古学》，科学出版社，2007年，第6页。
[2] 〔英〕基思·马克尔瑞著，戴开元、邱克译：《海洋考古学》，海洋出版社，1992年，第9页。

应田野考古学；如果按遗存文化属性划分，海洋考古学应对应陆地考古学；而按遗存类别划分，船舶考古学则可对应若干类别。

根据三者之间的相互关系，马克尔瑞分出了6种遗存，但最主要的遗存应该是三者相互重叠的部分。这个重叠的部分是水下考古学、海洋考古学、船舶考古学共同关注的部分，也是各自最主要的部分，即海洋中的沉船。马克尔瑞认为海洋考古学最突出的特征就是几乎全部海洋考古的现场都在水下，因为船舶在正常航行时绝不可能留下任何可供考古的材料，只有海难才能造成船舶及船货沉没海底，成为水下考古学家的研究对象。

本书命名为水下考古学，而没有选用海洋考古学、船舶考古学或沉船考古学等名称，主要基于三点考虑：一是从工作特点看，水下考古学充分体现了水下环境及技术方法的独特性；二是从遗存所处范围看，水下考古学涵盖了陆地之外的海洋和所有水域，如同田野考古学覆盖了全部陆地；三是从研究对象看，水下考古学涵盖了船舶以及与海洋文化属性相关的其他遗存。

1.2　水下考古学的研究范围与对象

前一节介绍了水下考古学、海洋考古学及船舶考古学的定义及三者之间的关系。应该说，这样的划分是建立在狭义的学科分类基础之上的，具有一定的指导意义。但于实际工作而言，其间的界限未必严格分明。例如，较为典型的港口、码头及处于潮间带内的文化遗存，究竟属于水下还是陆地？一些比较小的岛屿上的人类生活遗存，虽为陆地遗存却属典型海洋文化，显然也应该是水下考古学重点关注和研究的对象。从这个角度看，水下考古学还应有一个广义概念，那就是它的研究范围与对象，除水下相关遗存外，还应当包括与水下遗存紧密相关而且位于陆地的那些遗存。

1.2.1　研究范围

此处所论研究范围主要指水下考古学研究对象所在的地理环境，如海洋、江河、湖泊、滩涂乃至岛礁。

既然水下考古学研究范围主体是各种水域内的物质文化遗存，那么海洋所占比重理当第一。众所周知，地球实际上更像一个水球，海洋约占地表面积的71%，平均深度约3682米，最深处马里亚纳海沟约11022米。而且，海洋体积巨大，约占地球总水量的97.2%[①]。比较而言，陆地仅占地表面积的29%左右，平均海拔840米，最高处喜马拉雅

---

① 〔美〕Alan P Trujillo, Harold V Thurman著，张荣华、李新正、李安春等译：《海洋学导论》，电子工业出版社，2017年，第3页。

山约8850米。可以看出，无论是所占地表面积、平均水深、最大水深还是所占地球总水量，海洋都远超陆地。海洋不仅蕴藏着丰富的自然资源，而且蕴含着大量的文化遗产资源。然而，与海洋自然资源分布不同，文化遗产资源主要分布在海洋中的边缘海域。"海洋"一词一般连用，但实际上"海"与"洋"有所区别，其中洋是海洋的中心部分，是海洋的主体，约占海洋面积的89%，而且大洋的水深一般在3000米以上。海是洋之边缘，是大洋的附属部分，多以半岛、岛屿或岛弧与大洋分隔，可称"边缘海"；同时，海之另一侧以大陆为界，又称"陆缘海"，约占海洋面积的11%，水深比较浅。地球上重要的边缘海多分布于北半球，如亚洲东部从北到南的鄂霍次克海、日本海、黄海、东海、南海，南北美洲之间的墨西哥湾、加勒比海，围绕欧洲西、南的波罗的海、北海、地中海，紧邻西亚、南亚的红海、波斯湾、阿拉伯海、孟加拉湾等，这些都是自古以来人类赖以生存的重要海域。尤其地中海、南海、加勒比海、波罗的海是水下文化遗产最丰富的海域。

除海洋外，陆地表面还存在各种液态和固态的水体，包括河流、湖泊、沼泽、冰川等，统称陆地水或地表水。大致而言，陆地约有62%的面积有河流、湖泊和沼泽，约有12%的面积被冰川所覆盖，其余26%的面积为沙漠和半沙漠。具体而言，中国河流总长度约为42万千米，现已辟为航道的里程为10万多千米。中国的河流数量虽多，但地区分布却很不均衡。在夏季风能到达的湿润半湿润地区，河网众多，水量丰富或比较丰富，绝大多数河流直接注入海洋，成为外流流域。不受或少受夏季风影响的区域，地表水贫乏，河流稀少，河川径流不能注入海洋，成为内陆流域。大约全国河川径流总量的96%都集中在外流流域，面积占全国流域总面积的64%；而内陆流域面积虽占全国流域总面积的36%，但仅占全国径流总量的4%。从已发现的内陆水下文化遗产资源分布情况看，多数遗存位于可连接海运的可通航外流河中。实际上，从我国文献史料看，夏代已存在发达的河网通道。《尚书·禹贡》所载九州都有河网通道，包括各州与冀州通过水路或某段海路、陆路相互衔接的多条贡道，如冀州"夹右碣石入于河"，兖州"浮于济漯，达于河"，扬州"沿于江海，达于淮泗"。这些记载呈现了以黄河为中心，主要利用水道通向帝都的水陆交通网络。文献与遗迹均可明确的有：春秋时期吴国开凿的沟通长江与淮河的邗沟，战国时期魏国开凿的沟通黄河和淮河的鸿沟，秦代开凿的沟通湘江与漓江的灵渠，隋代开通的南北大运河等，它们共同促进了中国古代水运的繁荣昌盛。由于内河航运投资小、运力大、成本低、能耗低，对于运送没有时效性要求的大宗货物而言具有明显优势。因此，长江、珠江、大运河等成为我国内河航运的主要通道，随之也产生了大量的码头、沉船、货物等遗存，成为水下考古学研究与保护的主要对象。

除海洋、河流之外，湖泊也是水下文化遗存埋藏的主要区域。湖泊（包括水库）

是蓄存、调节河川径流的水体,地球上湖泊总面积约为270万平方千米,占陆地面积的1.8%。我国湖泊众多,共有湖泊24800多个,其中面积在1平方千米以上的天然湖泊有2800多个。我国湖泊总面积为7.4万多平方千米,其中淡水湖泊的面积为3.6万平方千米,占总面积的45%左右。我国湖泊数量虽多,但分布很不均匀。总体来说,东部季风区,特别是长江中下游地区,分布着最大的外流河淡水湖群;西部以青藏高原湖泊分布较为集中,多为内陆咸水湖。外流湖和人工水库有调节径流、净化河水和养殖水产的作用,能提高河流径流的综合利用程度。我国可通航的大小湖泊共900多个,大都分布在经济发达、人口稠密的东部地区,极利于实现河海联运。其中最著名的鄱阳湖、洞庭湖、太湖、洪泽湖、巢湖都位于长江和淮河中下游地区。这些湖泊不仅渔业资源丰富,而且利于舟楫,自古以来就是水路交通的重要组成部分,留下了大量与渔业生产和水路交通有关的人类活动遗存。

除被海洋、湖泊、河流淹没埋藏的船舶等遗存外,沼泽与滩涂中也常有早期船舶遗存被发现。沼泽基本定义为低洼积水、杂草丛生的大片泥淖区。广义的沼泽泛指一切湿地,狭义的沼泽强调泥炭的大量存在。从沼泽分布情况看,总体来说是北半球多于南半球,而且多分布在北半球的亚欧大陆与北美洲的亚北极带、寒带和温带地区。我国的沼泽则主要分布在东北三江平原和青藏高原等地。据研究,北欧早期由兽皮、树皮、芦苇等易腐烂物质构成的小船通常深埋于泥炭沼泽地,只是易腐烂难以保存下来。例如,在英格兰东北部泥炭淤泥层中发现的约8000年前的桦木桨可能就是这类小船的遗存[1]。滩涂是海滩、河滩和湖滩的总称,但一般多指沿海高潮位与低潮位之间的海域或潮浸地带,处于海域与陆地的过渡地带,在地貌学上被称为"潮间带"。我国海洋滩涂主要分布在辽宁、山东、江苏、浙江、广东、广西、海南、福建和台湾地区的海滨地带,是海岸带的一个重要组成部分。1973年8月发现、1974年6月发掘的泉州湾宋代沉船就处于距后渚村只有百余米的海滩中,船身深埋于淤积的海泥之下3米左右。发掘报告推测宋代以前的后渚海面有一片较大水深的港湾,这艘船沉没以后,由于长期堆积和地壳缓慢上升,海岸线外移,形成了后来的海滩,而沉船也就被海泥覆盖[2]。

此外,谈到水下考古学研究对象所在环境地带,我们还需提及岛屿与礁盘。岛屿是指四面环水并在涨潮时高于水面的自然形成的陆地和周边区域。全球岛屿总数达5万个以上,总面积约为997万平方千米,几乎和我国面积相当,约占全球陆地总面积的十五分之一。中国共有大小岛屿7100多座,岛屿海岸线总长1.4万多千米。在中国海域中,面积在500平方米以上的岛屿6500多个,总面积约71877平方千米,约占中国陆

---

[1] 〔英〕理查德·A.古尔德主编,张威、王芳、王东英译:《考古学与船舶社会史》,山东画报出版社,2011年,第73页。
[2] 福建省泉州海外交通史博物馆:《泉州湾宋代海船发掘与研究》,海洋出版社,1987年,第4页。

地总面积的0.8%，其中有常住居民的455个。中国的岛屿大约90%集中在浙江、福建、广东、海南四省沿海，其中浙江岛屿数量第一。它们当中，绝大多数面积小于1平方千米。如果按照狭义的水下考古学定义，岛屿不属于其研究范围。然而，从水下考古学研究的对象与内容看，除了船舶与渔业生产工具是专用于水面或水下外，没有什么是专为水下而生产的，即使船舶与渔业生产工具也是生产于陆地上的。因此，研究水下文化遗存不应完全脱离这些物质遗存的原产地。从这个角度讲，可供人类居住生活的岛屿中，大部分都与水下考古研究的对象有着密切的关系。尤其孤悬于大洋中的那些列岛、群岛，无论是数千上万年前人类的扩散，还是大航海时代以来西方殖民主义者扩张，那些能为船舶提供补给、驻足停留、漂流归宿之地，几乎所有的物质遗存都与航海和渔业有关系。此外，即使一些不能居住生活的岛屿或礁盘也可能存在文化遗存，如处在我国古代航线上的西沙群岛就发现大量与沉船相关的遗存。在所有岛屿中，对航行威胁最大的是暗礁，就目前掌握的资料看，我们发现西沙群岛几乎所有沉船遗存都集中在暗礁分布密集区或周边海域，其中永乐环礁、华光礁、北礁都发现了沉船遗址或沉船遗物点[①]，这是我国水下考古30多年来主要的水下遗存发现区域之一。

1.2.2 研究对象

2001年11月2日，联合国教科文组织在第31届大会上正式通过了《保护水下文化遗产公约》（*Convention on the Protection of Underwater Cultural Heritage*），这是世界上通过的第一个关于保护水下文化遗产的国际性公约。公约指出，水下文化遗产是人类文化遗产的一个组成部分，明确规定不得对水下文化遗产进行商业开发，所有国家都应担负起保护水下文化遗产的责任。该公约于2009年1月正式生效。目前，已有71个国家加入公约。

公约中，联合国教科文组织对水下文化遗产进行了明确定义：水下文化遗产系指至少100年来，周期性地或连续地，部分或全部位于水下的具有文化、历史或考古价值的所有人类生存的遗迹。并举例列出了以下三类：

第一，遗址、建筑、房屋、工艺品和人的遗骸及其有考古价值的环境和自然环境。

第二，船只、飞行器、其他运输工具或上述三类的任何部分，所载货物或其他物品及其有考古价值的环境和自然环境。

第三，具有史前意义的物品。

从水下文化遗产定义及其列举的人类遗存与有史前意义的物品看，可以说涵盖了水

---

① 中国国家博物馆水下考古研究中心、海南省文物保护管理办公室：《西沙水下考古（1998—1999）》，科学出版社，2006年。

下考古学研究的所有对象。虽然时间上限定了100年以上，但实际上不足100年且具有重大历史价值的遗存也成为水下考古与水下文化遗产保护的对象，如二战时期的重要沉船（舰）和飞行器。因此，从这个角度看，上至史前时期反映地理环境变迁的化石，下至二战时期的重要沉船（舰）及飞行器都成为水下考古与水下文化遗产研究保护的对象。

1.2.2.1 遗址

包括城市、村落、港口、码头、桥梁、灯塔等一切由人类建造、居住、使用的建筑遗存。这些遗存有些原本就在水中或岸边，由于自然的废弃或地震、海啸、洪水等其他原因导致的地表沉降或水面抬升致使其部分或全部沉入水下，还有一些内陆地区的聚落由于地震、筑坝、兴建水库或其他原因被部分或全部淹没而成为水下文化遗产。这方面的例子很多，尤以地中海发现的古代海底城市和港湾遗址为多，如利比亚班加西北200千米的东部海岸，有一座古希腊殖民者于公元前631年建成的阿波罗尼亚港。这座港湾城市大部分已被海水吞没，以N. C. 弗莱明克为首的剑桥大学考古调查团于1958年、1959年对其进行了调查，在水深4米左右的海底发现有船体、码头、仓库、瞭望台、围墙等极为复杂的港湾设施。港口分为内、外两港，内港修建了城堡，其上设置了瞭望台，周围以围墙护卫，特意修建的狭窄的水路等设施，具有抵御敌船入侵、加强防卫的意义[1]。另一处有名的海底城址是17世纪的牙买加皇家港口，这是加勒比海地区最重要的城市之一。这座位于金斯敦海湾入口处的港口建在一片沙洲之上，高出当时的海平面不足1米，1692年一场巨大的地震将其变为一片废墟，并且使其三分之二沉入海中。目前，我国尚未发现类似地中海和加勒比海港口城址这样的海底城址，但文献记载，明万历三十三年五月二十八日亥时（1605年7月13日午夜）琼州发生大地震。据研究，震中位于今海口市美兰区东寨港至文昌市铺前镇一带的海湾海底，震级里氏7.5级，导致陆地沉陷的幅度一般在3—4米，陆陷成海的最大幅度在10米，陆沉面积达100多平方千米，70多个村庄陆陷成海。此外，我国内陆湖泊和水库中不乏淹没的古城，如1967年丹江口水库淹没的均州古城，2013年对其进行的物探和水下考古调查显示，其城址面积约1平方千米，基本保存了明代以来的官署、街坊格局，淤泥平均堆积厚度约3.5米。此次工作重点调查测绘了仍露出的城墙及城门楼，并对已掩埋于淤泥下的静乐宫、魁星楼、大码头、沧浪亭等建筑遗址进行了潜水探摸调查，基本掌握了均州古城水下埋藏现状，为进一步开展保护工作提供了重要资料[2]。

---

[1] 〔日〕小江庆雄著，王军译、信立祥校：《水下考古学入门》，文物出版社，1996年，第24页。
[2] 孙键：《湖北丹江口库区均州城2013年度水下考古调查与收获》，《新技术、新方法、新思路——首届"水下考古·宁波论坛"文集》，科学出版社，2015年，第76—96页。

1.2.2.2 沉船

沉船是水下考古发现数量最多的一个类别，但历史上究竟有过多少沉船我们永远无法知道。沉船的形成源于各地之间的海运和内河航运活动，诸如远程贸易、货物运输、人员迁徙、军事战争等。从沉船分布看，地中海、南海、加勒比海、波罗的海无疑是世界上沉船分布最为密集的海域。法国水下考古研究中心主任米歇尔·L.卢尔（Michel L. Hour）提到，1966年法国水下考古研究中心成立时，政府仅有49艘法国领海沉船记录在案，截至2008年，该数字已经增长到5000艘；据估计在法国领海海底有15000—20000艘沉船，在法国专属经济区海底还有15万—20万艘沉船[1]。沉船虽多，但发现以及调查发掘的难度很大。因此，沉船的发现相对于历史上的沉船数量而言只是很少一部分，而进行过水下考古工作的沉船数量更是微不足道。吴春明指出，半个多世纪以来，中外考古工作者在环中国海海域及环中国海以外的太平洋、印度洋、大西洋三大海域，先后调查、发掘了三百多处古代沉船[2]。根据国家文物局考古研究中心统计，截至2016年，在中国海域发现并进行过水下考古的沉船仅有115艘。然而，即使那些保存相对较好的沉船，也因水下环境较差和工作难度较大而很难获得较为完整的资料，除非采用整体打捞方式移入室内进行发掘。迄今为止，被整体打捞的沉船有瑞典的瓦萨号、英国的玛丽·罗斯号和中国的中山舰、南海一号。其中南海一号沉船从发现、调查到整体打捞、室内发掘保护成为中国水下考古30多年发展历程的一个缩影。此外，其他著名的沉船还有印尼黑石号沉船、韩国新安沉船及中国辽宁三道岗元代沉船、西沙华光礁一号沉船、广东南澳一号沉船、福建碗礁一号沉船等。当然，除古代沉船外，涉及近现代重大历史事件的沉舰、飞行器也被纳入世界各国水下考古的范围，如我国近年连续进行的甲午海战沉舰水下考古系列调查，已相继发现并确认甲午海战北洋水师沉舰致远舰、经远舰、定远舰、靖远舰等，成为近现代沉舰水下考古调查的典范，为进一步开展近现代沉舰水下考古提供了重要指导。

1.2.2.3 化石

除各类遗址与沉船外，水下考古对象还涉及旧石器时代各类动植物化石，这些化石与气候环境的变迁有着重要关联，是研究地球表层地理环境、结构、分布及其发展

---

[1]〔法〕米歇尔·卢尔：《法国水下考古成就与未来概述——水下考古研究中心1966—2008》，《2010年水下文化遗产保护展示与利用国际学术研讨会论文集》，文物出版社，2011年，第38页。
[2] 吴春明：《从沉船考古看海洋全球化在环中国海的兴起》，《故宫博物院院刊》2020年第5期，第43页。

变化的重要材料，也是研究人类演变迁徙的重要背景资料。例如，地质时代的台湾海峡经历过多次海陆变迁，大约末次冰期（距今70000—11500年前）最盛期的2万年前后，海平面比现在低120多米，台湾海峡变成陆地，成为海峡两岸的陆桥。约自11500年前开始，末次冰期结束，全球气候逐渐转暖，海平面开始上升，距今6000年左右，海侵达到最大规模，台湾岛以及东南沿海许多岛屿又与大陆分离，台湾海峡再次形成，构成现代海岸的基本轮廓。根据近30年来海峡两岸对台湾海峡出水化石的研究，福建石狮一带沿海渔民捕捞作业时收集的各种哺乳动物化石、台湾澎湖海沟发现的动物化石与淮河流域的动物群非常相似，同属一个动物群，部分化石上还发现人工砍砸痕迹。此外，还发现有距今2万年左右的人骨化石，证明当时有古人类生活在两岸的陆桥地带。从台湾海峡两岸发现的化石与近代生物来看，可以发现其间的物种呈现很大的变化。显然在末次冰期最盛期，大规模的北方动物群为了避寒与觅食而大举南迁到台湾以及海峡海退之后形成的平原区域，或许台东县八仙洞遗址发现的台湾最古老的旧石器时代古人（距今30000—15000年前）就是随着北方动物群南迁而至的。

1.2.2.4 水文石刻

除以上水下考古常见遗址、沉船、化石外，水文石刻也是水下文化遗产的一个重要类别。根据世界各地发现可知，水文石刻是一种观测和标记关键水文信息的传统形式，是研究古代水文记录直观、明确、可信的重要资料，对历史典型场次水旱灾害的水文复原、长时序水文规律研究具有重要而独特的文献价值。目前，国内外对古代水文石刻的调查研究主要集中在一些具体河段或区域。尼罗河流域两岸保留了多处石刻尼罗尺以及一些成系列的水位记录，其中一种最简单的尼罗尺就是一个垂直淹没在河水里的柱子，如现存的开罗罗达岛的尼罗尺。另一种是一段通往河水的台阶，台阶两侧墙壁上刻有刻度，最著名的就是阿斯旺大象岛上的尼罗尺。还有一种经过精心设计，通过长距离渠道或涵洞通往河岸，然后引水入井、水池或水箱，这种尼罗尺通常位于寺庙内，只有祭司和统治者才允许进入，典型代表是阿斯旺北部康翁波神庙（Kom Ombo）里的尼罗尺。借助尼罗尺的历史记录，研究者重建了过去1300多年的厄尔尼诺现象发生的规律，展现了尼罗尺观测数据突出的科研价值。我国是水文石刻遗存最多的国家，形式多样、分布广泛、内容丰富，勒石记事的传统不仅保留了重要的历史信息，同时展现了不同时代的文学、书法及艺术价值。重庆白鹤梁题刻就是最为典型的代表。白鹤梁是长江上游重庆涪陵城北江中的一道天然石梁，长约1600、宽约15米，分上、中、下三段，呈一字形自西向东与长江平行。题刻主要集中在长约220米的中段石梁上。白鹤梁现存水下题刻167则，石鱼17尾，文字3万余字，以宋代最多，元、明、清次之，其中涉及水文内容的题刻82则，为研究1200年以来长江水文、区域及全球气候变化的历史规律提供了重要的实物资料。引以为自豪的是，由于长江三峡库区的建设，2009年建成的重庆白鹤梁水下博物馆已将这处举世闻名的水下文化遗产保护在水下40米处，观众可通过参观廊道近距离一睹其貌。

1.3 水下考古学技术、方法与理论

人类知识的增长得益于学科的细分和发展。一般来讲，人们多以研究对象与领域为学科分类标准。按照相对独立的知识体系，我们通常将人类所有的知识划分为五大门类：自然科学、农业科学、医药科学、工程与技术科学、人文与社会科学。毫无疑问，考古学是人文与社会科学领域中发展最快的学科，特别是近年来，中国考古学快速发展，分支学科越来越细，水下考古、动物考古、植物考古、冶金考古、陶瓷考古等专门考古成绩斐然。这些分支学科，除了各自有独特的研究对象和领域外，同时还有不同的理论、方法与技术，形成了相对独立的学科体系。水下考古学可谓其中最独特的分支学科，尤其在调查、发掘环节所用的探测和潜水技术与自然科学技术关系最为密切，没有这些科学技术的进步就没有水下考古学的发展。

1.3.1 技术

考古学不同于其他人文与社会学科，其最大特点是根据人类遗留的物质文化遗存研究历史的演变。因此，如何发现并获取前人的物质文化遗存成为考古学研究的前提，而在此过程中所用的一切技术手段则构成其技术体系。具体到水下考古，水下环境的独特性，决定了其不同于田野考古的技术体系。一般来讲，在水下进行考古调查、发掘及出水文物保护环节都会涉及一系列不同的技术手段，如调查环节的物探技术、潜水技术，发掘环节的遗存清理及提取技术，出水文物现场及后期的保护技术等，这些不同的技术在后面的章节都有比较详细的介绍，这里主要就调查环节涉及的物探技术进行简要介绍。

迄今为止，中外水下考古遗存，除因渔业捕捞、采集海绵、涉海工程乃至盗捞盗掘等被动发现外，主动性考古发现少之又少。一般来讲，水下考古调查流程包括前期线索收集、后期海洋物探搜寻和人工潜水核查环节。前期线索收集主要是对相关文献、档案及访谈等各种信息资料进行收集、研究与分析，划定目标水域。之后通过海洋物探手段对目标区域展开探测搜寻，确定疑似目标。最后通过人工潜水对疑似目标进行核查确认。在这个过程中，海洋物探成为最重要的技术手段，是后续进行水下考古的前提。海洋物探是海洋地球物理探测的简称，是研究海洋地质最基本的技术手段，它能够根据海底岩石及沉积物的密度、磁性、弹性、导热性、导电性和放射性等

物理性质的差异，用多种物探仪器观测并研究各种地球物理场的空间分布和变化规律，可广泛应用于海洋地质研究、海洋资源勘查、海洋工程及水下考古调查。由于声波在水中的传播优于电磁波和可见光，故海底探测技术主要依赖于声学探测技术，这是目前测量海洋深度和海底形状的主要技术手段。

实际上，就在一个半世纪前，大多数科学家还认为海底是完全平坦的，应该是一层厚厚的泥质沉积物。但随着海洋测深技术的发展，科学家发现海底地形与大陆地貌相似，有古老的火山、深邃的海沟、蜿蜒的峡谷、连绵的高山。这样的认识开始于1872年英国"挑战者"号长达三年多的历史性海洋科考，科考过程中船员经常停船测量海水深度和其他海洋环境因子，这是对海洋深度的首次系统测量，大量的数据表明深海并不平坦，而是像陆地一样有凸起的山脉。然而，偶尔的测量还是很难给出海底的完整地貌，直到20世纪回声测深仪发明使用之后，人们才逐步认识到海底的地形地貌。回声测深技术原理是用船底携带的仪器向海洋发出声学信号（声脉冲信号），信号碰到任何密度异常的海洋生物或海底时会产生反射。由于水是声波的良导体，回声探测仪发出的声波会在遇到任何密度异常时返回，因此通过接收到回声的时间可以用来确定海底的深度和相应的形状。二战时期，"反潜艇"促进了用声波探测海洋技术的发展，声呐技术取得重大进步。20世纪50年代开发的精密回声测深仪使用高频声波波束来测量深度，分辨率约为1米。20世纪60年代，精密回声测深仪广泛应用，人们终于从成千上万的航迹中得到了第一幅可靠的全球海底测深图。

常用于水下考古调查的海底声学探测技术主要包括多波束测深（multibeam bathymetry system）、侧扫声呐（side scan sonar）和浅地层剖面测量（sub-bottom profiler）。此外，与回声探测原理不同，用以测量海底磁场强度和方向的仪器海洋磁力仪（marine magnetometer）也常用于水下考古调查，尤其对铁质沉船具有明显的作用。同时，随着科技的快速发展，遥控潜水器（Remote Operated Vehicle，简称ROV）、自主水下航行器（Autonomous Underwater Vehicle，简称AUX）也被逐步应用于水下考古工作中，极大地提高了水下考古探测的效率。用这些常用的探测设备可以获取水下文化遗存的位置、范围、埋藏情况以及所在水域的水底地形、地貌等信息数据，为后续的人工潜水调查锁定更准确的范围，提高潜水调查的针对性。然而，实际的问题是这些探测仪器只是海洋物探的通用设备，对水下考古遗存并不具备针对性，除非是比较明显凸出于水底的遗存，对于被水底淤积物覆盖的遗存则难以发现和辨别，这是一个世界性的难题。目前，我们正在联合国内海洋物探专业科研机构开展针对水下考古探测关键技术的专项研发，以期获得有效突破。

1.3.2 方法

由于在考古学研究中很容易混淆"资料""技术""方法""理论"这几个重要概念,故张光直在讨论考古学方法论时对其进行了明确界定。他认为资料(data或information,其中data指比较具体的材料、数据,information则指比较抽象的情报、信息)是指古代的遗物、遗迹以及其中所包含的关于古代环境、生活的全部信息。一般而言,考古资料可分为人工制品和非人工制品两个类别。显而易见,人工制品是考古学家研究的主要对象,它们又可分为遗物、遗迹、遗址三个层次。从水下考古常见遗存看,沉船及所载船货与船员生活用品和废弃物都是遗物,它们在水底堆积形成的现象则称为遗迹,而那些因地震、地壳沉陷、海水上升、水库建设等原因被淹没的港口、码头、集市、城址等则称为水下遗址。其中沉船所见遗物既包括人工制品,如瓷器、金器、银器、铜器、铁器等,也包括非人工制品,如各种香料、食物果核、动物骨骼等,所有遗物对于研究当时的船员生活及航海贸易活动等都有着同样重要的价值。

关于技术和方法的讨论。从考古学的观点看,张光直在《考古学专题六讲》中认为,技术(technique)就是产生新资料的手段。从地底下挖出新资料的手段是技术,从旧资料中"挤出"新资料的手段也是技术。按此观点,从水下发现并获得考古新资料的手段当然也是技术。技术水平的高低、技术手段的多少,都关系到我们能不能获得新资料,以及所获得资料的数量多寡和可靠与否。近年来,各种新科技手段不断被运用到水下考古学中,我们所获得的新资料及其所包含的各种信息已经远大于以前。例如,南海一号沉船室内发掘过程中采取的高清晰正投影影像测绘手段,极大地提高了沉船本身及各类遗物包含的信息量。

张光直进一步认为,方法(method)指比较具体的方法或个别的方法,如果指有系统的方法或方法论,英文则用methodology。技术固然帮助我们获得了资料,但资料并不等于历史;"资料主义"无论如何不是推动历史研究和促进人们了解历史的最终手段。我们经常诟病考古学"见物不见人"的论断就是如此。水下考古学研究中的这种现象有过之而无不及,很多人仅仅把调查发掘资料作为工作的宗旨。我们要改变这种情况必须要注重研究这些考古资料的手段,也就是研究的方法或方法论。例如,对水下沉船的物探调查、考古发掘及器物或沉船的提取、实验室内的成分分析等均属于技术手段;而通过对发现的沉船和器物及其所包含各种信息来进行分类、归纳、综合等研究,以求得沉船年代、航线、始发港、目的地等则属于研究方法。换句话说,探讨如何科学阐释获得的考古资料,并求得其背后的本质以及历史发展规律的手段就是水下考古研究的方法。

除了水下考古调查、发掘环节的技术手段较为特殊外，在面对考古材料的研究方法上，水下考古方法并无特殊之处。我们知道，分类和类型学是考古学最基本的研究方法，其目的是将发现的各种材料组织成可以进一步观察和分析的单位，进而对其进行不同标准的特征归纳，以便发现不同器物、遗迹、遗址背后涉及的原料、技术、功能、文化等社会生产和生活的意义，为最终解释人类社会发展演变的法则提供科学方法。例如，对于沉船研究中船型、船材、工艺的分类，船货类别、产地和销售地等的研究可以构建当时经济社会海洋贸易的时空框架以及透视背后的生产方式、生活方式、文化习俗等。目前，古代中国外销瓷器研究取得的很多成绩就是对沉船遗址所发现中国瓷器研究的结果，这些研究完全改变了我们对宋代以来中国在世界贸易格局中地位的认识。但同样不可忽视的是在对沉船发现瓷器进行研究的过程中，将史前考古类型学分类的一些方法简单套用于产地、时代、功能明确的瓷器分类研究中，忽略了历史时期考古研究的特点，这样的机械分类无法体现分类方法对于后续研究的实际意义。

实验考古方法是通过实践、复制或试验来判断考古发现的遗物和遗迹形成过程的一种方法，它并不满足于简单复原和记录这个过程，而是更深入地了解人类行为方式，以检验一些复杂的考古学理论阐释模式。实验考古方法常用于石器打制、陶器烧制、房屋建造、航海试验等研究过程，其中与水下考古研究紧密相关的就是航海考古。史前人类的一个杰出成就就是远洋航行，征服了太平洋上的许多岛屿，南岛语族人群和文化的扩散就是人类早期航海的结果。最早从理论上考虑史前人类远洋航行可能性的就是实验考古，因为人们发现南美洲沿海地区和波利尼西亚的远古文化非常相似，这不得不使人考虑它们之间的联系。但令人疑惑的是，在如此遥远的过去，人们是怎样克服长途航行的困难，让洋流和海风把船只带到波利尼西亚的。于是一些实验被用来检验这样的可能性。其中1970年的一次航海实验，由7根原木、2根桅杆和1个舱组成的木筏，在1名西班牙船长和4名水手的操纵下，用22个星期航行了13700千米，从南美洲厄瓜多尔抵达澳大利亚，表明史前时期太平洋群岛确实在南美远洋航行的航程之内[1]。

1.3.3 理论

在对考古学资料、技术、方法三个概念进行分析的基础上，张光直认为，考古学理论（theory）是对于古代社会和文化的一些有规律的认识，将这些认识加以总结，就形成我们对社会、历史、人类、世界及宇宙的看法。这些看法，一般是指对这些现象的规律性与动力的看法。比如对于人类起源的认识，对于世界各古代文明不同发展道

---

[1] Coles J. *Archaeology by Experiment*. New York: Charles Scribner's Sons, 1973.

路及其原因的认识，对于国家形成过程及动力的认识，对于宗教意识、宗教活动在历史上作用的认识等，这些都是考古学家根据对资料的研究得出的理论总结。他进而总结道："资料是研究历史的客观基础，技术是取得资料的手段，方法是研究资料的手段，理论是研究人类历史的规律性认识的总结，并反过来指导具体的研究工作。"[1]

中国考古学发展的百年历史，最大的成就是通过一系列重要考古发现使我们认识了一个全新的古代中国。尤其对于人类起源、农业起源、文明起源这样的世界性重大课题而言，毫无疑问，中国考古学做出了举世瞩目的重要贡献。但是，我们也要清醒地认识到，与我国考古发现并不匹配的是中国考古学的理论建设还很薄弱，很大程度上影响了中国考古学的发展及其在国际上的地位，建设中国特色、中国风格、中国气派的考古学仍任重道远。

长期以来，中国考古学虽然有马克思主义唯物史观的总体指导，但面对纷繁复杂的考古材料，显然仅仅靠单一的宏观理论指导远远不能满足我们阐释这些材料所反映的人类社会进程及动力法则。B.G.特里格（B.G. Trigger）认为，考古学理论可以被视为由高级、中级和低级三个层次理论组成的体系。考古学的高级理论与其他人文社会科学高级理论相一致。例如，马克思主义的唯物论，文化唯物论和文化生态学可以被看作高级层次的理论，它既适用于考古学，也同样适用于其他人文社会科学，因此是一种人文社会科学的总体理论。但是，高级理论不是直接从考古发现的材料中来予以认识和检验的，也无法直接用来对考古学的具体发现做出规律性的解释。因此，高级理论的运用取决于中级理论的研究与发展。中级理论是在直观的考古遗存与物质现象与非直观的人类行为之间建立起一种有效关系的理论。美国新考古学的"中程理论"就是中级理论的代表，它被比喻为考古学解读物质现象的"罗塞达碑"。考古学高级理论的阐释和运用，取决于中级理论研究的成果，它是对考古现象做高层次理论阐释的一个必需的桥梁。没有这个桥梁，包括马克思主义唯物史观在内的所有社会科学理论都将是难以企及的空中楼阁。低级理论是考古学的实证研究理论，对一些反复观察到的现象做规律的总结。这是一种经验型的研究，包括用类型学和地层学来判断考古学文化的时空关系和传承。有时也推测一些器物的功能和现象的社会文化意义，但是这种分析仍是一种依赖直觉的常识性推测，并不具备理论所要求的规律性特点。从认识论角度来看，低级理论所得出的一些总结仍然是有待于检验的规律，尚未上升到普遍意义的规律性认识[2]。

---

[1] 张光直：《考古学专题六讲》，文物出版社，1986年，第61页。
[2] Trigger B G. *A History of Archaeological Thought*. Cambridge: Cambridge University Press, 1989；陈淳：《考古学理论》，复旦大学出版社，2004年，第4页。

关于理论，美国考古学家G. H. 奥代尔（G. H. Odell）称之为对主导种种现象内在关系潜在法则所提出的一系列系统和可予以检验的假设[①]。美国科学哲学家K. R. 胡佛（K. R. Hoover）指出，对于我们的目的来说，理论是一组相关的前提，以设定为何事件会以其发生的方式产生。任何一门学科的关键是要发展一套理论来解释观察范围内发生的事件，它是一种尝试性的系统陈述[②]。

迄今为止，国内外水下考古发现与研究对象仍以海洋中的沉船为主。换句话说，沉船考古仍是船舶考古、海洋考古和水下考古的主要内容。因此，对于水下考古学或海洋考古学的理论探讨也就主要集中在沉船考古方面。例如，明显受过程考古学和分析考古学影响，马克尔瑞认为沉船考古不仅仅是观察描述沉船被发现时的结果状态，更重要的是要对船舶沉没的全过程有正确认识。"因此，对于沉船考古学的研究，既是对海洋考古学特点的最终规定，又是建立其一般理论的最初起点。"[③]如同关于考古学理论三个层次的认识，他在《海洋考古学》一书中，对海洋考古学的理论也进行了三个层次的分析，即对沉船遗址形成过程、船舶内在属性、船舶关联的海洋文化三个层次以及三者之间的关系进行了较为系统的理论探讨。尽管这一理论体系当时还不完善，但毕竟这是40多年前，作者还不足30岁时对海洋考古学的系统思考。而且他开创的这一研究范式深刻地影响了后来从事海洋考古学研究的一些学者，正如《考古学与船舶社会史》一书的作者理查德·A.古尔德（Richard A. Gould）所讲："马克尔瑞，戴维·克拉克这位分析学及人类学开路先锋的学生，是他用自己的《海洋考古学》沿此方向开辟了这一途径。二十年后，对于熟悉他的工作的人来说，其卓具才智的影响在我的书中将明晰可见。"[④]

1.4　水下考古学相关学科

一个学科的相关学科，其实很难准确界定，尤其像考古学这样的人文社会学科，其相关学科似乎无所不包，说它是一个开放的学科体系或许更合适。理论上讲，水下考古学是考古学最重要的分支学科之一，考古学的相关学科就是其相关学科。但从目前国内外水下考古发现看，主要考古发现基本都属于历史时期，因此，与历史考古学关联最紧密的历史文献学、文化人类学无疑也是水下考古学最重要的关联学科。此外，与水下考古学紧密相关的还有海洋学、古代造船与航海史。

---

① Odell G H. *Stone Tools, Theoretical Insights into Human Prehistory*. New York: Plenum Press, 1996.
② Hoover K R, Donovan T. *The Elements of Social Scientific Thinking*. New York: St. Martin's Press, 1976.
③〔英〕基思·马克尔瑞著，戴开元、邱克译：《海洋考古学》，海洋出版社，1992年，第164页。
④〔英〕理查德·A.古尔德主编，张威、王芳、王东英译：《考古学与船舶社会史》，山东画报出版社，2011年，第1页。

1.4.1 历史文献学

西方考古学在欧美分属不同学科体系。因欧洲有悠久的文献史学传统，欧洲考古学遂成为历史学的一个分支学科；美洲缺乏文字记载的历史，美洲考古学则成为人类学的一个分支学科。此外，欧洲与美洲考古学还有一个本质的不同，欧洲考古学是欧洲学者研究本土自身的历史，美洲考古学是移居美洲的欧洲人研究美洲土著人的历史。与此相比，中国是历史最完备的国家，历史文献内容之丰富、时代之久远、保存之完整，世界上独一无二。因此，中国考古学自诞生以来，便一直被视为历史学的重要组成部分，传统的文献史学如影相随，二者缺一不可。夏鼐在谈到考古学和利用文献记载进行历史研究的狭义历史学时指出："虽然二者同是以恢复人类历史的本来面目为目标，是历史科学（广义历史学）的两个主要的组成部分，犹如车子的两轮、飞鸟的两翼，不可偏废，但是二者是历史科学中两个关系密切而各自独立的部门。"[①] 宿白指出："历史考古学的研究方法就是考古学的方法加上历史学的方法。考古学的基本方法是地层学和类型学；另外就是文献。历史考古学对文献的要求一点也不低于历史学，从事历史考古学的人也要善于甄别史料，搞清楚哪是第一手资料，哪是第二手，甚至第三手、第四手资料。"[②] 刘庆柱认为："历史文献对考古学涉及的不同时期的王国、帝国、王朝及其都城、帝王陵墓、大型礼制建筑等国家文化、大传统文化方面的时空、名位之确认有着非它莫属、不可替代的重要作用。"[③] 毫无疑问，以历史时期沉船、港口与海洋贸易为主要研究对象的水下考古学是历史考古学的重要组成部分，与之相关的文献史学是其最紧密的相关学科。可以想象，对于水下考古学而言，如果没有文献史料的辅助，恐怕只能沦为一堆沉船货物的简单分类，根本不可能了解和阐释沉船与船货、港口与航线等背后的历史。诚如夏鼐所指："作为一门历史科学，考古学不应限于古代遗物和遗迹的描述和系统化的分类，不应限于鉴定它们的年代和确定它们的用途（即功能）。历史科学应该是阐明历史过程（processes）的规律。"[④]

对于沉船、港口与海洋贸易方面的研究，古代航线是不可或缺的重要一环。《汉书·地理志》卷二十八载："自日南障塞、徐闻、合浦船行可五月，有都元国；又船行四月，有邑卢没国；又船行可二十余日，有谌离国；步行可十余日，有夫甘都卢国。自夫甘都卢国船行可二月余，有黄支国，民俗略与珠崖相类……自黄支船

[①] 夏鼐：《什么是考古学》，《考古》1984年第10期，第932页。
[②] 倪润安整理：《风物长宜放眼量——宿白先生访谈录》，《文物世界》2002年第3期，第21页。
[③] 刘庆柱：《中国特色考古学解读：百年中国考古学史之思考》，《考古学报》2021年第2期，第167页。
[④] 夏鼐：《什么是考古学》，《考古》1984年第10期，第933页。

行可八月，到皮宗；船行可八月，到日南、象林界云。黄支之南，有已程不国，汉之译使自此还矣。"这段文字首次记载了沿广西北部湾经中南半岛通往印度洋的航线，日南即今越南广治省，徐闻即今广东徐闻，合浦即今广西合浦。其余涉及的地名许多学者做过研究，黄支国一般认为即今印度东海岸马德拉斯西南的康契普腊姆（Kanchipuram）附近，已程不国即今斯里兰卡。由此可知，早在距今2000年前后，我国已开辟了自徐闻、合浦出发前往印度洋地区的海上航线，也即最早的海上丝绸之路。

由于航海地理知识的增长，从东汉开始，我国历史文献开始称南海海域为"涨海"。《后汉书》记载，交趾七郡贡献，皆从涨海出入。三国时吴国康泰《扶南传》中提到："涨海中，到珊瑚洲，洲底有盘石，珊瑚生其上也。"此后不仅许多汉文文献都提到"涨海"，域外史料也提及这个名称。9世纪阿拉伯地理学家苏莱曼曾记载前往中国的航路，他提到："从昆仑岛出发，船队进入涨海水面。"[①] 唐朝随着国力的增强，与海外的交往日益频繁。《新唐书·地理志》收录了唐朝中叶宰相贾耽（730—805年）的《皇华四达记》，记载了由唐朝境内四出的7条道路，其中2条为海上通道，即"登州海行入高丽、渤海道"与"广州通海夷道"。广州通海夷道是在秦汉形成的通往东南亚、印度洋的海上通道的基础上继续延伸至红海、波斯湾的海上通道。登州海行入高丽、渤海道是由山东半岛登州前往朝鲜半岛高丽、百济、新罗三国以及渤海国和日本的海上通道，主要沿庙岛群岛北行至辽东半岛，然后东行至鸭绿江口，再沿朝鲜半岛南行进入高丽、百济、新罗，或继续东行至日本。显然，这些文献记载的通往域外的海上通道是研究我国古代沉船、船货及其航线的重要文献资料，对于水下考古学不可或缺。

以上我们仅列举了我国文献史料中关于古代海上航线最重要的两条。其实与水下考古学相关的国内外史学文献汗牛充栋，如我国的《南州异物志》《扶南传》《海南诸国列传》《诸蕃志》《真腊风土记》《岛夷志略》《顺风相送》《指南正法》等，西方的《厄立特里亚航海记》《亚历山大东征记》《马可·波罗游记》《伊本·白图泰游记》，以及殖民时代的英国、荷兰、法国等的东印度公司档案等文献。古代航海图有西方1375年的《加泰罗尼亚地图集》（*Catalan Atlas*），我国明代的《海道指南图》《山屿岛礁图》《海运图》《郑和航海图》（原名《自宝船厂开船从龙江关出水直抵外国诸番图》）等，这类文献对于水下考古学同等重要，此不赘述。

---

① 〔法〕G.费琅辑注：《八至十八世纪阿拉伯波斯突厥人东方游记及地理文献辑注》卷1，巴黎，1914年；〔法〕G.费琅编，耿升、穆根来译：《阿拉伯波斯突厥人东方文献辑注》，中华书局，1989年，第41页。

1.4.2　文化人类学

人类学是研究人类的体质与文化发生、发展规律的学科，不同的国家和地区对其有不同的划分方法。一般来讲，广义人类学或者说美洲人类学，传统上可分为四个部分，即体质人类学和文化人类学的三个分支——考古学、语言学和民族学。狭义人类学或者说欧洲人类学则多指体质人类学，而对人类文化方面的研究则称为民族学。其实，在19世纪以前，人类学这个词的用法只相当于我们今天所说的体质人类学，尤其是指对人体解剖学和生理学的研究。19世纪后，随着西方殖民主义的扩张，先是欧洲的探险家、传教士、商人及旅行者等开始关注世界各地原始民族社会的结构、组织、宗教、习俗、文化等，尔后人类学家开始有意识地到异文化中去搜集研究这方面的材料。于是人类学由以前只关注人类的体质和生理问题，扩展到也关注人类的语言、行为、宗教、文化等问题。目前，在绝大多数国家的学科分类也即国际通用学科分类中，人类学都包括民族学（或属于文化人类学或社会文化人类学）。不过，近年来国际上有人类学或文化人类学完全取代民族学的趋势。这是因为在旧有的观念中，民族学通常以所谓异质的"简单社会"的文化为研究对象，而人类学或文化人类学则已将视角扩大到现今的"复杂社会"，不仅研究异质的"他者"，而且研究本土的"我者"，所以近来学者多用人类学或文化人类学的名称，而少用或不用民族学的名称，最多只把民族学视为与文化人类学类同的学科，而且这种民族学是以人类文化为研究对象的[1]。本书所指的文化人类学即是此类意义上的文化人类学，而非包括考古学、语言学在内的文化人类学。因为考古学的研究对象是人类的物质文化遗存，尤其是没有史籍或记载不详的人类早期遗存。然而，对于创造物质文明背后人类早期行为的探讨，考古学只能望洋兴叹，而最有可能接近观察和研究类似人类早期行为的学科也只有民族学或文化人类学了。

与考古学研究逝去的人类物质文化不同，文化人类学或民族学主要研究当代人类社会不同的文化现象。有学者指出："民族学家是捕捉活的考古学资料的考古学家。"[2]这句话可谓一语中的，准确说出了考古学与民族学的区别。与考古学工作方法相同的是，田野调查也是文化人类学的基本方法。对于人类学家而言，研究一种文化最好的方法就是能在所调查的社会里学得合乎该社会规范的行为方式。19世纪以来，西方人类学家的实地调查主要是在非洲、大洋洲及南太平洋岛屿进行的，他们努力使自己成为所研究文化中的参与者和观察者。当然，如同人类学家自己所言，这并不是

---

[1] 石奕龙：《人类学与民族学都应为一级学科》，《广西民族大学学报（哲学社会科学版）》2012年第2期，第96页。
[2] 转引自〔美〕威廉·A.哈维兰著，王铭铭等译：《当代人类学》，上海人民出版社，1987年，第14页。

说必须吃人肉才能研究食人族。但是，生活在食人族之中的人类学家必须了解食人的行为习惯在整个文化中的意义。

与此相类，若想知道浙江萧山跨湖桥遗址发现的8000年前的独木舟对于人类早期航海和渔业的意义，那么，民族学材料中关于东南亚及南太平洋岛屿各类独木舟的记载无疑提供了重要参照。跨湖桥遗址独木舟残长5.6米，两侧各发现一支木桨，并散布许多圆木和剖木的"木桩""木料"，发掘者将其看成太平洋上的"边架艇"[①]。此外，独木舟东北侧还发现多块竹篾编织的席状物，有学者认为很可能是原始船帆的遗存[②]。边架艇独木舟（outrigger canoe）是在独木舟一侧或两侧加装同向舟形浮材，使之成为单边架艇或双边架艇独木舟。根据民族志材料，双边架艇独木舟主要分布于东南亚和美拉尼西亚群岛，而单边架艇独木舟则分布于从东南亚到太平洋以及印度洋群岛的广阔空间。有学者认为，这种差别是边架艇独木舟产生、演变与传播过程的反映。美国夏威夷毕夏普（Bishop）博物馆的A. C. 哈登（A. C. Haddon）、詹姆斯·霍内尔（James Hornell）认为，双边架艇的出现早于单边架艇。在远洋航海中，单边架艇的性能优于双边架艇，单、双边架艇形态的空间分布，反映了印度尼西亚群岛、美拉尼西亚群岛一带的双边架艇向东发展、扩散、演变为密克罗尼西亚和波利尼西亚群岛上单边架艇独木舟的过程[③]。

1.4.3 海洋学

海洋约占地球表面积的71%，总水量的97.2%，是生命的摇篮，资源的宝库。人类对海洋的认识产生于利用海洋的生产生活实践。最初，人类可能只是把海洋视为食物的来源地，后来发现海洋还能提供一种便捷高效的运输方式。这一发现既促进了世界各地的贸易往来，又加强了不同族群的文化交流。在这个漫长过程中，人类对海洋知识的积累不断增加，但直到19世纪70年代，英国皇家学会组织的"挑战者"号完成首次环球海洋科学考察之后，海洋学才从传统的自然地理学领域中分化出来，开始形成一门独立的学科。20世纪50年代后，海洋研究科学委员会（Scientific Committee on Oceanic Research，简称SCOR）等国际海洋科学研究组织和一系列海洋科学研究机构成立，极大地推动了海洋学的迅速发展。目前，海洋学形成了一门以物理海洋学、海洋化学、海洋地质学、海洋生物学四大分支学科为主，研究内容逐渐细化，研究领域逐渐拓宽，各分支学科之间彼此交叉渗透的系统学科。

---

① 浙江省文物考古研究所、萧山博物馆：《跨湖桥》，文物出版社，2004年，第50页。
② 吴春明：《涨海行舟——海洋遗产的考古与历史探索》，海洋出版社，2016年，第17页。
③ 吴春明：《涨海行舟——海洋遗产的考古与历史探索》，海洋出版社，2016年，第14页。

水下考古学是考古学的重要分支学科，因其研究的范围与对象主要是位于江河湖海中的人类物质文化遗存，这必然注定了这一学科与海洋及海洋学的关联性。一方面，古人在认识和利用海洋的过程中留下了大量的物质文化遗存，我们要研究这些遗存形成的原因和过程，就必须先了解一些海洋的相关知识。另一方面，水下考古或者说主要是海洋考古的工作环境，要求我们也必须掌握一些相关的海洋学知识。然而，海洋学是一门庞大的跨学科系统科学，它不仅涉及地质学、化学、物理学、生物学等基础学科，还涉及海洋气候学、海洋环境学、海洋工程方面的声学、电气、机械、机器人等应用学科。显然我们不可能也不需要知道全部海洋学知识，那么我们究竟该了解和掌握哪些相关的海洋学知识呢？

从水下考古和古代海上丝绸之路研究角度而言，我们起码应该了解海洋的一些基本物理特性，如海气（海洋和大气）系统、海洋环流、海浪、潮汐、海滩、海岸等，这部分内容其实就是物理海洋学，也即运用物理学观点和方法研究海洋中的物理环境。这些环境中的物理过程与地球上的气候和天气的形成及变化、海洋生物的生存和生活、海洋中物质和热量的输送、海岸和海底的侵蚀和变化，以及海洋的交通运输和军事活动等都有十分密切的关系。掌握了这些物理海洋学的基础知识才能理解古代海上航路的走向、季风贸易、沉船的沉没原因及沉没区域等。例如，1565—1815年的250年，西班牙殖民者开辟了墨西哥阿尔普尔科与菲律宾马尼拉之间的大帆船贸易航线，这种大帆船因主要在马尼拉当地建造，因此被称为马尼拉大帆船。大概每年2月底至3月中下旬，大帆船从阿尔普尔科港口出发，向西南方向航行至北纬12°左右，然后沿同一纬度向西航行直达菲律宾马尼拉，历时约3个月。反之，每年7月份，大帆船从马尼拉出发向东北航行，沿台湾岛东侧至日本岛东侧北纬32°—37°的位置，顺着洋流横渡太平洋到达加利福尼亚海岸，之后转向东南航行，最终到达阿卡普尔科，历时约6个月。由于太阳辐射与地球自转对不同纬度产生的作用大小不同，因此，全球大气形成了三圈环流模式和三个风带，北半球低纬度地区即为东北信风带，阿尔普尔科至马尼拉的航程就是借助了较为稳定的东北信风。而马尼拉返回阿尔普尔科的航程则不像去程那样快捷，必须借助北太平洋流涡和表层流的运动，大帆船才能返回阿尔普尔科。一般情况下，海洋表层流会与地球上主要风带一致。但事实上，表层流不会只受全球风带影响，地球上陆地分布也是影响每个海盆中表层流的方向和特性的因素。北太平洋流涡就是由北赤道流、黑潮、北太平洋流、加利福尼亚海流构成的顺时针海水表层流。当北赤道流受到亚洲大陆东岸的阻挡，在菲律宾群岛东部海面一部分回转形成赤道逆流，一部分向北沿台湾岛东侧、琉球岛西侧到达日本岛东南，这就是太平洋黑潮，也称日本暖流。大帆船就是先借助西南季风和黑潮到达日本以东，再借助盛行西风和北太平洋流横渡太平洋，然后借助加利福尼亚海流向东南到达阿尔普尔科的。

另一个例子是潮汐的影响。潮汐是海洋中每天发生的周期性海平面上升和下降运动，它会使海洋边缘每天缓慢地向陆地和海洋反复移动。由于海水在涨退潮过程中有巨大的流动性，潮汐不仅对船舶进出港有重要影响，而且对水下的考古工作也产生直接影响。一般而言，在近岸区域的水下考古工作只能利用短暂的平潮期进行，否则，潮汐导致的海水流动将无法让人驻足工作。这不仅是水下能见度的问题，更重要的是还存在很大的安全隐患。因此，掌握潮汐规律对于水下考古工作者至关重要。

我们知道，郑和船队七下西洋的航行动力主要来自有规律的季风活动。郑和船队所经过地区都是全球显著的季风区，风向的季节变化不仅驱动了帆船，还带动了海流的变化，为航行提供了动力。为了验证郑和下西洋对海况风貌的准确把握，南京信息工程大学海洋科学学院董昌明教授选取了历史资料较为充实、航线较为绵长的第六次航行进行研究，将途经的东海、南海、马六甲海峡、印度洋区域、非洲沿海区域等分为23个框区，逐一分析论证了航海过程中涉及的风貌海况状况；同时，对于海流和波浪对航行的影响也进行了分析论证，再现了郑和下西洋的海上经历[1]。

1.4.4 古代造船与航海史

远古人类获取食物有三种方式，分别是采集、狩猎和捕捞。随着农业和畜牧业的发展，采集和狩猎渐居次要地位，只有渔业捕捞继续发挥着重要作用，直至今天仍是世界各地沿海渔民的一种主要生存方式。因此，在漫长的历史进程中，人类渐渐认识了海洋的特性，发明创造了不同类型的舟船，逐步积累了丰富的航海经验，不断从沿岸走向近海、远海、深海。

根据历史学、考古学、人类学等材料，我们推测人类最早从漂浮的竹木、葫芦、皮囊等材料中认识到浮力的作用，由此经过连接捆绑产生了竹筏、木筏、皮筏、浮囊等最早的渡水工具。严格来说，这些都还不算舟船，呈现的多是自然物品的属性，只有具备了人工属性，并具有干舷的才可称作舟或船，独木舟就是公认的最早的舟船。尽管无法确定人类究竟何时、何地发明了舟船，但至少可以确定五六万年前，人类首次通过航海登上大洋洲，其所依赖的交通工具或许就是最早的舟船。近年在浙江萧山跨湖桥遗址[2]发现的独木舟和木桨、余姚井头山遗址[3]发现的木桨均距今8000年左右，是目前世界上考古发现的最早的舟船实物，但工艺显示其并不是最原始的舟与桨，最早的舟船证据应该至少要早到万年以前。

---

[1] 董昌明：《郑和下西洋中的海洋学》，科学出版社，2017年。
[2] 浙江省文物考古研究所、萧山博物馆：《跨湖桥》，文物出版社，2004年。
[3] 孙国平、王永磊、杨芝：《从井头山遗址看宁波地理环境与海洋文化的关系》，《宁波通讯》2020年第18期，第62—67页。

从全球气候变化看,在末次冰期结束时期(晚冰期,距今15000—10000年),全球变暖,河流泛滥,不断上升的海平面淹没了沿岸低洼地带,形成大片浅滩、丰饶的渔场和可供软体动物栖息的河床。正是在这几千年快速变化的气候当中,人类在三角洲地区、江河入海口以及盛产鱼类和软体动物的沼泽地区兴起了自给性捕捞[1]。到距今1万年左右,波罗的海沿岸、大型河谷和日本北部地区出现了越来越多以渔业为生的社群,随着人口的不断增加,一些社群定居繁衍,渐成聚落。其实浙江井头山遗址就是在这种大背景下形成的沿海史前村落。在这个过程中,对鱼类资源的追寻促使人们不仅创造了最原始的舟船,还激励其不断改进舟船建造技术,也让人们逐渐积累了远航的能力。在此基础上,人类社会拉开了后世造船与航海技术快速发展的序幕。

从中国古代造船史角度而言,我们应重点关注中国古代船舶发展的三条线索:第一,历史文献涉及的不同阶段的船舶类型。如东汉成书的《越绝书》记载春秋时期吴国战船已有大翼、小翼、突冒、楼船、桥船等,此后历代文献记载船型十分丰富,不胜枚举。第二,考古发现的古代船舶。历史文献记载的古代船舶虽浩如烟海,但细节多语焉不详,考古发现的船舶遂成为重要的实物佐证。第三,中国古代造船技术的独特贡献。从史前独木舟到商周木板船,再从汉代楼船到晋代水密舱壁八槽舰,从船体建造技术角度而言,中国向世界贡献了独特的水密舱壁技术。这项技术,从文献看不晚于晋代,从考古看目前最早为唐代实例,但是直到18世纪末至19世纪初,欧洲才开始仿效建造。李约瑟对此评价:"我们知道,在19世纪早期,欧洲造船业采用这种水密舱壁是充分意识到中国这种先行的实践的。"[2]另外,古代造船技术,除船体本身建造技术外,船舶的操纵技术也是一个非常重要的方面,其中橹和舵也是中国对世界的独特贡献。

航海是人类借助船舶跨越海洋,由一地去往另一地的海上活动。船舶、港口和航线的动静结合构成了人类航海的历史轨迹,这三者是航海史研究的主要基点。航海的发展离不开航海知识的积累与航海科学技术的进步,而航海科学技术则主要包括导航技术、船舶操纵技术,广义的航海科学技术还应包括造船科学技术。可以想象,人类最早的航海一定是根据近岸的山形水势来引航的,这在航海学上称为地文航海。随着近岸航行经验积累与航线逐步拓展,人们关于航海的知识和技术逐步增长。根据殷墟卜辞记载,商人已能仰观天文、俯察地理,同时还有关于操纵舟船的文字记载。春秋战国时期,齐国、吴国、越国已成为海上强国,横渡台湾、对日交流、南海贸易已经

---

[1] 〔英〕布莱恩·费根(Brian Fagan)著,李文远译:《海洋文明史——渔业打造的世界》,新世界出版社,2019年,第19页。
[2] 潘吉星:《李约瑟文集》,辽宁科学技术出版社,1986年,第258、259页。

出现。秦汉一统，沿海及江海之间航路完全贯通，印度洋远洋航线开辟，中国古代航海进入第一个大发展时期。三国两晋南北朝时期，虽政局动荡，但江南与东南沿海的航海业仍呈上升势头，帆与舵配合的季风航海技术走向成熟。隋唐时期，对季风规律认识有了新的提高，开始将季风称为"信风"，天文学家已能用"复矩"测量北极星离开地平面的高度。宋元时期，中国古代海外贸易达到鼎盛，航海技术进入"定量航海"阶段，指南针已应用于航海，驶帆、操舵、测深、用锚等各种航行技术都达到当时最高水平。明清时期，虽海禁反复，造船与航海业衰退，但仍有明初郑和七下西洋之壮举，《郑和航海图》集中记录了船舶航行的天体定向与定位、罗盘指向与针路、陆标识别与导航、航路指南与推算等诸要素，充分反映了郑和下西洋是宋元以来中国古代航海技术一次集大成的总检阅，成为中国乃至世界古代航海不可超越的顶峰。

从至少万年前人类造船与航海的起步，我们可以看到，随着生产力与技术的进步，造船与航海技术能力也随之不断发展。从水下考古学角度讲，古代沉船是最多也是最重要的研究对象，这就要求我们必须深入了解古代造船与航海史，只有这样，我们在调查、发掘、研究古代沉船时，才能把握其基本形态、建造技术以及背后的航海技术等相关问题，进而做到对古代沉船的科学研究与阐释。

第 2 章
国外水下考古发展简史

上海大学 丁见祥

作为考古学的一个分支学科，水下考古学得以成立的基本前提是具有"工作对象"。概括来说，水下考古工作对象出现的契机有如下几种：因祭祀等因素人为形成的圣物埋藏或圣地遗址（如墨西哥尤卡坦半岛的圣泉遗址）；水环境下丢失或沉没的物品（如沉船或其他突然抛弃与偶然遗失物品）；建在水上或水边，部分或整体沉没的遗址（如因海平面上升、地震、海啸等没入水下的码头、船坞、港市、湖居遗址等）；建在陆地，但现在位于水下的遗址（如因水库人为蓄水而没入水下的城镇、墓葬等），以及因空战、海战等其他人类活动所产生的遗迹、遗物。其中，沉船数量最多，也最容易引起人们的关注。水下考古的起源和萌芽与人类早期潜水、航海、沉船及其精美的船载文物具有密切的关系。

2.1 水下考古的起源与萌芽（1830年以前）

2.1.1 潜水活动的早期基础

早期潜水活动起源于人们的日常生产、生活，以及由此而来的知识探索，体现了人类自身对水环境的适应和互动。从起源的"时间"来说，我们已无法准确界定，从起源的"过程"来说，至少从中石器时代开始，生活于海滨水畔的人类已经开发利用水生资源，作为广谱性、复杂化生活策略的一部分。地中海东岸的以色列，距今约9000年的亚特利特雅姆（Atlit-Yam）遗址是一处因海平面上升、海水倒灌而淹没的史前渔村遗址，所见人类遗骸的研究结果显示其耳部曾因潜水而被压伤过[1]；大约同时，希腊弗兰克西洞穴遗址（Cave at Franchthi）出土的一批大型鱼骨暗示，当时的希腊渔民就曾航行到远离岸边的深水区以更好地利用海洋资源[2]；距今约7500年以降，红海、波斯湾一带的珍珠采集产业发展兴盛，珍珠已经成为同时期常见的墓葬随葬品[3]，后来地中海兴起的海绵采集活动更是加速了人们对水下世界的探索。这一相对漫长的历史过程，为人类对水环境的进一步适应，奠定了良好的实践基础。

2.1.2 潜水技术的早期状态

目前所见最早的有关潜水的文字记录，出现在公元前三千纪的两河流域。据说，美索不达米亚文化的英雄——吉尔伽美什为从海底采集长生不老的草药，在踝关节系

---

[1] Galili E, Benlamin J, Hershkovitz L, et al. Atlit-Yam: A Unique 9000 Year Old Prehistoric Village Submerged off the Carmel Coast, Israel—The SPLASHCOS Field School (2001). In: *Archaeology and Palaeolandscapes of the Continental Shelf*. Cham: Springer, 2017.

[2] Jacobsen T W. Excavation in the Franchthi Cave, 1969-1971, Part I. *Hesperia*, 1973, 42(1): 45.

[3] Vincent Charpentier, etc. *Pearl Fishing in the Ancient World: 7500 BP*, Arab. Arch. Epig. 2012, 23.

上石块，跳入海中作业，最后解掉石块浮出水面。这种潜水技术实质上是屏气潜水（breathhold diving），俗称"扎猛子"，这是人类适应海洋环境的初级形态，也是延续历史最为久远的形态。公元前480年，希罗多德在描写希波战争萨拉米斯海战时曾经提到，薛西斯一世的波斯舰队里有个潜水技术高超的人，叫司苦里亚思。船队发生船难时，曾经雇佣他打捞沉宝，他自己也因此致富。据说，司苦里亚思从水下潜泳80斯塔迪昂（约合15千米）投靠了希腊，并将波斯舰队的有关部署告知了希腊人，协助希腊人取得了胜利。司苦里亚思救捞沉宝和潜泳的技能，也是屏气潜水。应该指出，这种潜水活动多发生在10多米，最深也不过30米的范围内。更为重要的是人类受到本能的限制，屏气潜水的时间很短，缺乏作业能力。公元前350年，亚里士多德提出了潜水钟（diving bell）的思想[①]，并开展了相关实验，这是人类使用潜水钟的最早记录，潜水钟的使用提高了人类屏气潜水的作业能力。公元前332年，亚历山大大帝在古推罗（Tyre）港口的军事行动中，不但派遣潜水员下水排除障航物，还利用潜水钟亲自下水查看工作进展，这是屏气潜水与潜水钟潜水的组合工作。

人们对潜水技术的探索也一直在进行。例如，一种做法是利用中空的芦苇管或其他管状物，一端露出水面，试图小幅度延长水下滞留时间。实际上，这种方法并不能完成呼吸，即使水深只有1米，肺部也承受了很大压力，会有溺水的风险；还有一种做法是由潜水员携带动物皮囊作为储气罐、呼吸袋使用，据说早在公元前9世纪亚述人便提出了这一构想，不过并没有可行性。16世纪30年代，古格列尔莫·德·罗瑞拉（Guglielmo de Lorena）利用潜水钟发现内米湖罗马沉船，成为可信的最早的潜水钟使用记录；17世纪40年代，美国的爱德华·贝德尔（Edward Bendall）利用木制潜水钟潜入马萨诸塞查尔斯顿港；17世纪80年代，马萨诸塞州的威廉姆·菲利普斯（William Phipps）改进了潜水钟技术，用加大空气比重的方式为潜水钟提供空气，并利用这种办法从水下打捞沉宝；17世纪90年代，英国天文学家埃德蒙·哈雷（Edmond Halley）发展了潜水钟技术，用一个装有比重较大空气的桶在水底给潜水钟供气，并亲自在泰晤士河深18米多的水底待了一个半小时。上述探索跨越千年，是一个漫长的历史过程，其基本思路和核心理念是人直接暴露于水中的情况下，如何延长人在水下的停留时间，并形成一定的作业能力。此外，1715年英国约翰·莱斯布里奇（John Lethbridge）发明了木桶式潜水服（单人全封闭潜水服），莱斯布里奇明确指出他工作的常规深度是60英尺（18.3米），水下停留时间为34分钟。这是非常成功的设计，其工作和移动方

---

① 潜水钟分"开式"（opening）和"闭式"（closed）两种完全不同的设计理念。亚里士多德提出的属于开式潜水钟，所谓开式潜水钟是下缘不封闭，利用水压差在"钟"内形成空腔，潜水员进来换气，其基础是屏气潜水。闭式潜水钟的思想较为晚出，与后来深潜技术的发展紧密相关。

式类似潜水钟，欧洲地区利用这种方式打捞过很多沉船[①]。

2.1.3　水下遗存探索的早期形态

地中海区域较早出现潜水活动的有关记载，这与其丰富的海洋资源和繁盛的古代海洋贸易密切相关。人们在没水作业的过程中，会不断发展潜水技术，还经常会发现精美的古代文物，这反过来又刺激了他们对水下遗存探索的欲望。公元前1世纪的东地中海主要港口救捞成为一种经常性的业务，当地法律还根据水深对潜水作业补偿标准进行了专门规定。此时，无论从潜水经验上，还是从物品打捞上，人们对水下文物不再陌生。尤其是文艺复兴时期（14—16世纪）及大航海时代（15—16世纪）以后，人们对水下古物的热情与日俱增，有钱有闲的阶层随之出现了收藏和鉴赏海捞文物的热潮。对古物的这一需求又反过来促进了对潜水技术的探索。同时，大航海时代以后区域航运、跨洋贸易更为频繁，沉船的概率和数量也更多。例如，在这一阶段的末期（1793—1829年），据莱伊尔的估计，仅仅英国的船只平均每天沉没1.5艘，甚至更多。此时，科学的考古学尚未出现，上述活动也同样不可能具备考古学的目的和性质，只能算文人雅士、巨贾富商、冒险者等玩古猎奇行为在水下的延伸和扩展。

2.2　水下考古的酝酿与形成（1830—1960年）

2.2.1　考古学不断成长的背景

19世纪上半叶，对考古学具有深远影响的一系列重大事件发生。1819年，丹麦发生古物学革命，石器、铜器、铁器"三期说"提出；1830年，英国地质学家查尔斯·莱伊尔（Charles Lyell）发表《地质学原理》，并提出涉及地层叠压与时代序列等重要问题的"均变论"学说；1837年，法国索姆河畔打制石器与灭绝动物共存的现象得到重视，逐步确认了远古人类的存在，极大提前了人类历史的上限。自文艺复兴以来逐步兴起了欧洲古物学，至19世纪40年代前后由于资料积累和资料解释的需要，在收藏、鉴赏的笼罩下，欧洲古物学逐步透出研究历史的目的和诉求，这表明其开始进入新的境界，考古学已度过萌芽期。随着新的考古发现不断涌现，"三期说"在欧洲得以传播确立，"均变论"也逐步取得最后的胜利，而1859年达尔文发表《物种起源》，更是给这种变化赋予了发展的方向，这种方向具体到考古学上就是"技术的发展是由于人类利用他们的推理能力来发明更有效的方式以应对自然，以便使得他们的

[①] John D Broadwater. Timelines of Underwater Archaeology. In: *International Handbook of Underwater Archaeology*. Springer Science + Business Media, LLC, 2002.

生活更方便和更有保障"信念的建立[①]。自此以后，考古学、地质学和生物学在对人类起源的共同关注中走到了一起[②]。大约在1870年，考古学初步形成，以文化史为中心的考古工作逐步在时空两个维度扩展，考古学以其严格的归纳法已从单纯的古物学成长为一门科学。到1960年，经过近一百年的发展，考古学已经有了丰富的积累，并酝酿着新的重大变化。

2.2.2　潜水技术的重要突破

如何解决水下供气问题，是潜水技术发展中的核心问题，这一问题困扰了大家很长时间。19世纪初，压缩空气传输泵（a pump capable of delivering air under pressure）的发明成为重要的技术突破，这一技术使得水面供气成为可能。其中重要的事件是，1823年，约翰·迪恩（John Deane）、查尔斯·迪恩（Charles Deane）兄弟发明可以使消防员在燃烧的建筑物中活动的"烟雾装置"（smoke apparatus）并获得专利；1828年，他们将这一装置改进为"迪恩的专利潜水服"（Deane's patent diving dress），具有厚衣防寒、硬盔视窗、空气管水面供气三个关键要素，已经具备现代盔式潜水的基本要素；稍后，奥古斯都·雪贝（Augustus Siebe）对其进行了多次改造，例如，先将头盔下沿延伸至腰间，让多余的空气从衣服下摆溢出，后又将其改为全身潜水服，并增加排气阀，这成为现代深海潜水服的直接祖先[③]。在很长的时间内，潜水技术并没有大的突破，人们利用这种盔式潜水设备对水下世界开展探索。1926年，伊夫·普里埃尔（Yves Le Prieur）发明的水肺（aqualung）潜水装备给潜水员带来了便利性和机动性[④]。1938年，由于潜水脚蹼和面罩的使用，具有清晰视野的无限制自由潜水（free diving）在法国开展[⑤]。1943年，法国海军军官雅克斯·库斯托（Jacques Cousteau）和工程师埃米尔·迦南（Emile Gagnan）联合改良了现代轻潜设备——自携式水下呼吸系统（self-contained gas system），也称"aqualung"，即现在常说的"水肺潜水"，这项发明降低了潜水作业的技术门槛，因商业运作而快速推广，极大地促进了包括考古学家在内的普通人对海洋和其他水下世界的探索，这成为科学的水下考古学出现的技术前提，直到今天也还在使用。同时，人类对深海的探索也逐步开展，1930—1934年，著名的海洋探险家威廉·毕比（William Beebe）与奥蒂斯·巴顿（Otis Barton）乘

---

① 〔加拿大〕布鲁斯·G.特里格著，陈淳译：《考古学思想史》（第二版），中国人民大学出版社，2010年，第175、176页。
② 杨建华：《外国考古学史》，吉林大学出版社，1999年，第23页。
③ Lawrence E Babits, Hans van Tilburg. *Maritime Archaeology: A Reader of Substantive and Theoretical Contributions*. Springer Science + Business Media, 1998.
④ Rebikoff D. History of Underwater Photography, UNESCO. *Underwater Archaeology: A nascent Discipline*. Unesco Paris, 1972: 196, 197.
⑤ Goggin J M. Underwater Archaeology: Its Natures and Limitations. *American Antiquity*, 1960, 25(3).

坐巴顿设计的深海潜水球在百慕大群岛海域进行深潜探索，最深潜至923米，远远超越了当时的极限，人类得以第一次看见"迷幻的异世界之光"。此后，人类对深海世界的探索从未停止，随着水下考古学的逐步成熟，深海考古作为一个重要的领域也得以确立[1]。

2.2.3 水下考古的早期积累

在潜水活动长期发展的基础上，受文艺复兴运动的推动，15—16世纪此类探索活动更为频繁，尤其是西欧出现了很多沉船打捞活动，这些活动和探索为水下考古的最终形成完成了思想上和技术上的早期积累。

意大利东南的内米湖（Lake Nemi）中传说的两艘罗马时代沉船的打捞是这类活动的代表。1446年，建筑师莱昂·巴蒂斯塔·阿尔贝蒂（Leon Battista Alberti）试图对其进行打捞，因为设备原因失败，但却证明了"沉船"的存在。此后，1535年，F.德马基（F. Dmarch）用简单的木制面罩潜到遗址上；1827年，安内西·弗思科尼（Annesio Fusconi）又使用木制潜水箱，内装8人，试图打捞沉船，也未成功。顺便指出的是，这一水下作业的成功是由墨索里尼策划实施的，他雇佣工人将湖水抽干，证明所谓的"沉船"实际上是船形湖边别墅[2]。19世纪中叶以后，近代考古学度过其萌芽期，并逐步确立。西方考古学的先驱对海洋文化遗产的研究也日益感兴趣，尤其是对深藏在海底的古代沉船更是兴趣盎然。1832年，现代地质学的奠基人查尔斯·莱伊尔（Charles Lyell）指出，在历史演进的过程中，海底聚集的人类艺术品和工业纪念物的数量可能比大陆上任何一个时期保存的还要多[3]；1925年，考古学家所罗门·雷纳克（Solomon Reinack）提出，古代世界最丰富的博物馆坐落在地中海海底，并认为目前这家博物馆还没法进入[4]。这一时期的考古发现也有很多是淤陆沉船。例如，1863年，C.恩格哈特（C. Engelhart）在丹麦尼达姆（Nydam，现属德国）沼泽地利用田野考古方法发掘了四艘沼泽地沉船。此外，在丹麦、挪威的沼泽地里也不断发现9世纪北欧海盗维京人的船只[5]。

对阿尔卑斯山周围的史前湖岸木桩建筑遗存的探索是另外一个很重要的案例。1853—1854年的冬季十分干燥，苏黎世湖水面下降，露出木桩、石斧、鹿角工具、陶器和烧焦的木头，研究人员认为这是湖居住宅，后在包括瑞士、法国、意大利、

---

[1] 丁见祥：《大海寻踪：深海考古的发生与发展》，《中国文化遗产》2019年第5期。
[2] 张威主编，吴春明等编著：《海洋考古学》，科学出版社，2007年。
[3] 〔英〕莱伊尔著，徐韦曼译：《人类的遗体和工艺品在水下地层中的埋藏》，《地质学原理》，北京大学出版社，2008年。
[4] 〔英〕格林·丹尼尔著，黄其煦译：《考古学一百五十年》，文物出版社，1987年。
[5] 张威主编，吴春明等编著：《海洋考古学》，科学出版社，2007年。

德国、奥地利、北爱尔兰、斯洛文尼亚等地在内的整个西欧都有发现，2011年环阿尔卑斯山的史前湖居木桩建筑还被联合国教科文组织列为世界文化遗产。一方面，在这些沼泽地区的湖居住宅遗址中，发现植被和遗物共生和相互叠压的地层，根据类型学和民族学提出的"三期说"得到了地层学的证实，炭化苹果、梨、小麦、大麦、糕点和纤维、金属器等的发现开启了动物、植物、岩石和金属冶炼科学分析的先声，对史前考古具有重要意义[1]；另一方面，1854年8月24日地理学家阿道夫·冯·莫尔洛（Adolphe von Morlot）在瑞士冉弗希湖的湖居遗址的水下发掘，在水下考古技术发展史上是划时代的事件，围绕湖居遗址而采取的"筑墙抽水"发掘法（即围堰发掘法）是处理水深不大、能见度较差的水下遗址常用的手段，可以通过降低水位或人工干预水的能见度为考古工作的正常开展创造条件[2]。

水下考古的早期活动除了在欧洲一带快速积累外，也在世界上其他地区逐步发展，如玛雅地区墨西哥尤加坦半岛丛林圣泉与圣物等前西班牙时期的水下遗迹。19世纪40年代，J.L.斯蒂芬（J. L. Stephens）和F.凯瑟伍德（F. Catherwood）在恰巴斯和尤卡坦半岛的工作拉开了中美洲田野考古的序幕。中美洲的第一次大规模考古发掘是由哈佛大学皮博迪博物馆在科潘遗址开展的，并由此掀起了一股探索热潮。

总体上看，此时考古学已经逐步确立，并形成了初步的技术规范，尼达姆沉船、湖居住宅等淤陆沼泽中的系列工作，由于采取了陆地发掘的技术，基本符合了当时的发掘要求。内米湖这类沉船打捞还远不能算作水下考古的范畴，这些活动都不具备考古学的目的和性质，历代对内米湖的打捞或是出于好奇，或是为了船内的金银财宝，或是为了重温罗马时代的无限荣光，总之是"玩古"行为从陆地向水下的延伸，但这一连串的事件代表了西方世界对水下沉船遗存日益增长的关心和关注。水环境下，虽然已经出现了莫尔洛、汤普森等的重要探索，但由于潜水技术的限制，考古学还是无法真正打开水下世界的大门。

2.2.4 水下考古的最终形成

19世纪以来，管供盔式潜水技术的发明和逐步推广，为包括水下考古在内的各类水下探索奠定了技术基础，潜水技术在沉船等水下遗址的调查发掘中得到初步应用。例如，在迪恩兄弟等做出盔式潜水技术的重要发明之后，英国皇家工程队计划打捞沉没在朴次茅斯港外锚地的皇家乔治号沉舰（HMS Royal Geoege），威廉·帕斯利（William Pasley）上校认为这正是试验和评估各种潜水设备的良好机会，皇家乔治号

---

[1] 杨建华：《外国考古学史》，吉林大学出版社，1999年。
[2] 丁见祥：《中国水下考古发展的序章——以〈夏鼐日记〉为线索》，《水下考古》（第三辑），上海古籍出版社，2021年。

沉船的调查遂成为盔式潜水装备应用的早期案例[①]。

1900年，塞姆岛（Syme）海绵潜水员在克里特岛与希腊大陆之间的安提基西拉（Antikithera）海域发现一艘位于水下55米的沉船。调查显示，这一沉船是公元前1世纪早期（前80—前70年）装载着艺术品由爱琴海地区驶往罗马的古罗马船只。希腊政府组织海绵潜水员利用盔式潜水技术对沉船进行了发掘。由于每次下潜只能工作5分钟，因此发掘更像"打捞"。很多沉船碎片被打捞出水后收藏在雅典博物馆里，还有雕像、陶器、航海仪器等若干精美的文物得以出水，人们也意识到，船上的木板是由榫卯连接后（现在可知这种连接方式在现在的罗马船只中很常见），用青铜钉将木板固定在框架上。1907年，希腊海绵潜水员在突尼斯海岸数千米外的马迪亚（Mahdia）海域，发现一条公元前1世纪的沉船。这条船只在从希腊比雷埃弗斯（Piraeus）港航向意大利的途中遭风沉没。1908—1913年，突尼斯古物局聘用海绵潜水员对其进行了发掘，船上货物多为希腊产的建筑材料和雕像艺术品。1908年，业余考古学者苏格兰牧师布兰德尔潜入内斯湖（Loch Ness）底，调查人工岛及水上建筑的遗迹。1904—1911年，美国殖民者爱德华·H. 汤普森（Edward H. Thompson）通过兰达牧师根据当地传说写成的《尤卡坦半岛纪事》，了解到奇琴伊察有一口圣井，为了安抚雨神，隔一段时间要向井中投入一个少女和一名卫士，人们还不断往圣井里投掷首饰。1909年，汤普森用简陋的发掘技术发掘了这口圣井，井内除了大量的淤泥外，还发掘了金器、玉器和40多具尸骨，不但证明了当地传说的真实性，还开启了中美洲考古的新领域[②]。

上述一系列的探索显示，20世纪早期是水下考古学发展史上的一个重要时间节点。一方面盔式潜水技术日益成熟，作业能力稳定拓展，实用性日益增强，这使得在水环境下进行较为深入的探索、开展比较费时的作业成为可能；另一方面，随着考古学的整体进步，专门的政府文物部门介入，也已开始进行比较专业的探索、探讨。例如，让·夏伯特（Jean Chabert）指出，讲求方法、持续6年的马迪亚沉船调查工作开创了考古学的一种新的形式；乔治·巴斯认为，安提基西拉沉船的发现是水下考古史的重要事件，是潜水员第一次实地访问地中海沉船，并在工作过程中设法解决发掘中出现的问题；詹姆斯·P. 德尔加多（James P. Delgado）认为安提基西拉是第一条得到科学研究的沉船，该沉船的发现与发掘开创了一个新的学科。1965年《美国哲学学会学报》曾经以《重估安提基西拉沉船》为题刊登过一组文章，格拉迪斯·温伯格（Gladys Davidson Weinberg）的"导言"指出，安提基西拉沉船是发现的第一艘古代沉船，发

---

① Lawrence E Babits, Hans van Tilburg. *Maritime Archaeology: A Reader of Substantive and Theoretical Contributions*. Springer Science + Business Media, 1998.
② 杨建华：《外国考古学史》，吉林大学出版社，1999年。

掘工作历时一年多，在面对笨重的设备、较大的水深、暴风雨的天气、致密淤泥的埋藏环境、脆弱文物的发现等客观条件下，仍然将提取出水的文物维持在较好的状态实属不易，考虑到潜水员经验的缺乏、整体工作的新奇性，结果要比预期好得多。如果不采用"考古学家亲自下水发掘"或"考古学家穿上潜水服"水下考古学才会诞生这类比较狭隘的定义，安提基西拉沉船及这一时期的系列工作，实际上已经昭示着水下考古进入了一个新的发展阶段。不过，目前对这一时期的常规评价可以乔治·巴斯的说法为代表："20世纪早期，希腊海绵潜水员在地中海和爱琴海发现并打捞出了古典青铜器，这甚至受到了专业考古学家的称赞，尤其是因为在陆地上，这样的雕像很少能从垃圾堆中幸存下来。艺术史学家只知道，在希腊国家博物馆和卢浮宫里，最珍贵的古典时代的希腊雕像来自大海，突尼斯巴尔多国家博物馆展出的罗马雕像和陶器也是如此。然而，打捞这些杰出的艺术品，并不是真正的考古学。"[1]

重要的变化发生在1943年"水肺潜水"的进一步改良之后。这一装置的核心作用是解脱了"脐带"（水面供气管线）的束缚，人在探索水下世界时获得了相对的自由，水下机动性的获得对水下考古调查发掘技术的提高具有重要意义。20世纪50年代对水下沉船遗址的探索迎来新的高潮。1952年，法国作家和水下探险家菲利浦·维克多·迪奥（Philippe Victor Diolé）还撰写了一本关于水下考古的书籍，首次使用了法语的"水下考古学"（d'archéologie sous-marine），1954年此书被翻译成英文[2]。同年，在考古学家费尔南多·贝努瓦（Fernand Benoit）的指导下，组织了对马赛湾大康格路易岛（Le Grand Congloué）沉船遗址的发掘。此次发掘综合设计使用了空气提升浮篮、气升抽泥机装置，该遗址的考古报告很快出版。遗憾的是，这里原本有公元前2世纪和公元前1世纪两艘沉船，发掘者并未能成功分辨，这也是业界对这项工作有所争议的重要原因。1958年，大康格路易岛沉船遗址发掘队的成员菲利浦·泰莱兹（Philippe Tailliez）领导发掘了法国泰坦（Titan）沉船，这是一艘公元前1世纪的沉船，此次发掘工作首次对古代沉船的船体进行了研究[3]。此时，法国和意大利的潜水员采用了一些标准工具进行水下发掘，如使用空气抽泥装置移除水下沉积物，使用水下监控器供水面考古学家指挥发掘等。在撒丁岛北部斯帕基岛海域的发掘中，詹尼·罗吉（Gianni Roghi）还开发了一种通过在沉船上建造金属网格来绘制地图的方法[4]。经过改进、

---

[1] George F Bass. The Development of Maritime Archaeology. In: *The Oxford Handbook of Maritime Archaeology*. Oxford: Oxford University Press, 2011.

[2] Philippe Victor Diolé. *Promenades d'archéologie sous-marine*. Editions Albin Michel, Paris, 1952.

[3] Max Guérout. Chapter 27: FRANCE. In: *International Handbook of Underwater Archaeology*. New York: Kluwer Academic / Plenum Publishers, 2002.

[4] George F Bass. The Development of Maritime Archaeology. In: *The Oxford Handbook of Maritime Archaeology*. Oxford: Oxford University Press, 2011.

革新，这些装置直到今天也是水下考古调查发掘的必要设备和常用方法。此外，1959年，瑞典国王动用1200名潜水员，将因设计问题而于1628年首次航行便沉没的"瓦萨"号（Vasa）战舰打捞出水，这项工作被看成迄今为止最为宏伟壮观的沉船打捞活动之一[1]。

从"考古学家穿上潜水服"亲自下水发掘这个角度出发，多数学者认为上述工作都还不是水下考古学，即使其使用的技术与后来水下考古学所使用的技术区别不大。乔治·巴斯认为，这些早期工作考古学家并未潜水，只是欣然地接受了潜水员转交给他们的出水文物，因此没有一处遗址得以完全发掘[2]。基思·马克尔瑞指出，这些潜水员缺乏考古学知识，导致这一时期的工作水平十分低下，让人难以忍受[3]。例如，大康格路易岛的发掘中，库斯托没有绘制出一张遗址平面图，也没能仔细分辨出该遗址原本是两条不同时期的沉船叠压而成的堆积；泰莱兹对泰坦沉船的发掘也不满意，认为"虽然我们竭尽全力，但我明白出了好多差错……如果我们一开始就得到一位考古学家的帮助，一定会非常精细地记录下每件东西的位置，并通过亲自勘察而从最细微的痕迹中获得更多的知识"；"瓦萨"号在打捞之前也没有进行必要的测绘、记录，许多器物出水后因位置失落而无法复原[4]。由于乔治·巴斯后来的广泛影响力，目前的一般性看法是，1960年，年轻的考古学家乔治·巴斯在土耳其格里多亚角青铜时代沉船遗址现场指挥并亲自完成潜水发掘作业，是考古学家第一次亲自到水下开展考古工作，标志着科学的水下考古学的正式出现。不过，我们并不能以后见之明苛责前人，学术史的考察应对当时之境、当时之人秉持"了解之同情"的态度，毫无疑问，1960年科学水下考古学的出现是以此前长达半个多世纪的努力探索为基础的。

2.3 水下考古的发展与成熟（1960年至今）

2.3.1 水下考古在欧洲的发展

以乔治·巴斯为代表的考古学家，基于对地中海一带古典考古学的兴趣，调查发掘了大量的青铜时代沉船遗址。例如，1961—1964年，发掘了土耳其海域的拜占庭时期沉船亚西·阿达（Yassi Ada）第一遗址；1967—1969年，发掘了拜占庭时期的亚西·阿达第二遗址，这次发掘中还发明或改进了许多新的技术和设备，如空气袋装置

---

[1] 张威主编，吴春明等编著：《海洋考古学》，科学出版社，2007年。
[2] George F Bass. The Development of Maritime Archaeology. In: *The Oxford Handbook of Maritime Archaeology*. Oxford: Oxford University Press, 2011.
[3] 〔英〕基思·马克尔瑞著，戴开元、邱克译：《海洋考古学》，海洋出版社，1992年。
[4] 张威主编，吴春明等编著：《海洋考古学》，科学出版社，2007年。

（airbag）、手扇发掘法（hand fanning）、立体摄影、水下电话间等[1]；1977—1979年，乔治·巴斯对土耳其维泽·利曼（Serce Limani）的一艘11世纪的拜占庭时期沉船进行了发掘，该沉船装满玻璃制品，俗称"玻璃沉船"。乔治·巴斯的探索成为水下考古在地中海，尤其是地中海东部区域具有标志性的工作。此外，比较重要的工作有：1961—1962年，彼得·思罗克莫顿（Peter Throckmorton）率领希腊水下活动联盟和宾夕法尼亚大学博物馆团队，调查了希腊斯菲莎角（Cape Sphitha）附近的墨托涅（Methone）沉船，此次调查工作十分细致，开展了1400多次测量活动，并设置了6个控制点，采用三边测量法，绘制了翔实的遗址平面图。其中还发现了大量旧石柱和四具新石棺。1967年，迈克尔·卡采夫（Michael Katzev）在指导宾夕法尼亚大学博物馆在塞浦路斯海岸的水下调查时，发现了五艘古代沉船的残骸，其中最重要的是公元前4世纪一条装载安佛拉陶罐的船。这条船位于港口城市卡伦尼亚（Kyrenia）附近，水深30米，船体大部分被沙子掩盖。遗址发掘采用2米网格控制，牛津大学考古研究所开发了专门的金属探测器以确定沉积物之下的遗物埋藏情况[2]。

从这一时期开始，如何提高考古资料获取的可靠性、系统性，以符合考古学的目的，如何改进设备、引入技术，更好地服务于水下考古工作，成为工作层面的两个基本问题。这一时期，专业机构得以建立，其中进展最为迅速的是法国和英国。法国一直走在水下考古发展的前列，在雅克斯·库斯托等早期工作的基础上，1966年，法国在马赛成立水下考古学研究所（DRASM），受文化部领导，并配备Archéonatute号专业考古船，逐步成为地中海西部和大西洋的重要专业力量。1964年，英国成立了"航海考古学会"，并编辑出版《国际航海考古与水下探索杂志》（*IJNA*），先后发掘了"雷夫德"号（De Liefde）、"阿姆斯特丹"号（Amsterdam）、"圣玛丽亚·罗莎"号（Santa Mariade la Rosa）、"希罗娜"号（Girona）等重要沉船。其中最有名的是1967—1971年，考古学家玛格丽特·鲁勒（Margret Rule）主持发掘的都铎王朝著名战舰"玛丽·罗斯"号（Mary Rose），这是英国沉船考古学史上第一例有计划的调查发掘。1973年，英国圣安德鲁斯大学（University of St Andrews）成立海洋考古研究所也是英国水下考古发展史上的一件大事。此外，欧洲北部借助其悠久的造船、航海传统，对水下考古学也日益重视，由此地中海、欧洲西部、欧洲北部成为欧洲水下考古学发展的三个重点区域。

---

[1] 张威主编，吴春明等编著：《海洋考古学》，科学出版社，2007年。
[2] George F Bass. Eighteen Mediterranean Wrecks Investigated between 1900 and 1968. *Underwater Archaeology: A nascent discipline*. Unesco Paris, 1972.

2.3.2 水下考古的地区扩展

水下考古学在欧洲快速发展的同时，也在世界其他地区逐步开展。北美最早的沉船遗址主要发现于西班牙大帆船航线及英国殖民航线的周边海域，如西班牙至加勒比海，取道佛罗里达海峡返回欧洲的航线，主要涉及巴哈马群岛、佛罗里达海峡、百慕大海域等。乔治·巴斯团队在地中海工作的同时，于1973年在德克萨斯农工大学（Texas A & M University）创立航海考古研究所（Institute of Nautical Archaeology，简称INA），也开始在美国开展水下考古工作，在墨西哥水下考古事业的开始阶段也提供了重要支持。到1979年，INA的工作范围已涉及美国本土、地中海、东非及日本。与此同时，美国的海军史、人类学等领域的学者对水下考古也逐渐重视，视角也与乔治·巴斯有所不同，更加偏重海军史、人类学等领域。至此，北美地区也逐步形成了五大湖区、墨西哥湾、加勒比海、百慕大海域、佛罗里达海峡等水下考古发展的重点区域。

值得指出的是，1967年，乔治·巴斯、迈克尔·卡采夫等在发掘塞浦路斯的卡伦尼亚沉船遗址时举办了水下考古培训班，来自10多个国家的40余名学员参加了培训，其中不少成为水下考古的骨干或拓荒者[①]。例如，1971年，卡伦尼亚培训班的一个学员吉米·格林（Jeremy Green）受聘澳大利亚西澳博物馆，逐步开创了澳大利亚的水下考古事业，后来西澳博物馆的工作范围几乎涉及东南亚全境。1989年开始，中国历史博物馆与澳大利亚阿德莱德大学、西澳博物馆联合举办中国"第一届水下考古专业人员培训班"，中国水下考古也逐步进入发展的新阶段。

2.3.3 水下考古的领域拓展

1960年以来，世界范围内水下考古的工作和研究领域大幅度扩展，深海考古和大陆架考古是其中比较重要而专门的领域，目前的发展深入而广泛，已经成为水下考古不可或缺的重要组成部分。

2.3.3.1 深海考古

人类对深海遗存的探索自20世纪初便已开始，但既不成规模，也非主动探索。20世纪60年代，这种情况得到较大改观。1962年，出现了探讨深海沉船作业技术的专著《深海考古》[②]；1964年，为延长考古学家的海底停留时间，以及更便捷地对水下

---

① George F Bass. Eighteen Mediterranean Wrecks Investigated between 1900 and 1968. *Underwater Archaeology: A Nascent Discipline*. Unesco Paris, 1972.
② Duras Frédéric. *Deepwater Archaeology*, Translated by Honor Frost. London: Routledge and Kegan Paul, 1962.

沉船进行立体摄影测量，乔治·巴斯团队与美国通用动力电船公司（the Electric Boat Company of General Dynamics）合作，为宾夕法尼亚大学博物馆设计生产了载人潜器阿瑟拉号（Asherah），并且在1964—1967年于土耳其海域的多处水下遗址进行了试验性应用。这是世界上专门为水下考古设计的首款载人深潜器，我们可以将考古学家与深海技术人员的这次合作看作深海考古工作的正式开始。自此开始，对以沉船为代表的深海考古遗存的探索一直持续进行，现已积累了大量的深海考古工作案例，主要集中在地中海、黑海、墨西哥湾、波罗的海等海域。综合来看，近六十年的深海考古发展史表现出明显的阶段性特征，现分如下三个阶段进行介绍[①]。

第一阶段：1964—1979年。这是深海考古的起源与初步发展阶段，工作深度多在100米以浅，主要有两类工作：一是围绕刚刚投入使用的阿瑟拉号载人潜器的试验性应用；二是采用饱和潜水（saturation diving）的方式，先后对美国北卡罗来纳海岸带的莫尼特号（USS Monitor）美国内战沉船和地中海西西里岛海域公元前3世纪的Capistello沉船进行考古调查。1971年，威拉德·贝斯康（Willard Bascom）在《科学》杂志发表了题为《深水考古学》的论文，这是讨论这一阶段深海考古发展时不可回避的重要文献。贝斯康时任美国加利福尼亚州长滩海洋科学与工程公司董事会主席，在地中海海域与他人合作开展过多项深海考古工作，他在论文中详细阐述了深海为什么有沉船，深海沉船为什么保存相对完好，到哪里以及如何去寻找深海沉船，如何对深海沉船开展调查和发掘作业等一系列问题。此外，他还结合对现代沉船档案的研究，指出失事船只中的20%沉入深海，认为这一统计也适合古代船只。可以说，贝斯康奠定了深海考古早期发展的理论基础。此外，他还具体构想了将深海沉船整体打捞至潜驳平台，在完成船体复原、文物保护后，牵引潜驳平台进行流动展示的设计方案，颇具匠心。

第二阶段：1980—1999年。这是深海考古快速发展的一个阶段，随着20世纪80年代以来深海技术（尤其是深潜ROV）的新发展，深海考古的工作频率、工作深度大幅度增加，深达3800多米的泰坦尼克号（RMS Titanic）沉船也已做过多次探索。这一时期，深海考古的作业方式有饱和潜水及采用载人潜器、无人潜器多种方式。作业方式的差异化选择，一方面与工作对象所处深度有关，如爱丁堡号（HMS Edinburgh）沉船水深244米，占婆沉船（Champa wreck）水深70米，都还在饱和潜水的技术范畴内，而深度500米级的饱和潜水至今也算是国际领先水平；另一方面也与科技公司、商业公司的自身基础和资金力量有关，深海技术的昂贵给私募资金提供了介入这一领域的良好机会。具有深海技术优势的海洋部门和具有资金优势的商业公司的合作成为深海考古发展的重要推动力量。在这个过程中，考古学家的参与度虽日益提高，可工作主

---

① 丁见祥：《大海寻踪：深海考古的发生与发展》，《中国文化遗产》2019年第5期。

导权更多地掌握在技术或商业公司一边。这些技术或商业公司有时还扮演了猎宝者的角色，出水文物一般会交给考古学家研究，可其最终归宿却是个人或某些慈善机构，这与科学意义上的深海考古已相距很远。1999年1月，麻省理工学院技术研究所组织召开题为"深海技术和考古学：走向新的联合"的小型专题会议，集合考古学家、文化资源管理者、工程师、海洋科学家等领域的优秀学者阐明并讨论深海考古这一新兴学科的知识基础及有关问题。这是以深海技术与考古学联合为主题的首次会议，理查德·斯通（Richard Stone）在《科学》杂志上对会议进行了专门介绍和报道，它的成功召开既是第二阶段的系统总结，也将翻开深海考古新的篇章。

第三阶段：2000年至今。这是深海考古的深化调整期，最为重要的变化是考古学家在深海考古领域的自主意识逐步增强。一方面，考古学家开始着手进行区域性的深海考古调查作业，成绩斐然。例如，希腊深水考古调查、爱琴海区域调查、埃拉托色尼海山区调查、墨西哥湾深海区调查、斯卡格拉克海峡区调查等就是显例。另一方面，考古学家逐渐有意识地摆脱"在自己的工地却像是被邀请来观摩的客人"的尴尬局面，标志性事件为2012年法国考古学家"奔向月球"海洋考古计划的提出。与此同时，考古学家日益认识到，虽然深海沉船躲开了暗礁的撞击，避免了海浪、洋流、船蛆的破坏，往往具有较好的保存状态，但海洋猎宝、深海捕鱼却对深海沉船带来日益严重的威胁，这使考古学家的责任感和使命感进一步增强。2001年，联合国教科文组织第31届全体大会正式通过的《保护水下文化遗产公约》也为有关深海考古的国际合作、文物保护等问题提供了较为通用的机制性框架。正因如此，深海考古在研究和保护两个方面都得到了更为健康、深入的发展。

2.3.3.2 大陆架考古

大陆架是个空间概念，顾名思义，大陆架考古是指在大陆架区域范围内开展的考古工作。在海洋地质学中，大陆架指"海水下方从海岸延伸至坡度突然变陡的称为陆架坡折带的平坦区域"，有时陆架上还会有沿岸岛屿、珊瑚礁和凸起的浅滩，平均宽度约为70千米，变化范围从几十米到1500千米，陆架坡折的平均深度约为135米[1]。长时段气候变化研究显示，在人类历史的大多数时期，海平面低于现在。其中，冰期海平面低于现在100多米，距今20000年前的末次盛冰期时海平面要低于现在130米左右，距今6500年前大致达到现在的水平[2]。海平面升高之前，对欧洲和地

---

[1] 〔美〕Alan P Trujillo, Harold V Thurman著，张荣华、李新正、李安春等译：《海洋学导论》（第11版），电子工业出版社，2017年，第74页；沈承德、周明富：《中国东海大陆架¹⁴C年代学及晚更新世以来海面变化》，《科学通报》1981年第3期。

[2] Ben Ford, et al. *Our Blue Planet: An Introduction to Maritime and Underwater Archaeology*. Oxford: Oxford University Press, 2020: 169.

中海区域意味着400万平方千米的新陆地，对全球则意味着2000万平方千米的新陆地[①]。因海岸形态和陆架坡度的差异，低海平面时各地出露的大陆架面积大小不一，但总体上属于土地肥沃、水分充足、生态富有多样性的区域，非常适合早期人类的栖息繁衍和迁徙扩散。以现在的眼光回溯，上述时空范围将会涉及早期（主要是晚更新世至早全新世）人类的起源与迁徙、早期航海与文化交流、农业起源及其早期传播、海岸海岛环境适应与资源开发等重要考古学议题。换句话说，诸如早期人类的起源与迁徙、早期航海与文化交流等有关的许多重要证据就隐藏在淹没（或淤积）的大陆架上。

国外大陆架考古也已发展了很长时间，并且取得了十分丰硕的成果，是对水下考古学研究领域极大的扩展和深化，现将其总结如下[②]。

（1）北海与波罗的海

除个别海域外，欧洲的海域基本位于水深百米之内的大陆架区域。该事实意味着这片海域曾是史前时期重要的沿海迁徙和贸易路线经过的地方，学术界对大陆架考古和水下景观的关注就是从这里开始的。

早在19世纪30年代，现代地质学的创始人查尔斯·莱伊尔便在其《地质学原理》中详细阐述了英国"汉治海岸上的海下森林"、加拿大"芬地湾中的淹没森林"等水下景观，并指出"如果不做海陆相对水平曾经经过变迁的假定，这样的沉没森林将无法加以说明"，具有开山之功。后来，汉治（Hants）海岸以东，与法国、德国、荷兰及北欧诸国环抱的海域成为观察此类现象的重点区域，尤其是其北部的多格兰海域（Doggerland）更是广受关注。1913年，英国古生物学家克莱门特·里德（Clement Reid）首次发表关于北海淹没森林的文章，自此之后，作为英国与北欧间史前陆桥的多格兰海域便成为令人着迷又富有争论的考古学话题。1936年，丹麦考古学家 A. M. 塔尔格伦（A. M. Tallgren）便指出了英国中石器时代考古材料与丹麦马格尔莫斯文化（The Maglemosian culture）之间的相似性，并意识到后者曾开拓海平面上升之前北海的大片沼泽地。1942年，德国考古学家阿尔弗雷德·鲁斯特（Alfred Rust）又提出多格兰浅滩或北海史前干燥平原是冰后期重要人类居住区的假说。20世纪60—70年代，这一假说得到了北欧考古学研究成果的支持。

北欧考古学在19世纪上半叶就已形成对湖畔、水滨、泥沼等饱水遗址和沿海贝丘遗址的研究传统。19世纪中后期，地质学家逐步弄清冰川消退、海平面变化等过程

[①] Geoffrey N, et al. Archaeology and Palaeolandscapes of the Continental Shelf: An Introduction. In: *Under the Sea: Archaeology and Palaeolandscapes of the Continental Shelf*. Springer, 2017: 1, 2.
[②] 丁见祥：《浅谈大陆架考古及其意义》，《中国文化遗产》2022年第5期。

如何改变了斯堪的纳维亚的陆地、湖泊和海洋布局；对生态视角和环境分析的兴趣也成为北欧考古学研究的重要特点，在1940—1960年还一度占有主导地位。在这一背景下，淹没的史前遗址很早就进入了考古学家的视野。丹麦、瑞典、挪威等国家成为开展此类探索和研究的先驱和模范，目前已发现数百处史前时期的水下遗址，是世界上水下遗址分布最为密集的地区之一。丹麦霍森斯峡湾（Horsens Fjord）从日德兰半岛东海岸向内陆延伸至霍森斯镇，绵延15千米的海岸发现大量的中石器时代的定居点，其中有37处位于今天的海平面以下，考古发现有大量的贝壳堆积、鹿角斧、木质船桨、动物骨骼等古代遗存、遗物。瑞典与丹麦之间的厄勒海峡（Öresund）长约100、宽约30千米，深7—25米，自1970年以来，其南部最浅处也成为水下景观和史前考古研究的重点海域，考古学家在此发现了大量的旧石器时代晚期和中石器时代早期的考古遗址。其中，瑞典兰斯克鲁纳（Landskrona）附近的4处史前遗址都位于水深10米左右的古河道两侧。这些考古发现和研究成果，对北欧长时段环境变迁、人类生存模式与环境变迁间的相互关系、古代人类及史前技术的迁徙与传播等问题的研究都是重要的推动力。

地中海区域水下考古遗址的研究和北欧地区几乎同样悠久。早在1967—1969年，考古学家就在爱琴海南部（主要是伯罗奔尼撒海岸和土耳其西南海岸）发现了公元前2000年到19世纪间的69处海岸带考古遗址，初步展示了海岸带考古遗址对海平面变迁研究的巨大潜力，并将研究结论的精度从±1.0米提高到±0.1米。随后，在西班牙、法国、意大利、希腊南部海岸的水下洞穴发现不少低海平面时期人类居住的线索，如法国马赛著名的科斯奎洞穴遗址（Cosquer Cave）。再有，在以色列北部卡梅尔（Carmel）海岸南北15千米的范围内，考古学家发现了因全新世海平面上升而淹没的8处"有陶"新石器时期遗址（距今8000—6500年），发现了陶器、木器、石器、动植物遗存以及水井、墓葬等重要遗迹。在同一海域，1984年发现的亚特利特雅姆"前陶"新石器时期（距今9300—8300年）史前渔村遗址，是目前地中海地区时代最为古老、保存最为完好的史前水下遗址。该遗址位于现在海平面以下8—11米，面积约4万平方米，发现大量用燧石、木材、骨骼制作的工具残件和动植物遗存，石砌淡水井、石构矩形住宅基础和与信仰仪式有关的巨石构造物，用于生产橄榄油和储存食物的装置设施，以及数十座墓葬。此时的亚特利特雅姆居民同时利用海洋资源和陆地资源，研究发现有100多种栽培或采集的植物残骸，以及鱼骨、家畜和野生动物骨骼，体现出以农牧业为主、狩猎采集为辅的混合型生业方式。对墓葬所见人骨的分析显示，亚特利特雅姆居民存在结核病、疟疾和耳部病变，后者应与当时的沼泽环境和在冷水中潜水捕鱼有关。这些发现不但有助于我们了解当时沿海社会的物质文化、经济和社会习俗，而且对重建地中海东部沿岸史前时期的古环境具有特别重要的意义。

（2）欧洲以外地区

20世纪70年代以来，为配合油气资源开采，墨西哥湾、路易斯安那州、得克萨斯州沿海地区开展了大量考古工作，其中就包括大陆架外缘考古的内容。20世纪90年代前后，美国考古学家对美洲新大陆居民来源的看法发生变化，由白令海峡"无冰走廊"（Ice-free Corridor）单一陆路移民假设调整为沿海迁徙促成晚更新世多次殖民事件的新假设。这种观念上的变化使考古学家更加清晰地认识到现今海平面之下大陆架考古的重要性。与此同时，墨西哥湾西北部、美国东南海岸、加利福尼亚海峡群岛（Channel Islands）、伊洛魁冰川湖（Glacial Lake）、安大略湖（Lake Ontario）与圣劳伦斯河（St. Lawrence）等区域先后发现多处距今13000—8000年的水下遗址，对新大陆早期人类的沿海迁徙和海洋适应的研究具有重要的意义。此外，大陆架考古在阿根廷、南非、澳大利亚、日本都有不同程度的进展，其中澳大利亚工作延续性保持得更好，也较为注重大陆架考古中的方法论建设。

近二十年以来，大陆架考古发展尤其迅速，水下的史前考古学研究势头也有增无减，主要表现在三个方面。

第一，大陆架考古促进多学科合作。由于大陆架区位和海平面上升，很多情况下，大陆架考古在技术系统上属于水下考古范畴，这决定了大陆架考古是与环境科学、海洋科学、地球物理学以及信息技术、潜水技术（人工潜水、载人/无人潜水器）关系密切的交叉领域，不但需要特殊的研究视角，而且需要相对复杂的技术方法和研究策略。有研究者还提出考古海洋学（archaeological oceanography）以取代航海考古学（nautical archaeology）、海洋考古学（marine / maritime archaeology）等概念的主张。其合适与否有待进一步讨论，但本意并非认为考古学是海洋学的附属品，而是认识到水下或海洋考古作业（尤其是深海考古）涉及领域宽，经费投入大，技术依赖性更强，对海洋诸相关领域的合作需求更紧迫的现状后，出于鼓励考古学争取海洋科学领域的经费支持和强化面向海洋的多学科合作的实际需要。事实也是如此，举凡成功开展的大陆架考古项目无不是多学科合作的典范。

第二，大陆架考古引起更广泛关注。大陆架考古，特别是其蕴藏的史前考古研究潜力受到考古学界的普遍关注。从凝练研究主题、推动集体合作的角度看，2009年是个特别重要的年份，有两个重要事件：一是欧盟跨领域合作行动（COST Action TD0902）提出为期四年的"淹没的史前考古学和大陆架景观"（SPLASHCOS）研究计划；二是，同年夏天，欧洲考古学家协会（EAA）以"水下考古学和淹没的欧洲史前史的未来"为主题的第15届年会在意大利里瓦德尔加尔达（Riva del Gard）顺利召开，并以"淹没的史前史"为题结集出版其会议成果。较此稍早，2008年美国第41届历史和水下考古学大会以"海洋文化景观"（Maritime Cultural Landscape）为主题在新墨西哥州的阿布奎基（Albuquerque）召开，淹没的史前遗址、景观在其中占据了大量的篇幅，对"海洋文化景观"的广泛讨论客观上为大陆架考古提供了丰富的理论洞见。凡此，都极大地拓展了大陆架考古的广度和深度，大陆架成为水下考古和史前考古共同关注的地理空间。

第三，大陆架考古取得综合性进展。自1983年帕特丽夏·马斯特斯（Patricia Masters）和尼古拉斯·弗莱明（Nicholas Flemming）出版划时代的《第四纪海岸线和海洋考古学：迈向陆桥和大陆架的史前史》以来，大陆架考古进入快速发展阶段。2014、2017年出版的《大陆架上的史前考古学：全球回顾》《大海之下：大陆架上的考古学和古景观》是该领域最新的综合性专题成果。据初步统计，截至2017年，全球已知的大陆架史前考古遗址有3000多处，年代从距今50余万年到5000年，深度从近岸浅滩到水深100米，其中大部分遗址水深10—20米，少数遗址的深度超过40米。从分布上看，除南极洲外，几乎每个大陆的海岸都发现了类似遗址，其分布状态与欧洲和地中海边缘盆地、红海—伊朗—印度—东南亚—澳大利亚、白令海峡等重要的早期人类迁移路线具有密切关系，为更深入地认识早期人类迁移图景、迁徙模式提供了关键性资料。

2.3.4 水下考古理论的讨论

在欧美地区，自19世纪40年代开始到1960年，考古学经历了快速发展的过程。一方面，包括地层学、类型学、^{14}C测年等在内的考古技术，以及基于环境生态、聚落考古等在内的考古方法论都已成熟；另一方面，考古学的理论也代有更新，进化考古学已完成其历史使命，文化-历史考古学得到充分发展，早期功能-过程考古学初露锋芒，"新考古学"或"过程考古学"在美国和英国呼之欲出。"自1950年代以来，特别在北美和西欧，考古学从一种看似心安理得的文化-历史学正统转向雄心勃勃的理论创新。"由此考古学理论也进入了日益多元化的时代[1]，不过以考古学文化编年为中心的文化-历史考古学并未消失。1960年的水下考古学面对的就是这样一种总体形势。作为考古学的重要组成部分，水下考古学与考古学的主要差异在于技术系统，其方法论和理论取向则与考古学保持一致，随之也出现了明显的阶段性变化[2]。

2.3.4.1 文化-历史考古学影响下的水下考古学

文化-历史考古学，在人类学上也被称为"文化历史学派"，研究取向上主要属于传

---

[1] 〔加〕布鲁斯·G.特里格著，陈淳译：《考古学思想史》（第二版），中国人民大学出版社，2010年，第6、131—363页；杨建华：《外国考古学史》，吉林大学出版社，1999年，第14—189页。
[2] 丁见祥：《水下考古学理论的发展与变迁——兼谈对水下文化遗产保护的启示》，《自然与文化遗产研究》2022年第5期。

统考古学范畴，强调"考古学就是考古学"，如古典考古学家、近东考古学家、历史考古学家等都可归入这一群体。文化-历史考古学信奉历史特殊主义，注重文化史研究和文化区理论，强调要用客观实证主义的态度开展学术研究，重视归纳法、反对演绎法。

20世纪60年代的水下考古学，具有明显的文化-历史考古学色彩。这一时期，参与水下考古工作的人员主要有四类：一是受传统考古学训练的考古学家，具有明确的历史学研究取向，如乔治·巴斯，其成果多通过对古代（尤其专注青铜时代和古典时期）沉船遗址的发掘来研究航海史、贸易史，同时特别注意对发掘技术和发掘方法的总结[1]；二是供职于博物馆的船舶考古学家，受19世纪晚期以来海军史学家的影响，特别关注船只的技术起源和发展，如肖恩·麦克格雷（Sean McGrail），其成果多为与船舶、航海相关的研究[2]；三是在潜水技术和海底探索方面为考古学提供了巨大支持的业余爱好者，这类人员具有丰富的技术实践经验，致力于发展和推广水下设备与潜水技术，同时也参与或主持完成了大量早期水下考古实践，如雅克斯·库斯托及其涵盖水肺潜水、深海探索、海洋科普、水下考古等诸多领域的大量工作；四是受到地理学、地质学等训练的专业学者，在水下考古领域做出了开创性成果。这一传统相当久远，远者如1854年8月24日地理学家阿道夫·冯·莫尔洛在瑞士冉弗希湖的湖居遗址进行水下发掘，具有极其重要的意义[3]；近者如地理学出身的塞浦路斯籍考古学家奥娜·弗罗斯特（Honor Frost），她是黎巴嫩、叙利亚海洋考古学的先驱，学术兴趣主要集中在海岸景观、港口和沉船考古方面[4]，她还鼓励对遗址形成一般原则的研究和对调查前遗址保存状况的评估，当时虽未成为主流，客观上却成为水下遗址形成过程研究的先声[5]。其中，考古学家乔治·巴斯及其重要成果《水下考古学》[6]奠定了文化-历史考古学取向的水下考古学的地位，并对水下考古的后续发展具有深远影响。

总体上，在文化-历史考古学影响下的水下考古学，一方面强调考古资料优先，要用客观实证主义的态度开展研究，其研究成果多表现为沉船考古资料支持下的航海史、贸易史；另一方面具有以收集资料为目标的"区域发掘"（area excavation）倾

---

[1] George F Bass, Michael L Katzev. New Tools for Underwater Archaeology. *Archaeology*, 1968, 21(3): 164-173; The Promise of Underwater Archaeology. *The American Scholar*, 1963, 32(2): 241-254; Nautical Archaeology and Biblical Archaeology. *The Biblical Archaeologist*, 1990, 53(1): 4-10; George Bass. *Beneath the Seven Seas: Adventures with the Institute of Nautical Archaeology*. Thames & Hudson, 2005.

[2] Sean McGrail. Problems in Irish Nautical Archaeology. *Irish Archaeological Research Forum*, 1976, 3(1): 21-31.

[3] 〔英〕保罗·G. 巴恩主编, 郭小凌、王晓秦译：《剑桥插图考古史》，山东画报出版社，2000年，第5页。

[4] Semaan L. Maritime Archaeology in the Developing World: The Case of Lebanon. *Journal of Eastern Mediterranean Archaeology and Heritage Studies*, 2018, 6(1-2): 79-98; Harpster M. Maritime Archaeology in the Eastern Mediterranean: Approaches, Perspectives, and Histories. *Journal of Eastern Mediterranean Archaeology and Heritage Studies*, 2018, 6(1-2): 59-61.

[5] Honor Frost. Submarine Archaeology and Mediterranean Wreck Formations. *Mariner's Mirror*, 1962(48): 82-89.

[6] George F Bass. *Archaeology Under water*. London & New York, 1966.

向，其研究成果多表现为造船术、造船史及造船区域传统的比较研究，本质上符合考古学上"区域年表"传统和舟船民族志研究中的"区域-类型"范式。主要特点的形成有其独特的原因。首先，文化-历史考古学在注重物质文化时代差异的西欧、北欧发展起来，考古学家表现出要将欧洲特定地区或整个大陆的历史从已知文献向前追溯的研究取向，1910年后注重物质文化地理差异的美国考古学也采取了文化-历史学方法，成为此时"区域考古"和"区域年表"式考古研究的有益补充[1]。在考古学研究中，文化-历史考古学的基础是"时空"问题，这是说明和解释其他考古学问题的先决条件，直到今天，在考古学区系编年尚未开展或开展不够充分的地区，文化-历史考古学仍然是十分重要的研究取向。其次，1826—1840年法国海军军官弗朗索瓦·埃德蒙·帕里斯（François-Edmond Pâris）在三次环球航行中搜集了关于非洲、大洋洲、亚洲、美洲海洋土著民族的大量舟船资料，并于1843年编辑出版《欧洲之外造船志》，从而确立舟船民族志研究中影响十分深远的"区域-类型"范式，其在本质上属于一种"发现"范式，意义在于当面对不同区域的崭新船舶资料时，能够快速建立起认知框架[2]。再者，自20世纪60年代开始对水下考古学具有重要影响力的乔治·巴斯具有古典考古学教育背景，还参加了20世纪50年代末希腊早期青铜时代勒纳（Lerna）遗址的发掘，据其本人介绍，他发掘土耳其格里多亚角沉船也只是因为其属于青铜时代[3]。二战以后，古典研究式微，人们不再只专注于艺术与建筑研究，而更加强调贸易与技术。古典考古学本质上依然是文化-历史考古学，甚至在20世纪有时还被看作"一种搜寻材料的技术"，认为对遗址短期历时性变迁的把握对解决某些历史问题十分重要[4]。这使得作为考古学家的乔治·巴斯虽然更善于吸收前人的发掘方法，在水下通信、摄影测量乃至深海考古等方面都做出了先驱式的贡献，但是他强调对考古遗址进行彻底发掘，对局部、采样式发掘方式有所忽视，而对遗址的形成过程等问题也少有措意。这是乔治·巴斯与此时已经兴起的"新考古学"或"过程主义考古学"最为重要的区别。

2.3.4.2 过程主义考古学影响下的水下考古学

过程主义考古学，以早期"功能-过程考古学"为基础，是"新考古学"的成熟形态。其带有新进化论倾向，研究取向上注重系统论、过程论、生态论和文化适应，具

---

[1] 〔加〕布鲁斯·G.特里格著，陈淳译：《考古学思想史》（第二版），中国人民大学出版社，2010年，第191—201、213—221页。

[2] 谭玉华：《1826—1840年帕里斯环球舟船调查与舟船民族志的诞生》，《水下考古》（第三辑），上海古籍出版社，2021年，第156—160页。

[3] George F Bass. My Most Important Contribution to Maritime and Underwater Archaeology. In: *Our Blue Planet: An Introduction to Maritime and Underwater Archaeology*. Oxford: Oxford University Press, 2020: 19-20.

[4] 〔加〕布鲁斯·G.特里格著，陈淳译：《考古学思想史》（第二版），中国人民大学出版社，2010年，第221、222、377页。

有多元化色彩。过程主义考古学相信跨文化比较和进化通则，认为通过局部和个案可以认识整体，提倡使用抽样方法、空间分析及应用统计学等数理分析手段，强调"作为人类学的考古学"[1]。总体上，过程主义考古学注重"假设-演绎"，对考古资料与考古阐释之间既有的简单对应和纯洁等式提出质疑，主张以"中程理论"（middle range theory）指导下的系列科学程序弥合两者间的鸿沟，戴维·克拉克称此为"考古学纯洁性的丧失"[2]。英国和美国的过程主义考古学有所差异，后者对历史学存在更多的偏见，更为强调人类学传统，但二者都具备过程主义考古学的基本特点，在其发展的后期也都更为强调人类及其文化的主动性。过程主义考古学影响下的水下考古学大体可分为两类。

一类首见于英国，可称为"剑桥学派"，强调统计学等数理方法在水下考古中的应用，注重对水下遗存的空间分析，开创了具有深远影响的水下遗址（尤其是沉船遗址）形成过程（site formation process）研究，并持续推进、代有更新。基思·马克尔瑞是代表人物，他的《分散沉船遗址调查的系统方法》《历史时期沉船遗址的历史和考古数据整合：肯那默兰》《英国历史时期沉船遗址及其环境》《海洋考古学》等成果奠定了"剑桥学派"的基础，具有明确的过程主义考古学色彩[3]。例如，马克尔瑞基于大量的水下考古实践和对海洋环境特殊性的考虑，在《历史时期沉船遗址的历史和考古数据整合：肯那默兰》一文中首次建立了沉船遗址形成的流程和模型图，其主要过程可分为"抽滤效应"（extracting filters）和"搅拌作用"（scrambling devices），前者指从沉船中移除材料的过程（如漂移分离、原址破坏和当代打捞活动等造成的损失），后者指留存原址的遗存受到沉没过程和环境影响而重新排列的情况。这被认为是第一次将"中程理论"带入海洋考古领域，有意识地在船舶与沉船、经验数据与考古解释之间架设桥梁，对水下考古学的后续发展具有极其重要的意义[4]。马克尔瑞的研究成功开创了水下遗址（尤其是沉船遗址）研究的新范式，大大提高了水下考古的系统性、科学性和理论性，40多年来关于水下遗址（尤其是沉船遗址）堆积物研究的讨论都要从他讲起[5]。马克尔瑞英年早逝（29岁），对上述领域的后续发展是个重大损

---

[1] 〔加〕布鲁斯·G. 特里格著，陈淳译：《考古学思想史》（第二版），中国人民大学出版社，2010年，第239—335页。
[2] Clarke D. Archaeology: The Loss of Innocence. *Antiquity*, 1973, 47(185): 6-18.
[3] Muckelroy K. A Systematic Approach to the Investigation of Scattered Wreck Sites. *International Journal of Nautical Archaeology*, 1975, 4(2): 173-190; Muckelroy K. The Integration of Historical and Archaeological Data concerning an Historic Wreck Site: The Kennemerland. *World Archaeology*, 1976, 7(3): 280-290; Muckelory K. Historic Wreck Sites in Britain and their Environments. *International Journal of Nautical Archaeology*, 1977, 6(1): 47-57; *Maritime Archaeology*. Cambridge: Cambridge University Press, 1978.
[4] Gibbins D, Adams J. Shipwrecks and Maritime Archaeology. *World Archaeology*, 2001, 32(3): 279-291.
[5] Oxley I, Keith M. Introduction: Site Formation Processes of Submerged Shipwrecks. Gibbs M, Duncan B. Cultural Site Formation Processes Affecting Shipwrecks and Shipping Mishap Sites. In: *Site Formation Processes of Submerged Shipwrecks*. Florida: University Press of Florida, 2016: 1-11, 179-208.

失。直到20世纪80年代末，尤其是90年代以来，水下考古界重拾对"遗址形成过程"研究的兴趣，对马克尔瑞的模式原型进行深化、调整，主要有两种情况：①更加重视文化和行为要素，强调在研究沉船遗址的形成过程时，还需要考虑更广泛的文化行为、社会制度和意识形态的影响。其中，马丁·吉布斯（Matin Gibbs）在马克尔瑞及其后继者工作的基础上，提出了沉船遗址形成的"灾难响应模型"（the disaster-response model），为全面理解沉船事件之前、其间和之后的文化行为提供了一个扩展结构，并将文化行为与自然过程相结合，较为全面、系统[1]。②更加重视研究的预测能力和可检验性，主张从物理、生物和化学等变化过程出发，建立可量化的沉船解体（wreck disintegration）模型，以研究沉船的沉积和腐蚀速率问题[2]。在深海考古中，通过研究沉船（尤其是快速沉没的钢铁船只）材料的数学分布，还提出基于声学遥感数据的"遗址分布方程"（the equation of site distribution），以更好地理解深海沉船事件乃至复盘海战等灾难性事件过程，也已成为重要的研究方向[3]。综合来看，对遗址形成过程的全面研究，不但能够最大限度提高考古学解释的有效性，还可以加深对遗址环境、情境的理解，这对考古发掘、文物保护、遗址保护和遗产管理都十分重要。随着《保护水下文化遗产公约》的出台，"原址保护"成为水下文化遗产保护策略的优先选择，考古遗址形成过程研究已经成为水下文化遗产管理的重要组成部分和决策依据[4]。

一类出现在美国，可称为"北美学派"，以对沉船考古产生兴趣的人类学取向的考古学家为主体，1981年美国考古学家理查德·A. 古尔德（Richard A. Gould）在圣达菲（Santa Fe）组织召开沉船考古的专题会议，并于1983年编辑出版题为"沉船人类学"的会议成果[5]，可以看作"北美学派"出现的标志性事件，代表人物有理查德·A. 古尔德、帕蒂·乔·沃森（Patty Jo Watson）、拉里·墨菲（Larry Murphy）等，他们主要在美国本土涉及水下考古的工作，如五大湖（Great Lakes）、切萨皮克湾（Chesapeake Bay）、纳拉甘西特湾（Narragansett Bay）等。"北美学派"总体上采取"演绎–假设"的过程主义立场，将沉船作为一种人类学现象来理解，即主张"作为人类学的沉船考古学"，具有鲜明的北美人类学色彩。落实到水下考古的具体实践中，他们建议"以调查代替寻找"，强调系统取样的重要性；"以局部代

---

[1] Gibbs M. Cultural Site Formation Processes in Maritime Archaaeology: Disaster Response, Salvage and Muckelroy 30 Years on. *International Journal of Nautical Archaeology*, 2006, 35(1): 4-19.

[2] Ward I A K, Larcombe P, Veth P. A New Process-based Model for Wreck Site Formation. *Journal of Archaeological Science*, 1999(26): 561-570.

[3] Church R A. The U-166 and Robert E. Lee Battlefield. In: *Site Formation Processes of Submerged Shipwrecks*. Florida: University Press of Florida, 2016: 249-258.

[4] Oxley I. English Heritage and Shipwreck Site Formation Processes. In: *Site Formation Processes of Submerged Shipwrecks*. Florida: University Press of Florida, 2016: 211-230.

[5] Gould R A eds. Shipwreck Anthropology. Albuquerque: University of New Mexico Press, 1983.

替整体",强调避免全面发掘,要以"区域方法"(regional approach)研究不同地区沉船的海洋适应和区域传统;"以明确的研究计划代替含蓄的研究计划",强调设计明确的研究计划,通过假设、实验考古、民族考古等手段,从个案向一般扩展以发现诸如人类航海等行为的通则,沉船遗存可以为人类行为的研究提供独特的信息和思想[1]。其中,拉里·墨菲针对沉船原因提出"再多一次航行"(one more voyage)的假说,认为"造船和船舶使用群体的经济压力越大,对船舶进行的维修就越多,最终船舶的使用寿命超出了合理报废时限",即勉强进行的再一次航行成为沉船的重要原因[2];理查德·A.古尔德则通过对1588年西班牙无敌舰队和1940年不列颠海战中的沉船案例的研究,尝试说明了处于极端防御和孤立压力下战斗人员行为的考古学特征[3]。上述研究假设,已经进入船舶社会史(或社会考古学)范畴,成为1981年"沉船人类学"会议催生的最为具体的研究方向之一,近20年后,古尔德以"考古学与船舶社会史"为题进行了更为系统、深入的总结和阐发[4]。同时,"北美学派"后来也延续了水下考古调查中"区域方法"的使用,并十分关注英国马克尔瑞首次系统阐发的水下遗址形成过程的问题。例如,1997年詹姆斯·德尔加多主编了《水下和海洋考古学百科全书》,其中的区域方法、遗址形成过程等内容就是由拉里·墨菲主笔撰写的[5]。

2.3.4.3 后过程主义考古学影响下的水下考古学

后过程主义考古学,开始于20世纪70年代对过程主义考古学的质疑和不满。在伊恩·霍德(Ian Hodder)及其学生的推动下,后过程主义考古学在英国发展起来。1980年在剑桥大学召开的题为"考古学的象征主义和结构主义"的会议是后过程主义考古学的首次公开亮相,霍德主编并出版的会议文集《象征与结构考古学》是其标志性成果[6]。后过程主义考古学受到了法国马克思主义人类学、后现代主义和新文化人类学思潮的广泛影响,一般坚持相对主义和主观主义,提倡不同的声音,拒绝权威的表述。

---

[1] Gould R A. Looking Below the Surface: Shipwreck Archaeology as Anthropology. In: *Shipwreck Anthropology*. Albuquerque: Albuquerque University of New Mexico Press, 1983: 3-22.

[2] Murphy L. Shipwrecks as Data Base for Human Behavioral Studies. In: *Shipwreck Anthropology*. Albuquerque: Albuquerque University of New Mexico Press, 1983: 75.

[3] Gould R A. The Archaeology of War: Wrecks of the Spanish Armada of 1588 and the Battle of Britain, 1940. In: *Shipwreck Anthropology*. Albuquerque: Albuquerque University of New Mexico Press, 1983: 105-142.

[4] Gould R A. *Archaeology and the Social History of Ships*. Cambridge: Cambridge University Press, 2011. 中译本参见张威、王芳、王东英译:《考古学与船舶社会史》,山东画报出版社,2011年。

[5] Larry Murphy. Regional Approach & Site Formation Processes. In: *Encyclopedia of Underwater and Maritime Archaeology*, 1997: 339, 340, 386-388.

[6] Hodder I. *Symbolic and Structural Archaeology*. Cambridge: Cambridge University Press, 1982: 1-16.

伊恩·霍德提出了物质文化在社会决策中发挥着积极的作用，因此不但会反映社会的真实，也会颠倒和扭曲这种真实，这是对考古学阐释的巨大贡献，也是其区别于过程主义考古学最为显著的特点。布鲁斯·特里格认为伊恩·霍德这一发现的意义可与戈登·威利（Gordon Wiley）证明聚落形态研究在调查史前社会和政治结构上的重要性，或与克里斯·J. 汤姆森（Christian J. Thomsen）发现用分类和排列作为有效手段建立史前年代学相媲美。也有研究者指出，后过程主义考古学将现象学和解释学引入考古学理论，使得对考古学理论的探索开始从方法论层面逐步扩展到认识论和本体论层面，这是对考古学理论的终极性反思，是考古学理论与方法的一次革命[1]。后过程主义考古学影响下的水下考古学大体体现在如下领域。

第一个领域是海洋文化景观研究。北欧地区很早就已形成了"文化景观"的研究传统，且已影响到考古学研究。海洋文化景观（maritime cultural landscape）就是基于上述传统、依托斯堪的纳维亚半岛发展起来的。1978年，克里斯特·韦斯特达尔（Christer Westerdahl）首次提出其瑞典语形式，即Det maritima kulturlandskapet。1992年，韦斯特达尔以英文对海洋文化景观进行阐释，初步建立起研究框架[2]。此文被认为推动海洋考古学研究产生了范式转移，自此"海洋文化景观"逐步从边缘走向中央，从北欧影响至世界[3]。海洋文化景观研究主张景观认知、文化视角、海陆兼顾的综合性阐释方法，强调沉船、海滨遗存、海洋传统、自然地貌、口头传统，以及与航线、水下设施、防御设施、船名等有关的地名资料的综合运用。1995年后，在后过程主义考古学的推动下，海洋文化景观研究更为注重史前文化景观的认知理论、近代早期水手和渔民的仪式景观等新方向，更为注重海洋文化景观的结构、认知和象征意义[4]。海洋文化景观已经成为水下考古学中重要而广泛的研究领域，吸引了本·福特（Ben Ford）、乔·弗雷德曼（Joe Flatman）、戴维·斯图尔特（David Steward）、布拉德·邓肯（Brad Duncan）等一大批学者。目前，学术界出现的两种主张，将进一步推动海洋文化景观研究走向深入：一是没有海洋文化就谈不上海洋文化景观，要加强"海洋文化"研究，推动海洋文化景观研究超越描述和方法论层次，进入文化阐释阶段[5]；二是受思辨实在论（speculative realism）、扁平本体论（flat ontology）、

---

[1] 张海：《后过程主义考古学的形成——读伊恩·哈德〈解读过去〉》，《东南文化》2003年第11期。
[2] Christer Westerdahl. The Maritime Cultural Landscape. *IJNA*. 1992, 21(1): 5-14.
[3] Joe Flatman. Chapter 17 Places of Special Meaning: Westerdahl's Comet, "Agency", and the Concept of the "Maritime Cultural Landscape". In: *The Archaeology of Maritime Landscapes*. Springer, 2011: 311.
[4] Christer Westerdahl. The Maritime Cultural Landscape. In: *The Oxford Handbook of Maritime Archaeology*. Oxford: Oxford University Press, 2011: 733-754.
[5] David J Steward. Preface: Putting the Wheels on Maritime Cultural Landscape Studies. In: *The Archaeology of Maritime Landscapes*. Springer, 2011: VII-VIII.

物本主义（或"物导向本体论"）（object-oriented ontology）的影响，最新研究将海洋看作"超对象"（或"超物"）（Hyperobject），是具有能动作用、具有广阔地理空间和超大时间尺度的实体，对海洋文化景观等人本主义支持下的认识理论进行了挑战[1]。

第二个领域是船体结构、船体设计的象征意义，即船舶作为符号的多元化意义研究。作为功能的船，船舶是前工业化社会所产生的最庞大、最复杂的机器，是当时社会技术发展的顶峰[2]，涉及社会的技术能力、组织能力、经济能力、军事能力等诸多方面。作为象征的船，船舶是漂浮的意识形态、社会思想及工艺传统的表达，这些概念支配着人们对船舶的理解以及其可能的用途，影响着整个社会与文化对船舶象征性形象的规定，也影响了船舶生产过程及其使用方式的许多选择。因此需要将船舶作为"文本"解读，即"阅读船舶"（reading ships）。例如，在1628年的瓦萨号沉舰的船尾雕刻中，瑞典国王阿道夫·古斯塔夫二世（Gustavus Ⅱ Adolphus）置身于众多神灵、神话英雄和圣经领袖之上[3]，这种设计成为瓦萨战舰建造运营、权力来源极好的意识形态象征物，就是很好的例子。此类研究还有不少，其中最富代表性的综合研究成果是由O. 克拉姆林-皮特森（O. Crumlin-Pedersen）和B. M. 赛伊（B. M. Thye）1995年编辑出版的《船作为史前和中世纪斯堪的纳维亚半岛的象征》，该书涉及船舶作为尸体和陪葬品容器，丧葬仪式的象征性组成部分，沼泽泥炭堆积所见作为供品等不同情形，以及与战争和社会组织具有的复杂仪式性关系等内容，此类船舶实物在北欧、西欧和埃及地区受到的关注较多[4]。此外，需要提及的是，"雕刻船"（carved ship）也是斯堪的纳维亚青铜时代艺术的显著特征，如何确定基于海上航行的交换制度与船只在殡葬仪式和岩画艺术中的象征意义两者之间的关系是考古学家考虑的重要问题。随着考古发现的增多和比较研究的开展，船舶作为符号的多元化意义阐释已经成为水下考古的重要研究领域，如东南亚沿海和群岛以及太平洋岛屿地区，船舶作为有序社会群体的隐喻，其在殡葬习俗和岩画艺术中的象征意义也广泛存在[5]。

第三个领域是船舶社会的研究。船舶社会的研究也由来已久，基思·马克尔瑞曾经指出，船舶作为"封闭的社会"，沉船遗址中除船体构件、工具属具及货物外，还

---

[1] Campbell P B. The Sea as a Hyperobject: Moving beyond Maritime Culture Landscapes. *Journal of Eastern Mediterranean Archaeology and Heritage Studies*, 2020, 8(3-4): 207-225.
[2] 〔英〕基思·马克尔瑞著，戴开元、邱克译：《海洋考古学》，海洋出版社，1992年，第2、248、249页。
[3] Adams J. Ships and Boats as Archaeological Source Material. *World Archaeology*, 2001, 32(3): 292-310.
[4] O Crumlin-Pedersen, B M Thye. *The Ship as Symbol in Prehistoric and Medieval Scandinavia*. Copenhagen: National Museum of Denmark, 1995.
[5] Ballard C, Bradley R, Myhre L N, et al. The Ship as Symbol in the Prehistory of Scandinavia and Southeast Asia. *World Archaeology*, 2003, 35(3): 385-403.

可能存在与船员或乘客有关、能够反映出其所在环境及生活方式的某些遗物，这些遗物涉及包括等级制度、船员性别、船上饮食、船上娱乐乃至衣着等不同层面的高度专业化以男性为主导的航海体系，马克尔瑞还将船舶社会研究与造船技术、海战与贸易交流看作沉船考古的三个主要研究内容[1]。不过，也有研究者指出，"封闭的社会"仅存在于航行期间，以男性为主导的概括也失之片面，马克尔瑞只是提出了问题，还没来得及对船舶社会进行任何类型的分析。

船舶社会被看作大社会或微型社会的"镜像"，在很多情况下它们可能完全不同。根据考古遗迹将船上生活与更广泛的社会加以联系时，简单类比存在明显的风险，但也有相当大的潜力。其中，大部分体现在船舶结构、内部布置和设备配置的质量上。船只配置表明了功能和社会方面以及相关的劳动分工、权力和地位。空间组织揭示了人们对健康、死亡、财产和隐私等问题的态度。反过来，这些问题以各种方式与更广泛的社会组织和活动相关联。船舶社会对更广泛社会的反映并非被动的，船舶社会所反映的社会态度和行为规范支撑着船舶建造时的目标和需求[2]。

第四个领域是后殖民考古研究。后殖民考古是美洲、澳大利亚及非洲等地区特有的考古研究领域。此处所指不涉及史前考古学，主要属于殖民地历史考古学，这与15、16世纪以来西方的大规模殖民扩张具有密切关系。这一深刻影响世界格局的殖民过程全部经由跨海航行这一途径完成，后殖民考古也顺理成章地成为水下考古/海洋考古学研究的重要组成部分。这类研究受到了具有后过程主义色彩的考古学家詹姆士·迪兹（James Deetz）、伊恩·霍德、迈克尔·香克斯（Michael Shanks）、克里斯托弗·蒂利（Christopher Tilley），物质文化专家托马斯·施勒雷特（Thomas Schlereth）、格兰特·麦克拉肯（Grant McCracken），以及年鉴学派（Annales School）思想的影响和启发。其中，澳大利亚弗林德斯大学的海洋考古学家马克·斯塔尼弗思（Mark Staniforth）是典型代表，他致力于将社会视角和对物质文化"意义"的研究引入海洋考古学[3]。斯塔尼弗思的代表作是《物质文化与消费社会》，他通过对悉尼湾（Sydney Cove）、威廉·索尔特豪斯（William Salthouse）、詹姆斯·马修斯（James Matthews）、艾灵顿（Eglington）四处沉船遗址船货的研究，试图从区别于当地土著人群、确立在世界上的位置、建立社交网络等角度揭示其对澳大利亚殖民地的意义。消费社会作为更广泛殖民扩张和殖民过程的一部分，其物质文化可以被视为一种象征性的语言，考古研究要关注其中隐含的使用情境、文化规范、事物意义等潜在

---

[1] 〔英〕基思·马克尔瑞著，戴开元、邱克译：《海洋考古学》，海洋出版社，1992年，第237、248页。
[2] Jonathan Adams. Ships and Boats as Archaeological Source Material. *World Archaeology*, 2001, 32(3): 292-310.
[3] Stacy C. Kozakavich. Material Culture and Consumer Society: Dependent Colonies in Colonial Australia BY Mark Staniforth. *Historical Archaeology*, 2004, 38(4): 124-125.

的意义。该书最终通过对沉船所载物质文化的意义分析，建立了消费品分析的理论方法模型，有利于从文化层面更好地理解殖民社会，斯塔尼弗思认为，此类研究超越了澳大利亚海洋考古学中具有统治地位的描述和功能观点，而在某种程度上，描述和功能视角也主导了澳大利亚历史考古学和全球海洋考古学[1]。

---

[1] Staniforth M. Material Culture and Consumer Society: Dependent Colonies in Colonial Australia. Springer Science + Business Media, LLC, 2003: 1-4, 153-155.

第 3 章 中国水下考古发展简史

上海大学 丁见祥

以1987年和2009年为界，我国的水下考古发展简史可以划分为三个阶段。1987年之前，真正意义上的水下考古还属空白，1987年第一个从事水下考古学研究的组织——中国历史博物馆水下考古学研究室成立，标志着我国的水下考古事业由此进入早期发展阶段；2009年，随着重庆白鹤梁水下博物馆、广东海上丝绸之路博物馆和国家水下文化遗产保护中心的成立，我国逐步由单纯的水下考古向全方位的水下文化遗产保护转变。2009年以来，一方面我国水下考古的材料获取技术、方法乃至学科理论思考都有了新的发展，出现了一些新问题和新倾向；另一方面我国水下文物保护在理念、技术和方法上也都有所创新和突破，近十年来逐步形成了具有中国特色的水下文化遗产保护和管理方法[①]。

3.1 水下考古传入前的早期基础（1987年以前）

3.1.1 古代中国的潜水活动

"靠山吃山、靠海吃海"，古代滨海先民很早便已发展出相应的环境适应策略，中国东南沿海的跨湖桥、河姆渡、井头山等考古遗址中都曾发现独木舟、木桨等早期航海工具，为研究中国航海术的早期发展提供了重要的实物证据，同时也使得《周易·系辞下》"刳木为舟，剡木为楫"等早期造船术的描述具备了考古基础。鉴于探索和利用海洋等水环境的悠久历史，中国古代潜水活动的起源也应该相当久远。文献上关于"潜行""潜涉""潜水"等的记载则以战国时期及战国以降更为丰富和明确。例如，《庄子·达生》篇已出现了专门指代潜水者的称谓"没人"以及"至人潜行不窒"的说法。《史记·秦始皇本纪》记载，秦始皇在东行郡县后的归途中，"欲出周鼎泗水。使千人没水求之，弗得"[②]。此类"泗水捞鼎"的形象在汉墓画像石中多有发现，也称"捞鼎图""升鼎图"[③]，抛开其象征寓意和历史内涵不谈，上述文献和图像资料说明在秦汉时已出现了比较明确的潜水打捞作业，或至少已经具备了这项能力。这类"没人""没水"所代表的潜水活动的技术实质是"屏气潜水"，是人类最为原始的潜水技能，也是生命力最为持久、延续时间最长的潜水技术。凡此种种，都说明屏气潜水这种原始的潜水技术在我国古代捕捞活动中的广泛应用和悠久历史。

---

① 魏峻：《水下文化遗产保护与管理的中国实践》，《中国文化遗产》2020年第6期。作者以水下文化遗产保护体系的形成与发展为论述主体，并且将重庆白鹤梁水下博物馆、广东海上丝绸之路博物馆和国家水下文化遗产保护中心的成立视为这一体系迈向新阶段的标志。从水下考古是广义水下文化遗产保护体系的组成部分这一理念出发，结合2009年以来水下考古领域出现的新技术、新方法和新实践，本书认为作者提供的发展阶段划分方案对水下考古同样适用。
② （汉）司马迁：《史记·秦始皇本纪》，中华书局，1982年，第284页。
③ 邢义田：《汉画解读方法试探——以"捞鼎图"为例》，《画为心声：画像石、画像砖与壁画》，中华书局，2011年，第411—436页。

3.1.2 水下考古的工作基础

与水下考古关系最为密切的概念是"海洋考古"。水下考古与海洋考古是互有重叠、各有特点的相关学术领域。水下考古的重点在于区分"水下"与"陆上"两种遗存保存环境，突出了水下考古作业的技术系统和技术条件；海洋考古的重点在区分"海洋性"与"陆地性"两类遗存性质，突出了海洋考古研究的学科对象和研究主题[1]。据此，从水下考古技术的角度看，中国水下考古在1987年以前尚未正式开始，但是从海洋考古的角度看，我国已经有了相当的基础[2]。

3.1.2.1 资料基础

20世纪50年代以来，我国发现了一批与古代航海有关的遗存。

1956年以来发现大量独木舟遗存，其重要者主要有：江苏南京三汊河郑和造船遗址发现舵杆遗存和古代船舶的盘车构件[3]；1958年，浙江温州发现东晋时期的古代独木舟[4]；1973年，福建连江鳌江南岸水田中发现一艘长7.1米的独木舟，年代约当西汉时期[5]；1976年，广东湛江化州县石宁村鉴江东堤发现6艘东汉独木舟[6]；1982年，山东荣成县郭家村的毛子沟海相沉积中发现一艘古代独木舟[7]等。

1972年，珠海市三灶草堂湾东面海域发现一处古代沉船，船舱堆放香果和槟榔，大致属于晚清沉船。造船不用榫扣和铁钉，而用棕绳捆扎船板，与我国古代造船传统不同[8]。

1973年，福建泉州后渚港海滩发现一艘古代尖底沉船，船体水线以下基本保存完整，复原长度为34米，平面呈艏艉尖梢的椭圆形，具有二重或三重板结构，有13个隔舱。发现香料、木签/木牌，保留地名、货名、人名、商号等墨书文字。根据船载文物及船体结构推断，时代为南宋时期[9]。

1973年，浙江宁波和义路的唐代造船厂遗迹内发现一艘独木舟，复原长度11.5米，

---

[1] 丁见祥：《评估与选择——沉船考古方法的初步讨论》，《边疆考古研究》（第25辑），科学出版社，2019年，第297页。
[2] 基于本章题目"中国水下考古发展简史"，为介绍中国水下考古何时正式开始这一问题，此处对海洋考古与水下考古的概念稍加辨析。实际上，在考古实践和学术研究中，两者关系相当密切、互有关联，很难区别对待。为照顾文意，本章在必要之处将采用"水下考古（或海洋考古）"的表述方式，特此说明。
[3] 叶庙梅、韩毓萱：《三汊河发现古代木船舵杆》，《文物参考资料》1957年第12期。
[4] 戴开元：《中国古代的独木舟和木船的起源》，《船史研究》1985年第1期。
[5] 福建省博物馆、连江县文化馆：《福建连江发掘西汉独木舟》，《文物》1979年第2期。
[6] 湛江地区博物馆、化州县文化馆：《广东省化州县石宁村发现六艘东汉独木舟》，《文物》1979年第12期。
[7] 王永波：《胶东半岛上发现的古代独木舟》，《考古与文物》1987年第5期。
[8] 珠海市文物管理委员会：《珠海市文物志》，广东人民出版社，1994年。
[9] 福建省泉州海外交通史博物馆：《泉州湾宋代海船发掘与研究》，海洋出版社，1987年。

共存晚唐时期浙江慈溪上林湖窑青瓷碗、盘、壶、杯等,其中一件碗模印"大中三年"铭文,独木舟年代为唐代晚期[1]。

1974—1975年,西沙海域发现一批六朝以来的遗物,甘泉岛、永兴岛发掘所获为古代居住遗址,礁盘、沙滩上还发现南朝、隋唐、宋元、明清等不同历史时期的瓷器、铜钱、铜器及凝结物[2]。

1975年,福建泉州东郊法石港宋元文化层中发现碇石,次年在同一地点发现宋元沉船。据揭露的局部遗存可观察到,沉船有龙骨,没肋骨,水密隔舱直接用钉子固定在船壳板内侧,外壳板为单层松木高低榫搭接,船舱和沉船所在地层发现磁灶窑、汀溪窑及景德镇窑产品[3]。

1976年,广东珠海平沙前锋村发现了3艘沉船,其中一艘全长20多米,柚木质,船板厚4厘米,外壳板裹一层铜皮,时代为清代晚期[4]。

1978年,浙江宁波东门口码头遗址发现一艘沉船,复原总长不超过20米,船体为单层船壳板,"保寿孔"内有6枚北宋早期铜钱,船内发现少量"开元通宝""乾德元宝""元丰通宝"等铜钱及零星的船上生活用品。沉船所在宋元码头遗址发现大量古代陶瓷,如浙江上林湖五代至北宋青瓷,龙泉窑、越州窑宋元青瓷,江西景德镇窑宋元青白瓷、白瓷,福建建窑黑釉瓷等[5]。

1979年,上海浦东川沙县川杨河古海滩发现一艘唐代沉船,残长14.5米,由船底板、两侧舷板和桅座板三部分构成,中段为楠木,艏艉两段为樟木,桅板左右侧的长方孔内发现一枚"开元通宝"[6]。

1984年,山东蓬莱登州港清淤时先后发现三艘古代木制沉船,其中一艘战船长28.5米,尖艏阔艉,船型瘦长,龙骨为松木,外壳板用杉木,船分14舱。船内有铁剑、炮弹、铁铳等武器,还有龙泉青瓷碗、高足杯、草席、滑轮等器用和工具[7]。

同时,也发现了一些与内河航运有关的遗存。

1956年,梁山县宋金河发现明代兵船,共有13个舱,舱内有活板,并放有兵器及日用品。出土文物计43种174件,主要有兵器、马具、工具及生活用具等门类。其中一

---

[1] 宁波市文物考古研究所:《浙江宁波和义路遗址发掘报告》,《东方博物》(第一辑),杭州大学出版社,1997年。
[2] 广东省博物馆:《广东省西沙群岛文物调查简报》,《文物》1974年第10期;广东省博物馆、广东省海南行政区文化局:《广东省西沙群岛第二次文物调查简报》,《文物》1976年第9期;广东省博物馆、广东省海南行政区文化局:《广东省西沙群岛北礁发现的古代陶瓷器——第二次文物调查简报续篇》,《文物资料丛刊》(第6辑),文物出版社,1982年。
[3] 中国科学院自然科学史研究所、福建省泉州海外交通史博物馆联合试掘组:《泉州法石古船试掘简报和初步探讨》,《自然科学史研究》1983年第2期。
[4] 珠海市文物管理委员会:《珠海市文物志》,广东人民出版社,1994年。
[5] 宁波市文物管理委员会:《宁波东门口码头遗址发掘报告》,《浙江省文物考古所学刊》,文物出版社,1981年。
[6] 王正书:《川扬河古船发掘简报》,《文物》1983年第7期。
[7] 席龙飞、顿贺:《蓬莱古战船及其复原研究》,《蓬莱古船与登州古港》,大连海运学院出版社,1989年。

件炮上刻"杭州护卫教师吴住孙习举□王宦音保铳筒",左刻"重三斤七两洪武十年月日造"铭文;一件锚上刻"甲字五百六十号八十五斤洪武五年造□字一千三十九号八十五斤重"铭文。综合船体形态、出土文物及遗址位置,推测此船为明代洪武年间的护漕兵船[①]。

1973年,江苏如皋县蒲西马港河发现一艘木船,全长17.32米,用三段木料合榫而成,为典型的沙船船型,船体内设9个舱位,沉船出土了唐代瓷器以及"开元通宝"铜钱等,为唐代沉船[②]。

1975年,河北磁县南开河村东漕运故道漳河、滏阳河汇流处,共发现6条木船残骸。遗址周围是黄土夹沙堆积,木船埋藏于1.5米沙土堆积下,方位皆作东南或西北方向。其中,四号木船船舷两侧舷板上烫有"彰德分省粮船"六字。木船出土遗物有陶、瓷、铜、铁、木、石等器,以瓷器为最多。南开河木船应为元代漕运粮船[③]。

1978年,上海南汇县大治河发现一艘木船,保存较好,船分9舱,"保寿孔"内置"太平通宝"铜钱、银发钗并用油灰封口,舱内见宋代瓷碗[④],应为宋代沉船。

1978年,天津市静海县元蒙口发现一艘方艏方艉的平底船,全长14.62米,外壳板由舷顶板、舷侧板和船底板三部分构成,不设龙骨。船内出土宋代陶瓷碗和"政和通宝"铜钱[⑤],应为宋代北方沙船。

此外,还有一些瓷器堆积等其他遗存。1969年,广东珠海市南水镇蚊州岛北沙滩中发现212件古代青瓷,器形主要为碗和碟,出土时成摞分层叠放,还有包装物的草木痕迹,应是古代的船货遗存[⑥]。

3.1.2.2 研究基础

其一,考古学与陶瓷考古。20世纪60年代及以前,一些国外学者已对瓷器贸易、产地、工艺等问题进行了较为系统的研究。20世纪60—70年代,中国古外销陶瓷也掀起了一股研究热潮。此研究热潮的形成本有良好的学术基础,适逢这一时期又出现了良好的发展契机。一方面,日本学者在探讨中国陶瓷器的海上贸易线路时提出了"陶瓷之路"和"海上丝绸之路"的概念。1966年,日本学者三上次男以中国陶瓷在海外各地的流布情况为基础,将这条古代东西方之间的陶瓷贸易与交流的海上贸易

---

① 刘桂芳:《山东梁山县发现的明初兵船》,《文物》1958年第2期。
② 南京博物院:《如皋发现的唐代木船》,《文物》1974年第5期。
③ 磁县文化馆:《河北磁县南开河村元代木船发掘简报》,《考古》1978年第6期。
④ 季曙行:《上海南汇县大治河古船发掘简报》,《上海博物馆集刊建馆三十五周年特辑》(第四期),上海古籍出版社,1987年。
⑤ 天津市文物管理处:《天津静海元蒙口宋船的发掘》,《文物》1983年第7期。
⑥ 珠海市博物馆、广东省文物考古研究所、广东省博物馆:《珠海考古发现与研究》,广东人民出版社,1991年。

线路称为"陶瓷之路",并于1969年出版专书《陶瓷之路——东西方文明接触点的探索》。与此同时,日本学者三杉隆敏在《探索海上丝绸之路》一书中使用了"海上丝绸之路"这一概念。"陶瓷之路""海上丝绸之路"这两个概念及其所代表的研究思路和研究视野对中国古外销陶瓷研究影响极为深远,逐步成为20世纪70年代末以来的重要学术热点,进一步影响到对古代外销陶瓷窑址的考古调查与发掘、水下沉船的发现与研究等工作。另一方面,1974年泉州湾宋代海船的发现,促使学术界掀起了海外交通史研究的热潮,突出表现是中国海外交通史研究会的成立和福建省泉州海外交通史博物馆"泉州湾古船陈列馆"的建成开放。在此学术背景下,借由改革开放之春风,随着陶瓷考古新发现和中外学术交流的增多,古外销陶瓷研究也迎来了新的发展机遇,遂成为中国古陶瓷研究的热点问题,中国古外销陶瓷研究会的成立和古外销陶瓷研究资料的翻译和编印即是其突出表现,并召开专题学术研讨会,尤其是"陶瓷之路"概念由日本引入中国后形成了研究热潮,这一热潮持续到20世纪80年代,大大推动了中国古外销陶瓷的研究。这也奠定了此后40年外销陶瓷发现与研究的学术基础[1]。

其二,交通史与中外贸易史。自清朝末年尤其是梁启超发表《祖国大航海家郑和传》以来,海洋交通史的研究得到日益广泛的重视。民国时期,冯承钧写出了《中国南洋交通史》,校注了《瀛涯胜览》《星槎胜览》,并翻译了大量伯希和、费琅等著名汉学家的交通史著作;张星烺写出了《欧化东渐史》《马可波罗》等重要论著,尤其是出版了一百余万字的《中西交通史料汇编》,这使得中国的海外交通史研究逐步站稳脚跟,渐成显学。1949年以后,章巽先后出版《我国古代的海上交通》《古航海图考释》《章巽文集》《法显传校注》等重要著作;田汝康先后出版《十七至十九世纪中叶中国帆船在东南亚洲》《中国帆船贸易和对外关系史论集》等重要著作;韩振华先后出版《南海诸岛史地考证论集》《我国南海诸岛史料汇编》等重要著作。这些成果将中国海外交通史和贸易史的研究推进到一个新的高度。

其三,造船史与航海技术史。作为科学技术史的重要组成部分,中国的造船史与航海技术史在1949年之后才获得较快的发展。在造船史方面,杨熺先后发表的《中国古代船舶》《中国造船发展简史》成为船史研究的奠基之作;周世德先后发表《中国古代造船工程技术成就》《中国造船史的几个问题》等文章,简要总结了中国古代造船史不同环节的技术特点,是船舶技术史上的力作。航海技术史与造船史具有紧密的联系,航海技术史是广义造船史的组成部分,造船史研究的许多专题成果在分析船舶形态与结构发展史的同时,有不少内容涉及航海技术史。除此之外,还有一批科技史、文化史学者对

---

[1] 孟原召:《40年来中国古外销陶瓷的发现与研究综述》,《海交史研究》2019年第4期。

于风帆动力的起源、锚碇舵桨的演变、天文与地文导航的发展等不同航海技术环节进行了有益的探索。如严敦杰的《中国古代航海技术史成就》，席龙飞的《桨舵考》，韩振华的《我国古代航海用的量天尺》《中国航海用的几种火时计》等[1]。

此外，在资料和研究不断积累的基础上，这一时期有不少沉船引起了学术界相当广泛的关注，泉州后渚港宋代海船和韩国发现的元代新安沉船是典型代表。前者是在中外交通史、航海史、造船史等领域学者的高度关注，乃至直接参与下开展的，初步奠定了上述领域与考古学界合作的先期基础；后者作为较早引起中国学者高度关注的沉船案例，对于中外交通、贸易及海洋经济史等若干领域的研究也具有重要意义。直到现在，这两个典型沉船案例还吸引着学术界从不同角度对其加以关注、研究[2]。

泉州后渚港宋代海船发现于1973年，泉州海外交通史博物馆1974年对其进行了发掘。这一工作收获颇丰，其代表性成果为1987年结集出版的《泉州湾宋代海船发掘与研究》，其中包括了海船考古发现、海船研究的代表性论文、海船研究论文目录等三个部分。其重要性在于，一方面研究内容从对沉船本体的探讨扩展到沉船航线、船载文物与海外贸易、船载货物管理、船员生活等不同的专题，成为国内古代沉船研究领域最为深入、综合的研究案例[3]；另一方面泉州后渚港宋代海船及后来泉州一系列海交史迹调查成果引起了航海、造船、中外交通、中外关系史学界的广泛关注，并直接促使这一领域的学者积极倡导、呼吁在中国大力发展海洋考古。

韩国元代新安沉船位于全罗南道新安郡海域，发现于1975年，在海军的大力协助下，韩国文化财管理局于1976年10月至1984年9月对其进行正式发掘，历时7年[4]。由于当时的韩国缺乏专业的水下考古力量，学术界对其工作方法有所反思和质疑，但总体上新安沉船的发掘是韩国考古发掘史上的开创性成就，直接促使"韩国国立海洋文化财研究所"这一专门机构的出现，并随后获得了长足发展。此外，1977年在韩国汉城、1983年在日本东京先后两次召开"新安沉船文物国际学术讨论会"，将该沉船的研究推向高潮，发表的研究成果涉及沉船年代、沉船归属、船体结构、船载文物、航行线路等诸多方面[5]。鉴于当时的国内外形势，我国考古学界对新安沉船的关注非常迅

---

[1] 张威主编，吴春明等编著：《海洋考古学》，科学出版社，2007年，第62、63页。
[2] 杨斌：《当自印度洋返航——泉州湾宋代海船航线新考》，《海交史研究》2021年第1期；蒋建荣：《泉州湾宋代海船出土部分香料的科学研究》，北京科技大学博士学位论文，2021年；郭学雷：《从新安沉船出水瓷器看元朝及日本镰仓时代茶文化的变迁——以新安沉船发现黑釉瓷及相关遗物为中心》，《华夏考古》2020年第6期；范佳楠：《新安沉船与14世纪的中日海上贸易》，《自然与文化遗产研究》2019年第10期；袁泉、秦大树：《新安沉船出水花瓶考》，《考古与文物》2016年第6期。
[3] 张威主编，吴春明等编著：《海洋考古学》，科学出版社，2007年，第61页。
[4] 崔光南著，郑仁甲、金宪镛译：《东方最大的古代贸易船舶的发掘——新安海底沉船》，《海交史研究》1989年第1期。
[5] 张威主编，吴春明等编著：《海洋考古学》，科学出版社，2007年，第61页。

速。《夏鼐日记》"1978年8月30日"条记载，李德金先生在中国社会科学院考古研究所做的"南朝鲜沉船出土元代华瓷和元大都出土华瓷的比较"学术报告，这是目前所知国内最早提及新安沉船的材料[1]。1979年，李德金等学者又发表专文详细介绍和研究了新安沉船所见中国瓷器，有力推动了国内学者对于新安沉船的认识和研究[2]，这比西方学者对新安沉船的译介更为及时[3]。

3.1.3 水下考古发展的序章

如前所述，水下考古事业正式开始之前，我国已经具备了良好的资料准备和研究基础。此时，学术界对水下考古（或海洋考古）也并非一无所知，以夏鼐先生为代表的一批学者已经有了深入的思考，并做出了实实在在的努力，这是中国水下考古发展史上值得强调的重要篇章。通过对《夏鼐日记》的梳理、分析，可以明确相对独立、互有关联的两条发展线索，其代表了中国水下考古发展史上的"序章"[4]。

3.1.3.1 20世纪70年代中期至80年代初期

这一阶段，夏鼐先生为建立水下考古学做出了积极的努力及贡献。

中华人民共和国成立后，南越政权屡次侵犯我国西沙群岛和南沙群岛。1974年1月15—19日，其再次出动海、空军侵犯西沙群岛，中越双方爆发了"西沙海战"，我国军民坚决捍卫了西沙主权[5]。在此背景下，自1974年开始，我国科研院所、高等院校对西沙、南沙诸岛开展全面系统的多学科调查，考古调查也是其中的组成部分。在指导、推动这一工作的过程中，夏鼐先生曾经找到海军萧劲光司令员，希望能够在海军的帮助下建立我国的水下考古学，当时正值"文化大革命"，这一事业未能进行真正的谋划、落实[6]。此后，夏鼐先生也一直关注水下考古学发展动态。20世纪80年代初期，夏鼐先生以主编身份与王仲殊先生合作撰写《中国大百科全书·考古学》"考古学"总条时，高度概括了"水底考古学"（水下考古学）的主要内涵、学科性质和发展简史，明确指出"水底考古学是田野考古学在水域的延伸"，并将"水底考古学"

---

[1] 夏鼐：《夏鼐日记》卷九，华东师范大学出版社，2011年，第44页。
[2] 李德金、蒋忠义、关甲堃：《朝鲜新安海底沉船中的中国瓷器》，《考古学报》1979年第2期。
[3] Donald H Keith. A Fourteenth-Century Shipwreck at Sinan-gun. *Archaeology*, 1980, 33(2): 33-43.
[4] 丁见祥：《中国水下考古发展的序章——以〈夏鼐日记〉为线索》，《水下考古》（第三辑），上海古籍出版社，2021年，第132—144页。
[5] 李新建：《中越南海博弈的动态过程分析——以中越西沙和南沙两次海战为例》，华东师范大学硕士学位论文，2012年，第19—27页。
[6] 张爱冰：《考古学是什么——俞伟超先生访谈录》，《东南文化》1990年第3期；俞伟超：《十年来中国水下考古学的主要成果》，《福建文博》1997年第2期。

与"航空考古学"一起纳入与田野考古学、史前考古学、历史考古学相并列的特殊考古学范畴[1]，这体现了夏鼐先生对水下考古学的深入思考和科学认知，是对中国水下考古学的杰出贡献。在此之后，考古学界对水下考古高校教育的必要性也有了清晰认识。据介绍，1985年张忠培先生在高校考古"七·五"发展规划咨询意见中曾希望厦门大学借地利之便，做好水下考古的组织工作，填补我国考古学的这一缺门，此事限于当时的条件也未能成功[2]。

3.1.3.2 20世纪80年代初期

一些航海、造船、中西交通史等领域的学者倡议发展海洋考古，并做出了积极贡献。

1978年后，中国科学技术的发展迎来了一个好局面，河海运输、海洋勘察、渔业捕捞、海上救助与打捞、海军建设、航海科技等都踏上了新的轨道。1974年泉州后渚海船、1982年泉州法石海船的发掘及海外交通史迹调查也引起航海、造船及中西交通史学界的高度重视。在这个背景下，中国航海史学会、中国海外交通史研究会、中国中外关系史学会、中国造船工程学会船史研究会先后成立，且日益认识到海洋考古对航海史、造船史乃至中西交通史研究的重要价值。1983年在江西九江召开的"纪念郑和学术讨论会"上，来自航海、造船、中西交通史的学者倡议由交通部、文化部、国家海洋局、海军司令部、农牧渔业部、中国科学院、中国社会科学院及有关学会，联合组成"国家海洋考古、博物工作领导小组"，并提出设立海洋考古研究所、建立海洋考古探查打捞工作领导系统、建立国家航海博物馆、组织古代航海和船舶的科学实验工作四条建议[3]。这份发展"海洋考古"的倡议相当系统、完善，当时虽然未能具体落实，但这一多部门联合的工作机制为后来的"水下考古工作协调小组"继承，对中国水下考古的后续发展具有重要意义。此外，作为此番努力的亲历者和见证人，周世德、邱克等学者发表了《海外交通史的研究与海洋考古》《海洋考古学与海交史研究》《浅谈海洋考古学》三篇论文，代表了这一时期中国学术界对海洋考古的基本认知，具有重要的学术史价值[4]。

---

[1] 中国大百科全书总编辑委员会《考古学》编辑委员会：《中国大百科全书·考古学》，中国大百科全书出版社，1992年，第32、33页，"考古学"条。
[2] 吴春明：《厦门大学开展海洋考古学教学研究的回顾和近期设想》，《水下考古通讯》1990年第4期（内部刊物）。
[3] 丁正华：《记九江纪念郑和学术讨论会》，《中外关系史学会通讯》1983年总第4期。
[4] 周世德：《海外交通史的研究与海洋考古》，《海交史动态》1993年第15期；邱克：《海洋考古学与海交史研究》（油印本），山东大学历史系中西交通史教研室，1983年；邱克：《浅谈海洋考古学》，《海交史研究》1984年总第6期。

3.2 中国水下考古的发生与发展（1987—2009年）

3.2.1 中国水下考古的发生契机

自1983年开始，英国人迈克尔·哈彻就开始在印度尼西亚廖内群岛（Riau Archipelago）海域寻找18世纪中期东印度公司的哥德马尔森沉船（Geldermalsen shipwreck）。其间，首先找到的是另外一艘没有金银制品、载有所谓"过渡期"瓷器的17世纪中期沉船，即哈彻沉船（Hatcher wreck）。1986年，哈彻最终成功找到了哥德马尔森沉船，其打捞沉船文物并在阿姆斯特丹拍卖的活动在国外水下考古界也饱受争议、批评[1]。也正是这一事件引起了中国学界和政府的高度重视和强烈不满。1986年4月，文化部文物事业管理局委托故宫博物院冯先铭、耿宝昌先生专程赴荷兰了解拍卖情况，并考察欧洲所藏中国陶瓷。同年6月，新华社《参考清样》（第330期）刊登《我国陶瓷专家建议重视水下考古工作》，随后国家科学技术委员会与文化部文物事业管理局组织专家研讨在中国开展水下考古的有关问题。同年9月至翌年2月，国家科学技术委员会与文化部上报《关于加强我国水下考古工作的报告》，提出机构、队伍、经费等发展水下考古的五条建议，得到国家有关领导的高度重视[2]。从此，我国水下考古事业进入真正的筹备状态。

1987年3月，文化部文物事业管理局牵头组织，国家科学技术委员会科技促进发展研究中心、中国人民解放军海军作战部、中国人民解放军总参作战部、国家海洋局海洋管理司与科技司、交通部救捞局与水上安全监督局、外交部条法司、中国历史博物馆、中国社会科学院考古研究所、北京大学等单位组成的"水下考古工作协调小组"（现更名为水下文化遗产保护工作协调小组）正式成立，并召开第一次工作会议，提出制定水下文物保护管理的法规、初步调查我国水下文物情况、整理编译有关外文资料、搜集国外水下考古情况和动态、培养专业人员建立水下考古科研机构等任务[3]。同年，在俞伟超先生的具体领导下，中国历史博物馆考古部成立了水下考古学研究室，这是我国成立的第一个专门的水下考古机构，正式拉开了我国水下考古调查、发掘的大幕，也标志着水下考古学在我国的诞生[4]。

---

[1] Green J. *Maritime Archaeology: A Technical Handbook* (second edition). Elsevier, 2004; Colin Sheaf, Richard Kiburn. *The Hatcher Porcelain Cargoes: The complete record*. Oxford: Phaidon · Christie's Limited Press, 1988.
[2] 宋建忠：《一封鲜为人知的信件——当年北京大学考古系为何没有开设水下考古课程》，《中国文物报》2020年6月9日第3版。
[3] 曹兵武：《国家水下考古协调小组召开第一次会议》，《水下考古通讯》1987年第1期（内部刊物）。
[4] 张威、李滨：《中国水下考古大事记》，《福建文博》1997年第2期；宋建忠：《一封鲜为人知的信件——当年北京大学考古系为何没有开设水下考古课程》，《中国文物报》2020年6月9日第3版；国家文物局水下文化遗产保护中心：《国家文物局水下文化遗产保护中心2017年年报暨中国水下考古30年工作大事记特刊》，2020年。

3.2.2 中国水下考古的早期发展
3.2.2.1 人才培养

我国水下考古正式开始后，高度重视专业人员培训工作，派员出国学习和邀请专家来华讲学两种途径同时进行，逐步形成"走出去、请进来"的优良传统。在出国学习方面，如1987年张威、杨林赴荷兰学习潜水技术、水下考古调查发掘，1988年王军赴日本学习水下考古，1989年杨林、张威赴美国得克萨斯A＆M大学学习水下考古理论与专业技术[1]；在来华讲学方面，1987年12月，国家文物局邀请日本学者京都埋藏文化财研究所理事、调查部长田边昭三教授及其助手吉崎伸在中国历史博物馆举办水下考古学讲座，在京研究所、大学及文物出版社等单位派人前来听讲，特邀沿海文物部门和中山大学、厦门大学考古专业代表参加[2]。此外，1988年4月6日至5月18日，由国家文物局、中国历史博物馆、广东省文物管理委员会、广东省博物馆和深圳博物馆的9名专业人员组成潜水学习班，在广州市潜水学校接受了轻潜培训[3]。这是我国水下考古最早的一批专业人才，为后续水下考古工作的开展和专业人才的培养奠定了良好基础。

我国第一批系统的水下考古专业人才培训始于中澳合作。1989年1月27日，中国历史博物馆与澳大利亚阿德莱德大学东南亚陶瓷研究中心签署联合举办"水下考古专业人员培训班"协议，商定共同开展水下考古专业人才培训与考古实习工作。其中，1989年9—12月，培训班在山东青岛进行了第一阶段的潜水教学和水下考古理论、方法的课堂教学；1990年3—5月，培训班在福建连江县定海村组成中澳定海水下考古调查发掘队，开展水下考古遗址实习工作。此次培训工作标志着当代水下考古技术、方法正式传入中国[4]，俞伟超先生曾指出："从此，我国就有了第一批水下考古学的专业队伍。有了这批力量，我国就可比较准确地及时了解到沿海一些地区因种种原因而发现的一些水下古代遗存的情况，并可迅速地集中力量，组成一个规模不算太小的水下考古队，进行相当规模的正规工作。"[5] 此外，1989年中澳水下考古专业培训班所采用的潜水技能培训、水下考古理论与方法讲授、水下考古现场实习三个组成部分，基本奠定了后续水下考古专业人才培训班的培训方式和内容框架[6]，到2009年我国已经完成的五期七十余人的培训工作都是在这一框架下进行的，其中包括为肯尼亚培训的两名水

---

[1] 张威：《赴荷兰参加水下考古工作纪实》，《水下考古通讯》1987年第1期（内部刊物）；张威主编，吴春明等编著：《海洋考古学》，科学出版社，2007年，第67页。
[2] 《水下考古学笔谈会》，《水下考古通讯》1988年第2期（内部刊物）。
[3] 刘本安：《水下考古专业人员在穗接受潜水培训》，《水下考古通讯》1989年第3期（内部刊物）。
[4] 张威主编，吴春明等编著：《海洋考古学》，科学出版社，2007年，第68页。
[5] 俞伟超：《〈中国福建连江定海1990年度调查、试掘报告〉序》，《中国历史博物馆馆刊》1992年第18、19合刊。
[6] 栗建安：《谈谈水下考古学——中澳合作水下考古专业人员培训班学习札记》，《福建文博》1990年第1期。

下考古队员。更为重要的是，也正是在此次培训中，俞伟超先生结合厦门大学在泉州沉船考古、海交史、外销瓷等领域的已有基础，建议来自该校的学员回校讲授水下考古课程，通过学校教学传播水下考古知识。1990年，厦门大学首次开设"水下考古概论"课程，并于2007年出版《海洋考古学》专门教材，使得该校成为中国水下考古教育的早期重镇[1]。

3.2.2.2 考古实践

自1988年6月开展的广东吴川沙角漩沉船遗址调查始[2]，据不完全统计，到2009年我国共开展大大小小的各类水下考古项目30余个。总体而言，1988年以来水下考古项目量逐年增加，工作对象、遗址类型日渐丰富。20世纪80年代末期，事业初创，受人员、设备、经费乃至经验的限制，每年开展一项水下考古已属尽行业之全力；90年代初开始达到两三项甚至四五项，其中1993年绥中三道岗元代沉船遗址的发掘是中国水下考古独立自主完成大型水下考古项目的开始，此工作还获得了当年的"全国十大考古新发现"，在中国水下考古发展史上具有重要的意义；随着内陆水域、西沙群岛水下考古工作的渐次展开，单从数量上看，20世纪90年代中后期达到一个小的高峰，而西沙群岛水下考古工作的顺利开展标志着中国水下考古已经具备了远海调查、发掘的能力；随着21世纪初我国文物考古事业的整体进步，2005年以后，尤其是2009年以后，水下考古工作量增势明显。在统计学意义上，项目数量的增加意味着工作量的增加，也就意味着人员、设备、经费等支持项目开展诸要素的增加。因此，我国水下考古项目的逐年增加以及工作对象的日益丰富代表了中国水下考古在早期发展阶段的能力和水平的不断进步和长足发展[3]，学界对此也有很好的阶段性总结[4]。

3.2.2.3 文物保护

在发展水下考古的同时，水下文物保护从技术干预和法律规范两个层面同步发力，进展明显。在技术干预层面，中国国家博物馆文物科技保护研究中心对辽宁绥中三道岗元代沉船发掘出土陶瓷器、西沙海域出水陶瓷器的脱盐保护工作，以及泉州海外交通史博物馆对泉州湾后渚港出土宋代古船的保护处理是这一阶段较为大型的工

---

[1] 张威主编，吴春明等编著：《海洋考古学》，科学出版社，2007年，"后记"。
[2] 杨林、王军、张威：《广东吴川县沉船调查工作简况》，《水下考古通讯》1989年第3期（内部刊物）。
[3] 柴晓明、丁见祥：《中国水下考古的回顾与思考》，《新技术·新方法·新思路——首届"水下考古·宁波论坛"文集》，科学出版社，2015年，第8、9页。
[4] 俞伟超：《十年来中国水下考古的主要成果》，《福建文博》1997年第2期；张威：《近年来中国水下考古学研究的进展》，《船史研究》1997年第11、12期；张威主编，吴春明等编著：《海洋考古学》，科学出版社，2007年，第70—82页；魏峻、娄欣利：《中国水下考古二十年》，《文物研究》（第16辑），黄山书社，2009年。

作，其他开展较少①，总体上处于起步期；在法律规范层面，国务院于1989年10月20日及时颁布了《中华人民共和国水下文物保护管理条例》，对水下文物的范围和我国的权利主张、保护管理机构、报告发现和上缴制度、考古发掘活动等做了规定。该条例是我国水下考古事业起步伊始即形成的制度性成果，也是世界上较早的一部水下文物保护管理专门法规，在规范水下考古、加强水下文物保护管理、遏制盗捞破坏水下文物等方面发挥了重要作用，为我国水下文物保护提供了一套较为详细的法律机制②。2001年，联合国教科文组织出台《保护水下文化遗产公约》，其对原址保护的强调和对商业开发的限制，代表了国际水下文化遗产保护理念和技术的更新。在此背景下，研究者基于丰富的水下考古实践系统总结了我国水下文化遗产保护的特点、优势和不足，并提出了建设有中国特色的水下文化遗产保护体系的命题③，具有承前启后的重要意义。

3.2.3 中国水下考古的重要发现

广东吴川沙角漩沉船遗址调查：1988年6月14日至6月30日，中国历史博物馆与广东省文物考古部门联合对广东吴川县沙角漩沉船遗址进行水下考古调查。在我国，这是由受过专业训练的水下考古工作者开展的首次水下考古工作。该遗址距岸500米，涨大潮时最高水位约8米，落潮时最低水位约1.5米。调查发现船板、铜柱、铜钉、铜环等遗物。该船可能为年代较为晚近的国外木船，未进一步开展工作④。

广东台山南海海域南海一号沉船调查：1989年，中国历史博物馆与日本水中考古学研究所联合组织调查队，对广东省台山与阳江之间的南海海域古代沉船进行了初步调查，俞伟超先生将其命名为"南海一号"。1999—2004年，考古人员对沉船进行了多次调查、试掘、评估等工作，并于2005年确立"整体打捞、异地保护"的工作思路，2007年南海一号成功整体迁移至广东海上丝绸之路博物馆⑤。南海一号是南宋时期的中国贸易商船，其发现、调查和发掘工作贯穿中国水下考古发展全过程，是中国水下考古最为重大的项目之一，是中国水下考古发展事业的历史缩影。

山东长岛水下古文化遗存调查：1991年夏天，中国历史博物馆组织力量对山东省长岛县庙岛群岛周边海域进行正式调查。根据当地文物部门提供的线索和1990年初查

---

① 金涛：《我国出水文物保护工作相关问题刍议》，《中国港口》2016年第S1期。
② 国家文物局考古研究中心：《乘风破浪砥砺前行——写在修订后的〈中华人民共和国水下文物保护管理条例〉施行之际》，《中国文物报》2022年4月1日第1、2版。
③ 魏峻：《中国水下文化遗产保护现状与未来》，《国际博物馆（中文版）》2008年第4期。
④ 杨林、王军、张威：《广东吴川县沉船调查工作简况》，《水下考古通讯》1989年第3期（内部刊物）；杨林、王军、张威：《广东吴川县沉船调查工作简况》，《福建文博》2007年第2期。
⑤ 孙键：《广东阳江南海一号宋代沉船》，《中国沉船考古发现与研究》，科学出版社，2021年，第128—147页。

的结果，水下考古调查队对此海域的18个地点进行了共1896分钟的潜水调查，在庙岛西海塘等几个地点发现有宋元明清时期水下遗物和数片龙山、岳石文化陶片，并发现一批沉船线索。长岛的调查，有可能为研究早期人类的海上活动提供重要的线索[1]。

广东新会"崖山海战"遗迹调查：新会位于广东省南部，西部以西江入海口——银洲湖为界，与台山、开平相隔。银洲湖南端的崖门地势险要，是进出西江的门户。元朝灭宋的最后一战，即历史上著名的"崖山海战"就发生于此。据史料记载，1279年2月，南宋一千艘战舰屯兵于银洲湖，被元水军南北夹击，仅十余艘突围，左丞相陆秀夫背负少帝跳海而死，南宋战舰一千余艘沉没，南宋彻底灭亡。1991—1992年，中国历史博物馆、广东文物考古研究所等组织考古队对广东省新会县崖门水域进行了两次调查。由于淤积等原因，此次调查收获不大，但调查使用了高技术扫测与潜水探摸相结合的方法，对声呐扫测出的五处疑点进行了潜水调查[2]。

辽宁绥中三道岗元代沉船遗址调查：绥中三道岗元代沉船发现于20世纪80年代。1991年，中国历史博物馆赴绥中进行了初步调查，共采集遗物39件，初步确认其为一处元代沉船遗址。1992—1998年，中国历史博物馆联合各地水下考古力量组成"绥中水下考古队"，先后对三道港元代沉船遗址进行了6次正式的调查、勘探和发掘，共计发掘出水文物两千余件。这是我国首次凭借自己的力量实施的大型水下考古发掘，对环渤海古代航海史、海外贸易史和陶瓷史的研究以及处于起步中的中国水下考古事业具有重要的意义[3]。

福建定海白礁一号、白礁二号沉船调查：福建连江定海位于闽江口北侧，该海域分布着一系列明暗岛礁，也是出闽江口的重要航道。定海湾的水下考古工作开始于1989年秋，这一海域最为重要的水下考古发现是白礁一号、白礁二号沉船。白礁一号沉船遗址位于连江县筱埕镇定海村东南海域白礁附近，1990、1995年，来自中国历史博物馆、福建博物馆、厦门大学、澳大利亚西澳博物馆的水下考古队员对定海湾海域进行了水下考古调查与发掘，先后发现一批宋元、明清时期的沉船资料，此后，1999、2000年对白礁一号遗址又进行了多次水下考古调查、发掘工作。白礁一号沉船船体除部分龙骨外多已朽烂无存，沉船遗物集中分布范围长22、宽6米，共出水2600余件文物，陶瓷器是大宗，主要有黑釉盏和青白瓷碗两类，此外还有酱釉罐、壶、钵等，这批出水瓷器大多来自闽江口一带的窑口，船货被认为是销往东北亚地区或日本。白礁二号沉船在1990、1995年进行水下考古调查时发现，仅发现青花瓷、青瓷等

---

[1] 俞伟超：《十年来中国水下考古的主要成果》，《福建文博》1997年第2期。
[2] 俞伟超：《十年来中国水下考古的主要成果》，《福建文博》1997年第2期。
[3] 张威主编：《绥中三道岗元代沉船》，科学出版社，2001年。

少量文物，时代在明代晚期至明末清初[1]。

海南文昌县宝陵港沉船：1990年中国历史博物馆组织力量对海南文昌县宝陵港海域的明末清初沉船进行调查，沉船遗址的主体堆积被泥沙掩盖，部分凝结物凸起于海床以上，凝结物中有成摞的铁锅、铜锣等，间隙夹杂瓷器、铜手镯、银锭、铜钱等物，采集的"永历通宝"数量巨大，是清初据肇庆的南明政权桂王所铸，为该沉船提供了准确的时代依据[2]。

广东汕头广澳港清初沉船调查：1995年，中国历史博物馆、广东省文物考古研究所对广东汕头市达濠区广澳港清初沉船开展水下探摸和遥感物探调查。该沉船除部分肋骨和龙骨在清淤工程中出露外，大部分已为淤泥覆盖。采集阳刻"藩前忠振伯前镇前协关防""礼部造"铭文的铜印章1枚，阴刻"国姓府"铭文铜铳2件，铜暖壶1件，可能是南明政权所封郑成功部将洪旭在粤东的船队遗存[3]。

福建东山岛海域沉船调查发掘：2000—2005年，中国国家博物馆组织力量先后调查、试掘了福建东山海域的东门湾、南门湾、古雷头、冬古湾等地点的沉船遗址和遗物点。东门湾是一处清末民初沉船，船上运载具有闽南特色的方形铺地砖，还有青花瓷。南门湾、古雷头海域也曾发现过明末清初漳州窑的青花瓷器和铁炮遗存。冬古湾沉船遗址发现部分木结构船体与龙骨遗存，遗物有铜炮、铜铳、铜筷、铜锣、弹药、印泥盒、石砚、瓷器等，铜铳的形制与曾在福建连江发现的"国姓府"铳相似，瓷器为明末清初漳州窑青花瓷[4]。

福建平潭碗礁一号清代沉船：2005年中国国家博物馆组织调查发掘福建平潭碗礁一号清代沉船，为一艘满载康熙中期景德镇民窑青花瓷器的沉船。沉船位于水下14米处，发现船体的艏部、艉部皆残，残长13.5、宽3米，残存16个舱位；出水瓷器17000余件，大部分为青花瓷器，器形有将军罐、筒瓶、筒花觚、凤尾尊、盖罐、炉、盒、盘、碟、碗、盏、杯、盅、葫芦瓶等，少量青花釉里红、单色釉瓷、五彩瓷等[5]。

福建平潭大练岛沉船：位于海坛海峡北口大练岛西部海域，东距大练岛约300米，西北为小练岛，2006—2007年进行了调查、发掘。沉船船体保存不佳，残存部分隔舱板和船壳板。出水文物以瓷器为主，主要为青釉瓷器，此外还有零星陶罐、陶瓦和铁

---

[1] 赵嘉斌、吴春明：《福建连江定海湾沉船考古》，科学出版社，2011年；吴春明：《福建连江定海湾元、明沉船》，《中国沉船考古发现与研究》，科学出版社，2021年，第65—76页。
[2] 中国历史博物馆水下考古学研究室、广东省博物馆考古队、海南省博物馆：《海南文昌宝陵港沉船遗址》，《福建文博》1997年第2期。
[3] 广东省文物考古研究所、汕头市文化局：《汕头市广澳港南明沉船调查》，《文物》2000年第6期。
[4] 国家文物局水下文化遗产保护中心、中国国家博物馆、福建博物院等：《福建沿海水下考古调查报告（1989—2010）》，文物出版社，2017年，第319—351页。
[5] 碗礁一号水下考古队：《东海平潭碗礁一号出水瓷器》，科学出版社，2006年。

锅。青釉瓷器均为浙江龙泉窑产品，其器形主要有碗、大盘、洗、小罐等，纹饰主要有水波、卷草、花卉、双鱼、龙纹、松鹤、仕女等。大练岛元代沉船遗址的具体年代与韩国新安沉船相仿，为元代中晚期[1]。

西沙水下考古调查：1996、1998、1999年，海南省文物管理委员会和中国历史博物馆联合开展西沙水下考古调查与试掘工作，发现13处分别属于宋、元、明、清不同时期的沉船遗址和遗物点，并对华光礁一号沉船进行考古试掘。其中，永乐环礁的石屿一号沉船，采集有青花瓷器，发现明显的清代沉船遗迹；北礁一号沉船遗址，采集了明代龙泉青瓷和青花瓷盘、罐、碗等；北礁三号沉船遗址，采集了明末青花瓷大盘和沉船碇石等。试掘的华光礁一号沉船遗址，出水遗物849件，以瓷器为主，主要器形有青白瓷碗、盘、碟、盏、钵、壶、罐、粉盒等[2]。

台湾澎湖将军一号清代沉船：1995年，台湾历史博物馆在澎湖大塭海域发现将军一号沉船，同年进行初步勘查。1996、1998—1999年又进行水下试掘工作。船体长轴为东南—西北走向，残长21、残宽4.15米，排水量约350吨。共采集284件遗物标本，包括人工制品及动植物遗存，其中人工制品包括陶器、瓷器、陶砖、木材、金属器、纸张、缆绳、疑似衣服布料等；此外，还发现有大量排列整齐的建筑材料。综合出水文物及"乾隆通宝"钱币信息，判断其为一艘清代中期航行闽台间的商船[3]。

3.2.4 中国水下考古的基本状态

自1987年开始，中国的水下考古工作者在实践中逐渐总结出一些适合国情的水下考古技术、方法，在取得若干重要考古发现等成绩的同时，也走出了具有自身特色的发展之路，研究者将其特点总结如下[4]：

第一，起步虽然较晚，但是起点高，成绩斐然。

我国只用了短短数年的时间就走完了西方国家十多年才完成的水下考古发展之路，从1989年中澳联合培训水下考古专门人才开始，到1993年辽宁绥中三道岗元代沉船的调查发掘时，中国便已具备了独立自主地开展大型水下考古项目的能力；到1998年首次在我国西沙群岛海域开展严格意义上的水下考古调查发掘工作时，我国便已具备了开展远海水下考古调查、勘探和发掘的能力。在这一时期，我国水下考古的工作

---

[1] 中国国家博物馆水下考古研究中心、福建博物院文物考古研究所、福建市文物考古工作队：《福建平潭大练岛元代沉船遗址》，科学出版社，2014年。
[2] 中国国家博物馆水下考古研究中心、海南省文物保护管理办公室：《西沙水下考古（1998—1999）》，科学出版社，2006年。
[3] 台北历史博物馆编辑委员会：《澎湖海域古沉船发掘初步报告书》，1995年；《澎湖海域古沉船发掘将军一号实勘报告书》，1997年；《澎湖海域古沉船发掘将军一号试掘报告书》，1999年；《澎湖将军一号沉船水下考古专辑》，2001年。
[4] 魏峻、娄欣利：《中国水下考古二十年》，《文物研究》（第16辑），黄山书社，2009年。皆据此文，略有调整。

对象不但涉及了古代沉船、古代港口、古代战场等不同类型，还对内陆水域的沉船、城址、采石场、水下题刻等遗迹予以及时关注，极大地拓展了中国水下考古的内涵与外延。特别重要的是，早在1989年，我国便已颁布了《中华人民共和国水下文物保护管理条例》，为水下文物的保护提供了法律依据，即使在世界范围内也具有先进性。

第二，广泛运用现代科技设备，水下考古的科学性不断提高。

相比陆地考古来说，水下考古调查和发掘更加依赖现代科技手段和设备，在传统设备和技术的基础上（如潜水装备、抽泥吹沙设备、水下文物提取设备、照相技术，等等），进入21世纪，我国水下考古工作在发掘设备和技术方面的更新速度明显加快，水下无线通话设备、激光测距仪、差分以及RTK、GPS系统、电子绘图技术等在考古发掘中得到了普遍的应用，水下灯阵、超短基线定位系统和高精度水下测量设备也纳入未来工作的考虑之列。旁侧声呐、浅地层剖面仪、多波束声呐等海洋物探设备在水下考古中也得到了日益广泛的使用。更加严谨的工作计划、更先进的设备和根据不同遗址的具体情况采取更有针对性的调查、发掘技术，考古工作的科学性不断提高。

第三，总结出一些适合中国水域特点的考古发掘方法，手段日趋多样和成熟。

与国际上水下考古开展较早、成果丰富的俄地中海、波罗的海、加勒比海以及澳大利亚周边海域相比，我国领海和内水的海水能见度差、海况复杂，常规的水下发掘技术往往难以在这种低能见度状态下有效开展。通过在实践中不断摸索，考古工作者不但娴熟掌握了各种常规的水下发掘技术，也创造了若干适合浊水环境的新方法，如南海一号的整体打捞、福建东山冬古湾沉船发掘"围堰法"的使用等，这些新方法都能有效解决浊水环境中的考古作业难题。水下考古不仅是对水下文化遗产进行性状评估的决定性技术，同时也是一种有效的水下遗产保护方法。水下考古手段多样化为采取更加灵活、有针对性的水下文物保护策略提供了更多科学和准确的资料。经过长期探索，我国在水下文化遗产保护的策略上已逐渐形成了原址保护（涪陵白鹤梁水下题刻的保护）、迁址保护（南海一号沉船的整体打捞）和抢救性发掘（华光礁一号沉船发掘）并举的局面。

第四，逐步实现由专门技术手段向学科体系的转变。

在充分肯定中国水下考古在较短时间内取得较大进步这一事实的同时，也应该看到水下考古学传入中国之后，在相当长的时间内都被理解为一种针对特殊环境（水下）的专门考古技术，限于主客观原因，水下考古的从业者更多关注的是水下文物调查如何开展、水下考古发掘怎样进行之类技术层面的问题，总体上对于水下考古理论和学科体系建设等问题缺乏研究的热情和积极的思考，这种状态不仅阻碍了水下考古的更快发展，而且也直接影响了后继者的发展取向。可以说，这一阶段，即使我国的水下考古在考古调查和发掘方法上取得了不错成绩，但是理论匮乏、研究薄弱、学科发展缺乏规划等问题长期存在。不过，这一现象正在引起学界重视，成果在不断增多，经由广大水下考古工作者的共同努力，构建有中国特色的水下考古学科体系并非遥不可及的"空中楼阁"。

3.3 中国水下考古的持续发展（2009年至今）

3.3.1 中国水下考古的最新进展

3.3.1.1 机构变迁

水下考古和水下文化遗产保护的力量结构和区域布局不断完善。为顺应我国水下考古、水下文化遗产保护事业发展的新形势，2009年以来水下考古工作机构进一步完善、优化。2009年，国家文物局在中国文化遗产研究院设立国家水下文化遗产保护中心；2012年，加挂国家文物局水下文化遗产保护中心牌子。2014年6月，国家文物局水下文化遗产保护中心独立建制，2015年中国国家博物馆水下考古研究中心整建制并入，我国首次具备了专门的国家级水下考古和水下文化遗产保护工作机构。2020年9月，在国家文物局水下文化遗产保护中心的基础上，更名组建国家文物局考古研究中心，继续负责组织实施全国水下考古工作，持续发挥全国水下考古总平台、水下文化遗产保护主阵地的作用。近年来，随着水下考古实践和学术研究的需要，一些省份也成立了水下考古机构或水下考古部门。凡此种种，都在很大程度上提升、完善了我国水下文化遗产保护事业的力量及其区域布局水平，整体上逐渐形成由国家主导、地方配合、多部门合作的水下文化遗产保护格局。毋庸置疑，专业机构的日益多元化及不同背景新生力量的不断补充将有助于学术研究更为健康、全面地发展。

3.3.1.2 人才培训

水下考古和水下文化遗产保护的人才培训和学科建设继续推进。2009年以来，我国水下考古人才培训一方面继续沿用既往模式，同时也根据工作需要和理念更新大力拓展新的空间，如出水文物保护培训班、水下考古GIS培训班的举办，以及高等院校对水下考古学教育的逐步重视即为显例。到目前为止，我国共举办了九期水下考古专业人员培训班、七期出水文物保护培训班、一期水下考古GIS培训班，共培养200余名专业技术人员（包括为肯尼亚、沙特阿拉伯、伊朗、泰国、柬埔寨五国培训的8名外籍学员），他们成为中国水下考古与水下文化遗产保护的生力军，我国水下考古领域的相关业务基本就是由这支力量，配合适当的交通、海洋部门的力量来完成的。即使如此，随着人员的转岗离职、新陈代谢，目前活跃在水下考古一线的人员并不充足，尤其缺乏水下测绘、海洋探测与数据处理等方面的专门人才，也就是说，水下考古与水下文化遗产保护的人才问题不仅涉及绝对数量的多少，更涉及随着业务、视野的逐渐拓展而出现的结构性不足与结构性失衡[1]。中国水下考古方法和理论建设的缺乏也是学界早已认识到的老问题，在此情况下，水下考古的学科建设逐步引起更为广泛的重视，除厦门大学的海洋考古课程持续开展外，吉林大学、北京大学、山东大学、南京大学、复旦大学、上海大学、中山大学等高等院校也开始组织专门教师逐步开设水下考古课程，积极做好人才培养与储备，共同探索符合中国国情的水下考古人才选拔、培养、组织模式，保障中国水下考古事业的可持续发展，推动中国水下考古学的进一步发展。

3.3.1.3 考古实践

2009年以来，中国的水下考古事业呈现出快速发展态势，水下考古工作种类与性质日益多样化，既有一般意义上的考古调查、勘探、发掘，也涉及原址保护、整体打捞等工作内容，还涉及水下考古专用设备、水下考古调查方法乃至水下考古学理论等新的探索。这表明，一方面中国水下考古像陆地考古一样，继续承担了摸清中国水下文物资源家底、支撑水下文物保护与研究的基本任务；另一方面，上一阶段理论匮乏、研究薄弱、学科发展缺乏规划等问题虽未彻底改观，但学术界对其重视程度有所提升。

项目数量增加，遗址类型更为丰富。从数量上看，这十多年来开展的各类水下考古项目约50项，种类与性质也日益多样化。截至2016年，我国已发现确认241处不同类型的水下文化遗存（不含港澳台数据），绝大部分为沉船遗址，还涉及聚落址、墓葬、水利设施、建筑等不同类型[2]，珊瑚岛一号与金银岛一号清代沉船、南海一号宋代沉船、南澳一号明代沉船、九梁一号明代沉船、小白礁一号沉船、长江口二号沉船、甲午海战系列沉舰就是这一阶段颇有代表性的案例。2013年，水下考古工作者首次在南沙海域开展水下考古调查，至此我国水下考古调查范围基本实现各大海域的全覆盖。2018年，水下考古工作者联合深海技术人员在西沙群岛北礁海域开展水下考古调查，填补了我国深海考古空白，在我国水下考古发展史上具有发凡起例的重要意义[3]。不仅如此，中国水下考古队还赴韩国、肯尼亚、沙特阿拉伯深入开展水下考古合作项目，为中国水下考古进一步走出国门开展涉外考古奠定了坚实的基础[4]，真正实现了从"请进来"到"走出去"的历史性跨越。

---

[1] 柴晓明、丁见祥：《中国水下考古的回顾与思考》，《新技术·新方法·新思路——首届"水下考古·宁波论坛"文集》，科学出版社，2015年，第5页。
[2] 国家文物局水下文化遗产保护中心：《中国水下文化遗存概览》（内部资料），2017年。
[3] 2018年南海海域深海考古调查队：《二〇一八年南海海域深海考古调查与思考》，《中国文物报》2018年8月10日第5版。
[4] 如广东省文物考古研究所在韩国马岛沉船（Mado Shipwreck）、中国国家博物馆在肯尼亚马林迪海域及奥美尼角沉船（Ngomeni Ras Shipwreck）、国家文物局水下文化遗产保护中心在沙特阿拉伯塞林港遗址开展的考古工作。

设备更新加速，技术研究逐步强化。近十多年以来，中国水下考古装备、设备的提升速度很快，水下考古的有关技术主题的研究也得到进一步重视，又支撑了水下考古工作的整体进步。2014年中国第一艘考古工作船——"中国考古01"正式投入使用，结束了中国水下考古没有专业工作船的历史[①]。随着水下考古资源调查工作的开展，以声学（旁侧声呐、浅地层剖面仪、多波束声呐）、磁学（磁力仪）、电学（探地雷达）等为核心的地球物理探测设备成为水下考古的常规装备，在水下考古调查作业中发挥着越来越重要的作用；与之相关的技术、方法研究也成为水下考古技术研究的核心内容，如在平潭海域水下考古区域调查、甲午海战系列沉舰调查、上林湖越窑遗址水下考古调查等工作中，水下考古工作者还区分木质、铁质、陶瓷等不同材质，出露海床、半埋藏、浅埋藏等不同遗存环境，主动进行了相关的技术研究和实验考古工作[②]，较早期的介绍性成果更加深入、系统[③]。此类旨在提高资源调查、数据获取科学性与系统性研究工作的出现，是这一时期中国水下考古发展的重要特点。

注重方法总结，理论建设有所改观。近十年来，水下文物资源家底不够清晰依然是制约我国水下考古、水下文物保护和管理的一个瓶颈问题。这一方面与水下考古探测设备的历史局限性有关，另一方面也与多年来疏于对水下考古调查技术、方法的探讨有关。随着最富考古学潜力的沉船线索逐步减少，考古学界逐步认识到以沉船考古为重要内容的水下考古（或海洋考古），也应该形成基于探测技术、作业方法和分析手段在内的整体调查思路，水下考古逐步出现由被动抢救性调查向主动性区域调查转变的趋势[④]。国家文物主管部门在其发布的《"十四五"考古工作专项规划》中，专门强调要"持续开展我国沿海海域水下考古区域调查，逐步摸清我国沿海海域水下文化遗产状况，搭建全国水下文化遗产数字化信息平台"[⑤]，进一步体现了水下考古区域调查已逐步成为业界共识，成为重要的工作思路和工作方法。尤其重要的是，随着考古实践和考古技术的发展，一方面考古工作者对水下遗址埋藏环境、遗址形成过程乃至

---

① 宋建忠：《长风破浪会有时——"中国考古01"船的诞生》，《新技术·新方法·新思路——首届"水下考古·宁波论坛"文集》，科学出版社，2015年。
② 胡毅、丁见祥、房旭东等：《水下考古区域调查与海洋地球物理方法》，《科学》2016年第6期；周春水：《甲午沉舰遗址水下考古调查》，《新成果·新趋势·新进展——第二届"水下考古·宁波论坛"文集》，科学出版社，2020年；覃谭、赵永辉、林国聪等：《探地雷达在上林湖越窑遗址水下考古中的应用》，《物探与化探》2018年第3期。
③ 张寅生：《水下考古与水下考古探测技术》，《东南文化》1996年第4期。
④ 丁见祥：《考古视野下的海坛海峡——兼谈水下考古的区域调查法》，《新技术·新方法·新思路——首届"水下考古·宁波论坛"文集》，科学出版社，2015年；丁见祥：《评估与选择——沉船考古方法的初步讨论》，《边疆考古研究》（第25辑），科学出版社，2019年。
⑤ 国家文物局：《国家文物局关于印发〈"十四五"考古工作专项规划〉的通知》（含附件："十四五"考古工作专项规划），文物考发〔2022〕10号，2022年4月13日。

水下考古相关理论的研究更为关注和重视[1]；另一方面考古工作者对"海洋文化""海洋聚落"等新的领域也日益重视。总体来说，我国水下考古的此类探讨还算刚刚起步，成熟成果尚不多见，但努力拓展这一富有潜力的基础研究领域无疑有助于中国水下考古的后续发展。

3.3.1.4 文物保护

水下文物保护理念日益多元。到目前为止，抢救性考古发掘依然是我国水下文物保护的主要模式，总体上符合当前我国文物保护"保护为主、抢救第一、合理利用、加强管理"的基本方针。值得注意的是，2009年以来原址保护、异地保护及区域化保护等理念和作业方式也得以实践，出现多元化综合保护的趋势。随着中国水下考古工作逐步由单一的水下考古向全方位的水下文化遗产保护过渡、转变[2]，水下考古开始被纳入水下文化遗产保护体系。正如研究者所指出的，重庆白鹤梁水下博物馆、广东海上丝绸之路博物馆和国家水下文化遗产保护中心的成立，标志着我国水下文化遗产的保护体系进入发展期，在遗产保护和管理的理念、技术、方法上有所突破，逐渐形成具有中国特色的水下文化遗产保护和管理方法[3]。

水下文物保护法规日益完善。2009年以来，水下文物保护法规层面的核心内容是《中华人民共和国水下文物保护管理条例》的进一步修订完善，该条例2011年启动修订工作[4]，2022年完成修订并正式发布施行。修订以后，《中华人民共和国水下文物保护管理条例》针对水下文物保护领域中存在的水下文物的范畴界定、水下文物保护区的划定、生产生活涉水活动对水下文物的破坏、基础建设前期勘探工作机制和文物保护执法机制的缺失等新情况予以专门规定，进一步增强了其科学性和可操作性[5]。此外，广东、福建、上海等沿海地方政府的行政性法规中也出现了水下文物保护的专门条款，水下文物保护的法律法规逐步向多层级、立体化发展。

---

[1] 金涛、阮啸、陈家旺：《宁波"小白礁Ⅰ号"遗址水下埋藏环境及对沉船影响研究》，《中国文物科学研究》2016年第1期；王元林、肖达顺：《"南海一号"宋代沉船2014年的发掘》，《考古》2016年第12期；聂政：《沉船考古——水下考古学理论的一点思考》，《水下考古》（第三辑），上海古籍出版社，2021年；李岩：《航行的聚落——南海一号沉船聚落考古视角的观察与反思》，《水下考古》（第三辑），上海古籍出版社，2021年。
[2] 单霁翔：《从水下考古到水下文化遗产保护——在水下文化遗产保护展示与利用国际学术研讨会上的发言》，《2010年水下文化遗产保护展示与利用国际学术研讨会论文集》，文物出版社，2011年；刘曙光：《向着更阔更深的蔚蓝世界前行》，《中国文物报》2013年3月1日第5版；柴晓明、丁见祥：《中国水下考古的回顾与思考》，《新技术·新方法·新思路——首届"水下考古·宁波论坛"文集》，科学出版社，2015年，第5页。
[3] 魏峻：《水下文化遗产保护与管理的中国实践》，《中国文化遗产》2020年第6期。
[4] 刘曙光：《向着更阔更深的蔚蓝世界前行》，《中国文物报》2013年3月1日第5版。
[5] 国家文物局考古研究中心：《乘风破浪 砥砺前行——写在修订后的〈中华人民共和国水下文物保护管理条例〉施行之际》，《中国文物报》2022年4月1日第1、2版。

水下文物保护技术不断进步。2009年以来，随着南海一号、南澳一号、小白礁一号等重大项目的推进，包括陶瓷、金属、石质等各类出水文物保护技术发展和经验积累更为丰富，逐步走上规范化道路。在国家有关部门的支持下，以船体为大宗的海洋出水木质文物保护的关键技术研发也已得到业界的广泛关注。此外，随着原址保护理念的实践，牺牲阳极、安防监控等技术也不乏应用案例，并取得较好的保护效果[①]。

水下文物保护途径双轨并行。一是沿用国家、地方各级文物保护单位的管理方式，核定、公布各级水下文物保护单位。2006年，国务院将北礁沉船遗址列入第六批全国重点文物保护单位开此先河，2007年福建省将连江定海白礁一号沉船遗址公布为第六批省级文物保护单位，2009年海南省将华光礁沉船遗址、南沙洲沉船遗址、珊瑚岛沉船遗址、玉琢礁沉船遗址、浪花礁沉船遗址等公布为省级文物保护单位，2011年浙江省将狮城水下古城公布为省级文物保护单位[②]。随后，2013年国务院将海坛海峡水下遗址公布为第七批全国重点文物保护单位，2019年国务院将珊瑚岛沉船遗址、金银岛沉船遗址公布为第八批全国重点文物保护单位。二是受2001年《保护水下文化遗产公约》、2005年《西安宣言》的影响，水下文物的区域化保护和原址保护、异地保护、安防监控等逐步得到重视[③]。2012年福建、海南都已提出建设水下文物保护区的设想，2015年广东首次公布南海一号、南澳一号水下文物保护区[④]，2019年上海市提出要"积极推进地下文物埋藏区和水下文物保护区的划定、公布工作"，2021年山东省将威海湾一号沉舰遗址列为首批文物保护区[⑤]。上述两种途径并非泾渭分明，在实践中还有进一步厘清、调整的必要。例如，各级文物保护单位的"四至"范围本身就是特定区域，而海坛海峡水下遗址全国重点文物保护单位包括从五代到明清时期的8处遗址，涉及较大海域范围，事实上也具备较为明显的保护区内涵。

3.3.2　中国水下考古的重要发现

广东汕头南澳一号沉船：位于广东省汕头市南澳岛东南三点金海域，是明代万历

---

① 席光兰、周春水：《牺牲阳极保护技术在船舰原址保护中的初步应用研究》，《中国文化遗产》2019年第4期；范伊然：《我国水下文化遗产安全监控初探——以福建漳州"半洋礁号"遗址监控为例》，《南方文物》2013年第2期。
② 海南省人民政府：《海南省人民政府关于公布海南省第二批省级文物保护单位的通知》，《海南省人民政府公报（海南政报）》，2009年第9期，第33—35页；浙江省人民政府：《浙江省人民政府关于公布第六批省级文物保护单位和与现有省级文物保护单位合并项目及更名省级文物保护单位的通知》，浙政发〔2011〕2号。
③ 原址保护如重庆白鹤梁水下博物馆对水文题刻的保护、南澳一号木质船体的框架式保护；异地保护如广东省海上丝绸之路博物馆对南海一号的保护；安防监控如对福建半洋礁一号沉船的保护等。
④ 栗建安：《闽海钩沉——福建水下考古发现与研究二十年》，《水下考古学研究》（第1卷），科学出版社，2012年，第90页；魏峻：《水下文化遗产保护与管理的中国实践》，《中国文化遗产》2020年第6期。
⑤ 中共上海市委、上海市人民政府：《中共上海市委、上海市人民政府关于我市加强文物保护利用改革的实施意见》，2019年9月；山东省人民政府办公厅：《关于进一步加强文物保护利用工作的若干措施》，鲁政办发〔2021〕8号。

年间（中期以前）自漳州月港出发前往吕宋地区（菲律宾）的外贸商船，发现于2007年，经2010、2011、2012三个年度的考古工作，已基本完成船载文物的发掘，船体以覆盖金属框架的方式原址保护。沉船大体呈南北向，艏北艉南，船体由西向东倾斜。残长24.85、残宽（最宽处）7.5米，保存25道隔舱板。共出水各类文物总数达2.7万余件，包括瓷器、陶器、金属器、木器、石器等，此外还有2.4万枚铜钱、2.9万粒珠管串饰，以及果核、块茎类作物遗存等。南澳一号出水瓷器主要来自漳州窑、景德镇窑，主要有盘、碗、罐、杯、碟、盖盒、盖钵、瓶、壶等器类，装饰以青花为主，部分为五彩产品，也有少量青釉、红釉、霁蓝釉产品；纹饰以花卉纹、动物纹、人物纹、文字纹为主，此外还见少量酱釉堆塑龙凤纹罐、瓮[1]。南澳一号入选2010年度"全国十大考古新发现"，是中国水下考古近十年以来的重大成果。

福建平潭九梁一号沉船：位于福建平潭海坛海峡北口，在屿头岛、小练岛、大练岛围成的海域之内。水下考古工作者分别于2006、2008—2009、2013年对该遗址进行过考古调查和保护状况评估工作。调查见有6块隔舱板暴露于海床之上，船体基本呈东西走向。沉船文物多为瓷器，主要瓷器种类一组为青花瓷、青花釉里红、蓝釉瓷等；另一组为白釉罐，即"安平壶"。前者基本属于景德镇民窑产品，青花瓷中有部分属于专供外销的"克拉克瓷"，闽北邵武四都青云窑则为后者的可能产地之一，时代为明代末期[2]。

福建漳州半洋礁一号沉船：位于龙海市隆教畲族乡东南海域，发现于2008年，2010年开展过两次调查工作。调查发现，沉船埋藏较浅，船体呈西北—东南走向，船体残骸长9.2、宽2.5米，船体构件有龙骨、船底板、桅座等。半洋礁一号沉船出水遗物以黑釉碗和青白釉碗、盘等瓷器为主，此外还有少量陶器、漆器、铜器等，可推断是南宋中晚期的外贸商船[3]。

福建平潭分流尾屿沉船：位于海坛海峡中段，发现于2009年，2010年开展调查工作。遗址散落面积达1000平方米，遗址表面未发现船体遗构。调查采集文物多为青瓷器，器形有碗、碟、盏托以及执壶等，均为五代末期的越窑系青瓷[4]。

浙江宁波小白礁一号沉船：位于浙江省宁波市象山县石浦镇东南约26海里（约48千米）的北渔山岛北侧，是清代道光年间的贸易商船，发现于2008年，经2009、

---

[1] 周春水：《"南澳Ⅰ号"沉船出水文物概述》，《孤帆遗珍："南澳Ⅰ号"出水精品文物图录》，科学出版社，2014年，第18页。
[2] 福建沿海水下考古调查队：《福建平潭九梁一号沉船遗址水下考古调查简报》，《福建文博》2010年第1期；国家文物局水下文化遗产保护中心、福建博物院：《海坛海峡九梁一号沉船调查新收获》，《水下考古》（第一辑），上海古籍出版社，2017年。
[3] 羊泽林：《福建漳州半洋礁一号沉船遗址的内涵与性质》，《海洋遗产与考古》，科学出版社，2012年，第120—126页。
[4] 羊泽林：《福建平潭分流尾屿五代沉船的港口、航线与性质》，《海洋遗产与考古》，科学出版社，2012年，第112—119页。

2011、2012、2013、2014五个年度的工作，完成船载文物和船体发掘。小白礁一号沉船遗址共发掘出水1064件文物。船体纵向结构以龙骨和船壳板为主，横向结构以肋骨和隔舱板为支撑，船体所用木材产于东南亚热带地区，未见松、杉、樟、楠等我国古代造船常用木材，推测小白礁一号沉船可能是中国船匠参照中国船的式样、结构、工艺在东南亚建造的，并融合了当地的某些造船工艺[①]。此项工作秉持先进的工作理念，注重考古技术创新，是我国水下考古的创新之作，2016年获得"田野考古奖"。

福建漳州圣杯屿沉船：位于福建省漳州市圣杯屿西南约200米，遗址东部为莱屿航道，发现于2011年，2014、2016年开展考古调查。调查发现部分船体，可见6道隔舱板，所见遗物皆以龙泉青瓷，以碗、盘为主，另有洗、碟、高足杯等器形[②]，可推断是元代晚期的外贸商船。

上海长江口二号沉船：位于崇明岛横沙水域，发现于2015年，经过6个年度的调查和勘探，显示其为清代同治年间的平底沙船。长江口二号残长约38.5、残宽约7.8米，已探明31个隔舱，发现景德镇瓷器等大量文物，船体周围还出水了紫砂器、越南产水烟罐等，部分瓷器底款为"同治年制"，为沉船年代提供了重要参照[③]。经研究论证对其进行了整体打捞、迁移保护、室内发掘，于2022年11月已完成沉船整体迁移工作。

南海北礁海域深海考古调查：2018年4月，水下考古工作者在西沙北礁海域开展我国首次深海考古调查，调查使用国产大深度载人潜器"深海勇士"号执行下潜任务，同时结合机载超短基线定位系统（USBL）以表格、影像等方式进行考古记录。此次调查共完成7次载人下潜作业，最大调查深度1003米，定点采集器物标本6件，积累了一大批基础数据与影像资料。采集标本属宋末元初与清代中晚期两个阶段，器形为罐、碗、钵。此次调查填补了我国深海考古领域的空白，对于进一步探讨如何将深海技术及其他相关各技术系统转化为深海考古能力具有重要意义[④]。

西沙海域水下考古调查：2009—2010年，水下考古工作者先后两次对西沙群岛进行水下文物普查工作，分别对宣德群岛、永乐群岛进行了较为系统的水下考古调查，共调查53处水下遗存，时代为五代至清代各个时期；2011—2014年，水下考古工作者在对西沙海域水下文化遗产进行保护巡查时，也新发现部分水下遗存[⑤]。2015、2018年，水下考古工作者分别对珊瑚岛一号沉船遗址和金银岛沉船遗址进行了重点调查和发掘，取得重

---

① 宁波市文物考古研究所、国家文物局水下文化遗产保护中心、象山县文物管理委员会办公室：《小白礁一号：清代沉船遗址水下考古发掘报告》，科学出版社，2019年。
② 羊泽林：《漳浦圣杯屿元代沉船遗址调查收获》，《东方博物》2015年第3期。
③ 航辑：《"长江口二号"考古与文物保护正式启动——首创弧形梁非接触文物整体打捞技术》，《航海》2022年第2期。
④ 2018年南海海域深海考古调查队：《二〇一八年南海海域深海考古调查与思考》，《中国文物报》2018年8月10日第5版。
⑤ 孟原召：《西沙群岛海域古代沉船》，《中国沉船考古发现与研究》，科学出版社，2021年，第170页。

大收获[1]，2019年珊瑚岛一号和金银岛沉船遗址被依法核定为全国重点文物保护单位。

甲午沉舰遗址调查：19世纪90年代，中日之间爆发甲午战争，这场改变两国命运的战争导致北洋海军在短暂辉煌之后又迅速覆灭，并在我国境内的黄海北部、威海湾沉没了多艘北洋战舰。自2013年以来，水下考古工作者逐步确认了"致远舰"与"经远舰"的位置，并对其进行了水下考古专题调查，开启了近现代钢铁沉船遗址的调查与研究工作。2020年又在威海刘公岛附近确认北洋旗舰"定远舰"的准确位置[2]。甲午海战系列沉舰调查和研究工作开辟了我国水下考古又一新的领域，为深入研究中国近代史、海军发展史、世界海战史提供了难得的实物资料，"致远舰""经远舰"先后入选2015、2018年度"全国十大考古新发现"。

3.3.3 中国水下考古学的当前任务

自1987年以来，在几代水下考古工作者的共同努力下，中国水下考古从无到有、由弱到强，极大地提升了学术界和社会大众对中国造船航海、中外交通，尤其是对中国海洋文明史的认知水平。1990年，苏秉琦先生参加中日南海沉船调查学术委员会会议时曾指出："谁说我们看不到二十一世纪，水下考古不正是二十一世纪的事业吗？"[3]要达成这样的期许，我国的水下考古学在考古研究、文物保护乃至学科建设等诸多方面，还面临一系列新的任务、新的挑战[4]。

第一，扎实推进方法创新，深化水下考古学术研究。

水下考古学作为考古学在水下的延伸，无法脱离考古学独立存在，其目的仍是研究和复原古代社会，解决历史问题，尤其要阐释漫长的中国海洋文明史的主要特点、发生机制、变迁原因等重大问题。由于其遗存环境具有一定特殊性，工作方法也与传统考古学不同，水下考古学更需要借助海洋物理探测、海洋工程、海洋信息等领域的理论、方法和技术，结合历史学、人类学、社会学等方法，充分发挥多学科交叉融合的优势，从而形成一套具有自身特点的水下考古工作方法和研究理论。同时，水下考古学理论、方法与技术虽然主要是"西学东渐"的结果，但中国古代海洋文明又有着自身的强烈特点，需要进一步将水下考古学中带有普遍性的理论、方法与技术与中国的实际相结合。因此，中国水下考古学还要结合中国历史实际，以存在于江河湖海的水下文化遗产为基

---

[1] 西沙群岛2015年水下考古队：《珊瑚岛一号沉船遗址2015年度水下考古发掘简报》，《水下考古》（第一辑），上海古籍出版社，2017年，第11—58页；西沙群岛2018年水下考古队：《金银岛一号沉船遗址2018年水下考古调查简报》，《水下考古》（第二辑），上海古籍出版社，2020年，第1—35页。
[2] 周春水：《甲午沉舰遗址水下考古调查》，《中国港口》2020年增刊第1期。
[3] 张柏：《迈向21世纪的中国水下考古》，《福建文博》1997年第2期。
[4] 国家文物局考古研究中心：《乘风破浪 砥砺前行——写在修订后的〈中华人民共和国水下文物保护管理条例〉施行之际》，《中国文物报》2022年4月1日第1、2版。皆据此文，略有调整。

础，继续探索未知、揭示本源，不断拓展研究对象的内涵和外延，将与之关系密切的古代社会诸方面作为一个整体进行研究，更好地揭示古代社会面貌、经贸往来、文化交流等多方面成绩，更好地揭示源远流长、自成一系的中国海洋文明史。

第二，着力开展技术研究，突出水下考古技术支撑。

水下文物的发现和确认是水下考古工作中的技术难题，多年的水下考古实践证明，海洋地球物理探测（以下简称物探）是解决这一问题的重要突破点。我国近海水底能见度极差，物探调查工作尤为重要，除需要精准可靠、不断更新的物探设备，还需要开展系列技术研究来有针对性地解决问题。我国水下考古工作者已经积累了丰富的水下考古物探调查经验，并提出了低能见度和浅埋藏环境下水下遗址的发现与确认、深海水下遗址的探测、水下无人航行器和水下遗址智能化探测作业平台等亟须攻克的技术难题。目前，正在推进科技部国家重点研发计划"水下考古探测关键技术研发"，旨在通过整合应用多种物探、深海自主式水下航行器、人工智能等技术，以实现快速、准确发现水下文物，尝试解决当前水下考古工作中突出的技术瓶颈问题。出水文物保护方面，以木质沉船保护为代表的文物保护难题也引起日益广泛的重视，学界也已提出"海洋出水木质文物保护关键技术研发"课题并进行专门研究。这都是我国水下考古和水下文物保护领域亟须跟进、解决的重要技术问题，是中国水下考古在"十四五"期间，乃至未来相当一段时间内需要持续关注的重点方向[1]。

第三，积极推动文明传承，加强水下文物保护利用。

长期以来，水下文物保护专业力量较为薄弱，水下遗址保护不仅面临技术难题，也面临管理规划上的多重压力，水下文物保护利用从来都是涉及技术、管理乃至利益协调的综合领域。2001年联合国教科文组织《保护水下文化遗产公约》倡议将"原址保护"作为水下文化遗产保护的优先选择，认为要慎重开展包括考古发掘在内的介入性遗址干预行为。2022年修订后的《中华人民共和国水下文物保护管理条例》对上述保护理念进行了认真呼应，并明确提出设立"水下文物保护区"。这就要求水下考古工作不仅要涉及考古专项规划，还要推动将水下文物的保护管理与海洋国土空间规划等相关规划相结合、相衔接。在划定水下文物保护区时，还要积极与渔业、海洋、海事、海警等部门统筹协调，与渔业保护区、国家海洋公园等合作沟通，以达到资源共享、优势互补、效果提升的目的。此外，水下考古成果的挖掘、整理、阐释工作仍然滞后，今后要推动更多成果展示利用，促进全民共享，传承海洋文明；同时，积极开展国际合作交流，更好地展示淹没于水下的中华文明风采。

---

[1] 国家文物局：《国家文物局关于印发〈"十四五"考古工作专项规划〉的通知》（含附件："十四五"考古工作专项规划），文物考发〔2022〕10号，2022年4月13日。

第 4 章 水下环境与考古潜水

国家文物局考古研究中心　梁国庆

水下考古的研究对象是水下文化遗产，虽然有些遗产所在环境已经变成了淤陆或者浅滩，但是绝大部分遗产还是淹没于江河湖海等水体之下。一般情况下，对这些水下遗产开展考古工作，要么通过围堰将水排干，要么通过整体打捞等方式将遗产与水体进行分离，要么直接潜入水下进行水下考古。水下考古学家要想前往遗产现场进行水下考古调查、发掘等工作，则必然要面对和适应水下环境带来的各种变化。

水下环境与陆地环境存在很大的区别，人类并不能在水下像在陆地上一样自由地生活和工作，水下环境中光线、声音和温度的物理特性发生了变化，水的压力、水的运动、水下的生物、障碍物乃至水面上的天气情况都会给水下考古工作造成影响。水下考古学家要在水下环境中进行考古工作，就必须要了解水下环境，并做出生理上和心理上的适应，同时还需要熟练地掌握潜水技术。

考古潜水是将潜水技术科学地应用于水下考古作业中，是科学潜水的一个重要门类，也是水下考古最为重要的技术手段之一。考古潜水是一项复杂的系统性工作，水下考古学家需要根据水下遗产的情况，科学考虑工作季、潜水资质、潜水方式、潜水时间、分工安排、经费支持等因素，从而达到安全、高效开展水下考古工作的目的。

4.1　潜水技术对水下考古的特殊重要性

水下考古研究对象主要淹没于水体之下，其所在的水下环境决定了潜水技术对水下考古的重要性。潜水是人类进入水下进行实地调查的唯一手段，因此潜水技术成为水下考古的一项重要技术手段，在一定程度上讲，它对水下考古具有特殊的重要性。

4.1.1　潜水技术的进步为水下考古的出现提供了技术基础

水下环境在一定程度上隔绝了人类活动，使得水下遗存以"时间胶囊"的形式得到较好的保存，但是在很长一段时间内，也使得考古学家只能望洋兴叹。人类很早就采用屏气潜水的方式探索水下。据记载，公元前77年罗马人已经开始使用呼吸管潜水；公元前4世纪，希腊已经开始出现钟式潜水；16世纪，头盔式潜水开始出现；20世纪30年代，水面供气的通风式潜水装具逐渐成熟。但是，这段时期的潜水主要是一些专业人员开展，并且成本很高，尚不能支持水下考古工作的全面展开。

20世纪40年代，雅克·库斯托（Jacques Cousteau）和埃米尔·迦南（Emile Gagnan）改进了水下呼吸系统，使得水肺潜水快速发展，极大地推动了常规轻潜技术的进步。与以往笨重、高成本的重潜技术相比，水肺潜水极大地降低了潜水成本和对职业潜水员体能素质的要求，使得水下考古学家在内的更多的人可以利用潜水技术获取水下资料和信息。正如基斯·马克尔瑞所说，"水肺的出现代表了一场革命"[①]。1960年，乔治·巴斯（George Bass）组织参加土耳其格里亚多角（Cape Gelidonya）沉船发掘项目的考古学家进行了短期的水肺潜水技术培训，使得考古学家能够亲自前往遗址现场，利用考古学的方法进行科学发掘，极大地提高了水下考古发掘水平，成为水下考古发掘的典范。从一定程度上说，正是水肺潜水技术的进步，促进了科学水下考古学的诞生。

4.1.2 潜水技术是水下考古最重要的技术手段之一

近代考古学的最重要特征是注重田野考古调查和发掘，从而获取新的资料。水下考古学是考古学在水下的延伸，它要求水下考古学家必须走出书斋，亲临水下遗存现场，进行水下考古调查和发掘工作，而不是依赖职业潜水员进行水下打捞或者在船上指挥职业潜水员进行所谓的"水下考古"。正如法国水下考古学家菲利浦·泰莱兹所说，"水下考古学只有在历史女神穿上潜水服时才能真正诞生"[②]。一般认为，只有水下考古学家亲自动手观察遗迹现象、处理遗迹关系、记录遗迹和遗物的分布状况、位置关系以及和相关自然环境的关系等，才能最大限度地获取水下遗存的信息及了解水下遗存的内容和性质[③]。水下考古学家若要亲临遗存现场就必须掌握科学的潜水技术，因此，可以说潜水技术是水下考古最重要的技术手段之一。

4.1.3 潜水技术与水下考古工作的效率和安全密切相关

潜水是一个高风险运动，潜水员需要接受适当的训练，并时刻遵循各类潜水规则才能安全潜水。水下考古学家要亲临现场开展水下考古工作，同样需要进行适当的潜水培训，掌握潜水技术和理论，在水下考古过程中进行科学潜水。水下考古学家对潜水理论与技术的掌握程度，不仅影响水下考古工作能否顺利完成，还直接关系到水下考古学家潜水作业时的个人安全。

水下考古作业的时间窗口是十分有限的。一方面是因为水下停留时间十分有限。水下停留时间一般与水的深度、使用的气体以及潜水方式等因素有关，通常按分钟计算，而且水深越深，停留时间越短。另一方面是因为水下考古作业还受水流、天气等因素影响。一般水肺潜水需要在平潮期前后水流较小的时间段进行。水下考古学家要在水下现场开展考古工作，必须综合考虑各种因素，通过编制严密、科学的工作计划，延长水下工作时间，从而提高工作效率。

---

① 〔英〕基斯·马克尔瑞著，戴开元、邱克译：《海洋考古学》，海洋出版社，1992年，第14页。
② 〔日〕小江庆雄著，王军译，信立祥校：《水下考古学入门》，文物出版社，1996年，第16页。
③ 张威主编，吴春明等编著：《海洋考古学》，科学出版社，2007年，第84页。

4.2 水下环境与潜水适应

无论是进行潜水还是考古潜水，首先要面对的是陌生的水下环境。水下环境与陆地环境存在很大的差异，人类无法像在陆地上一样自由地呼吸和长久地生活，水的流动，水下的温度、光线、压力和浮力的变化及水下生物和障碍物等，给水下考古工作带来了一系列的困难和障碍，需要水下考古学家去了解、克服和适应。

4.2.1 光线在水下环境中的变化与适应

光线在水下环境中的变化会影响水下视觉。光是一种电磁能。当光线由空气向水中传播时，在空气与水的界面上，会发生光的折射和反射，光线进入水体后，在传播过程中，会发生散射且被不同程度地吸收，从而导致能见度降低、视力减弱、视野变小、空间视觉和色觉改变等[1]，这会直接在水下视觉和感知方面对包含水下考古在内的水下活动产生不同程度的影响。

4.2.1.1 能见度降低

能见度是指通过眼睛将目标从背景中识别出来的最大距离，在陆地上，人可以轻松识别出几千米外的高楼，而在水下，即使水体十分清澈，也很难看清一个百米外的目标。由于水对光的吸收、反射和散射作用，水下环境中的能见度与空气中比是降低的。

空气中的光线射入水中时，在水面会发生反射，一部分光能被反射掉，光线进入水体后，由于水对光的吸收是空气的千倍以上，大量光被吸收掉，同时，光线在水中传播，行经水中的悬浮颗粒时，还会被散射，最终传播到人的眼睛中的只有部分光线，从而导致水下能见度降低。

水下能见度对考古工作影响很大，水下能见度高，能够提高水下遗存搜索效率，有利于水下遗存清理、绘图、摄影等工作的开展，而水下能见度很差甚至会导致工作无法开展。经研究，水下能见度与水的浑浊度和光线传播距离有关。光线每传播1米，在清澈的水中会被吸收10%以上；在浑浊的水下，吸收率可达80%—95%[2]。因此水越深或越浑浊，吸收和散射的光越多，能见度就越低。一般情况下，大雨、大风天气过后，水下能见度会变差，有淡水河流注入、水底多淤泥的区域水下能见度也较差。根据2006—2007年中国近海环境调查数据显示，中国近海水下能见度与水深、入海径流、季节变化

---

[1] 陶恒沂：《潜水医学》，高等教育出版社，2005年，第56—59页。
[2] 陶恒沂：《潜水医学》，高等教育出版社，2005年，第56—59页。

表4.1 我国近海水下能见度　　　　　　　　　　　　（单位：米）

海域＼季节	春季	夏季	秋季	冬季
渤海	0.1—6	1.6—9	0.1—11	0.1—2
黄海	0.1—15	2.4—17	0.2—18	0.3—10
东海	0.1—27	0.1—37	0.1—29	0.1—25
南海北部	0.4—32	0.4—31	0.6—27	0.2—21

注：数据源自薛宇欢、熊学军、刘衍庆：《中国近海海水透明度分布特征与季节变化》，《海洋科学进展》2015年第1期，第38—44页

等关系密切，一般近海区域水下能见度低，远海深海水下能见度高（表4.1）[1]。

4.2.1.2 视力减弱

视力减弱主要是眼角膜与水直接接触造成的。人眼的成像原理是光线经眼角膜折射后，成像在眼睛的视网膜上。经研究，人眼的屈光度大约是59D。由于水对光的折射率与人眼角膜的折射率相差不多，光线从水中直接进入人眼后，屈光度减少约40D，导致视网膜上成像不清，视力显著下降，一般认为可降低至1/100—1/200[2]。为了解决这个问题，需要避免眼角膜与水的直接接触。潜水员的面镜、头盔等潜水器具就是根据这一原理制造的。除此之外，光线在水中的散射现象和水下低能见度也会导致目标轮廓模糊不清，导致水下工作者视力仍有不同程度的减弱。

4.2.1.3 视野变小与视觉的空间改变

人的视觉系统习惯于光线的直线传播。光线从水中进入面镜或头盔中的空气中也会发生折射，折射角变小，造成水下视野变小，一般认为水下视野仅是空气中的3/4。另外，潜水头盔和面镜遮住了一部分光，也会影响水下视野。

光从水中进入空气中的折射，还造成了水下视觉空间的改变，具体包括物体的大小、位置和距离的失真。例如，水下的物体看上去放大了一些，约为原来的4/3，距离显得更近，约位于原来位置的3/4处[3]，这导致水下抓物体时经常抓空。但是，在更远处的物体这一现象却变得相反，即远处的物体显得比实际距离更远，通常认为这是人的视距系统导致的。人体对距离的感受主要是靠物体的亮度和对比度，由于水下视觉的

---

[1] 薛宇欢、熊学军、刘衍庆：《中国近海海水透明度分布特征与季节变化》，《海洋科学进展》2015年第1期，第38—44页。
[2] 陶恒沂：《潜水医学》，高等教育出版社，2005年，第57页。
[3] 陶恒沂：《潜水医学》，高等教育出版社，2005年，第57页。

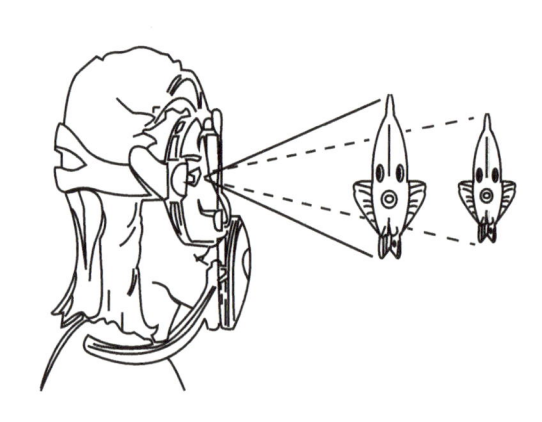

图4.1 水下视觉改变

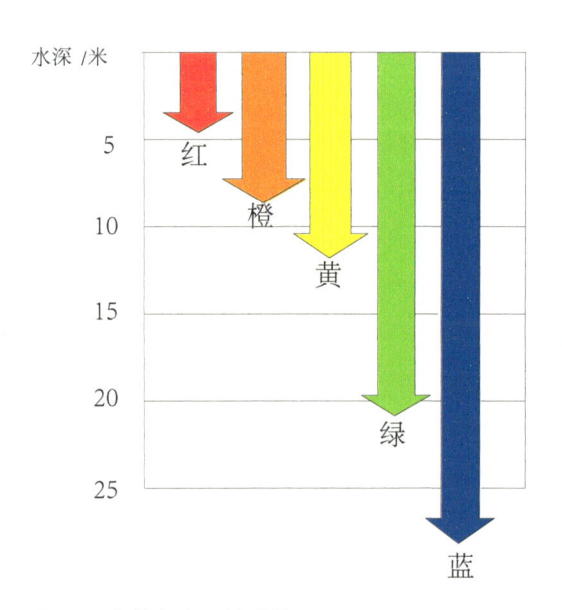

图4.2 光线在水下的吸收

变化，远处物体的亮度和对比度都要比正常陆地上的低，所以人的视距系统会对物体的距离估计得过远。根据以往经验，水下视觉空间的改变对水下考古工作影响很大，容易造成水下工作的误判，但是经过一定时间的适应和训练，这个问题是可以弥补或克服的（图4.1）。

4.2.1.4 色觉的改变

光线以光波的形式进行传播，而人眼看到的颜色其实是不同波长的可见光在视觉系统中的反映，如我们看到的红色是因为该物体反射了红光，而黑色是因为该物体没有反射任何可见光的光波。

水下环境中，光线在传播的过程中会逐渐被水吸收。光线的吸收与波长有关，波长越短能量越强，而频率越快，其在介质中的穿透和传播能力也越强。可见光中的红、橙、黄、绿、蓝等光波依次所含能量增高、波长缩短、频率加大。光线射入水中后，随着不同光波在水中行进距离的增加而先后被吸收。经光谱物理学研究，在清澈的水中，红光在水深4.5米处被吸收，橙光在8—10米处，黄光在11—15米处，绿光在20—30米处，蓝光在30—50米处（图4.2）。因此，自然光照射较浅的水域中可以看到各种颜色，进入较深水域只能看到蓝色甚至是灰色，直至黑暗。除此之外，水下环境中颜色的改变还与水的盐度、浊度、水中悬浮颗粒的大小或污染程度与类型有关[1]。一般采取增加人工光源的方式来改善水下色觉的变化，如使用潜水手电照明，就可以使得水下文物重现原本的色彩。水下摄影中使用的照明灯和闪光灯就是这一原理。

---

[1] 〔美〕J.W.米勒主编，杨德恭、龚国川、郭春丽译，龚国川、杨德恭校：《科学技术潜水手册》，海洋出版社，1985年，第17页。

4.2.2 水下环境中声音的变化

水下环境中，声音的变化主要是传播速度的加快。声音是一种以压力波的形式行进的机械能。声波可以在不同的介质中传播，其传播速度与其行经物质的弹性密切相关，同时还受到温度和压力等因素的影响。水比空气的弹性大，声音在水中的传播速度大约是空气中的4倍。声波传播速度的加快，会给水下考古工作带来一定的影响。

首先，造成水下考古工作者无法辨别声音来源。人类大脑分辨声音来源主要是依靠声音的强度和声音到达两耳之间的时间差，声音在水下到达左右耳的时间差变小，声音在水中听起来都是来自上方，从而使水下工作者很难通过声音辨别方位（图4.3）。

其次，声音在水中的传播是以连续的压力波的方式进行的，高强度的声音形成的高强度的压力波会对人体内的空腔（如耳、窦、肺等）产生挤压，甚至造成气压伤[①]。为了避免类似的危险情况发生，水下考古工作之前，需要事先发布该水域的航行通告，并在水面布设潜水旗，警示过往船只和相关工程活动，潜水作业期间，还需要安排水面观察员，其责任之一就是对水面安全进行预警。有的水域靠近航道，需要安排水面警戒船。实际工作中，如果发现周边有水下爆破、渔民炸鱼等情况，必须立即终止潜水，并通知水下工作者立即出水。

水下环境还会对声音产生其他影响。例如，潜水头套一般使用氯丁橡胶材质，据研究，该材质对一千赫兹以上的声音是一个有效的屏障，工作中一般会在头套耳部各开一个小孔来解决这个问题；水下工作者使用开放式水下呼吸器时，会产生大量的气泡，这些气泡在水下工作者的头部会产生较强的噪音，使他们在听到水下喇叭喊话时，需要屏气才能听清内容，这也要求水面通话人员语速缓慢，并需要多次重复喊话内容；另外，水下工作者如果过度紧张，也会影响听力和对信息的接收。为了解决水下通信问题，一般情况下可以使用水下喇叭或水下电子通信装备。水下喇叭是将防水的扩音器直接置于水中，使水面讲话的声音直接通过扩音器在水中产生声波并传播至潜水员耳朵中，而电子通信装

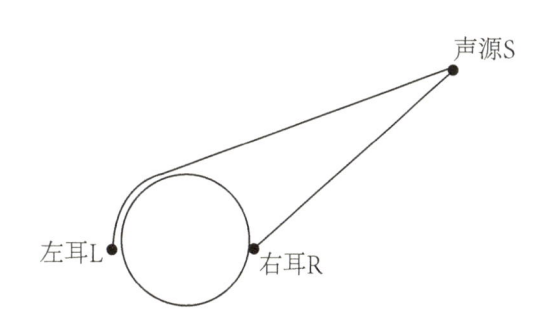

图4.3 声音的传播与方位辨别

---

① 〔美〕J.W.米勒主编，杨德恭、龚国川、郭春丽译，龚国川、杨德恭校：《科学技术潜水手册》，海洋出版社，1985年，第19、20页。

备是将声音转变为电子信号传播出去，再由潜伴通过电子仪器接收这个信号，可以实现水下双向通话。实际工作中，手势和绳语也是潜水员水下交流的重要方式。

4.2.3 水下温度

水下环境中的温度是影响水下作业的重要因素之一。由于水的比热比空气大约1000倍，导热系数是空气的大约24倍，因此，同样的温度，人在水中要感觉冷得多[1]。人体感到舒适的水温大致为21℃，低于此温度就会感到寒冷，而一般情况下，水的温度都低于人体的温度，并随着水深的增加而降低，因此，潜水时实际遇到的问题主要是水下低温。

低温是指机体中心温度低于36℃时的一种状况。经研究，当体温低于36℃时，机体的正常生理功能开始失调，如果机体的中心体温低于36℃时，将产生严重的后果，会威胁到生命安全。体温的降低有一个过程，开始时手足变冷，轻微的低温会导致水下工作者身体颤抖，紧接着无法控制地打寒战，严重时会导致精神错乱、嗜睡、语言不清、感觉和运动功能障碍，甚至出现昏迷、代谢性酸中毒等问题，威胁生命安全[2]。低温早期症状的觉察十分重要，一般认为水下工作者感到明显的寒冷时，如颤抖等，应建议停止作业，出水后立即进行保暖。体温过低者应立即喂热水，运送医院抢救，切记不能用热水浇洗，因为热水会加速体内血液循环至表皮，从而进一步降低中心温度，更加危险。

人体在水下的热量主要是通过传导、对流等方式散失的。传导是指通过体表的温差梯度，向水中散失；而对流是指与皮肤接近的水分子层受热后很快离去，冷的水分子层又流来，如此反复造成热量流失。为了防止水下低温，水下工作者必须选择合适的潜水服用于水下保暖，其中湿式潜水服就是利用了对流散失热量的原理制成，因此，选择时既要注意潜水服的厚度，还需要尽量贴身；干式潜水服主要利用了空气相对于水导热性差的特点，在人体与水之间加了一层空气进行保暖。此外，工程潜水还有一种特殊的加热潜水服，不过在水下考古工作中使用较少。呼吸过程、呼吸的气体以及气体的湿度等，也是人体热量散失的原因，如技术潜水使用的氦氧混合气就会带走更多的热量[3]。另外，水下还有跃温层，水温会突然降低，也需要留意。

---

[1] 〔美〕J.W.米勒主编，杨德恭、龚国川、郭春丽译，龚国川、杨德恭校：《科学技术潜水手册》，海洋出版社，1985年，第45页。
[2] 陶恒沂：《潜水医学》，高等教育出版社，2005年，第53—55页。
[3] 陶恒沂：《潜水医学》，高等教育出版社，2005年，第53页。

4.2.4 水的浮力

一般认为浮力是流体作用于浸入其中的物体向上的作用力，其大小等于该物体排开的流体的重力。水的浮力等于该物体排开水的重量。浮力若大于物体的重量，则物体上浮，称为正浮力，反之，称为负浮力，物探下沉，而两者相等，则物体处于失重状态，不升不降，称为中性浮力（图4.4）。水的浮力取决于其密度，海水的密度大于淡水，每升海水重约1.03千克，每升淡水重约1千克，因此，物体在海水中的浮力也大于在淡水中。水下工作者了解并正确利用沉浮规律，既可以获得水中活动的自由，还可以安全、有效地完成各种潜水作业。

图4.4 水下的浮力

由于人主要是由水构成的，其与水的比重基本是一样的，所以一般情况下，人体在水中处于中性浮力状态。但是，穿戴潜水服后，由于体积的增加大于重量的增加，以致在水中形成正浮力不能下潜，因此，一般潜水装具需要配备压铅和潜水浮力调节装置，通过调整浮力，达到在水下上升、下降或保持深度不变的目的。中性浮力状态是潜水员在水下活动最轻松、有效的状态，也可以防止因碰触水底淤泥而降低水下能见度这类情况的发生，通常水下摄影师进行水下摄影时需要采用这种方式。但是，水下考古工作实践中，特别是水下考古发掘时，水下考古工作者一般选择负浮力作业，为了方便水下活动和增加身体稳定性，有时甚至把脚蹼脱掉。当然，过度的负浮力也不可取，因为这会造成水下活动困难和疲劳。

浮力还影响水下工作者作业时身体的稳度[①]。身体的稳度主要取决于身体重心和浮力导致的浮心的位置关系，正常情况下，重心在下，浮心在上，在一条垂直线上。一旦失去稳度，水下工作者则需要迅速调节，如果无法平衡，将额外消耗较多的能量，从而导致身体迅速疲劳，甚至未完成任务就不得不出水，否则将导致潜水事故发生，如不受控制上升等。

浮力还受很多其他因素的影响，如随着深度的改变，潜水服内的气体将被压缩或者膨胀，随着潜水的进行，自携式潜水气瓶中的气体也会因消耗而浮力增加，这都有可能造成浮力的改变。实际水下考古工作过程中，在新的潜水环境或更换潜水装备后，都需要进行浮力检查。

---

① 陶恒沂：《潜水医学》，高等教育出版社，2005年，第56页。

4.2.5　水的运动和阻力

一般认为水的运动和阻力是影响水下考古工作的另一个重要因素，其影响主要有两个方面，一是妨碍水下考古工作者的活动，二是水下考古工作者为了克服阻力，需要额外消耗体能[①]。

水下工作所遇到的阻力主要由两部分组成，一种是摩擦阻力，这是水的内部存在黏滞性所决定的，水下任何运动都需要将物体上的水与周围的水分离，这就需要付出一个力来克服水的粘着力，它与水的摩擦系数、迎水面积和运动速度成正比。所以，水下工作中通过减小迎水面积和降低运动速度可以减小水的阻力的影响，从而节省体能。另一种是压差阻力，也称水的流动性的阻力，包括潮汐、波浪和水流三类，其阻力大小与接触面积、水的运动速度及水的密度有关。

潮汐、波浪和水流这三种水的运动是水下考古作业时需要重点考量的因素。潮汐是因太阳、月亮和地球引力相互作用而发生的周期性海水涨落现象。海水上涨的过程称为涨潮，涨到最高位置为高平潮，海水下降的过程称为落潮，落到最低的位置称为低平潮，相邻高平潮和低平潮潮位的高度差称为潮差。一个月中，潮差最大时称为大潮，最小时称为小潮。一般情况下，靠近高平潮或低平潮的时间，水流的速度会逐渐变小，直至水流速度为零，即为平潮期，经过一两个小时的平潮期后，水流速度再次变大，一天内会出现两次高平潮和两次低平潮，正规的潮汐运动是24小时50分。一般选择白天的平潮期和平潮期前后水流速度小的时间进行水下考古作业，另外潮汐还会影响水深、水下能见度等。需要注意各地潮汐情况的不同，水下考古学家开展项目前需要仔细查阅当地的潮汐资料。波浪是水的表层运动，其形成与水面的风、水下的障碍、水流等多种因素有关，波浪的大小会影响浅水能见度、水上工作平台的安全和水下工作者出入水的安全，一般情况下，水面出现白头浪时，小型工作船不宜作为工作平台出海进行水下考古作业。水流是水的大规模运动，受风、重力、潮汐、水下障碍物等多种因素的影响，包括岸流、回流和洋流等。大的水流不仅会给水下考古工作者带来很大的阻力，还会对水下工作现场造成巨大影响，如潜水员放漂、水下能见度降低、发掘设备被冲走及发掘区被水流回填等。

4.2.6　水的压力

一般认为水的压力变化是引起潜水员发生生理变化的主要因素，也是潜水的最重要障碍之一，本节仅介绍水的压力基本知识和对人体产生的直接影响，关于水的压力

[①] 陶恒沂：《潜水医学》，高等教育出版社，2005年，第55页。

与高压气体将在下一节重点讲述。

人在陆地上会受到大气的压力,即气压。气压的产生源于地球引力,物理学上通常所说的1个大气压(1ata)是指自海平面起一直到大气层中地球引力可以作用高度每平方厘米的空气的重量,经测算为1.033千克,一般以1千克计算。人在水下,还会承受来自水的压力,一般称为静水压。法国哲学家、科学家巴斯·帕斯卡

深度	压力		体积	密度
m/ft	atm/bar			
0/0	1		1	1×
10/33	2		1/2	2×
20/66	3		1/3	3×
30/99	4		1/4	4×

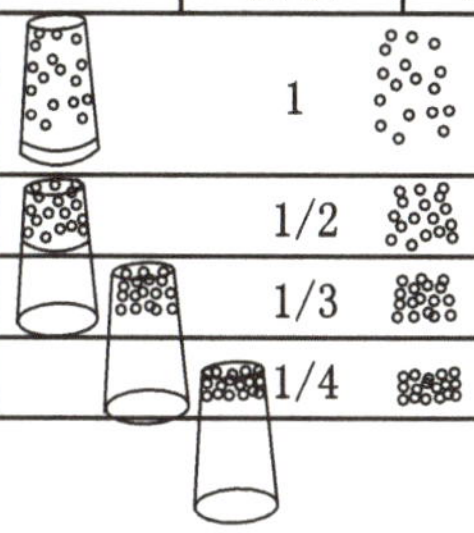

图4.5　气体与水的压力

利用实验证明海平面的大气压等于海底约10米深处的压力,即一般认为水深每增加10米,就会增加1个大气压,如30米水深承受4个大气压(图4.5)。

理论上,所有状态的物质都可以压缩,实际上除了气体容易压缩外,液体和固体压缩需要巨大的作用力,因此在潜水范围内,一般认为固体和液体不可压缩。根据帕斯卡原理,在液体的表面所施加的任何外来压力,都会传递到液体中的任意一点,而且压力大小不会改变。液体传送压力的能力,正是人类可以从事潜水而不被压力压扁的主要原因。

因为人体主要组成部分是水,因此只要压力在整个机体中分布平衡,人体是可以承受压力增加的。但是,人体还有部分空腔,如鼻窦、中耳等,此外,由于潜水装备也会形成一些空腔,如面镜中的空气和干式潜水服中的空气等。根据玻义耳定律,一定总量的气体的压力同体积成反比。潜水过程中,这些腔室的压力必须平衡,否则,气体膨胀或缩小会在他们的壁内产生压力差,一定程度后,如果不能及时达到平衡,将会产生气压伤。主要有以下几个方面。

其一,耳压平衡。耳朵的压力反应与中耳有关。人的耳朵的构造分为外耳、中耳和内耳,外耳是对外部环境开放的,其压力与外部环境相同,内耳完全被液体充满,液体是不可压缩的,只有中耳内部是一个空腔,与外耳之间隔着一个封闭的鼓膜,并通过耳咽管与咽喉连接,进出气体(图4.6)。下潜过程中,由于水压会压缩中耳内的气体,如果不及时达到平衡就会造成中耳的挤压伤,这是潜水中最常见的问题。最早的征兆是耳膜不适,严重时会造成耳膜穿孔或内耳损伤,导致耳鸣、恶心甚至失去听力。一般下潜时,及时主动采用吞咽、打哈欠或封住口鼻平缓鼓气的方式可以平衡耳压,但是不能用力鼓气,因为有可能造成内耳压力升高,引发圆窗破裂的风险。如果发现耳压难以平衡,那么只需要上升一定高度就可以化解;如果还是无法平衡,则应放弃此次潜水。患有鼻炎、咽炎和中耳炎,或者感冒导致鼻塞无法平衡耳压的情况,不应进行潜水作业。上升时,由于中耳内膨胀的气体不能及时排出,还有可能造成逆向挤压,这常见于感冒

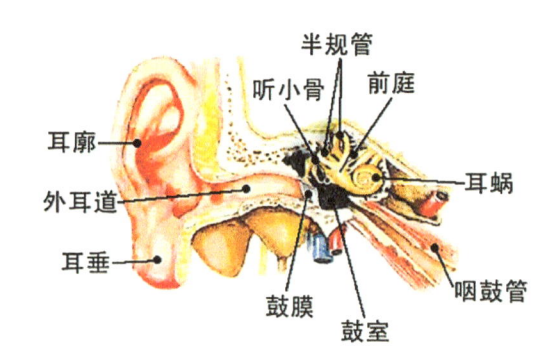

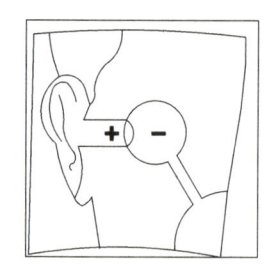

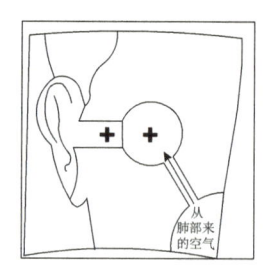

图4.6 耳道示意图及耳压平衡原理

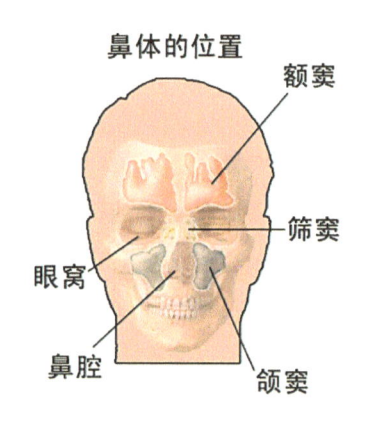

图4.7 鼻窦位置示意图

患者服用药物后潜水。

其二，鼻窦压伤。鼻窦是人体的另一个空腔，是位于脸部皮肤内的许多成对的空洞，与鼻子相连（图4.7）。一般情况下鼻窦平衡会随着中耳的平衡自然发生，因此，潜水时不需要采取特殊的做法。鼻窦压伤主要是发生在感冒患者潜水时，其会感到鼻窦明显的疼痛，有时出水后会发现面镜里有血，这是鼻窦挤压的一个明显征兆。鼻窦挤压通常会自愈。

其三，肺部压伤。肺部也是人体的一个空腔，其压力伤主要是因为在水下呼吸的是与周围水压相同压力的压缩空气。通常人体呼吸系统作用的过程是气体通过支气管进入肺叶，肺叶中的肺泡囊吸收氧气，氧气通过肺膜进入血管供给机体需要。一般压力下降时，肺内气体会膨胀而顺利地呼出。但是，如果屏气或局部呼吸道阻塞，膨胀的气体会滞留在肺内，引起肺部的过度扩张，如从水下30米深度上升至水面时，肺内存留的气体将逐渐膨胀至原体积的4倍。如果肺内压力过高，超过肺泡的弹性限度，则会引起肺组织撕裂。气体通过破裂的肺泡进入肺部微血管中，会造成空气栓塞。扩张的肺泡或瞬间膨胀充满体液的水泡，可能撕裂胸内膜，造成胸部局部或完全萎陷，引起气胸。如果气体被挤入心脏、大血管和胸腔中部器官周围组织，可能会引发纵隔气肿，空气被挤入纵隔沿面部平面延伸的颈部皮下组织还会导致皮下气肿。肺部压力伤对水下工作者危害极大，严重时会使其失去意识和呼吸，一旦发生，需要尽快供给氧气，严重的需要进行紧急救援，必要时进行除颤，并尽快送医。为了避免肺部压力伤，在水下绝对不能憋气，上升时需要缓慢，一般认为上升速度每分钟不要超过9米。

此外，也有一些其他空腔。装备压力的不平衡也会形成空腔，对水下工作者造成一定伤害，但是一般不会太严重。例如，面镜挤压，通常是因为下潜过快，忽略了通过鼻子呼气来平衡面镜压力，这会导致微血管受伤、眼睛和脸颊部皮肤压伤等症状。干式潜水服压伤也是因为快速下潜，而没有通过干式潜水服的低压充气管进行充气以平衡压力，一般会在皮肤上夹出一条条血痕，严重的可能会使皮肤受伤。其他因素也会造成一些空腔，从而对水下工作造成影响。例如，水下工作者有蛀牙，可能会造成潜水时的牙痛。

4.2.7　水下环境与心理素质

水下环境与陆地环境存在很大区别，水下环境的变化对水下考古工作者造成生理影响的同时，也对其心理素质提出了要求。由于水的物理特性与空气存在很大不同，水下考古工作者在水下环境中的视觉和听觉与在陆地上相比发生了很大改变，加上水下环境中存在的静水压、寒冷、水的浮力和阻力等，使得水下考古工作者的心理功能包括感觉、知觉、认知以及心理运动能力均受到不同程度的干扰和限制。研究表明，人的操作能力在水深3米处平均降低28%，在水深30米处则降低49%，人的语言能力和判断力也会随着水深的增加而减弱，在水下完成任何工作所需要的时间几乎都比陆地上多[1]。实践也证明，潜水效率的高低、潜水事故的发生与否，与潜水员的心理素质密切相关[2]。

4.2.8　水下生物与障碍物

水下环境还包括水下的生物和障碍物，有些也会给水下考古工作带来影响。一般认为许多水下生物对水下工作者有潜在的危险，并且有些造成的危害是很严重的。我国沿海海域可能遇到的海洋生物伤害包括鲨鱼咬伤、水母蜇伤、海蛇咬伤、有毒鱼类致伤、珊瑚海葵类致伤中毒和棘皮动物致伤等[3]。为了防止这些伤害，水下工作者潜水作业时应该做好防护，减少不必要的伤害，如在水母出没的海域需要穿潜水服、戴潜水帽和潜水手套，更重要的是水下考古工作者应该具备水下环保的意识，在作业过程中不要触碰陌生的水生物。一般情况下，海洋生物不会主动攻击人类。在水下工作开始之前，应提前配备应急药品，一旦发生水下生物伤害便可使用，严重时需要尽快就医。

---

[1] 〔英〕基斯·马克尔瑞著，戴开元、邱克译：《海洋考古学》，海洋出版社，1992年，第33、34页。
[2] 陶恒沂：《潜水医学》，高等教育出版社，2005年，第247—255页。
[3] 陶恒沂：《潜水医学》，高等教育出版社，2005年，第145—150页。

水下障碍物既有天然形成的，也有人为造成的，对水下考古工作也会产生很大影响。例如，水下的岩石裂缝、暗洞和海带等，没有合理的处理措施时应尽量避开，以免陷入其中无法脱身。渔网及丢弃的绳索对水下考古工作影响很大。因为很多渔网和绳索都被沉船或沉船上的凝结物挂住，使得水下考古工作者不得不去清理，一般情况下要用潜水刀在外围慢慢切除后捆好带出水面，不能丢弃在水下，造成二次危害。另外，水下考古发掘设备上的管线对于没有经验的水下考古新手来说也会造成威胁，需要在经验丰富的水下考古工作者的指导下训练和适应。

4.3 高压气体与减压理论

4.3.1 高压气体的影响

水下环境中呼吸的是高压气体，这会对潜水员的身体产生直接影响。高压气体对机体的影响与气体分压有关。分压是指混合气体中各种气体单独占有容器空间所产生的压强。道尔顿定律认为混合气产生的总压强等于组成该混合气的每种气体单独存在并占据整个容积时所产生的压强之和，即当温度不变时，混合气总压等于各种气体的分压之和。高气压医学研究认为，混合气中某种气体对机体的生理影响直接取决于它的分压值，并且几乎每种气体达到一定分压值后，都会对机体产生影响。

4.3.1.1 气体麻醉

一般认为是溶解在血液中的气体，随着潜水深度的增加，透过循环和呼吸系统到达神经系统，产生令人兴奋、麻醉的效果，俗称深水狂喜症，又因以氮气为主，症状类似喝醉了酒，所以也称氮醉。另外，氩气、二氧化碳也都具有麻醉效果。

氮醉也经常被拿来与酒精麻醉作比较，在30米深处氮醉的效果类似喝了一杯马丁尼酒，此后，每下潜15米，相当于多喝了一杯。每个人发生氮醉的差异很大。经过试验，使用空气潜水，通常是在水下30米左右开始显现氮醉症状，表现为思考慢、反应迟钝，有的人会略微兴奋。随着深度的增加，氮醉效果会加强，在55米深处，症状会进一步明显，如陶醉和狂喜等。经生理学家研究，氮醉本身并无害处，它主要是会影响水下工作者对问题的反应，甚至会因此做出危险的动作，造成安全隐患。氮醉发生后，马上上升一段高度，氮醉效果就会消失。另外，通过提高氧气的占比，从而降低氮气分压值，也可以降低氮醉的概率，氦氮氧混合气技术潜水就是根据的这个理论。而水下工作者服用酒精、安眠药、止泻药等镇定药物，以及心里有压力等情况都有可能加重氮醉的风险（图4.8）。

4.3.1.2 氧中毒

氧气分压达到一定程度,会造成氧中毒。氧中毒一般分为两种类型,一种是发生在呼吸系统中的症状,主要是因为肺部长时间暴露在高于0.5bar/ata氧分压的气体中所造成的,主要症状是肺部发炎,一开始是喉咙发炎,随后是咳嗽,严重的会导致肺部灼热和剧烈咳嗽。一般只要遵守氧气暴露值限制,就可以有效防护,一般参

图4.8 水下考古队的高氧配气设备

照的是美国国家海洋大气管理局所制定的单次暴露极限。另外,患者回到水面,这些症状会逐渐恢复,不用过于担心。另一种是发生在神经系统,这对水下工作者来说是需要特别注意的,因为神经系统氧中毒毒发时间快,会造成视力障碍、听觉障碍、恶心、抽搐等。其中抽搐,也称高氧抽搐,会令人失去意识,对潜水安全威胁最大。就目前来看,神经系统氧中毒比较难预判,一般认为氧分压在1.4bar/ata内,属于安全范围,1.4—1.6bar/ata范围内则属于紧急减压范围内,而1.6bar/ata是极限值,一旦超过,就会很危险。以空气潜水为例,在水面,空气中氧分压为0.21bar/ata,潜水深度是40米时,绝对压力为5ata,此时氧分压为0.21×5=1.05bar/ata。

4.3.1.3 一氧化碳中毒

一氧化碳中毒的发病机理与水面上的一样,主要是因为一氧化碳与血红素的结合度是氧气的200倍,并且一旦结合,需要8—12小时才能分开,从而导致氧气供应不足。在水下时,由于处于高压状态,血液中溶解了高密度氧气,一时感觉不到,但是一旦出水,血液中的氧含量立马下降,造成组织缺氧,严重时可能会毫无征兆地昏厥。潜水中的一氧化碳主要是气体污染(如空气压缩机的问题导致)和吸烟造成的。

4.3.1.4 二氧化碳

水下作业时,由于高强度的劳动或者没有缓慢而深沉的呼吸,会造成呼吸和循环系统内二氧化碳过多而无法排出,最终导致高碳酸血症。高碳酸血症会让水下工作者感到头痛、精神错乱、呼吸急促,严重时会有窒息感,同时会加剧氮醉的作用。一旦出现以上症状,应立即停止所有活动,让身体自行恢复,如果症状没有消退,应该马上结束潜水作业。

水下工作者因为恐惧、压力而引发的过度换气容易造成呼吸和循环系统中二氧化碳不足的情况，因为人体的呼吸反射需要二氧化碳的参与，从而造成低碳酸血症。低碳酸血症容易造成浅水黑视症和组织缺氧。为了避免这类事件发生，要求水下工作者不能憋气，也不能过度换气，应保持缓慢深沉的呼吸。

4.3.1.5　高压神经综合征

为了降低气体麻醉作用，技术潜水和商业潜水进行大深度潜水作业时一般使用氦氮氧混合气作为呼吸介质。但是，氦气在较大深度会对机体造成高压神经综合征，一般认为在90米深处就有可能发生，不过常见的是在120米深处发作。高压神经综合征会影响神经系统，症状包括手抖、抽筋、恶心和晕眩等。目前，此病具体发病原因尚不清楚，一般采用在混合气中增加氮气的方法可以预防和有效减轻，另外一个做法是进行缓慢、有控制的分阶段下潜。

4.3.2　惰性气体与减压病

4.3.2.1　惰性气体的吸收与释放

此处所指的惰性气体是指生理上的惰性气体，即仅以物理溶解状态存在于机体组织内部，与机体内部物质不发生化学反应，不参加机体新陈代谢，只按照机体体内外该气体的压差梯度自由扩散的一些气体，也称中性气体，主要是氮气，还包括了氢气、氦气和氩气等[①]。

亨利定律指出，在某一温度下，溶解于液体中的任何一种气体的量是与该液体接触气体的分压成正比。下潜时，受静水压影响，机体周围气压升高，机体暴露于高气压环境下，各组分气体都会通过机体的呼吸和循环系统进行运输，由于机体体液和组织内外压力不同，会形成压差梯度向体液和组织内扩散，直到体液和组织内外压平衡时，气体将不再溶解，此时为饱和状态。一旦上升或其他原因导致体液和组织外气压下降或者总气压不变但是该气体的浓度降低，体液和组织中的气体将从溶解状态向环境扩散，这一过程叫作脱饱和，直至再次饱和。进入体内的氧气会发生化学反应，不断被消耗，而氮气等惰性气体，因不参与新陈代谢等化学反应，以自由气体的形式在体液与组织内外溶解和扩散。通过呼吸循环系统溶解入体液和组织的过程就是惰性气体的吸收，而过饱和状态下从体液和组织向环境扩散的过程就是惰性气体的释放（图4.9）。

[①] 陶恒沂：《潜水医学》，高等教育出版社，2005年，第145—150页。

4.3.2.2 减压病

如果体液和组织外的气压降低得过快,幅度过大,则溶解在体液和组织中的惰性气体将来不及通过呼吸和循环系统排出释放,而惰性气体又不能参加机体内的化学反应,不能被吸收,只能在体液和组织内原地生成气泡,并在机体内随着血液循环四处移动。如果这些气泡又小又少,一般不会有影响,但是如果有大量气泡存在,且体积够大,就会导致减压病的出现。减压病是水下作业中威胁最大的疾病。

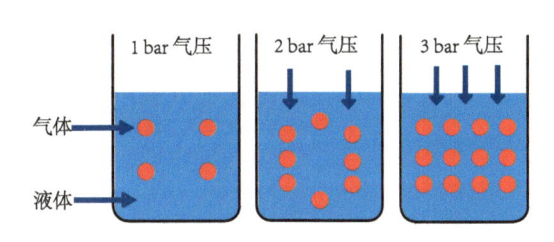

图4.9 压力变化与气体在液体中溶解示意图

气泡可以在机体内任何部位形成,或者被带至任何部位,因此减压病有可能有以下毫不相干的症状表现和严重程度。传统上,生理学家将减压病分为第一型减压病和第二型减压病两类,其中第一型减压病较轻微,主要发生在皮肤、关节和四肢等位置,主要症状为皮肤上出现红疹、四肢或关节酸痛(图4.10)等。第二型减压病为严重型,主要是对神经系统的影响,可能会立即危及生命。例如,神经系统减压病、肺部减压病和大脑减压病。另外,还有疲劳减压病和内耳减压病等较为少见的类型。

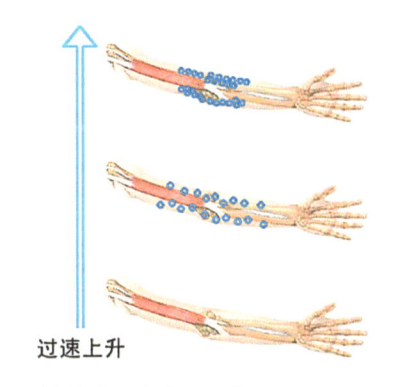

图4.10 关节减压病成因示意图

减压病的发生主要是潜水计划不科学或者没能严格按照保守科学的潜水计划执行导致的。除此之外,脂肪较多、疲劳、性别(女性脂肪较高)、年龄(年纪较大的患病率较高)、酒精和寒冷等因素都有可能诱发减压病。一旦发现患有减压病,应尽快吸纯氧,并以最快的速度送入减压舱进行减压治疗,如果条件允许,也可以让患者重新进入水下进行减压。水下考古作业应尽量避免减压潜水。一般水下考古工作结束后,都需要进行减压恢复治疗,预防体内积聚的那些微小的惰性气体气泡。

4.3.2.3 减压模式与潜水计划表

就潜水而言,减压是指从高气压向低气压以至返回常压的过程中,按适合于机体安全所需要的速度、幅度、步骤和呼吸气体成分等条件,向低气压移行以保证惰性气体安全脱饱和的特殊措施[1]。减压模式是潜水最重要的理论,也是正确认识减压病和预

---

[1] 陶恒沂:《潜水医学》,高等教育出版社,2005年,第84页。

防减压病发生的最重要依据。现代减压理论和减压模式始于哈登。哈登理论认为将累积的氮气气量限制在某个临界值内，可以避免气泡的形成，从而避免减压病。他的原始理论将人体吸收氮气的各个部位根据氮气排放时间分为五个身体组织，组织将氮气气量排除50%的时间为组织半时，组织半时的范围为5分钟到75分钟。哈登利用他的模式设计出一套深度、时间和减压停留时间对照的表格，让潜水员在上升时可以排除体内多余的氮气，这就是最早发行的潜水计划表。

哈登以后，很多人对他的理论和模式进行了完善，形成了很多新的减压模式、减压方法和潜水计划表。现阶段，国际上采用较多的是美国海军的减压模式和潜水计划表（图4.11）。美国海军将隔腔（其认为组织一词是不准的）增加为6个，新增了一个120分钟的半时。实际水下工作中，我们更多的是使用潜水计划表，并且随着电子技术的发展，潜水电脑表可以直接显示潜水计划，并有水下预警提示功能，已经成为水下工作不可或缺的装备。现在国际上使用较多的是美海军标准空气减压表，而我国也公布了自己的空气潜水减压表，并在国内潜水行业广泛应用。水下考古学家需要认真学习、科学使用潜水计划表，这是编制考古潜水计划的基本依据，是水下考古作业的基本条件。

4.3.2.4 免减压潜水、高氧潜水和重复潜水

受项目成本、潜水方式等因素影响，水下考古一般采用免减压潜水。潜水计划表中会标注在一定深度停留的最大时间，即免减压极限。潜水过程中，只要潜水时间在免减压极限范围内，水下考古工作者只需要按正常速度上升，在水深5米处做3分钟安全停留，然后出水即可；如果超过免减压极限时间，就需要根据减压计划，在水下特定深度停留一定时间，否则就容易罹患减压病。

免减压极限与氮气在水下的分压有关。同样的深度，如果想延长免减压极限时间，可以通过增加氧气比例、降低氮气比例的方式降低氮分压，这就是高氧潜水的基本原理。高氧潜水可以有效地延长水下停留时间，从而为水下考古提供更多的水底工作时间。但是，高氧潜水需要考虑氧分压的问题，防止氧中毒。

水下考古作业中往往会遇到一天之内重复潜水的问题。潜水后，经过水面休息，人体内的氮气残留会渐渐排除，直至正常值。如果再次潜水前还有氮气残留，后续潜水就需要考虑氮气残留量。重复潜水需要根据水面休息时间利用潜水减压表查找或计算重复潜水压力等级，再根据水深查找重复潜水的滞底时间。

4.3.2.5 其他

高压气体与耗气量的计算。水下考古较多使用自携式潜水装备利用气瓶携带气源

深度（尺）	免减压时间（分）	潜水压力等级															
		A	B	C	D	E	F	G	H	I	J	K	L	M	N	O	Z
10	未限制	57	101	158	245	426	*										
15	未限制	36	60	88	121	163	217	297	449	*							
20	未限制	26	43	61	82	106	133	165	205	256	330	461	*				
25	595	20	33	47	62	78	97	117	140	166	198	236	285	354	469	595	
30	371	17	27	38	50	62	76	91	107	125	145	167	193	223	260	307	371
35	232	14	23	32	42	52	63	74	87	100	115	131	148	168	190	215	232
40	163	12	20	27	36	44	53	63	73	84	95	108	121	135	151	163	
45	125	11	17	24	31	39	46	55	63	72	82	92	102	114	125		
50	92	9	15	21	28	34	41	48	56	63	71	80	89	92			
55	74	8	14	19	25	31	37	43	50	56	63	71	74				
60	60	7	12	17	22	28	33	39	45	51	57	60					
70	48	6	10	14	19	23	28	32	37	42	47	48					
80	39	5	9	12	16	20	24	28	32	36	39						
90	30	4	7	11	14	17	21	24	28	30							
100	25	4	6	9	12	15	18	21	25								
110	20	3	6	8	11	14	16	19	20								
120	15	3	5	7	10	12	15										
130	10	2	4	6	9	10											
140	10	2	4	6	8	10											
150	5	2	3	5													
160	5		3	5													
170	5			4	5												
180	5			4	5												
190	5			3	5												

水面休息时间

	Z	O	N	M	L	K	J	I	H	G	F	E	D	C	B	A
A																:10 2:20*
B															:10 1:16	1:17 3:36*
C														:10 :55	:56 2:11	2:12 4:31*
D													:10 :52	:53 1:47	1:48 3:03	3:04 5:23*
E												:10 :52	:53 1:44	1:45 2:39	2:40 3:55	3:56 6:15*
F											:10 :52	:53 1:44	1:45 2:37	2:38 3:31	3:32 4:48	4:49 7:08*
G										:10 :52	:53 1:44	1:45 2:37	2:38 3:29	3:30 4:23	4:24 5:40	5:41 8:00*
H									:10 :52	:53 1:44	1:45 2:37	2:38 3:29	3:30 4:21	4:22 5:16	5:17 6:32	6:33 8:52*
I								:10 :52	:53 1:44	1:45 2:37	2:38 3:29	3:30 4:21	4:22 5:13	5:14 6:08	6:09 7:24	7:25 9:44*
J							:10 :52	:53 1:44	1:45 2:37	2:38 3:29	3:30 4:21	4:22 5:13	5:14 6:06	6:07 7:00	7:01 8:16	8:17 10:36*
K						:10 :52	:53 1:44	1:45 2:37	2:38 3:29	3:30 4:21	4:22 5:13	5:14 6:06	6:07 6:58	6:59 7:52	7:53 9:09	9:10 11:29*
L					:10 :52	:53 1:44	1:45 2:37	2:38 3:29	3:30 4:21	4:22 5:13	5:14 6:06	6:07 6:58	6:59 7:50	7:51 8:42	8:45 10:01	10:02 12:21*
M				:10 :52	:53 1:44	1:45 2:37	2:38 3:29	3:30 4:21	4:22 5:13	5:14 6:06	6:07 6:58	6:59 7:50	7:51 8:42	8:43 9:34	9:38 10:53	10:54 13:13*
N			:10 :52	:53 1:44	1:45 2:37	2:38 3:29	3:30 4:21	4:22 5:13	5:14 6:06	6:07 6:58	6:59 7:50	7:51 8:42	8:43 9:34	9:35 10:29	10:30 11:45	11:46 14:05*
O		:10 :52	:53 1:44	1:45 2:37	2:38 3:29	3:30 4:21	4:22 5:13	5:14 6:06	6:07 6:58	6:59 7:50	7:51 8:42	8:43 9:34	9:35 10:27	10:28 11:21	11:22 12:37	12:38 14:58*
Z	:10 :52	:53 1:44	1:45 2:37	2:38 3:29	3:30 4:21	4:22 5:13	5:14 6:06	6:07 6:58	6:59 7:50	7:51 8:42	8:43 9:34	9:35 10:27	10:28 11:19	11:20 12:13	12:14 13:30	13:31 15:50*

水面休息后的潜水压力等级

潜水深度	Z	O	N	M	L	K	J	I	H	G	F	E	D	C	B	A
10	**	**	**	**	**	**	**	**	**	**	**	427	246	159	101	58
15	**	**	**	**	**	**	**	**	450	298	218	164	122	89	61	37
20	**	**	**	**	**	462	331	257	206	166	134	106	83	62	44	27
25	†	†	470	354	286	237	198	167	141	118	98	79	63	48	34	21
30	372	308	261	224	194	168	146	126	108	92	77	63	51	39	28	18
35	245	216	191	169	149	132	116	101	88	75	64	53	43	33	24	15
40	188	169	152	136	122	109	97	85	74	64	55	45	37	29	21	13
45	154	140	127	115	104	93	83	73	64	56	48	40	32	25	18	12
50	131	120	109	99	90	81	73	65	57	49	42	35	29	23	17	11
55	114	105	96	88	80	72	65	58	51	44	38	32	26	20	15	10
60	101	93	86	79	72	65	58	52	46	40	35	29	24	19	14	9
70	83	77	71	65	59	54	49	44	39	34	29	25	20	16	12	8
80	70	65	60	55	51	46	42	38	33	29	25	22	18	14	10	7
90	61	57	52	48	44	41	37	33	29	26	22	19	16	12	9	6
100	54	50	47	43	40	36	33	30	26	23	20	17	14	11	8	5
110	48	45	42	39	36	33	30	27	24	21	18	16	13	10	8	5
120	44	41	38	35	32	30	27	24	22	19	17	14	12	9	7	5
130	40	37	35	32	30	27	25	22	20	18	15	13	11	9	6	4
140	37	34	32	30	27	25	23	21	19	16	14	12	10	8	6	4
150	34	32	30	28	26	23	21	19	17	15	13	11	9	8	6	4
160	32	30	28	26	24	22	20	18	16	14	13	11	9	7	5	4
170	30	28	26	24	22	21	19	17	15	14	12	10	8	7	5	3
180	28	26	25	23	21	19	18	16	14	13	11	10	8	6	5	3
190	26	25	23	22	20	18	17	15	14	12	11	9	8	6	5	3

图4.11　潜水计划表（根据美国海军潜水计划表制定）

进入水下工作，气瓶中的气量是有限的，这就需要计算水下工作者在水下的耗气量，从而得出气源能支持他在水下工作多长时间，并可以保证有足够的气量安全出水。

潜水结束后也应注意气压改变对水下考古工作者的影响。如果前往更高海拔或者搭乘飞机，都有可能因为气压降低而增加罹患减压病的风险。一般认为至少在水面休息12小时后，才能乘坐飞机。

4.4 潜水方式与潜水装备

潜水发展的历史，就是围绕着解决人在水下受各种因素的作用和发生的医学-生理学问题而发明、创造和改进不同的潜水装具和设备，形成不同的潜水方式以至潜水的深度-时程不断延伸的历史[1]。各种潜水方式各具特点，只要使用得当，都会收到相应的效果，所以长期以来，这些潜水方式都并存[2]。进行水下考古作业，需要根据水下作业内容等实际情况，选择合适的潜水方式和潜水装备。

4.4.1 屏气潜水

是指吸一口气，停住呼吸动作，潜入水下，在耐受极限时间到达之前又急速上升出水，通过大气恢复呼吸动作[3]。这种潜水方式历史悠久，现在常与呼吸管潜水配合使用。其优点是方便简单，人在水下可动性较好，而缺点是潜水时间太短。一般作为潜水技术的一个技能，很少用在水下考古作业中。

4.4.2 呼气管潜水

是指人在水面下通过口衔管子呼吸水面以上空气的潜水方式[4]，又称浮潜。一般需要三件潜水设备——面镜、蛙鞋和脚蹼，有时也会穿着潜水服。这种潜水方式的优点是简便，水面浮潜时间长，不担心气体的问题；缺点是水下停留时间与屏气潜水一样短，同时，不经过专门的训练不能潜入深水。水下考古作业中一般用于潜水区域的水下文物搜索，为了提高搜索效率，经常采用拖拽式搜索方法，即在快艇后面安放一根绳子，水下考古工作者口衔呼吸管浮潜，同时手抓绳子，由快艇按一定均匀速度拖曳前行。这种方法需要注意水下考古工作者与快艇的距离，以防受到螺旋桨伤害。

---

[1] 陶恒沂：《潜水医学》，高等教育出版社，2005年，第2页。
[2] 陶恒沂：《潜水医学》，高等教育出版社，2005年，第39页。
[3] 陶恒沂：《潜水医学》，高等教育出版社，2005年，第4页。
[4] 陶恒沂：《潜水医学》，高等教育出版社，2005年，第4页。

4.4.3 潜水钟潜水

是指由倒扣的桶而来的钟形"罩器"装备，又称钟式潜水，因罩器底部是开放的，也称开放钟式潜水，潜水员随钟潜入水下，钟内的空气供应潜水员呼吸。现在，广义的潜水钟还包括可潜舱（底部密封的）等。这种潜水方式一般用于大深度潜水，具体包括潜水钟、脐带式供气装置（含供气软管、空气测深软管和通信电缆等）、减压器和吊缆等，也可以配备自携式气瓶，作为应急气源。其优点是可以进行大深度作业，而且潜水钟可以作为水下工作者的一个避难场所，与水面进行通话，其缺点是对设备要求高，水面需要配备工作母船，因为潜水钟的重量基本都超过1吨，因此潜水作业成本高。不过，水下考古工作中，特别是发掘阶段，可以制作简易的开式潜水钟，固定在遗址周边，里面可以放置备用气源和水面通话装置，这样可以作为水下考古工作的一个水下通话室和应急避难场所。这里需要注意对开式潜水钟中气体的更新，因为经过一段时间的使用后，钟内气体中二氧化碳含量会增加，氧气因人体消耗而减少。

4.4.4 管供式潜水

是指从水面通过管道（脐带）向潜水员所戴的头盔输送新鲜空气供潜水员使用，呼出的气体经另外的途径排出，也称头盔-供气管潜水和通风式潜水。潜水技术发展早期，主要是重潜，随着呼吸器的发明，有的潜水员不使用头盔，而是直接口衔连接供气管的呼吸器进行呼吸，称为HOOK式潜水（国内一般译为虎克式潜水）或脐带式潜水等，这是一种常规轻潜装备。

通风式潜水装备主要由金属头盔、领盘、潜水软管、通话装置、排水量较大的潜水服、压重物和潜水鞋组成，因其总体重量重，所以又称重潜水装具。这种潜水方式具有防护强、保暖好、抗流能力强、可与水面通话等优点，其缺点是笨重、穿着时间长、对潜水员身体素质要求高，特别是其笨重的潜水鞋会对水底造成毁灭性的破坏，所以不适合水下考古工作。

脐带式潜水装备集合自携式潜水和通风式潜水的优点，包括脐带、轻型供气面罩或头盔、供气软管、通信电缆、空气测深软管、抗拉件、固定带、压铅等，有的还可以配备热水软管，为潜水服供暖，在较危险的环境下，有的脐带潜水员还配备一套自携式潜水装备，用于水下应急。脐带式潜水是一种常规轻潜技术，其优点是气源充足、水下作业安全系数高、能够在较为危险的区域工作、能与水面通话，并且其对水底的破坏有限，还能与潜水舱等结合使用，用途广泛；其缺点是所需支援器材和人员数量较多，一般一个潜水员下水作业，需要六七人在水面支援，另外，水面需要空压机或者高压气罐为潜水员提供源源不断的气体，如果进行减压潜水，还需要在水面配备减压舱。脐带式潜水在水下考古工作中使用较为广泛，主要是用于水下考古发掘过程中对危险位置的调查和清理以及重体力工作。

4.4.5 自携式潜水

是指潜水员自己携带气体至水下，通过呼吸器等装备供给潜水员使用。典型的自携式潜水装备包括水下呼吸器（一级减压阀、二级减压阀和咬嘴）、高压气瓶、水下浮力背心、面罩、潜水服、潜水鞋、蛙鞋、水下指南针、气压表和深度表、压铅及压铅带和潜水手套、头套等。自携式潜水一般通过空气压缩机往气瓶内充填高压气体。

为了解决水下气量问题，自携式潜水装备分为单瓶装备和双瓶装备。双瓶装备携带两个由气瓶杆连接的气瓶，所以水下携气量翻了一倍，提高了水下作业安全程度。

另外，根据潜水技术和潜水深度不同，自携式潜水又分免减压潜水和技术潜水等，其中免减压潜水又称休闲潜水，即在减压极限内潜水，而技术潜水主要是进行大深度和洞穴等探险式潜水，在水下完成减压任务。

根据呼吸气体的成分，自携式潜水分为空气潜水、高氧潜水和混合气潜水等。高氧潜水可以有效地延长30米级水下作业时间。氦氮氧混合气主要应用于大深度的技术潜水，成本高，技术要求高，但是水下作业时间短，因此尚无法在水下考古作业中推广。

根据气体的循环使用，自携式潜水又分为开放式潜水、半闭合式潜水和闭合循环式潜水。闭合循环式潜水装备更加便携，水下工作时间比开放式潜水延长很多，缺点是技术要求比较高，同时，一旦出现意外，自救性相对较差。

总体来说，自携式潜水装备简单轻便，容易掌握，潜水员在水下呼吸比较自如，行动方便，也不会发生二氧化碳中毒、缺氧等潜水问题，安全性较好，比较适合水下考古工作。但是，自携气量有限，潜水时间不宜过长，一般只能进行轻劳动，不宜进行强度较大的劳动或深水作业。

4.4.6 抗压潜水

是指使用可以抵抗水压的坚硬装备（具）进行潜水的方式，潜水员在潜水时，不受静水压的作用，装具内持正常压强，呼吸常压空气，又称常压潜水或一个大气压潜水、间接潜水等。包括铠甲式潜水服、无人潜器和载人潜器等类型。无人潜器和载人潜器虽然成本都很高，但是在水下考古，特别是深海考古领域前景广阔。

4.4.7 饱和潜水

是指让潜水员暴露于高气压下一定时间，使溶解于人体组织内的惰性气体达到完全饱和状态，潜水员在水下居住舱内生活，使用潜水装备出舱进入水中作业（称为巡回潜水），单次工作结束后，返回水下居住舱生活，整个工作结束后，按照相应的减压方案进行减压，并安全返回水面的潜水方式。饱和潜水是新型潜水方式，一般用于大深度和时间久的水下任务。其优点是水下工作时间相对减压时间的比例大于常规潜水，所以工作效率高于常规潜水，减压次数少，缺点是需要庞大、复杂、专业的设备和相应的技术条件，对水面的支持、水下设备、潜水员技术和素质等皆有很高的要求。

4.4.8 其他潜水装备或附属用品

上面介绍了各种潜水方式，配合这些潜水方式，还有一些潜水装备和附属装具需要了解。

4.4.8.1 水面支援平台

除了近岸潜水外，一般潜水作业需要一个安全的水面支援平台供潜水员往返潜点、存放和准备潜水设备以及生活和工作等。一般情况下会选择合适的驳船，但是具体情况需要根据潜点位置、团队规模和项目经费等综合考虑。

水面支援平台上重要的潜水支援设备包括空压机、减压舱和救援艇等。其中空压机主要分两种，一种将压缩空气（也可以使用高氧）充填到气瓶中，供自携式潜水使用；另一种是直接为管供式潜水员提供气体。

有时进行减压潜水，或者有的国家或地方法律规定超过一定作业深度需要配备潜水减压舱（图4.12）。有时，为了安全，水下平台上也会配备应急救援艇，以防潜水员放漂。

4.4.8.2 潜水员的装具

不同的潜水方式，潜水员的装具略有不同。一般包括潜水面镜、呼吸管、水下浮力柱、潜水刀、潜水电脑表、水下指北针、水下书写板、潜水灯、水面信号装置、安全绳、浮标、水下摄影摄像装置和水下通信装置等。

图4.12 工作平台上的减压舱

4.5 考古潜水与考古潜水计划

4.5.1 考古潜水的概念

由于水下考古学的研究对象绝大多数都埋藏于水下，并且实践中也无法做到每处遗存都围堰成陆地进行考古工作，因此，水下考古学家要前往水下遗存现场进行考古调查和发掘工作，必须要掌握现代常规潜水技术，从而克服水下环境带来的各种困难。

考古潜水就是指水下考古学家利用现代常规潜水技术进入水下并采用考古学的理念和方法进行调查、发掘、测绘和摄影等工作，并安全出水的过程，属于水下考古的一个重要技术手段，也是科学潜水的一个重要门类。

考古潜水是一项复杂的系统性工作，它并不仅仅是潜水人员的单人作业，而是一项集体工作，需要水下考古潜水员、水面通话员、水面记录员、水下摄影师、项目负责人乃至潜水医生、船员等各种角色人员在内的相互配合。

4.5.2 人员及资质要求

水下考古人员及其资质的要求，不仅仅是一个学术问题，在一定程度上还需要满足有关法律和政策的要求。因为潜水作业是一个高风险行业，不同国家和地区对潜水作业的人员资格和设备保障等都有不同的规定，这要求水下考古学家在开展水下考古工作前，必须了解项目所在地的相关政策和法规要求。

水下考古学家应经过专业的潜水技术培训，具备一定的潜水技术资格，这在各国也有不同的要求。例如，英国航海协会认为至少应具备世界水上运动联合会（CAMS）二星潜水员的资质，这是指最低要求。我们国家水下考古专业人员一般需要具备救援潜水员和世界水上运动联合会三星潜水员资质，同时需要获得国家文物局颁发的水下考古培训证书。

此外，很多水下考古项目对潜水技术的要求更高，这需要水下考古项目负责人根据具体情况决定，如果有需要，还需对参与者进行相关方面的专业培训，如技术潜水、水下摄影、水下考古绘图等。

4.5.3 考古潜水原则

考古潜水的原则基本与一般潜水原则是相同的，但是更侧重于水下作业的安全和效率。

4.5.3.1 陆地解决原则

考古潜水一般具有高风险、高成本、水下作业时间短的特点,这要求水下考古工作者应尽量把工作放在陆地提前完成,尽量减少水下作业。每个水下考古工作者潜水前一定要明确工作任务,在陆地做好相关准备和计划,而不是到水下再与潜伴讨论工作细节。

4.5.3.2 潜伴制度

潜伴制度是自携式潜水要求的潜水原则之一,在水下考古工作中同样适用。原则上不允许单人潜水,但是,在经过水下考古项目负责人同意,并且具有安全保障的情况下,可以进行单独潜水。

4.5.3.3 入水前的安全检查

一般水下考古项目中都是潜水设备统一放置在特定区域内,并安排专人充气。每次入水前,潜水人员应该亲自进行安全检查,因为安全最终是与个人息息相关的。

4.5.3.4 不要做超过自己能力的事情

这包含两个方面,一方面是水下考古工作者不能去主动冒险做超出自己潜水技术能力范围的工作,也不能在自己准备不充分的情况下做自己没有把握的潜水作业;另一方面是水下考古项目负责人、潜伴等不能以任何理由勉强其进行水下考古作业。

4.5.4 考古潜水计划

考古潜水计划是对整个水下考古项目中涉及潜水作业的一个整体计划,是水下考古工作的重要组成部分,直接关系到水下考古工作的水平、效率和水下工作者的人身安全。考古潜水计划的制定应考虑水下考古工作者的实际潜水作业技术和所具备的潜水技术资格,至少应包括风险评估和考古潜水计划两部分。

4.5.4.1 风险评估

任何水下考古项目涉及水下作业时,都需要进行风险评估[1]。通过这一步骤可以提示水下考古工作者潜在的安全风险。风险评估的内容应该整理成安全须知,并确保每

---

[1] 〔英〕航海考古学会著,〔英〕阿曼达·鲍恩斯编,〔中〕国家文物局水下文化遗产保护中心译:《水下考古原理与实践之NAS指南》,文物出版社,2019年,第60页。

位项目参与者都应该知道。

风险评估的内容除了上文讲述的水下环境外，至少还包括遗址所在地区项目实施期间的天气状况、水面活动（如潜水员是否饮酒、船只经过）、个人身体或心理情况、潜水技术等。

对于个人而言，每次潜水作业前也需要进行安全评估，包括个人的状态、设备的情况、水下作业环境和下水前的水流大小等。

4.5.4.2 考古潜水计划

进行安全评估后，就需要结合水下项目的实际情况（如经费、任务、目的和作业进度要求等）编制考古潜水计划，这是整个考古潜水最核心的部分。根据实践经验，至少应包括以下部分：

第一，确定潜水技术负责人。潜水技术负责人又称潜水总监，负责水下考古作业期间确定潜水方式和设备，编制每天的潜水计划，负责水下考古现场的潜水工作安排和应急等。

第二，详细了解描述遗址环境、深度、水下能见度、温度、水温、水流、天气等情况和信息，这对水下考古工作季、工作方式的选择具有重要参考意义。

第三，明确水下考古工作目的，并结合水下考古工作区域的环境和气候信息选定水下考古作业方式及所用工具等。

第四，选定潜水方式、潜水设备和呼吸的气体，并制定潜水方案，明确滞底时间或残存气体量极限值。

第五，确定水下考古工作人员和所需人员数量，要核实水下考古工作者的潜水资质和经验。

第六，明确角色分工，除了潜水技术负责人外，需要确定每天的潜水记录员、安全瞭望员、充气员、应急潜水员、水下摄影师、水下绘图师等。

第七，编制应急预案，包括水下失散、放漂、水下生物伤害、水下牵绊不能出水，甚至出现重大潜水事故等的救助、应急方法，以及事故处理程序和疏散预案等。

4.5.5 档案记录[①]

水下考古是一门科学，同时，也是一个高危险行业，所以对工作的规程规范和档案具有特别的要求。一般有些国家的政府机关或水下考古行业协会会发布水下考古工

---

① 〔英〕航海考古学会著，〔英〕阿曼达·鲍恩斯编，〔中〕国家文物局水下文化遗产保护中心译：《水下考古原理与实践之NAS指南》，文物出版社，2019年，第59—67页。

作规程，这既包括考古方面的操作要求和标准，同时也包含一系列潜水安全注意事项或标准，是水下考古标准化、科学化的并且被普遍认可的行动指南。严格遵守潜水安全规程，是潜水安全的重要保障之一。

潜水档案记录一般是潜水安全规程要求的重要内容之一。考古潜水也需要做好潜水档案记录。一般至少包括个人日记和项目潜水日志，其内容有天气、潮汐流速、潜水地点、潜水方式、出入水时间、出入水气压、环境状况等。如果出了意外事故，这些档案将会被官方引证，项目负责人必须向官方证明是否已经采取了所有合理的风险规避措施，并符合健康和安全的规定指标。

第5章 水下考古调查

国家文物局考古研究中心 邓启江

5.1 定义、对象、目的与原则

水下考古是考古学的一门分支学科，是陆地田野考古向水域的延伸。它以人类水下文化遗产为研究对象，对淹没于江河湖海等水体以下的古代遗迹和遗物进行调查和发掘，运用考古学所特有的观点和研究方法作为认识问题的手段并使其发挥应有的作用。

水下考古调查是水下考古的关键环节和不可或缺的组成部分，是获取水下文化遗存位置、现状等相关信息的重要手段，是水下考古发掘、研究与保护管理的前提，也是水下文化遗产保护的重要基础。

5.1.1 定义与对象

水下考古调查是指通过前期调查、物探调查和潜水调查的方式寻找并确认水下文化遗存，进而初步掌握、了解水下文化遗存的保存情况、遗物分布、时代、性质和文化内涵而进行的实地勘察（图5.1）。

按照保存现状，水下文化遗存可分为水下遗址和水下遗物点两类。

水下遗址尤其是沉船类遗址是水下文化遗存中的常见类型，也是水下考古备受关注的主要研究对象。因水底环境和保存状况的差异，水下遗址又分两种：一是保存有完整、较完整或部分遗迹，可明显看出形状，大多保留有遗物堆积；二是遗迹主体因自然或人为影响已不存或暂未发现，但遗物数量较多、分布较为集中，且年代一致，能够初步判定其为同一遗迹对象的，亦可将其归入遗址。

水下遗物点是指不是或不能判定为遗址的水下文化遗存，常见的堆积情况有：一是未发现遗迹，有一定数量的遗物分布，但尚不能断定为遗址；因受水下环境、工作范围限制，而无法全面了解遗存性质的，亦暂归为此类遗存。二是遗物时代混杂，为不同时期形成。三是仅有少量且类别单一的遗物。

水下考古调查的对象是指遗存于江河湖海等水体下具有历史、艺术和科学等价值的人类文化遗产。

联合国教科文组织2001年《保护水下文化遗产公约》对水下文化遗产的定义为："系指至少100年来，周期性地或

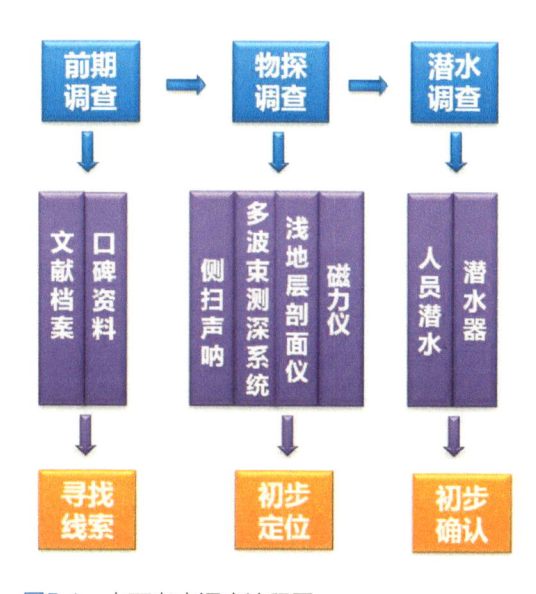

图5.1 水下考古调查流程图

连续地，部分或全部位于水下的具有文化、历史或考古价值的所有人类生存的遗迹，比如：遗址、建筑、房屋、工艺品和人的遗骸及其有考古价值的环境和自然环境；船只、飞行器、其他运输工具或上述三类的任何部分，所载货物或其他物品及其有考古价值的环境和自然环境；具有史前意义的物品。"

前期调查、物探调查和潜水调查是水下考古调查的三个环节，彼此紧密联系、互相促进。前期调查和物探调查可以缩小潜水调查的范围，提高工作效率，增强潜水调查的有效性和准确性；潜水调查则是对前期调查和物探调查的检核与验证，前期调查和物探调查的结果一般都需要依靠潜水调查来最终确认、核实。

5.1.2 目的

水下考古调查是通过实地勘察，寻找、发现并了解水下文化遗存的分布情况，并进行客观、科学的观察与记录。在某些情况下，以特定理论和方法为指导，专门设计的某种调查也可以成为水下考古调查的目的，虽然这种调查有可能没有发现明确的水下文化遗存，但是对于水下考古学的理论和学科建设具有一定的积极意义[①]。

根据调查区域、对象、内容的不同，可以将水下考古调查分为水下文物普查、水下考古区域调查和水下考古重点调查三种主要类型，另外还有一种是针对面临盗捞、盗掘或基本建设破坏风险的水下文化遗存而开展的应急性、抢救性的水下考古调查。

水下文物普查是对某一水域具有历史、艺术和科学等价值的所有水下文化遗存开展全覆盖的调查，主要目的是全面掌握并了解某一水域水下文化遗存的分布及保存情况，建立档案资料，为制定相应的水下文物保护措施、科学管理与学术研究提供依据。

水下文物普查在国际上没有先例，全国性的水下文物普查工作在我国已经开展了一次，即第三次全国文物普查。《国务院关于开展第三次全国文物普查的通知》中明确指出，"此次普查的范围是我国境内（不包括港澳台地区）地上、地下、水下的不可移动文物"，第一次将水下文物普查正式纳入全国性文物普查的范围，在国际上也是一项创举。

第三次全国文物普查从2007年开始，止于2011年。在此期间，从北到南，从内水到海洋，从近海到远海，相继开展了一系列的水下文物普查工作，普查区域遍及辽宁、天津、山东、江苏、上海、浙江、福建、广东、广西、海南等涉海省份，基本涵盖了黄海、渤海、东海和南海四大海域，西沙群岛等远离大陆的海域也留下了水下文物普查工作者的足迹。安徽、湖北等省还对部分湖泊、水库、河流等水体开展了水下考古前期调查工作。

第三次全国文物普查共发现水下文化遗存80余处，这些遗存中比较重要的发现有

---

① 丁见祥：《评估与选择：沉船考古方法的初步讨论》，《边疆考古研究》（第25辑），科学出版社，2019年，第297页。

宁波象山小白礁一号沉船遗址，福建平潭分流尾屿五代沉船遗址、龙海半洋礁一号沉船遗址，海南西沙群岛珊瑚岛一号沉船遗址、金银岛一号沉船遗址等。

水下考古区域调查是在系统梳理已有文物考古资料和文献档案资料的基础上，有目的地选择某一相对独立的水域作为地理单元和目标区域，并对该目标区域进行主动、系统的物探调查和潜水调查，构建地理信息系统，建立数据库。其目的在于研究目标区域内水下文化遗存的分布规律和形成原因，进而探讨其所反映的航路航线变化、航海技术发展和自然地理环境影响等相关问题。

水下考古区域调查实现了水下考古由"被动式"点状调查向"主动式"区域调查的转变，极大提高了调查的主动性和系统性。通过水下考古区域调查不仅可以掌握目标区域内水下文化遗存的数量、现状及分布规律，建立水下文物资源数据库，还有助于深入探讨和研究海上丝绸之路变迁、海外贸易史、关系史等动态变化问题[①]。

水下考古区域调查的开展需要满足以下前提条件：

1）有适合调查的目标区域。目标区域的选择对水下考古区域调查至关重要，直接关系到调查的收获与成果。需要系统梳理和归纳多方面的资料与信息，包括已有文物考古资料，各种陆上走访调查线索、文献、档案、海图、地理环境、水文地质资料等，综合分析后确定目标区域。

2）海洋地球物理探测技术应用于水下考古调查。物探调查以及探测数据的科学分析、判读、探测疑点的识别、分类、分级、评估、遴选对于水下考古区域调查具有重要的支撑作用，是开展水下考古区域调查不可或缺的手段。

2013—2016年，国家文物局水下文化遗产保护中心、福建博物院与国家海洋局第三海洋研究所合作，开展了福建平潭海坛海峡水下考古区域调查，利用探测设备对福建平潭海坛海峡大练岛、小练岛周边海域进行了区域调查，并对10余处探测疑点开展了潜水调查，确认多处水下文化遗存。

2014、2015年，中国国家博物馆、国家文物局水下文化遗产保护中心、安徽省文物考古研究所合作开展了安徽太平湖广阳城遗址水下考古区域调查，对广阳城遗址的分布范围、平面布局、保存状况、修建年代以及城墙构筑方式、时代演变有了基本认识，在内陆水域水下文化遗存尤其是城址类大型水下文化遗存的调查方法、技术手段等方面进行了有益的尝试，取得了一定的突破（图5.2）。

2019年，国家文物局水下文化遗产保护中心与宁波市文物考古研究所合作，开展

---

① 羊泽林：《试论水下考古区域系统调查》，《福建文博》2014年第2期，第2—5页；丁见祥：《考古视野下的海坛海峡——兼谈水下考古的区域调查法》，《新技术·新方法·新思路——首届水下考古·宁波论坛文集》，科学出版社，2015年，第200、201页。

了浙江宁波渔山列岛海域水下考古区域调查，对北渔山岛周边海域进行了系统、全覆盖式的调查，发现探测疑点68处，确认水下文化遗存41处。

水下考古重点调查是对某一已知或初步确认的水下文化遗存开展深入的调查工作，是掌握水下文化遗存表层状态和堆积情况的重要手段，也是了解遗存现状和内涵的重要方式。目的是了解水下文化遗存的分布范围、堆积情况、保存现状、性质等信息，进而确认遗存的内涵、构成和时代，为后续的发掘、保护和研究提供依据和参考。一般来说，如果对某一水下文化遗存开展了水下考古重点调查，那么这处遗存的基本情况、保存现状、文化内涵已较为清楚，对其开展的一系列调查工作也暂告一段落，未来的主要方向将转向水下考古发掘、全面清理揭露、深入研究和保护管理等方面。

2018年，国家文物局水下文化遗产保护中心与海南省博物馆合作开展了海南西沙群岛金银岛一号沉船遗址水下考古重点调查，对水下遗物、遗址地形、地貌进行了测绘、摄影、摄像等资料的采集和记录，确认了遗址的保存现状、分布范围、遗物种类、数量及文化内涵等，提取了一批有代表性的瓷器标本及海水、微生物、船材等样本，为金银岛一号沉船遗址的保护和研究提供了翔实的第一手资料和可靠的依据（图5.3）。

5.1.3 原则

水下考古调查一般包括前期调查、物探调查和潜水调查三个环节，既有室内的资料研究、陆地的田野调查和水面的物理探测，又有水下的潜水调查，是一个涉及层面广、操作复杂、多学科交叉结合的系统工作，为了保证调查工作的顺利进行，取得理想的调查成果，有效保护水下文化遗产，在水下考古调查中一般需要遵循以下原则。

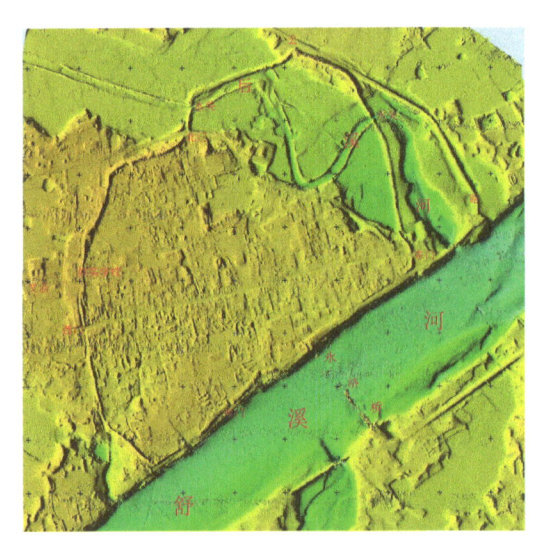

图5.2 安徽太平湖广阳城遗址水下考古区域调查——多波束测深系统扫测图

图5.3 海南西沙群岛金银岛一号沉船遗址水下考古重点调查——海底环境及遗物分布

5.1.3.1 安全

"世界上没有一项考古研究值得研究者为其付出健康或生命的代价。"人员安全始终是水下考古调查中必须坚持和遵守的第一位、也是最重要的原则。

水下考古调查涉及陆地、水面和水下多种工作环境，工作类型、设备和参与人员较多，相应的也存在着较多的风险。例如，开展陆地走访调查和实地踏勘时可能遇到的调查人员意外伤害，物探调查时可能发生的临水作业人员落水、意外伤害以及恶劣天气、船舶故障、航行意外带来的各种风险，潜水调查时可能发生的潜水意外和事故等。

水下考古调查各个环节在具体实施时都可能存在一定的风险和安全隐患，为了规避风险、保障安全，必须在调查工作开始前就对各种可能遇到的风险和安全隐患进行系统、科学评估，制定详尽具体的操作规程、安全预案和应急预案，调查过程要科学、规范、严谨，工作人员要严格遵照并执行各种操作规程、安全预案和潜水计划，以避免或减少风险的发生。如果出现意外和问题，应根据事先制定的预案快速加以解决和处理，减轻伤害程度[①]。

5.1.3.2 无损伤

考虑到水下文化遗产的脆弱性和不可再生性，水下考古调查应优先考虑无损伤原则，优先使用非破坏性的技术[②]。

在水下考古调查中应尽量使用不会对调查对象造成伤害和破坏的方法、技术与设备，如物探调查，能够在不影响或不伤害水下文化遗产的前提下完成调查工作是最好的选择。

但非破坏性调查技术不是唯一的水下考古调查技术，某些情况下，为了了解水下文化遗存的埋藏和堆积厚度，获取水底底质以下的地质结构，开展沉积物、河湖相、海岸变迁等研究，侵入式的调查方法，如钻芯取样、水下探扎等，也不可缺少。

5.1.3.3 原址保护

联合国教科文组织2001年《保护水下文化遗产公约》将原址保护作为水下文化遗

---

① 航海考古学会著，阿曼达·鲍恩斯编，国家文物局水下文化遗产保护中心译：《水下考古：原理与实践之NAS指南》（第二版），文物出版社，2018年，第59—71页。
② 〔丹麦〕蒂斯·马尔拉维尔德、〔德国〕乌吕克·格林、〔奥地利〕芭芭拉·埃格编，国家文物局水下文化遗产保护中心译：《水下文化遗产行动手册》，文物出版社，2013年，第24—26页。

产保护的首选方案①。但是这种保护方案和原则有一个前提，即存在保护的对象，知道保护对象的位置、现状、保存情况和所处环境。这个前提一般是通过水下考古调查来实现的，从这个层面看，水下考古调查是实现水下文化遗产原址保护的基础。

通过水下考古调查寻找、发现并确认水下文化遗产，是实现水下文化遗产原址保护的必要条件，必须根据调查结果对发现的水下文化遗产的保存状况和环境进行科学评估后，才能决定采取哪一种保护方案，使保护措施更为有效和更具针对性。

5.2 前期调查

前期调查是指为了获取水下文化遗产信息和线索而开展的资料查阅与走访踏勘。

前期调查的主要目的是搜寻查证水下文化遗产的信息和线索，这些信息包括水下文化遗存的可能位置、基本情况、环境特征以及相关的历史背景资料。前期调查的回报和收获有可能相当丰硕，这些收获有助于鼓舞士气和提高调查人员的积极性，为下一阶段物探调查、潜水调查、水下发掘、保护管理以及科学研究提供可靠的依据，提高后续工作的针对性，缩小物探和潜水调查的区域范围，避免了大海捞针、毫无方向的盲干，并节省了在错误地点、错误地区调查搜索水下文化遗产的时间，提高了工作效率②。

5.2.1 调查方法

水下考古前期调查采取资料查阅与走访踏勘相结合、相印证的方法。

资料查阅包括导致水下文化遗产存在的各类历史事件，如沉船与海难事故等，水下文化遗产及其所在区域的历史和考古背景，另外对地理环境的研究，如暗礁林立、水流复杂的海况等，也可以为特定区域水下文化遗产的形成和分布提供重要信息。资料查阅没有捷径，只能通过长期、系统、全面地搜集、整理与研究各种历史文献和档案资料，才有可能从大量的资料中寻找出与水下文化遗产相关的信息和线索。在进行资料查阅时我们通常会面临一些挑战：需要的信息在哪儿？怎么获得资料？如何阅读识别资料？

从资料产生的途径看，可以分为原始资料和二手资料两种。原始资料是指事件发生时所产生的原始文件，如各类日志、日记、信件等，原始资料通常采用事件发生时

---

① 〔丹麦〕蒂斯·马尔拉维尔德、〔德国〕乌吕克·格林、〔奥地利〕芭芭拉·埃格编，国家文物局水下文化遗产保护中心译：《水下文化遗产行动手册》，文物出版社，2013年，第5—13页。
② 林国聪：《浅谈水下考古的陆上调查》，《宁波文物考古研究文集》，科学出版社，2008年，第167、168页。

的文字书写而成，在字迹识读、外语或方言理解、术语解读等方面会带来一定的不便和困难，另外，原始资料也存在一定的片面性或误导性，人们一般只记录对自己有用或自己感兴趣的内容，而对于他们不感兴趣或认为对自己没有用的内容则不加记录或记录不准确。二手资料则是在对事件或者原始文件进行分析的基础上形成的资料，如报纸、出版物等（图5.4）。由

图5.4　二手资料研究

于包含了一定程度的分析和研究，二手资料更易于阅读，是了解事件或得到原始信息材料最为容易的途径，但也正是基于此，使用和参考二手材料时必须与原始资料进行详细对照，以免出现错误。从资料的形式看，有史书、游记、见闻录、水路簿、航海图、地方史志、笔记、日志、日记、信函、文件、口述记录等文献资料，还包括以其他形式存在的档案，如地图、海图（图5.5）、图表、画作、模型、照片、纪念碑、墓葬（图5.6）等[①]。

中国历代正史中的"食货志""地理志""外国传"等篇章中常有船货、港口、市舶司和航路的描述；在《法显传》《诸蕃志》《南海志》《岛夷志略》《马可·波罗游记》《瀛涯胜览》《西洋番国志》《海国闻见录》等记述海洋人文的文献中可以找到航船所经过的地区、航程、航线和各地人文地理物产等方面的记载；《郑和航海

图5.5　查询海图

图5.6　肯尼亚马林迪伊斯兰柱墓（镶嵌有中国的青花瓷器）

---

① 航海考古学会著，阿曼达·鲍恩斯编，国家文物局水下文化遗产保护中心译：《水下考古：原理与实践之NAS指南》（第二版），文物出版社，2018年，第109—119页；Jeremy Green. *Maritime Archaeology: A Technical Handbook* (second edition). Elsevier Inc., 2004: 14-19.

图》《两种海道针经》《东西洋考》等水路簿、航海图对于航路、航线的记载非常珍贵；明清时期的奏折、谕旨、咨文、照会、电文等档案中有关于海难事故发生与救助的资料，地方史志中也常可以发现沉船事故的相关记载[①]。

越久远发生的事件，相关的记载越难保存下来，也越难找到相关的档案资料。中国文献中关于海洋活动的记载比较笼统和简略，少有具体信息，无法提供直接准确的位置，大多属于背景资料和二手资料。

而西方海洋商业国家有比较丰富的海关、保险、航运等部门档案和航运公司档案，这些档案资料中常保留有沉船和海难等事件发生时的原始记载，包括船舶设计图纸和笔记、航海日志、货运单、花名册、军事档案、灯塔值守日志和救生船记录、港口和海关记录、私人信件、旅行者或船员的日记、船只受损记录等。这些资料中往往包含有关于沉船的比较详细的信息，如沉没位置、船载物品等以及丰富的历史背景资料，很多沉船遗址的发现和确认，如荷兰东印度公司的莱斯顿号（Risdam）、吉特摩森号（Geldermalsen）、巴达维亚号（Batavia）、英国东印度公司的苏塞克斯号（Sussex）、瑞典东印度公司的哥德堡号（Gotheborg）等，都与档案资料的记载和研究密不可分[②]。

从资料的来源看，主要有图书馆、博物馆、档案馆以及互联网等，多分布于调查对象所在的地区、国家以及国际、私人场所或公司等。一般来说，资料研究工作开始前，检查是否有使用手册或指南是非常必要的，仔细查看资料目录可以大大提高查阅效率。资料查阅可以寻求图书管理员和档案管理员的帮助，或者直接雇佣档案管理员来开展资料查阅，这样会比较经济且高效，但是由于档案管理员不具备相应的专业知识，有可能遗漏重要的信息。

走访踏勘最好是从当地开始，即离被研究和调查的地点越近越好。主要方法是口碑调查，即调查人员前往江河湖海等沿岸地区的图书馆、博物馆、潜水俱乐部、渔村、码头、港口等场所，走访渔民、船长、海事人员、潜水员、老年协会以及从事航海、海洋地质钻探等一切与水上、水下活动相关的个人，询问并收集水下文化遗产相关信息，调查方式多种多样，可以是个别走访（图5.7），也可以是召开座谈会（图5.8）。

走访踏勘获得的水下文化遗存信息种类有：沉船目击者对沉船事件的描述；沉船幸存者对沉船事件的回忆；走访对象回忆转述长辈对沉船事件的介绍；渔民在渔业捕捞过程中发生拖网挂底或捞到水下遗物；潜水俱乐部在潜水过程中发现水下遗物；地质钻探作业过程中钻到文物；某些特殊的地名，如福建平潭碗礁、广东上川岛花碗坪等。这些

---

① 张威主编，吴春明等编著：《海洋考古学》，科学出版社，2007年，第118—120页。
② 张威主编，吴春明等编著：《海洋考古学》，科学出版社，2007年，第120—124页。

图5.7　走访调查　　　　　　　　　　　图5.8　座谈会

信息大多来自调查对象的口述和回忆，因为时间和记忆的原因，有可能出现错误、偏差或与实际不符的情况，因此需要对这些信息进行印证和甄别。印证的主要方法是取得更多的信息来源，并与资料查阅相对照，一般而言，多信息来源的水下文化遗存线索比单一信息来源的水下文化遗存线索要可靠。

5.2.2　资料记录

资料查阅应记录与水下文化遗存相关的所有文件查阅信息，包括记录时间、地点、记录人、文件标题、作者、出版信息以及页码范围等，以表格形式实现信息收集的系统化，安全存放并做备份。

而实地走访踏勘最主要的成果是调查记录，因此必须对调查资料进行科学、规范的记录。实地走访踏勘的调查记录是第一手的基础材料，一般从以下方面予以记录：文字记录，包括地理环境、水文资料、出水文物、走访对象的身份与联系方式、口述信息线索等；测绘记录，对走访中见到的各类出水文物进行测量和草图测绘，注明出水地点、现收藏何处等信息；影像记录，对出水文物、地理环境、走访对象、走访场景、出海调查等场景拍摄照片和录像；记录图表，包括前期调查疑点登记表、测点登记表、出水器物标本登记表、图纸册页和照片册页等[1]。

5.2.3　对象评估

通过前期调查获得的水下文化遗存信息和线索，由于没有得到确认，还不能确定为水下文化遗产。为了明确这些线索的性质，缩小调查范围，为物探调查和潜水调查

---

[1] 林国聪：《浅谈水下考古的陆上调查》，《宁波文物考古研究文集》，科学出版社，2008年，第174—177页。

提供充分依据，有必要对这些线索进行科学评估，评估的依据主要有口碑资料、实物资料、档案资料和地理环境。

口碑资料包括渔民、潜水员、老年协会以及从事航海、海洋地质钻探等一切与江河湖海相关人员的口碑访谈资料；实物资料主要是来自水下的各类文物，这些文物包含大量的水下文化遗产信息，是极富价值的物证材料；历史文献与档案资料中关于水下文化遗产的记载，可以弥补人证、物证的不足，纠正人证的错误或遗漏，与人证、物证相互补充、印证，所以历史文献或档案资料记载具有极高的参考价值；地理环境因素，如是否位居古航道、出海口、礁石林立等水域，也是评估的一个重要依据。根据各方面证据充分与否，前期调查获得的水下文化遗存线索可分为重要线索和普通线索两类。重要线索是指在口碑资料、实物资料、档案资料和地理环境等方面有比较充分的依据，确定为水下文化遗产的可能性较大，将是物探调查与潜水调查的重点对象。普通线索是指在口碑资料、实物资料、档案资料和地理环境等方面的证据比较单薄，需要进一步查证充实信息，开展物探调查与潜水调查的必要性和操作性不强[①]。

5.3 定位

水下考古定位简单来说是指确定水下文化遗存的位置，有多层含义：为什么要确定位置；确定什么样的位置；怎么确定位置。

由于水下文化遗存埋藏的特殊性，定位在水下考古尤其是水下考古调查中具有不可或缺的重要作用。如果没有定位技术和设备，物探调查的数据就会缺乏位置信息，导致物探调查成为无效工作。同时由于短时间内无法完成调查水域的全覆盖扫测，如果没有对已调查水域进行标识和定位，会出现在某一水域重复工作的情况，造成人力、物力的极大浪费，降低工作效率。另外，在从事物探时，通常是以船舶作为设备搭载和仪器操作平台，如果没有导航定位技术和设备的支撑，工作船无法按照规划的测区、测线行进，影响物探调查效果，同时船舶的安全航行也难以得到保障。

陆地上的遗址在地表一般可以观察到遗迹或遗物等肉眼可见的迹象，调查发现后可以比较容易地再返回遗址点。而水下文化遗存位于有一定深度的水下，加上水体能见度等因素的影响，大多数水下文化遗存无法从水面直接观察到水下的遗迹和遗物。受水深、潜水装备、潜水方式等条件的制约，考古学家在水下开展潜水调查的时间是有限的，水下搜索覆盖的范围也是有限的，难以在短期内完成潜水调查并发现确认水下文化遗存。因此在没有位置的情况下，有可能造成调查范围的重复，产生大量无效

---

① 林国聪：《浅谈水下考古的陆上调查》，《宁波文物考古研究文集》，科学出版社，2008年，第169、170页。

工作，浪费有限的水下搜索时间，影响调查结果，也会给水下文化遗存的再次发现带来巨大的困难。

水下文化遗存的位置有相对位置和绝对位置两种概念。相对位置是对水下文化遗存的时空关系作定性描述，利用其周围的物体进行位置确定，需要有一定的参照物，主要用于近岸水下文化遗存的定位。相对位置的确定存在一定不足，首先定位的位置不是特别精准，存在一定误差，另外在一些恶劣天气情况下，如大雾、暴雨时，受能见度的影响，有可能无法通过肉眼或仪器观察到参照物，就不能进行定位。绝对位置是以整个地球为参考系，以经纬度为度量标准来确定水下文化遗存的位置，地球上每一个地方都有自身唯一的经纬度值，因此经纬度是水下文化遗存最为精准的位置信息，不仅适用于近岸水下文化遗存的定位，也适用于茫茫大海无任何参照物的远岸水下文化遗存的定位，且基本不受天气等因素的影响。

目前比较常用的定位方法有物标定位、卫星定位和水下声学定位，其中卫星定位能够提供水下文化遗存的绝对位置信息，物标定位和水下声学定位提供的是相对位置，卫星定位和物标定位是从水面进行定位，只有水下声学定位才能实现水下定位。

5.3.1 物标定位

物标定位是指利用岸上或礁石上的永久建筑物、自然物或者设立人工标桩作为参照，通过在水面测量水下文化遗存与参照物之间的距离和角度来确定位置的定位方法，包括参照坐标法和水上测角测距法。

参照坐标法，又叫方位叠标法，这种定位方法对于参照物的要求较高，不是所有的物体都适合作为定位的参照。首先这些用于参照的物体必须具有永久性的特征，不会在短时间内因人为或自然原因而消失；其次至少需要四个以上符合要求的物体作为参照。具体的定位方法是以水下文化遗存所在水面位置为起始点，与其中两个纵向参照物边缘点的连线在一条直线上，与另外两个纵向参照物边缘点的连线也在一条直线上，且这两条直线的夹角为锐角。适合的参照物确定以后，可以用拍摄照片或绘制草图的形式将水下文化遗存与参照物的相对位置关系记录下来，就可完成水下文化遗存的相对位置确定[①]（图5.9）。

水上测角法，也叫水平夹角法，这种定位方法对于参照物的要求相对较低。但用于参照的物体也应是永久性的，且至少有三个以上沿岸分布。具体操作时，以水下文化遗存所在水面位置为起始点，与岸上的每个参照物体形成三条连线，从水下文化遗存所在的水面位置用六分仪、经纬仪或全站仪等设备测量出这三条连线的夹角和长

[①] 张威主编，吴春明等编著：《海洋考古学》，科学出版社，2007年，第142、143页。

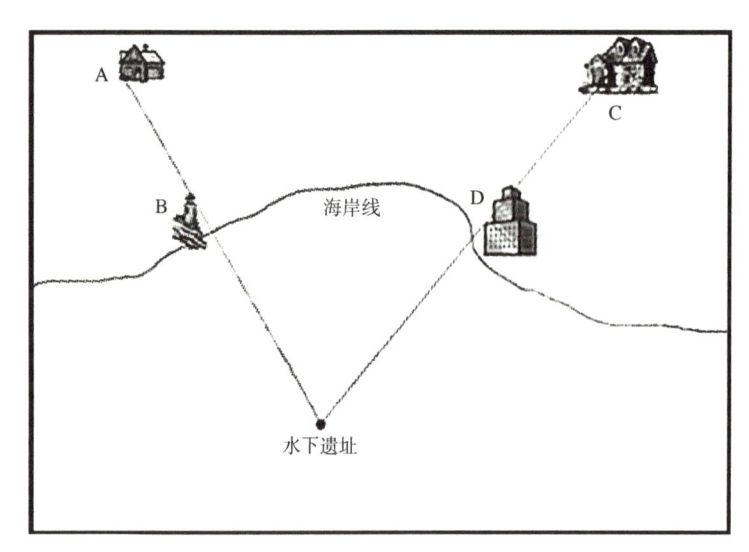

图5.9　参照坐标定位法

（引自张威主编，吴春明编著：《海洋考古学》，科学出版社，2007年，第143页）

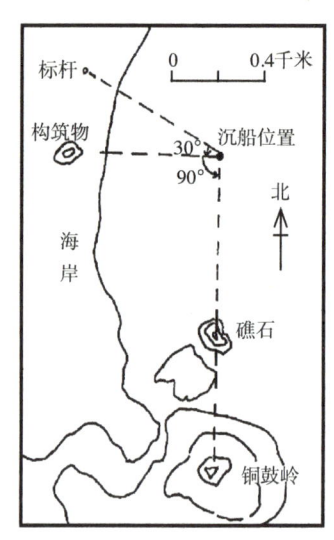

图5.10　水上测角定位法

（引自中国历史博物馆水下考古学研究室、广东省博物馆考古队、海南省博物馆：《海南文昌宝陵港沉船遗址》，《福建文博》1997年第2期，第34页）

度，即可得到水下文化遗存的位置，同时以照片或草图的形式记录水下文化遗存与参照物的相对位置关系[①]（图5.10）。

物标定位比较简便和快捷，但有一定的不确定性和不稳定性，因为用于参照的对象其永久性不是绝对的，有可能在一段时间后因为外力的作用，如人为拆除建筑、地震产生山体垮塌等，造成定位参照物的破坏和消失，另外，在恶劣天气时，受能见度影响，如果无法通过肉眼看到参照物，就不能使用物标定位。

5.3.2　卫星定位

卫星定位是一种以导航卫星为动态已知点的无线电导航定位方法。其定位原理简单来说就是利用空间分布的卫星以及卫星与地面点之间的距离交回得出地面点的位置，通过测量已知位置的空间卫星到地面接收机之间的距离，并综合至少4颗卫星的数据就可获得地面接收机的具体位置。

定位卫星不断向地面发射L波段的载频无线电测距信号，信号中包含伪随机噪声码（PRN）和导航电文等信息，而导航电文有卫星星历、工作状况、时钟改正、电离

---

① 张威主编，吴春明等编著：《海洋考古学》，科学出版社，2007年，第142—144页。

层时延修正、大气折射修正等内容。利用PRN码，地面接收机可以得到信号传播的时间，乘以光速即可得到卫星与地面接收机之间的距离（伪距p），利用导航电文中的卫星星历数据可以算出卫星发射电文时的空间位置。接收机采用测距算法，处理4颗卫星的信息，就可得到接收机的经度、纬度和高度等空间位置[①]（图5.11）。

卫星定位系统由空间（卫星星座）、地面控制（地面监控系统）和用户设备（信号接收机）三个部分组成，采用WGS-84大地坐标系统。卫星定位能够实现全球性、全天候、全天时连续不断的三维导航定位测量，能够为陆地、海洋和空间等领域提供高精度、多用途的导航

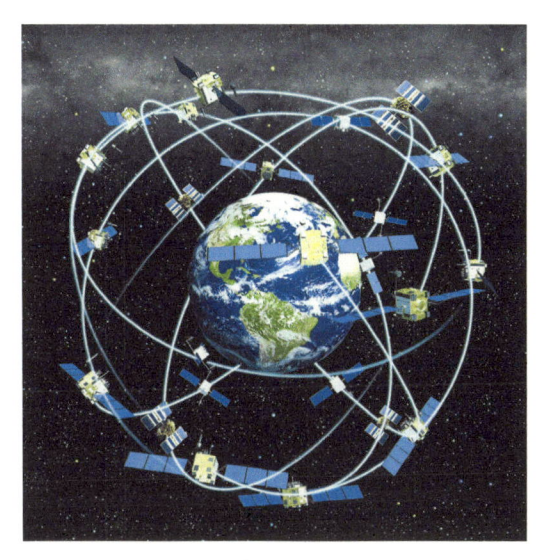

图5.11 卫星定位示意图

（引自〔加〕埃博尔美德·纽若丁等著，黄卫权、赵琳译：《惯性导航、卫星定位及其组合的基本原理》，国防工业出版社，2017年，第50页）

定位，能够达到毫米级的静态定位精度和厘米级的动态测量精度，具有全球性连续覆盖、全天候工作、定位精度高、观测时间短、测站间无须通视、可提供三维坐标、操作简便、功能多、用途广等优点[②]。

第一代卫星定位导航系统为美国1958年开始研制的子午卫星导航系统（TRANSIT），1964年投入使用，仅由6颗卫星构成子午卫星星座，不能实现连续导航定位，精度低、误差大。1973年美国开始研制新的卫星导航系统，即全球卫星定位系统，1994年全球覆盖率高达98%的24颗卫星全部布设完成。

其他比较成熟的卫星定位导航系统还有欧盟的伽利略（Galileo）卫星导航系统、俄罗斯的格洛纳斯（GLONASS）卫星导航系统和中国的北斗（COMPASS/BDS，共发射了55颗北斗导航卫星，2020年7月31日北斗三号全球卫星导航系统建成，并正式开通全球服务，由30颗卫星组成）卫星导航系统。

卫星定位中对卫星的距离测量会产生各种误差，这些误差包括卫星时钟钟差、接收机时钟钟差、电离层折射延时、对流层折射延时、多路径误差、卫星轨道与卫星星

---

① 〔加〕埃博尔美德·纽若丁、塔什芳、长拉麦特著，黄卫权、赵琳译：《惯性导航、卫星定位及其组合的基本原理》，国防工业出版社，2017年，第50—55页。
② 刘基余：《GPS卫星导航定位原理与方法》，科学出版社，2008年，第10—16页。

历误差、接收机噪声、用户等距误差等，进而影响定位的精度。为了达到更高的定位精度，通常使用附加外部传感器（如高度计、罗盘、陀螺仪）、差分技术（D）、伪卫星技术和辅助技术（A-）等系统增强方式，修正并减小定位误差。如差分技术是利用基站已知的位置坐标来估算和修正误差，通过测算基站到卫星的距离改正数对定位数据进行修正从而获得更为精准的坐标[①]。

5.3.3 水下声学定位

水下声学定位系统（acoustic positioning system，简称APS）可以在水下提供目标物的位置。水声定位是以水下声学测距、测向为手段，通过水声信号测量声源与应答器基阵间的距离、方向来确定水下载体或设备位置的声学技术，是在声呐和无线电导航定位等技术的基础上发展起来的。借助水声定位，在水面能够观察到定位对象如潜水员和潜水器在水下的实时位置，通过与地理信息系统结合，可以实现水下文化遗存的实时记录[②]。

水声定位的应答器基阵有多个基元，基元间的距离称为基线，根据基线的长度不同，分为长基线、短基线和超短基线三种（图5.12）。

长基线定位系统：要求在海底预先布设4个或4个以上的声学应答器信标，水下载体（如潜水员或潜水器）携带的问答机或收发换能器等无线电收发单元向各应答器信标发出询问信号，并接收来自各应答器信标的应答信号，通过信号传播时间差，列出解算方程，最终确定被测水下载体的位置。由于收发器需要与水面电脑系统沟通，水下载体常用电缆与水面相连[③]（图5.13）。

类型	长基线	短基线	超短基线	综合定位
基线长度	100—6000米	1—50米	<1米	—
简称	LBL	SBL	USBL/SSBL	LUSBL
作业方式				

图5.12 水声定位系统分类

（引自孙大军、郑翠娥、张居成等：《水声定位导航技术的发展与展望》，《中国科学院院刊》2019年第3期，第332页）

---

① 〔加〕埃博尔美德·纽若丁、塔什芳、长拉麦特著，黄卫权、赵琳译：《惯性导航、卫星定位及其组合的基本原理》，国防工业出版社，2017年，第56—63页；航海考古学会著，阿曼达·鲍恩斯编，国家文物局水下文化遗产保护中心译：《水下考古：原理与实践之NAS指南》（第二版），文物出版社，2018年，第151、152页。
② 航海考古学会著，阿曼达·鲍恩斯编，国家文物局水下文化遗产保护中心译：《水下考古：原理与实践之NAS指南》（第二版），文物出版社，2018年，第205页。
③ 航海考古学会著，阿曼达·鲍恩斯编，国家文物局水下文化遗产保护中心译：《水下考古：原理与实践之NAS指南》（第二版），文物出版社，2018年，第205—206页。

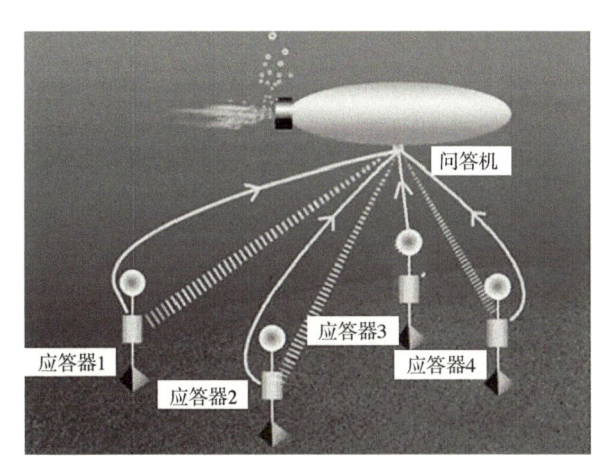

图5.13 长基线定位系统工作原理示意图

（引自张同伟、秦升杰、唐嘉陵等：《深海长基线定位系统现状及展望》，《测绘通报》2018年第10期，第76页）

图5.14 超短基线定位系统

（引自刘经南、陈冠旭、赵建虎等：《海洋时空基准网的进展与趋势》，《武汉大学学报（信息科学版）》，2019年第1期，第20页）

长基线定位系统的定位精度高，且与作业深度无关，实时性好，缺点是需要投放信标阵列，并进行阵型标定，往往需要花费大量的时间和精力，设备和时间成本较高[1]。

短基线定位系统：基阵基元安放在船体上，利用水下载体携带的应答器信标发出的声波信号到达船体基阵的时间差，解算出目标的方位和距离。基线长度不超过船体尺寸，因此定位精度没有长基线定位系统高，在舰船建造时就必须确定短基线定位系统水听器基元的安装位置，一旦确定就不便于更改；安装位置会受到船上机械噪声的干扰，影响定位性能，船体的形变也会带来一定的误差，但是短基线定位系统的基阵一旦安装校正完成，操作就较为方便[2]。

超短基线定位系统：将一个声学换能器和多个水听器集成为船载的收发器基阵，以基阵中心为参考点，利用水下载体携带的应答器信标发出的声波信号来计算水下载体与船只的相对距离和方向，结合接收器提供的船只位置，就可以计算出水下载体的位置。该系统尺寸小、使用方便，定位精度取决于船只和水下载体的距离，适用于大范围区域的跟踪[3]（图5.14）。

---

[1] 张同伟、秦升杰、唐嘉陵等：《深海长基线定位系统现状及展望》，《测绘通报》2018年第10期，第75—78页。
[2] 金博楠、徐晓苏、张涛等：《超短基线定位技术及在海洋工程中的应用》，《导航定位与授时》2018年第4期，第10页。
[3] 航海考古学会著，阿曼达·鲍恩斯编，国家文物局水下文化遗产保护中心译：《水下考古：原理与实践之NAS指南》（第二版），文物出版社，2018年，206页；刘经南、陈冠旭、赵建虎等：《海洋时空基准网的进展与趋势》，《武汉大学学报（信息科学版）》2019年第1期，第20页。

5.4 物探调查

物探调查是指将地球物理勘探技术应用于水下考古，在前期调查限定的水域内探测和找寻水下文化遗存的调查过程。通过物探调查可以获取水下文化遗存线索的位置、范围、埋藏情况等基本信息，还能收集水下文化遗存线索所在水域的水底地形、地貌、水深、水温等基础数据，为后续的潜水调查提供对象和依据，进一步缩小水下考古调查的范围，将水下文化遗存可能存在的位置区域从茫茫大海精确到某一位置，极大提高了潜水调查的针对性。

物探调查是一种非接触的调查方式，不会对水下文化遗存造成破坏，不受时间和水深的限制，工作效率高，可以覆盖较大面积的调查区域，在某些情况下还可以发现人力所不及的水下文化遗存，如完全埋藏于水底底质以下或极低能见度水域的文化遗存。

5.4.1 海洋地球物理探测

由于水下文化遗存处于水下这一特殊的介质中，因此水下考古的物探调查与海洋地球物理探测的关系更为密切。

海洋地球物理探测，简称"海洋物探"，是通过地球物理探测方法研究海洋地质过程与资源特性的科学，是应用科学的探测理论，借助于现代测量仪器，通过物理学的测量手段，对海洋底部地球物理场性质进行测量的科学技术，在海洋地质调查、海洋安全、海洋资源开发、海洋环境保护等方面广泛应用。比较常规的海洋地球物理探测方法有海洋地震探测、海洋重磁测量、海洋地球物理测井、海洋地热测量、海洋水深测量和海洋电磁测量等[1]。

根据水下考古及水下文化遗存埋藏的特点，水下考古调查比较常用的物探方法是海洋水深测量法和海洋磁力测量法。海洋水深和海底地形地貌的测量是利用回声探测原理，使用声波进行探测，探测技术有多波束测深、侧扫声呐和海底地层剖面测量等；海洋磁力测量是通过磁力仪或磁力梯度仪采集地磁场强度数据，进行海洋磁力观测。浅地层剖面仪出现于20世纪40年代，20世纪50年代侧扫声呐技术和拖曳式磁力仪出现，20世纪70年代在回声测深仪的基础上发展出了多波束测深技术[2]。

海洋地球物理探测技术应用于水下考古，开展水下文化遗产寻找与确认的科学调查工作开始于20世纪60年代。1963年美国马萨诸塞州工学院的哈罗德·E.埃杰顿

---

[1] 吴时国、张健等：《海洋地球物理探测》，科学出版社，2017年，第1—11页。
[2] 吴时国、张健等：《海洋地球物理探测》，科学出版社，2017年，第35—52、182、183页。

（Harold E. Edgerton）教授使用试验型的侧扫声呐找到了维雅德号沉船（Vineyard Lightship）[1]；1966年英国牛津考古研究实验室的E. T. 霍尔教授指出海洋质子磁力仪可以用来找寻沉船[2]；1967年美国水下考古学家乔治·巴斯教授使用侧扫声呐，对位于土耳其海岸92米深水底的一艘2000年前的沉船进行了调查，这次工作和发现具有重要的历史意义，被视为新的声呐技术应用于水下考古领域的重要转折点，是水下考古学家第一次使用遥感技术对古代船舶开展调查的实践案例；1967年侧扫声呐与浅地层剖面仪结合使用，在寻找和确认英王亨利八世旗舰——玛丽·罗斯号的调查中发挥了重要的作用；1985年搭载水下摄像机、灯源、侧扫声呐和导航设施的潜水器"阿尔文号"在大西洋3700米的海底发现了泰坦尼克号，是载人潜水器和声呐技术寻找深海沉船遗址的一次重要实践[3]。

1987年，中国交通部广州救捞局与英国海洋探测打捞公司在广东台山上下川岛海域进行探测作业时，意外发现一艘古代沉船，即后来被正式定名的南海一号沉船。

1987年，中国水下考古创立，自创建伊始，中国水下考古就非常注重多学科合作，积极引进和应用各种相关设备与技术。

1989年11月，中国历史博物馆与日本"水中考古学研究所"合作，对南海一号沉船进行了首次水下考古调查，调查中使用了侧扫声呐和回声测深仪，确认了沉船位置，掌握了海底地形、水温、深度等基础资料，为进一步调查、发掘奠定了基础，这次调查是物探技术在中国水下考古实践中的首次应用[4]。

1992—1997年，中国历史博物馆组织队伍对辽宁绥中三道岗元代沉船遗址进行了水下考古调查和发掘。其中1992年的首次调查采取遥感探测与水下探摸相结合的方法，与原地质矿产部航空物探遥感中心、上海第一海洋地质调查大队合作，对三道岗元代沉船进行了大规模的物探调查，运用了侧扫声呐、磁力仪、浅地层剖面仪等多种物探设备，是多种水下探测技术和设备在中国水下考古调查中的首次综合使用[5]（图5.15）。

2002年之前，中国从事水下考古的机构没有专门的探测设备，也没有从事海洋探测的专业人员，工作模式主要是与相关海洋、遥感科研机构合作开展。2002年引进了

---

[1] https://www.mass.gov/service-details/vineyard-sound-lightship，美国维雅德号沉船，1901年建造，钢质结构，长123英尺（约37米）、宽28英尺（约8.5米）、深14英尺（约4.3米），排水量693吨，1944年因飓风沉没于美国马萨诸塞州布扎兹海湾。

[2] Jeremy Green. *Maritime Archaeology: A Technical Handbook* (second edition). Elsevier Inc., 2004: 62.

[3] Carol V Ruppe, Janet F Barstad. *International Handbook of Underwater Archaeology*. Springer Science + Business Media, LLC, 671, 672, 676, 677.

[4] 张寅生：《水下考古与水下考古探测技术》，《东南文化》1996年第4期，第32页；俞伟超：《十年来中国水下考古学的主要成果》，《福建文博》1997年第2期，第7页；张威：《南海沉船的发现与预备调查》，《福建文博》1997年第2期，第30页。

[5] 张威主编：《绥中三道岗元代沉船》，科学出版社，2001年，第20、21、29—40页。

图5.15 辽宁绥中三道岗元代沉船侧扫声呐和浅地层剖面仪扫测场景

（引自张威主编：《绥中三道岗元代沉船》，科学出版社，2001年，第21页）

图5.16 Edge Tech SB424型浅地层剖面仪

Edge Tech DF1000型侧扫声呐和Edge Tech SB264型浅地层声呐剖面仪，水下考古机构开始自主开展物探调查工作的摸索和尝试，在各水下考古项目中不断应用，积累物探调查经验，培养探测技术人员，物探与水下考古相结合的技术、方法不断趋于完善[①]。

5.4.2 探测设备

水下考古调查中常使用海洋水深测量法和海洋磁力测量法开展物探调查。海洋水深探测技术主要有多波束测深、侧扫声呐和海底地层剖面测量等，对应的探测设备为多波束测深系统、侧扫声呐和浅地层剖面仪，海洋磁力测量的设备为海洋磁力仪。

5.4.2.1 浅地层剖面仪（sub-bottom profiler）

出现于20世纪40年代，是利用回声探测原理进行连续走航式海底浅地层沉积物探测的仪器，包括发射单频脉冲的系统（如pingers、boomers）和发射较宽线性调频脉冲的系统（如chirp）两种类型（图5.16）。浅地层剖面仪在探测过程中，发射换能器按一定时间间隔垂直向下发射不同频率的声脉冲，声脉冲穿过海水触及海底后，一部分声能反射回接收换能器，另外一部分声能继续向海底沉积层传播，因不同沉积物之间的密度和速度差异，会形成多个声阻抗界面并反射回接收换能器，转换成模拟信号或数字信号记录下来，直到声能完全耗尽，从而获得浅地层剖面仪到海底表面的水深以及海底一定深度的地层分层和沉积物特征，输出浅地层声学记录剖面。浅地层剖面仪的

---

① 朱滨：《闽滨滨海：水下考古物探技术集成》，海峡文艺出版社，2015年，前言第1、2页；冯雷、朱滨：《高科技探测方法在水下考古调查工作中的应用》，《水下考古学研究》（第一卷），科学出版社，2012年，第129—144页。

数据和探测效果受海底沉积物类型、物性、环境噪声、工作船机械噪声、拖鱼或换能器的姿态以及潮汐、船舶航行尾流等因素的影响[①]。

从理论上来说，浅地层剖面仪可以发现埋藏于水底底质以下的文化遗存，并获得相应的水深、分布、大小、范围、埋深等信息（图5.17）。但是有水下考古学家已经对这种探测设备和方法的实际效果提出了疑问，即浅地层剖面仪能否找到埋藏于水底沉积层以下，尤其是以前没有发现过的未知文化遗存，能否获得水底沉积层以下文化遗存尤其木质沉船类等信号较弱的对象的反射数据，怎么能区分这种数据是来自文化遗存而不是它周围的环境[②]。

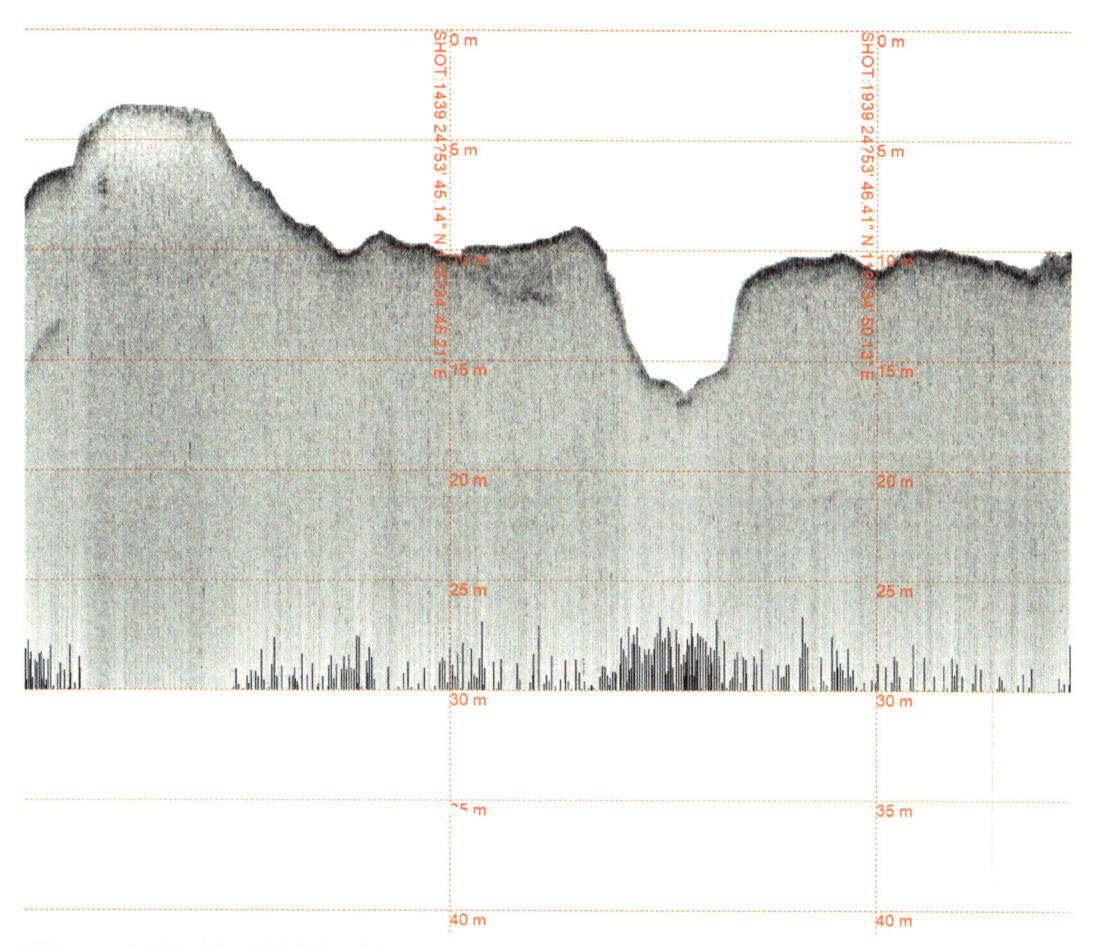

图5.17　泉州顺济桥遗址浅地层剖面仪扫测图

[①] 吴时国、张健等：《海洋地球物理探测》，科学出版社，2017年，第35—37页；航海考古学会著，阿曼达·鲍恩斯编，国家文物局水下文化遗产保护中心译：《水下考古：原理与实践之NAS指南》（第二版），文物出版社，2018年，第171—174页。

[②] Jeremy Green. *Maritime Archaeology: A Technical Handbook* (second edition). Elsevier Inc., 2004: 82-84.

5.4.2.2 侧扫声呐（side-scan sonar）

出现于20世纪50年代，是一种主动式声呐，能够提供海底形态的直观声成像，具有成像分辨率高、数据采集效率高、成本低、覆盖范围大等优点。

根据声学换能器的安装位置不同，分为船载型和拖体型两类。船载型侧扫声呐的换能器安装在船体两侧，拖体型侧扫声呐的换能器安装在拖鱼内，水下考古调查中常用的是拖体型侧扫声呐（图5.18）。工作过程中侧扫声呐的换能器发射脉冲声波，以球面波的方式向水下传播，碰到水底后反射波或反向散射波沿原路线返回换能器，距离较近的回波先回到换能器，距离较远的回波后回到换能器，设备按一定时间间隔不断发射和接收回波，并将每次接收的回波数据显示出来，就可以得到二维海底地形图[①]（图5.19）。

在水下考古调查中，侧扫声呐的测线宽度一般设置为水深的10倍，使用100kHz或500kHz成像，100kHz作业频率适用于面积较大的区域调查（普探），500kHz主要用于小范围的重点调查（精探），2.5MHz及更高频率可以提供更好的分辨率，但调查范围有限，适用于小且界限清晰的水下文化遗存。探测区域的底质材料，主要是粗糙度决定回波的强度，越粗糙的物体反射的声脉冲越多，在声呐图像上记录为越暗的像素。对水下考古来说，侧扫声呐记录的最重要现象是声学阴影，一般出现于突出水底以上的物体旁，通过测量声影长度和拖鱼高度可计算出该物体在海床上的投影。另外，经

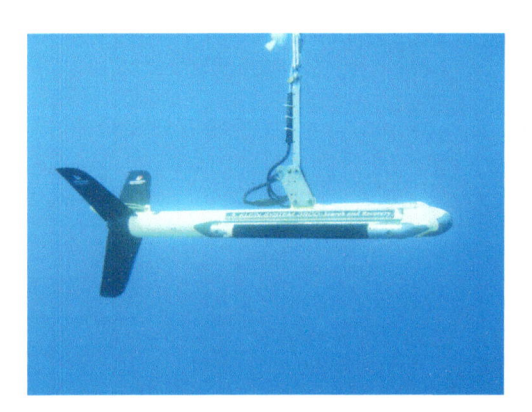

图5.18　Klein System 3900侧扫声呐拖鱼

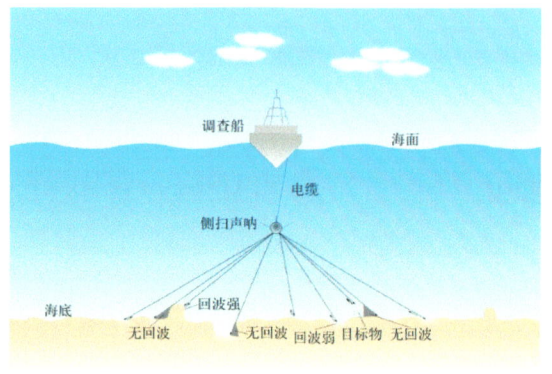

图5.19　侧扫声呐回波成像原理示意图
（引自蔺爱军：《综合海洋地球物理方法在探测水下文化遗产中的应用研究：以平潭附近海域为例》，国家海洋局第三海洋研究所硕士学位论文，2017年，第14页）

[①] 吴时国、张健等：《海洋地球物理探测》，科学出版社，2017年，第38—44页；Carol V Ruppe, Janet F Barstad. *International Handbook of Underwater Archaeology.* Springer Science + Business Media, LLC, 667, 678.

过几何纠正后的侧扫声呐图像还可以拼接成较大区域的图像使用（图5.20）。拖体型侧扫声呐的拖鱼自身重量较轻，抗风浪能力较弱，只能找寻和发现出露于水底底质以上的物体，另外，探测效果易受水下地形地貌的影响，水底自然物如耸立的礁石有可能会覆盖水下目标物[1]。

5.4.2.3 多波束测深系统（multibeam echo sounger）

多波束测深是20世纪70年代在回声测深仪的基础上发展而来的。工作时，多波束测深系统利用发射器（图5.21）向海底发射具有一定扇形开角的覆盖式条带声波，并由接收器对海底回波进行窄波束接收，发射与接收波束在海底相交并与航行方向垂直的条带区域内形成大量的照射脚印，通过声速剖面数据以及对照射脚印内回波信号到达时间、角度的计算就可获得该点的水深值，主控计算机利用水深值与位置信息合并就可测出航线一定宽度内水下目标物的大小、形状和高低变化，得到海底地形地貌的精细特征，生成海床表面高精度的三维数字模型、等深线或海底地形地貌图（图5.22）。多波束测深具有全覆盖、高精度、高效率、高密度、兼具测深和侧扫声呐两种功能的优点[2]。

---

[1] 航海考古学会著，阿曼达·鲍恩斯编，国家文物局水下文化遗产保护中心译：《水下考古：原理与实践之NAS指南》（第二版），文物出版社，2018年，第170、171页。

[2] 吴时国、张健等：《海洋地球物理探测》，科学出版社，2017年，第44、45页。

图5.20 安徽黄山太平湖广阳城遗址侧扫声呐拼接图

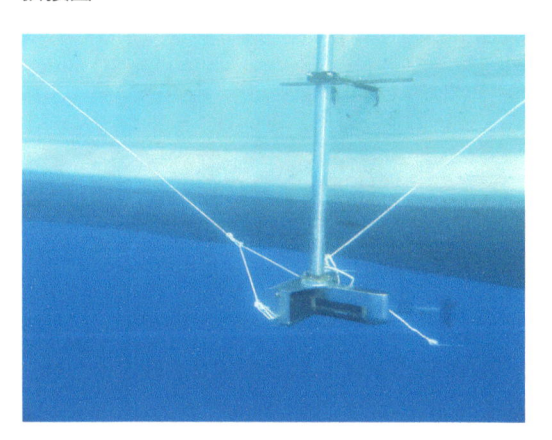

图5.21 Reson Seabat 7125型多波束测深系统换能器

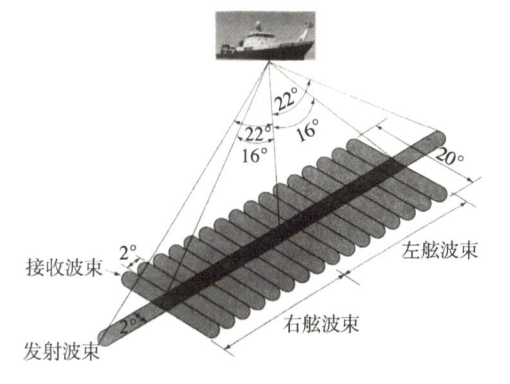

图5.22 多波束测深系统工作原理示意图

（引自吴时国、张健等：《海洋地球物理探测》，科学出版社，2017年，第46页）

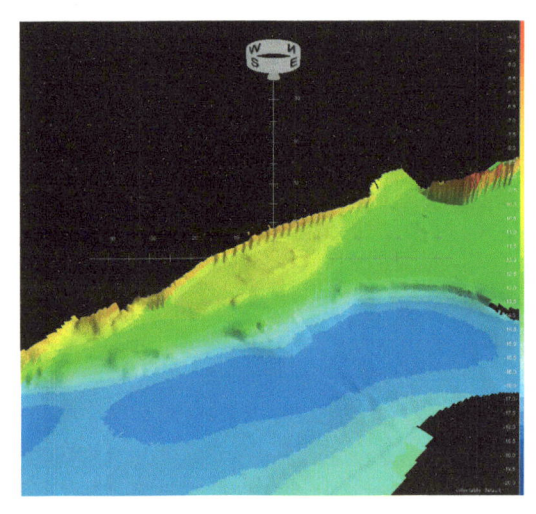

图5.23　江西抚州南城县洪门水库石佛古庙遗址多波束探测图像

图5.24　GEOMETRICS G882型海洋铯光泵磁力仪

多波束测深系统应用于水下考古，可以快速地完成大面积区域的勘测，获取遗址主体的空间结构特征（图5.23）。水下遗址的点云数据可以三个维度查看，易于观察，并能提供更多的信息；还可以生成水下遗址任意方向的剖面，并进行任意两点之间的测量。另外，通过比较多波束测深系统多次探测的数据和图像，可以监测沉积物或水下遗址的变化，用于水下文化遗产的保护管理。但是多波束测深系统只能探测水底表面的目标物，在工作时会生产大量的数据，这给数据的分析与处理带来了巨大的工作量，探测数据中还包含多种自然和物理现象造成的回波干扰，这些干扰也有可能是水下文化遗存的影响，因此这些干扰信息在后续处理中需要谨慎对待，不能随意删除[1]。

5.4.2.4　海洋磁力仪（marine magnetometer）

按照内部结构和工作原理，海洋磁力仪可分为机械式磁力仪和电子式磁力仪两种，其中电子式磁力仪主要有磁通门磁力仪、质子旋进式磁力仪、光泵磁力仪（图5.24）等。地球表面各地的磁场强度不同，南北两极磁场聚集，磁场强度高达61000nT，赤道的磁场弱，一般为24000nT，其他区域的磁场趋于均匀。如果没有外来因素尤其是人为因素的干扰和影响，水下环境中的磁场和磁力值处于一种相对稳定和平衡的状态，磁力线的分布比较规律。若某一区域受到外界磁力物质的入侵，如有铁质物体或含铁物质进入，这个区域的磁场就会发生变化，磁力线会被扰乱[2]（图5.25）。

---

[1] 航海考古学会著，阿曼达·鲍恩斯编，国家文物局水下文化遗产保护中心译：《水下考古：原理与实践之NAS指南》（第二版），文物出版社，2018年，第167—169页。

[2] 吴时国、张健等：《海洋地球物理探测》，科学出版社，2017年，第207—215页；航海考古学会著，阿曼达·鲍恩斯编，国家文物局水下文化遗产保护中心译：《水下考古：原理与实践之NAS指南》（第二版），文物出版社，2018年，第174、175页。

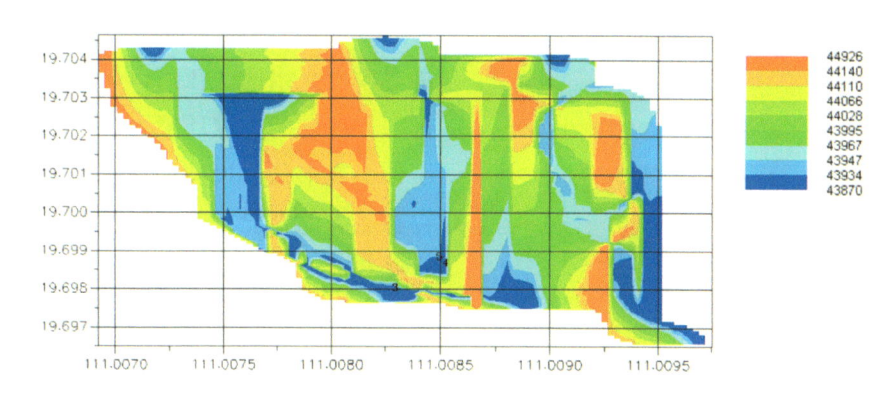

图5.25　海南文昌铜鼓岭海域磁力探测图

水下文化遗存多为人工活动的产物，其中金属类、陶瓷类遗物以及铁船或含铁质构件、铁质船货的木船等具有一定程度的磁性，会对相对稳定的环境磁场产生影响和作用，使得水下文化遗存所在水域出现磁力异常的现象。海洋磁力测量就是通过海洋磁力仪或磁力梯度仪等设备对自然环境下磁场的分布状况进行检测和分析，探测区域磁力异常以搜寻产生这种异常和变化的目标物。海洋磁力测量是搜寻水下感磁性目标物如金属类遗物和铁质沉船的有效手段，也是探测被掩埋沉船的重要方法[①]。

影响磁力探测数据和效果的因素主要有磁力仪拖鱼与船艉间的距离（即通过增加拖缆长度直至船体不被记录为磁异常的最小返回距离）、目标物内磁性物质的含量以及人为或地质因素产生的环境磁性。使用海洋磁力仪探寻水下文化遗产的最大挑战就在于如何对磁力异常进行评估，如何将水下文化遗存产生的磁力异常与其他人工残留物或地质构造背景的磁力区分开来。

5.4.3　数据采集

数据采集是通过水面平台（一般为工作船，包括有人驾驶和无人驾驶两种）在前期调查限定的水域内开展物探扫测的过程，是水下考古物探调查中非常重要的一环。数据采集的过程、方法是否科学将直接影响和决定物探调查的成果。

数据采集包括背景资料收集、工作船改装、设备安装、坐标系设定、设备调试、确定测区、测区测线布设、普探和精探等步骤（图5.26）。

背景资料主要收集调查对象区域的海图、地图、卫星照片、历史文献、档案、已经开展的考古和探测工作、水文、气候、环境等资料。

[①] Alexis Catsambis, Ben Ford, Donny L Hamilton. *The Oxford Handbook of Maritime Archaeology*. Oxford: Oxford University Press, 90-113; Jeremy Green. *Maritime Archaeology: A Technical Handbook* (second edition). Elsevier Inc., 2004: 62-73.

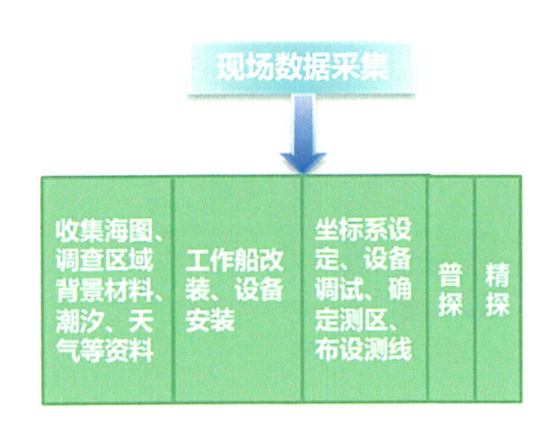

图5.26　物探调查现场数据采集流程图

物探调查会涉及不同的水域环境，可能是湖泊、水库、江河，也可能是近海或远海。不同的水域环境决定了能够使用的工作船在形状、尺寸、质地、结构等方面存在较大的差异，因此在开展探测工作前有必要对工作船进行相应的改造以适合探测设备各组件的安装与固定，确保各种设备与船体连接稳固（图5.27—图5.29）。

探测设备安装的重点是对各种设备水下部分的安装，一般情况下，多波束测深系统换能器固定安装于工作船左舷外侧或船底，拖体型侧扫声呐的拖鱼常悬挂于左舷中后部或直接拖曳在船艉，浅地层剖面仪换能器固定安装或拖曳于工作船左舷外侧（图5.30），海洋磁力仪的拖鱼直接拖曳在船艉（图5.31），用于定位导航的天线一般安置于靠近拖鱼的船体中部或换能器的正上方，以保证定位的精度（图5.32）。探测设备的罗经、甲板单元等水面部分一般安装于驾驶舱内，方便数据采集和工作船航行（图5.33）。

物探调查一般使用WGS-84基准，平面坐标系采用横轴墨卡托投影，船体坐标中心参考点设置在船的中心，即罗经安装的位置，一般定义右舷方向为X轴正方向，船头方向为Y轴正方向，垂直向上为Z轴正方向。

探测区域的划分需要综合考虑前期调查获得的地理环境、水文条件等信息，测线布设与探测精度要求、水深、水流、光线等因素有关，探测精度要求高、水深浅，测

图5.27　工作船船尾加装的小型门架——用于拖曳侧扫声呐或海洋磁力仪的拖鱼

图5.28　船舷焊接的拖臂——用于拖曳侧扫声呐或海洋磁力仪的拖鱼

第 5 章　水下考古调查　133

图5.29　用于固定安装多波束测深系统换能器的框架

图5.30　多波束测深系统换能器、浅地层剖面仪换能器和侧扫声呐拖鱼的安装方式

图5.31　准备从船尾释放海洋磁力仪的拖鱼

图5.32　多波束测深系统换能器与天线安装情况

图5.33　罗经和甲板单元的安装情况

线间距相对小，流速、流向会影响工作船的行进速度进而影响数据的采集，而逆光航行存在一定的安全隐患，有可能会因为看不清水面的暗礁、渔网、浮标等障碍物而发生事故。

水下考古物探调查可以分为普探和精探两种。普探是指对调查水域进行全覆盖扫测，一般使用多波束测深系统、侧扫声呐、海洋磁力仪等设备，搭载高精度定位导航系统，可以迅速、全面获取调查水域的水下地形地貌和磁异常情况。精探是指通过调整工作频率、扫宽等参数和加密测线的方式，使用多波束测深系统、侧扫声呐、海洋磁力仪、浅地层剖面仪等对某些重点调查水域开展细致化扫测。

现场数据采集时，使用多种设备进行综合探测（图5.34）。工作船以4—5节的速度沿预先规划的测线逐条进行扫测，保持匀速直线行驶，测线宽度一般为水深的10倍，测线之间必须有一定的重叠区域，以保证不会遗漏。侧扫声呐探测时目标物应避免出现在声图的水体部分，精探使用较小的量程；普探阶段多波束测深系统应选择较大的扇区开角，波束发射、接收采用等角模式或等距模式，精探阶段减小扇区开角，采用等角模式；浅地层剖面仪采用较低频率，声波穿透能力强，对埋藏于海底之下的目标物探测效果较好，异常特征更明显，但分辨率会降低；海洋磁力仪拖曳于船尾，为了降低船磁对拖鱼传感器的影响，在保证安全的前提下拖曳电缆长度一般为3倍工作船长度（图5.35、图5.36）。探测过程中做好文字、影像、图表等各种记录（图5.37）。

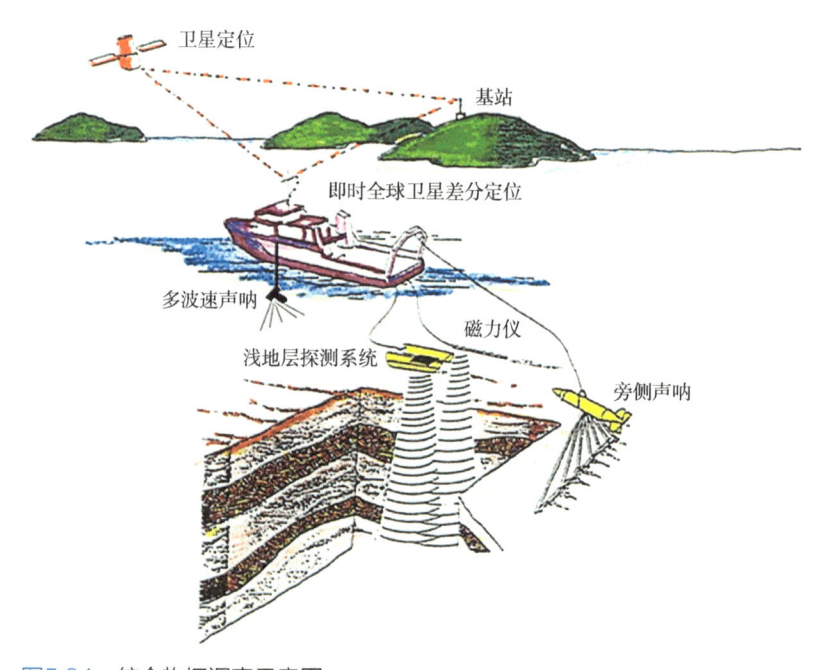

图5.34 综合物探调查示意图

（据《澎湖将军一号沉船水下考古展专辑》第12页附图三改绘，2001年）

第 5 章　水下考古调查　　135

图5.35　数据采集探测设备水下部分运行场景

图5.36　数据采集显示界面

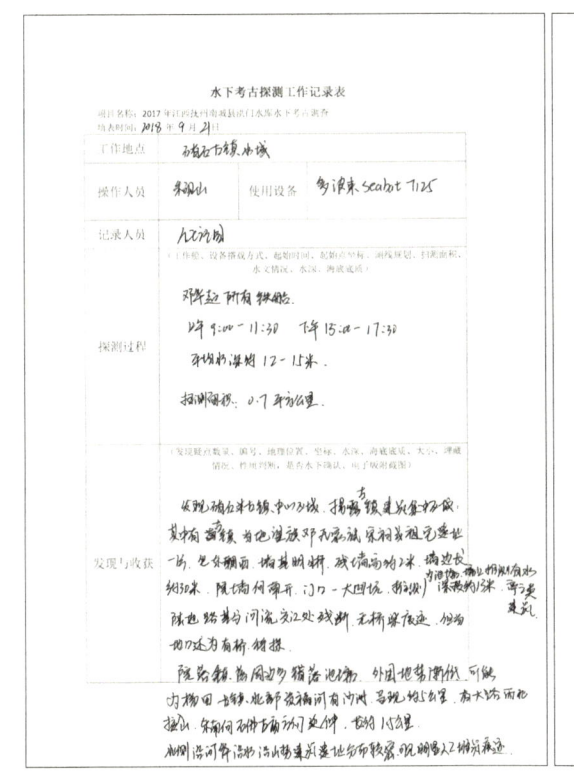

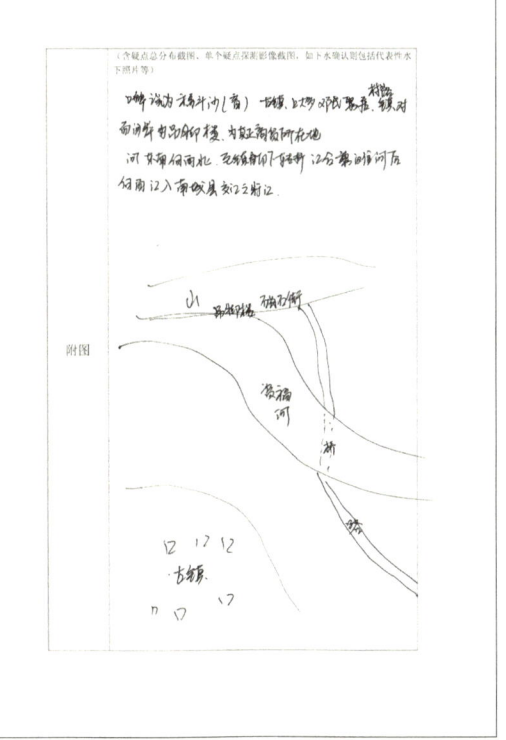

图5.37　物探调查记录表

5.4.4　数据分析

物探调查现场采集的数据必须及时进行分析与处理，生成各种探测图像，判读图像，识别异常点，并对异常点进行评估和分类，挑选出潜水调查的目标疑点，整理出疑点的精确位置、埋藏情况、尺寸、方向、水深、水温等基本信息，为潜水调查提供基础资料和依据。由于物探调查通常采用多种设备，因此必须在单一探测设备数据处理与分析的基础上，对各种不同设备的数据进行综合分析与研判，相互对照、比较，从而减小单一设备探测的误差，增强异常点评估的有效性，增加目标疑点遴选的可靠性。

多波束测深系统的数据必须经过横摇偏差、电罗经偏差、导航延迟、纵摇偏差等参数校正以及声速剖面校正、潮位校正与换能器吃水校正[①]。对工作船的姿态、水深、导航等数据进行检查，删除受干扰产生的无效数据，对水深数据进行声速、潮位改正后合并，从而生成位置和水深数据，使用在块模式对水深及位置数据进行过滤，尤其是对两条相邻测线重复覆盖区域的多余探测数据进行筛选、删除，保留高精度的水深数据，最后对测量资料进行整理，生成水底立体三维地形图等图像（图5.38）。

侧扫声呐的数据处理过程包括去噪、海底线跟踪、水体移去、斜距校正和信号处理等，分为四步：第一步资料检视。对采集的数据资料进行整合导入、回放，通过预览、导视、缩放了解探测的整体影像，并对扫测质量、效果进行判断。第二步斜距修正。将原始收录的时间序列资料经水深辨识后制作一个假想的平面投影，成为声呐影像，侧扫声呐的声波属于斜向发射，会因水底地形起伏或击中悬浮物出现水深辨识错误，扫测影像因此会严重扭曲，因此需要重新辨识水深、改变辨识参数、加入斜距校正模式等来纠正探测影像的扭曲和变形。第三步速度校正。由于探测平台如工作船的行进速度无法始终保持一致，且转弯、掉头时都会对速度产生影响，而速度的变化会对声波的发射和接收产生距离上的改变。通过导入原始时间序

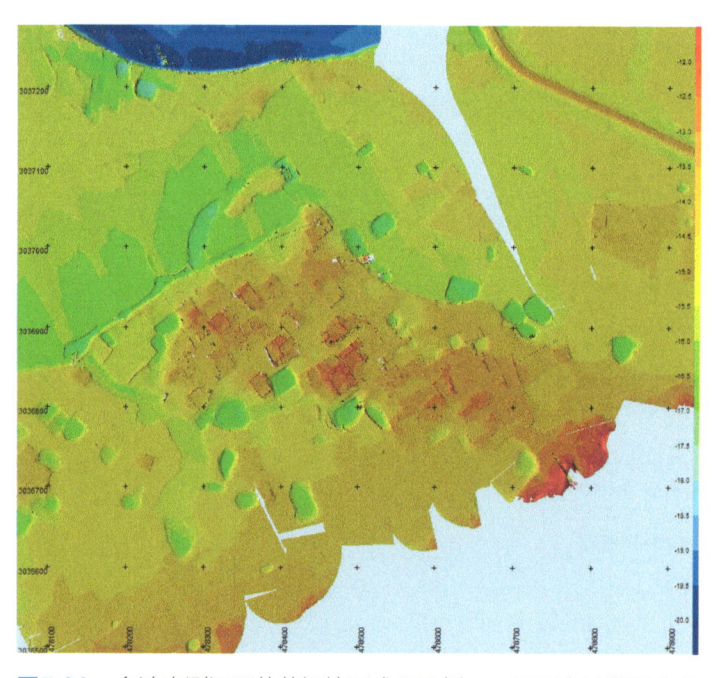

图5.38 多波束测深系统数据处理成果示例——江西南城洪门水库硝石镇遗址多波束测深系统探测图

---

① 吴时国、张健等：《海洋地球物理探测》，科学出版社，2017年，第49—52页。

列和数据，进行速度校准，就可得到水底物体的正确反应。第四步影像拼接。将所有欲拼接的档案影像资料连接，读取各扫描线的定位资料，由前后相间性计算航向，读取水深，根据航向及水深将各影像点投影到航线两侧，使投影位置的资料与原始档案中的位置连接，选择一定的解析度，最后将原始影像调阅程式输入拼图影像，处理整合拼接成图，并导出数据影像图（图5.39）。

浅地层剖面仪的数据处理首先是对采集数据的回放、存储与整编，测量工作船航线的坐标与设计测线的位置，对测线范围内的有效原始采集数据进行归类，根据工作次序确定浅地层剖面文件与点及测线位置的对应关系，形成对应关系表格。数据处理的解释流程为：确定浅地层剖面仪的数据记录中各反射层的同相轴，拾取各反射层位同相轴时间，形成时间数据文件，计算各拾取点的坐标、离起点的距离或中轴线上的里程数，根据各反射层波组的能量、频率、相位等特征，确定反射层对应的地质层位及各层位的纵波速度，最后输出图像（图5.40）。

海洋磁力仪采集的数据经过地球区域磁场校正、地磁日变校正、航磁影响校正后[1]，读取日变曲线及磁测数据，输入相应参数，计算处理，绘制磁异常ΔT等值线图，将可能出现疑似的点位记录在表（图5.41）。

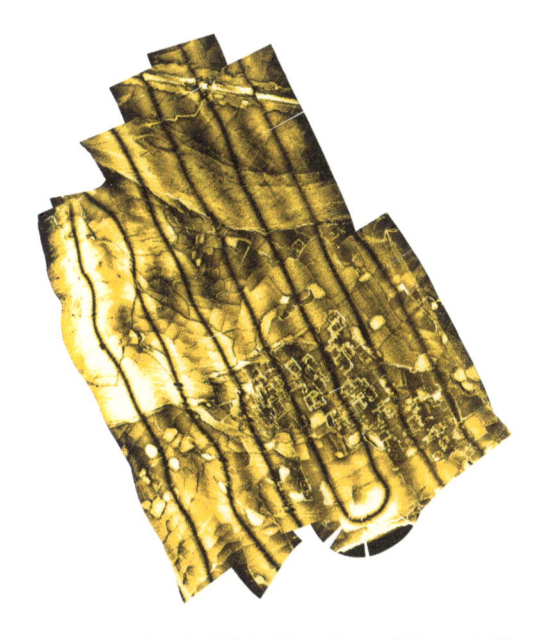

图5.39　侧扫声呐数据处理成果示例——安徽太平湖秧溪街遗址侧扫声呐扫测拼接图

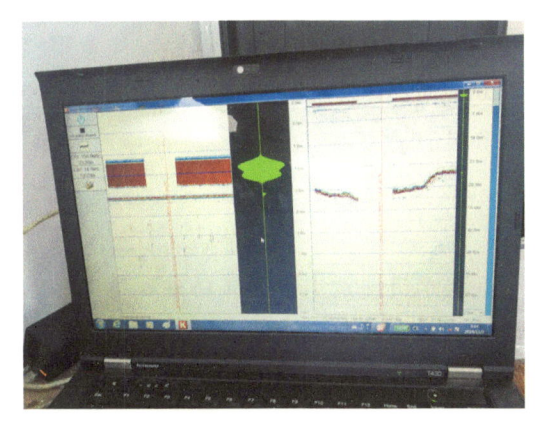

图5.40　浅地层剖面仪数据处理

---

[1] 吴时国、张健等：《海洋地球物理探测》，科学出版社，2017年，第227、228页。

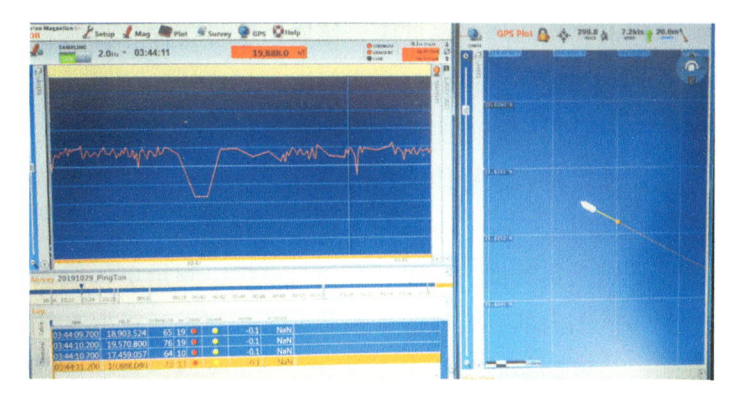

图5.41 海洋磁力仪数据处理

5.5 潜水调查

潜水调查是指通过人工潜水或潜水器潜航的方式对前期调查、物探调查获取的目标疑点进行水下搜索，以寻找并确认目标疑点是否为水下文化遗存，能够确定为水下文化遗存的，则详尽记录其位置、分布、堆积、埋藏等基本情况，收集所在水域的水深、水温、能见度、底质结构等水文资料，明确水下文化遗存的性质、年代等内涵，并对其保存现状和周围环境进行科学评估，为后续的保护与管理提供科学依据。

潜水调查是水下考古调查中最为重要的关键环节，是对前期调查和物探调查成果的验证与核实，只有经过潜水调查确认后才能被称为水下文化遗存。

5.5.1 水下搜索

水下搜索是发现和确认水下文化遗存的重要途径，可以分为潜水员搜索和潜水器搜索两类。

水下搜索的目标疑点可能只有很小的一部分出露在水底以上，或者只是水底表面散落的少量小件遗物如陶瓷器碎片、铜钱等，因此在水下搜索过程中，调查人员要有敏锐的观察力和高度的敏感性，注意观察、仔细搜寻，不放过一切异常现象，力争有所发现或即使没有发现也可以排除已经搜索的区域，同时做好文字、测绘、影像等各种资料记录。

5.5.1.1 潜水员搜索

潜水员搜索主要依靠目视观察，在低能见度水域，如果肉眼无法看见，手感触摸将成为无奈的选择，搜索过程中可以配置金属探测器、照相机、高清双频识别声呐等手持仪器和设备，对于一些完全掩埋于水底以下的对象，还需要在搜索过程中采用探扎（图5.42）或金属探测器探测的方式（图5.43）。潜水员水下搜索的速度和效率与目标物的大小、埋藏情况、能见度、水深、水温、水流、潜水员经验等有直接的关系，其中潜水员的经验是主观因素，若经验丰富，则对水下目标物的觉察能力可以得到提高和改善，与这种能力有关的因素包括对搜索区域的熟悉程度、搜索目标的材料、技

图5.42 探扎 图5.43 使用金属探测仪

术培训、经验累积、情绪和心理调整、专注力、责任心和工作态度等[1]。

通过前期调查和物探调查，获取了水下搜索对象的位置、水深、埋藏等信息以及潮汐、气候等环境数据。在开展潜水调查和水下搜索之前必须根据调查对象的基本情况制定详尽的工作计划和科学的潜水计划，提出各种安全预案和应急管理预案，准备相应的潜水设备和调查工具，匹配适合的人员与团队。

根据调查对象的水下环境制定科学的潜水计划，如选择自携式轻潜或管供重潜、轻潜等不同的供气方式，采用单瓶免减压、双瓶免减压、单瓶减压、双瓶减压或全密闭等不同的潜水方式，使用压缩空气、高氧或混合气等不同的气源，装备湿式或干式潜水服等；根据水底地形地貌、能见度选择圆周、直线或矩形等不同的搜寻方式；根据埋藏情况选择水底表面搜寻或表面搜寻与探扎相结合的搜寻方法；根据风力、涌浪等天气情况选择适合的工作区域，如风浪较大的情况下选择在能够遮挡风浪的港湾内开展工作；根据潮汐和水流情况选择水下搜索的时间和工作时长。

潜水员水下搜索的一般工作流程为：工作船定位导航到调查对象所在位置—布设入水绳—水下搜索—定位。如果在搜索中发现并确认疑点为水下文化遗存，应详尽记录遗存发现点与入水绳沉块之间的距离、方向以及水下环境、水深、水温、能见度等信息，结合定位导航软件计算出遗存的位置坐标，并标绘在海图上；可能的话水下调查人员最好将入水绳沉块从水下移至遗存发现处，水面工作船利用定位导航软件记录竖直状态的入水绳浮标的坐标，这样可大大提高水下文化遗存定位的精准度；也可使用水下声学如调查人员配备长基线或超短基线等设备的方法进行水下定位。如果在搜索中没有发现遗存，也需要记录搜索的区域范围和水下环境、水深、水温、能见度等信息，并标注在导

---

[1] 航海考古学会著，阿曼达·鲍恩斯编，国家文物局水下文化遗产保护中心译：《水下考古：原理与实践之NAS指南》（第二版），文物出版社，2018年，第154—156页。

航海图上，为扩大搜索范围、增设水下调查目标点提供依据。

入水绳一端为浮标，另外一端为金属或其他质地的沉块。沉块的重量应适中，过轻的话会导致沉块因水流作用发生位移，如果太重的话会增加布放和回收的工作强度，沉块也有可能会陷到水底以下被掩埋。中间的连接绳长度由目标疑点的水深决定，如果连接绳过短，导致浮标被拉入水中，调查人员下水时就会失去位置参照，上水时也无法沿入水绳安全到达水面；如果连接绳过长，一方面会增加调查人员沿入水绳行进的距离，耗费体力，浪费宝贵的水下搜索时间，另外一方面也容易与突出水底的障碍物如礁石、船体等发生纠缠，带来安全隐患（图5.44）。

入水绳可以让调查人员沿着相对固定的位置上下水，保障安全。如果调查人员没有沿入水绳下水，在水流的影响下有可能会偏离调查对象的位置，带来一定的安全隐患，增加搜索难度；如果没有沿入水绳上水，在水流的作用下调查人员有可能会漂移到工作船视线以外的位置，带来较大的风险；入水绳还有助于水面工作船观察水下人员的位置，为水下目标物的定位提供参照（图5.45）。

实际工作中，一般是根据物探调查获取的疑点坐标，工作船通过卫星定位导航到目标疑点位置后抛投入水绳，抛投过程中需要考虑流速、流向、工作船行进速度、方向等因素的影响，入水绳布设完毕后，工作船锚定的位置应尽量靠近入水绳，以缩短工作船到入水绳的距离，从而节省调查人员体力，便于工作船提供相应的支援和保障。

潜水员水下搜索的方法主要有圆周、直线、矩形、拖曳和随机搜索五种[①]。

图5.44 布设入水绳　　　　　　　　图5.45 调查人员准备沿入水绳下水

---

① Jeremy Green. *Maritime Archaeology: A Technical Handbook* (second edition). Elsevier Inc., 2004: 50—57. 张威主编，吴春明等编著：《海洋考古学》，科学出版社，2007年，第137—140页；航海考古学会著，阿曼达·鲍恩斯编，国家文物局水下文化遗产保护中心译：《水下考古：原理与实践之NAS指南》（第二版），文物出版社，2018年，第156—162页；张辉：《浅谈水下考古之水下探摸》，《中国文物报》2012年9月14日第7版。

圆周搜索法，也叫圆形搜索法或圈游目测法，是指调查人员在水下以某一相对固定的物体为圆心，以不同长度半径，采取圆周潜游的方式开展的水下搜索。首先使用卫星定位导航从准备搜寻的目标疑点水面投放一条入水绳，作为基点圆心，调查人员由入水绳下潜至沉块处，将随身携带的搜索绳一端固定在入水绳的沉块上，根据水底能见度情况，放出一段合适长度的绳索作为搜索半径，按逆时针或顺时针的固定方向作圆周潜游搜寻，为了保证能见度不被破坏，一般选择逆流的方向潜

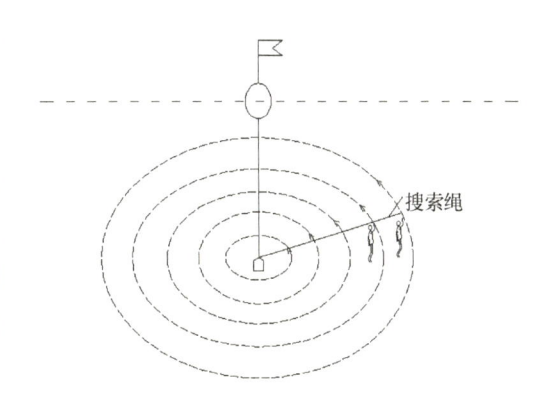

图5.46　圆周搜索法

（引自张辉：《浅谈水下考古之水下探摸》，《中国文物报》2012年9月14日第7版）

游，圈游一周即360°后，根据能见度的情况将搜索绳适度放长作为下一圆周搜索的半径，直至完成入水绳周围一定范围内的水下搜索。如果没有发现需要扩大范围搜索，则重复上一过程，但是必须确保新的搜索范围与旧的搜索范围之间有一定程度的重叠，以避免出现空白区和遗漏的情况[①]（图5.46）。

圆周搜索法具有简单、便捷、易操作等优点，适用于任何水况环境，即使是较低能见度的水域也可以使用这种搜索方法，但是这种搜索方法调查的重复区域较多，调查区域水底障碍物如礁石等较多的话会导致搜索绳与障碍物的纠缠，影响判断和效率。

在能见度较好的情况下，圆周搜索法使用带刻度标志的搜索绳或皮尺以及水下罗盘，可以较为方便地获得距入水绳沉块的距离、方向，实现水下相对位置的确定。在能见度较差的情况下，距离和方向的获得就变得极为困难。可以预先在搜索绳上做好长度标志，如将大小不同规格的尼龙扎带绑在搜索绳上，1个小扎带表示1米，1个大扎带表示5米，搜索绳起始点打一个结作为标志，在1米的位置绑1个小扎带，2米的地方2个小扎带……5米的地方绑1个大扎带，6米的地方1大1小2个扎带，7米的地方1大2小3个扎带……10米的地方2个大扎带，以此类推，在水下能见度不好的情况下可以通过用手摸索扎带的绑扎情况和数量获得距入水绳沉块的距离，过多的扎带会给水下工作造成一定的混乱，因此搜索绳上设定的长度标识以整数米比较适合，这就不可避免地会造成测距的精度只能到米，但这也是在能见度很低的情况下的无奈之举。能见度很低的情况下，使用罗盘在水下确定搜索绳的方向不可能实

---

① 罗鹏：《水下考古圆周搜索法浅析》，《宁波文物考古研究文集》（二），科学出版社，2012年，第61—65页。

现，如果只是检查是否完成360°搜索，可以在开始搜索时将一根较细的金属棍插入水底以下，搜索过程中如果碰到金属棍，即表明完成了一周搜索。如果在搜索过程中有所发现，又不能使用罗盘测定方向，可以通过在有发现的水底打出浮力袋到水面再由水面测定的方式解决。

直线搜索法，也叫泳道或漂移搜索法，或平行潜游目测法，是指调查人员在水下按照既定方向，采取直线潜游的方式开展的搜寻调查。首先在准备调查的水域使用卫星定位导航，间隔一定距离从水面分别投下中间连有导向绳的两条入水绳，导向绳的长度与水深成反比，并使导向绳穿过物探调查获取的目标疑点，调查人员从一处入水绳下潜至沉块处，对沉块位置进行调整，使两沉块间的导向绳保持平直状态，并有一定的张力，将携带的搜索绳一端与导向绳连接，另外一端向外垂直搜索一定长度，如没有发现则将搜索绳沿导向绳向另外一处入水绳的方向移动一定距离（由水下能见度决定）后向外继续垂直搜索，搜索的长度一般与前次保持一致，且搜索绳始终在导向绳的同一侧，不断重复上述过程就可以完成导向绳一侧一定范围内的水下搜索，再按同样的方法就可完成导向绳另外一侧一定范围的搜索（图5.47）。

直线搜索法水下记录较为方便，距离和方向的测量较为精准，可以实现一定区域的全覆盖调查，不会遗漏和出现空白区，在能见度不好的水域也可以使用。但这种搜索方法导向绳的布设比较复杂，且搜索绳与导向绳要时刻保持垂直的状态，而且对水下调查人员之间的协调与沟通要求也比较高。

在能见度较好的情况下，根据导向绳与搜索绳的刻度及二者的垂直关系，可以便捷地实现搜索对象相对于导向绳的位置记录。能见度不高时，直线搜索法的导向绳与搜索绳可以参考圆周搜索法在搜索绳上绑扎带作为长度标识的方法，实现距离的测量，但如何实现搜索绳与导向绳的垂直仍是一个较大的难题。

由此看来，在低能见度情况下，采取圆周或直线的方法开展水下搜索时，使用长基线或超短基线等水下声学定位设备结合水下通话系统是个不错的选择。

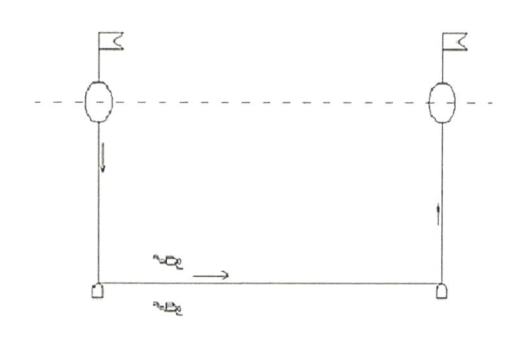

矩形搜索法，也叫滑道搜索法或网格搜索法，是指调查人员在设定的水底矩形框内、采用直线相向对游的方式开展的搜寻调查。首先要布设水底矩形调查框，即使用绳索将四个沉块连接起来，每一沉块皆连接有一条入水绳，通过卫星定位导航将沉块按序投入拟调查水域，调查人员沿入水绳下潜至沉块位置，对四个沉块的

图5.47 直线搜索法

（引自张辉：《浅谈水下考古之水下探摸》，《中国文物报》2012年9月14日第7版）

位置和连接绳进行调整，使沉块之间的距离和连接绳的方向符合搜寻计划要求，并将目标疑点覆盖在搜索方框内，记录调整后的沉块位置坐标。调查人员以水底矩形方框的两条长边作为基线，沿着两条长边基线之间的搜寻绳相向对游直线搜寻，完成一条直线搜寻后根据水底能见度情况将搜寻绳移动适当距离开始下一个相向对游搜寻，从而完成对整个框内区域的搜寻。如果全部矩形框内没有发现，需要扩大范围搜寻，只需将矩形框沿其中一条长边向外对称翻转、调整，即可形成另一个矩形搜寻区域（图5.48）。矩形搜索法的连接绳与搜索绳在水下可以形成测量网格，便于水下记录，位置较为精准，可实现一定区域的全覆盖调查，不会遗漏，但水底矩形搜索框的布设极为复杂，需要精心组织和准备，尤其是基线要保持平直且有一定的张力，只适合能见度好的水域。

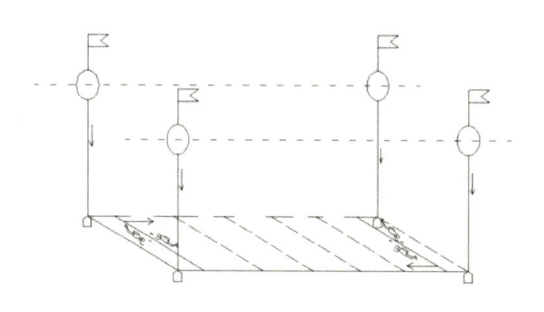

图5.48 矩形搜索法

（引自张辉：《浅谈水下考古之水下探摸》，《中国文物报》2012年9月14日第7版）

拖曳搜索法包括水面浮潜拖曳搜索和水下潜水拖曳搜索两种。以目标疑点的位置为中心划出搜索区域，牵引船在搜索区域内沿一定间隔路线来回行驶，调查人员拉住连接在船上的牵引绳以浮潜或潜水的方式作俯视搜寻，一旦发现疑似目标，可与水面船只联络，并对疑似目标进行定位。水下潜水拖曳搜索法存在较大的潜水风险，一般较少使用。水面浮潜拖曳搜索人员一旦发现目标物后，可松开牵引绳漂浮在目标物上方的水面，牵引船返回进行定位（图5.49），这种搜索方法可以节省搜索人员的体力，能够调查较大的范围，但是在实际操作过程中仍存在较多的问题，对能见度要求很高，调查人员必须能直接目视到水底的对象物，牵引船的航速必须适中且保持匀速，牵引绳的长度不能过短，过短的牵引绳会导致调查人员距工作船近，带来安全隐患，牵引绳过长又会影响调查人员与工作船的联络。

随机搜索法是指在某些水下地形、地貌比较复杂的水域，潜水员通过使用水下推进器等设备开展随机潜水搜索，适合于能见度较好的水域。水下推进器还可搭载侧扫声呐和多波束测深系统，在节省潜水员体力的同时，还能提供导航、水底地形地貌等信息（图5.50）。

5.5.1.2 潜水器搜索

潜水器搜索是指主要依靠载人潜水器内的调查人员或水面平台上的无人潜水器操作人员进行目视观察，以寻找水下文化遗存的搜索方法。潜水器包括载人潜水器、无

图5.49　水面浮潜拖曳搜索

图5.50　随机搜索法

图5.51　载人潜水器搜索

图5.52　有缆遥控无人潜水器搜索

人潜水器和其他深海勘查设备（如深海水下滑翔机和深海拖曳测绘系统等）三类。其中无人潜水器又称水下机器人，又分为有缆遥控潜水器（ROV）和无缆自治潜水器（AUV）。其中深海载人潜水器（图5.51）和有缆遥控无人潜水器（图5.52）在水下考古中的应用比较普遍，而无缆自治潜水器尚没有在水下考古中应用的实践和案例。

潜水器搜索的最大优势是理论上能够到达潜器设计的最大水深，能够到达潜水员不能到达的深度，从而发现位于深海的水下文化遗存，在能见度足够好的情况下可以获得水下文化遗存更大面积、信息量更多的影像资料。但是有缆遥控潜水器水下活动范围有限，易受水下环境如水流、能见度的影响；载人潜水器需要较为复杂的支援保障系统和比较庞大的经费支撑。因此潜水器搜索比较适合定点调查，不太适宜从事大面积或大范围的水下搜索，其受能见度影响较大，尤其是采取目视观察和搜索的情况下。

5.5.2 底质探查

底质探查是指利用机械或物理等方式对水底以下的底质结构、地层堆积进行勘探的调查方法。根据探查的环境，可以分为在工作船或其他平台上进行的水面探查与在水底进行的水下探查两种，根据探查的方式，又可分为使用机械方法穿透水底的侵入式探查和使用物理勘探方法的无损探查。底质探查有助于发现完全掩埋在水底以下的文化遗存，了解水下文化遗存的埋藏深度及分布范围；底质探查还可以帮助考古学家了解水底的地质结构和地层堆积，从而研究相关水域的地质环境变化、河湖相沉积、海岸线变迁等问题。

采用机械方法穿透水底的侵入式探查包括水下探针探查（图5.53）和水面芯管取样探查（图5.54）两种，由于侵入式的探查有可能对脆弱的水下文化遗存带来潜在威胁和破坏，因此在采取侵入式探查时必须慎重，要明确这种探查方式能解决什么问题，可以实现什么样的目标。

芯管可以使用适合口径的不锈钢管，探针必须能够插入水底以下且不易弯折，最简单的探针是实心金属杆，也可以使用气针作为探针。气针为带有水下控制开关的中空金属杆，上端通过气管连接气瓶或水面供气设备，气针相对于实心金属杆来说可以节省水下探查人员的体力。探查过程中要按照预先设计的方案进行，沿着规划好的线

图5.53　水下探针探查示意图　　图5.54　水面芯管取样探查

图5.55 探地雷达数据采集现场

（引自覃潭、赵永辉、林国聪等：《探地雷达在上林湖越窑遗址水下考古中的应用》，《物探与化探》2018年第3期，第626页）

路、间隔一定距离进行探查，并做好文字和影像记录，文字记录包括探查时间、地点、方式、探孔编号、位置、深度、堆积描述、记录人、记录时间等以及芯管样品的详细登记，影像主要记录探查过程、发现以及样品等[①]。

探地雷达是根据电磁波的传播分析推断被掩埋介质的形态和性质，并通过识别异常进而发现被掩埋的目标体。在田野考古中较为常用，具有效率高、对探测场地和目标体不造成破坏、分辨率高、抗干扰能力强等优点，是一种无损探查法。传统观点认为探地雷达发射的电磁波在水中会被快速吸收并衰减，因此探地雷达在水下考古中的应用案例较少。2016年浙江宁波慈溪上林湖后司岙水域水下考古调查中，使用探地雷达对上林湖进行了底质探查，获取了湖底堆积物雷达反射剖面和湖底之下掩埋物的雷达反射剖面（图5.55、图5.56）。这

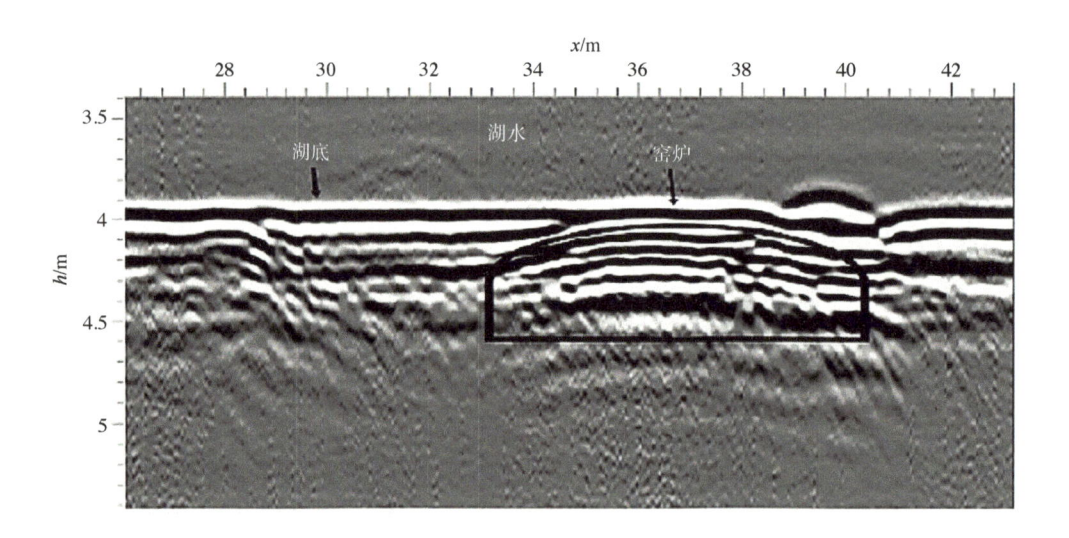

图5.56 水底淤泥地层中的窑炉遗址

（引自覃潭、赵永辉、林国聪等：《探地雷达在上林湖越窑遗址水下考古中的应用》，《物探与化探》2018年第3期，第629页）

---

① Jeremy Green. *Maritime Archaeology: A Technical Handbook* (second edition). Elsevier Inc., 2004: 162-164. 张威主编，吴春明等编著：《海洋考古学》，科学出版社，2007年，第141页；航海考古学会著，阿曼达·鲍恩斯编，国家文物局水下文化遗产保护中心译：《水下考古：原理与实践之NAS指南》（第二版），文物出版社，2018年，第210页。

次实践说明，只要方案设计得当，探测水域物性条件良好，探地雷达可以应用于水下考古对水底底质和地层进行调查[①]。

5.5.3 标本采集

标本采集是为了满足相关研究或解决某些专门问题的需要，对水下遗址内的标本进行采集的过程。标本可分为人工制品和非人工制品两类，采集方法应科学、规范，根据标本质地和保存现状采取合适的提取方法，还应坚持统一的采集标准，并根据研究目的和工作需要确定标本采集的种类和数量。

人工制品是指人为制造、加工并使用的物体，如沉船（包括船板、锚、舵、帆、船钉、舱料等）、船载物品（贸易品或船上使用的物品）以及其他水下遗址内的遗物（图5.57）。人工制品有助于对遗址相对年代、性质和内涵的判断，能够为研究当时的社会经济、贸易、生产水平、制造工艺等提供有效的信息。

非人工制品是指遗留在水下遗址内，与阐释人类活动相关的动物、植物、矿物标本和人类遗骸，如鱼、虾、蟹、贝、珊瑚虫、鸟、哺乳动物等动物类标本，木材、果实、种子、谷粒、茎叶、水生植物、植硅体、花粉、硅藻等植物类标本，水（图5.58）、沙、泥、石、珊瑚等矿物类标本。非人工制品可以为水下遗址的研究提供古代人类饮食、疾病、身高、性别以及饲养、屠宰、生计、渔业、农业、绝对年代、堆积形成与发展等多方面的信息，还可为生态、水下环境的研究提供相关信息。

水下考古调查只是水下考古诸多工作中的一个环节，为了减小对水下遗址的干扰和破坏，有利于水下遗址将来的保护和管理，在水下考古调查阶段不能也没有必要全部采集所有的人工制品。通常使用抽样采集的方式，在了解水下遗址整体情况的基

图5.57　人工制品采集　　　　　　　　　图5.58　海水水样采集

[①] 林国聪、鄂杰：《我国水下考古技术的新探索——2016年度浙江宁波慈溪上林湖后司岙水域水下考古调查》，《中国文物报》2017年2月24日第5版；覃谭、赵永辉、林国聪等：《探地雷达在上林湖越窑遗址水下考古中的应用》，《物探与化探》2018年第3期，第624—630页；赵永辉、毕文达、安聪等：《探地雷达在水下考古中的机遇与挑战》，《中国港口》2019年第S1期，第121—129页。

础上，有意识、有目的地采集具有代表性的典型标本，通过采集部分人工制品达到认识、研究遗址整体的目的，如可以按照不同质地、器类、器形、装饰等进行分类采集，但是抽样采集有可能因为研究人员的主观判断出现遗漏重要或具有代表性物品的情况。采集时应按堆积单位采集并编号，置放原地的遗物必须关注其自身位置及其与其他物品的位置关系，在完成测绘、影像记录以及编号后才能提取。

非人工制品采集的原则和方式与人工制品采集相近，按照研究和解决问题的需要有目的地进行采集，一般小件的标本使用带密封盖、洁净的容器，水底沉积物则采用柱状或芯管剖面的方法进行采集。

所有采集的水下标本都必须附有相应的标签，标签要写明遗址名称、所属单位、采集位置、与其他物品的位置关系、编号、物品名称、质地、种类、数量、保存情况、尺寸、采集方法、采集人、采集时间等内容，并附上简图和照片。采集出水的标本必须妥善保存，同步开展文物保护，需要科学分析和检测的样品应避免污染，及时送交专业机构[1]。

5.5.4 潜水调查记录

"记录是盗掘和科学工作的绝对分界线，也是商人和学者的绝对分界线……毁坏不可重建的遗迹证据是考古中无法原谅的犯罪；而且，每次发现都会毁坏证据，除非将之科学地记录在案。"

考古记录的目的是尽可能准确和完整地记录遗存信息，并赋予所有信息同等的重要性，考古记录应客观、准确、全面、系统。

潜水调查阶段的记录主要包括调查时间、地点、人员、天气、海况、水流、潮汐、工作内容、设备、方法、潜水、底质结构、水深、水温、能见度、遗迹、遗物、埋藏、地层堆积、标本采集、工作进度、主要收获、存在问题、下一步工作计划、初步认识等内容。记录类型有文字、表格、图纸和影像。

所有的调查记录和资料在汇总完毕后应统一入库存档，由专人负责保存，还可建立专门的电子数据库或地理信息系统，将各种记录资料登入系统进行科学管理，方便分析、查询和研究[2]。

---

[1] 航海考古学会著，阿曼达·鲍恩斯编，国家文物局水下文化遗产保护中心译：《水下考古：原理与实践之NAS指南》（第二版），文物出版社，2018年，第31—34、93—95、211—216页。
[2] 杨晓维：《文物档案数字化建设初探》，《宁波文物考古研究文集》（二），科学出版社，2012年，196—199页；航海考古学会著，阿曼达·鲍恩斯编，国家文物局水下文化遗产保护中心译：《水下考古：原理与实践之NAS指南》（第二版），文物出版社，2018年，第88—107、120—137、178—204页；Jeremy Green. *Maritime Archaeology: A Technical Handbook* (second edition). Elsevier Inc., 2004: 87-157, 165-204.

文字记录包括总日记和调查日志,总日记主要记录水下考古潜水调查的总体工作过程、发现、收获与问题等,调查日志主要用于记录潜水调查期间每天的工作过程和内容。

记录表格克服了巨量数据带来的整理难题,使现场记录易于管理,方便记录的整理、归纳和存档,预制表格的布局必须清楚且富有逻辑,遵循有序和标准化的格式,记录的信息应易于查询和分析。

潜水调查阶段的记录表格包括潜水工作记录表、潜水记录表、水下文化遗存登记表、水下文化遗存总登记表、钻探记录表、采样登记表、出水文物现状记录表、出水文物保护修复记录表、出水器物标本登记表、绘图登记表、摄像登记表、照相登记表、出水器物登记卡片、资料记录登记表等。

水下考古调查阶段主要对水下文化遗存的平面、遗物分布、水底地形地貌、剖面进行测绘,测绘方法有手工测绘、摄影测绘和物探测绘三种。

手工测绘是通过仪器测量和手工绘图相结合的测绘方式,通常使用尺寸为1米×1米的移动网格框架(网格间距10厘米)结合探方和基线进行测量,适于局部和精细化测绘,测绘完毕即可成图,便于随时查漏补缺,但效率偏低,需要的水下工作时间长,受水深、能见度、潜水时间等多种因素的限制。

摄影测绘是指利用计算机技术从正射校正后的数字影像中获取遗迹或遗物空间数据和矢量图像的测绘方式,效率高、需要的水下工作时间相对较短,但对摄影技术和海况尤其是能见度的要求较高,测量控制点数量和分布必须满足图像校正精度的要求,应尽量使用镜头曲率较小的相机进行垂直拍摄,且室内工作较多,需依据水下人工测量的数据对影像进行校正,适用于遗物丰富的区域,如沉船中成堆堆积遗物的测绘。

物探测绘指利用声波反射技术和三边测量原理,使用多波束测深系统等物探设备进行的测绘,可以快速地完成较大范围的勘测,生成海床表面三维数字模型、等深线图、海底地形地貌图以及任意方向的剖面图,但是在小区域或局部测绘中的精度不够,只能作为前两种测绘手段的补充。

测绘生成的图纸上需注明工作年度、遗存名称、工作单位、绘图号、图名、比例、绘图时间、绘图方式、绘图者等信息。

对水下遗迹、遗物、遗存环境及调查过程进行影像记录一般使用光学水下相机和水下录像机,在能见度不好的情况下,可使用水下三维全景成像声呐和双频识别声呐等设备获得声学影像,在较深水域,通过水下三维激光扫描可获得目标物的高分辨率三维模型。如美国国家海洋和大气管理局(NOAA)与加拿大2G ROBOTICS公司合作,2016年使用Triton 1000/2双人载人潜水器和2G ROBOTICS ULS-500 PRO水下激光扫描仪对北卡罗来纳州海面以下700英尺的德国潜艇U-576进行了扫描，取得了该潜艇的高分辨率三维模型。

水下摄影取得的影像成果包括水下遗迹或遗物、工作场景、水下环境的单幅照片，整个水下遗址的数字影像三维模型及二维正射影像等，影像资料应进行科学整理、分类并做好登记，登记内容包括工作年度、遗存名称、工作单位、序号、类型、编号、拍摄内容、拍摄方向、设备型号、镜头、光圈、快门、天气、能见度、光源、拍摄时间、拍摄者等信息。

第6章 水下考古发掘

国家文物局考古研究中心 周春水

水下考古发掘的目标、要求与陆上考古发掘一致，通过水下发掘技术将水底埋藏于泥下的古代文化遗存揭露出来，经水下观测、记录后，提取水下遗物，以供进一步的历史研究，并为遗存提供更好的保护条件。由于水下环境的差异性以及当下的潜水技术水平，发掘技术及所用设备设施具有自身行业的独特性，并与时俱进。

发掘是全面了解遗址及包含物的最直接的方式，属于破坏性的调查技术，需要全面揭开泥层让遗存完全暴露，发掘过程也是遗址逐步消失的过程。考古发掘是一个系统工程，从项目计划至组织实施会占用更多的时间、人员、物资与资金，规模远超考古调查与勘探，加之水下资源的有限性导致考古发掘项目相对稀少，并要求从业者已具有丰富的陆上考古工作经验。

我国水下考古工作始于20世纪80年代末，截至目前共实施9项水下沉船考古发掘项目：辽宁绥中三道岗元代沉船、福建连江定海湾白礁一号沉船、福建东山冬古湾郑成功战船、福建平潭碗礁一号清康熙沉船、海南西沙华光礁一号沉船、广东阳江南海一号沉船、广东汕头南澳一号沉船、浙江宁波小白礁一号清代沉船，以及福建平潭大练岛一号元代沉船遗址。

发掘工作一般按年度安排计划，依工作进度可分为一次发掘（含试掘）、分期发掘两类，考古沉船的遗址规模和复杂性导致发掘项目多会持续数年至数十年之久。发掘工作按面积可分为局部发掘、整体发掘。因为沉船及船载物是推演船上社会的要件，故沉船遗址一般倾向于整体发掘。大范围遗址或同类单体遗址群则采用局部或抽样的方式对个体进行发掘，也足以使人清楚了解遗址性质及保存状况。

6.1 发掘原则

发掘的目的是更清楚地认识遗址并提供更佳的保护条件，因此，实施发掘的理由、发掘所选择的方法方式、发掘过程中及结束以后的管理工作都基于此目的。联合国教科文组织《保护水下文化遗产公约》及附件指南、国际古迹遗址理事会倡议的一系列保护与管理原则，都是国际上广泛认可的可参考原则，结合中国水下考古事业三十多年的工作实践可知，水下遗址发掘原则主要包括以下两个方面。

6.1.1 更有利于遗址保护

首先是确认水下遗址发掘的理由。不得不提及的是原址保护，联合国教科文组织《保护水下文化遗产公约》将原址保护列为水下文化遗产保护的首选方式，主要是防止水下遗产被商业性开发、个人盗捞，以及避免其他破坏行为，最理想的方式是让水下遗产在水底保持原状。但是，首选而非唯一选择或优先选择，水下遗址在许多情况下并不能做到原址保护，综合而言，客观上存在以下两大类不利于原址保护的原因：一是存在禁止性的外部原因；二是存在需要发掘的实质性原因（发掘明显有利于保护）。

前者包括政府主导的基建开发涉及水域区内的水下文化遗产，需要对遗址进行水下考古发掘并做进一步处理，诸如采取整体提取、异地搬迁、深埋回填等措施。后者指选择考古发掘明显更有利于遗址的原址保护，或者有助于研究者认识水下遗址解决重大学术问题，如水流冲刷让遗址已面临损坏，继续在原水下环境不利于遗址保存，而发掘后能提供好于当前的保藏环境；此外，还包括考古研究需要、遭受盗捞破坏需要考古发掘抢救等情况。因而，此原则是确认是否要对遗址进行发掘的主要依据。只有面临彻底或颠覆性破坏、科学研究目的等的水下遗址才考虑进行水下考古发掘。考古发掘作为水下遗址的一种侵入式的处理方式，选择应非常谨慎，必须具有令人信服的原因。

6.1.2 水下考古发掘项目管理规定

水下考古项目的管理工作能确保水下考古项目科学规范实施，保证考古发掘工作按计划推进，确定获取的水下考古资料真实有效，真实可靠地体现发掘工作质量与水下遗址价值。同时，加强水下考古项目管理也契合《保护水下文化遗产公约》的精神，阻止非法和商业打捞水下遗产的行径。

在实施时，水下考古发掘项目应提前列入整个行业规划任务及年度工作计划，项目由具备考古发掘资质的单位申报，并指派水下考古工作经验丰富的项目负责人，做好项目实施过程中的监管和评估，通常按一年的周期进行检查验收，工作团队应具备相应的专业技术能力，主要由有水下考古资质的专业人员及物探技术人员、文保人员等组成。

水下发掘项目管理应遵守严谨的审批程序。发掘单位须拟定项目发掘方案提交主管机构批准并进行同行评议。水下发掘项目管理应侧重审核发掘项目的科学性，确认目标任务与发掘方法科学合理，核对潜水安全与文物安全措施，确定项目资金预算是否合理合规等。

6.2 发掘方法

发掘在充分调查掌握遗址基本情况后开展，一般按年度安排工作计划，实际工作中也会出现某一年因条件不够而暂停，甚至一停数年的情况。此外，对于大范围的水下遗址，也会如陆上遗址一样，留存一部分遗址不予发掘，只做局部发掘。沉船作为一个不可分割的遗迹单元，面积相对不大，一般会选择整体发掘。

6.2.1 发掘要求

遗址发掘必须用科学的方法揭示与记录遗存的本来面貌，为确保发掘工作的规范性，水下考古发掘应该遵循以下5点操作要求：

一是堆积单位是水下考古发掘的最小作业单位。可根据遗址堆积质地、色泽、包含物等变化，参考其他相关现象来区分堆积单位。

二是根据考古地层学原理，依照堆积形成的相反顺序逐一按堆积单位发掘。沉船船体的发掘，可按照先船体内部、后船体外部的顺序进行。

三是应根据水下文化遗存的类型、保存状况和埋藏环境特点等因素科学选择抽泥或清淤工具、工作方法，尽量减少对遗存的影响。

四是应注意分析各堆积单位间、遗迹间，以及遗迹和遗物间的关系，控制和协调发掘进度，尽量保持一致。处理面积较大或者较复杂的遗迹现象时，应采取分步揭露的方法或先进行探沟解剖。

五是发掘完毕后，应根据文物保护需要科学确定水下文化遗存的保护措施，并注意生态环境保护。

6.2.2 发掘设备

水下遗址发掘所需的设备包括工作平台、考古船、潜水装具、充填设备、抽沙或清淤设备、吊装工具、摄影测绘工具、物探仪器等设备以及分析辅助工具、文保材料、装箱工具及办公材料等工具和材料。

工作平台。是用四锚泊于遗址上方的浮体，是正常开展水下考古发掘工作的基本保障，应满足以下功能分区：上下水区、吊装区、材料加工区、充气区、文物登记区、物资库房、文物保护室、人员生活区等。工作平台可选用有足够甲板空间的专业救捞船、平驳船、干散货船或其他大型船舶，在工期内悬挂潜水旗或其他安全醒目标志（图6.1）。工作平台用于安排、监管现场的考古工作及安顿人员生活，也是发掘工作的指挥场所，承担的工作任务包括四方面：一是水下发掘工作，包括潜水计划制定、潜水员任务安排、水面供气、抽泥工具及管组、单手挖泥工具、起重吊装、摄影测绘、水下观测记录；二是潜水监管工作，包括潜水装具检查、应急潜水员、通话喇叭、水流监测、GPS定位系统；三是出水文物登记与现场文保工作，包括出水文物清洗与统计、过滤网拣选小件文物、器物摄影、成分分析、文物临时性保护处理；四是生活保障工作，包括人员在工作平台上的休息与生活设施，包括住宿房间、洗漱、冲洗房、厨房、生活物资库房等。水下考古工作多另行配备有交通船，用于水上遗址点到陆地间的人员交通、物资补给。另外，在浅水区且海况适宜的地方也选用浮体搭建简易的工作平台，此类平台吃水浅，一般用于大船无法进入的浅水区，在海南西沙金银岛、福建连江定海白礁一号沉船、辽宁姜女石遗址调查时均有使用。简易平台能提供的空间狭小，平台仅作为前置工作场地使用，旁有大船或陆基驻地支撑，分担了大多数其他功能，如气体充填、物资存放、人员生活等（图6.2）。

图6.1 浙江宁波小白礁沉船使用的工作平台
（来源：林国聪提供）

考古船。中国考古01船是专为水下考古工作设计建造的考古船，舷号"中国考古01"，悬挂水下文化遗产等标识，承担了工作平台的部分功能，尤其是在远海工作时为出水文物保护与人员生活住宿提供了保障（图6.3）。

潜水装具。水下考古工作会根据深度、水文状况制定不同的潜水计划，确定所选择的气源与水下工作时长，并按照工作需要选择潜水方式。我国水下考古采用轻潜装备，40米以内常见的潜水装具有水肺便携式潜水、管供轻潜。水肺潜水可提供较大的水下活动范围，多由我国水下考古队员采用；受脐带限制，管供轻潜适于在固定作业面的潜水工作，气源有保证，使用者可从事重体力工作，多为协助水下考古承担抽泥任务的水下工程人员所采用。为缓解工作疲劳，适宜深度（20—30米）会优先使用高氧潜水。40米以上深度的潜水已进入减压模式，会选用混合气体进行减压潜水或使用密闭循环呼吸系统，多用于一些较深水域或洞穴遗址的潜水工作（图6.4）。

图6.2 西沙调查临时搭建的简易工作平台
（来源：作者自摄）

图6.3 中国考古01船
（来源：作者自摄）

充填设备。用空气压缩机为潜水瓶、抽泥机提供高压空气，配合燃油机提供动力。

抽沙或清淤设备。用于揭去遗址表面泥层、收集出水口的小件文物，包括抽泥管、抽水机、过滤网、手持挖泥工具。

吊装工具。将水下较重的遗物吊离出水，有时也用于舱面重物的吊放，包括起重机、采集筐、吊缆等。

水下摄影。为适应水下环境，相机加装有防水罩，摄影时宜调至较高的感光度。

其他设备。多类同于陆上考古工作，文保工具侧重于出水文物临时性保护处理。

6.2.3 遗址表面采集

采集目的是获取遗址内涵信息，为下一步进行考古发掘做好准备。通过采集直接获取遗物，了解遗物分布状况，有助于确认遗址性质及主体区位置。表面采集针对散落于遗址表面的部分遗物，是观测与判断遗址内涵的依据。根据考古工作的目标需求、遗址埋藏情况与表面遗物分布特征，可选择随机采集、局部采集、全面采集，以确定遗址的位置与分布范围。

图6.4　各式潜水装具
1.便携式水肺潜水　2.管供轻潜　3.技术潜水
（来源：作者自摄）

随机采集用于遗址刚被调查发现之时，在水下搜索过程中随机采集发现的遗址表层遗物，并作为初步评估遗址性质的依据。

局部采集会做比较详细的计划界定采集位置、采集方法以及记录等。一个遗址在确定发掘前，会进行多年的调查摸底工作，因而，局部采集适用于遗址的分期调查或分区发掘阶段，各年度水下考古进行的多次采集标本应纳入同一记录体系。常用方法是在工作区内选择标志性基点形成参考基线，沿基线一侧进行遗物采集，并记录下被采集遗物的位置。后续的分期调查一般会在此基础上由基线扩展为探方网络。1992年辽宁绥中三道岗沉船调查时就采用此方法采集，集中于采集遗址靠礁石内侧，并记录下采集器物分布图[①]（图6.5）。局部采集也是逐步确认遗址主体堆积区的重要方法，

---

① 张威主编：《绥中三道岗元代沉船》，科学出版社，2001年。

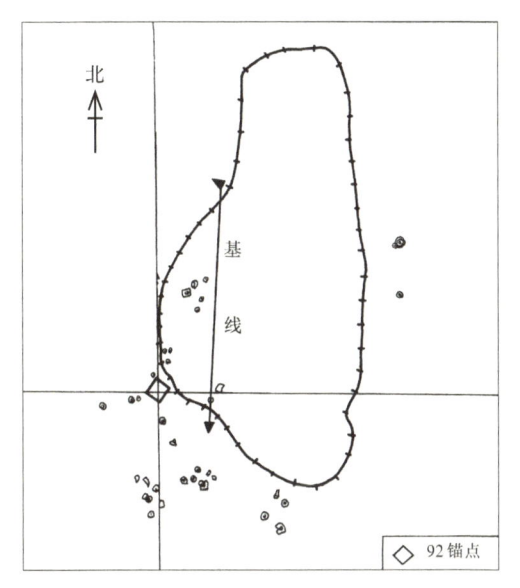

图6.5 辽宁绥中三道岗沉船采集器物分布示意图

（引自张威：《绥中三道岗元代沉船》，科学出版社，2001年，44页）

图6.6 南澳一号沉船用探方框进行采集与记录

（来源：黎飞艳拍摄）

2007年度南澳一号沉船调查沿凝结块的外部边缘布设了东、西两条采集线，采集凝结块外部区域表面散落遗物计800余件，由此锁定沉船主体在中部的凝结块区。

全面采集是发掘前的最后一项遗物采集工作，需采集遗址表面所有的人工遗物及沉船遗址中散开的船材等。采集之前，应沿主体区布设探方网格，记录下各遗物的位置，为方便水下工作，我国多采用硬质探方框。1990年福建定海白礁一号遗址，以钢质探方框构建坐标网格，布设2排共计12个2米×2米的采集范围。1998年华光礁一号沉船调查时就使用过探方框对试掘区域的遗物进行采集。2010年南澳一号沉船发掘用1米×1米的硬质探方布设探方网格进行遗物采集与记录[1]（图6.6）。

6.2.4 钻探

钻探的目的是了解遗址内部堆积情况，确认遗址主体区，以便制定科学的发掘方案，容易使用的是钢钎刺探、高压水枪钻探。操作时按预设的方向、间距进行，在泥中发现疑似物时应局部加密，以探明其分布范围、堆积厚度，并做好钻探记录。

钢钎刺探适用于松软的泥质海床，使用实心钢钎进行下刺，靠触感探知浅层不同的水下遗存，如船木板、瓷器、凝结物等埋藏深度与疏密状况。2018年威海湾调查使

---

[1] 崔勇、周春水：《孤帆遗珍："南澳Ⅰ号"出水精品文物图录》，科学出版社，2014年。

用了细钢钎刺探，共设5条钻探用的基线，在有磁力信号反应的3号疑点发现大范围分布的铁质硬物，从而锁定为沉舰核心区，埋深为泥下3米，分布范围50平方米以上，随后抽泥确认为定远舰遗址（图6.7、图6.8）。

高压水枪钻探适用于堆积较厚、土层致密的遗址，使用一根空心硬管制成探针，将抽水机出水管连接到探针上，利用高压水流钻开土层，探知较深的地层情况。2003年福建东山冬古湾沉船在调查勘探时使用了高压水枪钻探（图6.9）。

在没有高压水流提供的时候，也有临时用高压空气替代水压进行钻探的，高压空气由潜水气瓶提供。

6.2.5 勘测与定位

发掘前的勘测内容包括表层遗迹分布图、遗址水底地形三维测绘等，遗址定位包括参照物交叉照片定位、卫星导航系统定位等。

反映遗址大致分布范围的示意图在调查阶段已经完成，发掘工作开始之前的一项重要工作就是准确测绘遗迹平面图。从调查发现遗址到最终开启

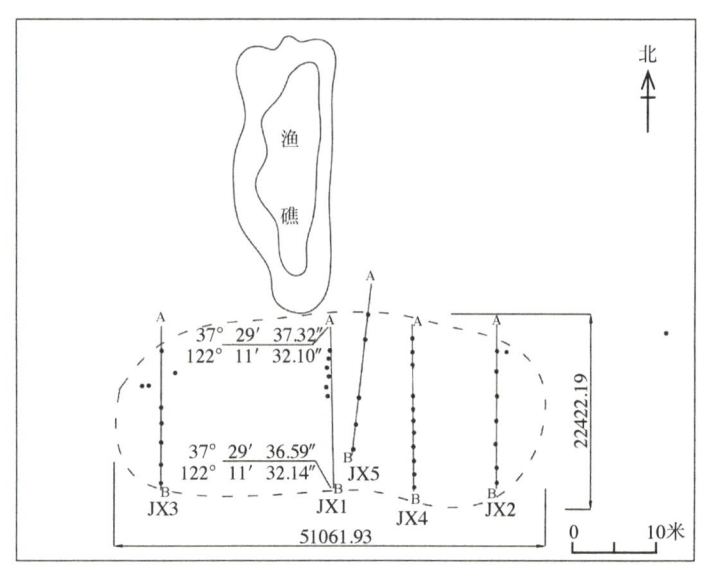

图6.7 威海湾钻探点位记录（沿基线JX1—JX5进行）
（来源：作者手绘）

图6.8 威海湾调查使用钢钎刺探
（来源：作者自摄）

图6.9 福建东山冬古湾沉船用高压水枪进行钻探
（来源：张勇提供）

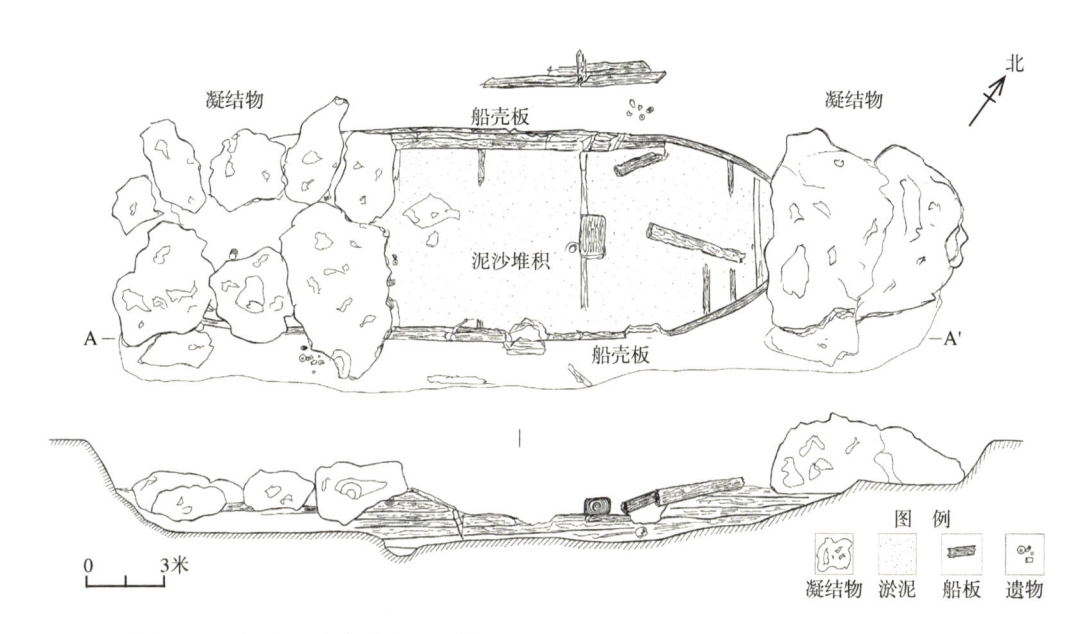

图6.10 南海一号沉船水下遗迹测绘平、剖面图
（引自国家文物局水下文化遗产保护中心、中国国家博物馆、广东省文物考古研究所、阳江市博物馆：《南海Ⅰ号沉船考古报告之一——1989~2004年调查》，文物出版社，2017年，43页）

水下发掘会间隔多年，多数遗址会有变化，因而需要重新再做一次遗址表面的勘测工作。勘测的精准性主要取决于控制点，选择遗址里的主要突出物为控制点，如铁锚、凝结物，贯穿遗址主体区形成测绘基线，作为测绘遗迹平面图的参考线。逐一测量其他遗迹相对基线的距离和角度，从而最终获得遗址的准确平面图。广东阳江南海一号沉船在实施整体提取之前，2001—2004年先后有七次调查与试掘，并进行了多次水下测绘，最终获得较准确的沉船遗迹分布图[①]（图6.10）。

为方便水下勘测工作，常在基线的基础上架构纵横网格，形成探方网格的有效平面控制系统，相对于陆上5米×5米的探方，水下受能见度影响使用2米×2米或者1米×1米的探方网格。根据遗址水流环境及工作需要，采用金属结构的硬探方或绳索结构的软探方，硬探方较牢固且不易移位，能准确用于水下勘测，但是由于重量较难架设，会耗费较多的时间，辽宁绥中三道岗沉船采用过由较粗钢管焊接的探方网格，福建连江定海白礁一号沉船和东山冬古湾沉船发掘时采用了更小的铝合金管拼接的探方网格。软探方比较容易建立，用绳索在遗址上拉上纵横的方格网络，依靠金属桩拉紧固

---

① 国家文物局水下文化遗产保护中心、中国国家博物馆、广东省文物考古研究所等：《南海Ⅰ号沉船考古报告之一——1989~2004年调查》，文物出版社，2017年。

定。水流及地形起伏会让绳索中间弯曲,从而加大测绘误差。实际工作中,常会使用同规格的一个可移动金属探方框,依托软探方边缘或参考基线绳进行勘测。

平面勘测方法有距离测量法、角度加距离测量法、矩形坐标法。距离测量包括两边测量法、三边测量法,两边测量法在遗址外侧设立一条由两个控制点构建的基线,一般按遗址边缘选择测点,依次测量各测点到两基线端点的距离,从而形成遗址的平面图,基线可根据遗址的长度进行取舍,测量尺在移动时应尽量拉紧,防止水流及障碍物影响。三边测量法是在两边测量法中再增加一个测量基点,从而可以有效地降低误差。角度加距离测量法,设置一个基点,量出遗址各测点到基点的角度与距离。矩形坐标法,或称位移法,以两个控制点为基线,垂直量出遗址各测点到基线的距离。上述测量法优先用于各遗址点位置关系与遗址范围的测量,实际操作时需要两三人协作,并确认测量皮尺未被高起的障碍物缠绕。在测量遗物密集堆积区时,通常会使用探方网框直接测绘。

遗址水底地形三维测绘,是在平面二维测量的基础上,测出各测点的高度差,从而获得反映水底遗址表面地形的三维图(图6.11)。各测点的高差可通过测深仪、水平尺、水平探方框等工具进行,通气软管的液面高差也能用于三维测绘。遗址至少需要有纵、横向两条立体的各测点高度剖线,大体能反映遗址的高差对比。时间充足的情况下,需要尽可能多的高度测点以形成遗址表面三维等高线图,各测点一般按探方网格进行布设。目前,高精度的多波束声呐可以直接生成水底地形的三维等高线。

遗址定位工作在调查期间即已完成,主要有两种方式,一是利用岸上的参照物,二是用卫星导航系统。参照物定位,用岸上明显的标志物(建筑物、山峰等,缺乏时可设立人工标基)作为参照物,需要选四个参照物,每两个参照物连线的延长线能正好相交于水下遗址的正上方,最后以参照物交叉照片或图表进行记录。参照物结合测角可以进行水面或水上定位,方便再访遗址时可以进行水上导航。福建连江定海白礁一号沉船遗

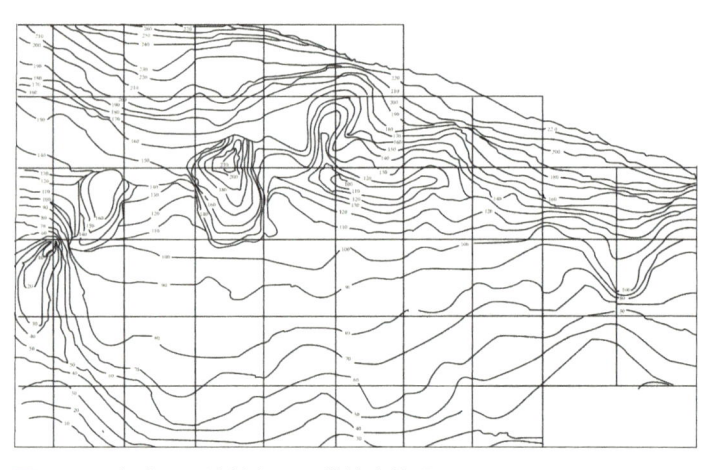

图6.11 白礁一号遗址东区三维等高线图
(引自中国国家博物馆水下考古研究中心、厦门大学海洋考古学研究中心、福建博物院考古研究所等:《福建连江定海湾沉船考古》,科学出版社,2011年,78页)

址在记录时就运用了参照物交叉照片定位方法[①]（图6.12）。

卫星导航系统是当前普及的一种高效率、高精度、多功能的定位技术，广泛运用于海洋勘探和水下遗址定位中，在远离岸边，或视线看不清陆上参考物的情况下，只能使用卫星定位。在发掘过程中，卫星导航系统常用于工作平台的锚位布设、抽沙位置的水面监控、起吊出水文物等定位需要。需要时也会用卫星系统对水下重要遗迹进行精准定位，如桅杆、铁炮等，方法是从水下遗迹牵引出一条定位绳，待平潮时从水面收直定位绳再测量其经纬度。

传统的参照物定位方法相比卫星定位虽然过于粗略，但却具有很重要的实用意义。沉船幸存者往往会用陆上标志物、方向、距离等标注沉船位置，这种手绘图即上述的参照物定位法。从沉船处拍摄的带有岸上景物的照片也属此类，熟练掌握照物定位法有利于水下考古人员锁定沉船位置，避免漫无目标地搜寻。2014年水下考古调查队根据一张即将沉没的经远舰旧照片，结合辽东半岛海岸线，推算出经远舰沉没位置在庄河黑岛海域[②]（图6.13）。

图6.12 福建连江定海白礁一号沉船用参照物定位
（引自中国国家博物馆水下考古研究中心、厦门大学海洋考古学研究中心、福建博物院考古研究所等：《福建连江定海湾沉船考古》，科学出版社，2011年，54页）

图6.13 用旧照片推算出经远舰的沉没位置
（来源：《日清战争写真图》博文堂明治二十八年）

6.2.6 清理方法

清理目的是通过泥沙清淤、凝结物去除，将泥沙掩埋或遮挡住的遗迹现象揭露出来，以便考古观测与记录。应根据遗址堆积、水下环境等实际情况，采用合适的清理

---

① 中国国家博物馆水下考古研究中心、厦门大学海洋考古学研究中心、福建博物院考古研究所等：《福建连江定海湾沉船考古》，科学出版社，2011年。
② 钧戍、黄淮：《甲午海战"经远舰"水下考古采访录》，《军事史林》2018年第12期。

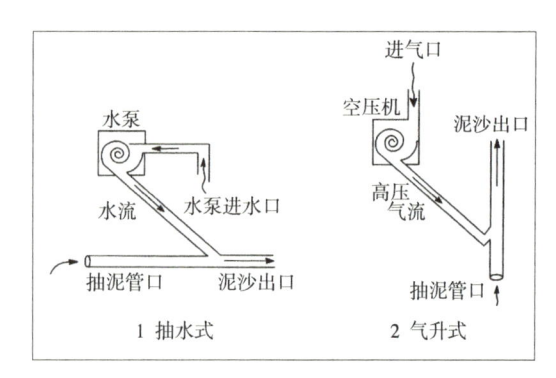

图6.14 常用抽泥方式原理示意图
（来源：作者手绘）

方法，包括抽泥、挖掘、手扇、撬棒、水枪冲刷、敲击、水下爆破等。

抽泥是最主要、最常用的清淤方法。水下考古抽沙设备最初取材于海洋工程清淤作业，摒弃了绞吸式的设备，而选择对文物无损伤的负压式抽沙设备，并根据工作需要进行合理改造，包括合适大小的管组与抽沙方式。当前，我国水下考古工作中使用的抽沙设备分为气升式、抽水式两种。气升式通过大型空压机将高压空气经由进气管加压到水底的抽沙管里，高压空气在抽沙管内迅速上升膨胀形成负压，管外的海水与淤泥因负压而被吸入抽沙管并顺管向上流动。抽水式是将水下抽沙主管与水泵相连，通过水泵抽水，带动泥沙往上移动。为防止小件遗物被抽走，抽泥管出水口会加设过滤网（图6.14）。

气升式抽泥设备需要大型工作平台，占用的工作场地较大，配备的辅助设备也最多，需要柴油机、大型空压机提供动力、供气。压力差越大，水流与抽沙效率就会越大，作业深度过浅会因为气压差太小而抽力不足，因此在5米以上的深度作业效果更为理想。极限情况在2—4米的浅水区也曾使用过，如福建东山县冬古沉船不到2米水深的抽沙发掘、西沙华光礁一号沉船2—4米水深的抽沙发掘。如果额外配备冲沙用的高压水枪，则此设备抽沙效率更为明显。其可靠性较高，且几乎不受水流影响，在范围大、抽沙量大、土层坚硬的水下遗址抽沙工作中多有使用。一般可根据作业需要选择抽沙管径与操控方式：小的抽沙管由人工水下操控，用于揭露重要遗迹以及需要轻柔的抽沙工作；大的抽沙管用船上吊车配合潜水员水下通话操控，用于遗址外围快速放坡作业，致远舰遗址考古抽沙时曾使用过管径33厘米、长近10米的抽沙钢管，重3吨以上。不足之处为气升式的进水端采用重量较大的硬管，又连接高压气管，造成搬运费力、操控困难，往往需要借助船上的行车、绞盘协助潜水员进行水下移动，需要水上、水下人员之间密切配合（图6.15）。我国沿海遗址表面泥层堆积较厚，由于泥沙量大多选用气升式抽泥设备。

抽水式抽泥设备对水面工作平台要求相对较低，自行搭建的简易平台就可以放置水泵和提供动能的柴油机。抽水效率取决于水泵的功率，受平台限制，选择机型时会有所取舍，一般选择功率适中的设备，埋藏过深的遗址较难找到大功率的抽水泵，适用于水深较浅的遗址，设备功率损失较大，吸力小，水下管组多水平放置。此外，水中进水管是软管，如遇水流会随流摇摆。因此在使用过程中，往往会选择水流较小

图6.15 致远舰使用的抽气升式抽泥设备
（来源：作者自摄）

图6.16 肯尼亚拉姆岛沉船发掘抽水式抽沙作业
（来源：邓启江提供）

的时段进行，设备轻便单人即可操作。抽水式设备的进水软管转移范围较大，活动方便，适用于抽泥量不大的中小型遗址发掘。2012年中肯合作在肯尼亚拉姆岛附近进行水下沉船发掘时使用了此设备（图6.16）。

1998年11月—1999年1月，西沙华光礁一号沉船发掘时无意间提供了非常有意思的抽沙对比试验。遗址地处深2—4米的礁盘浅水区，先使用高压水枪改建的抽水式设备，高压水流在进入抽沙管后受海水阻力而迅速衰减，以致抽沙功效甚微。其后，利用水面供气机提供高压气流，将设备改为气升式抽沙，从而达到预期抽沙效果。因此，在同样的浅水区环境里，气升式抽沙设备功率明显优于抽水式[1]。

水下遗址由于金属构件与贝类附着形成较硬的覆盖层，需要借助挖掘、水枪冲刷、手扇的方法辅助抽泥工作。挖掘使用小铁铲或小耙子，有些海床表层为黏性土质，很难直接抽走，需要人工挖开（图6.17）。水枪冲刷中可使用高压水枪将遗迹周边较硬的泥层打松、打碎，以便抽泥管吸入。手扇多适用于埋藏浅且泥层松散、需要轻缓用力清理的重要遗迹，也时常在拍摄前手扇清理干净遗迹表面（图6.18）。在发掘过程中，为加快抽泥效果，可用手扇的方法让软泥浮起方便抽泥管吸走。为保持清晰的水下能见度，潜水员应在水流的下方进行抽泥操作。

沉船遗址表面常粘连有大量凝结物，会阻碍抽泥工作，可使用撬棒、敲击、水下爆破等方法进行分解后移除。此外，撬棒还可用于分解船材，以拆解的方式进行船体提取。2008年西沙华礁一号沉船发掘、2015年小白礁一号沉船的船体发掘均有使用。敲击法还可用于去除遗物表面附着的壳类生物。水下爆破具有较大的破坏性，应准确计算炸药量。

---

[1] 中国国家博物馆水下考古研究中心、海南省文物保护管理办公室：《西沙水下考古1998—1999》，科学出版社，2006年。

图6.17　人工挖掘西沙华光礁沉船遗址堆积层
（来源：曾瑾拍摄）

图6.18　手扇法清理西沙金银岛沉船遗址
（来源：作者自摄）

图6.19　解剖发现致远舰埋没泥中的舭龙骨
（来源：吴立新拍摄）

与陆上遗址考古发掘过程一样，水下考古发掘在清理遗址时，也会先寻找遗迹现象的边界，沉船遗址先找出外壳板、隔舱板，确认各舱室位置。辨识遗迹单位后应给予编号再进行后续的考古工作，编号不得重复并要符合考古规范，按遗迹单位进行清理，明确各单位的隶属关系，重要的遗物和遗迹现象需要在采集前做好考古测绘与记录。沉船遗物提取先清理外部散落区，再由上而下清理舱室内部堆积。重要部位也可布设探沟进行解剖。2016年，为确认致远舰体埋深，沿右舷板边壁布设3米×4米的解剖坑，沿舰体外壳板一直往下抽泥，在海床下1.7米处发现舭龙骨，最终探明舰体埋深2.5米[1]（图6.19）。

6.2.7　其他辅助工具

为进行遗址发掘工作，还会采用一些辅助工具，用于遗迹加固、提高潜水安全与抽沙效率。沉船包裹于泥沙中，内外泥沙对船体有支撑作用，待泥沙被抽走，船板失去支撑会发生坍塌。2012年南澳一号沉船发掘时使用支撑架对舱室木板进行加固，让清理工作得以继续深入，其效果远好于沙袋垫压。支撑架的关键在于两端的支撑面要足够大，由于南澳一号沉船每层隔舱板的高度为30厘米，因而支撑竖杆的尺寸至少要到40厘米以上，才能发挥较好的支撑效果（图6.20）。水下发掘时也可架设灯阵，提供水下照明，南澳一号沉船水下灯架有效地改善了水下能见度，提高了工作效率，保障了人员安全和文物安全。在南澳一号沉船发掘时，还使用过简易潜水钟，钟体上部为方形箱体，边长1.5、高2.7米，

---

[1] 周春水：《辽宁丹东致远舰遗址调查》，《自然与文化遗产研究》2020年第7期。

图6.20 南澳一号沉船用支撑架辅助舱室的清理
（来源：黎飞艳拍摄）

图6.21 南澳一号沉船发掘使用的简易潜水钟
（来源：黎飞艳拍摄）

使用8毫米的钢板制成，自重达3.3吨。可供工作人员紧急避险、短暂休息，以及队员与船上的工作通信[①]（图6.21）。

辅助工具，可以从市场购买类似的替代品，大部分需要考古发掘者用原材料进行临时加工，诸如潜水梯、摄影架、过滤筐、挖泥小铲等。

6.2.8　水下遗址地层与水下观测

水下考古地层存在复杂的扰乱关系，界线不明，上下错乱，水下遗址也客观上存在不用太考虑层位关系的情况。除开地震断层、动物巢穴等特殊原因形成地层错位现象，陆上遗址的叠压打破关系是人类在同一地点反复活动，其生产生活废弃物及建筑倒塌堆积在地层上形成时间的先后关系。水下考古面临最多的是沉船遗址，船只失事到沉没水底在一个较短的时间内发生，并被泥沙封存为"时间胶囊"，很少发生两条或两条以上船上下叠压在一地的现象，一个沉船就是一个考古遗迹单位，按内部舱室结构归类所发现的船载遗物更为清楚。另有实际操作上的困难，光线在不同水深及水质环境里有较大变化，从而导致水下有较大的视觉色差，水下工作者很难通过"土色"将地层分开。此外，就是水流扰动、海水腐蚀与海洋生物破坏等造成水下遗址地层形成比较复杂，并经常发生错位。英国海洋考古学家基斯·马克尔瑞以物质流失的"抽滤效应"和物质混合重组的"搅拌"作用解释水下遗址形成过程[②]，海水腐蚀加速有机质类物品损坏，铁质析出常与周边其他物体板结成大块凝结物，海洋生物及贝类

---

① 广东省文物考古研究所等：《孤帆遗珍："南澳Ⅰ号"出水精品文物图录》，科学出版社，2014年。
② 〔英〕基思·马克尔瑞著，戴开元、邱克译：《海洋考古学》，海洋出版社，1992年。

也会对水下遗物面貌进行重塑。沉没时的旋转会将船上物品往外抛撒在海床上留下长达百米以上的遗物散落区，底层水流扰动也会让沉物产生较大的位移，加快船体的解体与物品的损坏，在流急的礁石区表现得更为明显，很难发现明显的沉船迹象，往往只能在岩石缝隙间找到少量严重破损的沉船遗物碎块。此外，水流让泥沙表层处于一种不稳定的松散动态，不同遗物通常按照不同重量停留在泥沙的不同深度，较晚的遗物也会穿透沙层进入早期堆积物内。2015年辽宁致远舰水下考古调查用手扇法试掘过一个探方，同一个瓷器碎块从海床表层到深80厘米的泥中均有分布（图6.22）。流速会加深动态泥沙层，冲刷严重的河床会让整条河道成为这种动态地层，中国四川彭山县江口的明末战场遗址在5米深的河床底部发现不少现代的塑料袋、竹编筐碎片、撑船用的铁镐头等晚期物品，河底淘蚀的U形沟槽揭示了水流冲刷的厉害程度，细观察河床堆积层可见，其仍呈现出底部为质重的卵石层、上部为质轻的少量细沙层（图6.23）。

图6.22 致远舰遗址不同深度发现的瓷器碎片
（来源：吴立新拍摄）

1　　　　　　　　　　　　2

图6.23 江口明末战场遗址河床与堆积层
1. 清理前的堆积层　2. 清理后的河床
（来源：作者自摄）

另外，人类盗掘水下沉船遗物也会残留下类似陆上遗址中"盗洞"一样的晚期打破现象及个别外来物品。虽然复杂或不清晰，但毫无疑问，水下考古遗址也存在地层问题。

客观上，水下也存在原陆上遗址因水陆变迁成为的水下遗址，此类遗址在地层上仍保持着严谨的层位关系，比较有名的如瑞士汪金湖居遗址，遗留下新石器时代史前聚落的干栏式建筑遗存，更早地层还发现铜器时代和早期铁器时代的遗存。台湾海峡发现有数以万计的晚更新世至全新世初期的哺乳动物化石和三根人类化石，揭示出末次冰期台湾与大陆有陆路相连的古地理环境。地中海沿岸、我国海南文昌沿海均有因地震形成的水下村镇遗址，其他由水库蓄水、山体滑坡、洞穴透水等原因而造成的新的水下遗址更不胜枚举。

沉船遗址在重要航道、港口锚地也会出现大量聚集的现象，出现同一地方发现不同时期的遗物现象，即是说水下遗存存在相互叠压的地层关系。福建连江定海湾白礁、大埕渣、龙翁屿、黄湾屿等地调查，发现近10处宋元、明清时期的沉船遗址的瓷器、铜钱以及铜铳等遗物。在福建平潭海坛海峡也发现沉船遗址富集情况，在小练岛西南近岸水底发现宋元、明清到民国的陶瓷器及石碇石，或为一处避风锚地[①]。

考古学家更关注遗迹现象，虽然水底确实难以观测，但层位关系依然是研究遗迹现象以及分析遗址形成的重要资料。一些淤陆沉船在考古发掘时常会发现多地层叠压或扰乱的复杂关系，如浙江宁波东门口古码头遗址元代、宋元地层中的淤泥及泥沙间歇层，即是典型的浅海区周期性泥沙沉积。福建东山冬古湾沉船处于潮间带，残留的沉船底板已经完全平摊，发掘时发现沉船所处地层、下部泥沙层中均有宋元时期的青釉瓷碗，沉船遗存单位里夹杂的少量瓷碗无疑是潮汐搅动作用造成的错位现象，工作中需要将其从沉船遗存中分离出来。

单一的沉船遗址也值得进行层位分析，辽宁绥中元代沉船遗址就发现海底泥沙层、海泥层、沉船凝结物及其散落瓷器等物的不同地层关系，反映的是遗址形成和堆积过程。基斯·马克尔瑞在所著的《海洋考古学》一书中分析了沉船不同类型堆积物的形成过程，奠定了沉船考古沉积地层学的基本框架。沉船地层学研究的首要问题是海洋环境因素对沉船堆积有极大影响，综合分析才能得到某一沉船堆积是由哪一种因素主导。致远舰遗址舱室内外地层夹杂物有明显的不同，舱内有大量的贝类生长，死亡后形成大量贝壳碎屑，而舱外地层则较少夹杂有贝壳，只是泥沙的沉降。在平坦的泥质海床上，一艘突兀的沉船无疑是理想的贝壳依附物并引发其大量繁殖。福建南日

---

① 羊泽林：《福建水下考古发现的龙泉窑青瓷》，《新技术、新方法、新思路——首届"水下考古·宁波论坛文集"》，科学出版社，2015年。

岛北日岩区几处沉船遗物点为礁石缝中残留的少量铜钱、瓷器，这是涌浪与岩石反复碰撞的结果，很难有船板能在涌浪反复扰动下保存。海南西沙各礁盘上的沉船遗物也大体如此，仅存散落分布的一些质地坚硬的遗物。西沙金银岛沉船遗址则有幸发现一块保持在原地的船板，船板靠礁盘外侧是撒落状分布的石构件，而船板靠礁盘内侧则是一条明显的瓷器碎片分布区，完全可以复原这条船的最后遭遇：船只被海浪往礁盘内一路抬升推移，质重的石构件先从残破的船里抛落，最后是残存不多的船底，质轻的瓷器在涌浪的推动下继续往礁盘里滚动。

水下观测伴随水下考古发掘全过程，关注点等同于陆上考古发掘。水下观测应重点观测地层堆积物的变化、各遗迹单位间的相互关系、单体遗迹的走向与结构、遗物的种类与状态等，进行即时判读，并以此为据安排后续的工作内容，如抽沙、摄影、测绘等。如果遗存状态不稳，则应立即采取相应的措施；如果物品移位，则应用沙袋进行压重，质轻文物应采用手扇法清理或用小型工具剔除周边土层，易碎文物应立即进行水下加固并及时提取，移位的物品应思考其原来位置。沉船应侧重关注其内部结构，以及隔舱、肋骨、桅座、锚碇等重要构件。舱内货物由于有舱壁的保护，保存相对完整，应仔细观察船货的装载方式、包装材料、间隔垫板等，尤其注意一些有机质文物的存在。

水下细微观测不易做到，海洋遗迹伴生大量凝结物并附着海洋生物，水下遗迹在背景方面趋同于海洋环境，潜水工作时间内常不足以做出正确判断，可通过高清晰的摄影照片在水面上再与团队成员进行深入探讨。此外，水下遗址也会夹杂一些外来物品，如水流搬运、过往船只掉落、渔网拖带留下、钓鱼船留下的铁锚，以及盗宝者在"盗洞"中的遗物。这些外来物品都需要通过水下观测将其从水下遗址里分离出来。

因此，只有通过认真的水下观测，并综合分析海底地貌、泥沙颗粒、水质浊度、潮汐、水温、水深、气候、海洋生物等多方面海洋环境因素的情况，才能明辨沉船遗址里千差万别的地层关系，从遗物看似杂乱的排列散落情况复原出沉船堆积的形成过程。

6.3 测绘与记录

发掘记录应包括文字、测绘和影像三种方式，文字记录不够直观，影像资料存在一定的视角偏差，测绘图纸是记录遗迹现象最客观准确的方式，但是缺乏形象感并会丢失一些环境信息，因而需要多种形式的记录，共同构成统一并相互印证的记录体系，最终以文字、图纸、照片、录像、表格等形式，共同构成发掘的档案资料。发掘记录应全面、科学、客观，涵括整个水下考古工作时段，内容包括并不仅限于记录工作人员、设备器材、平台及舱面工作、工作协调探讨、物探勘测、水下遗迹或遗物、水下工作场景，以及水文、气候、地质、海洋生物等背景资料信息。

6.3.1 遗迹、遗物测绘

测绘工作在发掘时应予充分重视，重要的遗迹现象必须有测绘记录。对水下考古发掘揭露的遗迹、遗物均要求进行准确的测绘记录。准确是测绘记录里最重要的要求，一般依靠适用的坐标系统来确定遗迹间的位置关系，最常用的是探方系统。测绘记录至少包括遗址地形图、发掘区总平、剖面图，探方总平面图、分层遗迹平面图、地层剖面图，遗迹平、剖面（侧视）图等内容。

图6.24 西沙华光礁用网格框绘图
（引自中国国家博物馆水下考古研究中心、海南省文物保护管理办公室：《西沙水下考古（1998—1999）》，科学出版社，2006年，47页）

二维的平面图通过正投影方式测绘，其方法同于发掘前的勘测工作，多层叠压的遗迹应测绘分层遗迹图。发掘时的遗迹测绘精确度要求更高，以能通过测绘图复原出遗迹外观形态与内部结构。人工测绘工作非常耗时，贯穿整个遗迹发掘清理过程，一般按坐标系统进行分块测绘，类似于拼图，最终完成整个遗址的平面图。

在遗物密集区可使用边长1或2米的绘图矩形框，直接罩于遗迹上方，框内拉有等距间隔的网格（10或20厘米），按网格直接进行绘图，省去逐个测量的步骤（图6.24）。

遗迹三维测量记录方法也同于发掘前的勘测，对于复杂的遗迹现象，其内部结构需要用更多的三维测绘图进行记录。水下考古应熟悉船体型线图的绘制，它是准确表达船体外形最重要的图样，可以此计算船舶容积、评估航海性能，以及造船放样的主要依据。它是船体在水平面、横向垂直面和纵向垂直面的三个投影方向的船体外轮廓曲线，分别称为"水线""横剖线""纵剖线"。横剖面图是船长方向等分位置的横剖面在正投影上的外轮廓线，为船体的端视形态。纵剖面图是船宽方向等分位置的纵剖面在侧投影上的外轮廓线，为船体的侧视形态。水线面图是船深方向等分位置的水平剖面在水平投影上的外轮廓线，为船体的俯视形态。木船型线图表示船壳外缘和甲板上缘的曲面，甲板以上不予表现。沉船多有残损，一般参考同时期的类似船型及船舶设计原理进行复原绘制[①]（图6.25）。

---

① 宁波市文物考古研究所、国家文物局水下文化遗产保护中心、象山县文物管理委员会办公室：《"小白礁Ⅰ号"清代沉船遗址水下考古发掘报告》，科学出版社，2019年。

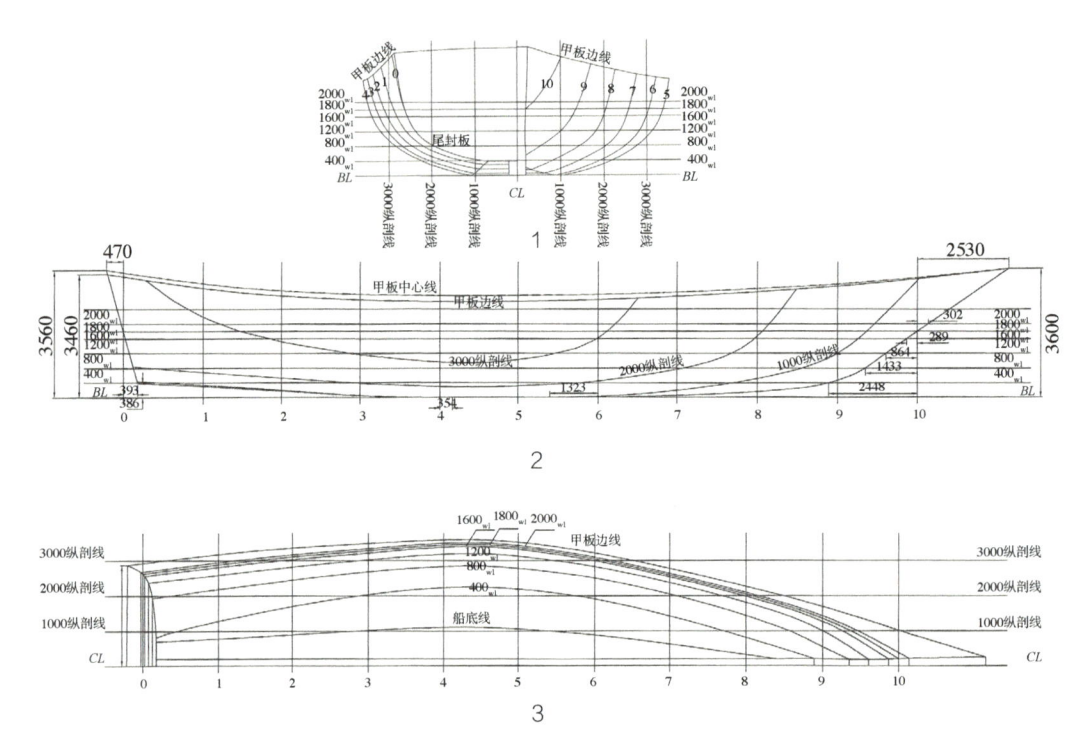

图6.25 小白礁一号船型线复原图

1. 横剖线图　2. 纵剖线图　3. 半宽水线图

（引自宁波市文物考古研究所、国家文物局水下文化遗产保护中心、象山县文化管理委员会办公室：《"小白礁Ⅰ号"——清代沉船遗址水下考古发掘报告》，科学出版社，2019年，191、192页）

6.3.2　水下摄影与照片拼接

水下考古摄影使用的器材有自带防水功能的专用相机，也有专门定制的防水相机。水下摄影师更喜欢选用像素更佳的高档相机，定制专用防水罩，并配备多盏摄影灯，一是可以获得水下更好的拍摄效果，另一个重要原因是高档相机的摄像效果能替代专用录像机，一次潜水就可完成摄影、摄像的工作，不会错过重要水下工作的某一类影像资料（图6.26）。摄影资料也须标明清楚拍摄内容、使用器材、拍摄参数拍摄时间及拍摄人员等在内的相关信息。

图6.26 致远舰遗址水下摄影工作

（来源：吴立新拍摄）

水下考古摄影是发掘工作中不可缺少的部分，特别是可记录稍纵即逝的水下遗迹信息。由于潜水工作时间受潜水深度与高压气瓶气量的制约，潜水员不能长时间在水下进行遗迹解剖分析，最好的方法就是摄影师将在水下录制的影像带到陆地后进行反复的研究与探讨。不同于文字、声呐图像，水下摄影是以纪实的手段记录文物或者遗迹的现状，所含的资料信息量大，有助于对遗迹的研究认识，以及对公众的宣传展示。

影响水下摄影的最大问题是能见度和光线，深受季节、天气、水流、浮游生物、潜水活动等因素的综合影响，水下考古摄影除了要达到考古摄影的基本要求外，还需要考虑诸多环节。最常用的办法有，利用好潮差与水流，选择水质好的时段进行摄影，或想办法处理底层水质，尽可能地提高水下能见度。合理使用辅助支架，西沙华光礁一号沉船、福建定海白礁一号沉船都使用过架高的拍摄架，目的是用于照片拼接，摄影师也可借力悬空身体避免脚蹼踢动带起底层浮尘。2018年经远舰在拍摄抽沙坑底时，同时采用过上述办法，通过注水管将表层清水与抽沙坑中的浊水进行置换，并在抽沙坑底使用垫高板以避免浮尘扬起，从而拍摄到较清楚的沉舰舷侧铭牌，获取不错的拍摄效果。此外，水下摄影师的个人潜水技能与摄影技术，以及对工作环境、摄影器材的熟悉，水中中性浮力控制，水流利用与拍摄角度的选择等都会影响拍摄效果。

照片拼接是较大范围表现水下遗址的可行方法，受限于水下能见度，单张水下照片拍摄的空间范围十分有限，可以通过将连续的多张水下照片进行拼接，获得遗迹的较大范围影像。为保证拍摄顺序，会布设一条摄影参考线，或借用发掘探方边框。2008年华光礁一号沉船在船体清理出来后进行了摄影拼接，方法是先拉好参考线，分一小块一小块进行拍摄，相邻照片有20%以上的重合度，为保证垂直拍照角度，减少人为游动降低水下能见度，特意制作一倒斗状的框架，方便摄影师身体悬空操控相机（图6.27）。

遗址全景。通过大量近景摄影照片，运用电脑软件进行三维建模，可获得水下遗址的全景模型。近几年的甲午沉舰遗址调查、西沙珊瑚岛沉船调查、部分内水水下遗址调查地均有采用。湖北均州沧浪亭在20世纪60年代丹江口水库蓄水时没于水下，亭子已拆除，仅存台基，2015年进行均州水下调查时，使用近景摄影，实现了亭子台基及20米高的山壁的三维重建（图6.28）。

图6.27 摄影师使用拍摄架进行照片拼接
（来源：罗鹏拍摄）

图6.28 沧浪亭台基近景摄影三维重建
（来源：黎飞艳提供）

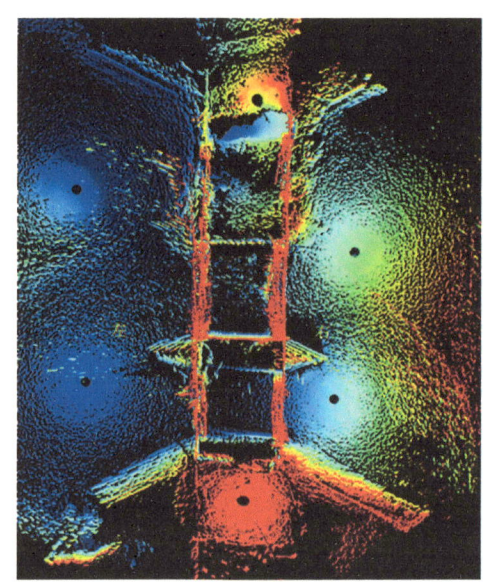

图6.29 水下三维声呐构建的均州古桥立体模型
（来源：作者提供）

照片获取也可以用水下摄影机器人取代人工，在水质较好、水况复杂、较深水域，机器人具有更安全的优势。

6.3.3 水下三维声呐成像

低能见度下较难获得水下遗迹的直接影像，长江口二号沉船尝试使用过透明水袋，得到可视效果的很小面积的水下影像。大范围遗址的宏观展示可通过水下三维声呐成像技术获得，此方法适宜于低能见度及水深的遗址的三维成像。经远舰遗址离岸较近，水质浑浊，考古队采用水下三维声呐成像，沿沉舰周边密集设置测点，用BV5000进行水下三维数集采集，用电脑合成整个海床表面舰体的三维图，舰体倾斜角度、后端抓损情况一览无余。此外，2017年湖北丹江口水库均州水域40米深的水下古桥通过此方法也首次获得体现其水下现状的三维图像（图6.29）。

6.3.4 相关物探记录

发掘过程中也应该使用物探设备对遗迹及发掘面进行观测与记录，了解发掘进度、工作位置，加强对遗迹现象的分析，发挥监测效果，进行发掘工作调整与安排。所用的物探设备包括多波束测深、旁扫声呐、浅地层剖面仪、磁力仪等。其操控要求与物探记录要点同于遗址发掘之前的物探调查。物探记录时间应该包括以下三个时段：发掘开始时、发掘中期、发掘结束时，有条件的情况下，应尽可能地运用物探技术记录发掘阶段的遗迹清理过程。

6.3.5 文字资料类记录

对发掘过程、潜水工作、遗迹现象、文保工作、海洋环境等所做的文字记录与表格类登记，要求内容清晰，描述准确，涵括整个水下考古发掘工作。文字记录包括工地总日记、发掘日记、遗迹单位记录、潜水记录表、减压记录表、发掘记录表、遗迹编号记录表、钻探记录表、影像记录表、沉船发掘记录表、遗物登记表、样品登记表、入库登记表等。应尽可能运用规范化的表格记录发掘工作以及观测到的遗迹现象，方便后续的统计与归档。记录遗迹现象、标本登记管理等表格可参照《田野考古工作规程》相关附表。

6.3.6 资料汇总与归档

所有的发掘记录应以纸质和数字化形式分别登录、保存和管理，共同组成完整的数据库系统。发掘资料应按照遗迹单位、探方和发掘区三个层次进行汇总，统一存档。遗迹单位资料包括遗迹单位总记录；遗迹平、剖面（侧视）图，细部结构图；发掘记录表、遗迹登记表、样品登记表及各种其他形式的记录等。探方资料包括探方日记、探方总记录；探方总平面图，四壁剖面图，各层下开口遗迹平面图，地层关系的系统图；影像、测绘、采样登记表及各类其他形式的记录等。发掘区资料包括工地总日记；发掘区总平、剖面图；遗物、遗迹编号登记总表，影像、测绘及采样登记总表；潜水工作记录表；各类其他形式的相关记录等。档案目录可参考全国文物普查实施方案及相关标准规范。

6.4 遗物采集

遗物在认识遗址及评估价值方面占据着重要作用，水下考古活动都会面临水下遗物的提取工作，关键是稳妥地进行水下文物搬运并安全提取出水。采集工作需要遵循相关要求并掌握一定的操作方法与防护措施，出水之后及时进行统计记录与临时性保护处理，最后仍遗留海底的水下遗址必须采取覆盖、保护及后续监管等措施。

6.4.1 采集要求

遗物采集也是发掘工作中的重要内容，应遵循以下要求。

第一，遗物分为人工遗物和自然遗存。人工遗物应全部采集，人类遗骸、陆生哺乳动物骨骼一般应全部采集。海洋动物遗骸和植物遗存可抽样采集。水体、沉积物等环境分析样本应适量采集。根据研究和保护需要，遗迹、遗痕也可采集。文化堆积样本可通过钻探进行柱状采集。

第二，发掘资料的采集要考虑系统性、针对性和有效性。

第三，按堆积单位编号采集遗物，重要遗物和遗迹现象在采集前应做好测绘和影像记录。

第四，堆积单位内的包含物应进行过滤筛选，滤网的孔径和尺寸可根据遗存类型和遗物特点确定。

第五，所有采集品必须有相应的包装措施和详细的标号记录，抽样采集时须记录抽样方式、采样位置和采样方式。

第六，水下文化遗存的环境信息，如流速、流向、潮汐、水温、深度等应及时测量并记录。

第七，出水文物的采集保护应在专业人员指导下进行。

第八，应根据船体保存情况、埋藏环境和文物保护需要等科学确定沉船船体采集方式，及时做好测绘和影像记录。

6.4.2 水下遗物提取及搬运

水下遗物提取一般由潜水员和工作平台的吊装设备协作完成。提取之前，应根据水下遗物的保存状况、体量、重量以及船上的吊装能力，对待提取物评估其状态再选择合适的方法，确保与别的遗物分离，确认是否需要额外的加固措施，采取措施保证整个提取过程文物的安全，同时做好相关记录。

水下遗址常见文物为陶器、瓷器、金属器、石器类，其自身强度足够坚固，不易发生损毁，体量、重量可以人工承担。体量较小的文物可用带封口的采集袋直接装袋，稍大且坚固的文物由潜水员直接水下搬运，较重的物品可使用浮力袋进行短途搬运（图6.30）。沉船遗址若需提取大批量的文物，会设置水下集中吊装点，先将做好标记的文物一一搬运到吊装点，集中放入吊筐中，再通过工作平台上的吊机一起吊装出水。吊筐周边应加装防震软垫以防磕损（图6.31）。

采集易损易碎及微小文物需要采取必要的防护措施。易损文物多指易腐烂的有机质文物，如动物骨骼、植物果实、木

图6.30 用浮力袋搬运致远舰遗址发现的火炮肩托
（来源：吴立新拍摄）

制品、皮革、骨器等，应进行包装或加固后再装袋，需要时应带泥一起提取。易碎文物包括保存状况较差或结构脆弱的无机质类文物，如锈蚀严重的金属物、玉器、玻璃器、薄胎陶瓷器等，易碎物品提取应采用托板，并进行绑扎固定。2016年，在提取致远舰遗址陈金揆望远镜时用托板进行了绑扎加固（图6.32）。易散失的微小文物，如串珠，最好使用带盖的采集盒。此类文物应用专门的吊筐，筐口带有防水流漂走的防护网。

样本采集，根据分析与研究需要采集遗址中的人工遗物和自然遗存，按采集要求进行采集与分装，并避免样本被污染。出水后及时做好样本的保管和采集记录。虽然在遗址调查期间做过样本采集工作，但在发掘时仍需要再多做一份。两次采集工作的方法、标准、记录一样（图6.33）。

图6.31 南澳一号沉船文物通过吊装出水
（来源：作者自摄）

图6.32 用托板对望远镜进行出水前的固定
（来源：吴立新拍摄）

图6.33 泥样采集
（左为重力柱采样，右为人工采样。来源：黎飞艳拍摄）

6.4.3 大件文物吊装出水

大件文物需要另行起吊。大件文物指质重、体量超过吊筐的文物，多为金属、石质或木质饱水类文物，如凝结物、铜炮、铁板材、大碇石、石构件、大陶瓮、木构件等物品。

大件文物因重量过大，潜水员无法在水下进行搬运，起吊前需要移动工作平台，让吊机处于水下遗物正上方，文物用绳索进行加固捆绑，起吊出水后还应用牵引绳进行导向。饱水木材以及重要的文物，不适宜直接捆绑吊索，可以定做一个铁筐，在水下将文物装入筐中，再行起吊。2015年，致远舰遗址考古将加特林机枪放入铁筐并加固后才起吊出水（图6.34）。

超重文物甚至超过工作平台吊机的起吊能力，需要另行制定起吊计划，起吊环节最好在专业人员的指导下进行。2020年，山东威海湾定远舰遗址打捞长2.6—2.8米、重逾18.7吨的防护装甲板，即另行制定工作方案，调用大型船吊，换用更结实的钢缆捆绑，各船在统一协作下完成起吊出水与转场运输（图6.35）。

水下考古工作中也面临无起吊设备却需要起吊水下重物的情况，可以用比较容易携带的大浮力袋，或者借助其他浮力平台进行起吊。浅水区遗址因船只无法抵达而缺乏起吊设备，如在我国西沙礁盘浅水区起吊金属铁炮，用大浮力袋将铁炮提离海床，再拖运至深水区的船边，用船上吊机或滑轮组进行第二次吊运出水（图6.36）。工作船即是最好的浮力平台，水下物品过重，超过吊力，即可利用船只浮力与高、低潮位起吊，低潮位时收紧吊索，高潮位时移船，如此反复，将水下重物一步步搬运至岸边。1961年，瓦萨号战船即用此方法从30米水深处整体被运抵岸边。

图6.34　用铁筐提取加特林机枪
（来源：司久玉拍摄）

图6.35　起吊定远舰防护铁甲板
（来源：吴立新拍摄）

6.4.4 出水文物登记与现场处理

出水文物应根据不同情况进行以下工作。

分拣。出水文物先进行粗略评估，分拣出采样标本、待清洗文物，不需要清洗的文物一般属于易损文物，须尽快进行保护处理。

样本采集。样本采集工作大部分在水下进行，也有一些样本需从出水文物中选取，如罐装食物、器表附着水生物、微生物（泥样）等。

清洗。大部分出水文物被从泥沙中采集出来，器表多黏附有浮泥与海洋生物（如藤壶、海草等），需要进行必要的清洗工作，避免死去的生物毒素产生病害。可用清水冲洗，并用软毛刷轻轻刷洗，个别部位用竹签进行剔除。器表黏附的凝结物可适当用硬质工具去除，控制好力度，不能去除的待以后实验室处理。

分类。根据类型学原理对清洗干净的文物进行观察，并按器形或质地等标准进行分类。

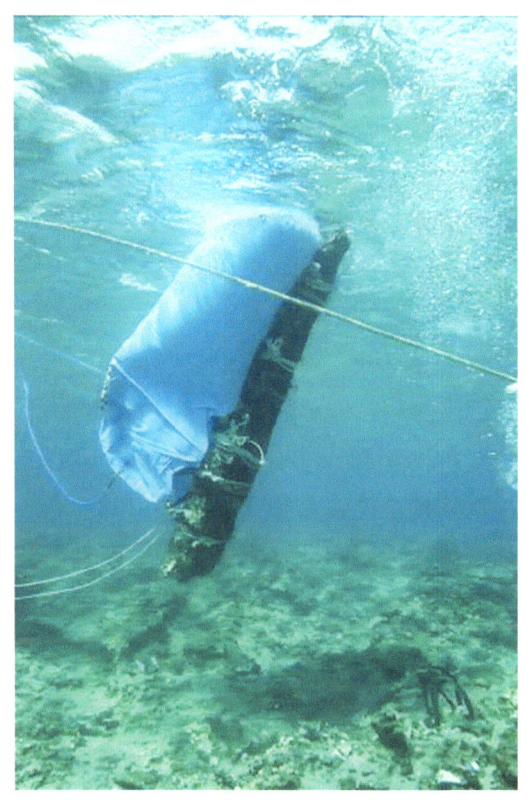

图6.36 用大浮力袋起吊礁盘区铁炮
（来源：曾瑾拍摄）

统计。按类别及所属单位进行统计，在统计表中记录好时间、种类、数量、出土层位、遗迹单位等信息，沉船遗物应标明所在舱室。

整理。对出水文物进行初步整理，再度分拣一些器物标本，开始进行文字记录、测绘、拍照、拓片等工作（图6.37）。

图6.37 广东南澳一号沉船考古队员在统计每天出水文物
（来源：作者自摄）

出水文物现场保护。重要水下考古发掘项目应配备必要的现场保护设备和出水文物保护专业人员，承担出水文物现场保护工作。首要工作是确保文物处于稳定状态，按不同文物质地采取不同的处理措施,并特别关注易损的有机质文物,如竹木漆、皮革、动植物、骨角器等。现场可使用检测或观测仪器进行材质、病虫害分析,并做好出水文物实验室保护的准备和移交工作。

有关文物的现场工作还包括定期清理抽沙过滤网,分拣出所有的人工遗物及部分自然遗存,再进行分类统计及保护处理。

6.4.5 船体提取

船体为水下考古最常见、体量最大的文物,须根据保存状况、资金情况、设备技术、海洋环境等实际情况,采取拆解船材、分段截断、整体提取等不同方法。

拆解船体。多用于沉船结构已破坏、大部分已解体、船材比较糟朽的船体。由于木结构沉船在多数水下环境里都保存不理想,因而拆解船体也是沉船发掘中常用的办法。在中国西沙华光礁一号沉船和浙江宁波小白礁一号沉船、韩国的马岛沉船、西澳海域的巴塔维亚沉船发掘中都有采用。在水下拆解船体,再将单个的船材一一提取出水,最后运至实验室进行保护、拼装、复原。在拆解之前,须已完成水下的清理、编号、测绘、摄影及其他记录工作,尤其是应仔细核对每一块船材的位置及编号,这是以后能否复原的关键。之后用撬棍将船材小心地逐一拆解,用托架加固后起吊出水(图6.38)。在工作平台上尽快完成登记、测绘,进行防霉等临时性保护处理,在饱水状态下及时包装与装箱,或直接连水装入不透光专制保护袋中进行临时封存,箱及外袋也有统一编号。拆解船体的方法除现场操作方便外,对于后期船体的保护也比较省时省力(脱盐、干燥等操作)。在偏远的海域且无大型起吊设施的时候,以及考虑到后期的保护条件,即使保存状态较好的沉船有时也会使用拆解这一常用办法。这一方法最大的弊端是木质船体拆散后,再拼接复位成整船比较困难。由于木船属于易损材质,保护并干燥处理的船材会有适度变形,最终相互间很难再完全拼对。预先按船型原样做一个托底的框架,是最后拼接船体的一个变通办法。

分段截断。将较大的船体分成数段进行提取,这种做法多源于运输能力有限或起吊能力不足。船体长达几十米,很难找到这样长的运输车辆来完成从遗址到实验室的转运,将沉船截成数块便于起吊与搬运,这是很容易理解的做法。截断部位应尽量避开重要的船体部位,如肋骨、隔

图6.38 华光礁一号沉船发掘水下拆解船板
(来源:曾瑾拍摄)

舱、桅座等，多选择在舱室中间，这样只需截断最外部的船壳板。法国马赛港的多艘淤陆沉船在提取时就进行了截断。分段截断也常用于较长的船材，韩国著名的新安沉船在拆解提取时也对较长的船材进行了截断，最后完成拆解出水—保护处理—框架组装（图6.39）。

整体提取。将沉船连同部分遗物一起提取出水，待进入室内再继续发掘与保护，此种方法不仅最能保存文物信息，而且时间充沛，可以有条不紊地安排工作，自然备受考古与保护人员推荐，但是实施起来却非常困难。整体提取是一项复杂的水下工程，在实施之前需要做大量的准备与评估工作，包括加固船体，测算沉船重量、尺寸及设备起吊能力，实施水下目标精准定位等，关键是确保沉船提升与运输过程中的安全。此外，整船在陆地的存放与保护也需提前做好场馆建设，一条沉船从启动整体提取计划到最后实施长达数年之久。船体整体提取有抬撬、托底、沉箱套取等方法。抬撬法，用多船作为起浮动力，辅以扳正、封舱抽水、起浮，为打捞沉船最常用的方法。1997年，中国中山舰打捞出水即用此法，用两条船作为浮力平台，多条钢缆通过绞盘将水底沉舰缓慢提升出水（图6.40）。瑞典著名的瓦萨号战舰在1961年使用16艘趸船的浮力缓慢提升出水，再进行周边加固，最后由水面拖运至博物馆内进行长时间的脱盐处理（图6.41）。实施抬撬法的前提条件是沉船结构足够坚固，自身强度在提升时能承受住拉力。但是，绝大多数的木质沉船由于结构脆弱无法简单捆绑后就直接提取，需要在自身不受力的情况下被整体提取出水，这就增大了安全打捞出水的难度。打捞方法为，在船底加上一个托底或直接将船体连周边的泥块一起提取出来，前者为托底方式，后者为沉箱套取。英国都铎王朝的玛丽·罗斯战舰在1982年的整体打捞就是经典的托底打捞案例，即先放下一个吊杆，用众多吊缆将船体与吊杆绑紧，之后就是风险很高的由潜水员在船底下穿洞，待船体与底泥分离，于水中将吊杆（下面

图6.39 新安沉船上的分段截断痕迹
（来源：作者自摄）

图6.40 中山舰用抬撬法出水瞬间
（来源：崔勇提供）

图6.41　瓦萨号战舰整体打捞出水
（来源：瓦萨博物馆提供）

图6.42　船体随同托底一起起吊出水
（来源：玛丽·罗斯博物馆提供）

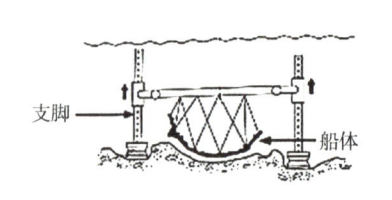

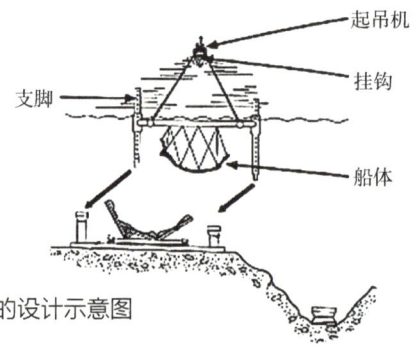

图6.43　玛丽·罗斯号在水底由原位置吊放到托底的设计示意图
（来源：玛丽·罗斯博物馆提供）

挂着船体）吊放至提前放置于旁边的托底上（托底按船底弧度制作、沉船与托底间有安全护垫），吊杆与托底通过桩脚固定，整体形成一个钢结构的大型框架，之后用巨大的起吊设备将框架连同船体一起提取出水（图6.42、图6.43）。中国的南海一号沉船2007年则采用了沉箱套取的办法，即专门设计一个比沉船大的钢结构沉箱（尺寸35.7米×14.4米—7.2米），采取压重的方式让沉箱陷入泥中，将沉船及周边泥土一起套入箱体，挖开沉箱外壁的泥，穿入底托梁，形如一个盒子，将沉船装入其中，再使用大型起吊船将沉箱提升离底，这种方法确保了沉船在整个打捞过程中仍旧保持在泥中的原始状态。沉箱套取对水下精准定位、起吊设备等提出更多更高的技术要求，需起吊的沉箱重量达3500吨，打捞过程先后投入了亚洲最大的起重船"华天龙"（4000吨）和重任"1601"（16000吨）半潜驳等大型船舶设备共21艘，耗时日久，海上施工持续264天（图6.44）。2012—2021年，南海一号沉船在广东阳江海上丝绸之路博物馆里进行了精细的考古发掘与文物保护[①]，出土不少于16万件的文物（图6.45）。总之，沉

[①] 国家文物局水下文化遗产保护中心、广东省文物考古研究所、中国文化遗产研究院等：《南海Ⅰ号沉船考古报告之二——2014—2015年发掘》，文物出版社，2018年。

图6.44　南海一号沉船整体套取现场
（来源：崔勇提供）

图6.45　南海一号沉船在室内继续发掘
（来源：孙键提供）

船由于船体过重、体量较大，所需技术要求高、难度大、所耗资金庞大，需要大量人力、物力与财力的支持，致使沉船整体提取案例在水下考古发掘中屈指可数。

6.4.6　遗址回填与保护管理

发掘结束或分期发掘结束，会针对不同遗址保存现状、工作条件及其重要性，采用回填、整体加固覆盖、架设防护框、焊接防腐锌块、遗址管理等措施。

回填。是常见的对已发掘遗址进行的一种保护措施。以沉船遗址为例，发掘完毕会在原址留下发掘坑，一方面会直接影响水下生态环境，另一方面会引起水流变化，改变局部的水流动力，如不予回填，可能会如淘蚀坑一样继续扩大，最终损伤到遗址本体。对于年度分期发掘或试掘工作中揭开的遗址则需要有防护措施，可选用土工布对遗址面进行覆盖，再用原土进行回填，并做好记录，待以后再启发掘工作时，揭开覆盖层到以前工作面后继续发掘。

整体加固覆盖。包含遗址加固和覆盖两种措施，以实现水下遗址的原址保护，覆盖物材料包括沙袋、聚丙烯网、特效人工溶液、沙质沉积物、路障、人造水草和地质纤维。联合国教科文组织《水下文化遗产行动手册》介绍了加拿大国家公园对雷德湾一艘巴斯克捕鲸船构件进行保护的案例[1]，遗址为沙层中散落分布的3000多块木材及碎片，如无沙层维护，船材会随水流散失，需要将船板连沙层一起保护。方法是在外围用36吨沙袋围护，再外置石墙加固，上部沙层覆盖篷布，再压上60个灌有混凝土的轮胎进行压重（图6.46）。

---

[1]〔丹麦〕蒂斯·马尔拉维尔德、〔德国〕乌吕克·格林、〔奥地利〕芭芭拉·埃格编，国家文物局水下文化遗产保护中心译：《水下文化遗产行动手册》，文物出版社，2013年。

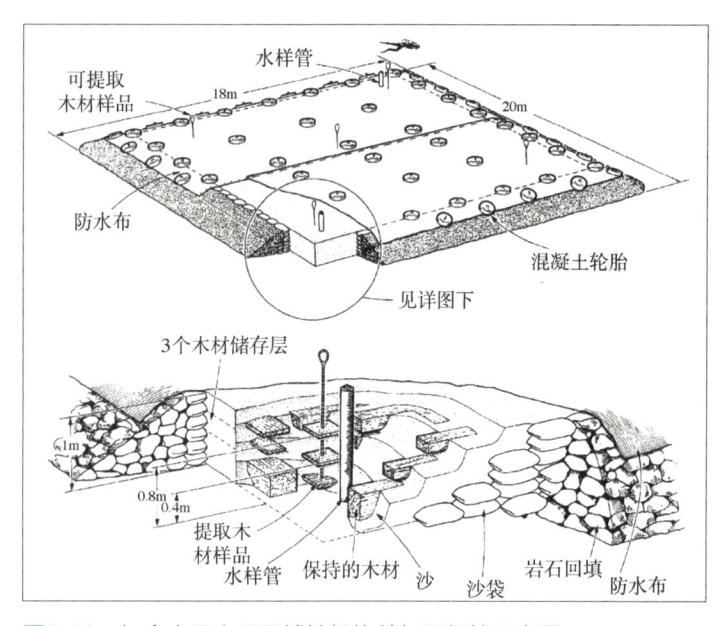

图6.46 加拿大国家公园捕鲸船构件加固保护示意图

（引自〔丹麦〕蒂斯·马尔拉维尔德、〔德国〕乌吕克·格林、〔奥利利〕芭芭拉·埃格编，国家文物局水下文化遗产保护中心译：《水下文化遗产行动手册》，文物出版社，2013年，152页）

架设防护框。在水下遗址上方架设悬空的框架是防潜水盗捞的有效物理保护物，可实现水下遗址原址保护目的，同时也成为一处有引导潜水的观光点。在克罗地亚，有8处水下文化遗产被用钢制框架保护起来，避免人为破坏的同时又能让参观者隔框架观看。中国也有同样的保护模式，2012年南澳一号沉船发掘时吊放了一个大型铁质探方框，架空在沉船上方，结束时周边再加焊钢管形成一个大型保护罩，将船体置于其中进行保护，其刚性结构及重逾50吨的重量足以抵御渔船铁锚的拖拽，栅栏形的结构也杜绝了潜水盗捞者的闯入（图6.47）。

焊接防腐锌块。人造金属阳极已被证明可以防止金属腐蚀，金属尤其是钢铁在海水中会进行电解而最终损坏，对水下铁质品加焊牺牲材料可进行有效保护。常用的材料为船用极防腐蚀锌块，2012年南澳一号沉船在钢铁材质保护罩上首次使用这种方式，经持续两年的实地观测，框架结构稳定，锌块已经变薄，确证锌块在发挥保护作用。此后，2016年致远舰水下考古调查、2018年经远舰水下考古调查也采用焊接锌块的方法实现钢铁沉舰的原址保护，这也是我国水下考古首次对海底大型钢铁材质的遗址实施针对性保护，只要定期更换牺牲阳极材料，就能实现对沉舰的长期原址保护[①]（图6.48）。

遗址管理。"遗址管理方案应对水下文化遗产在实地工作期间及之后的原址保护和管理做出规定，这一方案应包括公众告知，以及稳定遗址、监测和保护以防干扰的合理手段"。采取合适的加固措施会稳定水下遗址；周期性的监测可以掌握微生物、水流、水文，以及人为干预对遗址的影响，并据此采取相应保护措施；发掘者主动告知公众

---

① 席光兰、周春水：《牺牲阳极保护技术在船舰原址保护中的初步应用研究》，《中国文化遗产》2019年第4期。

图6.47 大型钢铁框架兼具探方框与保护罩功能
（来源：作者自摄）

图6.48 对钢铁舰船加装锌块实现原址保护
（来源：吴立新拍摄）

（进行公众宣传）遗址价值反而有助于遗址保护，减少公众不知情时的干扰。管理还涉及制定管理计划。中国水下遗址考古发掘工作结束后，也实施过类似的遗址原址保护措施，通过联合执法行动、划定水下保护区、申报文物保护单位等办法实现对重要水下遗址的管理。例如，南澳一号沉船遗址在考古发掘工作结束后持续进行了5年的定期回访与水下监测，跟踪评估海洋环境对沉船遗址、防护网罩的影响与变化。当前，中国国家级水下文物保护单位有福建定海湾白礁一号沉船遗址、广东西樵山采石场遗址、海南西沙北礁遗址、海南西沙甘泉岛唐宋遗址、海南金银岛沉船遗址、海南珊瑚岛沉船遗址等，省级水下文物保护单位有湖北均州古城、广东南澳一号沉船遗址等。

由于每个国家考古机构设置不同，考古能力有差异，水下遗址与所处水下环境不一样，水下考古发掘选择的方法及各国水下考古技术发展的方向也有很大不同。中国沿海泥沙沉降严重，沉船淤埋较深，水质较浊，抽沙清理在沉船发掘中占据大量工作，水下发掘不得不竭力提高抽沙量，使用口径更粗、异常庞大的气升式抽沙设备，需借用船上吊机或绞盘进行移动操控，并不适用于潜水员水下操作。2012年南澳一号沉船使用了大型探方框架，并在框架上加焊接了3个抽沙管以增加抽沙效率。而地中海地区的泥沙沉降量少，许多沉船及遗物直接裸露于海床，多用水抽的方式进行人工清理。该地区水质清澈，为水下摄影及机器人观测提供了可能，法国深海考古技术、地中海遗址的水下摄影测绘、北欧国家的水下物探技术及水下机器人等，显著地发挥优势并切合各国水下遗址的埋藏情况。中美洲存在众多玛雅人的取水洞、水下祭祀洞穴，墨西哥近几年在水下洞穴考古方面取得众多成果。

就出水文物而言，古希腊、罗马时期地中海航行的船只多有运送葡萄酒、橄榄油的尖底瓶，以及玻璃器、釉陶器、金属器、钱币等，而欧洲风帆战舰盛行时的出水物，则以铁铜火炮、弓箭及大量木质器物为主，致使欧洲水下考古工作者更关注上述文物的发掘与保护，研究尖底瓶、火炮技术等的演变。中国是陶瓷器的生产地，沉船考古更关注各类瓷器的产销地，并外延到对窑业技术、制瓷工艺传播的研究。

涉水或浅水区的遗址发掘，也会因地制宜使用不同方法。水下城址、居所类遗址多因地震、山体滑坡等原因从陆地沉降到水下，地中海地区用石材构建房屋，喜用马赛克装饰地板，2017年希腊萨拉米斯湾进行水下考古揭露出古希腊城址的石构墙体，并发现一些石质雕像碎块（图6.49）。中国的木构建筑在水下长期浸泡后几乎荡然无存，残存不多的夯土地基、砖砌墙体，如河南龙城水下调查发现的夯土城墙及均州水下古城的砖砌城墙，对于水下清理提出了更高要求。浅水区的沉船发掘，1997年美国得克萨斯州历史学会采用了人工围堰发掘海底沉船，方法为构筑金属围堰，用水泵抽水，发掘工作在陆地上进行。2015—2018年，中国四川省彭山县江口的明末战场遗址的发掘工作也与之类似，使用砂土在河道一侧筑堤形成围堰，排水后进行了陆上考古发掘（图6.50）。2017年韩国的大阜岛二号沉船发掘工作在退潮时进行，高潮淹没后暂停。中国漳州冬古湾沉船为一处潮下带的浅水区遗址，为了防止泥沙回淤，2014年水下考古发掘时沿遗址外围竖立两道竹篾板围成的挡沙墙，透水拦沙，抽沙管往墙外排放，有效阻挡了泥沙跟随水流回淤。

综上所述，水下考古发掘在世界范围内呈现复杂的地域变化。水下考古发掘应充分考虑诸多因素，受限于遗址保存状况、埋藏情况、残存情况、地质情况、海洋气候、考古工作季、考古与保护技术、起吊设备、资金等诸多因素，每一处遗址所用的发掘方法都会有所不同。不同的底质海床，面对礁石、沙质、泥质海床上的沉船，所用的抽沙与发掘方法也会有所差异，需要发掘者在综合评估后谨慎选择并在实施时灵活运用。水下考古技术的未来发展方向，首要是突破水下工作环境的条件限制，包括借助水下机器人从事危险水域的考古工作；使用载人深潜器或其他深海探测技术进行深海区域水下遗址的考古观测与文物采集；大力发展水下遗址更精准与全面的泥下勘探技术等。

图6.49　希腊萨拉米斯湾进行水下考古发掘
（来源：作者自摄）

图6.50　围堰发掘四川江口明末战场遗址
（来源：江口明末战场遗址考古队提供）

第7章 水下文物保护

国家文物局考古研究中心 张治国

海洋是一个巨大而稳固的富集电解质溶液的水体，埋藏于其间几百年，甚至几千年的各类文物，不可避免会受到海水中化学的、物理的和生物的交互作用，出水文物的保护修复便成为海洋考古工作中一个不可回避和需首要解决的问题。本章从海洋环境对水下文物的影响、海洋出水文物常见病害特征、出水文物现场保护、出水文物科技保护等几个方面，介绍水下文化遗产保护所涉及的主要内容。

7.1　海洋环境对水下文物的影响

7.1.1　水下文物的海洋埋藏环境

与江河湖泊等内陆淡水环境相比，海洋环境中埋藏的水下文化遗产数量更为庞大，其中多数为沉船遗址，也是目前水下考古工作的重要对象。海水环境水况复杂、盐度高、生物多样等特点对水下文化遗产的腐蚀破坏作用也较为严重。因此，水下文化遗产在海洋环境下的腐蚀机理和进程是目前研究的重点。

一旦船只或文物沉入海底，海洋环境便立即与其发生物理、化学和生物作用，如水分在孔隙的填充、腐蚀、霉菌和藻类的滋生、钙质沉积、泥沙侵蚀、水解等[1]。文物的腐蚀破坏是文物与周围环境相互作用的结果，这些破坏作用多发生在文物与周围环境的界面处，因此与文物直接接触的微环境对文物的保存情况具有重要影响。只有与周围介质或埋藏环境达到物理和化学平衡时，文物劣变速度才减慢，最终得以保存[2]。对于水下文化遗产来说，其埋藏类型多为液–固界面作用类型。大体上，可从海水、海洋生物和底质三大方面探究水下文物的海洋埋藏环境[3]。

7.1.1.1　海水

海水是一个非常复杂的化学体系，表现在以下几个方面。

1）成分复杂。海水中的成分可划分为四类[4]：①主要成分，也称常量元素，指海水中浓度大于1×10^{-6}mg/kg的成分，包括Na^+、K^+、Ca^{2+}、Mg^{2+}、Sr^{2+}、Cl^-、SO_4^{2-}、HCO_3^-、（CO_3^{2-}）、Br^-、F^-及H_3BO_3。这些成分在海水中含量大，占海水盐分的

---

[1] Maarleveld T J, Guérin U, Egger B. *Manual for Activities Directed at Underwater Cultural Heritage: A Guide on the Rules Annexed to the UNESCO 2001 Convention on the Protection of the Underwater Cultural Heritage*. UNESCO, 2012: 90.

[2] Amanda Bowens. *Underwater Archaeology: The NAS Guide to Principles and Practice* (second edition). Singapore: Blackwell Publishing, 2009: 148.

[3] Florian M L E. The Underwater Environment. In: *Conservation of Marine Archaeological Objects*. London: Butterworths, 1987: 1.

[4] 冯士筰、李凤岐、李少菁：《海洋科学导论》，高等教育出版社，1999年，第110—112页。

99.9%[1]。②溶解于海水的气体成分,如氧、二氧化碳、氮及惰性气体等。③营养元素,包括N、P、Si等,对海洋生物活动具有重要意义,其含量常受海洋生物活动的影响。④微量元素,指除常量元素、营养元素等之外的其余元素。含量很低,但广泛参与海洋的生物化学循环和地球化学循环。

2)组分存在形式多样。海水主要组成物质的存在形式包括离子、离子对、络合物、胶体、悬浮颗粒及气泡等[2]。

3)化学作用复杂。海水中存在酸碱作用、沉淀溶解作用、氧化还原作用、络合作用及液气、液固、气固等界面作用等[3]。

海水作为海洋环境的主要组成要素,具有很强的反应活性,化学组成、温度、盐度、pH、溶解氧含量及氧化还原电位(Eh)等各项理化参数均影响着水下文物的保存。

7.1.1.2 海洋生物

海洋中已知的海洋生物有20多万种,根据生活方式可分为浮游生物、游泳生物和底栖生物。其中,底栖生物由于生活在海洋基底表面或沉积物中,以水下遗址及文物为栖息地或营养源,其生命活动会直接导致水下文物结构破坏及本体损坏,对水下文物的影响最大。根据底栖生物和底质的关系,可将底栖生物分为底表生活型和底内生活型等类型[4]。

在底表生活型底栖生物中,附着于船底、浮标或其他水下设施表面的动物(如牡蛎、贻贝、藤壶、苔藓虫)和植物(藻类)常造成污损,故又称为污损生物,污损生物的大量附着会造成文物的物理破坏,也会分泌酸性腐蚀物质导致文物表面污损或本体侵蚀,金属基体被藤壶等附着时容易发生点蚀[5]。

底内生活型中的钻蚀生物,能通过机械或化学的方式钻蚀坚硬的岩石或木材等物体,然后生活在自己所钻蚀的管道中。海洋钻蚀生物包括海绵动物、环节动物的多毛类、软体动物的双壳类、节肢动物的甲壳类、苔藓动物和棘皮动物的一些种类,有些以被钻蚀对象为营养源,有些则将之作为生存居所[6]。根据钻蚀物体的性质,可分为两类:①钻木类,包括一些等足类甲壳动物(蛀木水虱和光背团水虱等)和双壳类软体

---

① 于志刚主编,傅刚、孙即霖、王秀芹编写:《物理海洋》("蔚蓝海洋知识丛书"),海洋出版社,2009年,第8页。
②《中国海洋志》编纂委员会:《中国海洋志》,大象出版社,2003年,第254页。
③ 张正斌、刘莲生:《海洋化学进展》,化学工业出版社,2005年,第261页。
④ 沈国英、黄凌风、郭丰等:《海洋生态学》(第三版),科学出版社,2010年,第46页。
⑤ 侯保荣:《海洋腐蚀环境理论及其应用》,科学出版社,1999年,第117页。
⑥ 于志刚主编,孟范平等编写:《海洋环境》("蔚蓝海洋知识丛书"),海洋出版社,2009年,第2页。

动物（船蛆科等）[①]。船蛆在世界范围内广泛分布，但蛀木水虱和光背团水虱局限在暖海，是影响古船船体保存的主要破坏因素。暴露于海床之上的木船船体只需数年即能遭受严重破坏[②]。②凿石类，包括微小的藻类乃至较大型的海笋。它们分布极广，通常钻蚀比较松软的岩石，但某些软体动物和海胆甚至可以钻蚀坚硬的花岗岩。

7.1.1.3 底质

水下遗址及文物位于海洋底部，海底地貌对水下文物保存至关重要。在海洋底部覆盖着各种来源和性质不同的物质，通过物理、化学和生物的沉积作用构成海洋沉积物。海洋沉积物主要来源有陆源碎屑（如石英、长石、黏土矿物等，以砂、粉砂、泥等为主）、海洋生物骨骼（如珊瑚砾及其他石灰质生物残骸）及海水本身的化学和生物化学过程的产物[③]。沉船遗址在形成初期的物理沉降过程中，常受沉船性质、所处地点的地理地形因素和海床类型的影响。持续性的水流或剧烈的潮汐作用，可能导致冲刷（磨蚀）或淤积（沉积物或底质物质的堆积）。由于遗址所处位置不同，水下埋藏环境呈现多样化的特点。处于同一区域、同一水深情况的沉船遗址有可能遭受不同程度的破坏[④]，而处于不同地理区域的沉船遗址可能会面对类似的破坏作用。

我国目前的水下考古工作主要在近岸浅海区域开展，根据粒径大小可划分为砾石、砂、粉、泥或黏土[⑤]。其海底状况可分为三种基本类型：坚硬的石质、松散的砂质和致密的泥质，此外还存在三者的混合过渡类型。若处岩石底，沉船遗址及文物不易被掩埋，由于直接暴露在外，遭受海流冲刷、化学腐蚀和生物侵蚀等多种破坏作用，保存状况往往不佳。例如，山东胶南鸭岛明代沉船，位于胶南琅琊海域鸭岛南侧暗礁处，沉船船体已损失殆尽[⑥]。若位于砂底或泥底，沉船逐渐沉降被底质掩埋，船体往往得以留存。如广东阳江南海一号宋代沉船，主甲板及以下部分保存相对完整[⑦]。

海洋沉积物是固、液两相组成的非均匀体，通常具有腐蚀性[⑧]。若沉积物颗粒大，如砾石、砂型，海水易渗透，电阻率低，腐蚀性强；反之如黏土类，结构致密，海水渗透难，电阻率高，腐蚀性则弱。相对于陆地土壤，海洋沉积物普遍含盐度高、电阻低，对金属的腐蚀性强，因此海洋出水金属文物锈蚀程度往往高于田野考古所见。在

---

① 冯士筰、李凤岐、李少菁：《海洋科学导论》，高等教育出版社，2009年，第110—112页。
② Allsopp D, Seal K J, Gaylarde C C. *Introduction to Biodeterioration*. Cambridge: Cambridge University Press, 2004: 17, 18.
③ 于志刚主编，李安龙、冯秀丽编写：《海洋地质》（"蔚蓝海洋知识丛书"），海洋出版社，2009年，第23页。
④ Nutley D. Submerged Cultural Sites: Opening a Time Capsule. *Museum International*, 2008, 60(4): 7-17.
⑤ 于志刚主编，李安龙、冯秀丽编写：《海洋地质》（"蔚蓝海洋知识丛书"），海洋出版社，2009年，第23页。
⑥ 赵嘉斌：《水下考古学在中国的发展与成果》，《水下考古学研究》（第一卷），科学出版社，2012年，第36页。
⑦ 魏峻：《"南海Ⅰ号"沉船考古与水下文化遗产保护》，《文化遗产》2008年第1期，第149页。
⑧ 侯保荣：《海洋腐蚀环境理论及其应用》，科学出版社，1999年，第117页。

海底沉积物中通常有厌氧的硫酸盐还原菌，可在缺氧的条件下生长繁殖，会加速金属文物的腐蚀。在海洋生物和金属锈蚀物的参与下，海洋沉积物可能会与周围文物紧密胶结，形成大小不一的坚硬凝结物，这是水下埋藏文物独有的现象。

所处海域和深度不同，海水的各项理化参数及海洋生物的分布也有较大差别，有纬度梯度、垂直梯度和水平梯度[①]。例如，深度对于溶解氧的影响，在表层由于风浪的搅拌和垂直对流，溶解氧处于饱和状态；在深度不大的光合层（主要在0—80米深度），既有来自大气的氧，又有植物光合作用产生的氧，溶解氧含量较高；在深水层（80—200米深度），光合作用减弱，需氧生物生命活动及有机物分解使溶解氧含量急剧降低；在极深海区，氧气消耗占主要地位，溶解氧含量很低。在浅海区域，不同海域的环境条件差异巨大，且波动较大，海流裹挟海底泥沙对水下文物不断冲刷和磨蚀容易导致物理损伤；在深海区域，各海域的环境条件差别不大且相对恒定，利于水下文物的保存。多数情况下，沉船和文物所处位置越深，由于水流缓慢、光照不足、氧气稀薄、温度低，保存状况越好。

总的来说，海洋埋藏环境是一个复杂的、动态的、多样的环境体系，主要由海水、海洋生物和底质三大要素组成，三者相互影响，通过物理、化学、生物等方式协同作用于水下文物。

7.1.2 海洋埋藏环境对水下文物的影响

水下文化遗产类型丰富、材质多样，主要包括陶瓷器、金属器、石质等无机质文物和木质、漆器、皮革、纺织品等有机质文物，以及复合材质文物。不同材质的文物在水下埋藏过程中受到环境影响，在文物–环境界面发生各种破坏作用，产生不同类型、不同程度的病害[②]。

7.1.2.1 陶瓷文物

在水下考古工作中，陶瓷器最为常见，数量也极为庞大。这些瓷器多为海洋贸易的船货，品种繁多，从较为原始的低温釉陶到精美的影青瓷、青花瓷均有发现。

对于陶瓷器来说，船体的倾覆往往造成陶瓷器的破碎和残缺，这是最常见的病害类型，水流冲击和泥沙堆积挤压也会造成类似破坏。海水的侵蚀作用不容忽视，大量可溶盐进入陶瓷器内部，发掘出水后如未经及时脱盐，盐分结晶产生的压力会对胎体和釉面造成物理性破坏。海洋生物、海洋沉积物、铁质船货通常使陶瓷器表面附着

[①] 沈国英、黄凌风、郭丰等：《海洋生态学》（第三版），科学出版社，2010年，第46页。
[②] 金涛：《海洋条件下的水下文物埋藏环境概述》，《文物保护与考古科学》2017年第1期，第98—107页。

泥土、硅质、钙质、铁质附着物和海洋生物残骸[①]，水流冲刷、沉积物磨蚀和海洋生物附着会导致釉面磨损、开裂、污损、剥落。一般情况下，烧结温度高、胎体致密坚硬、釉面光洁的瓷器保存状况较好，烧结温度低、胎体致密程度不高的陶器保存状况较差。

7.1.2.2　金属文物

海洋出水金属文物主要包括金、银、铜、铁、锡、铅等相关合金。

金属文物在水下环境中的腐蚀是一个涉及物理、化学、生物等多种因素的复杂电化学过程，受金属材质、水体成分、水文情况、温度、底质、海洋生物、文物之间位置关系、埋藏深度等多种因素影响。金属文物进入水下环境后，由于其表面物理化学性质的微观不均匀性、相分布的不均匀性、表面应力应变的不均匀性，导致金属与环境界面的电极电位分布的微观不均匀性，由此形成了无数腐蚀微电池[②]。腐蚀类型包括均匀腐蚀、点蚀、缝隙腐蚀、冲击腐蚀和电偶腐蚀等[③]。

海水中溶解有大量盐分，具有很高的电导率，腐蚀阴极和阳极之间的离子交换速度快；氯离子占海水总可溶盐含量一半以上，可破坏金属表面的钝化膜从而增加腐蚀活性。一般来说，盐度越高，金属腐蚀速率越快；温度升高，金属腐蚀速率加快；但温度升高，溶解氧含量相应降低；温度升高，会促进海洋生物的生长，导致金属文物表面碳酸盐保护层的形成，又会减缓腐蚀速率。

海洋生物在金属腐蚀过程中的作用非常大。一方面，自养型生物通过光合作用释放氧气，使海水中含氧量增加。另一方面，海洋生物的附着和表面凝结层的形成，可以起到抵御机械磨蚀的作用，也可以降低金属与外界环境的物质交换速度。

海洋底质深处存在大量的硫酸盐还原菌，硫酸盐还原菌能分泌氢化酶，会加速金属的腐蚀，反应产生的硫化氢降低环境pH，进一步加速腐蚀进程。

不同的金属在海洋埋藏环境中相互接触（如铁器和铜器），由于电极电位差异，会产生电偶腐蚀。电位较低的金属溶解速度增加，电位较高的金属溶解速度减小而受到保护。合金类文物（如青铜器）内部，也会在接触海洋环境时发生电偶腐蚀。

7.1.2.3　石质文物

水下考古出水石质文物主要包括碇石、建筑石材、石雕像和石质生活用品。海水的

[①] 张月玲：《我国海洋出水文物保护技术现状分析》，《中国国家博物馆馆刊》2012年第6期，第137页。
[②] 王光雍、王海江、李兴濂等：《自然环境的腐蚀与防护：大气·海水·土壤》，化学工业出版社，1997年，第130页。
[③] 侯保荣：《海洋腐蚀环境理论及其应用》，科学出版社，1999年，第117页。

盐分会对石材造成腐蚀。海水中的氯化物和硫酸盐会破坏石材的胶结物质，降低其强度。石材作为多孔类材料，海水较易渗透到孔隙内部，岩石会发生不同程度的溶蚀破坏。

海洋污损生物和钻孔生物对石质文物的破坏作用比较显著。海笋、贻贝、蛀石蛤、石蛤和海胆等海洋生物能穿凿各类石材[1]。再加上海洋底质和船载文物的作用，石质文物表面往往覆盖各种各样的海洋生物残骸、附着物、硬结物、铁锈等污染物，掩盖了石质文物表面的纹路、纹饰和文字等信息。水流和泥沙的磨蚀也会对石质文物造成一定程度的破坏，对于硬度较小的石材破坏程度更高。

7.1.2.4　木质文物

我国水下考古所发现的沉船多为木船，木材还常用于制作船上木质生活用品以及漆器、工具和武器等。木质文物在水下经过数百年的埋藏，仍可能保持较好的外观状态。但是，在水分、细菌、真菌等的作用下，木材的化学组成和显微结构均发生了显著的变化。相对新鲜木材，饱水木材的半纤维素和纤维素由于易被降解而导致成分显著下降。纤维素是细胞壁的主要组成部分，由于其被大量分解，细胞壁空隙增大、变薄甚至被破坏，水分大量填充细胞腔[2]。木材的降解方式是由外向内，即外部纤维素和半纤维素先被降解，细胞结构遭受破坏，致使水分进入。根据木材芯质及含水率的不同，木材保存状况可大致分为三个等级[3]：等级Ⅰ，芯质极少或降解殆尽，含水率大于400%；等级Ⅱ，含有少量芯质，含水率在185%—400%；等级Ⅲ，芯质只少量被降解，含水率小于185%。

对于暴露在海水环境中的木材，船蛆和蛀木水虱等海洋钻孔生物的破坏作用尤为显著[4]。船蛆亦称桩蛆、船蠧，属双壳类海生软体动物，我国沿海从南到北普遍都有[5]。船蛆幼体营浮游生活，在海水中散布寻找适宜的基质，附着后钻入木材，之后快速生长，穿凿木材深度可达20—30厘米，有时甚至可达1米。船蛆的大量钻入破坏了木材结构。蛀木水虱，也称"吃木虫"，甲壳纲动物，已知有20多种，多数钻食木材。它们在木材表层穿凿，与船蛆内外夹攻，使木材很快损毁[6]。

---

[1] 冯士笮、李凤岐、李少菁：《海洋科学导论》，高等教育出版社，2009年，第110—112页。
[2] 胡继高、马菁毓：《考古出土饱水竹、木、漆器脱水保护》，《中国文化遗产》2004年第3期，第59页。
[3] De Jong J. Deterioration of Waterlogged Wood and its Protection in the Soil. In: *Conservation of Waterlogged Wood* (International Symposium on the Conservation of Large Objects of Waterlogged Wood). Netherlands National Commission for UNESCO, the Hague, 1979: 31-40.
[4] Amanda Bowens. *Underwater Archaeology: The NAS Guide to Principles and Practice* (second edition). Singapore: Blackwell Publishing, 2009: 148.
[5] 中国科学院海洋研究所动物实验生态组：《海洋钻孔生物和附着生物的危害及防除》，《海洋科学》1979年第S1期，第52页。
[6] 李玉栋：《防腐木材应用指南》，中国建筑工业出版社，2006年，第57页。

7.1.3 水下文物保护的特点

海洋埋藏环境迥异于陆地埋藏环境，是一个复杂的、动态的、多样的环境体系。在长期的水下埋藏过程中，海水、海洋生物和底质三者相互影响，通过物理、化学、生物等方式协同作用于水下文物。因此，海洋出水文物与陆地出土文物的保存状况不同，在病害类型、保护技术等方面具有自己的特点。

7.1.3.1 高盐

海洋出水文物中的盐含量普遍较高，这类文物出水后，如果不进行脱盐处理，一旦温湿度的变化幅度较大，文物中盐分在溶解态与结晶态之间不断转变，体积的变化就会给文物的结构造成一定程度的破坏，甚至会造成文物的彻底损毁，因此必须首先对海洋出水文物进行脱盐处理。脱盐包括可溶盐与难溶盐的脱除，大部分文物脱除可溶盐即可，但木质文物还应尽可能脱除黄铁矿等有害的难溶盐，以免其氧化水解导致木材酸化，对后期的保存和展示造成长久的不利影响。

海洋出水文物的脱盐过程通常是十分漫长的，少则几天，多达几年。脱盐周期与文物类型、材质、成分、尺寸、含盐量等有着密切的关系。

7.1.3.2 凝结物

凝结物主要分为钙质与铁质凝结物。钙质凝结物来源于珊瑚、蚌类等海洋生物残骸的沉积，铁质凝结物主要来自船钉和船载铁器等船货生成的铁锈。对于前者，包含了文物来自海洋的部分特征，在充分脱去盐分后可选择保留，但若遮挡了人物服饰、面部纹饰等信息而对文物艺术价值造成较大影响，则可选择性地去除；对于后者，又分为两种情况：如果分布于陶瓷、木材、铜器等文物表面，则应尽可能清除；如果将各类文物胶结在一起，则可根据所包含文物以及凝结物本身的整体艺术价值，经过检测评估，将易于分解和提取文物的凝结物分解，尽量无损地提取其中的文物，将难以分解、无法无损提取文物、整体艺术价值较高的凝结物进行整体保护。

7.1.3.3 脆弱

海洋出水文物来自盐度较高的海洋环境，海水腐蚀能力很强，经过数百年的埋藏，大量文物在海泥、海水的腐蚀作用下变得非常脆弱。另外，这些文物往往从深度不等的水下环境提取出来，在水的压力作用下，如果不注重对脆弱文物的水下预先加固、支撑与包装，则很难将其从水下完整安全地提取出来。因此，开展脆弱文物的水下加固与安全提取研究十分必要。

7.1.3.4 量大

我国近年来在海洋发现的大型木质沉船多为商船。商船所载船货丰富，再加上船员生活用品、携带物品及贸易货币，出水文物的种类和数量更为丰富。面对数量巨大的文物集中出水时，现场保护及后期保护问题十分突出，尤其对保护场地、批量脱盐设备或设施、保护装置要求很高（图7.1）。

7.2 海洋出水文物常见病害特征

7.2.1 陶瓷文物常见病害特征

陶瓷属于多孔材料，因此当陶瓷文物埋藏于海底时，海水中的可溶性盐类就会积聚于陶瓷中[①]。一

图7.1 陶瓷器循环脱盐装置

般来说，陶瓷器在海洋环境中保存状况较好，出水后仅需很少的处理。然而，需要辨别陶器、中温瓷器和高温瓷器，并熟悉这些器物的各种保护方法。中温瓷器和高温瓷器在较高温度下烧制而成，液体通常难以渗入，这样就不会从其埋藏环境中吸收可溶盐，因此不需要通过长时间的漂洗来去除可溶盐。然而有些中高温瓷器会多次上釉烧制，盐分可能会沉积在胎釉之间。如果不去除这些盐，则釉可能会脱落。所以中温瓷器和高温瓷器也需小心处理。

除了可溶性盐之外，海洋出水陶瓷器的表面经常被碳酸钙和硫酸钙等不溶性盐覆盖。很多时候，与金属器（特别是铁器）相邻的陶瓷器会被包裹在金属周围形成的凝结物中。可溶性盐具有吸湿性，随着相对湿度的升高和降低，盐重复溶解和结晶。这些盐最后出现在陶瓷器表面并大量结晶，导致器物表面剥落。最终，器物由于内部压力破裂。有时，大量针状晶体覆盖在器物表面，遮蔽了所有细节。因此，可溶性盐（氯化物、磷酸盐和硝酸盐）对陶瓷器的威胁最大，必须将其除去以保证器物稳定。

---

① 马燕如：《我国水下考古发掘陶瓷器的脱盐保护初探》，《博物馆研究》2007年第1期，第85—89页；李乃胜、张治国、沈大娲：《海洋出水陶瓷、金属和木质文物保护前期研究》，《文物保护科技专辑Ⅰ——金属·陶瓷·颜料》，文物出版社，2013年，第129—214页。

7.2.2 金属文物常见病害特征

7.2.2.1 铁质文物

在诸多的腐蚀影响因素中，氯离子的存在是铁质文物不稳定的重要原因之一。氯离子是腐蚀得以循环发生的原因；氯离子能够阻止钢铁表面生成的活性 γ-FeOOH 向非活性的 α-FeOOH 转变，并破坏钢铁钝化膜的形成；氯离子能加速点蚀、应力腐蚀、晶间腐蚀和缝隙腐蚀等局部腐蚀。

因此铁器脱盐实质上主要是指脱除氯化物。铁器若不脱盐，即使对其进行缓蚀与封护处理，进入铁器中的少量水和氧气也易与器物中的氯化物发生反应。因而去除铁质文物内的氯化物等有害盐对保持铁器的稳定性有重要的作用。

海洋出水铁质文物中的含氯腐蚀物较多，其种类及其特征如表7.1。

海洋出水铁质文物中常见的含氯腐蚀产物为四方纤铁矿，因此经常以四方纤铁矿

表7.1 海洋出水铁器中含氯腐蚀物及其特征

含氯腐蚀物名称	分子式	存在特性	转化产物
氯化钠	NaCl	很难检测出	
氯化铁	$FeCl_3$	含量较少，经常存在于刚出水后迅速在空气中干燥的铁器中，或保存在相对湿度波动较大的铁器中，以黄色"液滴"形式存在	易于水解，转化为 β-FeOOH
氯化亚铁	$FeCl_2$	存在于酸性条件下发生孔蚀的铁器中，铁器开始腐蚀时形成的产物	
碱式氯化亚铁	α-Fe(OH)$_2$·FeCl$_2$（Cl含量33%） β-Fe(OH)$_2$·FeCl$_2$（Cl含量23%） γ-Fe(OH)$_2$·FeCl$_2$（Cl含量18%）	发现很少，在还原条件下稳定	在空气中易氧化，生成绿锈，进一步氧化生成 α-FeOOH、γ-FeOOH 和 Fe_3O_4
绿锈I（green rust I）	$Fe^{II}_{3-x}Fe^{III}_{1+x}(OH)_8Cl_{1+x}\cdot nH_2O$	研究表明，当铁器在NaOH溶液中保存时易生成该锈蚀物	
四方纤铁矿（akaganeite）	β-FeOOH	常见锈蚀产物。为铁器出水后暴露于空气中发生氧化反应的腐蚀产物	不稳定，易转化为 α-FeOOH；而在潮湿环境下易转化为 Fe_3O_4
无定形的氢氧化铁 (amorphous ferric oxyhydroxide)	FeOOH		

的存在与否来判断器物中是否含有有害盐。Cl⁻存在于β-FeOOH的晶格结构中，当有多余的自由Cl⁻存在时，β-FeOOH成为主要的锈蚀产物。β-FeOOH不是铁器最初的腐蚀产物，而是铁器从海里打捞出水后经干燥、氧化后形成的。β-FeOOH的存在表明铁器持续发生着腐蚀[1]。

船体沉没后的2—3年内，沉船上铁器的表面会覆盖一层珊瑚藻，这为海藻、珊瑚和软体动物等的二次生长提供了适宜的培养基，从而逐渐形成坚硬的外壳。之后，经海浪作用卷入海底的沙粒、珊瑚及残骸碎片等也会沉积在外壳表面。随着珊瑚藻不断生长，将覆盖二次生长物和残骸碎片，共同形成凝结物[2]。

7.2.2.2 铜质文物

海洋环境复杂，不同区域铜器的腐蚀机理及腐蚀产物也会随之变化，总体上来说，可将铜器在海洋中的环境分为有氧环境和无氧环境，其腐蚀产物的种类和性质也各有特点。

（1）有氧海水环境中铜器的腐蚀产物

Bengough首次观察到CuCl是青铜器在海水腐蚀中最先形成的腐蚀产物，氯化物无疑是海水铜器最主要的腐蚀产物[3]。有氧海水环境中铜器上常见的含铜腐蚀产物主要有赤铜矿（Cu_2O）、氯化亚铜（CuCl）、氯铜矿[$Cu(OH)_3Cl$]、副氯铜矿[$Cu(OH)_3Cl$][4]。黑铜矿（CuO）是天然铜锈中一种罕见的成分，黑铜矿的出现通常表明器物在埋藏前或埋葬中遭受过加热过程（火、火灾等）[5]。

当海水中氧浓度低时，青铜合金中的（α+δ）共熔体更容易被腐蚀使得表面变成富α相，而当海水中氧浓度很高时，α相会被优先腐蚀，（α+δ）共溶体会被保留下来[6]。

（2）缺氧海水环境中铜器的腐蚀产物

缺氧海水环境中的铜器，会受到海底生物分解产生的二氧化硫，以及硫酸杆菌和硫酸盐还原菌等细菌的影响，生成一系列硫化物。因此，缺氧海水环境中铜器上常见

---

[1] Gilberg M R, Seeley N J. The Identity of Compounds Containing Chloride Ions in Marine Iron Corrosion Products: A Critical Review. *Studies in Conservation*, 1981, 26(2): 50-56.
[2] North N A. Formation of Coral Concretions on Marine Iron. *International Journal of Nautical Archaeology*, 1976, 5(3): 253-258.
[3] Bengough R J, May J. The Experimental Studies and Theoretical Discussion. *Metals*, 1924, (32): 81-142.
[4] MacLeod I D. Formation of Marine Concretions on Copper and its Alloys. *International Journal of Nautical Archaeology and Underwater Exploration*, 1982, 11(4): 267-275.
[5] 〔美〕大卫·斯考特著，马清林、潘路译：《艺术品中的铜和青铜：腐蚀产物，颜料，保护》，科学出版社，2009年。
[6] Campbell H S, Mills D J. A Marine Treasure Trove: A metallurgical Examination. *The Metallurgist and Materials Technological*, 1977, (9): 551-556.

的含铜腐蚀产物主要有铜蓝（CuS）和辉铜矿（Cu$_2$S）[①]。

海洋出水铜器的腐蚀产物与陆地环境中的有所不同。有氧和无氧环境中的铜器腐蚀产物也各有特点，综合国内外学者对大量海洋出水青铜器腐蚀产物的分析研究，海洋出水铜器常见锈蚀产物见表7.2。

表7.2 海洋出水铜器常见锈蚀产物列表

矿物名称	英文名称	分子式	颜色	硬度	出现频率
赤铜矿	Cuprite	Cu$_2$O	亚金属红	3.5—4	常见
黑铜矿	Tenotite	CuO	金属灰黑色	3.5	不常见
氯化亚铜	Nantokit	CuCl	浅绿色	2.5	常见
氯铜矿	Atacamite	Cu(OH)$_3$Cl	浅亮绿色	3—3.5	常见
副氯铜矿	Paratacamite	Cu(OH)$_3$Cl	浅绿色	3	常见
羟基氯铜矿	Clinoatacamite	Cu(OH)$_3$Cl	浅蓝绿色	3	常见
锌三方氯铜矿	Anarakite	(Cu, Zn)$_2$(OH)$_3$Cl	亮绿色	3	不常见
蓝矾	Chalcanthite	CuSO$_4$·5H$_2$O	深绿	2—4	常见
水胆矾	Brochanite	CuSO$_4$(OH)$_6$	亮绿色	2.5—4	常见
块铜矾	Antlerite	Cu$_3$SO$_4$(OH)$_4$	亮绿色	3.5	不常见
铅蓝矾	Caledonite	Cu$_2$Pb$_5$(SO$_4$)$_3$CO$_3$(OH)$_6$	树脂绿	2.5—3	不常见
碳酸铅	Lead carbonate	PbCO$_3$	白色	3—3.5	常见、微量
铅矾	Anglesite	PbSO$_4$	无色-白色	6.4—6.6	常见、微量
斜方蓝铜矿	Anilite	Cu$_7$S$_4$	金属蓝灰色	3	不常见
辉铜矿	Chalcocite	Cu$_2$S	金属灰黑色	2.5—3	不常见
靛铜矿	Covellite	CuS	类金属蓝	1.5—2	常见
二氧化锡	Stannic oxide	SnO$_2$	灰白色	2.5	常见
方解石	Calcite	CaCO$_3$	无色或白色	3	常见
石膏	Gypsum	CaSO$_4$·2H$_2$O	白色或无色	1.5—2	不常见

[①] North N A, MacLeod I D. Corrosion of metals. In: *Conservation of Marine Archaeological Objects*. Amsterdam: Elsevier, 1987: 68-98.

7.2.3　木质文物常见病害特征

海洋考古出水木材完全不同于新鲜健康木材，是一种全新的木质材料，其典型病害特征主要有以下几点。

（1）木材疏松多孔，机械强度下降

海洋出水木质文物由于长期处于海洋埋藏环境中而严重降解，此过程首先从糖类、矿物质盐及单宁酸等物质的浸出开始[①]。木质文物在海洋环境中长期遭受微生物的降解腐蚀，但由于高压、低温、黑暗、低氧、高盐的海底环境会限制某些微生物的活性，因此这种降解是长期而缓慢的过程[②]。在海水环境中，真菌类微生物一般分布较少，尤其在水下低氧环境中，真菌类的存在几乎是不可能的。水环境中降解木材的真菌绝大多数为软腐菌类，因此，木材在水环境中的真菌降解模式均为软腐降解，只是由于埋藏环境和木材种类不同，菌种的生态多样性存在差异性[③]。真菌主要分布在木材表层位置，真菌分布区域的细胞壁往往几乎解体。海洋出水木质文物纤维素的分解更多来自细菌、钻木类生物（船蛆等）。但由于钻木类生物需要有氧的环境，埋藏在海洋沉积物内的木材还是以侵蚀细菌降解为主[④]。侵蚀细菌（长度为1.5—2.0微米，直径为0.5微米）可以分解纤维素和半纤维素，从而留下胞间质层的连贯骨架，这也是出水木材仍然保持完整外形的原因[⑤]。降解从细胞管腔开始通过S3层向S2区域扩散，并沿着纤维素微纤维的长方向扩散产生特征性的隧道状孔洞[⑥]。

（2）含水率高

由于长期沉没于水下，沉船船体木材含水率较高。正常状态下，新鲜健康木材的干缩湿胀在某一程度上是可逆的[⑦]。而饱水木材对水分变化的响应远超过新鲜木材，饱水木材出水后含水率急剧降低会造成木材弯曲变形、开裂等现象[⑧]。研究表明，饱水木材干缩主要是木材的细胞塌陷引起的。构成细胞壁的纤维素降解会导致细胞壁的强度

---

① Brodam M, Mazela B. Application of Methyltrimethoxysilane to Increase Dimensional Stability of Waterlogged Wood. *Journal of Cultural Heritage*, 2017: 149-156.
② 王亚丽：《利用扫描电镜研究"南澳一号"出水古木材的降解》，《中南林业科技大学学报》2013年第6期，第48—54页。
③ Briefly Noted Marine Mycology: A Practical Approach. In: *Fungal Diversity Research Series No. 1. February 2000*. Hong Kong: Fungal Diversity Press, Pp. v + 377. ISBN 962 85677 1 3. J. Mycological Research, 2000, 104: 896.
④ Gjelstrup C Björdal, Nilsson T. Reburial of Shipwrecks in Marine Sediments: A Long-term Study on Wood Degradation. *Journal of Archaeological Science*, 2008, 35(4): 862-872.
⑤ Björdal C G, Daniel G, Nilsson T. Depth of Burial, an Important Factor in Controlling Bacterial Decay of Waterlogged Archaeological poles. *International Biodeterioration & Biodegradation*, 2000, 45(1, 2): 15-26.
⑥ Gjelstrup B C. Microbial Degradation of Waterlogged Archaeological Wood. *Journal of Cultural Heritage*, 2012, 13(3): S118-S122.
⑦ 杨淑慧：《植物纤维化学》（第三版），中国轻工业出版社，2009年，第31—35页。
⑧ Per Hoffmann, Mark A Jones著，马菁毓译：《饱水古木材的结构和降解过程》，《东南文化》2004年第1期，第91—96页。

下降，因此，细胞腔与细胞壁等结构中水分蒸发不但使细胞腔无水支撑，细胞壁还会被纤维素干燥时造成的收缩应力所影响，从而造成严重的形变。沉船打捞上岸后，由于环境湿度的变化，在干燥环境中失水速率过高会导致木质结构内部与表层应力布局不均匀，造成内部压应力过小，而表面拉应力过大，从而致使木材表层出现开裂[1]。

（3）含盐量高

船体含有大量盐分，加之船体细胞的纤维素严重降解，随着季节变化引起的温度和湿度变化会使留在船体内的可溶性盐反复发生结晶及溶解，在这个过程中船板细胞的细胞壁之间就会产生拉伸应力，在连续不断的拉伸应力下，使得细胞壁断裂，从而引起木材机械性能的下降。此外，盐分也会在船体外表结晶析出，吸湿性盐附着在船体表面会形成一层吸潮的覆盖物，这对于船体的保存及展陈都是不利的[2]。

硫铁化合物的生成在海洋环境中是非常普遍的现象，其中硫来源于海洋生物的遗骸，铁来自船体上的铁钉及铁质文物等[3]。所有从海水中打捞的有机质文物几乎都会有硫铁化合物的沉积，在海水的不同深度层位，会形成不同的典型矿物沉积。在低氧区，硫酸盐会与铁反应，生成四方硫铁矿（FeS）。在硫酸盐还原区，这一反应会继续，除了FeS以外还会生成黄铁矿（FeS_2）[4]。还原态硫氧化生成的硫酸会促进木材的降解；Fe^{2+}/Fe^{3+}会通过芬顿反应导致有机质降解[5]。木材中沉积的硫铁化合物在空气中发生氧化，生成硫酸以及各种硫酸盐，而这一过程将导致木材pH降低，对船体的长期保存非常不利[6]。

（4）海洋沉积物

海洋沉积物类型很多，一般附着在船木表面的凝结物是由海藻、珊瑚、软体动物残骸等沉积形成。这类沉积物多孔而坚硬，因此其内部易于积聚大量可溶盐，一旦环境合适，盐分会迅速溶解。因此富集可溶性盐类的包裹体附着于船木之上，对船木脱盐极为不利。此外，附着在船木上的凝结物会遮挡文物表面的信息[7]。

此外，海流、潮汐、海浪等水体运动裹挟海底泥沙，会磨蚀文物，对其造成物理破坏。出水木质文物还会受到海洋水质、海水温度、沉积条件等多方面因素的影响。

---

[1] 胡东波、胡一红：《考古出土饱水木器的腐朽、收缩变形原理》，《文物》2001年第12期，第80—85页。
[2] 王志杰、余姝霆、田兴玲：《出水沉船的保护概况》，《全面腐蚀控制》2016年第7期，第9—14、59页。
[3] 张治国、李乃胜、田兴玲等：《宁波"小白礁Ⅰ号"清代木质沉船中硫铁化合物脱除技术研究》，《文物保护与考古科学》2014年第4期，第30—38页。
[4] 沈大娲、葛琴雅、杨淼等：《海洋出水木质文物保护中的硫铁化合物问题》，《文物保护与考古科学》2013年第7期，第82—88页。
[5] Fors Y, Sandstrom M. Sulfur and Iron in Shipwrecks Cause Conservation Concerns. *Chemical Society Reviews*, 2006, 35(5): 399-415.
[6] Clelazzi D, Giorgi R, Baglioni P. Nanotechnology for Vasa Wood De-acidification, 2006, (1).
[7] 金涛：《海洋条件下的水下文物埋藏环境概述》，《文物保护与考古科学》2017年第1期，第98—107页。

7.3 出水文物现场保护

7.3.1 陶瓷砖石文物现场保护

对于陶瓷砖石文物来说，在水下考古发掘现场，控制盐分危害是主要工作。烧成温度较低且胎体多孔的陶瓷器与烧成温度较高的瓷器相比，对盐污染物更为敏感。因此，一般来说，陶瓷器出水后应在淡水中保存并需要尽可能快地处理。

第一，对于强度较好的陶瓷器，出水后尽快用淡水冲洗，然后分类浸泡于淡水中保存，或置于阴凉区域临时存放，集中放置时应避免磕碰造成釉面损伤。

第二，对于釉面结合不牢固的彩瓷，应单独放置，冲洗时也应十分小心，避免釉面脱落，必要时喷涂1%—2%的B72进行釉面加固后再用淡水浸泡。对于墨书瓷器也可采取类似方法处理。

海洋出水石质文物除了表面易覆盖大量海洋沉积物之外，本身的保存状况相对较好。石质文物的尺寸一般较大，考古发掘现场工作条件有限，因此，石质文物出水后应尽快用淡水反复刷洗几次，除去表面残留的大量海洋盐分，然后用遮阳布覆盖，避免海面上强紫外线的照射。

7.3.2 金属文物现场保护

金属文物种类多样，目前海洋出水的金属文物以铁器和铜器为主，还有少量金银器、铅器、锡器和铝制品等，材质和保存状况不同，保护处理方法也有一定差异。

铁器相对比较活泼，氯离子对锻铁和铸铁都具有加速腐蚀的作用，铁器表面棕色液滴即为氯离子存在的表现形式。因此，铁器一旦打捞出水后必须保持潮湿状态，可在碱液中进行脱盐和保存，移至实验室后再进行后续保护处理。

由于铜器对海洋生物的毒性作用，青铜、黄铜等铜器上很少有凝结物覆盖，但铜器易因矿化而遭到破坏，多为一相或多相发生腐蚀溶解造成，如黄铜的脱锌和青铜的脱锡现象。对于新发掘的海洋出水铜器，如果表面无明显的粉状锈存在，那么可用去离子水冲洗、浸泡或超声波去离子水振荡清洗等方法去除大部分可溶盐，然后干燥保存；如果表面有明显粉状锈存在，那么可用手术刀等工具轻轻刮去粉状锈，去离子水清洗后，暂时浸泡于苯并三氮唑溶液中保存。

虽然银器在水下受到腐蚀，但暴露在空气中却不易遭到进一步的破坏。所以，银器不需要特殊的保存环境，只需将其在淡水中清洗干净，然后自然干燥即可。如果银器中的铜有进一步腐蚀的迹象，则将其浸泡在苯并三氮唑溶液中。

金器在水下不会遭到腐蚀，暴露在空气中也不会引起任何问题，用淡水清洗干净后干燥保存。

图7.2 海洋出水铅器和锡器的白色锈蚀物

锡很少以纯锡存在，多以铅锡合金的形式存在，铅大多单独存在。这些金属及其合金经海洋打捞出水后一般较为稳定。但铅和锡铅合金极易遭到有机酸性水汽的腐蚀，这些有机酸性物质来源于海洋生物的降解过程，因此需尽快去除凝结物。由于铅及其合金在去离子水、蒸馏水或软水中会发生腐蚀，因此不能将这类文物保存在这些溶剂中，而应尽量清除黏附于铅器表面的海洋生物，随后应将铅器放置于海水或0.1%硫酸钠溶液中保存。或将其密闭在聚乙烯袋或容器中。海洋出水锡器也不能长期浸泡在去离子水中，否则容易加速锡器腐蚀。而应将其快速清洗后干燥放置（图7.2）。

铝一般发现于近现代沉船遗骸中。由于铝表面有铝氧化膜存在，海洋生物不易在其表面沉积。铝质器物出水后，在淡水中刷洗器物即可去除表面盐分和凝结物。器物中剩余盐分可通过浸泡去除，之后干燥保存即可。

7.3.3 有机质文物现场保护

海洋出水有机质文物主要包括木质、骨角质、纸张、纺织品、漆器、皮革等类文物。经过数百年的浸泡，木质、漆器中的纤维素、木质素等成分降解严重，骨角质、纺织品、皮革中的蛋白质也已部分降解，文物在出水时均为饱水状态，比出土文物糟朽程度更高，更加脆弱。出水后如果失水速度太快，会造成此类文物的皲裂、开裂、变形、风化、起翘甚至最终粉化。脆弱有机质文物的保护应从水下考古现场开始，通过浸泡、覆盖保湿等方式，避免水分快速散失。为避免滋生霉菌，尽量低温避光保存，必要时添加适量抑菌剂。根据文物保存状况进行分类保护，如被铁元素污染的文物，需要和其他文物分开保护。

（1）骨角质文物

海洋出水骨角质文物包括人骨、动物骨骼、象牙制品等。骨骼和象牙约有70%的物质是由磷酸钙、各种碳酸盐及氟化物组成的无机晶体构成，其余30%是骨胶原组成的有机组织。骨骼和象牙长期浸泡于水中会分解，变为海绵状物质。经过长期的海水浸泡，骨角质文物出水时为饱水状态，其中蛋白质发生部分降解，较为脆弱。现场保护时首先要避免该类文物的水分散失，可使用毛刷、竹刀、超声波洁牙机等工具清理表面污染物，需小心操作，避免造成新的损伤。

骨角质文物可使用去离子水浸泡脱盐，对溶液中的氯离子浓度进行监测，在氯离子浓度变化趋于稳定时更换脱盐溶液，浸泡脱盐时间一般需要一个月。对于极其脆弱的骨角质文物，需用有机硅乙醇溶液等加固材料进行渗透加固后再进行浸泡脱盐。

（2）纺织品文物

古代纺织品一般由天然纤维构成，如毛、丝等动物蛋白纤维和棉、麻等植物纤维。前者由氨基酸组成，后者则属于多糖化合物。纺织品本身的有机材质特性决定了其极易受到微生物和昆虫的侵害，它是微生物繁殖生长的营养来源。在光和热的作用下，高分子化合物的分子链会发生破坏而降解。纺织品的氨基酸或多糖类化合物中的羟基、羧基和氨基等亲水性基团，使纺织品具有较强的吸湿性。纺织品文物出水后，即面临保存环境的改变，为不使文物状态发生大的改变，需使之继续保持饱水状态，避免其在自然环境中脱水干燥而出现的脆裂问题。

出水纺织品的清洗可以在盛有淡水的大水槽中进行。文物在展开及处理的过程中始终保持潮湿状态，处于这种可塑状态可使受损程度降到最低。文物展开后，使用细毛刷、木片将表面覆盖的海泥清除和剥离，再重新冲入干净的水，使展开的每件文物都浸在水里。纺织品不宜在水中长期浸泡，否则会引起纤维结构变化和微生物滋生，可采用快速冷冻法对其进行临时处理保存和运输。快速冷冻会产生较小的冰晶体，慢速冷冻则会使水分子有时间排列组合，从而形成更大的结晶。小结晶对纤维结构的影响较小，因此是比较理想的。在冷冻保存时，还要注意避光。

（3）皮革文物

皮革的结构是由胶原纤维束在三维空间纵横交错编织而成，是一种特殊的立体网状结构，具有较高的机械强度。皮革的主要成分是胶原蛋白质，含有19种氨基酸，也含有一定数量类脂化合物，其化学成分包含蜡类、磷脂类、固醇类及脂肪酸类。

在海水的浸泡下，皮革的物理化学性能已发生较大衰变。皮革打捞出水后，如任其自然干燥，会迅速硬化、皱裂和变形。为防止水分散失，应将其及时放入水中浸泡保存。一般情况下，皮革的皮肉面相对皮肤纹理表面更为脆弱。在浸泡过程中，可以使用软毛刷轻轻刷洗，尽量减少皮革表面磨损，也要避免频繁从水中放入和取出。对于较为牢固的附着物，可以使用竹刀、木片、超声波洁牙机、超声波清洗机等机械工具清除。

海洋出水的皮革类文物，经常有被铁锈污染的情况，及时清理铁锈污染是非常重要的，如果在数周乃至数月后再进行清理，含铁盐类会在皮革上发生氧化、扩散、硬结。需要使用化学药剂清理时，可使用草酸、EDTA二钠盐或四钠盐、柠檬酸等材料。

7.3.4 木质沉船现场保护

木质沉船现场保护主要分为两种情况，第一种是指在水下考古发掘现场对拆解的沉船木构件进行现场稳定性保护；第二种是指对整体打捞的载有船货或船载文物的木质船体进行稳定性保护。

针对第一种情况，木质沉船构件出水后，首先考虑的是防止水分过快蒸发，否则会造成不可逆转的破坏。最简单的方式是出水后尽快放进有水的容器中。如器物过大或受现场条件限制，可用湿布覆盖，包裹保鲜膜保湿。在装箱运输前，还需使用气泡膜等具有弹性的材料包装。如果发掘出水的船体构件不能立即运往实验室，需进行避光、低温保存，并定期检查木材保存状况，尤其需注意保证湿度和防止霉菌，必要时可适量喷洒硼酸硼砂、异噻唑啉酮等抑菌材料。

针对第二种情况，一般情况下，需要先将船上的文物进行安全提取，在提取文物的过程中，控制现场环境，保持船体的湿度，维持木质船体的原有形态，提高糟朽船体构件的强度，确保木质船体不发生收缩和变形，控制微生物的滋生，尽可能保持木质船体的自然纹理和色调，这也是木质船体现场保护的目标所在。具体的现场保护措施包括以下几个方面。

7.3.4.1 环境控制

木质船体是质地较为脆弱的有机质文物，对光照、紫外、温度、湿度等环境条件要求较高。因此，应建立和保持船体稳定的环境及其控制系统。如环境空间太大，可通过空间的隔离和缩小，以及小环境的改造，使环境控制在有利于木质船体保存的范围内。

温度：考虑到成本和能耗，木船现场保护的环境温度控制在20—25℃为宜，且温度的日变化不应超过5℃。

湿度：在发掘和清理期间，为了保湿和抑菌，船体的相对湿度宜保持在90%以上，尽管高湿度对于无机质文物的保存是不利的。但金属、陶瓷、皮革、漆器等船载文物属于可移动文物，可以尽可能快速地提取，而木船相对来说属于不可移动文物且重要性极高，因此，现场保存环境应尽可能控制在木船的最佳保存环境范围内。应通过中央空调系统、喷淋保湿措施、缩小空间（减小蒸发速度）等方法控制发掘面的相对湿度在90%以上，相对湿度的日变化不应超过5%。

7.3.4.2　船体清理

船体周边含有大量矿物质和沉积物，影响船体外观及稳定性。海洋中形成的沉积物一旦失水固化，非常坚硬，难以去除。另外，沉积物中容易形成一定的生物群落，导致木材腐朽和降解。伴随考古发掘的进行，应采取机械剔除、水流冲刷和抽吸等方法，及时将木船表面的沉积物以及泥沙等生物和微生物赖以生存的条件去除，以利于船体的后续保护和最终的展示效果。

7.3.4.3　动态监测

保护过程信息记录：在收集考古发掘信息的基础上，对保护过程进行信息记录。

水体环境监测：考古发掘如果在水下进行，需对水体环境的pH、藻类、细菌、真菌、叶绿素、COD、BOD、电导率、阴阳离子、氨氮、硝氮等指标进行定期分析与记录。

温湿度监测：定期测定船体所处的水体环境或土壤埋藏环境的温度和湿度，了解温湿度随时间和季节的变化情况，必要时尽可能予以控制。

藻类与微生物监测：定期检测船体上的藻类、真菌、细菌等的种类和分布。

主体结构的木质材种分析：采用显微鉴别方法，对船体的龙骨、船肋、隔舱板、舷板等主体结构的木材材种进行分析。

含水率和化学成分测定：分别对不同船体构件的含水率、纤维素、半纤维素、化学抽提物等理化指标进行测定，确定船体的腐朽状况。

盐分分析：确定船体内可溶盐和难溶盐的种类和分布状况。

形变监测：选择船体典型部位，定期测量或三维激光扫描模型叠加，了解形变情况。

7.3.4.4　保湿

木质沉船刚暴露于空气中时，处于饱水状态，糟朽情况不同，但通常不能直接气干，否则会促使木船出现干缩、开裂、变形等病害，造成不可挽回的损失，因此需对木船进行保湿处理。

保湿方法通常有两种：①自动喷淋，安装自动喷淋设备，喷洒过滤灭活、净化的海水或淡水进行保湿，必要时添加抑菌剂；②人工喷淋，自动喷淋是首选，对喷淋设备难以企及的区域可以辅以人工喷淋。

覆盖物：气温高、遗址面积大时，水分蒸发量较大，必要时可用保湿材料进行包覆，确保保湿效果，但需注意防霉。

7.3.4.5 抑菌

船体一经发掘，就与周围空气、海水相接触，容易受到微生物的侵袭。因此，在发掘全过程中，应对船体表面进行定期监测，根据微生物的实际滋生情况，及时采取相应的抑菌或杀菌措施。

抑菌：2%硼酸硼砂、1%达克宁、0.1%异噻唑啉酮等抑菌剂均有一定的抑菌效果，应在确定菌类类型后有针对性地施用。

杀菌：杀菌剂通常具有一定的毒性，考虑到发掘现场的人员安全，应尽量避免使用杀菌剂。可采用及时刷洗、加热后的手术刀熨烫、无菌水清洗等方法来除菌，在刷洗时应注意及时吸收刷洗后的水溶液，避免其流淌到遗址面或船体其他部位。

7.3.4.6 加固

船体部分区域高度糟朽，实施过程中存在船体结构变化的风险。在船体发掘过程中，须对船体强度进行详细勘察与评估，根据船体的实际状况，采取针对性加固措施。

化学加固：船体木材通常使用PEG600、PEG1000或PEG2000进行化学加固。

物理加固：对于悬空的木材构件，可采用聚氨酯泡沫材料、木板进行支护；对于船体的支护，则通过选用钢结构支架进行支撑，船体与钢结构连着的部位，采用木板支护。

7.4 出水文物科技保护

7.4.1 陶瓷文物保护

目前我国水下考古发掘的文物中，陶瓷类文物占90%以上，从较为原始的低温釉陶到精美的影青瓷、青花瓷均可见。不但品种繁多，而且涵盖的瓷窑从北方磁州窑到南方福建的漳州窑、德化窑、建窑均有，地域范围也相当广泛。因此对这些陶瓷器在不同海域受海水的侵蚀状况和腐蚀机理进行调查和研究，并探索出一套行之有效的水下陶瓷器脱盐、除垢的保护方法，对于我国出水陶瓷器的保护和保存，具有普遍且重要的意义。

陶瓷器在出水后，部分陶瓷器表面存在较多贝壳、珊瑚等海相凝结物。由于沉船内普遍存在铁器，部分陶瓷器表面覆盖铁锈或是与铁器粘连在一起抑或被铁锈包裹。

此外，陶瓷器在出水后如果处理不及时，温湿度变化，极易导致陶瓷器内的可溶性盐类反复结晶与溶解，从而逐渐造成盐析、剥釉或表面粉化。因此，针对海洋出水陶瓷器的科技保护主要包括如下几点。

7.4.1.1　可溶盐脱除

陶瓷器出水后，应及时在淡水中进行脱盐处理，除去可溶盐。对于釉层脆弱，以及有墨书的陶瓷器，应加固后再进行浸泡脱盐。采用电导率仪、离子色谱等设备监测脱盐过程。

7.4.1.2　污染物去除

对于陶瓷器表面的凝结物去除，通常采用机械方法，必要时结合弱酸性试剂或络合剂等化学方法，选择性地清除陶瓷器表面的凝结物。

大多数情况下，清除陶瓷表面不溶性盐凝结物最安全最有效的方法是用机械法。通过用手术刀、竹签、竹刀、超声波洁牙机等机械工具，可以轻松去除大部分钙质凝结物。

凝结物也可以通过化学方法去除，但须确保陶瓷器已彻底润湿，这样可减少对酸的吸收。硝酸、盐酸和草酸最常用。但需注意的是，稀硝酸会溶解铅釉，盐酸会使釉褪色，尤其会使铅釉变成乳白色，所以必须谨慎使用。

虽然硝酸、草酸和盐酸可以去除钙质凝结物，但它们可能会溶解陶瓷器胎土或釉中的氧化铁。在含氧化铁的釉上使用酸，釉层容易剥落，尤其对于已经比较脆弱的釉面。为了避免过度清洁，应将器物先在水中浸泡润湿后，用滴加或棉签擦拭的方式将酸施加于器物局部表面。器表停止起泡时，应立即擦拭该区域或在流水下冲洗器物，清除多余酸液。

乙二胺四乙酸（EDTA）可以有效去除陶瓷器表面的钙质沉积物。5% EDTA四钠盐（pH11.5）溶液最适用于去除含钙物质，且不会严重影响陶瓷器的含铁量。铁在pH为4时更易溶解，而钙质沉积物在pH为13时更易溶解。处理时将陶瓷器浸入5% EDTA四钠盐溶液中，直至沉积物除去后取出，溶液需定期更换补充。在此过程中，与钙盐结合的铁垢通常随着钙一并被除去，这是一种缓慢而有效的处理方法。

与陶瓷器接触的铁器锈蚀常常会在陶瓷器表面和内部留下铁锈斑渍。可以在预先湿润的陶瓷表面，用棉签蘸10%草酸局部擦拭去除。这种方法通常能成功去除陶瓷表面的铁锈，尽管也会去除少量胎土中的铁。通常使用5%的EDTA溶液去除釉或胎土中含有氧化铁成分的陶瓷上的污渍，从而最大限度地减少氧化铁成分的流失。EDTA二钠盐或EDTA除去铁氧化物斑渍最为有效，因为它们的pH较低。草酸或EDTA都可以除去铁渍。所有的处理都必须小心谨慎以避免过度清洁。清洁后必须进行彻底的冲洗。

黑色金属硫化物污渍在海洋出水陶瓷器中很常见。浸泡在10%—25%v/v的过氧化氢溶液中可以完全除去。所需时间从几秒到数小时不等。使用过氧化氢处理后无须冲洗。过氧化氢也可用于去除有机污垢。

7.4.1.3 修复

可以使用聚乙烯醇（PVA）、α-氰基丙烯酸酯胶或Acryloid B-72等黏合剂修复破碎的陶瓷。黏稠的丙酮、丙酮/甲苯或丙酮/乙酸戊酯中的PVA溶液可用作黏合剂，黏合多孔陶器时也可使用水基的PVA乳胶。黏接陶器碎片前，可先用PVA或Acryloid B-72的稀释溶液加固。

经过脱盐干燥的陶瓷器，可根据保存和展示需求，选择考古修复法或展览修复法，对残损陶瓷器进行修复。由于经过脱盐和污染物去除的海洋出水陶瓷器与馆藏或田野出土陶瓷器已无明显区别，在此对修复方法不再赘述。

7.4.2 金属文物保护

7.4.2.1 铁质文物保护

沉于海底的铁质文物长时间浸泡在海水里会发生严重的腐蚀，其腐蚀行为是一个复杂的电化学过程。影响铁质文物腐蚀的因素很多，由于氯离子半径小，钻透能力强，其电负性大，氯离子的存在加速了铁器腐蚀，氯离子被认为是铁器发生腐蚀的主要原因之一[①]。因此，对于海洋出水铁质文物的科技保护来说，除氯脱盐具有重要意义。

脱盐处理一般在除锈之后进行，沉于海底的铁质文物腐蚀的结果是在铁器表面及孔洞、裂隙中残留了大量的氯化物，如果不及时进行脱氯处理，则铁质文物会在氯离子作用下，腐蚀周而复始地进行从而造成永久的破坏。因此铁质文物发掘出水后最好立即进行脱氯处理，从而减缓铁器在环境中的腐蚀。

目前海洋出水铁质文物脱盐的主要方法包括蒸馏水循环清洗法、碱液清洗法、碱性亚硫酸盐还原法、电化学还原法及氢气还原法等。

蒸馏水清洗法一般采用两种方式，一种是反复用蒸馏水直接清洗铁质文物至清洗液中氯离子达到标准为止，也可加入缓蚀剂。另一种是采用Soxhelt清洗法，该方法是将铁质文物置于密闭的容器中，用氮气等惰性气体排出体系中的氧气，易碎铁器在这种无氧体系中用蒸馏水清洗，可以避免进一步氧化。

---

① 中国腐蚀与防护学会主编，王光雍、王海江、李兴濂等编著：《自然环境的腐蚀与防护：大气·海水·土壤》，化学工业出版社，1997年，第130页。

碱液清洗法中，NaOH溶液是最常用也是最有效的脱盐方法[1]。处理方法是将去除表面浮锈和污垢的铁质文物放在适当的容器中，用足以浸没器物的NaOH（2%w/w）溶液浸泡，NaOH溶液的体积至少是器物体积的5倍，监测清洗液中氯离子的浓度，根据需要更换NaOH溶液，直到氯离子基本被去除。NaOH溶液的脱盐速率较高是由于氢氧根离子具有良好的流动性，这个较强的流动性使得氢氧根离子能够迅速渗入腐蚀产物中，促使氯离子的释放。

LiOH溶液清洗法相比NaOH法需要更长的时间，但用LiOH溶液清洗法处理后的铁质文物氯化物更易于去除，器物更易于干燥[2]。LiOH溶液清洗法比较温和，该方法对有机物（如木制品和丝织品）损伤较小，适合复合材质文物保护。

碱性亚硫酸钠还原法是利用亚硫酸根将腐蚀产物还原为较致密的Fe_3O_4以增加腐蚀产物孔隙度来提高氯离子排出速度。早在1975年，North和Pearson首次采用碱性亚硫酸钠对海洋出水铁质文物进行处理[3]。该方法是在60℃下，将铁器置于0.5mol/L NaOH和0.5mol/L Na_2SO_3溶液的密闭装置中，放置三个月，浸泡时间取决于器物大小与腐蚀程度。碱性亚硫酸钠还原法简单实用，不仅能增加氯离子迁出速度，还能使铁器石墨区更加坚固。由于对容器要求较高，该方法较适合处理小件器物。

在海水中腐蚀严重且表面有较厚腐蚀产物的铁器也可以采用高温环境脱氯处理，利用高温环境中氯容易挥发的特性除去铁器中的氯离子，其脱氯速度比常温下要快得多[4]。通常采用在空气中和在还原性气体中加热两种方法，用还原气体还可以将部分腐蚀产物转化为金属铁，从而提高器物的坚固性。

离子交换树脂法也可用于除去溶解在水中的氯离子。由于清洗液始终处于无氯离子的状态，脱氯速度增加，处理时不会受到化学试剂的污染，处理结束后也不需要清洗。另外，树脂还能再生循环使用，降低了成本。但是North等认为离子交换法不能从根本上改变脱氯的进程，这种方法的意义不是很大[5]。

电化学还原法是将铁质文物作为阴极，不锈钢或碳钢作为阳极，外接直流电源，选择合适的电压或电流密度进行清洗。

---

[1] North N A, Pearson C. Washing Methods for Chloride Removal from Marine Iron Artifacts. *Studies in Conservation*, 1978, 23(4): 174-186.

[2] Koezuka T. Desalting of iron objects found in inland area by LiOH method. In: *Current Problems in the Conservation of Metal Antiquities*, 1993: 101-106.

[3] North N A, Pearson C. *Alkaline Sulphite Reduction Treatment of Marine Iron*. ICOM Committee for Conservation 4th Triennial Meeting, Venice, March 13, 1975.

[4] Kergourlay F, Rémazeilles C, Neff D, et al. Mechanisms of the Dechlorination of Iron Archaeological Artefacts Extracted from Seawater. *Corrosion Science*, 2011, 53(8): 2474-2483.

[5] North N A, Pearson C. Washing Methods for Chloride Removal from Marine Iron Artifacts. *Studies in Conservation*, 1978, 23(4): 174-186.

7.4.2.2 铜器保护

铜质文物主要指由铜或主要成分为铜的合金所组成的金属文物。铜器在海洋环境中会生成各种腐蚀产物，如氯化亚铜（CuCl）、氯化铜（$CuCl_2$）、氧化亚铜（Cu_2O）、孔雀石[$Cu_2(OH)_2CO_3$]和蓝铜矿[$Cu_3(OH)_2(CO_3)_2$]等。在海洋环境中，铜器最常见的两种腐蚀产物是氯化亚铜和硫化亚铜。

氯化亚铜是非常不稳定的化合物。当含有氯化亚铜的铜质文物被打捞出水暴露在空气中时，它们不可避免地会继续化学腐蚀过程，氯化亚铜在水和氧气存在的条件下水解生成盐酸和碱式氯化铜：

$$4CuCl + 4H_2O + O_2 = CuCl_2 \cdot 3Cu(OH)_2 + 2HCl$$

盐酸继而侵蚀未腐蚀的金属从而生成更多的氯化亚铜：

$$2Cu + 2HCl = 2CuCl + H_2$$

反应会一直持续直到金属消亡。此类化学腐蚀过程通常被称为"青铜病"。所有被氯污染的铜质文物的保护，需要抑制其氯化物的化学反应，要么除去氯化亚铜，要么把它转化成无害的氧化亚铜。

海水中的铜器在硫酸盐还原菌的作用下还会生成硫化亚铜和硫化铜。在厌氧环境中，硫化铜产物通常呈最低的氧化态，即硫化亚铜。当被打捞出水并暴露在空气中时，硫化亚铜会氧化成更高的氧化态，即硫化铜。

从密闭凝结物中被取出时，铜器表面不可避免地会覆盖不同厚度的黑色粉状硫化铜。铜器出水之后，稳定的硫化铜不会像氯化铜那样对铜器产生不利影响，而是仅使铜变色。用甲酸或柠檬酸等清洁溶剂很容易将硫化铜除去。

某些情况下，需要机械去除铜器表面的大块结壳和锈蚀物，才能使残存的金属表面被揭示出来。可将铜器浸泡在5%—10%柠檬酸中，并添加1%—4%的硫脲作为缓蚀剂，亦可去除黏附的凝结物。若铜器非常薄、易碎、有精致的细节纹饰，或几乎乃至已完全矿化，则不能用酸法处理。可把铜器浸泡在5%—15%的六偏磷酸钠溶液中，将凝结物中不溶性的钙盐和镁盐转化成可溶性盐而脱除。

对于被氯污染的铜器，经过必要的初步处理后，可通过除去氯化亚铜、将氯化亚铜转化成无害的氧化亚铜、使铜器上的氯化亚铜与空气隔绝等方式，防止氯化物的不良化学作用。

电解还原法可去除氯化亚铜并将一些锈蚀物还原成金属态。用电解还原法来处理海洋出水的矿化青铜器时需格外谨慎，防止析氢作用破坏器物表面。碱性连二亚硫酸盐法会破坏铜器表面上的铜绿，但也能在最短时间内有效去除大部分氯化物，此外，它还能将部分铜的腐蚀产物还原成金属。

采用倍半碳酸钠处理铜器，可以保留外腐蚀层而将氯化亚铜除去，但也存在不少缺点。例如，转化所有的氯化亚铜需要漫长的时间；与铜形成络合离子，长期来看会对铜器结构造成破坏；另外，可能形成蓝铜钠石（一种蓝绿色的水合Na-Cu碳酸盐）等碳酸盐的混合物，导致铜器的颜色从孔雀绿转变成蓝绿色。

5%碳酸钠溶液可以除去蚀坑中的氯化亚铜并中和盐酸。与倍半碳酸钠相比，碳酸钠与铜金属的反应相对缓慢。尽管如此，在某些情况下铜绿的颜色仍会发生轻微变化。

1%—3%苯并三氮唑（BTA）的乙醇或水溶液常用于铜器的缓蚀保护处理。用BTA处理不会清除器物中的氯化亚铜，而是在氯化亚铜和空气中的水分之间形成一道屏障。这个过程中，BTA会和铜离子形成不溶性的络合物。用BTA处理后，将铜器放入丙酮或醇溶液中脱水，经透明的丙烯酸树脂或微晶蜡封护处理后，存放于适宜的环境中，使铜器保持稳定。

7.4.3 脆弱有机质文物保护

除了漆木器之外，海洋出水脆弱有机质文物主要有骨骼、皮革、植物种子等[1]。

7.4.3.1 骨骼

骨骼约有70%的物质是由磷酸钙、各种碳酸盐及氟化物组成的无机晶体构成，其余30%是骨胶原组成的有机组织。骨骼受热受潮都易发生扭曲，长期浸泡于水中会分解。在考古遗址中，骨胶原会发生水解，无机骨架会被酸分解，某些情况下，骨胶原会被二氧化硅和矿物盐分替代。饱水遗址中的骨骼可能会变为海绵状物质，甚至消失殆尽。

海洋出水骨骼文物的保护主要包括清理、脱盐和加固。

表面污染物主要采用机械工具清理，用水或酒精清洗。如需使用化学药品，在处理之前须用水充分浸润，避免化学物质被吸收到文物内部。海洋钙质沉积物一般保留而不做处理，铁锈斑可用蘸有5%—10%草酸或5%柠檬酸铵溶液的刷子或棉签局部清理。采用化学药品清理时，应缩短处理时间，且密切监测过程。去除污渍后，需用水冲洗除去化学药品残留，在乙醇溶液中干燥。

海水环境中的骨骼和象牙会吸收可溶性盐，当文物干燥时，可溶盐会结晶析出，从而引起文物表面剥落甚至损毁。为确保文物的稳定需除去可溶盐。脱盐最有效的方

---

[1] 国家文物局水下文化遗产保护中心译，韩国国立海洋文化财研究所编：《韩国海洋出水文物保护手册》，文物出版社，2019年。

式是用淡水和去离子水漂洗，直到可溶性盐被去除或达到可接受的水平。脱盐过程可用电导率仪、离子色谱或氯离子测定仪监测。如骨骼结构不够坚固，可用B-72等加固剂适当加固后再进行脱盐。

脱盐后，逐渐提升乙醇浓度对骨骼文物进行脱水，直至处于无水乙醇中。缓慢干燥后，可使用B-72或聚乙烯醇进行适当加固，具体浓度或黏度需根据文物糟朽程度而定。

处理各种种子和植物材料时，可采用处理骨骼和相关材料时类似的方法。

7.4.3.2 皮革文物

海洋出水皮革文物的主要保护步骤包括清理、脱盐和脱水等。

根据皮革的保存状况和污染物特点，可采用手术刀、竹签、木片、软刷、超声波清洗机和超声波洁牙机等各种机械清洁工具。不要使用任何会损坏皮革胶原纤维的化学材料。如果需要化学清洗以去除顽固污垢，可使用少量的非离子清洁剂或六偏磷酸钠。对于铁渍，可在局部使用柠檬酸铵或EDTA二钠盐，但应密切监测清洗过程，之后用水冲洗干净。

在清理之后，需去除出水皮革文物中存在的大部分可溶性盐，方法与前文对骨骼文物的处理方法相同。

冷冻干燥和溶剂脱水是饱水皮革最常用的脱水定型方法，具体来说主要包括聚乙二醇配合真空冷冻干燥法、乙醇梯度脱水法、甘油法、硅油法等。这些方法在具体实施时，需根据皮革文物具体状况选择，处理后的皮革应尽量避免出现存在油腻感、过硬、过干、易碎等问题。

7.4.4 凝结物保护处理

古代贸易沉船中的船货主要为陶瓷器和金属器，尤以瓷器、铜钱与铁器为大宗，还有少量的漆器、果核、石质文物等。近年来调查发掘的一些古代沉船，如华光礁一号、南海一号、南澳一号等，普遍装载大量铁锅、铁钉和类似铁刀形状的铁器。这些铁器以及木船中的铁钉在海洋埋藏环境中严重腐蚀，形成大量铁锈，这些铁锈将海泥、海藻、珊瑚、软体动物残骸以及各类船载文物包裹在一起，形成大小不一、种类丰富、坚硬致密的凝结物。这类凝结物的表面和内部包裹了大量的海洋盐类，这些盐分大多是有害的易溶和微溶盐，其物理化学性质对环境温湿度的敏感性决定了其对文物的不利影响，因此应尽可能清除。

目前国内外对于凝结物的研究工作主要包括分析研究和凝结物去除技术两方面。

凝结物去除技术方面，由于凝结物内包含物复杂多样，国外的水下考古工作者将出水文物保护中的凝结物清理看成发掘的继续，凝结物中常见各种小型器物，在清除过程中要做好整理和记录。对于包含物复杂的大型凝结物，X射线和工业CT很难将其穿透，因此很难确定凝结物中文物的种类、数量、位置和保存状况。凝结物主要是由钙、镁的碳酸盐或铁的氧化物、氢氧化物构成。目前，去除凝结物的方法主要有机械法、化学试剂法、低温液氮法、电解法、氢气还原法等。机械法通常是用竹签、牙钻、气动笔、压缩空气振动器、锤子、凿子、喷砂机等工具对文物表面凝结物进行清除[1]。化学试剂法是用磷酸溶液、柠檬酸溶液、熔融苏打浴等化学材料溶解文物表面的凝结物，从而起到将其清除的作用[2]。电解法是利用电解时产生的氢气泡使凝结物变得疏松，再进行机械去除[3]。

凝结物的保护处理方法主要包括分解保护和整体保护两种。目前国内外在凝结物研究方面的工作主要集中在分析检测与凝结物清除方面，在凝结物整体保护方面开展的工作极少。

凝结物的分解也可以看成考古发掘工作的继续。由于凝结物内包含物复杂多样，必要时需要借助X射线或工业CT探测凝结物中文物的种类、数量、位置和保存状况，可边清理边探测。凝结物分解主要采用机械法。凝结物中常见各种小型器物，在分解过程中要做好整理和记录。

由于沉船船货重复品较多，且分解坚硬凝结物时很难避免文物损伤，当凝结物尺寸大、包含文物多、总体结构稳定、整体展示价值较高时，可实施整体保护。凝结物整理保护方法主要包括清理、脱盐和加固。凝结物的表面和内部包裹了大量的海洋盐类和铁锈，盐分主要是有害的易溶和微溶盐，如氯化钠、氯化铵和石膏等，其物理化学性质对环境温湿度的敏感性决定了其对文物有不利影响；铁锈中常见有害的纤铁矿 β-FeOOH，因此均应尽可能清除。清理时注意保留致密锈蚀物和贝壳类海洋沉积物。由于凝结物尺寸和重量均较大，为了兼顾操作方便和脱盐有效性，可采用循环喷淋的脱盐方法。采用电导率仪、离子色谱或氯离子测定仪等设备监测脱盐过程和判断脱盐终点。整体保护后，凝结物表面如有竹木器等脆弱有机质文物或高度矿化铁器等，可进行适当渗透加固，以提升凝结物强度。图7.3为采取整体保护的南澳一号沉船出水凝结物[4]。

---

[1] Zhang Z G, Ma Q L, Li N S, Tian X L, Liu W. Research on the Removal of Calcareous and Iron Concretions from Marine Ancient Iron Objects. In: *Proceedings of the 2nd Asia-Pacific Regional Conference on Underwater Cultural Heritage, Honolulu, Hawai'I, America*, 2014: 529-537.

[2] Pearson C. The Preservation of Iron Cannon after 200 Years under the Sea. *Studies in Conservation*, 1972, 17(3): 102.

[3] Montlucon J. Electricity as a Means of Stripping Archaeological Objects. *World Scientist*. 1987: 82-86; Bessel J. VandenHazel. The Conservation of Iron from Shipwrecks. *CIM Bulletin*, 1989: 81-86.

[4] 张治国、刘婕、李乃胜等：《"南澳Ⅰ号"沉船出水凝结物的整体保护》，《文物保护与考古科学》2019年第4期，第1—9页。

图7.3 采取整体保护的南澳一号沉船出水凝结物
1. 清理前　2. 脱盐　3. 整体保护后

7.4.5　木质沉船保护

水下文化遗产是人类文化遗产的重要组成部分，是人类发展历史和人类社会活动的一个重要侧面。目前最常见、研究最深入的是沉船遗址。数量庞大的沉船遗址是重构古代航海技术史、物质生产史、贸易交流史的重要研究对象。

根据船体打捞方式，海洋出水木质沉船的保护一般分为整体保护和拆解保护后再拼装两大类。对于整体打捞的船体，比较有代表性的是瑞典斯德哥尔摩瓦萨（Vasa）博物馆展陈的17世纪战舰瓦萨号，英国朴次茅斯玛丽·罗斯号（Mary Rose）博物馆展陈的亨利八世时代战舰玛丽·罗斯号，以及我国的南海一号。其保护方法通常采用聚乙二醇等材料长期喷淋置换出水分，再自然干燥，使木材含水率逐步降低。对于拆解打捞的船体，如西澳海事博物馆的巴达维亚号（Batavia），以色列海法大学赫克特（Hecht）博物馆的Ma'agan Mikhael，意大利马沙拉地区考古博物馆的Marsala Punic，德国海事博物馆的不来梅柯克沉船（Bremen Cog）以及我国的华光礁一号、小白礁一号等，通常采取脱盐、脱水干燥、加固定型和拼装复原等程序进行保护。

世界上最著名的木质沉船是目前保存在瑞典瓦萨博物馆的瓦萨号（图7.4）[1]。瓦萨号建造于1626—1628年，由于船体设计问题，在1628年其处女航中即沉没于斯德哥尔摩港口。1961年整体打捞出水。当时并没有大型木船保护方案可以借鉴，保护人员

---

[1] Hocker E. From the Micro- to the Macro-: Managing the Conservation of the Warship, Vasa. *Macromolecular Symposia*, 2006, 238(1), 16-21; Birgitta Hafors. Conservation of the Swedish Warship Vasa from 1628. *Vasa Museum*, 2010.

采用了当时尚属新材料的聚乙二醇作为脱水填充材料进行保护。这一过程很漫长，从1962年持续到了1988年。其间，1962—1965年，采用手工喷淋PEG4000；1965—1971年，采用自动喷淋系统喷淋PEG1500；1971—1988年，自动喷淋PEG600。1989年，瓦萨号及船上发掘出的物品开始在瓦萨博物馆进行展示。自20世纪90年代，瓦萨号表面发现有盐的沉积。到了2000年，沉积盐现象大面积爆发。瓦萨博物馆启动了两个连续的研

图7.4　整体打捞保护的瑞典瓦萨号沉舰

究项目"保护瓦萨"（"Preserve The Vasa"）和"瓦萨号沉船的未来"（"A Future For Vasa"），以研究瓦萨号的病害原因。研究结果表明，大面积爆发的盐析伴随着酸化，是由于埋藏过程中硫酸盐还原菌代谢产生了大量的还原性的硫铁化合物，在水分和氧气的作用下引发的一系列反应。目前这一问题受到海洋出水木质文物保护工作者的广泛关注[1]。

现保存于英国朴次茅斯玛丽·罗斯号博物馆的玛丽·罗斯号是一艘著名的16世纪英国战舰，由英国国王亨利八世下令建造。始建于1509年，完成于1511年。作为战舰，它参加过多次英法战争，1545年，在战争中被击沉。1982年，玛丽·罗斯号被整体打捞，但是船体已经不完整。从打捞之后一直到1994年，一直采用2—5℃的淡水进行喷淋，以抑制微生物的活动。从1994年10月开始，采用了PEG作为脱水填充材料对玛丽·罗斯号进行处理。1994—2003年开始喷洒PEG200脱水；2003年以后采用PEG2000填充，并采用PEG4000对船体表面进行处理。这一过程直到2010年才完成[2]。与瓦萨号一样，玛丽·罗斯号也同样受到硫铁化合物氧化所引起的酸化现象的威胁。

巴达维亚号是一艘荷兰东印度公司的商船，建造于1628年，1629年首航即沉没于西澳大利亚的豪特曼群礁。1970—1974年采用拆解的方式打捞。打捞后的船板采用去离子水浸泡了2年以脱除盐分，之后采用PEG梯度浸泡填充加固。处理后的船板被拼装起来，在西澳博物馆展示[3]。

---

[1] Lars Ivar Elding. Ten Years of Vasa Research-Review and Outlook. In: *Shipwrecks 2011, Proceedings, Chemistry and Preservation of Waterlogged Wooden Shipwrecks, Vasa Museum*, 2011: 86-93.

[2] Mark Jones. *For Future Generations: Conservation of a Tudor Maritime Collection*. The Mary Rose Trust Ltd, 2003.

[3] MacLeod I D. Conservation of waterlogged timber from the Batavia, 1629. *Bulletin of the Australian Institute for Maritime Archaeology*, 1987, 14(2): 1-8.

图7.5　拆解打捞和保护的不来梅柯克沉船

位于德国海事博物馆的不来梅柯克船（Bremen Cog）建造于1380年前后，沉没于德国的威悉河，主要用材为橡木。1962—1965年，陆续打捞出2000余件船体构件，之后运至德国海事博物馆开始了漫长的保护修复与复原工作，至1999年开始在该馆展出（图7.5）。船长23.3、宽7.6、高4米，推测排水量可能在90吨或130吨。该船采取了先复原后保护的处理方法。船体复原后，大部分重量由悬挂于房顶的钢绳负担，然后在船体四周修建浸泡水池，分别采用PEG200和PEG3000水溶液对船体进行浸泡脱水定型，直至稳定。总体来说，除了局部的少量裂缝外，不来梅柯克沉船的保护效果良好。目前最大的问题在于船体复原后注重考虑悬挂支撑，却忽视了底部支撑。2010年前后由于船体变形，在船体外侧进行了局部支撑，并拆除大部分隔仓板以减轻船体承重。目前博物馆保护人员定期对船体进行三维激光扫描以监测船体形变，根据监测情况以寻求更好的船体支撑方式。

泉州湾宋代海船的保护是我国海洋出水大型古沉船保护的先例，具有自己的特点。这艘船建造于南宋末年，沉没于咸淳七年（1271年）以后。1974年在福建泉州后渚港的海滩上发现，并拆解到博物馆进行保护。船体木材在1974—1978年采用在相对密闭环境内自然阴干脱水方法干燥。这艘船早期使用了铁钉连接船板，发现铁钉生锈后将部分铁钉替换为了竹钉。泉州宋船采用先复原再经4年多缓慢自然阴干脱水的方式成功保存了船体，而早期保护未脱盐及复原时使用大量铁钉给后期保存带来了严重破坏性后果。目前，船体经过40余年的保护，整体结构基本稳定，但由于难以彻底解决早期保护遗留的问题，在开放式的保存条件下，其长期稳定保存难以实现[1]。综合现状与保护分析，从控制船体保存环境入手，尽可能抑制或延缓各种物理、化学与生物作用，是当前阻止船木继续劣变、延长船体寿命的最有效可行的途径。

山东蓬莱水城一号古船，建造并沉没于明代晚期。1984年发掘，采用自然阴干方法脱水。山东蓬莱水城二号古船建造并沉没于明代晚期，2005年发掘，采用PEG/硼砂混合水溶液喷淋脱水定型[2]。

2008年11月至12月，我国水下考古工作者将西沙海域华光礁一号沉船拆解为511块

---

[1] 福建省泉州海外交通史博物馆：《泉州湾宋代海船发掘与研究》，海洋出版社，1987年。
[2] 山东省文物考古研究所、烟台市博物馆、蓬莱市文物局：《蓬莱古船》，文物出版社，2006年。

船板，运至海南省博物馆进行保护修复。经测绘，残存船体总长17、宽7.54、舷深3—4米，考古发现的隔舱有11个，船排水量大于60吨。经检测，船体木材内存在大量难溶性硫铁化合物，在国外海洋出水沉船保护经验教训基础上，为避免硫铁化合物氧化水解所引起的酸化现象，采用EDTA二钠盐溶液为主的络合剂对难溶性硫铁化合物进行脱除。目前该船已进入脱水定型处理阶段。2013年拆解发掘的清代道光年间小白礁一号沉船的保护也采用EDTA二钠盐溶液为主的络合剂对难溶性硫铁化合物进行脱除（图7.6）。

图7.6 小白礁一号沉船难溶性硫铁化合物脱除

7.5 小结

本章从海洋环境对水下文物的影响、海洋出水文物常见病害特征、出水文物现场保护、出水文物科技保护四个方面，介绍了水下文化遗产保护所涉及的主要内容。海洋的恶劣环境决定了海洋出水文物的保存状况之差和保护难度之大，很多文物保护问题至今仍然是世界难题，需要科学技术的发展和科研人员脚踏实地的研究去解决。中国的水下考古始于1987年，水下文化遗产保护尚属于新兴的学科。我国需要继续加强与国际水下文化遗产保护技术领先的国家的合作与交流，加强水下文化遗产保护机构、人员、场地、设施、设备的建设，才能更好地服务于我国迅速发展的海洋经济与海洋考古事业。

第8章 水下文化遗产保护管理

国家文物局考古研究中心　王晶

8.1 水下文化遗产保护管理的特点与原则

8.1.1 法律性与区域性的特点

水下文化遗产保护管理涉及复杂的法律问题。国内法层面，与陆地文化遗产具有明确的行政属地不同，水下文化遗产多位于地方行政管辖水域之外，或跨行政区域，同时与海洋、交通、环境、渔业等部门法律法规有诸多竞合，与海洋环境和自然资源保护的划区管理也多有牵涉。国际法层面，与陆地已基本为主权所覆盖、因文物而引起的国际争议集中于非法走私、殖民掠夺不同，大量水下文化遗产位于内水、群岛水域、领海之外，不同海域的主权程度相异；同时，作为沉没物的水下文化遗产具有物主，包括与沿海国具有平等主权地位的国家，加之历史贸易类沉船和船货往往存在着诸多来源国，沿海国保护管理不同海域不同性质的水下文化遗产时应注意其权属的复杂性。

与陆地文化遗产保护管理相比，水下文化遗产保护管理具有两个层次的区域性，即一个水下文化遗产保护区域内包含多个单体遗址的保护区，该区域因保护程度的不同而有相应的名称和性质，内容可以涵盖水下遗址、相关陆上海洋文化遗产、自然景观和资源等。一方面，作为水下文化遗产大宗的沉船分布具有明显的区域性，第一，历史航道的延续使用使沉船集中分布在数个海难多发区域。第二，船只沉没过程中的抛洒和漂流使船货呈分散性区域分布。第三，洋流、海底地质活动等使数处沉船和船货遗址进一步呈现为一个堆叠搅拌的区域。另一方面，水下文化遗产保护管理的区域性还体现在与海洋环境和生物资源保护管理密切相关。水下文化遗产存在于海洋环境中，后者为前者提供了原生、稳定的保护环境，丰富的海洋生物资源也增加了游览者的兴趣，比传统展示方式更为真实、完整而直接；同时，水下文化遗产的破坏也威胁、影响着海洋环境和该区域生态环境的稳定，二者的保护管理是一个整体（图8.1）。

除考虑到水下文化遗产保护管理政策的预防性、明确各主体权利界线和内容、及时监测调整外，宣传和公众参与也是水下文化遗产保护管理的重要因素。由于海洋面积广阔、

图8.1 巴布亚新几内亚马丹（Madang）的一艘二战沉船船艉，珊瑚和鱼类、贝类等与遗址伴生[①]

---

① 图片来源于联合国教科文组织网站。

条件恶劣，限于目前的科技水平，水下文物的发现还主要依靠对有关线索的调查而很难做到普查，也无法对远离陆地的水下文化遗产进行长时间现场看护。而且，沉船多位于传统航道，并成为海洋生物的栖息场所，是航行和渔民日常作业的区域，水下遗址极易遭受疏浚、拖网、抛锚等作业的破坏。同时，居民与当地的水下文化遗产有真实、直接的联系和感情，通过适当的公众告知和宣传教育，让公众了解遗址和工作价值，不仅可以避免人为侵扰，还可以让公众参与看护和监测管理遗址、报告文化遗产线索。公众对神秘的水下世界更感兴趣，面向大众的研究和展示能确保公众得到准确信息和正确观念，而不被媒体或营利机构的简化、夸张宣传所误导，联合国教科文组织也制定了《水下考古遗址潜水道德规范》（*Code of Ethics for Diving on Submerged Archaeological Sites*）。

8.1.2 原址保护原则的区分与实施

海水是非常复杂的环境体系，水下文化遗产因与周围环境达到物理和化学平衡而得以保存。这些处于稳定状态的人工制品非常脆弱，离开原来的埋藏环境后，腐蚀和劣变速度就会加快，进而导致对考古证据的破坏。保护管理的目的是延缓这一过程，从而保护遗产。同时，遗址一旦发掘就失去了它最有价值和最脆弱的信息。联合国教科文组织2001年《保护水下文化遗产公约》（*Convention on the Protection of the Underwater Cultural Heritage*，以下简称《水下公约》）将原址保护作为水下文化遗产保护的首选方案，是基于对遗址和背景情境重要性的认可。原址保护能够保留遗址的真实性，背景情境能够提供重要线索和必不可少的信息，真实性和背景对研究和大众体验文化遗产均至关重要。

首先考虑对水下文化遗产实施原址保护，并不意味着原址保护是水下文化遗产保护管理的最优选择，遗址及其周边环境的发展无法停止，让所有遗址保持现状并不现实。最终采取哪种保护方式仍应以现实情况下的文物及其背景情况的保护、认识或改善为宗旨，恰当的实践方式取决于每一处遗址的具体情况，但应当首先考虑原址保护的可能性，以最小干预为原则谨慎制定保护管理方案，并对牺牲作为公共利益的遗产背景情境的必要性予以说明，在后续活动中应当优先考虑使用非破坏性技术和方法。文化遗产及其所蕴含的信息是人类共同利益，具有公共价值，其有限性和不可再生性也决定了原址保护这种谨慎的做法优先于文物发现，也优先于遗址部分或全部发掘。采取原址保护方式并不排斥发掘，但需经政府批准、批准前评估、标准化管理三个阶段。

文化遗产因其公共利益和对人类的独特价值而受到保护，因此应当得到尽可能多的分享，提升社会发展质量，对公众开放使遗产保护有价值和得到理解、支持。同时，脆弱的文化遗产需要限制开放和采取保护措施，这也是可持续性发展的需要。水下文化遗产的开放不能简化为允许或禁止参观，遗址管理计划中应包含指导性准则，如开放时间、是否需要许可、是否有航行或停泊限制、是否因位于自然保护区或军事管理区而有特殊规定等，以及后续的监测和维护。合理的保护管理方案可以极大降低水下文化遗产遭受破坏的风险，并提升遗产的开放性。

研究、保护和开放是相互关联的，前期研究、记录和评估工作是制定保护管理方案的基础。制定水下文化遗产保护管理方案需要考虑许多因素，如遗址的特点和需求、人为干预和自然资源的影响、如何顾全各利益相关方、如何应对可能对遗址产生影响的行为，还需参考相关的公约、国内法律法规、建议和指导原则等，并与空间规划和海洋政策等协调整合，以综合实现多个目标。在分析前述因素的前提下才能提出较为合理的水下文化遗产划区的不同范围和限制行为及程度，在预防性保护的前提下不过分限制日常用海作业，或与已有保护区相结合以使水下文化遗产保护管理措施较易实施、降低经济和行政成本。

另需注意的是，在谨慎评估的基础上采取不同的保护措施、建立适当的监督和控制机制是水下文化遗产保护管理方法的关键。通过原址监测及时了解水下文化遗产的保护状态来确定适当的保护管理措施，定期监测所采取措施的效果，并进行相应调整，是水下文化遗产保护管理的重要部分。随着水下文化遗产价值、保存情况、环境等的变化，其保护管理方案也应及时调整。1975年成立的美国"监视者"号国家海洋保护区（USS Monitor National Marine Sanctuary）位于水下约70米，通过涉及其设计、建造、历史的"监视者"号路径（Monitor Trail）向公众开放。20世纪90年代，NOAA监测到沉船劣变加剧后，对原址保护的沉船进行了部分发掘，并取出最具历史价值的军事设施进行保护、展示，其后，博物馆开设了美国军舰监视者号中心（USS Monitor Center），与保护实验室和留在原址的船体、潜水廊道共同向公众展示这段历史[①]。

8.2 水下文化遗产保护与展示阐释方法

8.2.1 选择不同方法的原因

单体沉船、沉船密集区、城址等不同水下文化遗产类型适合不同的保护管理方法和阐释方式，水下文化遗产保护管理的宗旨在于对遗址的合理保护和妥当利用。评估水下文化遗产类型和分布保存情况、确定保护和开放的范围和程度、制定保护管理

---

① John D. Broadwater. The USS Monitor: *In Situ* Preservation and Recovery. In: *Underwater Cultural Heritage at Risk: Managing Natural and Human Impacts (Heritage at Risk: Special Edition)*. Paris: ICOMOS, 2006: 79-81.

措施，并及时监测和调整，是水下文化遗产保护管理的基本流程，其中一些规定可以通过不同层级的法律法规予以确定。影响保存在水环境中的文化遗产劣化或破坏的因素主要有自然和人为两方面，自然因素有洋流、潮汐、盐度、底质、海洋生物等，人为因素有盗捞、捡拾文物等以水下文化遗产为目的的行为，以及不以水下文化遗产为目的的工程建设、钻探、疏浚等或潜水、捕鱼等日常活动。水下文化遗产的材质、价值、分布、环境、密集性、位置和周边发展情况，以及上述因素的相互作用都决定了保护方法的选择，常见设置保护性框架、建立水下博物馆、为一处沉船遗址或单体水下文化遗产划设保护区（zone）、为多处水下文化遗产划设水下公园等形式的海洋保护区（area）等原址保护方式，以及部分或全部提取后异地保护等。保护措施有时是为了在发掘暴露后临时加固重要遗址，有时则是为了长期加固遗址或避免公众侵扰，采取侵入性措施后，水下文化遗产保护管理方法就必须考虑如何处置由此产生的变化来稳定遗址。除事先考虑遗址加固和原址保护所用的材料和方法可能改变水流、阻碍生物气体排出等问题外，也应系统监测遗址变化以检测措施是否适合水下文化遗产保护，了解影响遗址的进程并据此采取相应的保护措施。

8.2.2 保护框架

覆盖着水下遗址的框架可以有效避免盗捞，也对公众干扰遗址的行为起到劝诫作用。保护性框架的效果和持久性在很大程度上取决于所使用的材料及其在海底的固着情况，并需要及时保障维护和清洁。潜水员经许可可以进入框架检查遗址情况，或带领公众参观遗址。克罗地亚文物登记处（Croatian Registry of Cultural Objects）登记的几百处水下考古遗址中的8处用钢质框架保护起来（图8.2）。

8.2.3 水下博物馆

我国重庆白鹤梁水下博物馆展示的水文题刻记录了涪陵地区长江1200年间的水位变化，该天然石梁长1600、宽15米，三峡大坝建成后被淹没在水下43米处。重庆白鹤

图8.2 克罗地亚用金属框架保护水下遗址

梁水下博物馆使公众有机会接触这些题刻，被认为是首个不需潜水就能参观水下文化遗产的博物馆。颇具知名度的埃及亚历山大港计划修建的水下博物馆依托古港遗址，分为水上、水下两部分，水上展出已修复的文物，水下则进行古城和古船原址展示（图8.3）。

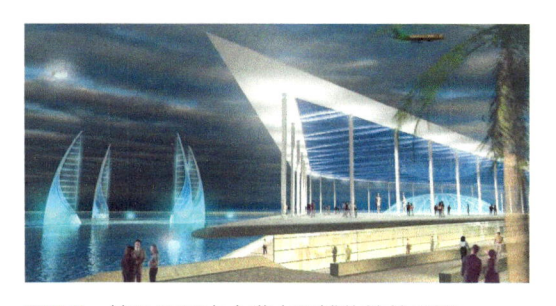

图8.3　埃及亚历山大港水下博物馆效果图

8.2.4　水下公园及主题潜水路径

1989年，美国佛蒙特州（Vermont）已成功运营沉船公园。20世纪80年代，位于五大湖区水下10米平坦沙底上保存良好

图8.4　星号（HMS Sirius）沉船遗址的标志

的百慕大号（Bermuda）沉船建设了全美第一条水下阐释径，通过浮标、玻璃船等设施与其他水下遗址组成该区沉船游览线路点。美国佛罗里达州于1987年开始开发全州范围内具有特色的沉船和其他历史遗址的水下公园（underwater park）体系。每处遗址设有阐释板，有趣的考古信息和丰富的海洋生物信息使其深受潜水者欢迎，当地潜水商店顺此提供手册和覆膜水下导览册。美国目前有十几处这样的水下公园[①]（图8.4），并在持续建设，国家海洋与大气局与州内务部订立了纲领性协议，"着力建立鼓励公众开放的水下公园和水下沉船径系统"[②]。

8.2.5　海洋自然保护地

意大利西西里的乌斯蒂卡岛海洋自然保护区于1990年在蓬塔加瓦齐（Punta Gavazzi）区域建设了水下导览径，向游客提供分布于10—24米深度的水下考古路线，游客可以乘坐船底透明的船只参观，也可依据水下导览牌和不同颜色的线条指引，游览到船锚和陶器等所有考古遗存处，旁边立有标识其功能、年代、发现地的标牌，另有提供航海文物、文献图片和游客守则等一般信息的标牌。当地大学在保护区内建立了海洋图书馆，公众对水下遗产的兴趣和旅游的兴起促使该岛建立了一所教授水下考古、航海商贸史和潜水课程的学校。保护区成为当地经济的推动力，得到了居民的认可与保护，二者在文化和经济上相互融合。

---

① www.museumsinthesea.com.

② Programmatic Agreement among the National Oceanic and Atmospheric Administration, the Advisory Council on Historic Preservation, and the State of Florida for Historical Resource Management in the Florida Keys National Marine Sanctuary, 1998, Ⅲ.D.3.

澳大利亚大堡礁海洋公园（Great Barrier Reef Marine Park）作为全球分布最广的珊瑚礁生态系统，面积348000平方千米，覆盖有900余座岛屿，通过立法和划区规划把17世纪历史沉船、二战飞机遗骸等水下文化遗产，灯塔等海洋文化遗产，以及数万年土著与岛民文化等海洋性非物质文化遗产涵盖在内，包括海洋文化遗产保护特别管理区（Maritime Cultural Heritage Protection SMA）、紧急特别管理区（Emergency Special Management Areas）。

8.2.6　异地保护展陈

打捞沉船后异地保护的知名案例是瓦萨号（Vasa），历经二十余年化合物喷淋等处置后，新的瓦萨博物馆于1990年开馆，每年吸引上百万游客前来参观，然而，其新出现的船体木材劣化问题，以及玛丽·罗斯号（Mary Rose）沉船打捞后，铁质炮弹在空气中存放后质量的减少也提示出水后异地保护展示的水下文化遗产潜在的保护风险。正是瓦萨号、玛丽·罗斯号等沉船的大型发掘促成了原址保护理念的形成，因为大量沉船和船货的保存如果没有巨额资金和持续的技术支持将面临劣化危险。在西班牙的地中海水域发现了两艘公元前7世纪的腓尼基沉船，其中马萨龙Ⅰ号（Mazarrón Ⅰ）沉船被打捞并在西班牙国立水下考古博物馆（ARQUA）展出，而马萨龙Ⅱ号（Mazarrón Ⅱ）沉船采取了原址保护的做法（图8.5）。

8.2.7　虚拟展示

与陆上文化遗产相比，水下文化遗产难以监管和控制，公众开放性受限。对公众开放不利于遗产保护管理的一些遗址，或交通不便无法开放的水下文化遗产，可以通过闭路电视、三维虚拟、仿真体验等方法，并通过互联网等远距离可视化手段向公众间接开放。一些博物馆与研究机构合作采用沉船的原始造船方法制造复制品展出，有些船舶复制品还被用于举办航行活动，精美的复制品将历史呈现在现实生活中，非常直接地增进了公众对水下文化遗产的感受和理解。

一处水下文化遗产往往同时采用多种保护管理方法，如对原址保护的遗址进行部分发掘并取出部分遗存进行异地保护、展示，同时，原址保护也会因文物材质的不同而异。例如，有机质遗产多适用回填保护，建筑遗产则多可开放展示。意大利西西里岛的加马力纳（Camarina）湾水下考古公园又称"沉船墓地"，该海区的许多沉船已被发掘并展示在加马力纳博物馆（Camarina Museum），也可在水下参观215年的石柱沉船（Wreck of Columns，为来自埃及的黄色大理石），同时，游客可步入与主岛连通的

图8.5 西班牙国立水下考古博物馆（左）与位于西班牙卡塔赫纳（Cartagena）附近的腓尼基沉船马萨龙Ⅱ号（右）

海底透明通道参观沉船[1]。

水下文化遗产可以与沿岸的相关海洋遗产共同保护管理。佛罗里达海洋遗产径（Florida Maritime Heritage Trail）分为沿岸社群、沿岸环境、要塞、灯塔、历史港口和历史沉船六个主题，每个主题包含几处参观地点，每处有遗迹图片、历史介绍、地图和参观信息，这些主题解释了自然和文化因素的历史演变，以及它们如何在该地区的交融演进[2]。美国德州历史学会在发掘了拉贝拉号（La Bella）沉船后，随即发掘了圣路易斯堡（Fort St. Louis），全面阐释了法国开拓者在墨西哥湾沿岸建设殖民地的历史[3]。

原址保护和阐释方式随着水下文化遗产的发现和认知进展而改变。美国南卡罗来纳州（South Carolina）设立的艾希礼河游览径（Ashley River Trail）是基于20世纪90年代发现的30处潮间带工程遗址建成，公众可步行、划船、涉水和骑车享受森林、海湾、运河和河流的一系列体现河海交界自然风光的游览径。潮间带数十处沉船发现后加入了州遗产廊道，这些木帆船、电动船、游艇和水泥拖船体现了当地的种植业、采矿业和交通发展历史，因此于1997年设立了几处水下遗址组成的库珀河水下遗产径（Cooper River Underwater Heritage Trail）。

---

[1] Barbara Davidda, Underwater Archaeological Parks: A New Perspective. *International Journal of Nautical Archaeology*, 2002, 31(1): 83-87.

[2] http://www.flheritage.com/aeology/underwaterrcha/maritime/index.cfm.

[3] https://www.thc.texas.gov/preserve/archeology/la-salle-archeology-projects.

8.3 水下文化遗产保护管理的相关法律

8.3.1 《保护水下文化遗产公约》

在国际法协会（International Law Association）1994年通过的《保护水下文化遗产公约布宜诺斯艾利斯草案》（*Buenos Aires Draft Convention on the Protection of the Underwater Cultural Heritage*）和国际古迹遗址理事会（International Council on Monuments and Sites）1996年通过的《保护和管理水下文化遗产国际宪章》（*International Charter on the Protection and Management of Underwater Cultural Heritage*，以下简称《宪章》）的基础上，联合国教科文组织2001年通过的《水下公约》使前述两个文件的一些规定在部分国家间具有了法律约束力。这是第一部针对水下文化遗产保护的全球性公约，是水下文化遗产保护管理国际先进理念的体现，于2009年生效，公约的第1—6条阐述了水下文化遗产的定义和原则，除禁止商业性开发、不改变国家船舶和飞行器权利外均为软性原则；第7—13条规定了不同海洋分区的权利和义务；第14—18条规定了沿海国对水下文化遗产走私和破坏等非法行为的管控措施；第19—21条阐述了信息共享、公众意识、人员培训等规定；第22—35条规定了遗产主管机构、条约生效修订保留等内容；同样具有法律拘束力的公约附件《关于开发水下文化遗产活动的规章》（*Rules Concerning Activities directed at Underwater Cultural Heritage*，以下简称《规章》）确立了考古调查、发掘、保护管理等相关活动的宗旨、方法，并规定了原址保护优先、最小干预、保持出水文物的完整不散失等，是成员国评价相关活动恰当性的标准。《水下公约》现有71个成员国，中国尚未加入该公约。

可见，这部公约界定了保护对象、规定了保护内容和方式、明确了若干保护原则，对位于不同性质水域的水下文化遗产规定了不同保护模式，并规定了若干控制措施。公约以"为全人类利益保护水下文化遗产"为宗旨，这不仅体现在鼓励开展合作、公众分享等原则方面，也体现在协作保护等具体制度上，如公约明确要求协调国应代表所有成员国行事，以全人类利益为重，而不能仅仅代表本国利益。

原址保护和禁止商业性开发是公约所特有的一般原则。公约将可能对水下文化遗产造成不利影响的人类活动分为"无意中影响水下文化遗产的活动"和"开发水下文化遗产的活动"，后者又分为商业性开发活动和非商业性开发活动。虽然与《布宜诺斯艾利斯公约（草案）》完全排除对水下文化遗产适用救捞法不同，《水下公约》规定如果同时满足公约规定的三项条件可以适用救助法和发现物法，但这种在主管当局掌控之下、符合公约规定的活动，完全不同于传统的文物打捞。

《水下公约》虽然旨在给予水下文化遗产与陆地遗产相同的普遍保护，但与陆地基本已经确定国家间边界不同,海洋划界的争议使水下文化遗产保护的落实更为艰难。加之《水下公约》的主要目标是促进国家间合作来保护水下遗产,它回避了水下文化遗产的所有权等棘手的问题。在管辖权方面,与《布宜诺斯艾利斯公约(草案)》允许成员国在领海至其大陆架外部界线设立"文化遗产区",成员国对该区域内影响水下文化遗产的活动享有管辖权不同,《水下公约》采取了协调国协作保护模式。对于专属经济区和大陆架上发现的水下文化遗产,与相关水下文化遗产确有联系(尤其是文化、历史或考古方面的联系)的成员国,都可以向沿海国宣布愿意在如何保护遗产方面提供咨询;如果沿海国发现或有意开发其专属经济区和大陆架上的水下文化遗产,则应当与宣布对这些遗产有兴趣的所有国家协商如何进行最佳保护。

还应注意的是,《水下公约》强调公约条款均不得妨碍包括1982年《联合国海洋法公约》(United Nations Convention on the Law of the Sea)等国际法赋予各国的权利、管辖权和义务,即二者出现冲突时后者应当优先适用,公约的解释和适用应当结合上述国际法。除救捞法和发现物法的适用、沿海国管辖权问题外,《水下公约》缔约过程中另一个争议点是国家船舶和飞行器的法律权利,与《布宜诺斯艾利斯公约(草案)》将其视为未抛弃物而排除在调整对象之外不同,《水下公约》对其做出了一系列特殊规定。此外,尊重人类遗骸是悠久的海洋传统,除沉船外,一些古代崇拜性遗址也存有人类遗骸,《水下公约》附件规定应避免对这类遗址产生不必要的侵扰。沉没在他国海域的军舰和其他国家船舶的保护管理存在船旗国和沿海国的不同权利,加之其中人类遗骸处置的特殊性,各方多通过双多边条约约定彼此的权利义务。从现有的七项水下文化遗产双边条约来看,均涉及所有权和保护管辖方式、发掘品归属、人类遗骸处置三个方面。在司法实践中,一些船旗国也以军舰为战争墓地为由要求沿海国或打捞者不得私自处置该船舶。

8.3.2 海洋法中的水下文化遗产保护

与陆上文化遗产主要适用文化遗产保护的法律不同,水下文化遗产还涉及海洋法、海事法等。1982年《联合国海洋法公约》是现代海洋秩序的基础,它将全球水域划分为内水、群岛水域、领海、毗连区、专属经济区、公海、大陆架和国际海底区域,为国际社会保护水下文化遗产提供了权利义务设置的基本框架,对水下文化遗产保护具有重要意义(图8.6)。然而,水下文化遗产保护并非公约谈判时重点关注的问题,最终形成的第149条、第303条仅规定为全人类利益、国际合作保护、认可物主权利和海事法、在公海区域赋予文物或文化、历史和考古来源国优先权,以及沿海国对毗连区移出文物的控制权等,并未明确优先权的内容、不同权利间的层级,存在法律空白和适用的问题。但是,第303条第1款规定各国有义务保护"具有文化、历史或考

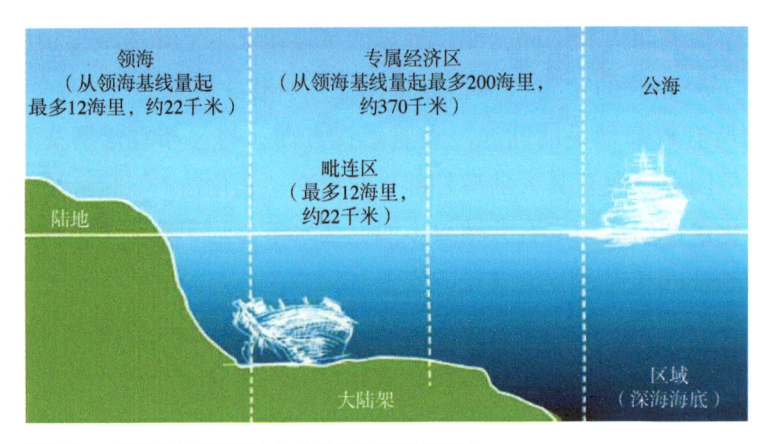

图8.6 《联合国海洋法公约》下的海域划分

古价值"的物品,并应为此进行合作,作为应普遍适用于各海域的一般规定确立了下来。其间,欧洲理事会于1978年起草的《水下文化遗产报告》和《第848号建议书》对水下文化遗产及其保护制度进行了研究,提出了沿海国对200海里"文化保护区"的管辖权,以及后来出现在《水下公约》中的100年以上、排除适用救助法、活动标准、报告制度、公众参与等规定,并推动了1985年《保护水下文化遗产欧洲公约(草案)》的形成。

8.3.3 海事法与水下文化遗产保护及其发展趋势

随着第二次世界大战后海洋科学技术的发展,特别是自携式水下呼吸器的出现,水下文化遗产进入了打捞者的视野,而传统的海事法原则如何适用于水下文化遗产是救捞法和发现物法的新话题,也促进了它的发展变化。海难救助是一项古老的海事法律制度,它通过赋予救捞报酬鼓励人们救助面临海上危险的货物或船舶、减小海难损失。发现物法则赋予发现人对无主物的先占权,救捞法和发现物法均给予了排他性权利,以避免打捞作业遭受其他不必要的侵扰。可见,二者适用于水下文化遗产不仅需要符合其各自的宗旨、适用前提,而且随着出于对文化遗产公共利益的认可、打捞水下文化遗产对海洋环境影响的认知提升,以及其他保护水下文化遗产法律的制约,以商业价值为前提的救捞法,尤其是发现物法被多数国内立法和司法裁判排除或限制适用于水下文化遗产。在成文法方面,1989年《国际救助公约》(*International Convention on Salvage*)第30条(d)项规定:如果"有关财产为位于海床上的具有史前的、考古的或历史价值的海上文化财产",成员国可以做出保留,其明确态度是国际社会朝向水下文化遗产保护前进的重要一步。2007年《内罗毕国际船舶残骸清除公约》(*Nairobi International Convention on the Removal of Wrecks*)第4条除外条款的第2款规定:"本公约不适用于任何军舰或由某一国家所有或经营的且当时仅用于政府非商业服务用途的其他船舶，除非该国决定适用。"第3款规定："如果一成员国决定将本公约适用于第一款所述的军舰或其他船舶，则须将此通知秘书长并说明适用的条件。"

1985年，沉没于加拿大外大陆架的皇家邮轮泰坦尼克号（R.M.S. Titanic）沉船被发现并打捞后就打捞权经历了多次司法裁判。1986年美国《皇家邮轮泰坦尼克号海事纪念地法》（R.M.S. Titanic Maritime Memorial Act）提出通过国际协定保护该沉船。2001年，美国国家海洋与大气管理局制定了《皇家邮轮泰坦尼克号研究、调查与打捞指南》（NOAA Guidelines for Research, Exploration and Salvage of RMS Titanic）。2000年，英国、美国、法国、加拿大通过《皇家邮轮泰坦尼克号沉船协定》（Agreement Concerning the Shipwrecked Vessel R.M.S. Titanic）对英国生效并划定了168平方千米的保护区，2019年底对美国生效，使这部开放签署的国际条约生效。该协定确定了泰坦尼克号沉船是海难纪念地和具有国际重要性的历史沉船，进而明确了不扰动人类遗骸和保护文化遗产完整性的宗旨，继而在成员国间统一了对原址保护方式的认同，以及发掘提取的前提和进入沉船的活动限制，成员国对本国公民和船只对泰坦尼克号沉船的打捞行为进行行政许可。美国海事法院对泰坦尼克号沉船的判决指出对公海无所有人主张的历史沉船不适用发现物法，应用利于公共利益的救捞法[①]，体现出历史沉船打捞裁判的新趋势。

8.3.4 其他国际法规则与水下文化遗产保护管理

水下文化遗产保护管理与国际环境法也密切相关。《生物多样性公约》（Convention on Biological Diversity）对环境的定义即包括历史文化遗存，把更广泛的"海洋与海岸保护区"（marine and coastal protected area，以下简称MCPA）定义为"已通过法律或惯例等其他有效措施保留，其海洋及海岸生物多样性享有比周围更高的保护层级的海洋环境，及其上覆水域和相关动植物、历史和文化特征，之内或相关的所有认定区域"。海洋保护区是包含一些海洋景观及生物多样性保护区的涵盖性术语，世界自然保护联盟（World Conservation Union，以下简称IUCN，是International Union for Conservation of Nature的缩写）将其定义为"已通过法律或其他有效措施保留以保护部分或全部封闭环境的潮间或潮下区域及其上覆水域和相关动植物、历史和文化特征"，以及"通过法律或其他有效措施认定、设立和管理，以长期保护自然与相关生态和文化价值的清晰定义的

---

① R.M.S. Titanic, Inc. v. Wrecked & Abandoned Vessel, 435 F. 3d 521, 526 (4th Cir. 2006), para. 25-26. "除修正传统救捞法外，法院就打捞物权源和使用方式的命令应增进打捞作业的历史、考古和文化目的。地区法院以利于所有者（或者无所有者）和公共利益，同时给予打捞者合理回报的方式适用传统救捞法原则。"

地理空间"。它以自然与文化海洋资源的保护与可持续利用为要义,有多种保护目的与从完全性保护到允许多样利用的多重保护层次,由于保护区范围较大,还会涉及原住民用海方式等非物质文化遗产的保护和管理。IUCN第五类海洋保护区为海洋景观,是"人类与自然互动所形成的具有突出生态、生物、文化和景观价值的区域,保护这种互动的完整性为保护和持续该区域及其相关自然保护和其他价值所必须",与《水下公约》对水下文化遗产的定义即人类利用自然产物的理念相一致。其他国际组织也有相应实践,如国际海事组织确定的特别敏感海域(particularly sensitive sea areas,简称PSSA)标准包含生态与社会、文化与经济标准,在符合科学与教育价值的区域中包括有"历史和/或考古重要性"的遗址,对经过该海域的船舶排放做出规定;南极海洋生物资源养护委员会(Commission for the Conservation of Antarctic Marine Living Resources)对海洋保护区的界定也提到"保护历史和文化遗址"。

除上述国际公约以外,也应关注到美国、法国、英国、南非、加拿大、荷兰、澳大利亚等国家间通过双边或多边协议保护管理近代军舰和殖民时期的贸易沉船,欧洲委员会(Council of Europe)制定的区域性公约等其他国际法律文件为水下文化遗产保护提供的立法和实践经验,以及一些国内立法和实践将对水下文化遗产的管辖扩展到毗连区,甚至专属经济区和大陆架的情况。

8.4 水下文化遗产保护管理的国际实践

8.4.1 水下文化遗产最佳实践

为了推进《水下公约》所倡导的水下文化遗产公众可达性,公约成员国会议在成员国提供的案例中选出最佳实践(图8.7),并由公约科学与技术咨询委员会(Scientific and Technical Advisory Body)进行评估。最佳实践的标准有符合该公约的定义或被国内法认定为水下文化遗产,在法律和实践层面按照公约《规章》保护,重视负责任的非侵入性开放,具有可持续管理框架,着力于公众开放5项。经2017年、2019年共选出12例最佳实践,其中包括3例沉船遗址、2例发掘后沉船或船货展示、1处水下博物馆,以及6例拥有祭祀遗存的高海拔湖泊、河流使用遗迹、港口、区域性水下文化遗产,除博物馆展览、专题会议、出版物、传媒推广、培训、旅游等途径外,有的案例还在发掘期间组织公众参观遗址(图8.8)。除进行遗产登记、评估保护需求,并据此做出限制和许可外,水下文化遗产保护管理机构与当地政府相关部门和机构保持密切联系,以保证管理措施的实施和对遗址的法律保护。

图8.7　最佳实践标牌

图8.8　墨西哥新克罗浅滩的一处西班牙大帆船，这处潜水地点拥有丰富的鱼类、珊瑚等，以及优美的水下地貌，已确认69处遗址中的5处可供公众开放[①]

8.4.2　世界遗产海洋项目

世界遗产委员会（World Heritage Committee）于2005年通过的"世界遗产海洋项目"（World Heritage Marine Program）旨在提倡专属经济区内大型海洋区域和海洋保护区网络（MPA network）的提名。虽然该公约的适用范围不包括成员国领海之外的海域，但学界已开始呼吁和提倡在远离海岸水域和专属经济区外的公海水域建立海洋自然保护区。从海洋保护区范围、广度和深度方面，水下自然遗产保护区远超前于水下文化遗产保护区，后者更多是作为前者的一个部分得到保护。自然与文化遗产因素虽不可割裂，然而，文化遗产有其独特的资源属性与保护需求，应就其保护进行更多研究与实践。

在46处世界遗产海洋项目中有42处世界自然遗产、4处自然与文化混合遗产，包括美国最大的海洋保护区，也是世界最大海洋保护区之一的帕帕哈瑙莫夸基亚（Papahānaumokuākea），它具有深海生物和夏威夷土著文化习俗的突出普遍价值，由美国渔业与野生动植物局（US Fish and Wildlife Service）、国家海洋与大气管理局（National Oceanic and Atmospheric Administration，NOAA）、夏威夷土地与自然资源局（State of Hawaii Department of Land and Natural Resources）共同管理。西班牙伊维萨岛的生物多样性和特有文化（Ibiza，biodiversity and culture）提供了海洋生态系统和沿海生态系统之间相互作用的极好范例，地中海地区濒危的波西多尼亚（Posidonia）

---

① 图片来源于http://amigosdelmar.net/banco-chinchorro-diving/。

海草生长茂盛，蕴含和支撑着海洋生物的多样性，并保留有大量历史遗迹；萨·卡莱塔（Sa Caleta）聚居遗址和普伊格·德斯·墨林斯（Puig des Molins）墓地显示了伊维萨岛在史前地中海经济中的重要角色，尤其是腓尼基-迦太基时期，高城（Upper Town）要塞是文艺复兴时期军事建筑的杰出范例，对西班牙殖民者在新大陆的防御性建筑发展有深远影响；帕劳南环礁湖岩岛（Rock Islands Southern Lagoon）上有三百年间小岛社群组织生活的石头村、墓地和岩画。英国圣基尔达岛（St Kilda）保留着人类在极端条件下生活两千多年的证据，包括建筑结构、农田系统、系索工具和传统的高地石屋，展示了建立在鸟类、农业和牧羊基础上的当地经济（图8.9）。这四处世界遗产均拥有突出的海洋自然资源和海洋文化资源，公众也能够在旖旎而独特的水下环境中享受多样的水下文化遗产。

图8.9　圣基尔达岛的文化景观[①]

8.4.3　美国

美国是较早、较全面地开展水下文化遗产区域性保护与管理的国家，由国家海洋与大气局主导在国家海洋保护区系统下设立"文化遗产海洋保护区计划"（Cultural Heritage MPAs），结合已有的模式将文化遗产和其他遗产资源进行共同保护，与国家公园局（National Park Service，NPS）合作设立相关项目、拟定计划，联邦、州与地方共同设立了多种符合具体水下遗产情况的保护方式，有效地保护了文化遗产及相关环境、自然与人文资源，并与当地社会形成了良性互动。2008年公布的国家海洋保护区系统框架（Framework for the National System of MPAs）列出的首要目标与优先保护目的即包括文化遗产海洋资源。在州层面，佛罗里达州考古研究处（Florida Bureau of Archaeological Research）设立了水下考古项目，州务部（Florida's Department of State）、文化和历史项目办公室（Office of Cultural and Historical Programs）会同该处与公众、潜水社团、大学和博物馆长期合作，共同检视和阐释水下遗址，对沿岸、河

[①] 图片来源于圣基尔达岛网站，http://www.kilda.uk.org。

流和洞穴中的史前与历史遗址进行了调查和发掘，并通过政府和公众的合作将遗址定位为防护区（underwater archaeological preserve）。

适用于包括领海的国家管辖海域的1972年《国家海洋保护区法》（*National Marine Sanctuary Act*）旨在平衡海洋环境的多种使用方式，以达到资源保护的主要目的，保护区推进特别事件、历史、休闲、美学海洋资源的综合保护，多为水下史前考古遗存和历史沉船。1987年《被弃沉船法》（*Abandoned Shipwreck Act*）规定被列为或具备资格列入国家登记历史遗产地（National Register of Historic Place）的被弃沉船为联邦所有，明确认可"沉船为休闲潜水和其他感兴趣人群提供放松和教育机会"，并规定州"建立水下公园或区域为这种资源提供更多保护"。较知名的水下文化遗产保护区包括，1981年成立的雷德湾国家保护区和水下保存区（Thunder Bay National Sanctuary and Underwater Preserve）包括约160艘沉船，代表着五大湖区长达两个世纪的商业运输；1980年，国家海洋与大气局和国家公园局、加利福尼亚州（California）、美国海军合作管理1000余平方英里（约2590平方千米）的海峡群岛国家海洋保护区和国家公园（Channel Islands National Marine Sanctuary and Channel Islands National Park）包含100余处登记沉船，多是潜水胜地；佛罗里达群岛国家海洋保护区（Florida Keys National Marine Sanctuary）占地近1万平方千米，主要保护珊瑚礁，同时作为英美历史贸易的重要节点，含有500余年历史的沉船等遗迹，涵盖五种类型、不同保护强度的水下文化遗产划区。

此外，美国水下文化遗产保护管理还受2004年《沉没军事船机法》（*Sunken Military Craft Act*），以及1906年《古物法》（*Antiquities Act*）、1966年国家历史保护法》（*National Historic Preservation Act*）、1979年《考古资源保护法》（*Archaeological Resources Protection Act*）、1974年《考古与历史保护法》（*Archeological and Historic Preservation Act*）等文物立法的规制。

8.4.4 澳大利亚

澳大利亚也是水下文化遗产丰富的国家，在内水、港口和近海发现了大量原住民遗址、殖民贸易沉船和大量二战沉船、沉没的飞行器等，由环境部主管澳大利亚水下文化遗产保护管理工作。20世纪90年代后期，联邦通过功能区划进行近海综合管理，继而通过国家海洋政策确定了以海洋生态系统的可持续发展为基础的一体化规划和管理框架，州和领地海岸至领海基线以外3海里以内归各自管辖，3海里以外领海、专属经济区和大陆架上覆水域归联邦管辖。西澳大利亚州1964年《博物馆修正法》（*Museum Act Amendment Act*）把历史沉骸定义为1900年之前被放弃、沉没、被困，且位于低潮线以下州水域中的船舶，1973年西澳大利亚州《海洋考古法》（*Maritime*

Archaeology Act）中规定可将海洋考古遗址周围500米的海床、底土和上覆水域划设为保护区。1976年《历史沉船法》（*Historic Shipwreck Act*）是其第一部水下文化遗产保护的国家立法，覆盖州和领地水域以外拥有至少75年历史或因其历史价值被指定的历史沉船和历史文物，2018年《水下文化遗产法》（*Underwater Cultural Heritage Act*）取代前法，其保护对象扩展到沉没飞行器，以及国家水域外对澳大利亚具有遗产价值的水下文化遗产，两部法律均规定水下文化遗产的发掘和调查工作须经审批，并通过对应《条例》规范具体的禁止行为。国际法层面，1972年《荷兰与澳大利亚关于荷兰古沉船的协议》（*Agreement between Australia and the Netherlands concerning Old Dutch Shipwrecks*）通过双边协议的形式约定了荷属东印度公司四艘沉船及船货的包括所有权在内的权利，强调有效保护。2017年，澳大利亚环境、资源与遗产部与荷兰文化遗产署就如何共同管理与研究相关沉船、水下遗迹与其他水下文化遗产签署了谅解备忘录，适用于澳大利亚水域未来被发现的任何荷兰沉船。

澳大利亚的水下考古径多是区域性质。1981年，西澳海洋博物馆（Western Australian Maritime Museum）创立了该国第一条沉船考古径——罗特内斯岛水下沉船径（Rottnest Island Underwater Shipwreck Trail）。西澳大利亚州设立了20余处区域、主题和本地海洋遗产径，南澳大利亚州有8条区域和主题径，维多利亚州至少有8条小型（或本地）径，其中一些已通过两条大型区域径连接起来，长达600千米。澳大利亚"公共历史沉船计划"（Commonwealth Historic Shipwrecks Program，简称CHSP）的"1995年研究计划"（1995 Research Plan）建议用广阔视角研究历史沉船在澳大利亚社会中的地位，并建立"国家沉船阐释计划"（National Shipwreck Interpretation Program）指导以后的教育相关活动。

8.4.5 意大利

意大利《民法典》规定，"海岸、港口、河流、湖泊……具有历史、考古、艺术价值的不动产均属国家所有，是国有公共财产"，由国家文化遗产与文化活动部进行从中央到地方的垂直管理。意大利环境部设立了二十余处国家海洋保护区，并有几十处提名区，数处连同其相邻海域共同保护，其中涉及水下文化遗产的由文化部负责[①]。保护区通常分为不同保护等级，A区为完全保护区，B区为一般保护区，C区为部分保护区，若其中包含亚区或人工制品则由设立保护区的法规专门规定其保护级别。

1992年，在意大利坎帕尼亚（Campania）建成的巴亚水下考古公园（Underwater

---

① Fozzati L, Davidde B. Le aree archeologiche sommerse italiane. I parchi subacquei. *XIII International Congress of Prehistoric and Protolzisforic Sciences, Forli, Italia-8/14 Sept. Colloquium XXXVI. Archaeological Parks*, 1996: 83-96.

Archaeological Park of Baia）最负盛名，该城没入水下的部分包含大量保存良好的古代建筑，砖石结构清晰且表面装饰和建筑主题精美，描述该遗址的标牌上绘有水下考古游览径。该公园由那不勒斯和卡塞塔区考古遗产指导处（Superintendence for Archaeological Heritage for the Provincial Districts of Naples and Caserta）指导下的私人公司共同体管理。在这个繁忙的港口，公园建设历经多年，船舶作业不断破坏沉船，且建设违法建筑使本地肌理趋于衰退。划定界限并用浮标标志后，该区域受到了港口办公室（Harbour Office）规定和法庭签发令的保护。目前，该公园正被规划建设为自然保护区。

8.4.6 法国

1961年《关于确立海难沉船机制的第61-1547号法令》确认了具有艺术、历史、考古价值沉船的价值，并规定了报告制度；1989年《关于海洋文化财产的第89-874号法令》将前一法令的保护对象扩展到居址、港口等，规定政府对报告人进行奖励；另有1996年《有关海洋文化财产的命令》等立法。2004年生效的《遗产法典》规定可以主张毗连区和公海区域具有考古或者历史价值的无主财产，并于2011年出台了《关于〈遗产法典〉相关规章的第2011-574号法令》。1966年成立的法国文化部水下考古中心负责水下文化遗产保护管理工作，科技方法的探索和广泛的国际合作是法国水下文化遗产工作的特点。

国际法层面，1989年法国与美国签订了《美利坚合众国政府与法兰西共和国政府有关"阿拉巴马"号沉船的协定》（*Agreement between the Government of the United States of America and the Government of the French Republic regarding the Wreck of the CSS Alabama*），认可了美国对1864年沉没在法国领海美国军舰的所有权，并成立科学委员会负责沉船保护，为其设立保护区。1995年美国得克萨斯州历史委员会（Texas Historical Commission）在该州马塔哥达湾（Matagorda Bay）发现拉贝拉号沉船并发掘出沉船船体和上万件文物后，法国与美国交涉并于2003年签订了《美利坚合众国政府与法兰西共和国政府有关"拉贝拉"号沉船的协定》（*Agreement between the Government of the United States of America and the Government of the French Republic regarding the Wreck of La Belle*），明确了法国对该沉船的完全所有权，但沉船和有关发掘品继续由得克萨斯州历史委员会保管。2010年签订的《对身份不明沉船进行考古调查的协定》（*Agreement for the Conduct of Archaeological Investigation of Unidentified Shipwreck*）明确了法国对拉格里芬号沉船（Le Griffon）的所有权。

8.4.7　马来西亚

1952年《航运法》忽视了沉船的考古、文化价值，将其作为航道阻塞物，把所有权和处置权交给了打捞局。允许买卖100令吉以下的水下文化遗产，对走私、进入、破坏沉船的行为设置了明确处罚方法，对举报私藏水下文化遗产的个人进行奖励。1976年的《文物法》明确了马来西亚水下文化遗产的保护范围，并对打捞外国沉船和所有权进行了规定。一些发展中国家政府认为其沿海的外国沉船对本国不具公共利益而与打捞公司合作开发获取商业收益，马来西亚政府在20世纪90年代与一家英国公司就打捞戴安娜号（Diana）沉船签订合同，约定船载的大量青花瓷器可以拍卖。至2005年，《国家遗产法》设"水下文化遗产"专章，由文化部新设部门负责遗址、沉船等登记，设立许可证制度以限制商业性打捞，并规定国家可以划定任何一块水下文化遗产存在的区域为保护区，体现了马来西亚从商业开发到保护管理的转变。

8.4.8　墨西哥

金塔纳罗奥州（Quintana Roo）的新克罗海滩环礁（the atoll of Banco Chinchorro）面积约800平方千米，距离墨西哥大陆30千米。新克罗礁是从哥伦比亚的卡塔赫纳（Cartagena）途经古巴哈瓦那（Havana）驶往西班牙的必经之地，海难频发，该环礁发现了至少18艘17—19世纪沉没的船只。墨西哥已经宣布克罗海滩考古海洋保护区（Archaeological Marine Sanctuary），此处的沉船遗址均被原址保护。

8.5　我国水下文化遗产保护管理的实践

8.5.1　《中华人民共和国水下文物保护管理条例》

2022年4月1日，修订后的《中华人民共和国水下文物保护管理条例》（以下简称《水下条例》）正式实施。《中华人民共和国文物保护法》界定了受国家保护的文物的范围，并明确规定我国境内地下、内水和领海中遗存的一切文物均属于国家所有。1989年《水下条例》是对领海以外国家管辖海域水下文物保护工作的有效补充，就水下文物的范围和我国的权利主张、保护管理机构、报告发现和上缴制度、考古发掘活动等做了规定，为相关部门规范和管理开发水下文物的活动提供了法律依据，也为我国的水下文物保护提供了一套较为详细的法律机制。但遏制外国盗捞中国文物的立法宗旨已不适应水下文物保护的新需求，2022年《水下条例》修订增加了对海洋建设工程前期考古调查勘探、日常用海等活动的规范和执法机制等，细化了水下文物保护区及考古审批等规定。在国际治理新形势下，《水下条例》的修订实施是对建设海洋强国、文化强国和构建人类命运共同体的回应。

8.5.2 其他国内部门法中的相关规定

国内其他相关法律法规对水下文物也有涉及。例如，《海上交通安全法》规定，对于位于我国沿海的港口、内水和领海以及国家管辖海域内的沉船、沉物，未经主管机关批准，任何单位和个人不得擅自打捞或拆除；《关于外商参与打捞中国沿海水域沉船沉物管理办法》排除了"被确认为文物的沉船沉物"；《江西省河道采砂管理条例》对在河道采砂过程中发现的水下文物的处置做了规定；《重庆市水域治安管理条例》对在打捞过程中发现水下文物的报告制度做了规定。

此外，《环境保护法》规定环境包括人文遗迹，具有重大科学文化价值的自然遗迹和人文遗迹应当采取措施予以保护；《海洋环境保护法》规定具有重大科学文化价值的海洋自然遗迹所在区域应当建立海洋自然保护区；《自然保护区条例》规定"具有重大科学文化价值的自然遗迹所在区域"应当建立自然保护区；《海洋特别保护区管理办法》规定："为保护海洋生态与历史文化价值，发挥其生态旅游功能，在特殊海洋生态景观、历史文化遗迹、独特地质地貌景观及其周边海域建立海洋公园。"我国已建立的271处各类海洋保护地中有国家级海洋自然保护区35处、国家级海洋特别保护区67处，其中广东徐闻珊瑚礁国家级自然保护区所在区域与历史文献记载中中国早期重要历史贸易港口徐闻港的位置有所重叠；福建深沪湾海底古森林遗迹国家级自然保护区的地质保护对象或与人类史前活动也有关联，位置、生态条件优良的河湖海自然保护区中的人类历史、文化遗迹仍可期做整体性价值保护和阐释。国家级海洋公园中有山东日照、广东海陵岛、福建长乐、辽宁绥中碣石、山东蓬莱等国家级海洋公园以历史文化、历史文化遗迹、历史遗迹为保护对象。但从全国海洋功能区划重点海域的具体因素来看很少涉及，仅散见于天津古海岸保护区（保护对象为贝壳底牡蛎滩古海岸）等，而海南岛、西沙群岛海域、浙中南海域、闽东中南海域、粤东海域、辽东半岛、烟台—威海、胶州湾海域均已发现水下文化遗产，庙岛群岛海域、舟山群岛、钦州湾—珍珠港海域是历史航路中的重要节点，这是不同部门法保护客体和强度差异的表现。

8.5.3 地方法规规章中的相关规定

目前，我国各地通过立法加强水下文物保护主要有两种形式。一是制定关于水下文物保护的专门立法。《福州市海域水下文物保护若干规定》，明确平潭、连江、长乐等部分海域为水下文物重点保护海域，除涉及人身安全的紧急抢险救捞、渔业生产、经批准的工程建设施工等情形外，禁止在上述海域进行潜水和挖掘作业。舟山市出台《水下文物保护管理实施办法》，对水下文物的认定、监测、发掘、执法、资金保障、领导机构、保护区划等问题做出具体规定。重庆市出台《重庆市长江白鹤梁题刻保护管理办法》，阳江市出台《阳江市"南海一号"古沉船及遗址保护规定》，分别对重要水下文物保护工作做出专门规定。二是在有关文物保护的立法中通过专章或者专门条款对水下文物保护工作做出规定。福建、广东、上海、浙江、江西、安徽等省及宁波市在地方文物保护法规中增设了水下文物保护专章或条款，《福建省文物保护管理条例》设立"水下文物的保护"一章共6条，明确水下文物保护责任，规范水下文物保护管理工作。《广东省实施〈中华人民共和国文物保护法〉办法》对水下文物保护区的划定、区内禁止开展的活动和水下文物发现报告处置等相关内容做出规定。《上海市文物保护条例》对水下文物保护区的划定、区内进行大型基本建设工程的注意事项等做了规定。《浙江省文物保护管理条例》规定了水下文物调查和保护等内容。《江西省文物保护条例》规定了水下文物发掘、勘察等内容。《宁波市文物保护管理条例》规定了水下文物勘察、水下文物保护区的核定公布、区内开展建设工程前置考古调查和区内禁止开展的活动等内容。《合肥市文物保护办法》规定了水下文物保护区的划定和区内禁止开展的活动等内容。

我国香港、澳门特别行政区目前尚未对水下文化遗产保护进行专门立法或者设立专门机构。台湾地区将水下文化遗产展示和开放的适当性作为评估其价值的依据之一，于2015年公布实施《水下文化资产保存法》共7章44条，并下设9部子法，即《台湾水下文化资产保存法施行细则》、《台湾水下文化资产审议会组织办法》、《台湾水域开发利用前水下文化资产调查及处理办法》（"文化部令"《台湾水下文化资产调查作业与仪器探测技术导则》、《台湾核释"具二年以上经验水下考古、水下探测技术之专业人员"》）、《台湾涉及海床或底土活动通知及管理办法》、《台湾水下文化资产专业人才培育办法》、《台湾水下文化资产保存教育推广鼓励办法》、《台湾以水下文化资产为标的之活动管理办法》、《台湾水下文化资产保护区划设及管理办法》、《台湾水下文化资产奖励补助办法》，使其水下文化遗产保护受到专门、全面的法律规制。澳门特别行政区于2013年颁布了《文化遗产保护法》，但是其保护的对象主要为建筑、建筑群以及地点，还包括其他动产、古树名木和非物质文化遗产，缺少对水下文化遗产保护的专门规定。香港水下文化保护管理要求建设前环评进行文化遗产影响评估，包括建筑遗产影响评估和考古影响评估，依照《文物与古迹法令》（Antiquities and Monuments Ordinance）、《环境影响评估法令》（Environmental Impact Assessment Ordinance）、《环境影响评估过程技术备忘录》（Technical Memorandum on Environmental Impact Assessment Process）、《海洋考古调查指南》（Guidelines for Marine Archaeological Investigation）实施，所有项目必须按照该指南的实践标准、过程和方法进行。

8.5.4 水下文物保护单位

文物保护单位中整体或部分位于或曾长期位于水下的仅数十处，计有北礁沉船遗址（2006年公布）、三沙华光礁一号沉船遗址（2013年公布）、平潭海坛海峡水下遗址（2013年公布）、金银岛沉船遗址（2019年公布）、珊瑚岛沉船遗址（2019年公布）、甘泉岛遗址（2006年公布）、甲午战争田庄台遗址（2013年公布）、江口明末战场遗址（2019年公布）、西樵山采石场遗址（2019年公布）、都江堰（1982年公布）、灵渠（1988年公布）、坎儿井地下水利工程（2006年）、龙石坝水电站（2006年）、金沙江皎平渡口（2013年公布）、白鹤梁题刻（1988年公布），以及大运河被公布为全国重点文物保护单位，南沙洲沉船遗址、浪花礁沉船遗址、玉琢礁沉船遗址、连江定海沉船遗址、均州古城、狮城水下古城、吉林云峰库区墓群、赵王墓、胶莱运河等被相关省级人民政府公布为省级文物保护单位，鸭岛明代沉船遗址、巢湖唐咀水下城址、莲花石题刻被公布为市级文物保护单位，纱帽礁铁质沉船遗址、东洛岛水下沉船遗址、沙帽礁沉船遗址、万宝屯东沉船遗址、龙脊石题刻、龙床石刻被公布为县级文物保护单位等，涵盖了沉船、居址、墓葬、碑刻、港口、运河和水利工程等类型。此外，良渚遗址、盘龙城遗址、跨湖桥遗址、上林湖越窑遗址等大量文物保护单位的水下部分尚未充分发掘，影响了其整体价值和展示阐释效果。国家考古遗址公园中的良渚、殷墟、甑皮岩等人类早期遗址的形成和价值阐释均与水资源和环境密不可分，应当是其展示阐释必不可少的因素。

8.5.5 水下文物保护区

水下文物多为堆叠混杂的遗址，难以确认具体沉船身份或文物价值较低，按照文物保护单位的要求难以对一处水下文物确定级别和明确范围，有些价值较高的水下文物难以设立保护管理机构。而且，作为水下文物大宗的沉船的分布具有明显的区域性，即为海难多发地。海洋开发强度加大，划设已探明或依据文献等线索得出的文物密集分布区域，是预防性保护水下文物的重要手段。《中华人民共和国水下文物保护管理条例》第七条规定：

> 省、自治区、直辖市人民政府可以将水下文物分布较为集中、需要整体保护的水域划定公布为水下文物保护区，并根据实际情况进行调整。水下文物保护区涉及两个以上省、自治区、直辖市或者涉及中国领海以外依照中国法律由中国管辖的其他海域的，由国务院文物主管部门划定和调整，报国务院核定公布。

划定和调整水下文物保护区，应当征求有关部门和水域使用权人的意见，听取专家和公众的意见，涉及军事管理区和军事用海的还应当征求有关军事机关的意见。

划定和调整水下文物保护区的单位应当制定保护规划。国务院文物主管部门或者省、自治区、直辖市人民政府文物主管部门应当根据保护规划明确标示水下文物保护区的范围和界线，制定具体保护措施并公告施行。

在水下文物保护区内，禁止进行危及水下文物安全的捕捞、爆破等活动。

目前，仅南海一号水下文物保护区、南澳一号水下文物保护区被公布为第一批广东省水下文物保护区（2015年），威海湾一号沉舰遗址被公布为第一批山东省水下文物保护区（2022年），均有明确的坐标范围，划区保护管理水下文化遗产的实践仅有福建省平潭海坛海峡水下遗址保护规划、海南珊瑚岛一号沉船遗址保护与展示利用方案等探索。考虑到我国沿海泥沙埋藏深、水质差、调查技术以及海洋开发等情况，为已探明和依据文献等线索得出的沉船密集分布区域划设水下文物保护区是预防性保护水下文化遗产余量的重要手段。

8.5.6　水下文化遗产展示阐释实践与趋势

2016年《国务院关于进一步加强文物工作的指导意见》提出"划定水下文物保护区""研究建立涵括水下文化遗产的海洋历史文化遗址公园"，以及将保护规划纳入城乡整体规划的要求。2017年《建立国家公园体制总体方案》提出："改革分头设置自然保护区、风景名胜区、文化自然遗产、地质公园、森林公园等的体制，对我国现行自然保护地保护管理效能进行评估，逐步改革按照资源类型分类设置自然保护地体系，研究科学的分类标准，理清各类自然保护地关系，构建以国家公园为代表的自然保护地体系。"同时，2019年《中共中央国务院关于建立国土空间规划体系并监督实施的若干意见》提出实现"多规合一"的目标。《"十四五"考古工作专项规划》要求公布一批水下文物保护区。可见，水下文化遗产保护管理工作应加强部门协调，使水下文化遗产保护区与其他涉海保护区和陆海统筹保护管理的遗产地实现协同管理。此外，2019年中共中央办公厅、国务院办公厅印发《长城、大运河、长征国家文化公园建设方案》，明确了管控保护、主题展示、文旅融合、传统利用四类主体功能区，并将环境配套作为重点基础工程。

在原址保护方面，南澳一号沉船在发掘结束后加设了金属防护罩并划设水下文物保护区，有效防止了盗捞和文物破坏行为。2016年和2018年，我国水下考古工作者分别对致远舰和经远舰采用阴极保护法,有效减缓了钢铁质沉船的腐蚀速率。在区域保护阐释方面,南海一号与上下川岛及周边海洋遗产做了整体性保护规划,与博物馆内的沉船沉物、沉船遗址划设的水下文物保护区共同阐释了该地区的海洋文化历史。在综合性遗产保护利用方面,定远舰属于全国重点文物保护单位刘公岛甲午战争纪念地的一部分,同时位于国家级海洋特别保护区、国家重点风景名胜区内,兼具海洋生物、生态环境等价值,以及旅游休闲的利用方式,沉船遗址水下文物保护区的划设有利于对它的保护与展示。

8.6　讨论

8.6.1　水下与陆地文化遗产的权属区别

《联合国海洋法公约》未赋予沿海国对水下文化遗产的管辖权,传统海洋大国要求保有船旗国对沉没军舰和用于非商业目的船舶的管辖权,尤其是未明示放弃的军机、殖民历史沉船及其船货等应作为国家财产进而享有主权豁免,不受沿海国管辖,与沿海国扩展管辖权的诉求相悖。位于领海外的沉船,国家不能通过主权先占取得所有权,且来源国证据不明确而主张不利的情况下,如何管理私人通过海事诉讼占有水下文物后的保护问题,这显然不能等待公约条款的修订,而应寻找水下文化遗产保护管理与公约、渔业和资源保护、矿产开发、海洋科研等条款和机制的关联。

《联合国海洋法公约》和《水下公约》均未对水下文化遗产的权属问题做出明确规定,这种缺乏法律依据的情况造成了由水下文化遗产归属引发的纠纷不断增加且难以解决。《水下公约》认可"国家对本国的船只和飞行器拥有的权利";美国《沉没军事船机法》规定不论其军事船机位于何处,若非美国明示放弃则拥有所有权;英国《军事遗存保护法》(*Protection of Military Remains Act*)与《船运法》(*Merchant Shipping Act*)规定,除非国家明确表示放弃,国家所有的用于非商业目的的国家军舰、船只和飞机享有主权豁免。同时,越南2005年《水下文化遗产管理保护法令》(*Decree on Management and Protection of Underwater Cultural Heritage*)规定国家对其"内水、领海、毗连区、专属经济区和大陆架中存在的所有具有不同起源的水下文化遗产"主张所有权;韩国《文化财产法特别修正法》规定国家对水下文物的管辖权及于国家管辖海域内的所有文物。

国际合作需要基于一致的保护管理理念和方式,在《水下公约》目前仅有71个成员国的情况下,应积极推进国际社会统一水下文化遗产的性质,并进一步推动对其保护作为国际社会基本义务的理念。水下文化遗产权属复杂,且国际规则不明晰,双多边条约和国内立法仍是推动保护水下文化遗产的重要路径,以此为契机参与和引领区域和国际条约成型，不仅为海上丝绸之路研究等国际合作考古所必需，也有利于提升水下文化遗产保护的国家实践以引导规则构建。从另一个角度看，水下文化遗产的不同权利层级分配、沿海国对国家管辖海域内水下文化遗产的管辖等规则尚不明晰，许多国家通过立法和实践将其对水下文化遗产的管辖权扩展到大陆架边缘，并主张对该国沉没在所有海域的国家船舶的所有权。可见，我国水下文化遗产保护管理具有较大法律扩展空间，但也需谨记对不同海域和不同类型水下文化遗产的权利方应予尊重，同时，对管辖海域内他国沉船的保护管理也是推进水下文化遗产国际合作的必要方面。

8.6.2 水下文化遗产区域性保护管理的必要性

虽然我国目前水下文化遗产保护工作以单体沉船或遗址为主，但一处水下文化遗产多伴有贸易、居住、宗教等多种海洋文化遗产因素，并与环境、景观共同形成一个不可割裂的整体。自然资源、山形地势影响航线的选择，地貌、海床和洋流影响船舶沉没和分布，伴随海上贸易形成的港口、海防、助航设施、特色民居、宗教建筑等陆上文化遗产及其景观环境，以及信仰、祭祀活动等非物质文化遗产，均与水下文化遗产的形成和保存有关。从20世纪五六十年代通行的沉船考古调查发掘、提取打捞进行博物馆展示，到70年代水下博物馆、沉船框架、沉船保护区等文物本体原址展示阐释方式，再到沉船公园、潜水廊道等侧重文物环境和伴生生物资源利用的综合性展示阐释方式，以及涵盖自然、文化资源的海洋保护区的演进，反映了水下文化遗产价值、保护管理及阐释的特性，也反映了公众对文化生活、休闲旅游的需求，以及对水下文化遗产认知和参与的扩展。比如，海上丝绸之路所涉及的遗产因素复杂多样，是沉船沉物区域和陆上海洋文化遗产、文化景观，以及海洋环境景观的结合体，但综合性海洋资源治理无疑需要更为成熟的部门和央地协调体系，多种保护和展示阐释方式的选取和结合，区域性综合保护对不同保护强度和利用方式的区分，需要精细化的水下文化遗产保护管理措施。

我国沿海水况能见度差，进而影响了对水下文化遗产的发现，现有水下考古调查技术尚需突破沿海泥沙埋藏深的问题，难以探测监管和易被扰动使划区预防性保护成为水下文化遗产保护管理的必然需求，文物本体的留存是后续调查发掘、展示阐释的基础。水下文物保护区的法律依据层级较低，作为文物分布集中的整体保护水域需要国家政策的引导和地方资源的匹配，科学合理的实施方式才能保障水下文化遗产保护管理严格规定的落实。海岸带综合管理包括历史文化廊道在内的多种保护管理因素，各地应明确保护管理核心因素和优先级，并区分保护利用程度的差异。国家文化公园与"海洋历史文化遗址公园""国家公园"的客体有交叉需要统筹建设，如大运河国家文化公园的建设涉及对水下文化遗产的发掘，黄河国家文化公园也涉及与制定中的以生态保护和水资源利用为主要目标的《中华人民共和国黄河保护法》的衔接。领海外国家管辖海域的文物管辖权亟须落实，中央和地方之间如何合理有效地分配对水下文化遗产的管辖将是我国文物管理领域面临的新问题。

8.6.3　水下文化遗产与社会经济发展密切相关

《世界遗产名录》中涉及海洋文化因素的项目对水下文化遗产的关注很少，甚至不提及相关因素，而该名录强调多样性和平衡性，力图弥补现有名录中未被充分代表的因素，水下文化遗产是申报《世界遗产名录》的潜在因素。水下文化遗产具有天然的原真性和完整性，在世界遗产海洋项目的申报中，应关注世界遗产委员会所强调的"大型海洋区域和海洋保护区网络"，这也是《世界遗产名录》中未被充分代表的因素。

文化是社会发展更深沉、持久的力量，能够直接促进许多可持续发展目标的实现。习近平总书记指出："历史文化遗产是不可再生、不可替代的宝贵资源，要始终把保护放在第一位"，"让旅游成为人们感悟中华文化、增强文化自信的过程"[1]，争取早日蹚出一条转型发展的新路子。2022年1月27日，习近平总书记考察调研世界文化遗产平遥古城，就保护历史文化遗产、传承弘扬中华优秀传统文化发表重要讲话，指出要全面加强历史文化遗产保护利用[2]。2018年中共中央办公厅、国务院办公厅印发《关于加强文物保护利用改革的若干意见》指出文物合理利用不足、让文物活起来的方法途径亟须创新。

保水的厌氧环境有利于水下文化遗产留存，受建设开发的破坏较小，而且日常生活难以接触水下世界形成的神秘感，使水下文化遗产与文旅融合具有长久潜力和吸引力。落实全面高质量的新发展理念需要明确平衡水下文化遗产保护与利用的边界、底线，在全面建设社会主义现代化国家的第二个百年奋斗目标新征程中完成深化遗产价值、提升阐释方式的国家要求，构建新发展格局[3]。

---

[1] 习近平：《全面建成小康社会 乘势而上书写新时代中国特色社会主义新篇章》，《人民日报》2020年5月12日第1版。
[2]《中共中央宣传部等3部门发文　全面加强历史文化遗产保护》，http://www.gov.cn/xinwen/2022-02/20/content_5674766.htm?equid=c52da8c500001167600000036476c68d。
[3] 习近平：《把握新发展阶段，贯彻新发展理念，构建新发展格局》，《求是》2021年第9期，第1—5页。

延伸阅读

（1）国际公法学编写组：《国际公法学》（第二版），高等教育出版社，2018年。

（2）屈广清、曲波：《海洋法》（第四版），中国人民大学出版社，2017年。

（3）〔丹麦〕蒂斯·马尔拉维尔德、〔德国〕乌吕克·格林、〔奥地利〕芭芭拉·埃格编，国家文物局水下文化遗产保护中心译：《水下文化遗产行动手册：联合国教科文组织2001年〈保护水下文化遗产公约〉附件之指南》，文物出版社，2013年，第一章。

（4）航海考古学会著，阿曼达·鲍恩斯编，国家文物局水下文化遗产保护中心译：《水下考古：原理与实践之NAS指南》（第二版），文物出版社，2018年，第七章。

（5）余诚：《英美有关水下文化遗产保护的政策及立法介评》，《武大国际法评论》2011年第S1期。

（6）郑凡：《地中海功能性国家管辖海域实践及对我国的启示》，《法学杂志》2019年第6期。

第 9 章 水下考古案例

国家文物局考古研究中心 孙键

山东大学 姜波

图9.1 遗址附近沉没的扒壳船

图9.2 白礁遗址外景

图9.3 水下瓷器堆积

9.1 中国水下考古案例

9.1.1 福建连江定海湾水下考古

福建连江定海位于闽江口北侧海域不仅分布着一系列明暗岛礁，而且是出闽江口的重要通道。20世纪70年代末开始，当地渔民开始大规模对海底贝壳层进行打捞作业，在白礁等岛屿周围海域打捞出水了包括陶瓷、金属、木器等不同历史时期的遗物，其中以白礁为中心约2平方千米范围海域最为集中（图9.1）。中国水下考古工作人员由此持续性地开展了水下考古工作。

9.1.1.1 白礁一号沉船

白礁一号沉船遗址位于连江县筱埕镇定海村东南海域的白礁附近，沉船处于白礁东段暗礁南面的海底（图9.2）。定海湾的水下考古调查始于1989年秋，白礁一号的水下考古工作最早可追溯到1990年2—5月，为中澳水下合作项目，由中国历史博物馆（现中国国家博物馆）与澳大利亚西澳海洋博物馆共同进行。在1990、1995年，来自中国历史博物馆、福建省博物馆、厦门大学、西澳海洋博物馆等的水下考古人员在福建闽江口的定海湾进行了水下考古调查与发掘，先后发现了一批宋元、明清时期的沉船资料。此后，1999、2000年对白礁一号遗址又进行了多次水下考古调查、发掘工作。

沉船船体除部分龙骨外多已朽烂无存，沉船遗物集中分布范围长22、宽6米，成为复原船体的长、宽的重要依据。船货非常集中地分布于暗礁南侧的海底，陶瓷器是现有出水文物的大宗，共打捞2200余件，器类有黑釉盏和青白瓷碗两类（图9.3）。含铁器的凝结物正处于龙骨中段的底舱，起到压舱物的作用，可以降低整体重心，提高安全性，这与船舶的通常装载方式相一致。

沉船残存龙骨板^{14}C测年为（1000±70）年，年代大致为北宋，考虑到木材的生长年代和船舶的使用时间，沉船年代当适当延后，下限应为南宋至元，这与陶瓷内涵的时代特点一致。调查、发掘出水的陶瓷器主要是黑釉盏和白瓷碗，还有一些酱釉罐、壶、钵等。这批黑釉盏均来自福建福清南宋时期的东张窑，而白瓷碗则为福建闽清义窑南宋时期的产品。在出水的2678件陶瓷中黑釉盏占比为84.06%，青白釉碗为15.5%，数量较大且品种极为单一，器形间形态没有差别，呈人为包装后的状态，表明不是偶然抛弃的物品，也不可能是数量有限的、普通的船上生活用品，具备成批运输的船货特点。因此，将遗址判定为沉船。白礁一号沉船遗址位于闽江口以北的海上航路上，依此初步认为该沉船遗址的船货是销往东北亚地区或日本的，这也与东北亚地区发现较多的东张窑黑釉盏的情况相符。多次水下考古调查在定海湾发现诸多水下沉船遗址，其中白礁一号沉船的性质最为明确。白礁东段暗礁南侧的中心堆积区发掘了13个2米×2米的探方区域，揭示出大型凝结物平行排列，凝结物底部叠压残存船壳板、前后均有码放整齐的成摞瓷器遗迹现象（图9.4）。

图9.4 水下测绘记录

9.1.1.2 白礁二号沉船

白礁二号明清沉船地点位于白礁东段暗礁盘北部海底，与礁盘南侧的白礁一号遗址遥相对应。与礁盘南侧陡峭的地貌不同，北侧海底多细碎乱石，坡度平缓，延伸幅度较大，整体形成一个巨大的海底空间。由于缺乏泥沙，现存遗物直接暴露在海床之上。可以推测，沉船是在通过暗礁（低潮时极难发现）时，不慎船底触礁，船体擦过暗礁后进水而倾覆沉没遇难。由于海底地质结构紧密没有泥沙堆积，沉船不能没入海泥得到保护，因此船体在长时间海流冲击下已经解体，散落在外的船货大部分漂失。在1990、1995年水下调查中，仅发现两处青花瓷、青瓷小规模堆积的遗迹。遗址未见船体遗骸，但已打捞出青花瓷、青瓷器计35件。水下采集到文物标本有青花碗、盘，青瓷碗、盘、壶、盆等，另有陶罐、石网坠、石磨盘等。这些瓷器在福建明代晚期至清初的窑址中出现，其年代应属于明晚清初。出水的瓷器具有高度的一致性。其中有18件均为敞口深腹团菊纹青花碗，品种单一且集中分布，不应为偶然散落的器物，具有船货性质。瓷器均已破损，从工艺、器形观察，属于民窑叠烧批量生产的物品，釉色较差，胎土淘洗粗率，胎体疏松。属于一般日常用瓷。

9.1.1.3 其他沉船

在定海海域不同地点发现了年代、性质不同的水下遗存，主要有大埕渣、龙翁屿、金沙岛等。此外，文物工作者还从渔民处征集到一批定海湾的水下文物。

大埕渣遗址位于定海村东南500米水下浅滩。1990年澳大利亚学者吉米·格林、保罗·克拉克带领中澳水下考古人员培训班，根据当地渔民提供的线索，在水下调查时发现。遗址主要内涵为青白釉瓷器，分布于海底表层，未见与沉船船体相关的遗存。瓷器与白礁一号沉船所出器物近似，应为同一窑口的同时代产品，亦具有批量、同质的船货特性，为与白礁一号性质相同的另一沉船遗址。

龙翁屿有两处水下遗存。一号点位于龙翁屿东北端约100米海底。水下调查采集到一批黑釉瓷盏、疑似沉船船板。二号点位于龙翁屿西端与龟屿之间的海底浅滩，发现有"国姓府"铭铜铳，推定与明末活动于东南沿海的郑成功海上集团有关。

金沙岛位于定海村东北10千米，地处黄岐湾东面，有宋、明等不同时期的陶瓷器、铁权等发现出水，有可能存有不同时期的沉船。

水下文物征集主要是20世纪70年代从定海渔民手中获得。由于定海湾大规模进行海底"扒壳"作业，先后打捞了大量海底文物。总计征集到文物上千件，主要为陶瓷器，以及少量金属器，这些文物经调查，多出自白礁、大埕渣、龙翁屿等处，部分在定海湾其他海域，性质和水下考古调查结果基本相同。

上述定海文物遗存的发现均比较零散，缺乏系统性，属于偶然发现性质。但是，也从一个侧面反映了定海湾水下遗存的丰富性，只有今后在该海域进行有计划的区域海底调查，方可摸清水下遗存的详细分布与性质。

1989年连江定海湾遗址调查工作，虽然是在澳大利亚学者指导、参与下进行的，但也是中国水下考古工作者首次尝试开展此类工作，可谓初试啼声。通过前期走出去，派员到国外进行专业学习，过渡到请进来。通过有计划、分步骤的工作，将中国水下考古事业提升到一个新的高度。也是借助"中澳水下考古专业人员培训班"模式，在定海湾与实际工作结合，为我国培养储备了第一批水下考古的专业人员，为日后的发展奠定了坚实的基础。

通过在福建海域开展的一系列水下文物普查、调查和发掘工作，发现了40处水下文化遗存，其文化内涵丰富，沉船有商船，也有战船，遗物以陶瓷器为主，此外还有金属器、漆木器等。水下考古发现，为探索海上丝绸之路，研究海外交通史、贸易陶瓷史、造船技术史等，提供了大量的科学依据和实物资料。这些水下文化遗存作为海上丝绸之路上的重要发现，是与福建不同历史时期的海外贸易状况密切相关的。综观定海湾沉船，其年代跨度从唐宋至明清，具有连续性，是闽江下游以福州港为中心形成的海上运输体系，也是古代中国东南沿海海上交通环节的一个组成部分。

9.1.2 辽宁绥中三道岗元代沉船

绥中三道岗元代沉船发现于20世纪80年代末期。1991年渔民在三道岗海域进行捕鱼作业时，打捞出一批古代瓷器和一些破碎的船板。中国历史博物馆水下考古学研究室的专业人员赴绥中进行了初步的考古调查，共采集各种遗物39件，其中1件疑为船板的木质标本经^{14}C测定为距今（740±80）年，与瓷器的时代特征亦吻合。据此确认这是一处元代的沉船遗址。1992—1998年，由中国历史博物馆水下考古学研究室联合全国各地水下考古人员组成了"绥中水下考古队"，先后对三道岗元代沉船遗址进行了6次正式的调查、勘探和发掘，共计发掘出水文物两千余件。这是我国首次凭借自己的力量完成的一项正规的水下考古发掘（图9.5、图9.6）。

沉船遗址位于绥中县大南铺村南面，距大陆约5.5千米的海域。海岸以砂砾岸为主，没有较大的天然良港。沉船近处因有三道大的沙岗，被当地俗称三道岗。三道砂脊只有在退大潮时才露出水面，高差达9—15米，砂脊顶部最浅处仅2米、砂脊之间最深处达18米，底部为砂质淤泥，水下地貌复杂。沉船深13—15米。由于在海下浸泡了700余年，发现时沉船的船体已解体破裂，形成了数块巨大的凝结物。文物散落于沉船凝结物周围1千米×2千米的范围内，包括罐、盆、碟、碗、瓶等瓷器以及大量成摞的铁锅、铁犁铧等铁质生活用品。其中瓷器绝大多数是元代磁州窑的产品。

沉船海域海况比较恶劣，水下能见度几乎为零，为精确测定沉船的位置，在勘察工作中使用了旁侧声呐、高精度磁力测深仪、浅地震剖面仪、福康484定位仪等物探设备，在沉船位置周围1千米×2千米的范围内进行了探测。探测结果发现有5处异常点。

图9.5 俞伟超、黄景略、张柏等在现场考察工作

图9.6 制定工作方案

图9.7 绥中水下工作

其中一号点水深11.1米。水底发现一南北向矩形物体影像，长约25、宽约5米。可以观察到该物体内的若干类似于船体结构的纵横线条，而且声呐图像显示出一号点所在区域的海底地面被拖网严重扰乱的痕迹，这正与渔民在此区域内打捞出成批瓷器的情况相吻合。据此，水下考古队开始对5个异常点逐一进行水下探摸，发现一号点海底为起伏沙地，存有一巨大的沉积物，周围散落着瓷器（图9.7）。沉积物长约21、宽约7米，表面凹凸不平，落差达1—1.5米，系硬壳海生物躯体凝结而成。沉船遗址位于长形大型凝结物堆积处，从凝结物的堆积推测原船长20—22、宽8.5—9、高3.2—3.5米。而大型凝结物体的三维形态也为船只型线分析提供了重要的线索。从大型凝结物及考古发掘现场的情况可知，原船是方头方尾。凝结物体北端外散落堆积延伸较远，而南端的凝结物体与堆积向下陡落，考虑到中国古代帆船的艏部一般布置索具、锚具，存有较大空间的架构，故这应是一处船艏朝北、船艉背南的沉船堆积。从凝结物块的顶面比较平坦分析，其应是一艘船底形态比较平缓的七舱或九舱沙船。

发掘的横（东西）向剖面顶面曲线大致呈现上窄下宽的梯形曲线，与一般海船的船底端视型线的倒覆方向一致，故其可能是由于搁浅而原地沉入海底，并在沉没的过程中，船体发生了上下方向的翻转。沉船的上半部已不复存在，目前保留的仅是底部，船内货物初沉没时倾倒到外侧，大量货物在沉船解体后，依海底地形起伏，滚落到海沟底部，其中尤以罐、桶等圆形物体最为普遍，这种情况在全世界已发现的古代沉船中非常普遍。船只沉没后体位呈倾斜状态，底舱的货物向外滚落，再经700年来自然力的破坏，船体支离破碎，各舱位的遗物混杂在一起，由于船内载有铁犁等铁器，表面凝结了一层厚而坚硬的海洋沉积物，最终形成了现在的沉船遗址的状况（图9.8）。大量的水下凝结物的存在以及出水的铁犁犁体上凝结小件瓷器的现象，从一个侧面也证实了这种可能性。

辽宁绥中三道岗沉船遗址发掘出水器物以瓷器为主，还有部分铁器、木器等。瓷器均为河北磁州窑产品，比较完整的器物计一千余件，具有比较明显的元代晚期—明初磁州窑烧造风格（图9.9）。龙凤罐、婴戏罐等器的形体硕大、胎体厚重，表层施化妆土，釉面玻璃化程度不高；白地黑花的釉面上，白地微微泛黄，黑花的颜色普遍偏绛褐色，器物画风简洁明快、奔放热烈，画面构图随意，并无一定之规，生动体现了

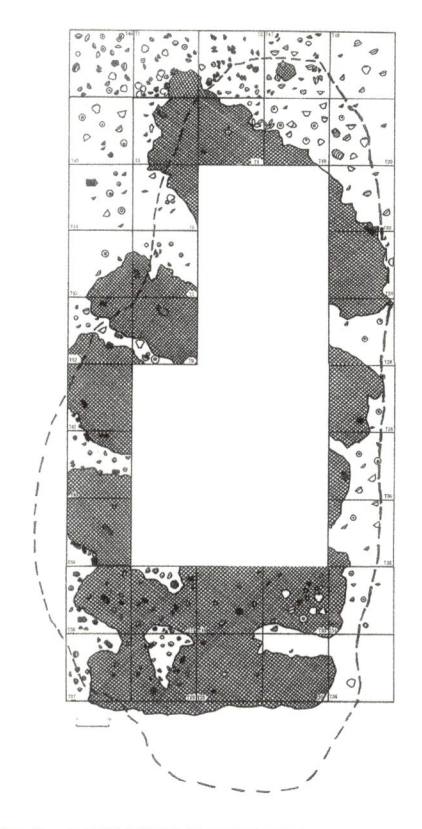

图9.8 三道岗沉船堆积平面图

图9.9 绥中三道岗出水文物

图9.10 包装成组的铁锅

民间窑业技术的特点。其他器形多是比较寻常的碗、碟、小盆、小罐等生活中常见的器皿；装饰技法以白釉黑花为主，亦有仿建窑的黑釉铁锈花和蓝釉、仿定窑白釉和白釉赭色花；装饰题材有龙凤、鱼藻、花卉、婴戏、卷云等，还有行、草体墨书题字，具有浓郁的生活气息，年代为元代晚期。沉船所出的全部器物中，除少量船上生活用器外，铁犁等铁制品也是层层叠压（图9.10）。从磁县自古以来就是我国的冶铁中心这点来看，当属和瓷器一同装船起运的商品。

沉船所在海域属于渤海，归辽宁绥中县。绥中县位于华北平原和东北平原连接处的辽西走廊上，西北部为辽西丘陵地带，东南部濒临渤海，地扼关内外交通的咽喉。三道岗元代沉船的发现并不是偶然的，它是我国古代发达的海上运输体系的见证。环渤海湾古代海洋文化体系源远流长，是我国的重要航线之一，在中国航海史上占有十分重要的地位。元朝在中国北方活跃的航海活动主要是在近海，以漕运为主兼有其他商品的交流往来。近年来河北省的大名、巨鹿、献县、黄骅、沧州等地古代河道沉船都出土了大量的古代磁州窑产品，形成了一条磁州窑瓷器产品外销文化带。从沉船瓷器的质地上看，精品较少，大部分都较为粗糙，应该属于一般性民间贸易船的性质。特别是从磁县自古以来就是我国的冶铁中心这点来看，这艘装满了磁州窑瓷器的元代沉船应是在磁县就地装船，然后出海，沿渤海湾北岸的近海航行，目的地是东北某个港口。具体路线大致为经由磁州窑产地观台窑经漳河—卫河—黄河（宋时黄河入海口为现在黄骅、天津的位置），元明时期彭城窑经滏阳河—子牙河—海河水运至卫（天津），或经黄骅港，或经天津卫出港，再沿渤海湾水路出口到关外的不同地区。元明时期，渤海的航路仍然为官民皆用，既有从山东的登州、莱州取直线航行直抵渤海北部的辽东湾、金州、旅顺口的航线；也有经直沽到辽东各地的航线。和绥中沉船年代相去不远的明代初年，朝鲜贡使于永乐十九年（1421年）自鸭绿江，历辽阳、广宁，入山海关，达京师，即取渤海内圈航线，而有明一代，船舶仍是沿渤海西北岸近岸行驶，经山海关至辽东半岛、朝鲜等地，这条线沿途可在多地停泊靠岸。绥中沉船亦是采取了这一航线。由此可见，葫芦岛海域是环渤海地区古代航线的重要一环，从某种程度上讲中国北方环渤海贸易体系亦是历史上海上丝绸之路的另外一个分支。

此次水下考古调查、发掘首次全部由我国考古工作者独立完成，工作规模大，持续时间长，从调查定位到水下发掘使用了大量海洋科技手段，不仅锻炼了我国水下考古人员队伍，也摸索尝试了适合我国海洋环境（能见度不良、潮汐变化复杂、地质结构变化大等）的水下工作模式。对环渤海古代航海史、海外贸易史和陶瓷史的研究以及处于起步中的我国水下考古事业的发展具有重要意义。从某种意义上讲，也是我国水下考古工作的一个新起点。

9.1.3　海南西沙华光礁一号沉船

华光礁一号沉船首次发现于1998年，比较完整的水下发掘是在2007年3—4月、2009年间进行的。

华光礁是永乐环礁中规模比较大的一个，东西长25、南北宽约7千米，礁内深水区水深20—30米；正北有一狭窄水道、南部有两个相对较宽阔的水道与外海相连。其中华光礁一号（XSHWI）的规模较大，位于华光礁礁盘内西北，遗址表面面积约1000平方米（图9.11）。发掘面积约200余平方米，发掘出水的遗物以瓷器为主，主要包括福建德化青白釉碗系器物、仿建窑盏的黑釉器物、南安青釉系器物、磁灶酱黑釉器物、景德镇青白釉系产品，还发现

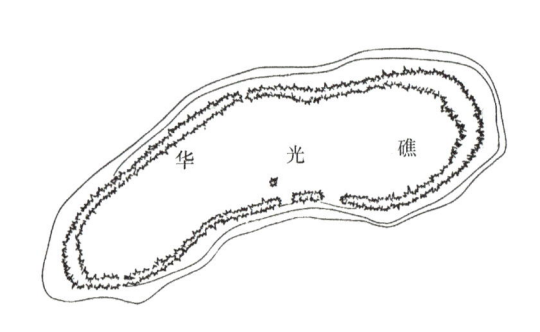

图9.11　华光礁平面示意图

了少量铜镜残片、铁器、铜钱等，发掘出水文物约6000件。

　　船体水平总残长17、残宽7.54米，沉船的艏方向为320°，大致呈东南—西北走向，船体沉没时暴露于海床表面以上的部分应已分解不存。在遗址表面存留数处体积较大的凝结物。遗址现状应是船只沉没在坚硬的珊瑚礁上骨架断裂散落后形成的，和船体原始面貌差距甚远。大部分船板的表面呈浅褐色，部分炭化较严重的呈黑色，表面可见许多裂纹和一些船蛆腐蚀的痕迹，龙骨西侧凝结物底下的船板，由于遭受重压并被金属物质侵蚀，呈粉碎状态。龙骨东侧的船板由于造礁珊瑚较高，船体埋藏浅，保存较差。龙骨西侧的船板由于埋藏较深，保存相对较好（图9.12—图9.14）。

　　华光礁一号发掘出水的文物绝大部分是青白釉瓷器，间或有褐釉、白釉系器物，从产地上看均来自福建闽南一带的民间窑场，可以肯定此船是在前往东南亚的路程中。据此，我们推断华光礁一号沉船的性质是一条古代贸易商船。该船在满载着中国瓷器等货物前往东南亚等地进行贸易的途中，遇到过分强大的海面风浪而驶近华光礁，终因风浪过大，没有机械动力的帆船失去控制，被风浪吹至礁盘北侧的珊瑚礁浅滩水域，最后因搁浅，船体破碎遇难（图9.15）。西沙群岛其他地点的水下调查中，发现出产于中国各

图9.12　遗址抽沙清理　　　　　　　　图9.13　测量记录

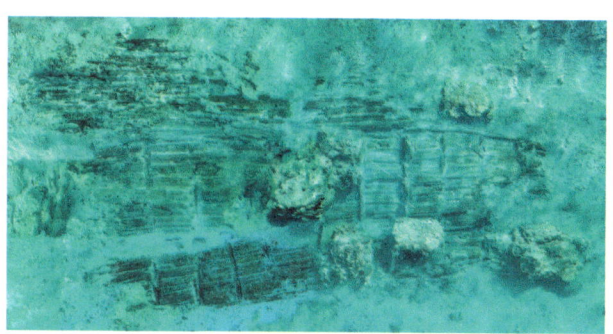

图9.14　揭露后的船体　　　　　　　　图9.15　华光礁一号沉船全貌拼接

地不同历史时期的瓷器多存在于各礁盘内部北侧。不同的只是由于各礁盘外缘台地的宽度与倾斜角度各异，部分文物分布在礁盘外侧，估计应当是船体断裂时靠近礁盘外缘散落所致。这种现象也从另一侧面支持对华光礁一号沉船沉没原因的判断。

这次发掘是规模较大、远离我国陆地的水下考古工作。虽然西沙华光礁一号沉船遗址的船体仅西半部保存较好，但根据对称原理，其对复原古船有着很大的价值，对研究我国的造船史和海外交通史有着非常重要的意义。通过这两个阶段的发掘，不仅出水了一批船货，而且将整个船体拆解出水运回海南。这次船体发掘也填补了我国水下考古工作上的一个空白，是我国第一次真正意义上的水下考古船体发掘工作，不管是工作方法还是程序均与以前在滩涂或陆上进行的船体发掘大不一样。出水的船体船板层数多，体量大，大部分主要船板长度均在五六米以上，最长的达14.4米，宽度也在30厘米以上，最宽的达48厘米（63号板）。此次提取有编号的船板共511块，采集有编号的船板48块，共装244厘米×47厘米×35厘米和244厘米×61厘米×35厘米两种规格的木箱177个，还采集了近100个样品，包括各部位的船板、舱料、珊瑚砂等。

9.1.4 南澳一号沉船

沉船发现于2007年5月下旬，当地渔民在生产过程中打捞出一批青花瓷器，随后水下考古专业人员在沉船海域进行潜水调查处，发现了这条沉船并成功定位。沉船海域地近广东南澳县南澳岛，地处广东和福建交界，南海和东海的地理分界线，为东南沿海通商的必经泊点和中转站（图9.16）。南澳得名至迟不晚于宋，在明代因海上贸易行为的频繁，已有"海上互市"的称谓，其地"内宽外险……番舶寇舟多泊焉"，时荷兰人称其为"好望角"（Capo de Goede Hoop），可见当时南澳海域沟通中外的海上航线之繁忙，因各种原因遇难沉没的船只亦当不在少数。

2010年4—7月、2011年5—7月，由国家水下文化遗产保护中心和广东省文物考古研究所、广东省博物馆联合对南澳一号沉船进行了两次抢救性水下考古发掘。沉船位于官屿、乌屿及"三点金"半潮礁中间，处于暗礁区，水深在19—30米，海底地形较

图9.16 南澳一号沉船海域外景

复杂，沉船所在位置相对低洼，周边为礁石区，沙粒得以回淤，淤沙厚度在1.3—2.1米，沉船遗址被沙层掩埋。

南澳一号沉船海域深约27米，是目前中国沿海开展水下考古的海域中较深的一个地点，沉船所在海底为沙泥底，含泥量相对较少。考古工作围绕贯穿遗址的二维平面勘测参照线展开。水面事先设置10米×30米的虚拟水下探方网结合与可移动的水下1米×1米的铁质连续硬探方，每个探方内以20厘米间隔穿绳，形成网格，保证将沉船遗址纳入探方网内。金属质的硬探方不易受到水流影响而变形，适合在水下长期使用，水下考古发掘时经过人工矫正，可为考古工作提供相当精准的水平面；硬探方根据工作的进展还可以不断延展，起到扩方的作用；同时基线与硬探方也能够为水下考古队员在浑浊的海底提供行动的坐标和安全警示。南澳一号沉船的水下发掘主要使用抽泥方式，个别空间狭窄、架构易损的部位由考古队使用工具人工发掘。

沉船船体存有多道隔舱，呈南北走向，艏北艉南，船体由西向东倾斜8°—13°。南北残长24.85米，存有25道隔舱板，按发现的先后顺序编号，往北N1—N18，往南S1—S6。船体最宽处位于中部的N5舱，残宽750厘米（图9.17）。船体最深的位置也一样位于船的中部，那是因为船形两头起翘，中部船舱得以保存最深，可达1米，而位于前端最浅的艏尖舱直接露出了底层船板。船舱数量包括残破的艏尖舱在内共计25个，在中国传统木帆船上较为少见。

南澳一号因舱室多而导致内部空间狭窄，各舱室平均宽度仅为80—100厘米，采用

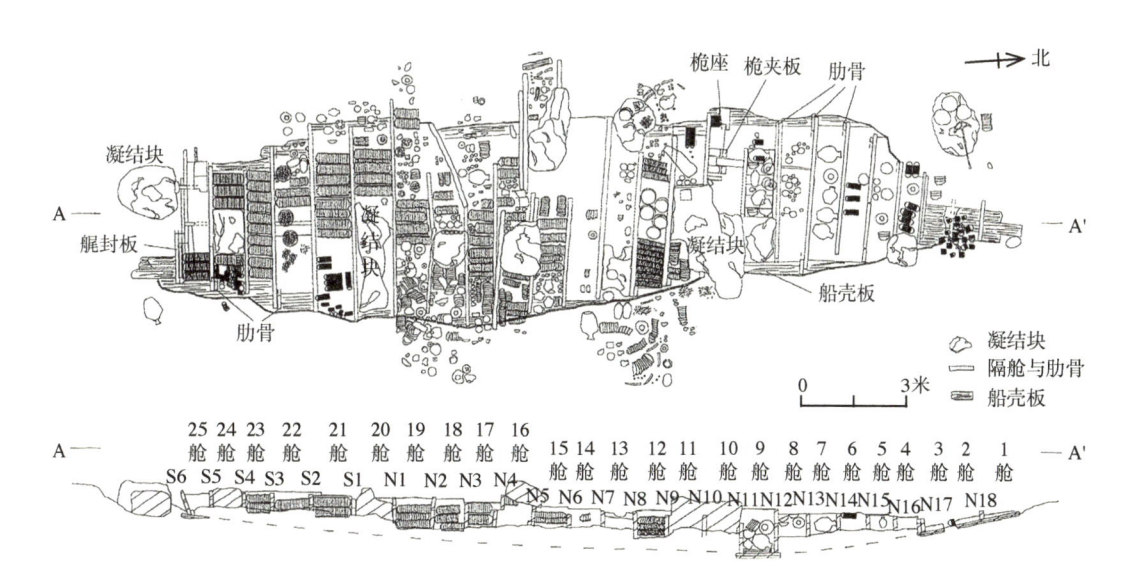

图9.17 南澳一号沉船平面图

弧形抱梁肋骨紧贴隔舱壁底部，底部置圆木棍，上架的薄木板为垫板形式。隔舱板由上下几层板拼接而成，每层之间由两三块板相接，多以直角同口的方式拼接，板之间用铁钉加固。艉舱位于S6舱，艉封板向南即后方倾斜，中部有两条平行但与隔板垂直的方木，向北延伸与S5隔舱板相接，两方木间距1米，为固定船舵的结构。桅座结构位于N10舱。由桅夹板、桅座构成。桅夹板形如两块直立的厚木板，间距26厘米，夹板上端穿有圆孔，下端带榫头，可以插入桅座之上。桅夹板中间还夹有一根方木，应为固定桅杆用的插销，揭示出可倒桅的结构，风大时可倒下桅杆以确保行船安全。按照中桅座所处位置及各舱深度推测，整个船体主要保存下来的是右侧船底部，舱室最深残存约1米高，已位于水线以下，按原舱室深度保存不足一半。整船残损多半，不足原船三分之一。通过测量，船体纵轴方向为10°，初步判断东北端的N17隔舱为船艏部分；西南端的S7隔板为船艉部分，横倾角度在8°—13°（各舱存在差异），最北端的N13—N15的倾角达到21°，其中N8、N10、S2等几个舱的外舷均有堆积厚度较浅的大量文物遗存，特别是N10有明显的断裂痕迹，可以直接观察到船舷的剖面构造，沉船的左舷受损严重。说明船只在沉没时受到过强烈的冲击，船体发生过破损，部分船货在沉没时被倾倒到船体外部（图9.18—图9.20）。

图9.18 沉船堆积

图9.19 舱内瓷器

图9.20 测绘记录

现存各舱满载船货，从货物放置位置分析，全船以尽可能装载货物为出发点，也兼顾行船的重心稳定。在舱内，盘、碗、碟等按相同口径成摞码放，上下叠压，每层之间以薄木板间隔。南海一号沉船里也同样采用木板间隔货物，用木板与周边货物简单分开。此外，也发现铜饼、铁锅类质重物品夹于瓷盘中间的情况，体现了装货的随意性。为利用空间，大陶罐内部填满小碟、小碗，以及水果、食物、串饰、铜钱等小件物品，致使整个舱室塞满货物，无任何空隙。空间布置上以青花大盘摆放最有规律，成摞竖放，平面排成两排，与隔舱板的方向基本一致。从剖面看，青花大盘有两三层。在成摞的大盘空隙之间，塞满了成摞的碗和小壶，碗亦是成摞竖放，青花钵中亦套装小罐，粉盒一般是从大到小三件套装。整体而言，大宗物品均放于舯部、艉部，应与抬高船头与确保行船安全有关。

南澳一号沉船考古抢救发掘共计各类文物2.7万件，包括瓷器、陶器、金属器及其他质地文物共四大类。此外，还发现一批有机质遗物，包括核桃、腊肉、果肉、茴香、茶叶粉末、板栗、橄榄、龙眼、荔枝等标本。另有铜钱约2.7万枚，管珠串饰2.9万粒。出水遗物以瓷器占绝大数量，类型丰富，分别产自漳州窑和景德镇窑，零星瓷器来自闽南及粤北周边窑址。种类主要为青花瓷，也有少量五彩瓷、青釉、青白釉、霁蓝、黑釉、仿哥窑等产品。器形以盘、碗、罐、杯、碟、粉盒、钵、瓶、壶等日常生活用品为主。还出水有石器、木器、骨器、漆器等质地的文物。

沉船船货中瓷器的比例达到95%，数量占有绝对优势（图9.21）。这一点和以往我国开展的水下考古工作基本相同，之所以出现这种现象主要是因为瓷器具有坚固、抗腐蚀、在海中能够长久保存的特点，同时唐宋以来我国对外贸易中瓷器是重要的货物。沉船中存有相当数量纯度超过90%的圆形铜板与大量铜钱。由于沉船以及船货中均未有明确的文字记录，所属年代的判断方法和以往的水下考古基本一致，也就是将沉

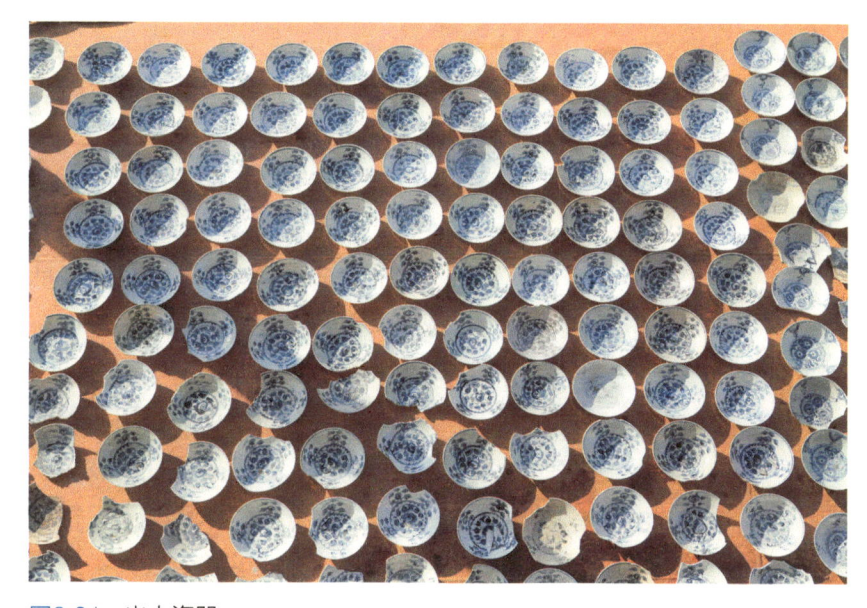

图9.21 出水瓷器

船中的瓷器作为主要断代依据。在船载的瓷器当中，以漳州窑青花为大宗，青花瓷大盘和带盖青花瓷钵是有代表性的器物，瓷胎和釉质比较厚重，青花颜色均比较暗淡，发灰或者发黑，无论人物还是花草图案都比较随意，器表施满釉，底足粘有细砂，即"砂足器"，属于外销瓷中的常见类型。船货中还包含了相当数量的江西景德镇所产的青花瓷器与五彩器物，其中以青花套装粉盒、刻划龙纹撇口碗尤为精美。其他出水文物类型还有木制品、釉陶罐、锡器、铁锅、铜钱、铜板，以及多种动、植物有机物遗存等。就此瓷器器类而言，基本以漳州窑青花器物为主，其余还有江西景德镇窑青花、五彩，福建磁灶窑器物等。漳州窑器物基本以福建平和五寨二垅的器物为主，年代上可以判断为16世纪末—17世纪初，沉船所属的年代亦大致相同，南澳一号沉船时间为16世纪90年代前后，正处于早期华商与西班牙殖民者能良好交易的时期，也是越太平洋马尼拉帆船新航线开辟的初始阶段。国外水下考古发现的"圣迭戈"号、"白狮号"等17世纪水下沉船中也发现数量巨大的漳州窑青花瓷器产品。

　　明万历年间，是中国对外贸易的又一繁盛时期，不同于先前官方把持的朝贡贸易体系，它是在明朝政府大海禁背景下的私商贸易，其空前规模与高度繁荣，充分展示了强大的民间社会力量及其旺盛的生命力。南澳一号沉船不仅为漳州窑与景德镇窑等陶瓷外销研究提供了不可多得的案例，亦为学术界还有争议的"汕头器"提供了更多的佐证。沉船见证了在大航海时代末期，海洋强国之间的力量消长，也见证了中国明末外患内忧复杂的海防形势，以及与日本、西班牙、葡萄牙、荷兰等国家之间的三角贸易及势力格局变化。中西方交流的直接碰撞，自然会引起对船体、航海技艺的相互借鉴与学习，这也是南澳一号沉船需要进一步研究的另一项意义。

　　南澳一号沉船水下考古发掘工作是继南海一号沉船整体打捞成功之后，我国又一个重大水下文化遗产保护项目。考虑到大型木质船体保护的技术手段上尚有困难，陆地亦不具备长期保护所必需的条件，在将船货清理完毕后，船体通过大型金属框架遮蔽的方式留在海床进行了保护处理（图9.22）。这种做法，对于保障水下考古的潜水安全、提高发掘质量和测量精度，起到非常好的效果。同时，这也是我国对于水下文化遗产保护的全新尝试，保护探方框架对水下遗址保护作用非常关键，可以防止拖网、锚泊对遗址的破坏，也能起到避免潜水盗捞的作用。不仅符合原址保护的原则，亦能够在未来具备条件时再对沉船进行后续的考古工作。除现场发掘工作

图9.22　南澳一号吊装水下保护框架

之外，还开展了有关凝结物、铁质文物、木质文物的科技保护，采集分析大量遗物、泥样、水质标本，声呐扫测掌握遗址及周边海洋地貌环境等工作，在发掘技术、潜水安全、遗址保护等方面，为将来在较深水域安全开展水下考古工作积累了丰富的经验，较全面地展示了我国现阶段水下考古的能力与水平，因此先后获得中国社会科学院"2010年中国考古新发现"和国家文物局"2010年度全国十大考古新发现"。

9.1.5　南海一号宋代沉船考古

1987年英国海洋探测打捞公司向中国政府提出搜寻、打捞1772年沉没在广东南海川山群岛下川岛附近海域的荷兰东印度公司商船"Rijnsburg"（莱茵堡）。同年8月开始在川山群岛海域进行海上作业，在预设海域用声呐仪器探测海底，发现疑似目标。由于海底淤泥深厚，英国人采用了大型海底抓斗进行探挖作业，意外捞出大量器物，包括陶瓷器、铜器、锡器、鎏金器、铁器等共247件文物，其中陶瓷器以宋元时期中国生产的瓷器为主，据此推测沉船的年代当属宋元。中方初步判断，这不是要找的荷兰商船，而是一艘中国古代沉船，因此中断打捞，将发现的文物移交给广东省博物馆。

由于当时中国的水下考古尚不具备进行大规模作业能力，1989年与日本合作成立了"中日联合中国南海沉船调查学术委员会"，中国考古学会理事长苏秉琦先生担任会长，日本考古学会会长江上波夫担任副会长。1989年11月以俞伟超先生为队长，田边昭三为副队长的"中国南海沉船水下考古调查队"，开展了首次调查，确定沉船遗址的大致方位，俞伟超先生提议将这条沉船定名为"南海一号"沉船。

2001年南海一号考古工作重启，首次在水下探摸到沉船遗址上散落的凝结物与文物标本，确认南海一号的精确定位（图9.23）。随后进行了多次大规模水下探摸和局部

图9.23　南海一号沉船海域外景（远处为大、小帆石）

试掘工作，经过清淤抽泥、测量记录、采集散落文物、小面积试掘等工作（图9.24），获得了宝贵的原始资料和4500余件文物标本，以瓷器为主，此外还包含金器、银器、锡器、铁器、铜钱、漆器、动物骨骼、植物果实等丰富品种。

对于如何发掘南海一号曾经产生过不同方案的讨论。一种是参考20世纪70年代韩国新安沉船在水下提取文物后，将船体进行拆解再到水面拼接的方法；另外一种是将沉船作为一个整体从海底整体打捞，这种方法和英国打捞16世纪的玛丽·罗斯号的工作比较近似。考虑到南海一号的水深超过26米、水下能见度极差、常规潜水时间有限、水下发掘不利于整体保护和提取信息等因素，2005年确立了"整体发掘、异地保护"的发掘路线。2006年南海一号沉船遗址整体打捞方案获得国家文物局批准。2007年12月整体打捞出水后，被送入广东海上丝绸之路博物馆内（图9.25）。

2014年2月正式开始以6米×6米探方发掘方法清理沉箱内的沉船堆积，总发掘面积为398.6平方米。水下考古调查和本次发掘发现，该沉船覆盖于1—1.5米深的海泥之下，木船体上部及周缘分布大面积凝结物，受渔业生产、水下调查和遗物提取以及海洋动力等影响，地层堆积受不同程度扰动，但堆积层位基本清晰，各层间具有一定的可穿越性，属于典型的海洋埋藏环境，受后期外力与水动力影响较大；同时沉船没于海泥后对周边海床泥层挤压有溢出现象，受船体部分结构开裂、海洋水动力激荡、渔

图9.24　前期水下调查　　　　图9.25　整体打捞

业活动拖曳等因素影响，木船散木和船货被移动甚至凝结，经过了较长期的反复扰动和沉积过程，有船货受扰动发生位移的先后沉积过程。

发掘显露的船体残长22.15、最大船宽9.85米，总计有14道隔舱，船艄室已经断裂分离，上层建筑无存，右后部微倾斜下沉，艉部存有艉尖舱。两舷为多重板搭接结构，部分隔舱存有甲板。沉船保留有左右舷板、水线甲板、隔舱板、舵承孔等船体结构，以及船中桅托梁、甲板、船壳板、底板和小隔板等部分，船体表面残存结构基本清晰，船板搭接等部分造船工艺比较明确。经发掘清理，显露出船体横向隔舱壁板的间距在0.62—2.01米，已发现隔舱有纵向两列隔板，部分舱室存有垂直分隔板，将舱室分割为不同空间。船舯部设有可倒桅，两舷上部为多重板搭接结构，部分隔舱上部尚有甲板残留。船体的右舷中部碰撞内凹，舯部、艉部的上层建筑已经倒塌，大量建筑板材等散落在艉部外围。船体木材按部位不同分别有马尾松木、福建柏、海南榄仁木、柄果木、江南桤木等。从已暴露的船体结构和船型判断，南海一号沉船是长宽比较小，有龙骨多重船舷板的V形船体，是具有安全系数高、耐波性好、装货量大特点的短肥船型，属于中国古代三大船型的"福船"类型（图9.26—图9.28）。

船体中间各舱室是船货最集中的区域，船内各舱之间的船载货物按照种类和上下货次序进行包装码放（图9.29）。船内现存的货物以瓷器、铁器最为大宗，钱币亦有相当数量，按照宋代对外贸易的货物品种，丝绸亦为大宗货物，但由于长期浸泡于海底，有机物已全部腐烂，在几个货舱的土样检测中有丝蛋白残留，从而证实作为货物的丝织品的存在。此外，船内发掘出大量戒指、手镯、臂钏、项链等金制饰品，以及金页、玉件、银锭、漆器等应属于非贸易性质的个人携行物品。在部分舱室以及甲板面装载了大量的铁条、铁锭、铁锅等金属加工半成品，并形成了体量巨大的凝结物。

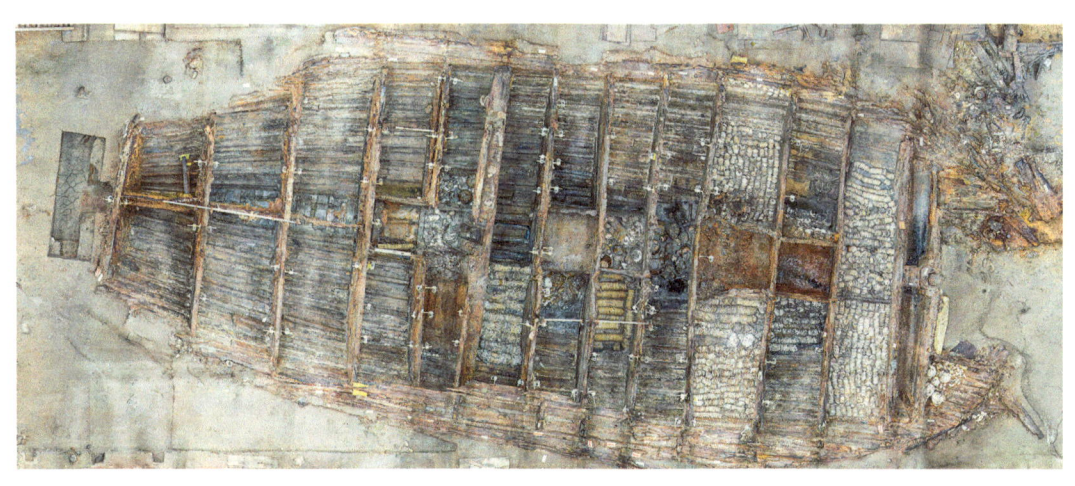

图9.26　清理后的全船正视图

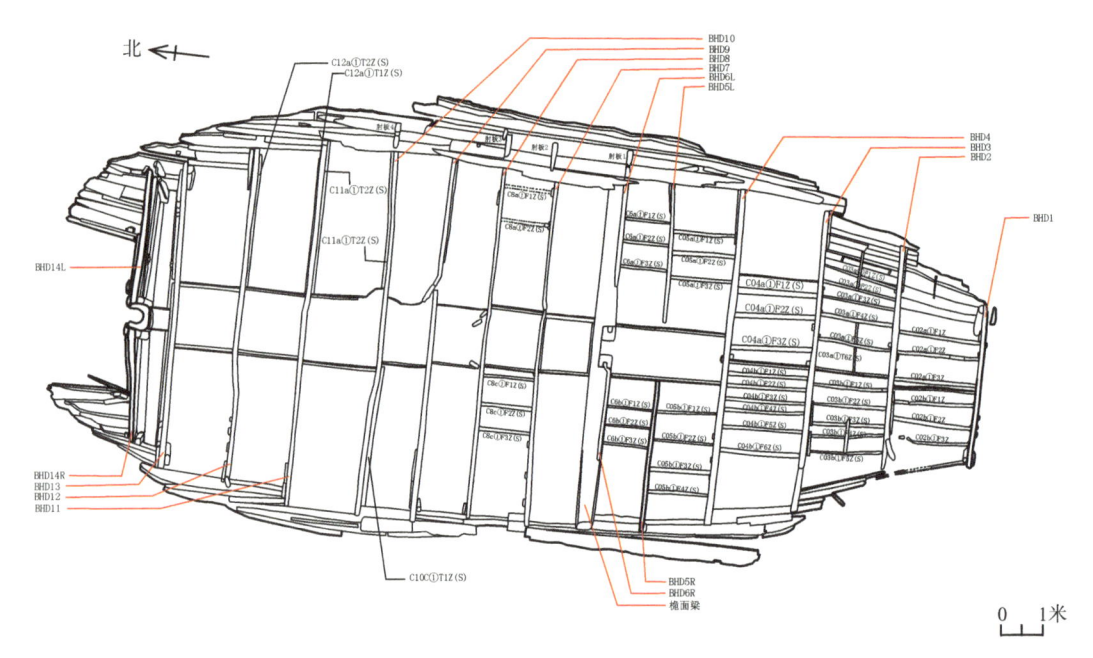

图9.27　第一层平面图

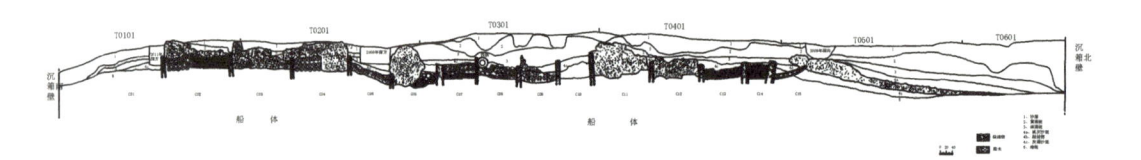

图9.28　T0101—T0601西壁剖视图

图9.29　分舱装满货物的船舱

瓷器主要是当时南方著名窑口的产品，以江西景德镇窑青白瓷，福建德化窑白瓷、青白瓷，磁灶窑酱釉、绿釉瓷，闽南青釉以及龙泉系青釉瓷为主，器形包括壶、瓶、罐、碗、盘、碟、钵、粉盒、炉等。金、银、铜、锡和漆木器等其他发现也非常重要，金页、银铤上多有店铺名称、重量、地名等戳记，反映了南宋时期商品经济异常活跃，已延伸到了海外贸易的领域。而船货中一些器形较为特殊的外销瓷器、浓郁异域风格的金饰品、朱砂、水银和剔犀、剔红漆器等更加值得注意（图

9.30—图9.32）。文物提取数量近20万件，远远超出最初的6万—8万件的推测。作为一条满载货物在出航不久后就沉没的船只，发现于南海一号上的大量珍贵文物多具有文化交流、融合的特点。

  南海一号作为一个被时空封闭了的载体，包含极为丰富的古代信息，完整地展示了800年前具体而微的社会场景，为了解古人海上活动提供给了鲜活的标本。在全部考古发掘中，南海一号船体作为最大的单体大型木构结构是最重要也是最有价值的，可以看出具有中国技术特点的帆船至少在12世纪前已完全成熟。由于沉船被海泥包裹于海床之下的特殊埋藏环境，南海一号船体特别是装满货物的船内舱室结构等都得到了保存，是结构相对完整的中国古代帆船，为此考古工作的一个核心要点就是尽量不对船体进行拆解，除非提取文物和保护的必要，尽可能不破坏船体的水密舱料、板材搭接、舱室结构等（图9.33）。在清理所有船货减轻自重后，从内外两侧进行临时支护，为需要较长时间开展的保护工作提供必要的条件，最后再转入博物馆公开展示。

  南海一号沉船考古发掘工作历经了发现、水下调查、水下发掘、整体打捞、异地发掘等不同阶段，前后跨越了二十余年，从某种意义上讲也是中国水下工作的起点并伴随贯穿了水下文化遗产保护事业的发展。整体打捞是中国科技水平、海洋施工能力

图9.30 船舱内垂直码放的货物   图9.31 金璎络胸佩

图9.32 出土的植物果核

1. 槟榔果核 2. 草海桐 3. 葡萄籽 4. 滇刺枣核 5. 冬瓜子 6. 黑胡椒 7. 荔枝核 8. 楝树种子 9. 梅核 10. 南酸枣核 11. 稻谷壳 12. 松子 13. 香榧子 14. 银杏 15. 石栗 16. 锥栗 17. 花椒籽 18. 未知 19. 枣核 20. 橄榄核

图9.33 桅座

与遗产保护合作的范例，在国家文物局、广东省政府支持下建成以南海一号沉船为主题的专题类博物馆，更显示了中国政府对水下文化遗产的高度重视与对历史负责任的态度。考古工作是建立在全面现场保护的基础上进行的，是"边发掘、边保护、边展示"的水下文化遗产保护模式的尝试。在有效保护、深化科研工作的同时，探索水下遗址定位、扰层清理、信息留存、文物提取、出水文物保护与整理在内的适合中国国情的水下文化遗产保护操作程序，是中国文化遗产保护多学科合作的范例。考古发掘了大量珍贵文物，并对沉船和文物进行了全面的信息采集和现场保护。发掘阶段还引入了信息化测绘技术，建立了综合测绘平台，使用三维激光扫描、数字近景摄影测量技术、全站仪测绘和平面垂直摄影结合CAD描图等测绘方式，在上表面淤泥、甲板、船舱和船体的不同发掘阶段进行数据采集，各探方、凝结物、文物、船体等要素的空间信息资料数据得到完整而精确的记录。精细化的发掘，极大地提升了考古人员全面获取古代沉船信息的能力。考古队应用现代科技手段，保证了发掘得到全程准确记录，为后期展示、复原与保护提供了基础数据保证。对海洋沉船埋藏环境、沉船遗址的海洋生态、古代海上生活、古代中外生物交流等开展了综合研究，在船体结构、船材种类、陶瓷窑口产地、动植物种类、船附海洋生物种属、金器漆器工艺等方面开展分析、鉴定、辨识和探源工作，是文化遗产保护多学科合作的一次创新，并取得了丰硕成果。

自包裹沉船的巨大沉箱移入广东海上丝绸之路博物馆开展考古工作后，始终秉承分享社会、全民参与的理念，观众可以在展厅了解沉船的历史，看到展出的新的发现成果，还可以近距离直接观看考古发掘的全部过程，深入了解文化遗产保护的内涵，提高参与意识。公众参与感是考古工作的重要组成部分，鼓励社会公众了解、参与水下文化遗产保护，才能有效保护、永续利用全人类的共同财富——水下文化遗产。

9.1.6　湖北丹江口库区均州古城水下考古调查

均州古称"均陵"，位于鄂西北东部鄂豫两省交界处，地处汉水中游，依山傍水（图9.34）。下通汉口，上达陕西，为汉水交通咽喉，为黄河流域与长江流域古代文明的交汇区域及南北文化的交流要地。均州城分为城内、城外两大部分，总计约有3平方千米的面积，城内集中了官署和寺庙等建筑；南门外是经济商业区，东接两个码头。永乐十四年（1416年）从北京漕运来武当山的金殿构件亦在均州城东码头下船转运。均州城的商贸活动十分繁荣。明清时期入武当山除南路（九江、荆州）可不经均州外，北路（北方诸省、江南路）、西路（山西、四川）都必须经过均州。受自然条件和经济实力限制，均州城的规模较小，布局亦因地制宜，依山川形势，随山就水；内部格局以官府、庙观为中心。商业布局依临河码头、道路隘口展开。20世纪50年代丹

图9.34　均州城水面全景

江口水库建设，大坝围拢后蓄水至160米，均州城全境淹没，许多珍贵的历史文物和古代文化遗址淹没于水下，淹没前除搬迁了净乐宫大殿等外，基本未做文物保护工作。

考古调查工作的重点为现存于水下的均州古城的现状调查（图9.35）。均州城墙原为汉建武四年（28年）延岑筑的土城。现存城池为明代永乐年间始建，到20世纪50年代依然比较完整。此次为首次开展大型水下遗址调查工作，工作涉及的城区面积达1平方千米，城外区域超过2平方千米，存有众多的单体建筑遗迹，仅靠人工摸清整个格局存在一定的难度。依据清库时的拆迁情况，结合水下淤沙严重的问题，将仍旧出露的城楼及门洞列为重点调查对象，开展考古测绘、摄影、记录等工作，并一直延续始终。其间，还对已掩埋于泥下的静乐宫、奎星楼、大码头、沧浪亭等遗址点进行了实地探摸，位置核实（图9.36）。由于均州城具有作为水旱交通枢纽与历史人文遗迹众多等特点，周边环境调查亦十分重要，考古队使用了精度更高的物探设备，做大范围的扫测，范围超过5平方千米，城外探出周边村镇，更远探至汉江对岸，有利于分析古城周边水下地貌、建筑格局。由于库区网捞捕鱼的影响，长年累月之后，出露的城墙、门洞等凸出物体上均挂满了渔网，调查之前需要先对渔网进行清理，以保证人员安全与工作顺利开展，这是在调查之外又临时增加的一项繁重的工作内容，个别区域渔网多达数层，以致无法清理。20世纪建水库蓄水时，因时间仓促，除静乐宫门坊、碑亭外，整个古城并未开展任何测绘，考古队对能调查的区域均开展调查，能测绘的遗址均开展测绘，取得了一定的成果。通过水下调查工作可知，诸如北门楼位置偏于中部，而非西北角；静乐宫位置偏东，而非正中，建筑面积也没有书中所绘宽广；填补了许多原有的欠缺。

通过调查发现，在半个世纪的时间里，古城淤泥深度平均达3.5米，城墙已淤近一半的高度。这样的淤泥厚度，导致能出露的遗迹仅有城墙墙体、城门楼，测绘工作也主要围绕各门楼展开，包括每座城门楼的平面图、城墙的立面图，并对城墙进行了纵剖测绘。依照测绘数据可以做到对古城门的重建。通过细致的测绘，对城楼的构建方式、保存现状均有详尽掌握。

图9.35　考古调查工作现场

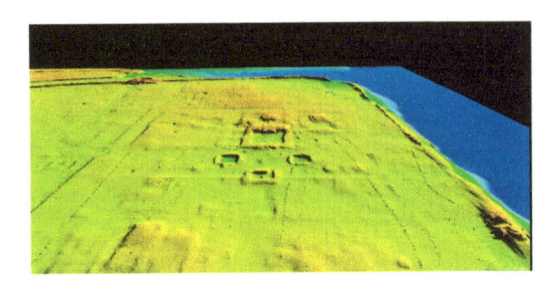

图9.36　净乐宫多波束声呐扫描图

水下调查发现，均州城虽然经过清库拆除及厚厚的泥沙覆盖，依据物探设备扫测，声呐图像显示水下整个城区布局清楚，城墙、房舍、河道等遗存可辨。均州城为砖城，墙体结构外部包砖，内为夯土。形体上小下大，墙体底部宽25—30、顶宽4—5米，现存城墙体出露3—5米，最高处达6米。经过水下实地调查，城墙内、外两侧已淤积厚厚的泥土，两侧呈斜坡状分布。原城墙外陡内缓，现今城外较城内淤积更甚，淤泥坡面内侧比外侧更斜，内外有厚达4米以上的高差。墙砖大多已被拆除。调查时对部分城墙进行了测绘。水下均州城基本呈正南北向，地势西北向东南倾斜。平面近方形，城墙四角为圆弧形拐弯，城南、北、西三面临护城河，东面直接临近汉江，共设有4个城门、1个瓮城门、2个水门。经物探测量，东城墙长1010、南城墙长798、西城墙长840、北城墙长740米，城内占地面积1平方千米以上。东城墙比较平直，受汉江长年冲刷，城墙坍塌处较多，该段城墙在南、北近两端处开有两道水门，中间略偏南处开有一道城门，遗痕可辨。北城墙近正中位置开有一城门（图9.37），外带一瓮城，该处淤泥堆积极厚，整个北城墙较其他城墙弯曲度大、增厚，其北临沧浪洲，汉水汛期时北城墙正面挡水，乃多次水患后再修缮的结果。西城墙城垣保存较好，中段偏北处有一土台，城门开在中段偏南处。南城墙的东段临近江水有部分塌陷，该处原建有奎星楼，仅存台基，南城门设在城墙中段偏东处，为保存最好的一处城门。城墙西北、西南拐弯处均有微凸的马面，其他处已坍塌。城内有主要街道可通达四城门。其中东、西城门有直街通达，南城门街道往北可通至静乐宫宫门，北城门街道往南与东西直街相接。以上述街道为主干，再平行开设多条更窄一点的街巷，以此划分出街坊。城区主要建筑是静乐宫，位于城东北部，这与以往资料记载其位于中部不符。城西为水池，经探摸街坊、房舍布局，从声呐图像依稀可辨，水下探摸难以察觉，这与清库、泥沙淤积有关（图9.38—图9.41）。

城外建筑居中于南城外，声呐图可见街道、房舍等遗址痕迹，水下探摸发现均是平地。大码头位于城外东南汉江边，沧浪亭遗址位于汉江东岸岩壁上，水下调查均有探知。城外东临汉江，江水直落较深，沧浪亭岩岸陡直，整个遗址具有高差大、起伏大的特点，水深一般在12—20米，汉江底深度超过30米（图9.42、图9.43）。

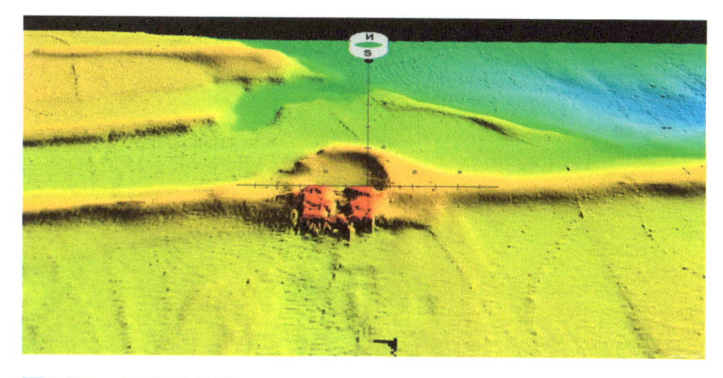

图9.37 均州城北门

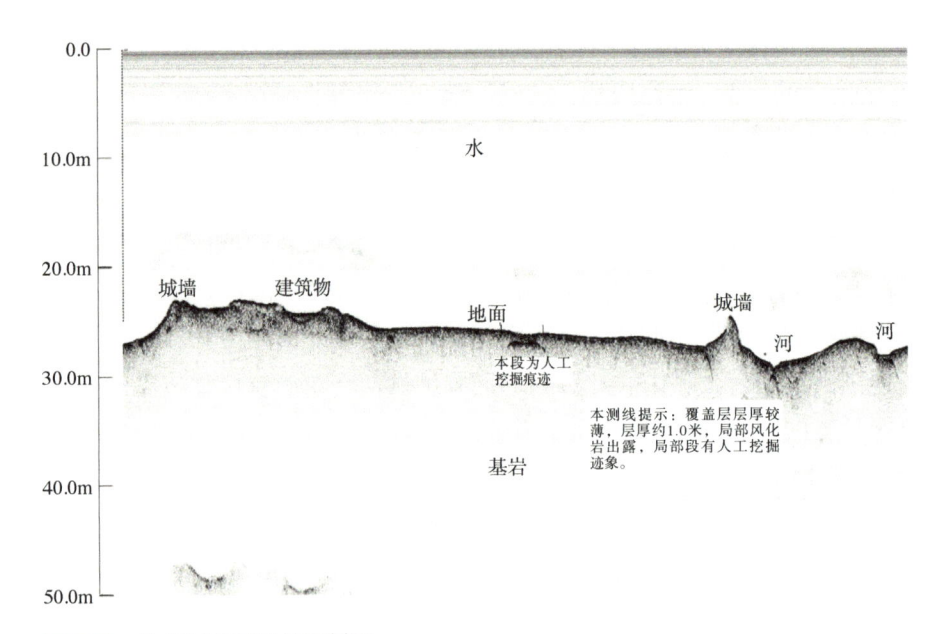

图9.38 均州城地质浅地层剖面

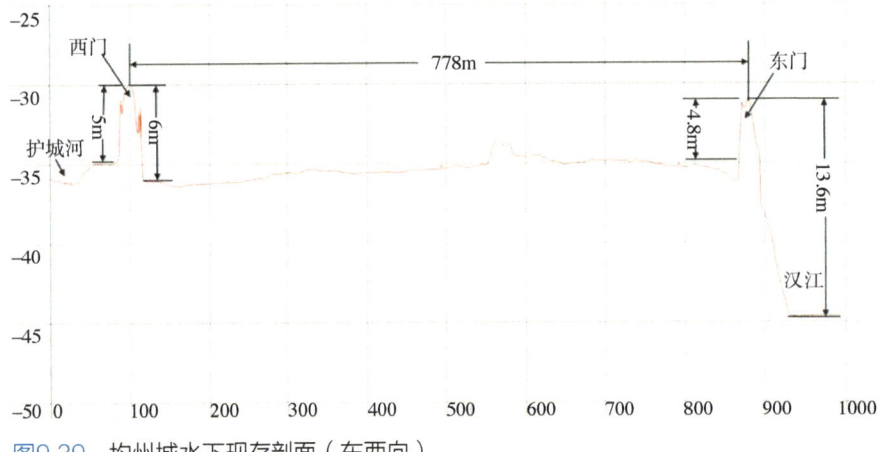

图9.39 均州城水下现存剖面（东西向）

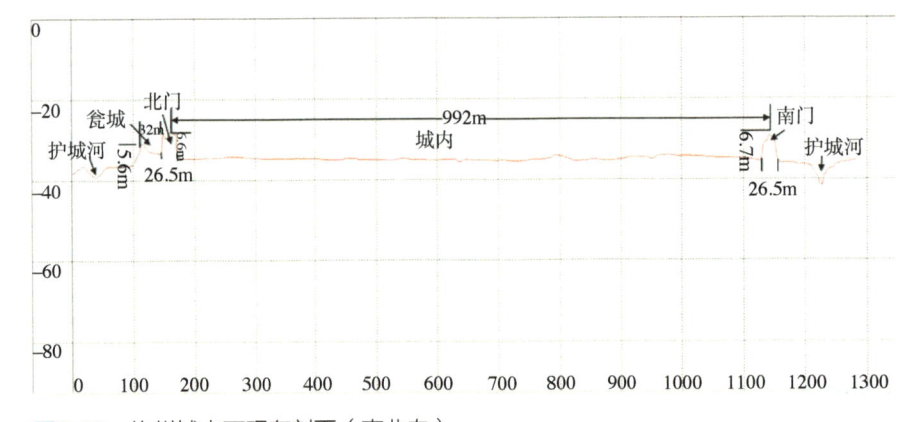

图9.40 均州城水下现存剖面（南北向）

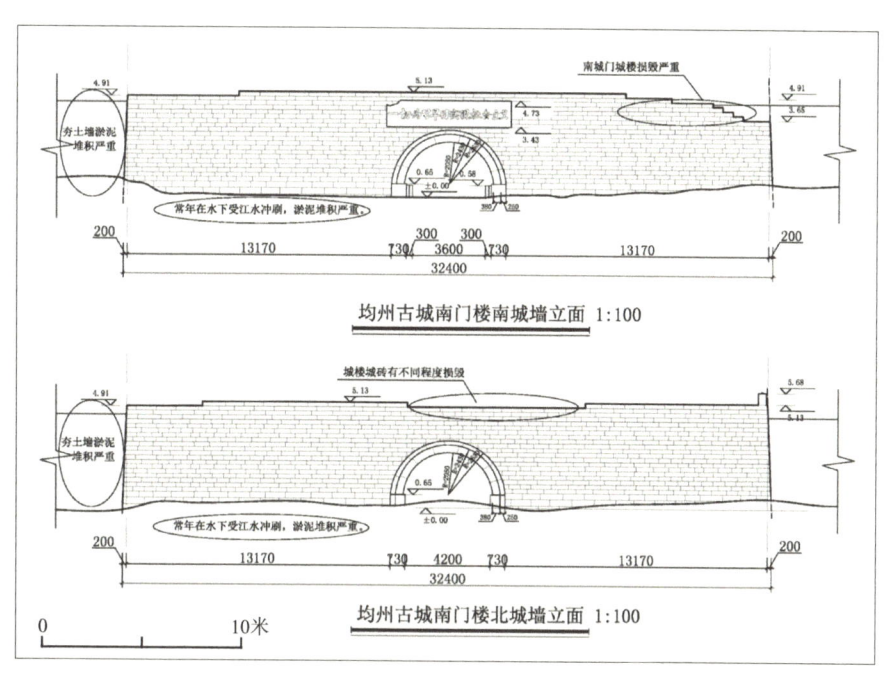

图9.41 均州现存南门立面图

考古队还调查了当地镇政府、招待所、粮管所、民居等房舍，发现都存在使用古城拆除下来的材料再利用的状况，如翻建办公及住宿房舍、蓄粮仓库、卫生设施等，并用来自静乐宫、城楼的石板铺路。许多房舍或闲置或用于饲养家畜。以肖川粮管所为例，花厅边门（门框为立柱，刹角，上立书卷式柱头，卷轴上浅雕缠枝莲纹），圭形门有门框、门槛、门额，全部为石构件，大部分房屋、廊道、菱形花纹铺砖等悉从古城一处民宅中按原样拆来（图9.44）。均州城内原建筑材料被拆除使用的情况由此可窥一斑。

尽管事前对于水库内泥沙的淤积有所考虑，但均州城址的水下泥沙淤积情况严重，仍远超预期。这主要是两个原因造成的，首先是我国内水的泥沙含量非常高，

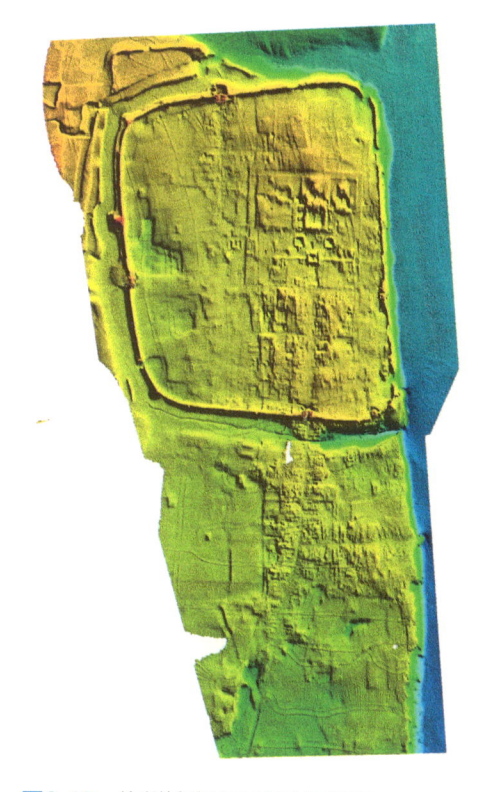

图9.42 均州城多波束声呐扫描图

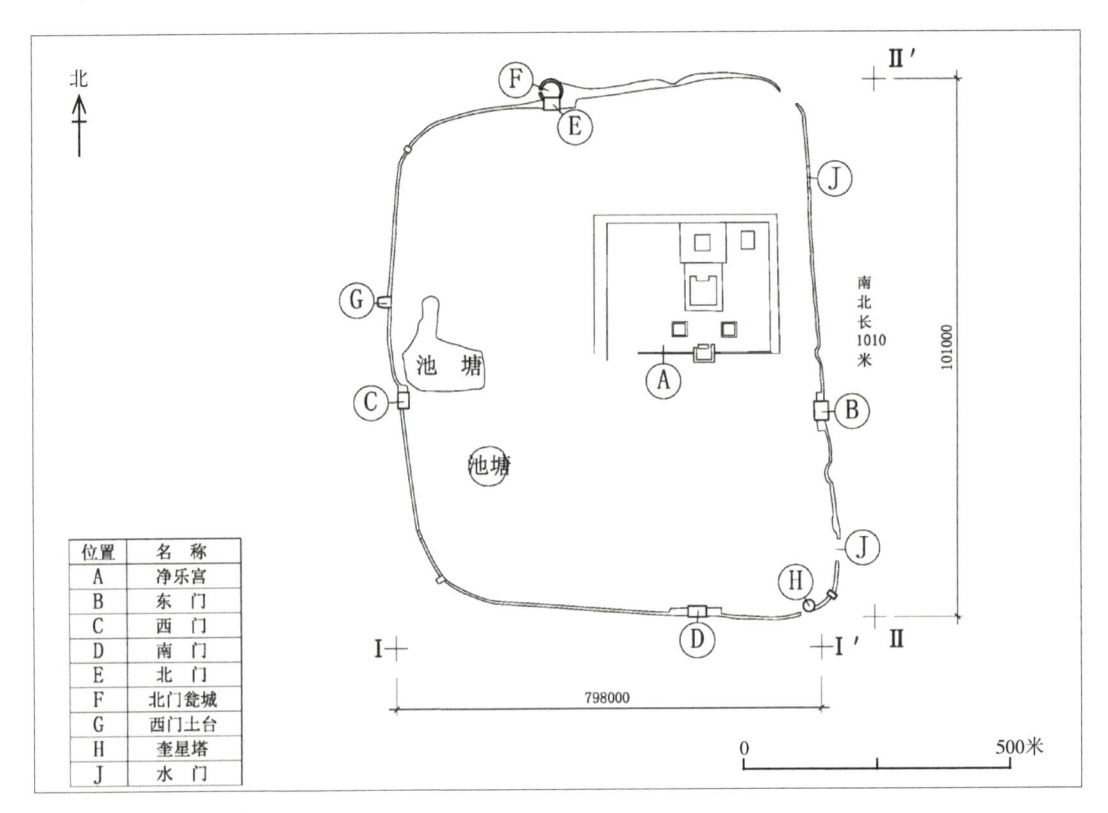

图9.43 现存均州城平面图

图9.44 拆除成砖再利用

降水集中在雨季，会携带大量泥沙注入库区。其次是长时间浸泡造成了大量水下建筑垃圾，经过长时间分解与水流搬运，已将遗址全面覆盖。调查发现城区房舍建筑基础全埋于沙层下，几乎无迹可寻，城墙也被堆埋过半，城区平均淤沙层达到3.5米的厚度，建筑基础均覆盖在厚厚的沙层下，人员入水难以感知。实地调查及声呐扫测反映城址的主要遗迹现象多存于内城，这与汉江冲刷、城墙阻挡泥沙有关。水库库区发达的人工水产养殖业，形成饲料、粪便、围栏等水体不间断的污染，水质富营养化后，木质文物全部损毁。所有这些表明我国内水的水下文化遗产保护工作亟待进行，且越早开展调查工作效果越好。

在丹江口库区存在着相当数量的古代城址，考察这些城池可以发现，其都具有规模较小、人口不多、修葺频繁的特点,这种现象是受该区域的历史、自然条件限制形成的。如何尽快做好相关的保护措施与资料收集工作是必不可缺的一项工作。其中的均州古城是极具代表性且富有研究价值的。同时,类似均州城的水下遗址在我国多有存在,值得注意的是,这些遗址由于保存于水下,虽然局部或单体建筑易受外力侵袭损坏,但城市的整体布局却得以免受大规模基建破坏,反而更加完整地存

图9.45 城墙上的渔网

留下来,均州城亦属此例。为此,尽快开展水下考古调查亦是当务之急,否则随着时间的流逝,将会给文化遗产保护工作带来极大的损失。

此次调查也是初次面对内水环境进行的大范围的水下考古工作,并无经验可供借鉴。由于不存在潮汐现象,在全部潜水作业过程中除个别时段有上游集中降水外基本不受水流因素影响。但是,水温对潜水工作影响甚大。丹江口水库在每年11月至次年3月水温基本呈垂直均匀分布;4—10月,水温呈分层现象,水温垂直变化明显,温差在6—17℃。潜水实测汉江水底水温低于10℃。由于水流停滞和不同层位间的水体交换很少,也带来了水下能见度极差且难以改变的不利影响。大范围的遗址不同于海洋沉船,具有面积大、疑点多、环境变化大的特点,因而在时间有限的情况下,水下工作面多,需要有重点、有突破。前期物探确认主要工作区,再先期进行探摸,了解各遗址点水下基本情况,最终选择对象进行重点调查。对内水环境进行把控,综合评估水温、水流、水深、水质对潜水工作的影响。库区水下环境不利因素较多,能见度差,水中悬浮物多,水体较浑浊,导致工作效果不佳,尤其是测绘与摄影工作;水下挂有大量渔网(图9.45),严重威胁到潜水安全。最后是对工作节点的掌握。夏季水下气温适宜,但处于汛期,水深,能见度下降,而枯水期水下温度又低。如何避免夏季汛期,选择合适的工作时段,提升装备设施开展工作,是此次调查宝贵的经验。

9.1.7 广东南海西樵山石燕岩

西樵山位于广东省佛山市南海区,东临北江下游干道,西濒西江下游干道,处于华夏板块新生代北东向伸展盆地——三水盆地的西南端,是新生代盆地内粗面质火山,火山结构保存完整。因山峰石色灿烂如锦而得名锦石山。主要岩石类型有粗面质火山集块岩、沉角砾凝灰岩、沉凝灰岩等,由于岩性种类复杂,满足了人类对各种石质的需求。西樵山在新石器时期为珠江三角洲石器原料来源之地,从宋代开始

作为珠江三角洲建筑石材的原料产地而兴盛。

2016—2017年，国家文物局水下文化遗产保护中心、广东省文物考古研究所对西樵山石燕岩遗址进行了水下考古调查。石燕岩采石遗址在佛山西樵山狮脑峰东南面，因洞中曾盛产石燕得名"石燕岩"，包括"天窗框""石屏风""石祠堂"等处（图9.46），调查分潜水调查和物探调查两个部分。西樵山石燕岩主要有三部分，一部分是山体外，一部分是岩洞内可见部分，另一部分是岩洞内水下部分。石燕岩内洞容积至少是已知岩洞的5倍以上，是面积数十万平方米的古代水下采石场遗址，是迄今为止国内较大且完整的水下古代生产遗迹。

石燕岩水下遗址保存完好，水下情况复杂，最深处超过50米，且存在多支洞现象（图9.47、图9.48）。水下调查属于洞穴潜水，具有一定的难度和风险。在水下调查、测量潜水期间，由于是密闭空间，人员不能自由返回水面；在不同的穴室空间移动会造成潜水深度的反复变化，需要准备周全的减压预案。此外，洞穴内的水体不与外部交换，水温基本恒定在10℃，对于工作人员体力消耗很大。为确保安全和提高效率，首先进行了水下布线，按不同路径分别标注，在水面调查的基础上运用新绘制的平面图，对调查水域进行细化分区，在遗址水下区域进行分层调查和测量。水下调查分两个阶段进行。水上开放水域环境测量为第一阶段。由于石燕岩水体环境较好，能见度超过15米，因此在水

图9.46　西樵山石燕岩

图9.47　西樵山水下步道

图9.48　西樵山水下石材堆积

下灯阵的支持下，可在水面对水下12米以浅的水下遗迹进行粗测和草图绘制。以多波速的水下三维图为基础，通过潜水精测，对图进行修正和完善，完成12米水深的水下平面图测量；在超过30米水深的水域工作时，在水下设减压停留站，按减压方案进行减压（图9.49）。

图9.49　西樵山测量

西樵山石燕岩水下调查区域为古采石场外洞部分的一号、二号洞窟，全部位于水下，最大深度50米，采用人工测绘结合声呐测量模式。工作中将石燕岩采石场遗址当作一组建筑对待，从矿坑遗留的水池、门洞、踏步、通道及隔墙等结构分析，其属于减材建筑性质属性。与外部边际线清晰的增材建筑不同，对减材建筑的内部测绘传统方法仅仅能够表现一个具体的二维平面，很难表述三维立体，因此测绘运用水下三维成像技术对外洞进行水下三维扫描，获取水下洞窟的精细点云数据，建立水下洞窟三维模型，为水下洞窟的保护研究与展示利用提供科学的技术支撑。除采用了潜水调查、绘图、照相和摄影手段外，还引入水下声呐三维扫描技术，采集水下的三维数据后，再通过室内的拼接、融合等手段，获取西樵山水下三维结构图，取得了很好的成果，为遗址形成的过程、时代和规模等诸多课题提供了技术方法和手段，也给水下考古发展建立了一种新的工作模式。

采石是人类一项古老的经济活动，石材既可以作为生产资料，也可以作为生活材料，对于人类文明发展、经济生活都起过极为重要的作用。包括文明悠久的国度大都有漫长的采石史。目前，国内有相当数量的古采石场遗址，包括浙江衢州龙游石窟、吉林柳河辉发河上游古采石场、江西进贤鄱阳湖畔的古采石场、浙江德清武康古石宕遗址群、广东东莞石排镇的燕岭古采石场、番禺莲花山古采石场、浙江绍兴柯岩、江苏徐州汉代采石遗址等。这些古采石场有的属于地下开采，有的则是露天开采，遗迹风貌各不相同、自成特色。类似的遗址均不同程度地受到因探险、旅游等因素带来破坏的困扰，迫切需要文物工作者尽快开展专题调查，摸清文化遗产资源，为文物保护可持续性利用提供依据。水下调查除基本搞清石燕岩的洞穴结构外，还绘制了大量的平面、剖面图，采集了大量的水下影像资料。此次调查项目由于涉及主体是不可移动的水下遗址，在水下考古调查活动中，尽可能减少对遗址本体的影响。参照《水下公约》的要求，也就是工作原则为：尊重和保留所有的历史信息；尊重和保留原有材料和工艺的真实性；措施的最小干预、可再处理性，任何保护行为都不应该对将来必要采取的保护和修复措施造成障碍。同时，对工作的每一个步骤，都要尽量做好详细的记录，包括文字、图纸、照片，留取完整的保护档案资料。

西樵山是中国南方最大规模的采石场和石器制造基地，采石和石器制造持续时间长达5000多年之久，是具有代表性的古代采石矿遗址。嗣后，石燕岩因为红色粗面岩，适合建房、铺装，成为历史时期建筑的主要材料。明以前多为露天开采，明以后发展为洞穴开采，以斜井掘进采石，天窗格是此种方法开采，嘉靖后，政府禁止采石，民间开始偷岩采石，向石口深入的纵横处发展。石燕岩采石场正是在这种情况下出现的，并最终封存在水下，成为一段凝固的历史。其是因突发事件而在较短的时间内被人工放弃的历史遗存，其遗迹因受到水体环境保护，避免了风化侵蚀，其保存状况比暴露在空气中的要更加良好，开凿进程、工艺技术等清晰可见，保存了古代采石过程的许多信息，有重要的科研和历史价值。西樵山独特地貌形成的石材被广泛应用于珠江流域的亭台楼阁、祠堂庙宇的建筑和装饰。石燕岩遗址是古代采石留下的保存完好的古矿场遗址，其年代从宋代一直延续到清代，保存了古代完整的采石痕迹。尤其是被水体淹没的部分没有任何风化迹象，是一个古代工场遗址，具有重要的历史、人文和文物价值，也是一个难得的水下考古遗址，对水下考古学科建设和新技术运用均有重要的参考和示范作用。

这次水下调查从保护的角度，是最小干预的水下调查，对遗址没有造成任何破坏和扰动，符合水下文化遗产原真性的原则。西樵山石燕岩采石遗址的水下考古工作是我国水下考古首次有计划、有规模的洞穴潜水调查，有规划地对其洞室进行分区、开展全覆盖式水陆考古调查，对各类历史文化遗产予以认定登记，全面、系统地记录调查区域内水陆文化遗产资源，准确摸清石燕岩文化遗产家底及其时空分布，探索水下洞室考古调查的技术方法，提高了水下考古调查主动性、科学性、系统性的水平。通过水下调查，全面掌握了石燕岩水下文化遗产的实际状况，为制定石燕岩水下文化遗产保护政策和中长期规划打下基础。

9.1.8 辽宁丹东一号清代沉船

2013年辽宁省丹东市进行丹东港海洋红港区的基建项目，经国家文物局批准，国家文物局水下文化遗产保护中心会同辽宁省文物考古研究所，开始启动基建海域内的水下文化遗产调查工作。丹东一号沉船遗址地处黄海北部、辽宁省丹东市东港西南约50多千米的海域，距离大鹿岛20多千米。海底地势平坦，水深22米，平均潮差4.6米，秋、冬两季盛行偏北风，气温较低，底层水温在4月中旬也仅4℃，水下考古工作季一般限于夏季。经过水下考古调查，发现近代甲午海战的众多水下遗存，并确认北洋水师沉没的致远舰。

鉴于工作海域曾为1894年中日甲午海战时的交战海区，调查目标初始即确定为寻找甲午沉舰。通过收集资料线索设定调查范围，2013年11月，开启水下调查工作，运用多波束声呐、旁侧声呐、浅地层剖面仪、磁力仪等物探设备，对选定的十一个区域进行逐一勘探，并在第三区域搜索到符合条件的磁力异常点。锁定位置后安排人员潜水探摸，在海底陆续发现铁板、煤炭与木质船板等遗物，通过金相分析，确认铁板为炒钢锻打，与19世纪后期欧洲造船材质吻合。根据甲午海战史实确认为一处沉船遗址，并推测很可能为北洋水师的一艘沉舰，按地域命名为丹东一号沉船。

2014年8—10月进行第一期重点调查，沿船体舷边抽沙揭露，清理出长50、宽9—10米的两侧舷边，并发现一门十管加特林机枪、一截炮管残片及少量弹药、陶瓷器等。水下钢板的铆接工艺与现藏于威海刘公岛甲午战争博物院的济远舰钢板一致，推断丹东一号沉船应为北洋水师的沉舰，为"超勇"舰或"致远"舰（图9.50、图9.51）。

2015年8—10月，为确认丹东一号沉船的具体身份及保存状况，开始第二期重点调查，按工作进展分为两个阶段（图9.52）：第一阶段集中于艉部抽沙，用一个半月时间陆续揭露出艉部、左右舷后端，发现与致远舰相关的多层穹甲板结构、鱼雷引信、方形舷窗等遗物；第二阶段将调查区域延展到艏部，选择在遗物丰富、无火烧痕迹的左舷前部布设两个1米×1米的小探方，清理出2件带"致远"篆书文字款识的白瓷盘，基本确定了沉舰身份。同时又重点调查了位于舯部的穹甲区域，最后冲沙回填所有抽开的遗迹区。为记录准确，以艏部的立柱为基点，贯穿艏、艉布设基线绳，调查发现的遗迹与遗物均以相距基线绳的距离确定其水平位置，并以距海床泥面的深度记录埋深，构建其空间位置。本次调查还采取多角度近景拍摄方式，通过软件进行三维建模，获得了较大范围的遗迹三维影像。

丹东一号沉船埋于沙层下，沙层为长年由粉砂与细砂形成的沉积淤泥层。海床面只零星露出一

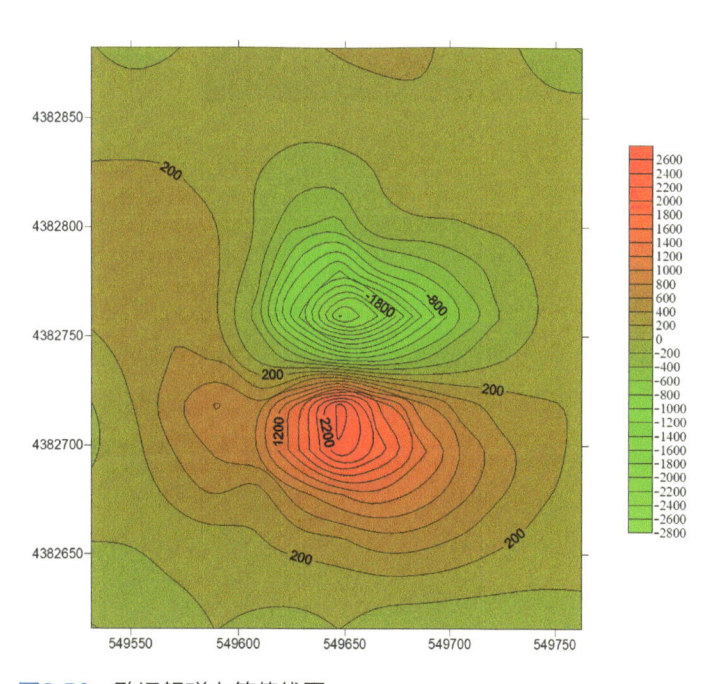

图9.50 致远舰磁力等值线图

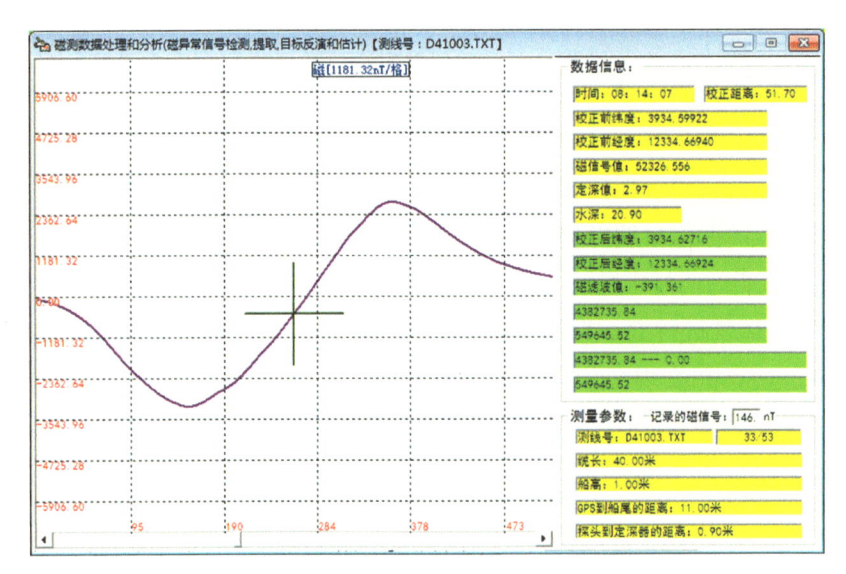

图9.51 致远舰典型磁异常曲线

图9.52 水下搜寻

些钢材,以艏部处的立柱最为醒目。遗址覆盖层层渔网,与沙层间杂。通过小探方试掘可知地层可分两层。第1层为较松软的细砂层,厚10—20厘米,少有遗物。其下为散落的木板与铁板,常形成凝结体,厚约10厘米;第二层为黑色贝壳层,厚40—80厘米,发现子弹、铜钱、瓷片、银锭等遗物。之下为多年淤积的灰黑色海泥,土质细腻,有滑感,中黏性。堆积呈现出遗物散落、上部船板解体、浮沙掩埋的漫长过程。水下调查中沿舷边揭露60多米长(未到艏端)、9—10米宽的舰体残骸,沿外侧舷边清理深0.5—1米,方向为西南—东北。舷边受泥土挤压略弯曲但未断裂。船体外壳用钢板构造并使用铆钉连接,内侧贴木质船板。船壳所用钢板较薄,仅厚1厘米左右。右舷前部还发现间隔的数道横向钢板,往右与舷边相接,应为水密隔舱。穹甲在右舷前部、舯后部均有发现,以舯后部保存面积最大(已揭露面积1米×4米)。舯后部穹甲以三层钢板铆接,厚达10厘米,穹甲倾斜度较大,明显还未到舱室顶部。该处紧邻一个锅炉,呈圆桶状倒卧,残损较甚,上部已无存,锅炉一端有多排密集过水孔。锅炉内积满煤炭,清理深近2米仍未到底。

历次调查提取水下遗物计180余件,另有65枚清代铜钱。遗物有银器、铜器、铁器、木器、瓷器、玻璃器、皮革等,用途有舰体构件、舰载武器、舰上官兵生活物品等。舰体构件及内饰物有锅炉阀门、舷窗、铜质标牌、铜锁、电灯罩、衣帽钩、木滑轮等；舰载武器装备有主炮管、鱼雷引信、152毫米炮弹、57毫米炮弹、47毫米炮弹、37毫米炮弹、加特林机枪及子弹、毛瑟枪子弹、马蒂尼·亨利步枪子弹、左轮手枪子弹等，以57毫米炮弹、37毫米炮弹、加特林机枪子弹、毛瑟枪子弹较多，应与上述四种武器配置较多有关（图9.53）；生活物品有银锭、茶杯、瓷盘、鞋底、玻璃盏、皮带、木梳、鼻烟壶、银勺、印章及钱币等（图9.54）。

图9.53　格林机关炮

经磁力仪物探，丹东一号沉船在20米的水底最大磁力异常值为5905nT，铁质物体约1600吨。这个吨位明显大于1380吨满排水量的超勇舰。致远舰原排水量为2300吨，经当时炮火摧毁及后来日方拆卸都会折损掉许多钢材，再去除部分木材、煤炭等非磁性物质的体量，故物探获知丹东一号沉船现存1600吨铁质物体，与致远舰情况匹配。舰体结构上水下残存的穿甲钢板与致远舰的穿甲防护结构吻合。经远舰采取"铁甲堡"技术，舷侧装甲厚达20厘米，明显与丹东一号厚约1厘米的舷侧钢板不符。超勇、扬威两舰未使用穿甲结构。丹东一号沉船还发现多个方形舷窗，方形舷窗安装于致远舰及姊妹舰靖远舰的艉楼甲板舱室，在黄海北部沉没的超勇、扬威、经远舰中均未安装，这是识别致远舰与其他甲午沉舰的重要标识物。在武器配备上致远舰的主要武器

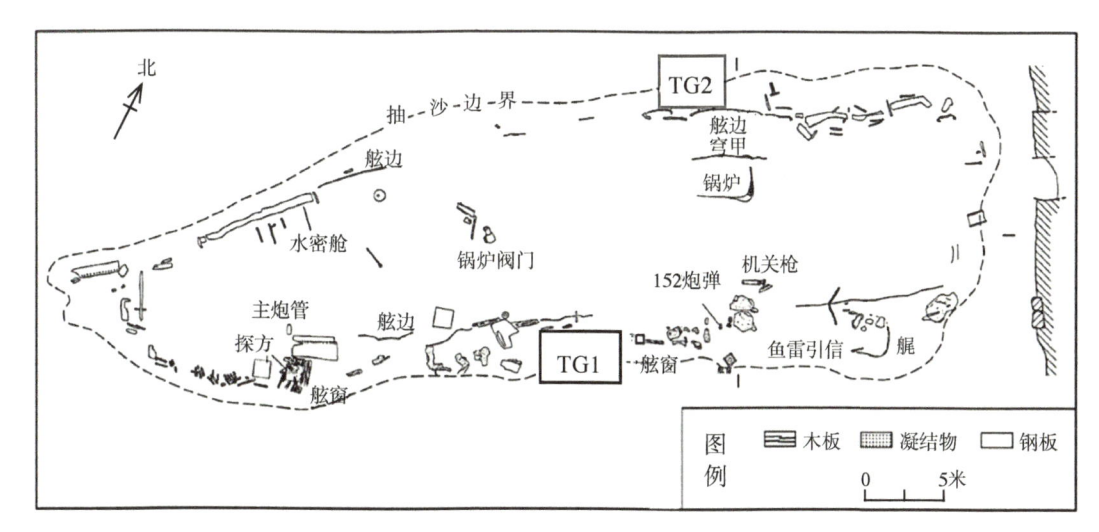

图9.54　致远舰水下遗迹分布图

在丹东一号沉船遗址中均有发现，包括210毫米主炮炮管、152毫米副炮炮弹、57毫米炮弹、37毫米炮弹、11毫米加特林机枪及弹药，特别是还发现保存完整的鱼雷引信1枚。加特林机枪铭牌上标注有"1886"，这正是致远舰的建造时间，铭牌上的产地也能与当时的公司名称对应。现日本三笠公园有一门同样型号的机关炮，为海战后日军从致远舰桅盘上拆卸所得（图9.55）。

最为重要的是带有致远舰标识的器物发现，共发现3个带有清晰"致远"标识的瓷盘，盘心有篆书"致远"二字，外圈为字母，上半圈为"CHIH YUAN"（致远威妥玛拼音），下半圈为英文"THE IMPERIAL CHINESE NAVY"，组合成一个圆形徽标（图9.56、图9.57）。盘口沿处一圈锦纹，纹饰原有描金，因海水浸蚀仅留下纹饰印痕。与瓷盘配套使用的银勺也印有致远舰的圆形徽标。北洋舰队承袭了英国皇家海军传统，洋教习随队管理，作战操练均使用英文，军官舰艇生活管理亦为西式。各舰都使用本舰标志的物品，故此是丹东一号沉船为致远舰的最有力的直接证据。

综合以上，并结合甲午海战档案、北洋海军档案和海域当地的口述史料，确认丹东一号沉船为致远舰。

伴随着水下考古工作的深入，逐渐清理出了埋藏于泥中的大型钢铁舰体，以及出水各种材质的遗物，如何开展有效的研究保护是文保工作面临的新挑战。具体的文物

图9.55 发掘出水的弹药

图9.56 "致远"徽名的瓷盘　　图9.57 "致远"标识的铜匙

保护涉及沉舰本体与出水遗物，随着工作的推进也取得一系列重要收获。由于舰体及遗物主要为金属材质，在海水中会缓慢电解而损失，在借鉴2012年以牺牲阳极方式保护南澳一号沉船钢铁框架的基础上，致远舰水下考古工作结束时也采用焊接锌块的方法初步实现了对沉舰本体的原址保护，这也是我国水下考古首次对海底大型钢铁材质的遗址实施针对性保护，只要定期更换牺牲阳极材料，就能实现对沉舰的长期原址保护。不过，南澳一号保护框架持续5年的跟踪观测表明锌块的腐蚀速度超过预期，因此，需寻找更优化的阳极材料，其合成与测试工作成为目前文保工作有待研发的新课题。各种材质的沉舰遗物为出水文物的保护提供了新研究对象，布满凝结物的加特林机枪在进入实验室后，经过2年的除锈、脱盐与防护，逐渐展现出原貌，并意外发现锈层下方保持原样的机枪铭牌。其他材质的出水文物，如陶瓷、铁、木、皮革，由于各自不同的特性，所需的保护手段亦各不相同，促进了出水文物保护技术的发展。

　　以往水下考古发掘的多是海外贸易用的木质风帆船，对于以蒸汽动力、钢结构材质的大型战舰进行调查发掘，属于新的领域。丹东一号沉船调查正式开启了对大型近代钢质沉舰的调查工作，以致远舰确认为起点的甲午沉舰水下考古工作，对于开启水下考古大型近代钢铁沉舰的工作领域具有相当的意义，从水下考古调查方法、出水文物保护技术，到造船档案、火炮技术，以及历史政治背景研究，逐渐形成一套可行的技术与研究方法。此后又在此基础上，相继取得2017—2018年大连经远舰、2019—2020年威海定远舰的考古新发现。据资料线索，同类的钢铁沉舰遗址在中国境内还有多艘，诸如中法马江海战时的福建水师沉舰、日俄战争期间旅顺口附近双方的沉舰、第一次世界大战期间自沉于青岛胶州湾的奥地利沉舰、清末舟山嵊泗海域触礁沉没的海天舰等，这些沉舰遗址均有待于未来的水下考古工作进行探寻与确认。丹东一号沉船的水下考古工作提供了可供借鉴的调查范例，有助于未来深入开展近代沉舰的发掘与保护工作。此次水下考古工作是我国首次通过科学的考古工作精确定位致远、经远舰位置，并用实物证据确认其身份。出水一批重要水下文物，为甲午海战研究提供了考古新资料。初步究明其埋藏与保存状况，为下一步考古与保护工作提供了科学的决策依据。

水下文化遗产是全人类的共同遗产，近现代沉舰则是世界近现代史的重要见证。2001年11月2日，联合国教科文组织第31届大会表决通过了《保护水下文化遗产公约》（*Convention on the Protection of Underwater Cultural Heritage*），成为全球范围内保护水下文化遗产的第一个国际性公约。自2009年1月生效以来，该公约组织就在全球范围内推动近现代沉舰的调查、保护和研究工作，尤其关注濒临破坏的一战沉舰（第一次世界大战前后沉没于各个海域的近现代沉舰）。与此相得益彰的是，相关机构和学者，还对威海、旅顺、天津等地的近现代海防要塞开展田野考古调查；对收藏在英国、德国、波兰、奥地利、日本等国的北洋海军船史档案进行了收集整理；对孤悬海外的北洋海军官兵墓葬、被劫掠至日本的北洋海军军舰实物以及散藏于民间的北洋海军文物进行了调查研究。北洋海军沉舰的水下考古成果、北洋海防设施的田野调查资料和北洋海军军史档案，为甲午海战、北洋海军史乃至世界海军舰艇史的研究提供了新的学术源泉。

北洋海军沉舰和一战沉舰，是联合国教科文组织《保护水下文化遗产公约》所提倡保护的重要水下文化遗产。我国水下考古工作者近年来在该领域所取得的考古成果，为国际水下文化遗产保护事业提供了精彩案例。

9.1.9 深海考古——西沙北礁

中国水下考古自20世纪80年代发端以来，南海海域及南海诸岛一直就是水下考古工作者关注的重点海域。中国先民很早就在这片海域及相关岛屿垦殖、经营。随着海洋交通能力的不断进步，尤其是随着海上丝绸之路的开辟、繁荣，南海海域的重要性更为凸显，自然也就成为水下文物资源的重要潜在埋藏区。然而，南海海域的水下文物资源家底并不清晰，目前已发现的水下遗存都位于40米以浅海域，西沙群岛、南沙群岛海域更是集中在5米以浅的礁盘海域，深海考古尚属空白。文物分布状态的失衡与南海海域历史的真实情形不相吻合，既不能满足南海历史的学术研究，也不利于南海水下文物的有效保护。从资源调查的角度出发，在继续开展40米以浅海域水下考古的同时，也需要着手开始深海考古的探索，并在一个适当的时间段内获得相应的进展。

国家文物局水下文化遗产保护中心与中国科学院深海科学与工程研究所积极酝酿、探讨中国深海考古工作。于2018年1月成立"深海考古联合实验室"，4月，联合海南省博物馆共同在西沙北礁海域组织实施了"2018年南海海域深海考古调查"项目。

此次南海海域深海考古调查系首次开展，具有较强的探索性。预先设定的工作目标为，在目标区域内，开展实地深海考古调查作业（出海作业）；熟悉深海考古最基本的作业流程和作业条件，进行海洋地球物理调查，模拟提取文物实验，计划深潜调查（4—6个潜次，每个潜次工作8—10小时）；深入调查国内外深海技术与深海考古基本情况，为中国深海考古制定渐进可行的工作计划，推进水下文物资源调查乃至水下考古学的深入发展。

此次工作首先的一个问题就是确定具体工作海域范围。迄今为止，西沙海域共登记有106处水下遗存，是南海海域水下文物资源分布的密集区域，北礁占比三分之一，其中又以北礁东北缘数量最多（图9.58）。从已有成果看，晚唐五代以来的水下遗存在这片海域都有发现，北礁是南海海域中外交通的重要航路节点。这种状况也与魏晋南北朝以来南海航路自北部湾逐渐绕行海南岛东侧过西沙群岛这一重要的海路变迁相互关联。因此，2018年南海海域深海考古调查选定北礁东北缘对应的深海区域作为实验海域。

考古调查在实验海域内，调查人员根据海洋地球物理探测数据的研判结果，兼顾海底地形的多种状态，进一步缩小工作范围并事先规划调查路线，搭乘国产大深度载人潜器"深海勇士"号执行调查任务，结合搭载的超短基线定位系统（USBL）以表格、影像等方式进行考古记录。最终，此次调查共完成312千米多波束测量，7次载人下潜作业，最大调查深度1003米（SQW49潜次），潜时累计66小时51分，定点采集器物标本6件，积累了一大批基础数据与影像资料（图9.59）。此次考古实践纠正、深化、完善了既有的观念与方法，据此开展的思考、形成的结论将成为探讨中国深海考古未来发展的重要基础。

此次调查定点采集的6件器物标本的时代为宋末元初与清代中晚期这两个阶段，器

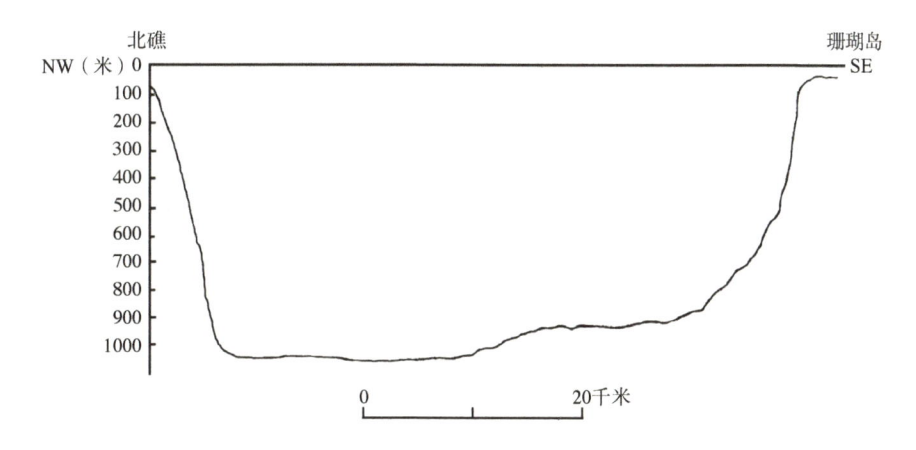

图9.58 北礁—珊瑚岛海底地形剖面图

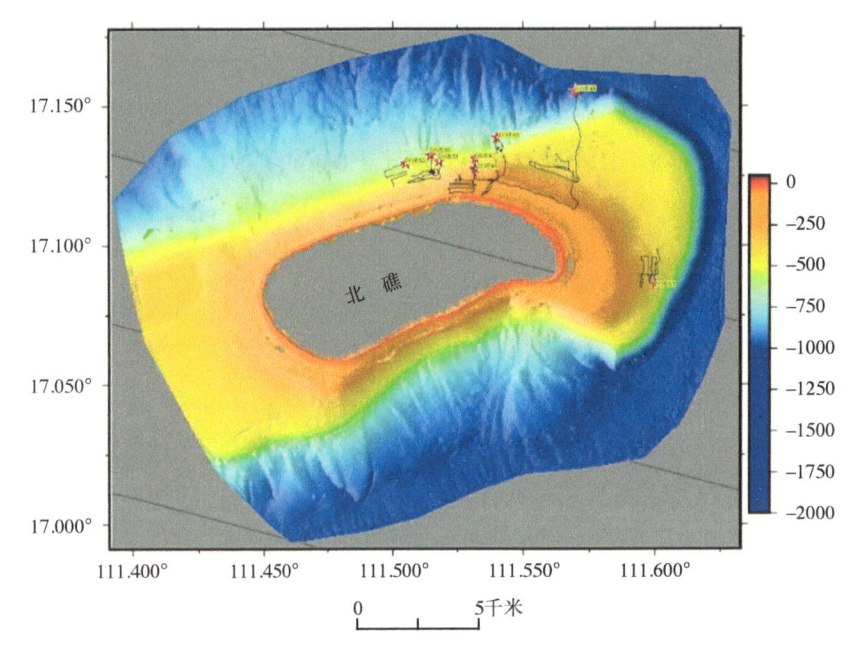

图9.59　北礁多波束测量与潜点分布图

图9.60　水下采集

形为罐、碗、钵（图9.60）。其中，宋末元初标本2件，水深466米，属福建德化窑产品，年代较华光礁一号、南海一号南宋沉船略晚，在中国南海海域乃至东南亚一带都有分布，是这一时期中国陶瓷外销的常见商品。青黄釉小口罐、酱釉大口罐等标本3件，年代为清代中晚期，属于中国华南地区的产品，水深416—470米。类似器物在西沙海域尚未见到，但在中国澎湖海域乃至日本长崎一带却有不少可资对比的资料。1995年开始发掘的澎湖海域清代中期沉船"将军一号"，其出水文物就见有黄绿釉小口罐、红褐胎陶钵等同类器。日本长崎出岛曾出土绿褐釉壶、茶褐色广口壶其时代在18世纪末至19世纪中叶；废弃于1735年至18世纪中叶的长崎唐人屋敷、奉行立山役所遗迹见褐釉小口壶、褐釉广口壶出土。将军一号位于宋元以来的澎湖海路枢纽，其他诸例位于江户锁国时期一口通商的长崎要津；北礁海域所见酱釉四系罐在长崎前述诸遗址都有发现，也见于东南亚及相关沉船遗址中。在这个意义上，这些器物标本可算是此时东亚、东南亚海域交流的见证。

在世界范围内，自20世纪60年代起，地中海海域便出现了对深海沉船的主动探索，这与科学意义上水下考古的起源几乎同步发生。1964年5月，因延长海底停留时间及水下沉船立体摄影测量的需要，考古学家与技术人员合作设计具有180米潜水能力的载人潜器Asherah号，标志着深海考古工作的正式开始。1970年以来，在考古学家的高度关注下，深海考古随着深海技术的进步获得了新的发展空间。挪威考古学家在2006年执行的Ormen Lange（17世纪晚期，深度170米）沉船考古项目专门探讨了深海技术如何更好地适应考古学作业标准。2012年以来，法国考古学家提出的"奔向月球"海洋考古实验计划更是将深海考古提升到虚拟现实、人机互动的崭新境界。这一计划的目的是发展与测试在2020年满足深度2000米考古工地所需要的新型发掘设备、技术与方法系统，利用考古机器人执行复杂的深海发掘，并使这个过程可以为人类所感知。

近些年来，中国的深海技术获得突破性进展，使中国深海考古事业的发展具有了技术支撑，变得现实可行。深海考古发展的关键问题是如何将深海技术优势转化为深海考古能力。在某种程度上，这不单纯是技术问题，更是思路与方法问题，需要深入研究、综合设计。高效且符合考古学作业的标准，满足水下文物保护的需要是中国深海考古的主要发展方向。因此，主动形成未知区域深海考古调查的完整思路，建立已知目标案头工作计划对于深海考古工作的有效开展非常关键，良好的海洋物探设备、技术及数据处理能力是其重要前提。中国深海考古的相关探索显然应该秉持这一观念。无论浅海还是深海，利用海洋地球物理探测设备（如侧扫声呐、多波束声呐、浅地层剖面仪等）进行水下考古调查还存在很多难题，这需要开展实验考古获取对比数据，从而形成较为系统的解决方案。这些难题主要与水下考古目标物区别于其他海洋探测目标物的特点有关。

在首次深海考古调查工作中可以看出，深海虽然有因为深度深而较少受到人为与自然因素的破坏，水温恒定使得历史遗存得以保留等有利条件，但是，由于工作效率不高，且成本过于高昂，因此考古工作要极为谨慎地进行。需要对工作目标有明确的认识，尽可能地利用行业共享、档案检索、访谈调查等已知线索；同时还要结合多种海洋地球物理手段通过主动性的区域调查获取数据异常点，最大限度地获取目标物不同尺度的水下数据，认真研判后制定最为经济有效的工作方案。北礁的深海考古工作为今后在中国如何持续有效地开展深海考古，提供了不可多得的经验。此次深海考古调查的意义在于奠定了下一步的工作基础，是将深海技术及其他相关技术系统转化为深海考古能力、涉及深海考古方法论建设的有益尝试，是推进我国深海考古工作的必经关键环节。

9.2 国外水下考古案例

9.2.1 乔治·巴斯与土耳其格里多亚角沉船发掘

1960年，水下考古学的先驱者、美国宾夕法尼亚大学考古学家乔治·巴斯主持了土耳其格里多亚角的青铜时代沉船的水下考古调查与发掘，他把田野考古发掘的技术第一次系统地贯彻到水下遗址的调查发掘工作中，发现了青铜器（包括青铜锭）和锡制物品，还有船员的一些私人物品。学术界多认为这是世界上首次开展的科学意义上的水下考古工作，标志着水下考古学的诞生。土耳其格里多亚沉船中的私人物品表明，这些船员分别来自埃及、塞浦路斯和叙利亚。考古学家将这些私人物品与埃及艺术品和在叙利亚出土的陶制品分别进行对比研究，他们得出结论，这艘船只的主人应该是早期的腓尼基人。在得出这些考古结论之前，一些学者曾认为迈锡尼人主导着后青铜时代的海上贸易，而腓尼基人直到铁器时代才出现于海上。格里多亚角沉船上的考古发现则让考古学家不得不重新思考后青铜时代地中海地区海上贸易的历史。

格里多亚角沉船是一条青铜时代的贸易船，水下深度约30米，乔治·巴斯主持的首次发掘，前后持续了三个多月。格里多亚角沉船的考古发掘是第一次完全在海底进行的古代沉船挖掘，同时考古学家第一次将考古方法应用于水下遗址的发掘和研究。这是水下考古学发展史上的一个里程碑。此后，乔治·巴斯在土耳其博德鲁姆建立了一个水下考古博物馆，后又建立了水下考古研究中心。1976年开始，乔治·巴斯博士长期任教于美国得克萨斯州农工大学（Texas A&M University），并在土耳其继续组织实施水下沉船调查工作，发现了乌鲁布伦沉船（Uluburun Wreck）等数十处从青铜时代到中世纪的沉船遗址。乔治·巴斯博士及其考古队最为突出的学术贡献是证实了"陆地考古技术的科学严谨性可以由配备水肺装备的考古学家引申至水下遗址的发掘"。乔治·巴斯博士累计撰写、编辑了10余本水下考古著作，包括1966年出版的《水下考古》（*Archaeology Under Water*）（该书引发了人们对水下考古这一新兴学科的广泛兴趣），以及1975年的自传《海底考古：我在古沉船残骸中潜水的五十年》（*Archaeology Beneath the Sea: My Fifty Years of Diving on Ancient Shipwrecks*）。2002年，他被当时的美国总统乔治·布什授予美国国家科学奖章，这是美国的最高科学奖。2021年3月，乔治·巴斯先生去世。

9.2.2 希腊安提卡提娅（Antikythera）沉船考古[①]

1900年，当地一群海绵采集者在希腊爱琴海的安提凯希拉岛附近水下50米处意外发现了一艘从希腊驶向意大利半岛的古代沉船。此后，希腊当局于1901年和1976年两次进行了考古打捞，第一次打捞采取了管供潜水的方式进行作业，第二次调查则使用了先进的电子物探和监控设备，并采用了更为科学的打捞技术，发现了许多令人震撼的精品文物。2018年，安提卡提娅沉船出水文物曾经在故宫博物院神武门展出，引起学术界的广泛关注。

两次考古行动获取的文物品类非常丰富，包括船板、陶瓶、食物、磨盘、武器、乐器、大理石雕像、青铜雕像、珠宝首饰、银器、玻璃器、卧榻构件以及人骨遗骸等，堪称古希腊罗马时代的造船史、航海史、贸易史、社会史、科技史和艺术史等领域的重大发现。安提卡提娅沉船出水的大理石雕像不乏精品，如近乎完整的Hermes雕像、斜倚三脚架上的阿波罗神雕像、摔跤的男孩雕像、Odysseus雕像等，在海底长眠两千年之后，仍能看出古希腊写实主义雕塑的高超技法与迷人魅力。青铜雕像中有一尊被称为"安提卡提娅哲学家"的精美雕像，残存头部、手臂、双脚和衣服残片。雕像面部表情严肃，双目炯炯有神，头发卷曲蓬乱，胡须则梳理得非常整洁，他的形象与当时犬儒学派的学者大致相符。

船上还出水了不少反映古代希腊罗马社会生活场景的珍贵文物，其中包括一件十分难得的卧榻。卧榻堪称希腊罗马时代奢侈生活的见证，在很多浮雕艺术中频频出现，但留存下来的实物却不多。在安提卡提娅沉船这一特殊的水下埋藏环境下，卧榻构件得以保存至今，弥足珍贵。沉船考古还出水了船员使用过的陶灯、陶瓶等生活器具，以及各式精美的玻璃器、戒指、镶嵌宝石的黄金首饰等，让人们看到了古代地中海世界社会生活的生动图景。安提卡提娅沉船最令人震惊的考古发现是一件被称为天文仪器的齿轮装置，包括7块大的残件和75件碎片。一个世纪以来，受到全球天文爱好者和机械制造师的追捧，据研究，这应该是一件制造于公元前2世纪的天文仪器，其时正是古希腊学习古巴比伦天文历法建立其天文理论体系的时期，介于Hipparchos和托勒密天文理论的过渡时期。据测试，这件仪器可以精确测算太阳、月亮和星座的运行轨迹，甚至可以预测日食和月食的日期，令人惊讶，故有人称之为古希腊科技文明的象征。

[①] Nikolaos Kaltsas, Elena Vlachogianni, Polyxeni Bouyia. *The Antikythera Shipwreck: The Ship, the Treasures, the Mechanism*. Athens: *Hellenic Ministry of Culture*, Education and Religious Affairs, National Archaeological Museum, 2014.

9.2.3 墨西哥尤卡坦半岛洞穴水下考古

墨西哥的尤卡坦半岛，是典型的火山熔岩地质环境，由于海平面的变迁和地下水位的升降，许多溶洞留下了早期人类的遗迹，成为洞穴水下考古的重点区域。近年来，考古学家在墨西哥尤卡坦半岛发现了世界上最大的水下洞穴萨克阿克顿（意为"白洞"），洞穴由两个水下洞穴相连，合计长度为347千米，是已知世界最长水下洞穴。考古队员还发现了另一处溶井，它长度达到18千米，被称为"天坑之母"。

墨西哥国家人类学和历史研究所的水下考古学家吉尔莫·安达率领的研究小组调查后确认，这个庞大的洞穴由近250个溶井（天然形成的坑洞）组成，洞穴中发现了美洲第一批移民、古动物群和玛雅文化的考古遗存。据统计，洞穴中发现的考古遗址多达198处，其中约140个属于玛雅人遗迹。其中最为重要的发现是距今9000年的人类遗骸，包括骸骨以及可能是被烧过的人体骨骼，这一发现使得墨西哥东部地区的人类历史较之以往的认识还要提早几千年。

水下考古队员在洞穴中发现了许多玛雅时代的陶器以及人类活动的遗迹，包括竖井中的阶梯，墙壁上的刻划纹样，以及一座类似于神殿的建筑遗址。甚至还有上一个冰河时代留下来的生物化石，包括体型巨大的树懒和熊，以及早已灭绝的嵌齿象等史前生物的遗骸。

尤卡坦半岛著名的旅游胜地图卢姆附近也发现了水下洞穴遗存，这个洞穴由于海平面上升而在大约8000年前被淹没。考古学家在水下洞穴里发现了美洲一些最古老的矿洞和史前人类遗骸，以及玛雅文化后期的重要遗址。尤为令人瞩目的是，2007年，潜水员在洞穴中发现了一个被命名为"奈娅"的年轻女子的骨架，据研究，奈娅死于1.3万年前，她身高1.64米，患有细菌性疾病并且头部有3处伤。此外，洞穴中还发现了另外8具尸骨。这些珍贵的体质人类学遗存，为研究美洲人的起源和迁徙提供了十分重要的考古证据。

在此处水下洞穴中发现了早期人类采掘赭矿石的遗迹，十分重要。有证据表明，大约在1.3万到1万年前，人类进入这个山洞，寻找富含铁的赭矿石。美洲早期的人类将其用于装饰和仪式，红色的赭矿石也被用于洞穴绘画、墓葬等。有鉴于此，墨西哥国家人类学和历史研究所水下考古学负责人罗伯托-琼科-桑切斯等学者认为，人类进入这些洞穴，是为了寻找和开采赭矿石，这应该是美洲大陆发现的最早矿业遗存。

9.2.4 瑞士汪金湖居遗址考古调查

1853—1854年，瑞士苏黎世湖区的冬季异常干旱，使得苏黎世湖的水位降低到了极低的位置。湖底淤泥中暴露出了许多的木桩、石斧和鹿角工具、陶器以及烧焦的木头。在考古学家的努力下，世界著名的湖居遗址终于为人所知。这就是古代人类建造在湖上的干栏式建筑的突出代表。研究表明，湖居遗址中除了新石器时代的遗存之外，还包含铜器时代和早期铁器时代的遗存。1846—1864年在哈尔施塔特的发掘和1858—1860年在拉登的发掘，证实了欧洲的史前时代应包括早期铁器时代，这两处地名便被用作欧洲史前考古学中的两个分期的名称，后来又成为两个文化的名称。后经进一步的考古调查，确认上述村落是建在湖畔的土地上，而不是建在水面上，那些木桩是沼泽软泥地上的部分房舍地基，房屋盖好之后的几百年，湖水开始不断上升，房屋最后被弃置，湖畔村落最后被淹没在湖水中，导致遗址与现在的湖岸距离很远。

瑞士湖居遗址的考古发现为解读早期人类生态提供了重要的考古实证，此类遗存后来在法国、瑞典、挪威等地都有发现。法国巴拉杜鲁湖的考古发现为我们了解这一类湖居遗址的经济生态提供了佐证，可以看到史前人类是如何利用自然资源的。居民饲养牲口，吃牛肉、羊肉、猪肉、山羊肉等，他们也常常猎鹿，有时甚至猎熊，在遗址发现的渔网石坠子和渔网碎块说明他们也喜欢吃鱼。这些房子的使用寿命在15年左右，之后便遭到废弃。

9.2.5 埃及海港遗址水下考古调查与发掘[①]

1933年，英国皇家空军的战机飞行员在埃及亚历山大港附近海域发现海底隐约呈现古代城市的轮廓，经考古学家确认，水下确有古代遗迹。1996年以来，欧洲水下考古研究所（Institut Européen d'Archéologie Sous-Marine）的弗兰克·戈德里奥（Franck Goddio）先生联合埃及考古部门，在此进行了持续多年的水下考古调查与发掘工作，取得了令人瞩目的考古成果，发现了沉没于水下的古代海港——托尼斯-伊拉克利翁（Thonis-Heracleion）和卡诺珀斯（Canopus）（始建于公元前7世纪，托勒密王朝时期达到鼎盛，约8世纪沉入地中海）。两座沉没于地中海海底港口遗址，与早年英国学者皮特里教授田野发掘的港口城市瑙克拉底斯（Naukratis）堪称姊妹作，后者是希腊人在埃及建立的第一个定居点，也是著名的贸易港口。2016年，埃及水下考古成果展在大英博物馆展出，成为轰动一时的新闻。

弗兰克·戈德里奥（Franck Goddio）带领的欧洲考古队与埃及文物部（Egyptian Ministry of Antiquities）合作，采用物探技术扫描海底区域，并派出水下考古队员进行持续的调查发掘，取得重要发现：发现了两座海港遗址，找到了古代的运河遗迹和码头，出水了巨型的雕像和碑刻。水下考古成果表明，托尼斯-伊拉克利翁和卡诺珀斯曾经是繁忙的国际都市，它们坐落在与尼罗河三角洲边缘相邻的富饶岛屿上，运河

[①] Franck Goddio. Aurelia Masson-Berghoff. *Sunken Cities: Egypt's Lost Worlds*. Thames & Hudson Ltd, 2016.

从中穿过。公元前332年亚历山大大帝（Alexander the Great）征服埃及，托勒密王朝（Ptolemaic）的统治延续了几个世纪。水下考古成果充分展示了古埃及与希腊-罗马文明的贸易往来和文化交流，出水文物中的精美雕像，往往是埃及本土神像与希腊-罗马神像的融合，雕刻艺术也是融会贯通，充分解读了"希腊的王，埃及的神"这一奇妙的文化现象。

得益于水下环境，大量具有非凡意义的文物被完好地保存了下来。原始的雕塑，精美的金属器皿和贵重珠宝证明公元前第一个千年末期的古埃及和希腊之间产生了神奇的相互作用。这些工艺品提供了观看这一时期艺术的新视角，它们拥有明显的风格和独特的品质，展示了统治古埃及超过300年的希腊王公贵族是如何接纳古埃及信仰并以此巩固政权的。

出水的诸多精美文物让我们可以窥见希腊化的埃及的历史景观。例如，卡诺珀斯海港附近运河遗址出水的一件船模，据推测与奥西里斯的传说有关：每年荷阿克月（Khoiak，10月中旬到11月中旬），古埃及全国都要庆祝奥西里斯的节日。这件金属船模表现的是一组由34条纸莎草驳船组成的船队，每条驳船应当长67.5厘米并装有一座埃及神像，另有365盏灯为它们照明。

卡诺珀斯出水的一件雕像堪称艺术史上的杰作，发掘者认为是阿尔西诺伊二世（Arsinoe Ⅱ）的雕塑。这位希腊-马其顿的女王是托勒密王（Ptolemy Ⅰ）的长女，她去世后成为古埃及人和希腊人共同爱戴的女神。阿尔西诺伊二世在这里被塑造成阿佛洛狄忒（Aphrodite）的完美化身，是爱与美之神，也是航海的保护神。托尼斯-伊拉克利翁海港遗址出水的一块完整石碑，是研究地中海贸易与税收的重要文献，它记录了公元前380年古埃及法老尼克塔尼布一世（Nectanebo Ⅰ）的一项法令：从"希腊海"进口到托尼斯-伊拉克利翁的所有货物和在瑙克拉底斯进行的所有交易都要征收10%的税，这笔收入将用于古埃及庙宇的修筑。

9.2.6 韩国"新安沉船"

新安沉船是1975年8月发现于韩国全罗南道新安郡智岛邑防筑里道德岛海域的一艘古代沉船。新安沉船的发掘是韩国水下考古事业的开端，1976年10月至1984年7月的9年，韩国新安海底遗物调查团共对新安沉船进行了11次水下发掘[①]。出版了4本考古报

[①] 韩国文化公报部、文化财管理局：《新安海底遗物（综合篇）》，韩国文化公报部文化财管理局，1988年，第89页；韩国文化财厅、国立海洋遗物展示馆：《新安船（本文）》，国立海洋遗物展示馆，2006年，第42页。

告和多卷系列图录及丛书①。这艘沉船全长34、宽11米，载重量200吨上下②。为带水密舱的尖底海船。新安沉船共计出水22040件遗物，包括20691件陶瓷器、729件金属器和漆器、石制品等，并装载了1017根紫檀木及28吨19.6千克的铜钱③，被誉为20世纪最重要的水下考古发现。

新安沉船的年代明确，疑被作为货物标签使用的木简上有"至治三年"墨书，说明该船行驶并沉没于元英宗至治三年（1323年）。另一些带文字的遗物，则为探索这艘沉没于朝鲜半岛西南侧的元代商船的出发港、目的地的所在提供了关键性的线索。船上发现了"庆元路"铜权，庆元是元代的宁波。2件龙泉青瓷盘的底部刻划"使司帅府公用"字样，指向设立于庆元的浙东道宣慰使司都元帅府，是该船的出发港为宁波所在的庆元港的重要依据。此外，木简上标有多处日本地点及货主，显示新安沉船原计划以日本为目的地。综合考察其出水遗物的各方面特征，联系14世纪东亚海域的季风及洋流走向，可证实上述文字信息提示的关于其出发港及目的地的结论不误。新安沉船正是一艘从博多发出至庆元港进行贸易的商船，沉没时正处于由庆元向博多返航的行程当中。若不沉没，其满载的各类船货将会最终运抵博多港，船货销往日本各地。

20世纪70年代以来，新安沉船以其多元的出水遗物、明确的时代特征吸引了各国考古学者的关注，关于其研究已有相当丰硕的积累。事实上，像新安沉船这样，出水各类材质的大宗遗物、年代明晰可考，且发现与海上贸易直接相关的文字证据的古代沉船，截至目前在环中国海及周边海域尚找不出第二艘。属南宋时期的泉州湾后渚海船舱内发现了不少木牌货签及航海用具，但出水船货数量不多④。整体打捞后正在进行系统发掘的南宋中晚期的南海一号沉船，虽大宗遗物不断被揭露，但暂未发现直接揭示货主或年代的文字信息⑤。从这个角度而言，纵使新安沉船开始发掘至今已历经40余载，其仍是环太平洋海上丝绸之路研究中最具研究潜力的古代沉船之一，其在14世纪

---

① 韩国文化公报部、文化财管理局：《新安海底遗物（资料篇Ⅰ）》，同和出版公社，1981年；韩国文化公报部、文化财管理局：《新安海底遗物（资料篇Ⅱ）》，韩国文化公报部文化财管理局，1984年；韩国文化公报部、文化财管理局：《新安海底遗物（资料篇Ⅲ）》，韩国文化公报部文化财管理局，1985年；韩国文化公报部、文化财管理局：《新安海底遗物（综合篇）》，韩国文化公报部文化财管理局，1988年；韩国文化财厅、国立海洋遗物展示馆：《新安船（三卷本）》，韩国国立海洋遗物展示馆，2006年；韩国文化财厅、国立海洋遗物展示馆：《新安船内的金属工艺》，韩国国立海洋遗物展示馆，2007年；韩国国立中央博物馆：《新安海底文化财调查报告丛书·无施釉陶器》，韩国国立中央博物馆，2016年；韩国国立中央博物馆：《新安海底文化财调查报告丛书3·黑釉瓷》，韩国国立中央博物馆，2017年；韩国国立中央博物馆：《新安海底文化财调查报告丛书2·金属工艺》，韩国国立中央博物馆，2017年。
② 韩国国立中央博物馆：《신안해저선에서 찾아낸 것들》，韩国国立中央博物馆，2016年。
③ 韩国文化公报部文化财管理局：《新安海底遗物（综合篇）》，韩国文化公报部、文化财管理局，1988年，第144页。
④ 福建省泉州海外交通史博物馆：《泉州湾宋代海船发掘与研究（修订版）》，海洋出版社，2017年。
⑤ 国家文物局水下文化遗产保护中心、中国国家博物馆、广东省文物考古研究所等：《南海Ⅰ号沉船考古报告之———1989~2004年调查》，文物出版社，2017年；国家文物局水下文化遗产保护中心、广东省文物考古研究所、中国文化遗产研究院等：《南海Ⅰ号沉船考古报告之二——2014~2015年发掘》，文物出版社，2018年。

中日海上贸易中的重要意义尚待深挖。

以往关于新安沉船的研究，多从出水遗物尤其是船货的角度展开，或讨论产地，或梳理年代，或探讨功用。强调出水遗物的材质分类，对其进行分门别类的专门化研究固然很重要，但易造成船体与出水遗物所共同营造的历史语境被人为分割。而这一历史语境正是通晓古代沉船的核心，特别是对新安沉船这一偶然保留下丰富的实物及文字史料的沉船来说，尤为重要。

最新的研究中，有学者依据新安沉船的船体及船员用具所揭示的线索，认为新安沉船的实际运营者或为日本人，或为与日本有着千丝万缕联系的人群[1]。从船体本身为中国所造的福船，却又在龙骨内置日本铜镜来看，新安沉船的实际运营者必然在中国和日本都具备一定社会资源或生活基础。新安沉船货签木牌有"纲司私"字样，所用纪年是元朝年号"至治"而非日本年号"元亨"。再结合上述宋代以来海商在博多港经营海上贸易的史实，恐怕将新安沉船的实际运营者理解为居住在博多的、生活习惯上已日本化的宋商后裔最为贴切。

以往新安沉船的研究中曾被热烈讨论的问题是"船籍"所在。韩国学者尹武炳根据船体结构、包装木箱上的"子显"等记号与中国南方沿海居住的"子"姓人有关认为新安沉船的船籍为中国[2]。之后随着新安沉船上濑户釉陶梅瓶、武士刀等日本遗物的出水，不少学者转而主张船籍日本说[3]。不论支持船籍"中国说"还是"日本说"的学者，基本研究思路都是将船员用具的产地等同于实际运营者的国属。事实上，两派观点都不能完美地回答新安沉船出水遗物反映出的与船籍有关的现象，船员用具的所产国也不能代表船员的文化认同。"中国说"的支持者需要解释船上日本制品的由来，而主张"日本说"的学者需要解释船体为福船且货签使用"至治"年号的原因。

若对前述宋代以来中国海商移居博多经营海上贸易的史实进行充分联系和把握，那么新安沉船船体为福船、船员用具为日本遗物的"矛盾"便可迎刃而解。同时，值得反思的是，"船籍"也许并不是一个合理的概念。海上贸易本质上是经济利益驱使下的商业活动，船主和船员可能来自不同国家[4]。14—15世纪在东亚海域活动的倭寇等人群，具有多民族性，对国境的概念很模糊，是一种"边缘人"[5]。海上贸易的过程中存在复杂的文化交融和人员流动，对沉船进行研究时，固化地去圈定某一"船籍"并不合适。

---

[1] 范佳楠：《新安沉船与14世纪的中日海上贸易》，《自然与文化遗产研究》2019年第10期。
[2] 尹武炳：《新安古沉船之航路及其有关问题》，《中国古外销陶瓷研究资料（第一辑）》，中国古外销陶瓷研究会，1981年，第3—5页。
[3] 三上次男：《新安文物调查の意义》，《新安海底引扬げ文物》，中日新闻社，1983年，第23页。
[4] 龟井明德：《日元陶瓷贸易の—新安沈没船をめぐって》，《日本贸易陶瓷史の研究》，同朋舍，1986年，第184—200页。
[5] 村井章介：《日本中世境界史论》，岩波书店，2013年。

9.2.7 瓦萨号沉舰

瓦萨号（Vasa）战船是以瑞典瓦萨王朝（1523—1654年）创始人Gustavus Vasa 的名字来命名的。Gustavus Vasa（1496—1560年）于1523年就任瑞典国王，建立了统一的瑞典王国。瓦萨号战舰被设计为瑞典皇家海军的旗舰，由瑞典国王阿道夫·古斯塔夫（Gustavus II Adolphus）于1625年下令建造，其间设计图纸一再修改，1628年8月10日进行处女航，不幸沉没于斯德哥尔摩港内。

按照当时的造船档案，瓦萨号是一艘三桅战舰，在欧洲古典战舰时代，属于"Galleon"型战舰，前后舰楼高耸，配备二层炮台甲板，两舷列装舰炮，共计装备舰炮64门，堪称当时火力最为强大的海上军舰。舰长69、宽11.7、吃水4.8米，排水量达到1210吨，船帆面积更是达到惊人的1275平方米，号称当时世界上最大、最先进的战舰。

根据设计，该舰配置有133名船员、300名军士，分司航海与作战之职，包括海军上将1人，舰长1人，大副2人，二副2人，领航员1人，号手1人，水手长6人，舵手2人；医官1人，神父1人，厨师1人，厨师助手1人，勤杂兵4人，木匠4人，行刑官1人，船工90人，上尉2人，甲板军官4人，炮手20人，作战人员若干名。

在瓦萨号沉没30年后，阿尔伯特·冯·特里本获得了打捞瓦萨号的特许权，并在1664—1683年陆续将64门火炮中的大部分打捞出水。但在此后的3个世纪中，虽经多次尝试，对于打捞瓦萨号的船体，人们却束手无策。1953年，安德士·佛朗在斯德哥尔摩港内进行了实地探测，想要定位瓦萨号沉船。3年后，安德士在水下32米处锁定了它的确切位置。1956年找到该舰沉没地点，从1958年到1961年，陆续有瓦萨号的船载物品被打捞上来。1961年4月24日，这是历史性的一天。在海底沉睡了333年后，在瑞典海军和奈普顿打捞公司的共同参与下，瓦萨号战船终于被整体打捞出水面，船体的完好度高达98%，使今人得以一睹17世纪世界顶级战船的风采。1988年，瓦萨号从临时船坞驶入新建的博物馆内，完成了它最后的"航行"使命。1990年6月15日，瑞典国王卡尔十六世为瓦萨博物馆开幕剪彩。围绕这艘举世无双的战船，瓦萨新博物馆以不同的主题，如"权力的象征""国王陛下之战船""船上生活"等，向世人展现瓦萨号战船和其航海时代的历史，使之成为世界上最受欢迎的博物馆之一，每年吸引游客超过100万，至今有超过2000万人次的游客前往参观。

利用最先进的计算机和DNA检测技术，研究人员还原了当时因战船沉没而丧生的30人中15人的信息，其中包括两名女性。这些船员的平均年龄在33岁上下，年龄差达到60岁。在身高方面，瓦萨号男性平均身高为167厘米，最高者约180厘米，最矮者大约159厘米。这个平均值与今天瑞典女性的平均身高不相上下，而与当今瑞典男性的人均180厘米的平均身高相比，还有着不小的差距。两位瓦萨号女性船员的身高大约为160厘米和166厘米。在"瓦萨"时代，船员只有大概12%是专业的航海人员，其余人员大约有34%是来自乡村的工作者，54%为当地或沿海地区的农民。船员的主体为瑞典和芬兰人，还包括德国人、荷兰人、波兰人和丹麦人。

瓦萨号为沉船出水文物的清理、保护与科学分析提供了重要的案例。目前瓦萨号在文物保护方面的两个难题：①由于当年采用的是喷淋硼酸脱盐技术，瓦萨号木质船体到目前仍然有海盐结晶体析出，对文物本体造成损害；②船体板材采用铁钉钉合，但氧化铁和硫化物对船体本身有明显的侵蚀作用，目前的解决方案是，用不锈钢钉替换船体板材内的铁钉，但这种做法在文保科技界有比较多的争论。

9.2.8 玛丽·罗斯号沉舰

于1509—1511年建造而成的玛丽·罗斯号（Mary Rose）是第一批可做到舷炮齐射的海上军舰，也是现存至今英国都铎王朝克拉克型风帆战舰的代表。这种型号的战舰，正好处于冷兵器向热兵器过渡的时期，军舰保持了前后高耸的舰楼及中部的低凹舰身，与克拉克型商船的结构造型相似；但前楼保留了冷兵器时代突出船体的传统做法（冷兵器时代便于居高临下进行投射）。玛丽·罗斯号配置了81门火炮（服役期间火炮数量随时有增减），但同时保留了冷兵器时代的"长弓"。这艘战舰颇得英国都铎王朝亨利八世国王的偏爱，被形容为"海洋上一朵最美的花"。这艘船舶的诞生标志着英国海军已由中世纪时"漂浮的城堡"转变为伊丽莎白一世的海军舰队。

1545年7月19日，亨利八世国王在南海城检阅他令人骄傲的舰队出海迎击法国入侵者。然而，他却目睹了一场灾难：满载的玛丽·罗斯号在一阵风浪里颠簸并迅速倾覆，海水灌进了下面的炮门，当时甲板上有90多门炮，大约有700名船员，据说只有不到40人得以幸存。

在这艘战舰沉没的当年，人们就开始了打捞工作，有些枪炮、帆桁和船帆被打捞了上来，但是打捞工作于1550年中止了。到20世纪60年代重新发现时，玛丽·罗斯号的残骸已经有一半完全损毁无存，另一半则深埋淤泥里得以保存至今。20世纪60年代中期，亚历山大·麦祺带领的一支队伍发起了对沉船的调查工作，经过他的努力，这艘都铎王朝的战舰在沉入海底四个多世纪之后，被海水浸透的船骨终于浮出了索伦特海峡水面。

1982年，大约有6000万人观看了玛丽·罗斯号打捞仪式的现场直播。玛丽·罗斯号的打捞方案非常具有特色：先在海床淤泥中挖出横贯船底的隧道，然后用穿钉钩住船体，起吊船体放置在预制的吊篮支座上，然后起吊吊篮出水。吊篮作为展览的架柜被一同移入博物馆，作为展览柜支座使用。玛丽·罗斯号的展览设计也非常具有特色，由于玛丽·罗斯只保留了一半，博物馆为半个船体设计了恒温恒湿的封闭场馆，并采用三维立体成影的方式进行情景复原，让观众得以观摩当年玛丽·罗斯号的船上生活；博物馆在实体船骸的对应部分，进行了舰体复原，观众可以穿行其间身临其境地感受都铎王朝战舰的内部情形。这个博物馆现在也已经成为世界上最受欢迎的博物馆之一。

玛丽·罗斯号水下考古项目还有三点值得提到：一是采用了SCUBA轻潜技术完成大规模的水下考古作业，这与瓦萨号主要依靠重装潜水的做法判然有别；二是建立了按潜水计划作业的工作模式、科学的测绘和摄影方案、完备的工作档案体系，使得水下考古的科学性大为提升；三是建立了玛丽·罗斯信托基金，负责水下考古项目、文物保护和博物馆展览的运营，建立了科学的项目管理体系。

玛丽·罗斯号考古项目在学术研究方面同样具有重要的意义。地层发掘方面，在最上层的水下淤泥中发现了19世纪美洲牡蛎的残骸，为水下考古地层的划分提供了重要的实例；发掘上采用了单元式的清理，如船上的一个箱子，完整展示了随船医生的历史档案与生活场景；建立了长期的文物保护科研团队，对沉船及出水文物进行了长达三十余年的跟踪保护，积累了极有价值的出水文物保护经验等。

9.2.9 法国月亮号沉船水下考古项目

1639—1642年，月亮号建造于法国西南的南特或布雷斯特造船厂，随后在法国皇家海军服役。该舰全长43、宽10米，重达800吨。这艘拥有双层甲板的三桅战船在使用初期位列一级巡防舰，参与了法国海军一系列重要的海战，但在1664年最后一次出航前，它由于船体老化，设备陈旧，已被降为三级军舰。限于当时的技术条件，战舰的服役年限一般在十五年上下。"月亮号"在沉没前已经属于"超期服役"。资料显示，1647年，"月亮号"上配备有36门火炮。在1664年出发前往地中海南部时，该舰装备了48门火炮，350名船员，包括5名军官、150名水兵及100名军士[①]。

17世纪的地中海，特别是在北非沿岸，海盗活动猖獗。各国海军纷纷对其进行围剿，但收效甚微。1664年，为了打击位于阿尔及利亚北部卡比利亚的海盗巢穴，法国海军国务大臣柯尔贝尔（Jean-Baptiste Colbert，1619年8月29日—1683年9月6日）决意发动吉杰勒远征（Expédition de Djidjelli），其目的是占领吉杰利，构建军事堡垒，使其成为进攻北非海盗的前沿阵地。远征军于1664年3月在土伦港开始集结。这是一支由63艘军舰、近9000人组成的庞大舰队，于7月2日离开土伦港向吉杰勒进发。远征军由达加涅伯爵加利安（Charles-Felix de Galéan，1620年—1700年1月6日）领导，然而国王

---

① Institut français de la mer. Objet: Le destin d'une frégate du roi soleil. Fiche documentaire n° 4/12: 4.

的堂兄旺多姆公爵（François de Bourbon-Vendôme，1616年1月16日—1669年6月25日）却拥有最高决策权。这种复杂的指挥关系间接导致了此次远征的失败。

　　远征军的进攻受到了海盗的强烈抵抗，他们还得到了来自阿尔及尔的土耳其军队的支持。十月战事进入胶着状态。月亮号正是在这一时刻启程前往战区运送补给。然而当它于10月22日到达之时，远征军的局势已难以为继，溃败在所难免。10月30日，月亮号载着尚未卸载的补给装备及救起的皮卡第军团约800名官兵，返回土伦。此时，船上人员总数达到近1200名。

　　月亮号老旧的船体由于超载，在11月6日到达土伦时，船体已经开始进水，并且大量人员的存在使维修成为无法完成的任务。然而此时的土伦正在遭受鼠疫的侵袭，海军部决定让从吉杰勒返回的包括月亮号在内的四艘船到附近的波克罗勒岛（île de Porquerolles）进行隔离。尽管月亮号的指挥官提出了抗议，但海军派来的两名高级造船工却宣布该船尚可进行短距离航行。月亮号别无选择，最终还是被迫前往波克罗勒岛，至卡尔屈埃拉纳（Carqueiranne）西南方被阵风掀翻，最终"像一块大理石一样"沉入海底。此次海难导致约800人丧生。皮卡第军团的一部分，大约400名士兵，在月亮号沉没前已被转移至"麦格尔号"（Le Mercœur）上，另有不到100名幸存者被跟随月亮号的小型护卫舰救起。

　　1993年5月15日，法国海洋开发研究院（IFREMER）在土伦海域的卡尔屈埃拉纳进行潜水测试，潜水器鹦鹉螺号意外地在90米深处发现了一艘三桅沉船残骸。在得到IFREMER通知后，法国水下考古研究中心随即派人进行实地考察探测，大量的水下照片证明该船保存相完好，部分船体覆盖于海底沙体中。从第一次考察之后，法国水下考古研究中心（DRASSM）认为，以当时的技术条件，尚不具备发掘的可能性，最好的办法即将之进行原址保护，以期时机成熟之时，能使其重见天日。1994年1月27日，月亮号遗址范围被划为禁潜海域。1997年法国水下考古研究中心再次派出潜水器对"月亮号"进行探测，为最终的发掘计划的提出做进一步的准备。2012年，月亮号重新在考古学家与公众面前亮相。

　　月亮号沉船考古项目是一个持续实施目前仍在进行的考古试验项目。法国水下考古研究中心采用了新型的水下考古船马尔罗号，并使用了最新的水下机器人——大洋一号，而且已经成功地从水下提取了出水文物，这是迄今为止深海考古使用水下机器人作业的标志性成果[1]。

---

[1] 邱丹丹：《追寻"月亮号"沉船——法国深海考古的最新探索》，《自然与文化遗产研究》2019年第10期。

9.2.10 沙特塞林港考古调查与发掘项目

2018—2019年，国家文物局水下文化遗产保护中心与沙特国家考古中心联合组队，对沙特塞林港（Al-Serrian）遗址开展了两次联合发掘，取得令人瞩目的重要成果：发现并确认了古海湾、古航道和被流沙掩盖的季节河遗迹，解决了塞林港建港之缘由；发掘出大型建筑遗址，并清理出一批珊瑚石墓葬，为探究海港遗址的内涵提供了重要的考古证据；出土了包括中国瓷器在内的诸多文物精品，为海上丝绸之路研究提供了十分珍贵的考古资料。通过此次发掘，初步显现出红海之滨海港遗址的历史风貌。

本项考古工作的特点之一是田野考古、水下考古、遥感考古三位一体，从陆地、海洋、空中对塞林港遗址进行全面的调查、发掘与研究，取得了超乎预期的成果。首先通过遥感影像获取地下遗迹线索，通过地面调查与发掘找到成片大型建筑基址（其中一座可能为清真寺），以及排列有序的珊瑚石墓群；水下考古与遥感考古结合，通过遥感影像与水下考古确认了塞林港遗址的古海湾与古航道；遥感考古方面，利用无人机航拍，发现并确认了被流沙掩盖的古代季节性河流，又通过水下考古确认古海湾确有季节性河流注入而形成的海相堆积，从而解答了古塞林港淡水来源的问题（淡水是沙漠地区海港居民生活与海船靠港补给的必需资源）。

特点之二是常规考古手段与科技新方法相结合，大大拓展了考古学研究的视野。本次考古工作，以"海港模式"为视野，将传统的田野考古方法与无人机航拍、遥感考古、环境考古、数字测绘与3D技术结合起来，为全方位研究塞林港人文历史与地理信息提供了重要途径；发掘工作精细化操作，充分运用筛选、浮选技术（遗址发掘清理出来的所有土壤均过筛），采集大量动植物标本，大大提升了获取遗址信息的能力。有意思的是，中国传统的碑刻拓片技术也在本次考古工作中大放异彩，中方队员制作的碑文拓片，使得因风沙侵蚀而漫漶不清的碑文变得清晰可读，让沙方学者惊叹不已；而碑铭释读也为了解遗址的年代、族群和宗教贸易背景提供了十分重要的线索。有鉴于此，沙特考古学家已经开始学习中国拓片制作技术，并拟在沙特全境加以推广。

经过前期紧张有序的考古发掘，本次塞林港遗址考古工作取得了极为丰硕的成果。

第一，通过拉网式调查、无人机航拍、遥感考古与数字测绘工作，结合重点区域的发掘，在塞林港发现了成片分布的大型建筑遗址，且其保存尚好，格局清晰，遗迹丰富，在流沙掩盖之下，部分墙体尚存数米之高，一处古代繁华海港的历史景观依稀可见。

第二，在塞林港发现了分布密集、排列有序的两处大型墓地，并完成了抽样调查、清理与数字测绘，部分墓葬还发现了阿拉伯文碑刻，碑文拓片清晰可读，记述了墓主人的族属、宗教与年代信息，其中两座纪年墓的年代分别为990年和1029年，为了解塞林港遗址的历史内涵与族群信息提供了重要依据。

第三，中、沙水下考古队员通过海底调查、搜索和采样，究明了塞林港周边海域的水底状况，在遗址南侧确认一处可供泊船的古港湾，并找到了古代船只进出港湾的航道。此处港湾双礁环抱，水流平缓，深度适中，且为泥质海床，便于海船避风、泊驻与航行，堪称天然良港。

第四，通过无人机航拍和遥感考古，在遗址东侧发现被流沙掩盖的古代季节性河流遗迹，源出于遗址西部的汉志山脉；同时，通过水下考古调查与采样，在海湾海床确认有河流带入的淤泥沉积，且堆积深厚，由此解答了当初塞林港的选址于此的缘由：位于海边台地，拥有天然港湾，河海于此交汇，淡水资源充足。

第五，遗址发掘出土文物十分丰富，包括铜砝码、青金石、玛瑙、串珠、象牙制品、钱币等，同时还发现了阿拉伯石器、波斯釉陶以及来自中国的瓷器（包括宋元时期的龙泉青瓷和景德镇青白瓷，以及明清时期的青花瓷），生动展示了塞林港作为国际贸易海港的历史画卷，为海上丝绸之路研究提供了十分珍贵的考古实物资料。

最后搭建了多学科合作的国际学术交流平台，共同开展塞林港遗址的综合研究。本项目吸纳了国际一流的考古学、碑铭学、陶瓷史、玻璃史、动植物考古专家以及多个学科的自然科学学者参与，从考古学与贸易史的角度解读海上丝绸之路背景下红海之滨的塞林港遗址，为探究东西方海上文明交流提供了无与伦比的研究范例。

众所周知，红海地处亚、非、欧交接处，连接地中海与印度洋，自古以来就是海上交通要道，并与中国有着一定的海上交流。14世纪，两位同时代的大旅行家，中国的汪大渊与摩洛哥的伊本·白图泰，一个自东而西、一个自西而东，循着大致相同的轨迹，完成了红海—泉州的旅程，堪称东西方航海史上的佳话。更值得一提的是，郑和第七次下西洋期间（1430—1433年），随行翻译马欢等人曾进入红海，并赴默伽（今麦加）朝圣，其所见所闻见录于马氏所著《瀛涯胜览》。

与此次考古发现相印证的是，1431年，马欢去麦加，所携带物品清单中即有"磁器"一项；比他早200年游历红海地区的汪大渊，也目睹了中国瓷器在市场上销售的情形，时称"青白花器"（是否确指"元青花"，学术界尚有争议，但确为瓷器，当无疑义），这与中沙考古队在塞林港发现中国瓷器的情形恰相呼应，表明至迟到元明时期，中国瓷器已经行销于红海地区。考古实证表明，可能早在唐代，中国与包括红海在内的中东地区已经进入一个陶瓷贸易的高峰时期。

第10章 海上丝绸之路的考古发现与研究

山东大学 姜波

"海上丝绸之路"是继李希霍芬提出"丝绸之路"概念之后，由中外历史学界提出的一个学术概念，概指从东亚、东南亚地区经太平洋、印度洋抵达中东地区和非洲大陆东部的海上交流线路。饶宗颐、山杉正明、陈炎、沙畹、伯希和等学者都曾提出"海上丝绸之路"或相似的学术概念；与此同时，利用地下出土实物资料研究东西海上交流的历史，同样受到考古学者的重视，夏鼐、三上次男、王仲殊、吴文良、王连喜、马文宽、干福熹、安家瑶、林梅村、齐东方、秦大树等学者曾依据出土钱币、铜镜、碑刻、瓷器、玻璃器等考古实物资料，探究考古学视野下的海上丝绸之路。日本学者三上次男还提出了"陶瓷之路"的说法[①]。

从20世纪下半叶以来，有关海上丝绸之路的考古成果层见迭出，港口、沉船与贸易品成为解读海上丝绸之路的重要考古证据。港口遗迹方面，有泉州港宗教石刻、宁波永丰库遗址、上海华亭青龙镇遗址、江苏掘港国清寺、苏州黄泗浦遗址等；海洋沉船方面有泉州后渚宋代沉船、广东台山南海一号宋代沉船、西沙华光礁一号宋代沉船、广东南澳一号明代沉船、山东蓬莱古船等，出土舶来品的古代墓葬也不少，著名者如广州南越王墓、扬州大云山汉墓等，在合浦、徐闻、广州、扬州等地发掘的汉墓中，也有不少舶来品出土，引人注目。南京的渤泥国王墓、德州的苏禄王墓、扬州的普哈丁墓园、泉州的伊斯兰圣墓与"世家坑"（锡兰人祖茔）、福州的琉球墓、广州的伊斯兰先贤墓、杭州的凤凰寺等，这些外来民族及后裔在中华大地上留下的墓园，同样值得关注。

在中国周边海域，还有一批重要的古代沉船被发现，堪称海上丝绸之路的重要考古成果。如韩国的新安沉船，印尼的井里汶沉船、印坦沉船和黑石号沉船，越南、菲律宾、马来西亚、泰国等国海域也曾发现不少古代海洋贸易沉船，时代约相当于中国的明清时期。这些沉船，有的本身就是中国船，如新安沉船；有的船货主要为中国商品，如黑石号；凡此，都是值得学界重点关注的水下考古成果。

10.1 海上丝绸之路的时空框架与历史脉络

海上丝绸之路是古代人们借助季风与洋流，利用传统航海技术开展东西方交流的海上通道，也是东、西方不同文明板块之间经济、文化、科技、宗教和思想相互传输的纽带。沉船、港口和海洋贸易品，是海上丝绸之路考古学解读的切入点。一般认为，海上丝绸之路肇始于秦汉时期，成熟于隋唐五代，兴盛于宋元明时期，至19世纪

---

① 〔日〕三上次男著，李锡经、高喜美译，蔡伯英校订：《陶瓷之路》，文物出版社，1984年。

七八十年代蒸汽机轮船逐步取代帆船为止[①]。关于海上丝绸之路，沙畹、山杉正明、陈炎、饶宗颐等先后提出"海上丝绸之路"的学术概念并开展研究，就海洋贸易的内涵而言，海上丝绸之路既包括国家主导的官方贸易，也涵盖民间自发的民间贸易，甚至借官使之名行贸易之实（典型者如琉球贸易）。

海上丝绸之路是人类交通文明的智慧结晶，它的形成经历了漫长的历史进程。初期的海上航行，最主要的方式是贴岸航行和跨岛链航行。前者不言自明，即沿海岸线航行，由此在中国沿海留下了很多著名的航海地理坐标，如福建的五虎山、广东川岛海域的乌猪洲等；后者则是沿岛链跨海航行，如自登州港起航跨庙岛群岛抵达辽东半岛的航行活动，自琉球经奄美群岛等向北直抵九州岛的航行活动，印度尼西亚群岛海域的跨海航行活动，自印度东北部起航经安达曼群岛抵达苏门答腊岛的航行活动，等等。

浙江萧山跨湖桥遗址、河姆渡遗址和井头山遗址，所在地点都靠近古代的海岸线，也都曾出土舟船和木桨等遗物，堪称古代先民"刳木为舟，剡木为楫"的生动写照[②]。根据民族志考古调查的成果，类似于跨湖桥发现的所谓"边架艇"，至今仍见于印度尼西亚（巴雅人）和南太平洋岛国。跨岛链航海的历史可以追溯到史前时期，重要的岛链有庙岛群岛、舟山群岛、中南半岛—马来半岛—印尼群岛—南太平洋群岛。舟山群岛上的白泉遗址、庙岛群岛上的北庄遗址，可以看作史前先民跨岛链航行的遗迹。按照考古学、人类学和语言学者的研究，古代跨岛链航行活动，最典型者莫过于南岛语族的迁徙。南岛语族源起于我国东南沿海与台湾地区，沿中南半岛海岸线一直向南迁徙，经马来半岛、印尼群岛和太平洋岛链，最远可到南太平洋岛国甚至远及西印度洋的马达加斯加岛。

战国秦汉时期，中国与海外的交流日趋活跃，广东广州、浙江宁波、广西贵县出土的羽人划船图像，可以看作战国秦汉时期航海活动的重要考古证据[③]。这一时期的航线不仅局限于中国沿海以及东北亚、东南亚海域，甚至还远及印度洋海域。按照《汉书》卷二十八下《地理志》的记载，古代中国与东南亚、南亚已经有密切的海上交流。

---

① 姜波、赵云、丁见祥：《海上丝绸之路的内涵与时空框架》，《中国文物科学研究》2016年第2期，第23—28页。
② 分别参见：浙江省文物考古研究所、萧山博物馆：《跨湖桥》，文物出版社，2004年；浙江省文物考古研究所：《河姆渡——新石器时代遗址考古发掘报告》（上、下），文物出版社，2003年；浙江省文物考古研究所、宁波市文化遗产管理研究院、余姚市河姆渡遗址博物馆：《浙江余姚市井头山新石器时代遗址》，《考古》2021年第7期，第3—26页。
③ 宁波博物馆藏"羽人竞渡铜钺"，广州南越王墓西汉"羽人划舟纹提梁筒"，广西贵县罗泊湾1号墓出土的"西汉羽人划船纹栉纹铜鼓"。分别参见：曹锦炎、周生望：《浙江鄞县出土春秋时代铜器》，《考古》1984年第8期，第762—764页；广州市文物管理委员会、中国社会科学院考古研究所、广东省博物馆：《西汉南越王墓》（上、下），文物出版社，1991年；广西壮族自治区博物馆：《广西贵县罗泊湾汉墓》，文物出版社，1988年。另参阅张强禄：《"羽人竞渡纹"源流考》，《考古》2018年第9期，第100—112页。

广州、合浦、徐闻、扬州等地汉代墓葬的考古发现生动印证了这一点[①]。广州南越王墓出土的玻璃器、银瓣纹碗、犀角杯及香料遗存，均属海上交流的重要见证[②]。合浦汉墓出土的玻璃器、玛瑙、波斯釉陶壶，也是重要的舶来品。扬州大云山汉墓出土的鎏金铜象、鎏金铜犀牛、银瓣纹碗，显然是海路输入的产品。广州、合浦等地出土的玻璃器，有的是本土生产，有的是贸易输入品，表明海洋贸易交流带来的不仅仅是物品，甚至还有技术的交流。江苏连云港摩崖石刻的发现，是一个重要的考古成果，堪称佛教从海路登陆中国的重要史迹[③]。值得注意的是，从波斯萨珊朝输入的银质或铜质的凸瓣纹碗，在战国至秦汉时期的墓葬中屡屡被发现，如广州南越王墓、扬州大云山汉墓（江都王刘非墓）以及山东青州、临淄等地均有发现，这些"舶来品"应该是从海上输入的；甘肃、云南等地的出土品，则极有可能是从丝绸之路（越流沙而来）和西南丝绸之路（经云南、缅甸的线路）输入的，生动展示了中国秦汉时期，古代中国通过海陆贸易线路与外部世界发生交流的史实。

两汉魏晋南北朝时期，玻璃制品和玻璃技术的传入，也是东西方海上交流的重要表现。一般认为，岭南汉墓出土玻璃珠饰的产地来源具有多样性，既有本土制作的珠饰，也有舶来品。广州、合浦等地两汉墓葬出土的玻璃制品，包括了钾玻璃（中等钙铝型和低钙高铝型）、铅钡玻璃、钠钙玻璃（植物灰型和泡碱型）、混合碱玻璃、钠铝玻璃（植物灰型和矿物碱型）、钾铅玻璃、高铅玻璃等多种技术体系的玻璃，珠饰成型工艺有拉制、缠绕、模制等，钻孔工艺包括钻石钻孔工艺、实心钻头加解玉砂工艺和管钻工艺等。玻璃器成分来源的复杂性和加工工艺的多样性，表明秦汉时期玻璃制品和玻璃技术已经通过海上丝绸之路东传到我国东南沿海地区[④]。

隋唐时期，海上丝绸之路航线趋于成熟，《新唐书·贾耽传》所录"广州通海夷道"，记述了从广州到印度洋乃至波斯湾的航线。唐代在广州设市舶使，广州港成为海上丝绸之路上重要的贸易港。唐玄宗天宝九年（750年），鉴真和尚第五次东渡日本受阻，从海南岛北归，途经广州，"江中有婆罗门、波斯、昆仑等舶，不知其数；并载香药、珍宝，积载如山。其舶深六、七丈。狮子国、大石国、骨唐国、白蛮、赤

[①] 相关考古资料参阅：中国社会科学院考古研究所、广州市文物管理委员会、广州市博物馆：《广州汉墓》（上、下），文物出版社，1981年；熊昭明：《汉代合浦港的考古学研究》，文物出版社，2018年；广东省博物馆：《广东徐闻东汉墓——兼论汉代徐闻的地理位置和海上交通》，《考古》1977年第4期，第268—277页；南京博物院、盱眙县文广新局：《江苏盱眙县大云山汉墓》，《考古》2012年第7期，第53—59页。
[②] 参见广州市文物管理委员会、中国社会科学院考古研究所、广东省博物馆：《西汉南越王墓》（上、下），文物出版社，1991年。
[③] 连云港博物馆：《连云港市孔望山摩崖造像调查报告》，《文物》1981年第7期，第1—7页。
[④] 熊昭明、李青会：《广西出土汉代玻璃器的考古学与科技研究》，文物出版社，2011年；干福熹等著：《中国古代玻璃技术的发展》，上海科学技术出版社，2005年。

蛮等往来居住，种类极多"①。唐德宗时"日十余艘，载皆犀象珠琲，与商贾杂出于境"②。广州港海贸之盛况由此可见。

陕西泾阳出土的杨良瑶墓碑，记载了杨良瑶以国使的身份从广州出海、出使大食，抵达缚达（巴格达）的史实③。法显、杜环、义净亦有浮海往来印度洋的经历（东晋法显循陆路而去，走海路经斯里兰卡回国；杜环在唐朝与大食怛罗斯之战中被俘，留居西亚十余载后从波斯湾起航回国；义净则是从广州往返印度两次，其间曾留驻印尼的詹卑翻译佛经）。值得注意的是，法显和义净从印度返航，都是从今加尔各答附近的塔姆卢克港出发，经停印尼，目的地都是广州。据有关学者的统计，晋初到唐代，文献记载中可确考者，经海路往来弘法、求法的中外僧人达236人（来华弘法53人，西行求法183人）④。

宋元时期，是海上丝绸之路繁盛的时期，泉州、广州、宁波成为重要的海洋贸易港，朝廷在此设置市舶司管理海洋贸易。其中，泉州港的地位更为突出，出现了长期垄断海洋贸易的蒲寿庚家族，泉州市舶司遗址至今尚存⑤。从广州、泉州出发的贸易航线主要是面向东南亚；宁波港则处于南来北往的居中位置，同时面向东北亚、东南亚两条重要航线，韩国新安沉船应该就是从宁波港出发的。

明清时期海禁与开海的政策时有更替，宋元以来兴起的海洋贸易活动一度受到压制。1405—1433年"郑和下西洋"、1567年"隆庆开海"两大事件成为官、私海洋贸易达于极盛的标志性事件。清朝康熙二十三年（1684年）亦曾开放海洋贸易，几经改易之后，到乾隆二十二年（1757年），形成广州"一口通商"的局面。明清时期，海上丝绸之路的一个重要变化就是，传统上以中国人、波斯-阿拉伯人、印度人、马来人主导的海洋贸易活动，15—16世纪时开始受到西方大航海活动带来的殖民贸易的冲击，葡萄牙、荷兰、英国相继主宰对东方的贸易，西班牙则以菲律宾马尼拉为跳板，主宰跨太平洋的"大帆船贸易"（1565—1815年）。清朝"一口通商"的局面，维持了相当长的一段时间，直到1840年鸦片战争爆发，战后清政府被迫与英国签订《南京条约》，同意实施"五口通商"，以取代广州"一口通商"的贸易体制。

古代东北亚海上交流也特别值得关注。日本出土的"汉委奴王印""三角缘神兽

---

① 〔日〕真人元开：《唐大和上东征传》，中华书局，2006年，第74页。丈，旧制计量单位。
② （宋）欧阳修、宋祁：《新唐书》卷170，《王锷传》，中华书局，2003年，第5169页。
③ 张世民：《中国古代最早下西洋的外交使节杨良瑶》，《唐史论丛》（第七集），陕西师范大学出版社，1998年；荣新江：《唐朝与黑衣大食关系史新证——记贞元初年杨良瑶的聘使大食》，《文史》2012年第3期；荣新江：《唐朝海上丝绸之路的壮举：再论杨良瑶的聘使大食》，《新丝路学刊》2019年第3期。
④ 何方耀：《晋唐南海丝路弘法高僧群体研究》，羊城晚报出版社，2015年；范若兰：《海路僧人与古代南海区域佛教传播（3—10世纪）》，《海交史研究》2020年第3期，第1—12页。
⑤ 〔日〕桑原骘藏著，陈裕菁译：《蒲寿庚考》中华书局，2009年。

镜"是极为重要的考古发现，表明了秦汉时期，中国与日本列岛之间存在密切的海上交流。据王仲殊等学者的研究，"汉委奴王印"应该是东汉皇帝赐给倭地奴国国王的金印[①]；而三角缘神兽镜则是渡海到日本的中国吴地的工匠在日本制作的铜镜[②]。隋唐时期，中国与日本列岛、朝鲜半岛的海上交流更趋活跃，留下了鉴真东渡扶桑，空海、圆仁、慧能入唐求法的佳话。日本派遣的遣隋使、遣唐使络绎不绝、相望于海。近年来很多的考古发现，生动展示了这一史实。陕西西安发现的日本人井真成墓志，记述了其赴唐的经历，这也是"日本"国名所见的最早实例，弥足珍贵[③]。在中日交流中极有影响的长安城青龙寺、江苏掘港国清寺等都有考古发现。前者是空海入唐求法的所在，后者则是圆仁曾经驻足的重要寺院[④]。"大化改新"之后，日本进入律令制时代，都城规制、朝廷礼仪乃至文物制度，一如唐制。东传日本的文物，在正仓院中多有保存，成为中日交流的历史见证，弥足珍贵。到明清时期，东北亚地区的海上交流虽间有波折，但依然一直绵延不绝，而尤以宁波港出发的航线最为重要。

10.2 形成海上丝绸之路的自然因素

以贴岸航行和跨岛链航行为特色的早期航海活动，对远途贸易和文明交流影响有限，真正形成全球化影响的海上丝绸之路，是利用季风与洋流开展的远洋帆船贸易[⑤]。

古代中国、印度、波斯–阿拉伯和地中海世界的人们，很早就不约而同地发现了季风的规律。以中国东南沿海与东南亚地区为例，每年的冬季，盛行东北季风，风向从中国东南沿海吹向东南亚；每年的夏季，盛行西南季风，风向从东南亚刮向中国东南沿海。正因季风存在这样"至信如时"的规律，古代中国航海家称之为"信风"。居住在"季风吹拂下的土地"上的人们，天才地利用了季风规律，开展往返于中国东南沿海与东南亚地区之间的海洋贸易，冬去夏回，年复一年[⑥]。

风帆贸易的传统，使得"祈风"成为一种重要的海洋祭祀活动。泉州九日山的祈风石刻，便是这种祭祀传统留下的珍贵遗产。祈风石刻位于福建省南安县晋江北岸

---

① 王仲殊：《说滇王之印与汉委奴国王印》，《考古》1959年第10期，第573—575页。
② 王仲殊：《日本三角缘神兽镜综论》，《考古》1984年第5期，第468—479页。
③ 王建新：《西北大学博物馆收藏唐代日本留学生墓志考释》，《西北大学学报（哲学社会科学版）》2004年第6期；王维坤：《关于唐日本留学生井真成墓志之我见》，《西北大学学报（哲学社会科学版）》2005年第2期；王仲殊：《井真成与阿倍仲麻吕·吉备真备》，《考古》2006年第6期。
④ 中国社会科学院考古研究所：《青龙寺与西明寺》，文物出版社，2015年；国清寺考古报告尚未发表，新闻报道参见屈婷、张展鹏：《江苏如东掘港唐宋国清寺遗址考古取得重要收获》，转引自中国考古网，2018年7月23日，http://kaogu.cssn.cn/zwb/xccz/201807/t20180723_4508394.shtml。
⑤ 姜波：《海上丝绸之路：环境、人文传统与贸易网络》，《南方文物》2017年第2期。
⑥ 参阅〔澳〕安东尼·瑞德著，吴小安、孙来臣译：《东南亚的贸易时代：1450—1680年》，商务印书馆，2010年。

的九日山上，现存北宋至清代摩崖石刻75方，其中航海祈风石刻13方，记载自北宋崇宁三年（1104年）至南宋咸淳二年（1266年）泉州市舶官及郡守等地方官员祈风的史实，堪称研究宋代泉州港海上丝绸之路的珍贵史迹[1]。

季风还催生了一些重要的贸易中转地。例如，作为连接太平洋与印度洋的马六甲海峡，正好位于季风贸易的十字路口，古代船队到达这里以后，需要停泊一段时间，等候风向转换，再继续航行，由此形成了印度尼西亚的巨港和马来西亚的满剌加两大国际贸易港。中国雷州半岛的徐闻、印度西南岸的古里，因为也是季风转换的节点，所以很早就成为海洋贸易的港口。

洋流也是影响海上航行的重要因素。例如，太平洋西岸的黑潮，是流速、流量都十分强劲的洋流，对古代福建、台湾海域的航行有重要影响。横跨太平洋的"大帆船贸易"（1565—1815年），正是因为西班牙人发现了北太平洋洋流规律（即北赤道暖流—黑潮—北太平洋暖流—加利福尼亚寒流的洋流圈），才得以实现菲律宾马尼拉–墨西哥阿卡普尔科港之间跨太平洋的航行。

依赖季风与洋流的风帆贸易，形成了海上文化交流的鲜明特征。首先，季风的转向与反复使得双向交流与区块互动成为可能；其次，季风的季节性和周期性，使海洋贸易也具备了周期性的特征，如从中国东南沿海去东南亚，冬去夏归，一年一个周期；如从中国去往印度洋，则需在马六甲等候风向转换，再加一个年度周期完成在印度洋海域的航行，故郑和前往波斯湾等西洋地区，往往要以两年为一个贸易周期。最后，由于季风与洋流的影响，海上丝绸之路具有港口转口贸易的明显特征，即中国航海文献所称"梯航万国"，像阶梯一样一站一站地向前传递，实现货物的长途转运，同时也使海洋贸易达到前所未有的广度与深度。

10.3 港口与海上丝绸之路

海港是海上丝绸之路贸易航线的联结点。古代海港城市一般选址于河海交汇之处，这样对内可以依托内河航运形成的支撑体系，对外便于接驳海洋贸易，同时还可以规避海洋风暴和海盗袭击。

为了适应海洋贸易的发展，泉州等海港城市形成了"海港模式"的城市形态，其城市布局与内陆城市判然有别：城市以港口码头为依托，沿河岸伸展布局，建立一系列适应海洋贸易的城市设施，包括市舶司、南外宗正司、码头与航标塔、街铺与市场、仓储与渠运设施、宗教祭祀设施、外交馆驿与番坊、海防与交通设施，以及周边

---

[1] 参阅黄柏龄：《九日山志》（修订本），上海辞书出版社，2006年。

地区的陶瓷窑址（如德化窑、磁灶窑等）、冶铸作坊（如安溪下草铺矿冶遗址）、造船厂等工商业遗迹[1]。泉州还发现了以海上交流为背景的诸多外来宗教石刻，包括伊斯兰教、摩尼教、景教、犹太教、印度教等遗迹；留下了埃及人、也门人、波斯人、锡兰人、亚美尼亚人、意大利人等外国人的墓碑，生动展示了古代泉州港作为古代东方贸易大港的城市遗产景观[2]。尤为值得关注的是，泉州港发现了从事远洋贸易的后渚沉船、法石沉船等宋代沉船，是海洋贸易的生动写照；而广东川岛海域发现的南海一号沉船、西沙海域发现的华光礁一号沉船，很有可能也是从泉州港起航的。

由海港联结的贸易网络，按照一定的海洋地理单元，从很早的时候，就形成了相对独立的贸易圈，如东北亚贸易圈、环南海贸易圈、孟加拉湾贸易圈、波斯湾—阿拉伯海—红海—东非贸易圈和地中海贸易圈，由此而对应形成了古代东亚儒家文明圈、印度文明圈、波斯-阿拉伯文明圈和地中海文明圈（从水下考古成果来看，环波罗的海也有重要的贸易交流）[3]。

由不同族群主导的海上贸易交流活动形成了各自的贸易线路与网络，古代中国人的海上贸易线路，以郑和航海时代为例，其主要的海上航线为南京—泉州—占城（越南）—巨港（印度尼西亚）—满剌加（马来西亚）—锡兰（斯里兰卡加勒港）—古里（印度卡利卡特）—忽鲁谟斯（霍尔木兹）。这条航线将环南海贸易圈、印度-斯里兰卡贸易圈和波斯-阿拉伯贸易圈连贯成一条国际性的海上贸易通道，并进而延展至东非和地中海世界。上述港口多有重要的航海史迹考古成果，如南京的郑和宝船厂遗址、郑和墓与洪保墓等[4]；泉州的"郑和行香碑"、灵山伊斯兰圣墓等；马六甲的郑和"官厂"遗迹；斯里兰卡加勒港发现的"郑和布施锡兰山碑"[5]，等等。越南占城、印度尼西亚旧港、印度古里、波斯湾口加隆岛上的新忽鲁谟斯港遗址也多有港口遗迹或中国瓷器等出土。

面向东北亚，以宁波、扬州、登州（今蓬莱）、海州（今连云港）等为起航港，

---

[1] 为配合泉州申报世界遗产，有关机构对泉州市舶司遗址、南外宗正司遗址和安溪青阳下草铺遗址进行了考古发掘，考古成果参阅：汪勃、梁源：《唐宋泉州城空间格局下的泉州南外宗正司、泉州市舶司遗址的考古发掘研究》；沈睿文、易曙峰：《安溪青洋下草埔冶铁遗址的几点初步认识》；栗建安：《世界遗产视野下的泉州古窑址考古与研究》，以上均载《自然与文化遗产研究》2021年第3期。
[2] 参阅吴文良原著，吴幼雄增订：《泉州宗教石刻》（增订本），科学出版社，2005年。
[3] 关于这一点，法国年鉴学派学者对地中海贸易圈的研究堪称经典，参阅：〔法〕费尔南·布罗代尔（Fernand Braudel）著，唐家龙、曾培耿等译：《地中海与菲利普二世时代的地中海世界》，商务印书馆，2013年。
[4] 南京市博物馆：《宝船厂遗址》，文物出版社，2006年；关于郑和墓，学界多有争论，笔者倾向于王志高先生推定的出土牛首山大世凹以南广缘寺北的位置，罗香林先生曾在此发现明代黄琉璃瓦，近年出土"郑和后裔郑萱元配陈氏墓碑"，参阅王志高：《南京牛首山郑和葬地新证》，《中国社会科学报》2018年6月12日第6版；王志高：《关于郑和的葬地问题》，《南京晓庄学院学报》2017年第3期；南京市博物馆、江宁区博物馆：《南京市祖堂山明代洪保墓》，《考古》2012年第5期。
[5] 参阅姜波：《从泉州到锡兰山：明代中国与斯里兰卡的交往》，《学术月刊》2013年第7期。

与朝鲜半岛、日本列岛形成了密切的贸易文化交流；朝鲜半岛和日本列岛也有很多与中国密切往来的古港，如韩国的康津、日本的博多与长崎，等等。扬州港是唐代及其以前时期扼长江口的重要海港（扬州以下，唐以前尚属漫滩之地，大体到宋代才有青龙镇港之兴起，而今天的上海市区则是明清以后由于海岸线变迁才发育成陆地），又是京杭大运河的转运口岸，地位十分重要。鉴真东渡扶桑，即以扬州为起航港。扬州还是穆斯林商人重要的贸易集散地，至今尚有普哈丁墓、凤凰寺等遗迹。

还有一条重要的航线，即明清时期以福州为母港，向东直趋琉球的贸易航线，著名的小万寿桥成为福州港海船的泊脚点，该桥也成为琉球人的福州记忆坐标。福建与琉球联系紧密，故有三十六姓入琉球的传说，琉球的那霸等地多有福建窑口瓷器的发现。福州亦有琉球馆、琉球墓之遗迹[1]。值得一提的是，明清时期，琉球在国际海洋贸易领域十分活跃，是沟通中国、东南亚和日本列岛、朝鲜半岛的贸易枢纽，现存琉球的"万国津梁之钟"，正是琉球作为国际贸易枢纽的真实写照[2]。

进入地理大发现和大航海时代以后，西方殖民贸易者建立了有别于古代波斯-阿拉伯、印度人和中国人的贸易航线，如葡萄牙人的贸易线路为里斯本—开普敦—霍尔木兹—果阿—马六甲—澳门—长崎，西班牙人的贸易线路为菲律宾马尼拉港—墨西哥阿卡普尔科港—秘鲁。澳门—马尼拉则是对接葡萄牙人与西班牙人贸易网络的航线。在葡萄牙、西班牙之后，荷兰、英国继起，成为主宰东西方贸易与交流的海洋霸主。

面向东南亚和东北亚航线，中国形成了两个很重要的离岸跳板——广东的川山群岛和浙江的舟山群岛。前者在宋代登上历史舞台，称"放洋之地"，对岸有褥州巡检司（职能相当于后世的海关）旧址，附近海域有南海一号沉船的发现；后者是海船自宁波港出洋的跳板，又是南来北往航船的咽喉要地，故有"海闸"之称；又因为面向朝鲜半岛和日本列岛，留下了"新罗礁"之类的地名。这两个海岛，既是离岸的贸易交流平台，又是外来宗教登陆中国的跳板，前者有观音道场与潮音洞，后者则有耶稣会创始人之一沙忽略的墓园。

10.4　沉船与海上丝绸之路

帆船是古代海上丝绸之路上的交通工具。古典航海时代的帆船，最典型的船型有中国帆船、阿拉伯帆船和西班牙大帆船。这三种船型，各有其船型特点：中国帆船使

---

[1] 谢必震：《明赐琉球闽人三十六姓考述》，《华侨华人历史研究》1991年第1期；谢必震：《略论福州港在明代海外贸易中的历史地位》，《福建学刊》1990年第5期；谢必震：《明清时期的中琉贸易及其影响》，《南洋问题研究》1997年第2期。

[2] 王仲殊：《论琉球国"万国津梁之钟"的制作地问题》，《考古》2002年第6期。

用水密隔舱、用舱料捻缝、用铁锔钉合船板；阿拉伯帆船最为显著的特点是以棕榈绳等缝合船板；西班牙大帆船则承袭了地中海帆船的血统，以高耸的船艏和艉楼甲板而著称，其舷窗的设计大大方便了商船的货物装卸（也适合作为战船火炮的射孔）。上述三种帆船，在水下考古中都有发现，其中值得注意的是，浙江宁波发现的清代沉船小白礁一号，既有水密隔舱等传统的中国帆船设计工艺，也有密集肋骨（与越南平顺号沉船类似）、植物纤维防水层等东南亚帆船的特点，可以看作中外造船工艺融合的一个案例[①]。

中国帆船一般分为福船、广船和浙船三大类型（另有内河航运的沙船，但不适合航海）。以中国帆船为代表的东亚海船，留下了不少文献与船谱图样，如中国的《龙江船厂志》、日本的《唐船图》和韩国的《造船式》等。迄今为止，我国水下考古发现的沉船以福船为最多，如泉州后渚古船、南海一号、华光礁一号等。所谓福船是福建、浙江一带沿海尖底海船的通称。福船首部尖、尾部宽、两头上翘、首尾高昂，且船体大、吃水深、操纵性好，适合远洋航行。据研究，郑和下西洋所造宝船，即以福船为基本船型。

宋元时期，海洋贸易达到一个前所未有的高度。在起航港、放洋之地以及远洋航线上，都有宋元时期沉船的发现，如泉州后渚古船、"南海一号"沉船、"华光礁一号"沉船和韩国新安沉船。明初由于海禁政策的实施，海洋贸易一度陷入低谷，但"隆庆开海"以后，海洋贸易又迎来一个新高峰，广东发现的"南澳一号"沉船就是属于这个时期的一艘海船。

1987年，中英打捞团队在广东川岛海域发现一艘中国宋代沉船，出水有精美瓷器和黄金制品。2007年中国水下考古部门和广州打捞局合作，采用沉箱整体打捞的方案，将在海底沉睡了800余年的南海一号打捞出水，并顺利移入为她量身定做的栖身之所——被称为"水晶宫"的广东海上丝绸之路博物馆。2013年，正式启动室内发掘，截至2019年底，船货已经提取完毕，现场工作进入船体发掘和保护阶段。沉船长22.15、宽9.85、舱深2.7米。全船用舱壁板进行分隔，共分为15个货舱。从已发掘揭露的船体结构和船型判断，南海一号沉船是长宽比较小、耐波性好、装货量大的"福船"类型，是南宋时期从泉州港出发的远洋贸易船。船货品类丰富，而以瓷器、铁器为大宗，瓷器以德化窑、磁灶窑、龙泉窑和景德镇窑的产品最为多见。此外，还有漆木器、金银器、金叶子、银锭、铜钱及大量的个人物品，如戒指、手镯、臂钏、项链等，以及人骨残骸、动植物残骸、矿石标本等。引人注目的是在船体左舷外发现的一

---

① 顿贺、金涛：《"小白礁Ⅰ号"古船研究》，《新技术·新方法·新思路——首届"水下考古·宁波论坛"文集》，科学出版社，2015年；向达校注：《两种海道针经》，中华书局，1961年。

个小木盒，这是一个"珠宝箱"，里面盛放了70余件金器！另据最新的样品检测数据可知，南海一号沉船上已经发现丝绸遗留的化学成分。据出土文字材料，该船的年代当在12世纪末叶。

南海一号沉船是迄今为止海上丝绸之路水下考古最为重要的成果，价值不可估量：首先，南海一号沉船船体保存完好，是迄今为止保存最好的宋代海船；其次，该船几乎原封不动地保存了满舱的船货，是研究海洋贸易无与伦比的考古实例；最后，从发掘情况来看，出水文物不仅有中国货物，也有东南亚、印度乃至中东地区风格的物品，值得深入研究。可以说，南海一号的考古发现，使人们有机会目睹宋元时期海上丝绸之路的盛况，实属难得[①]。

1974年发掘的泉州湾后渚古船，则是一艘从东南亚海域归航的海船，堪称海上丝绸之路考古最重要的发现之一。泉州古船地点位于洛阳江边的后渚村海滩上，坐标点位置为东经118°59′，北纬24°91′。后渚古船出土时船体基本保持水平，南偏东10.5°。船体自舭部以上结构和桅、舵、帆、碇等属具已不存。船体残长24.2、残宽9.15、残深1.98米，平面扁阔近椭圆形。尖底，用十二道隔板将船舱分为十三舱（据此，泉州有非物质文化遗产"十三水密隔舱"之说）；船壳用二层或三层板叠合，用肋骨加固。艏柱、头桅座、后桅座和舵承座尚存。船体用材主要为杉、松和樟木。龙骨用两段松木连接而成，全长17.65米，主龙骨长12.4米，尾龙骨长5.25米，主龙骨前端连接艏柱。在主龙骨的前后两端，均挖有"保寿孔"，上部七个小孔按北斗排列，内置七枚铜钱（或铁钱）；下部为大圆孔，嵌入一枚铜镜；这是福建地区"七星明月"造船习俗之遗迹。此类造船习俗的遗迹非常值得关注，在著名的韩国新安沉船、宁波小白礁一号沉船上，也有发现。船壳用二重板或三重板叠合，靠近龙骨的第一、二路板用樟木，其余用杉木。壳板的搭接方法为横向系平接和搭接混合使用，纵向则采用"斜角同口""滑肩同口""直角同口"等方法。不论横接还是纵接，都以子母榫扣合，并塞以麻丝、桐油灰艌料，加上铁钉；为了加强船板的结合强度，船体还用上了铁锔，这是宋代造船工艺的一个重要特征。船舱采用水密舱设计，这是后渚沉船在造船工艺上的特殊之处，确保航海期间出现局部船舱漏水时，其他船舱不至于被海水满灌造成危害。船上保留有头桅座和主桅座，都是用巨型樟木块一体制成，主桅座在第6舱，现残存的舵承座由三块大樟板组成，舵孔最大径38厘米。船上还发现不少行船用具，如编织物（推测可能为竹篾船帆的实物——"利蓬"）、绞车轴、缆绳、铁搭钩、铁

[①] 国家文物局水下文化遗产保护中心、中国国家博物馆、广东省文物考古研究所等：《南海Ⅰ号沉船考古报告之一——1989～2004年调查》（上、下），文物出版社，2017年；国家文物局水下文化遗产保护中心、广东省文物考古研究所、中国文化遗产研究院等：《南海Ⅰ号沉船考古报告之二——2014～2015年发掘》，文物出版社，2018年。

斧、钉送、凿柄、木槌、木灰刮板、竹尺等，为研究航海行船的技术传统提供了重要的实物证据。泉州后渚古船是在南海一号、华光礁一号发现之前，有关宋元时期造船史的最重要的考古实物，对中国古代造船史的研究极为重要。杨槱、席龙飞、何国卫、吉米·格林、木村淳等学者都曾对此加以研究。后渚沉船考古报告整理者依据船史学界的研究成果，对古船做了复原介绍，这里引述如下：后渚古船属于宋元时期的福船船型，其特征为方艏、尖底、方艉、船身扁阔，平面近椭圆形；采用多重板结构和"十三水密舱"设计；按照残存船体构件尺寸和规格，后渚古船复原尺寸为总长34米，最大船宽11米，型深3.8米，满载吃水3.5米，排水量393.4吨，水手约40人。立三桅杆，主、头、尾桅杆高度分别为32、25.6、14.5米；挂篾帆，主帆、头帆、尾帆的面积分别为187、97.5、49.5平方米；尾部用升降舵，舵叶总面积11.6米，舵杆长8.5米；用木石碇，主碇长6.6米，副碇长4.5米，三碇长3.6米；船甲板之上，首、尾设上层建筑与阁楼，首高7.5米，尾高10米。值得一提的是，新近完成船体发掘的南海一号沉船，较之此前发掘的后渚沉船、华光礁一号沉船保存更好，使宋代海船的复原研究将有更加翔实可靠的考古实物依据。

船舱出土遗物非常丰富，有香料、药物、签牌、铁器、陶瓷器、铜钱、竹木器、藤器、编织物、文化用品、装饰品、皮革制品、果核、贝壳、动物骨骼等，合计14类、69项，堪称研究海洋贸易的重要考古发现。香料药物有降真香、沉香、檀香和胡椒、槟榔、乳香、龙涎香、朱砂、水银、玳瑁等，其中，香料木占出土遗物的绝对多数，脱水前称重达4700多克，以降真香最多，檀香次之。其中，有关乳香与降真香的科学鉴定成果尤为值得关注。据章文贡先生的检测分析，认为"沉船中发现的灰白浅黄色芳香性固体是一种经炒制过的乳香（Olibanum），其薄层色谱表明它是属于索马里原乳香一类的乳香"，而且"乳香在海水淹浸七百年之后，多数成分未发生显著变化"[①]。沉船出水的降真香，经南京药学院与上海市卫生局药品检验所等机构分别检测，确认为印度所产黄檀（Dalbergia sissoo Roxb）的心材。关于乳香与降真香的检测分析研究，为我们了解海洋香料贸易提供了极为重要的考古成果，非常值得关注。

泉州湾后渚古船出土陶瓷器数量不少，瓷器釉色有青釉、黑釉、白釉和影青等，以各式碗居多。窑口有建窑、龙泉窑和泉州地区的各个窑址。陶器则以瓮、罐居多，釉色有青釉、青黄釉、酱釉、紫色釉和黑釉等，可复原者58件。后渚沉船属于归航母港的海船，作为外销的瓷器，并不是考古发掘出土文物的主体。新近完成船货清理的南海一号，几乎原封不动地保留了泉州港宋代海船满载陶瓷产品出海的景况，学者可以与后渚沉船、华光礁一号沉船等做类比研究，以得到宋代泉州港陶瓷外销之概况。

[①] 章文贡：《泉州湾宋代沉船中乳香的薄层色谱鉴定》，《海交史研究》1982年第4期。

尤为值得提出的是，晋江流域宋元时期陶瓷窑址的考古新成果，如德化窑、磁灶窑等蔚然而成体系的窑址，可与沉船出水瓷器做对比研究，成果值得期待。出土铜钱共计504枚，其中唐钱33枚，北宋钱358枚，南宋钱71枚，另有残碎品42枚。唐钱绝大多数为"开元通宝"，宋钱则以"元丰通宝"为最多，达55枚；铸造年代最晚的铜钱，为南宋时期的两枚"咸淳元宝"（各有背文"五"和"七"），铸行于南宋度宗咸淳年间（1265—1274年）。由此可见，后渚沉船的年代，应该略早于南海一号沉船。

出土木牌、木签共96件，其中木牌33件，木签63件，墨迹可辨者合计88件。这些签牌多以杉木削切而成，大小形式各异，往往带有便于捆绑的凹槽；出土时，大多夹藏在各舱残存货物中，或者埋藏在已经腐蚀的沉渣中。其中一件"朱库国记"的木签，上面还缠着细绳，显然是货物的标签。从文字内容来看，有地名、人名、货名等。此类签牌，在新安沉船、南海一号等沉船考古中，也屡有发现，是研究海洋船货的重要依据，堪称海洋贸易的珍贵文字资料。

后渚古船出土的文化用品有象棋子与印刷品等。出水的象棋子有21枚，棋子分属红、黑两方，这是反映中国古代海船船员生活的重要见证。宋代以来，书籍印刷业大兴，书籍也成为海洋贸易的重要货物，船员亦有读书之可能。后渚沉船出水的印刷品，可见到"切了浮生一载"的句子，属于宋代雕版印刷的作品。文字的内容耐人寻味，正是海上漂泊生活的文学描述。后渚沉船还出水了不少的果核壳、动物骨骼、贝壳、玻璃珠等，果核壳包括椰子壳、桃、李、杨梅、杏、橄榄、荔枝等；动物骨骼有猪、羊、狗、鼠以及鱼类等。凡此，均属宋元时期海船船上生活的实物见证。船体附着生物的研究也很有价值。据分析，船壳上附着的贝壳，有船蛆、马特海笋、中华牡蛎等，船舱中还发现了齐氏𫚔的鱼鳞残片。众所周知，海洋生物带有其生长环境的信息，为我们研究海船的贸易航线提供了重要证据。

据发掘者的研究，泉州后渚古船沉没年代当在1277年前后，应该是一艘自三佛齐返航的"香料胡椒舶"。船货中以香料为大宗，反映泉州港香料贸易之盛，这与《宋史·食货志》所记"建炎四年，泉州博买乳香一十三等，八万六千七百八十斤有奇"可相佐证。船上香料的来源，反映了当时泉州与东南亚、阿拉伯世界的贸易网络：降真香出自三佛齐（印尼巨港）、阇婆（爪哇），檀香出自阇婆，沉香出自真腊（柬埔寨），苏木出自交州（越南）、阇婆，胡椒出自苏吉丹（爪哇中部），槟榔出自南海诸国，乳香出自大食（阿拉伯帝国），龙涎香出自非洲，等等，可见当时海洋香料贸易范围之广、之深。泉州后渚古船上发现的牌签为我们研究海洋贸易提供了十分重要的信息。这些牌签上的文字多为人名、地名、商号、货名等内容。例如，牌签上常见的"水记"，应是"走水"（闽南人俗称海洋贸易为"走水"）商号的名字，如"吴兴水记""曾干水记""林干水记"，皆属此类。又如，带"干"字的牌签，"干"

即"干官",指"干办公事"之意;而带"工"字的牌签,"工"即"船工"。这两类标签,指的是官员和船工的私货,正是《宋会要辑稿·食货》所谓海船贸易"八分装法,留二分搅载私物"的写照。古船外壳附着的贝壳,为研究其航线提供了重要的信息。海船上发现的海洋生物和贝类,大多属于暖海种群,特别是匙形脊船蛆和水晶凤螺、篱凤螺的模式标本产地在印度尼西亚,裂铠船蛆在新加坡,暹罗船蛆在暹罗(泰国),这说明这艘海船曾经航行至印尼新加坡海域。而据"扼诸番舟车往来之咽喉"(《岭外代答》)的三佛齐,使之可以利用其地理区位优势"截断诸蕃国之物,聚于其国,以俟蕃舶贸易"(《诸蕃志》)[①]。

与泉州古船和南海一号沉船不同,西沙群岛海域发现的华光礁一号沉船,则是发现于远洋航线上的海上丝绸之路商船。华光礁一号沉船位于永乐群岛南部华光礁礁盘内侧,根据出水瓷器的"壬午"年款,可以确定沉船的年代属南宋时期。2007—2008年,水下考古专业人员对华光礁一号沉船进行了科学发掘,完成船货清理、船体测绘和船体打捞工作,这也是中国水下考古学界第一次在远海海域完成的水下考古发掘项目。华光礁一号残长18.4、残宽9米,发掘时残存10道隔舱。底层船体保存良好,多数船板长度在5米以上,最长达14.4米。出水遗物近万件,有瓷器、铁器、铜镜、铜钱等,瓷器产地除江西景德镇窑以外,主要为福建窑口的产品,包括德化窑、磁灶窑、闽清窑、南安窑、松溪窑等[②]。华光礁一号沉船的发现,证明至迟在宋元时期(依据水下考古的发现,有可能早至五代时期),我国先民就已经开辟了取道西沙群岛直航东南亚地区的航线(以前受限于航海技术水平,远航东南亚多贴岸航行),标志着我国古代航海技术和导航技术已经达到一个新的高度。

2007年,在广东南澳岛附近发现的南澳一号沉船,是一艘明代海船。南澳一号沉船长27、宽7.8米,共有25个舱位,是迄今为止发现的明代沉船里舱位最多的。2009—2012年,中国文化遗产研究院和广东省文物考古研究所联合组队对南澳一号沉船进行了三次发掘,出水文物近3万件。南澳一号沉船发现于南澳岛附近海域,而南澳岛是自古以来先民航海的地文导航坐标,著名的《郑和航海图》上即清晰标出了南澳岛的准确位置。南澳一号沉船出水瓷器主要为福建漳州窑生产的青花瓷,生动展示了明清时期漳州窑产品远销海外的贸易情形[③]。

[①] 福建省泉州海外交通史博物馆编:《泉州湾宋代海船发掘与研究》(修订版),海洋出版社,2017年。
[②] 沉船考古报告尚未发表,可参阅丘刚:《大海的方向:华光礁一号沉船特展》,凤凰出版社,2011年。
[③] 广东省文物考古研究所:《"南澳Ⅰ号"明代沉船2007年调查与试掘》,《文物》2011年第5期;广东省文物考古研究所、国家水下文化遗产保护中心、广东省博物馆:《广东汕头市"南澳Ⅰ号"明代沉船》,《考古》2011年第7期。另参阅广东省文物考古研究所、广东省博物馆、国家文物局水下文化遗产保护中心:《孤帆遗珍:南澳Ⅰ号出水精品文物图录》,科学出版社,2014年。

第 10 章　海上丝绸之路的考古发现与研究

中、日、韩三国一衣带水，自古以来就有密切的海上交流，留下了徐福入海求仙、鉴真东渡扶桑、圆仁入唐求法等诸多佳话。汉唐时期的东北亚海上航线，主要有南、北两条线路：北线经胶东半岛、循庙岛群岛、朝鲜半岛西岸、对马海峡抵达日本九州地区；南线经台湾、琉球、奄美群岛北上抵达日本列岛。由于航海技术的进步，至迟从宋代开始，出现了横跨东海与黄海的直航航线，这一点在《宣和奉使高丽图经》中得到了充分体现。近年来的水下考古成果非常生动地展示了东北亚地区的海上交流活动，其中最重要的发现是韩国群山列岛海域的新安沉船和山东蓬莱古登州港的蓬莱古船。

1975年，韩国渔民在新安外方海域发现一艘沉船，此后经过连续多年的水下考古发掘，考古队员从沉船里发掘出了2万多件青瓷和白瓷，2000多件金属制品、石制品和紫檀木，以及800万枚重达28吨的中国铜钱，这一水下考古成果震惊了全世界。新安船船长34、宽11米，载重量200吨，由8个船舱组成，船型为中国造的福船。结合新安沉船上出水的刻"庆元"（今宁波）铭文的铜权和印有"使司帅府公用"铭文的青瓷盘（"使司帅府"指浙东道宣慰使司都元帅府）推断，新安沉船的始发港应为庆元港，即今天的浙江宁波。1983年，沉船中出水一枚墨书"至治三年"的木简，为新安沉船的年代判断提供了依据。目前学术界普遍的看法是，新安船是元代至治三年（1323年）或稍后，从中国的庆元港（宁波）起航，驶向日本博多港地区的海洋贸易商船，途中不幸沉没在朝鲜半岛新安海域[1]。

雄踞胶东半岛前哨的古登州港是东北亚海上交流的重要海港，这里的开元寺闻名遐迩，是古代日、韩僧人登陆中国以后拜谒的第一座寺院。登州港是中国北部海域重要的国际贸易港口，登州港遗址曾有高丽青瓷、日本文物的出土，甚至还发现过来自东南亚的紫檀木。不幸的是，明嘉靖中叶以后，山东地区倭寇横行，严重影响到登州港的海洋贸易安全，为此，明廷特派抗倭名将戚继光进驻蓬莱水城，以抗击倭寇，肃清海患。近年来，在登州港发现了四艘古船，非常值得关注。其中的一艘，残长28.6、残宽5.6、残深0.9米，有12道舱壁，带龙骨，平底，艏艉上翘。引人注目的是，船内发现了铁炮、铜炮等武器装备，有人推测是一艘具有较高航速的战船。若此推论不谬，则登州港已经有保护海洋贸易的水师战舰了[2]。

1998年，德国打捞公司在印尼勿里洞岛海域一块黑色大礁岩附近发现了一艘唐代沉船，即著名的黑石号沉船。2005年，新加坡"圣淘沙"集团（Sentosa Leisure）筹

---

[1] 新安沉船现已出版系列考古报告，可参阅韩国文化公报部文化财管理局：《新安海底遗物（综合篇）》，韩国文化公报部、文化财管理局，1988年；关于此船贸易与航线问题的最新探讨，另可参阅范佳楠：《新安沉船与14世纪的中日海上贸易》，《自然与文化遗产研究》2019年第10期。
[2] 山东省文物考古研究所、烟台市博物馆、蓬莱市文物局：《蓬莱古船》，文物出版社，2006年。

资3000万美元购得黑石号沉船文物，使得这批重要文物最终落户狮城。据水下考古队员仔细观察，黑石号沉船船体保存完整，船底发现破损的大洞，推测黑石号沉船为触礁沉没。黑石号沉船之所以保存完好，主要是因为海床上沉积有厚厚的淤泥，满载船货的船体因为负荷较重，很快就被海底淤泥掩埋覆盖，避免了海潮的冲刷和船蛆的吞噬，从而使得船体和货物得到了很好的保护。从结构和工艺上看，黑石号沉船应该是一艘阿拉伯式的单桅缝合帆船，制作船体时不使用铁钉而用棕榈绳缝合船板。关于黑石号沉船的年代，因为出水的长沙窑瓷碗上带有唐代"宝历二年"（826年）字样，故沉船的年代被确认为9世纪上半叶[①]。

黑石号沉船出水文物十分精彩。船上共出金器10件，其精美程度可媲美1970年西安何家村唐代窖藏出土金银器。其中的一件八棱胡人伎乐金杯高10厘米，比何家村窖藏出土品体量还大。另有银器24件、银铤18枚和铜镜30枚，银铤单件重达2千克。其他还发现了一些船上乘员的个人物品，其中包括2件玻璃瓶、一件漆盘（残）、象牙制游戏器具（似为游艺用的双陆）和砚、墨（残）等文房用具。黑石号沉船打捞陶瓷制品多达67000多件，其中98%是中国陶瓷。长沙窑瓷约56500件，器形以碗为主，其次为执壶。这是长沙窑大规模生产外销瓷的一个生动写照。黑石号沉船出水的3件完好无损的唐代青花瓷盘尤为引人注目，它们应该是在洛阳地区的巩县窑烧制，经隋唐大运河运抵扬州港，再从扬州转运广州出海，最终抵达印尼海域的。考古学家在巩县窑和扬州港均发现了此类器物残片。

除此之外，印尼海域还发现了著名的井里汶号[②]、印坦沉船[③]等重要沉船，其时代均属晚唐五代时期。其中，印坦沉船上出水了"乾元重宝"铅钱（属南汉国时期）和"桂阳监"银铤（总计约5000两，两为旧制计量单位），以及中国的瓷器、马来半岛的陶器与铅锡制品、印尼地区的青铜器、地中海世界的玻璃器等，非常生动地勾画出晚唐五代时期在东南亚海域从事国际海洋贸易的商船的情形。唐代贾耽曾非常详细地描述了从广州出发，经越南、马六甲抵达印度洋海域的航线。另据《全唐文》记载，唐德宗贞元年间，曾有波斯船抵达中国东南沿海。有鉴于此，印尼海域发现满载中国船货的阿拉伯帆船，应属意料之中的事情。

---

① Krahi R, Guy J, Wilson J K, et al. *Shipwrecked: Tang Treasures and Monsoon Winds*. Washington, DC: Arthur M. Sackler Gallery, Smithsonian Books, 2010.
② 参阅：〔英〕思鉴著：《公元九到十世纪唐与黑衣大食间的印度洋贸易：需求、距离与收益》，刘歆益、庄奕杰译，《国家航海》（第八辑），《国家航海》2014年第3期；〔印尼〕Adi Agung Tirtamarta撰，辛光灿译：《井里汶海底十世纪沉船打捞纪实》；李旻：《十世纪爪哇海上的世界舞台：对井里汶沉船上金属物资的观察》，《故宫博物院院刊》2007年第6期。
③ 〔英〕杜希德（Dennis Twitchett）、〔英〕思鉴（Janice Stargardt）：《沉船遗宝：十世纪沉船上的中国银铤》，《唐研究》（第十卷），北京大学出版社，2004年。

15—16世纪，欧洲迎来了"地理大发现"的时代，1488年迪亚士发现非洲好望角，1492年哥伦布发现新大陆，1498年达·伽马抵达印度，1522年麦哲伦船队实现环球航行。以此为背景，以欧洲为中心，欧洲航海家开辟了向东、向西两条抵达东方的航线。向东的航线，自葡萄牙里斯本起航，经开普敦—果阿—马六甲—澳门，最终抵达日本九州的长崎港，活跃在这条航线上的，先后有葡萄牙、荷兰、英国、法国、瑞典等国的帆船。向西的航线，包括横跨大西洋的里斯本—里约航线和横跨太平洋的马尼拉—阿卡普尔科航线，主导这条航线的，最主要的是西班牙人，以及后来的英国、法国殖民者。考古发现的瑞典哥德堡号一号沉船和西班牙圣迭戈号（San Diego）沉船，堪称东、西两条航线上颇具代表性的沉船。

1738年，瑞典东印度公司耗费巨资建造了哥德堡一号（Gotheborg Ⅰ）商船，这是这家公司38艘商船中吨位排行次席的一艘远洋帆船，船上有140多名船员，并装备有30门大炮。哥德堡一号在短短几年间先后三次远航广州。1745年1月11日，哥德堡一号从广州启程回国，船上装载着大约700吨的中国物品，包括茶叶、瓷器、丝绸和藤器，货物总价估值在2.5亿—2.7亿瑞典银币。8个月后，哥德堡一号航行到离哥德堡港大约900米的海面，却不幸触礁沉没。随后进行的打捞活动中，人们从沉船上捞起了30吨茶叶、80匹丝绸和大量瓷器，在市场上拍卖后竟然足够支付哥德堡一号广州之旅的全部成本，而且还能够获利14%！1986年开始，哥德堡一号水下考古发掘工作全面展开。发掘工作持续了近10年，打捞上来400多件完整的瓷器和9吨重的瓷器碎片，这些瓷器多有中国传统的图案花纹，少量绘有欧洲特色图案，显然是当年哥德堡一号订购的"订烧瓷"。更加让人们吃惊的是，打捞上来的部分茶叶色味尚存，曾在广州博物馆公开展出[①]。

地理大发现和大航海时代的历史大幕徐徐开启之后，世界海洋航运史发生了重要的变革，世界历史真正进入到全球化的时代。自此以后，古典时代波斯-阿拉伯人、印度人、马来人和中国人传承的海上航线，逐步被西方殖民贸易者开辟的航线所替代；航行在印度洋和西太平洋西部的中国帆船、阿拉伯帆船和马来船，也逐步被西方殖民贸易者的帆船（包括西班牙大帆船）等取代。从有关海上丝绸之路的沉船资料看，1600年的圣迭戈号沉船，1613年的"白狮"号（Witee Leeuw）沉船，1615年的"班达"号（Banda）沉船，1630年的"圣·康卡罗"号（San Concalo）沉船，1641年的"康塞普森"号（Conception）沉船，1752年的"凯马尔德森"号（Geldermalsen）沉船等，均反映了大航海时代海洋贸易的考古成果。

---

① 顾涧清、吴东峰：《中瑞友谊奇葩：广州与"哥德堡号"——"哥德堡号"访问广州全纪录》，世界图书出版广东有限公司，2012年；黄叶青：《瑞典哥德堡号与南海神庙》，《广州航海学院学报》2013年第3期。

10.5 贸易品与海上丝绸之路

海上丝绸之路是不同文明板块之间交流的海上通道。由于自然资源与人文传统的不同，基于各自的地理单元，各大陆形成了不同体系的文明板块，各板块的资源、产品、科技、宗教与思想各具特色，可以取长补短、相互灌输，使交易与交流成为可能。

以中国为代表的东亚板块，参与海上丝绸之路的贸易品主要有丝绸、瓷器、茶叶、铁器、铜钱等；东南亚板块则有名贵木材、香料等；印度-斯里兰卡板块有宝石、棉布等；波斯-阿拉伯板块有香料、宝石、玻璃器、伊斯兰陶器等；地中海板块有金银器、玻璃等；东非板块有象牙、犀牛角等。进入"大航海时代"以后，美洲的白银、欧洲的羊毛制品乃至非洲的"黑奴"等也成为重要的贸易品。

因为中国丝绸、瓷器、茶叶的大量外销，古代海上交通航线素有"海上丝绸之路""陶瓷之路""茶叶之路"等美誉。受沉船保存环境的影响，水下考古发现的沉船，出水文物多以瓷器为大宗。早在唐五代时期，长沙窑、越窑的瓷器即已开始大规模外销。逮及宋元明清，中国瓷器的外销形成了以龙泉窑、景德镇窑和漳州窑三大窑系为代表的产品系列；福建地区的德化窑、磁灶窑以及广东地区的西村窑等窑址，也有不少瓷器外销（广东、广西的外销窑址尚待进一步的考古调查发现）。有意思的是，有些瓷器品种的创烧，主要不是为了满足国内市场的需求，而纯粹就是为了规模化外销，如以酱釉褐彩为特色的长沙窑瓷器、以白釉青花为特色的唐青花（河南巩县窑）和以程式化开光纹样为特征的所谓"克拉克瓷"（景德镇造，漳州窑仿烧）等，都应该属于海洋贸易里的订单式生产。上述窑口生产的瓷器，在不同时期、不同地点的沉船上都有集中的发现。如大量出水长沙窑瓷器的印度尼西亚黑石号沉船（共计出水长沙窑瓷器近6万件），以福建诸窑口、江西景德镇窑、龙泉窑瓷器为主的南海一号沉船，以漳州窑瓷器为大宗的南澳一号沉船，以磁州窑瓷器多见的辽宁绥中三道岗元代沉船等。

从考古实证来看，海上丝绸之路已经使古代世界形成国际性的贸易网络，我们不妨以中国龙泉窑的一种产品——龙泉窑荷叶盖罐为例，来解读日本学者三上次男先生所谓的"陶瓷之路"。在龙泉窑大窑枫洞窑址上发现了荷叶盖罐的残件，确证这种产品的主要烧造地点就在浙江龙泉窑；在宁波港"下番滩"码头和泉州港宋代沉船上均发现了荷叶盖罐，结合文献记载，可知宁波港、泉州港是此类瓷器集散和装运出海的港口所在；韩国新安沉船是元"至治三年"从宁波港始发的一条商船，船上发现的荷叶盖罐可以看作此类陶瓷产品装运出海的考古实证[①]。翻检海上丝绸之路各沿线港口遗址考古材料，可以看到荷叶盖罐在东南亚、日本、琉球、印度尼西亚、波斯湾、东非、土耳其等地均有发现，"窥一斑而知全豹"，由此可以看出中国外销瓷从窑址到港口到海外终端市场的贸易网络。

与瓷器和铁器一样，茶叶、丝绸一直是古代中国对外输出的贸易品。但茶叶和丝绸，因属有机质文物，在海洋环境里不易保存，沉船考古难得一见。尽管如此，仍有不少令人兴奋的水下考古成果，值得我们的注意。

1984年，瑞典潜水员在海港城市哥德堡附近海域发现了长眠海底的哥德堡一号沉船。据瑞典东印度公司档案记载，哥德堡一号曾经三次远航中国，最后一次是1745年1月11日，从广州启碇回国，当时船上装载着大约700吨的中国货物，包括茶叶、瓷器、丝绸和藤器等，估值2.5亿—2.7亿瑞典银币。同年9月12日，哥德堡一号抵达离哥德堡港大约900米的海面，故乡的风景已经映入眼帘；然而，就在此时，哥德堡一号船头触礁，旋即沉没，岸上的人们眼巴巴地看着哥德堡一号葬身鱼腹。1986年，针对哥德堡一号的水下考古发掘工作全面展开，发掘工作持续了近10年，出水瓷器9吨（包括400多件完整如新的瓷器），这些瓷器多有中国传统图案，少量绘有欧洲风格图案，属于所谓的"订烧瓷"。令人吃惊的是，打捞上来的部分茶叶色味尚存，仍可饮用。哥德堡人将一小包茶叶送回了它的故乡广州，并在广州博物馆公开展出，引起轰动，参观者络绎不绝。

1984年，英国探险家、海底寻宝人迈克·哈彻在南中国海发现一条沉船，从沉船中捞起16万件青花瓷器和126块金锭，沉船出水的瓷器中，有为数众多的青花瓷茶叶罐。这艘沉船，就是著名的荷兰东印度公司商船"凯马尔德森"号（Geldemalsen）。1986年5月1日，佳士得在阿姆斯特丹将部分沉船打捞品进行拍卖，获利3700万荷兰盾，相当于2000万美元，引起巨大轰动。此次拍卖会上，中国政府曾经委托故宫博物院陶瓷专家冯先铭等携3万美元参会，结果颗粒无收，未能竞拍到一件文物[②]。有感于此，考古学界联名具信，呼吁发展水下考古，成为中国水下考古事业起步的一个契机。

据荷兰东印度公司档案记载，凯马尔德森号是该公司所属的一条远洋贸易船，船长150英尺（约45.7米），宽42英尺（约12.8米），载货排水量达1150吨。1751年12月18日，凯马尔德森号满载中国货物从中国广东驶往故乡荷兰，次年1月3日，在中国南

---

① 沈琼华主编：《大元帆影：韩国新安沉船出水文物精华》，文物出版社，2012年。
② 近年来，该沉船出水的金锭再度现身于拍卖市场，来自中国的商家机构曾拍得其中的三块金锭（拍卖价格均在40万—60万元）。

海附近触礁沉没。按照档案记载，货物清单包括以下内容：23.9万件瓷器，147根金条，以及纺织品、漆器、苏木、沉香木等，总价值达80万荷兰盾。引人注目的是，船货清单中68.7万磅茶叶赫然在列，估值约合40万荷兰盾，占到船货价值总额的一半！

迈克·哈彻称他打捞凯马尔德森号时，沉船船体和茶叶一类的有机质文物，均已侵蚀殆尽，只剩下了金条、青铜和瓷器。很多考古学家并不相信哈彻的说法，此人在业界声名狼藉，为捞取有价值的船货，在打捞过程中屡屡野蛮操作，摧毁了大量有考古价值的文物，包括沉船船体。笔者相信，如果是水下考古学家来发掘这条沉船，作为船货主体的茶叶，绝不会了无痕迹。我们之所以做此推测，是因为可以找到与哈彻说的话相反的例子。比如，唐代沉船黑石号，年代为唐代宝历二年（826年），远早于凯马尔德森号（1752年），却仍可以在沉船瓷罐中发现菱角等有机质文物[①]；年代约当十二三世纪之交的南宋沉船南海一号，年代也早于凯马尔德森号，同样发现了不少有机质文物，包括各类植物遗骸等[②]。所以，我们有理由相信，凯马尔德森号上68.7万磅的茶叶，历经海难后保留在船舱内的遗存，有可能被哈彻遗弃或损毁掉了（哈彻一直拒绝透露凯马尔德森号的准确地点）。

在从事东西方远洋茶叶贸易的帆船中，英国快帆船卡迪萨克号（Cutty Sark）最负盛名[③]。十九世纪后期，为了将当年应季的茶叶以最快的速度运抵欧洲市场，获取高额利润，英国人全力打造了一种全新的快速帆船——"茶叶剪刀船"，卡迪萨克号即是其中之一。1877年9月底，正是这艘卡蒂萨克号快帆船，第一次把当年应季的新茶从上海运抵伦敦[④]。

卡迪萨克号是一艘铁肋木壳的茶叶剪刀船，船长85.34、宽10.97米，满载排水量达到2133.7吨，24小时平均时速可达15节，最高航速纪录为17.5节（相当于时速32.4千米）。1869年下水时，她是世界上最大的巨型帆船之一，造价16150英镑。卡蒂萨克号在上海—伦敦的单程运茶最快纪录是117天，平均为122天〔当时最快的纪录由万圣节号（Hallowe'en）创造，时间为90天〕。1872年，英国人举办了一场举世瞩目的帆船竞赛，两艘当时最著名的茶叶快帆船——卡蒂萨克号与塞姆皮雷号（Thermopylae），在

[①] Krahl R, Guy J, Wilson J K, et al. *Shipwrecked: Tang Treasures and Monsoon Winds*. Washington DC: Smithsonian Institution, 2010: 18.
[②] 参阅国家文物局水下文化遗产保护中心、广东省文物考古研究所、中国文化遗产研究院等：《南海Ⅰ号沉船考古报告之二——2014～2015年发掘》，文物出版社，2018年。
[③] Cutty Sark是苏格兰语，意为"短衫"。这条快速帆船的得名，源自英国文学史上的名作——长篇叙事诗《谭·奥桑特》（Tam O'Shanter）。诗中狂追奥桑特的美丽女神名叫南妮（Nannie Dee），其时她穿着一件Cutty Sark。观众在"卡蒂萨克号"帆船船首看到的女神形象就是南妮。这首诗的作者为苏格兰著名诗人罗伯特·彭斯（Robert Berns），亦即《友谊地久天长》的作者。
[④] Kentley E. *Cutty Sark: The Last of The Tea Clippers*. London: Conway Publishing, 2014: 65.

上海—伦敦的航线上竞速对决。当年6月18日,两船同时从上海起航,驶往英国伦敦。这场比赛持续了整整4个月,英国《泰晤士报》作了连续追踪报道,一时成为新闻热点。而今,珍藏卡迪萨克号帆船的英国皇家海事博物馆,已成为世界上最受欢迎的博物馆之一。观众可以进入卡迪萨克号的船舱,观摩船舱中整齐码放的茶箱。这次比赛还有一个划时代的意义,它标志着帆船伟大传统的结束与蒸汽机轮船时代的开启。此后,速度更快的蒸汽机轮船开始取代快速帆船参与远东茶叶贸易,以风帆贸易为特征的海上丝绸之路从此画上了句号。

海洋茶叶贸易的规模与影响,大大超越人们的想象。851年,阿拉伯作家Suleiman al-Tajir在其著作《印度与中国》(*Relations of India and China*)中首次提及茶叶抵达欧洲之事。此后沉寂700年之后,1560年,基督教耶稣会神父Jasper de Cruz才在其著作中提及茶,Eric Kentley认为这是欧洲文献中首次提及中国茶[1]。笔者查阅文献,发现其实在此前一年,即1559年,地理学家Giambat-tista Ramusio在其游记中已经提及中国茶,而他是从一位波斯商人Mahommed那里听说中国茶的,当时波斯人告诉他,中国茶是一种可以治病的神奇药剂[2]。这应该是欧洲文献中第一次提到中国茶,其时距葡萄牙人占据澳门尚有18年之久。在欧洲,葡萄牙人最早打通前往印度和中国的航线,但葡萄牙人对瓷器贸易的重视远在茶叶之上;荷兰人步其后尘开展东方贸易,并大力发展茶叶贸易,荷兰东印度公司的第一船茶叶于1606年运抵阿姆斯特丹。此时,后来的海洋帝国英国,尚不知茶叶为何物。又过了半个世纪,直到1658年,伦敦才出现了第一张茶叶广告。1660年9月25日,英国人Samuel Pepys在其日记中提到,他在当天生平第一次品尝了来自中国的茶!这也是文献记载中英国人的第一次饮茶记录[3]!真正让饮茶习俗在英国风行起来的是葡萄牙公主凯瑟琳,她于1662年嫁给英王查尔斯二世。凯瑟琳公主的陪行嫁妆中,就有中国茶和茶具。由此上行下效,中国茶开始风行英国,并迅速在欧洲大陆传播开来。

通过海上丝绸之路输入中国的舶来品,有香料、名贵木材、金银首饰、玻璃制品、各种宝石等。其中,近年来频频发掘出土的宝石,尤为值得人们注意。从海外输入中国的宝石,源出于印度、斯里兰卡等地,却在中国明代墓葬中大量发现,尤以北京发掘的明定陵(万历皇帝朱翊钧与孝端、孝靖皇后合葬墓,下葬年代1620年)和湖北钟祥发掘的明梁庄王墓(梁庄王朱瞻垍与夫人魏氏的合葬墓,下葬年代1451年)为

---

[1] Kentley E. *Cutty Sark: The Last of The Tea Clippers*. London: Conway Publishing, 2014: 57.
[2] Saberi H. *Tea: A Global History*. Reaktion Books Ltd, 2010: 85.
[3] Kentley E. *Cutty Sark: The Last of The Tea Clippers*. London: Conway Publishing, 2014: 57. 茶叶抵达英国的最早年代,还有不同的说法,也有人认为茶叶最初抵达英国应该可以早到1645年前后,1657年英国伦敦有了第一场茶叶拍卖会。参阅Saberi H. *Tea: A Global History*. London: Reaktion Books Ltd, 2010: 91.

著[①]。明墓发现的宝石，品种主要有红宝石、蓝宝石、猫眼石、祖母绿等（世界五大品类的宝石唯有钻石尚未发现，但文献记载有海外采购之举）。郑和航海文献，详细记述了郑和船队在海外采购宝石的史实，如巩珍《西洋番国志》载"（忽鲁谟斯）其处诸番宝物皆有。如红鸦鹘（红宝石）、剌石（玫瑰色宝石）、祖把碧（绿宝石）、祖母绿（绿宝石）、猫睛石、金刚钻、大颗珍珠"，云云，特别是书中记述的宝石名字，还是按波斯语中的称呼来记载的。与梁庄王墓宝石一同出土的还有郑和下西洋带回的"西洋金锭"，生动佐证了这些宝石应该是从印度、斯里兰卡等产地或满剌加、忽鲁谟斯等交易市场购入的[②]。

10.6　考古所见海上丝绸之路族群、语言和宗教交流

港口、沉船和贸易品等考古遗迹，为我们探究海上丝绸之路上古代族群、语言和宗教的交流提供了考古实证材料。

海上贸易与族群之间的交流，首先需要解决语言交流的问题。泉州出土的多种语言碑刻，展示了作为国际性海港城市的族群与语言多样性。例如，泉州发现的元代至治二年（1322年）"阿含抹"墓碑，用汉文与波斯文书写（阿含抹本人是一名中国–波斯混血儿），说明当时的泉州有波斯语族群。波斯语是当时海洋贸易的国际通用语言，正因如此，郑和下西洋时曾专程前往泉州，在泉州招聘翻译，史称"通事"。《星槎胜览》和《瀛涯胜览》的作者费信与马欢，就是当年郑和在泉州招聘的两位通事，其传世之作成为研究郑和航海的珍贵史料。

海上贸易活动，需要有通用的货币与度量衡，以方便实现价值交换。中国铜钱，以其轻重适宜、币值稳定且携带方便的特点成为东北亚、东南亚海上贸易的流通货币，甚至成为周边国家的流通货币。由于货币外流过甚，以致宋元明清政府不得不颁布限制铜钱出口的政令，以遏制铜钱外流造成的国内货币短缺。韩国新安沉船出水中国宋元铜钱28吨，总数高达800万枚之多，由此可见中国铜钱外流之严重，也印证了中国铜钱在东亚国际贸易中的重要地位。与此相对应，在阿拉伯海–印度洋海域，金银币成为海洋贸易的流通货币，而这一现象，竟被中国古代文献记载下来，《后汉书·西域传》载："（大秦）以金银为钱，银钱十当金钱一。与安息、天竺交市于海

[①] 中国社会科学院考古研究所、定陵博物馆、北京市文物工作队：《定陵》（上、下），文物出版社，1990年；湖北省文物考古研究所、钟祥市博物馆：《梁庄王墓》（上、下），文物出版社，2007年。

[②] 姜波：《"海上丝绸之路"上的宝石贸易：以明定陵和梁庄王墓的发现为例》，《新技术·新方法·新思路——首届"水下考古·宁波论坛"文集》，科学出版社，2015年。

中，利有十倍。"①与货币一样，海上贸易也促使不同地区在度量衡制度方面的交流，这些既有文献依据也有考古实证，如印度的杆秤与中国的天平，学界早有讨论。有意思的是，韩国新安沉船上出水了中国宁波港商人携带的秤砣——"庆元路"铜权，南海一号沉船亦有成套天平与砝码的出水，二者堪称海上贸易在度量衡交流方面的实证。

作为海上丝绸之路的运输工具——帆船，也存在着造船工艺的交流。中国帆船（以福船为代表）、阿拉伯帆船和西班牙大帆船是历史上有名的海船类型。以宋代海船为例，考古发现的沉船有泉州湾宋代沉船、南海一号沉船、华光礁一号沉船等，均系福船类型的代表之作。印度尼西亚海域发现的印坦沉船、井里汶沉船、黑石号沉船等，虽然船货以中国瓷器为大宗，但船型均属波斯-阿拉伯类型帆船。菲律宾海域发现的圣迭戈号沉船，则是西班牙大帆船的代表。现存英国国家航海博物馆的"Cutty Sark"号茶叶贸易船，可以看作殖民贸易时代晚期快速帆船的典型代表。这里要特别提到的是，由于海上丝绸之路上的交流，造船工艺也出现了中西交流的现象，宁波发现的小白礁一号沉船可以看作一个典型的例子。这艘清代道光年间的沉船（发现了越南和日本钱币），造船工艺方面既采用了中国传统的水密隔舱和舱料捻缝工艺，也采用了密集肋骨、防渗层等外来造船工艺。据学者研究，横跨太平洋贸易的西班牙大帆船，也有不少是福建工匠在马尼拉修造的。

不但造船工艺存在中外技术交流，导航技术也有技术交流。一般认为，以马六甲海峡为界，以东的南海海域，主要采用中国古代的罗盘导航技术，形成"针路"航线；以西的印度洋海域，主要采用阿拉伯的天文导航技术，即文献中的"牵星过洋"。令人称奇的是，反映郑和航海线路的《郑和航海图》，既准确绘出了南海海域的"针路"，同时在海图的末端，即波斯湾附近，画出了北极星，正是阿拉伯"牵星过洋"的印迹②。作为海上丝绸之路晚期导航所用的海图，也出现了中、西绘图技术的交融，如牛津大学鲍德林图书馆所藏《东西洋航海图》（17世纪早期海图），既可以看出中国传统山水地图的影子，也可以看出西方正投影海图的绘图方法③。

海上丝绸之路反映了不同族群、语言与宗教之间的交流，突出地体现了文明交流与对话的遗产价值。斯里兰卡加勒港出土的"郑和布施锡兰山碑"，是郑和在永乐七年（1409年）竖立的一块石碑，碑文用汉文、波斯文、泰米尔文三种文字书写，分别记述了中国皇帝向佛教、伊斯兰教和印度教主神供奉的辞文，堪称海上丝绸之路上不同族群、语言和宗教相互交流的代表性文物④。1911年英国工程师H. F.托马林（H. F.

---

① （刘宋）范晔：《后汉书》卷八八，《西域传》，中华书局，2000年，第2919页。
② 向达校注：《两种海道针经》。
③ Brook T. *Mr. Seldens Map of China Decoding the Secrets of a Vanished Cartographer*. London: Bloomsbury Press, 2013.
④ 参阅姜波：《从泉州到锡兰山：明代中国与斯里兰卡的交往》，《学术月刊》2013年第7期。

Thomalin）在斯里兰卡南部港口城市加勒（Galle）克里普斯（St. Cripples）路口转弯处的一处下水道上发现一块石碑，上面有汉文、波斯文、泰米尔文碑铭，内容是郑和向佛祖释迦牟尼、真主阿拉、印度教神毗湿奴进行的祈愿贡献，这就是有名的"郑和布施锡兰山碑"。此碑被发现后，引起了斯里兰卡国内外学术界的极大关注，许多学者加以关注，其中汉文碑铭的研究，Edmund Backhouse[1]、伯希和[2]、冯承均[3]、向达[4]、李约瑟（Joseph Needham）[5]、山本达郎[6]、Eva Nagel[7]、大隅晶子[8]、袁坚[9]、查迪玛[10]、刘迎胜[11]、李玉昆[12]、邓殿臣[13]、吴之洪[14]、陈得芝[15]、龙村倪[16]等先后撰文介绍；泰米尔文、波斯文碑文则有斯里兰卡学者S. Paranavitana、Rao Bahadur H. Krishna Sastri 和 J. Horrovizi 等撰文加以介绍[17]。"郑和布施锡兰山碑"被发现以后，斯里兰卡考古学家S. Paranavitana将中文碑铭拓片寄送英国驻中国大使Edmund Backhouse考证释读。后来向达先生在英国读到该碑的拓片，遂撰文加以介绍，引起学术界的关注。释文方面，斯里兰卡学者查迪玛对此前诸多学者的释文进行了综合比较，并提出自己的释文方案，笔者以为，这是迄今为止最为可靠的释文版本[18]；南京大学的刘迎胜先生则对碑文中的汉文、泰米尔文、波斯文进行了综合对比研究，特别是对波斯语进行了解读，其释文也颇具价值[19]。按照查迪玛的介绍，锡兰碑高144.88、宽76.20、厚12.7厘米，碑

---

[1] Paranavitana S. *The Tamil Inscription on the Galle Trilingual Slab*. London: Epigraphia Zeylanica, 1928-1933, Ⅲ: 331-340.
[2] Pelliot（伯希和）. Tung Pao（《通报》）1935年第3—4期，第237—452页。
[3] 冯承均曾转述伯希和文，参阅氏著《郑和下西洋考》，商务印书馆（上海），1934年。
[4] 参阅（明）巩珍著，向达校注：《西洋番国志》，中华书局，1961年，第50页附录"郑和在锡兰所立碑"。
[5] 〔英〕李约瑟：《中国科技史》第一卷第二分册，科学出版社，1975年，第475页。
[6] 山本达郎著、王古鲁译：《郑和西征考》，《文哲季刊》，第四卷2期，1935年，398、399页。
[7] Negas E. The Chinese Inscription on the Trilingual Slabstone from Galle Reconsidered: A Study Case in Early Ming-Chinese Diplomatics. In: *Ancient Ruhuna: Sri Lankan-German Archaeological Project in the Southern Province, E Vol. Ⅵ*. Mainz: 385-467.
[8] 大隅晶子：《科伦坡国立博物馆所藏"郑和碑文"研究》，《东京国立博物馆研究志》1997年第551期（平成九年），第53—72页。
[9] 袁坚：《斯里兰卡的郑和布施碑》，《南亚研究》1981年第1期。
[10] 〔斯里兰卡〕A. Chandima（查迪玛）、武元磊：《郑和锡兰碑新考》，《东南文化》2011年第1期，第72—78页。
[11] 刘迎胜：《锡兰山碑的史源研究》，《郑和研究》2008年第4期；文又见氏著：《海路与陆路：中古时代东西交流研究》，北京大学出版社，2011年，第93—101页。
[12] 李玉昆、李秀梅：《中斯友好与泉州的锡兰王裔》，《海交史研究》1999年第2期，第25—33页。
[13] 邓殿臣：《斯里兰卡的"郑和碑"》，《百科知识》1983年第9期，第68页。
[14] 吴之洪：《郑和"布施锡兰山佛寺碑"碑文考》，《黑龙江史志》2009年第20期。
[15] 陈得芝：《关于郑和下西洋年代的一些问题》，《郑和与海洋》，中国农业出版社，1988年，第207—210页。
[16] 龙村倪：《郑和布施锡兰山佛寺碑汉文通解》，《中华科技史学会会刊》2006年第10期，第1—6页。
[17] 参阅Paranavitana S, *The Tamil Inscription on the Galle Trilingual Slab*. London: Epigraphia Zeylanica, 1928-1933, Ⅲ: 331-340.
[18] 〔斯里兰卡〕A. Chandima（查迪玛）、武元磊：《郑和锡兰碑新考》，《东南文化》2011年第1期，第72—78页。
[19] 刘迎胜：《明初中国与亚洲中西部地区交往的外交语言问题》，《纪念郑和下西洋600周年国际学术论坛论文集》，社会科学文献出版社，2005年，第104—113页；刘迎胜：《锡兰山碑的史源研究》，《郑和研究》2008年第4期；文又见氏著：《海路与陆路：中古时代东西交流研究》，北京大学出版社，2011年，第93—101页。

额两面均为二龙戏珠纹饰，两角呈圆拱形，背面平素无文，正面刻三种文字的碑铭，碑右侧为中文，楷书，竖行书写；左上为泰米尔文，横向书写；左下为波斯文，亦横向书写。由于锡兰碑被发现时被用作下水道的盖子，泰米尔文、波斯文碑铭漫漶不清，所幸汉文碑铭大体可认。经学者的判读，汉文、泰米尔文、波斯文碑铭分别是郑和代表大明皇帝向佛祖释迦牟尼、印度教主神毗湿奴和伊斯兰教真主阿拉祈愿、贡献的内容。

需要说明的是，泰米尔碑文中的供养之神写作Tenavarai-nayinar，按照斯里兰卡学者查迪玛的研究，泰米尔文中的Tenavarai，即僧伽罗语的Devnudara，梵文写作Deva-nagara，现代僧伽罗语写作Devnudara，英语写作Dondra，即栋德拉。在斯里兰卡史书《大史》（*Mahavamsa*）中，栋德拉是朝拜Uppalavanna的圣地，僧伽罗语中的Uppalavanna在印度《史诗》（*Purana*）中写作Vishnu，即印度教的大神毗湿奴。在古典时代印度洋航海活动中，航海家常常把毗湿奴奉为航海者的保护神，"郑和布施锡兰山碑"的泰米尔碑文将毗湿奴奉为供养对象，正可谓实至名归。

此碑应该是永乐七年二月郑和第三次下西洋之前在南京刻造的。南京东郊汤山即是明代官办采石刻碑的场所，遗址所在至今尚有未及完工的巨型石碑。按照费信《星槎胜览》所记，郑和第三次下西洋，遵照侯季风发舟的传统，永乐七年九月从太仓启程，十月抵福建长乐，十二月从五虎门出洋。从福建抵达锡兰，按三个月航程推算，郑和船队抵达锡兰山应该是在永乐八年春，石碑的竖立时间应该就在此前后。Galle在僧伽罗语中被称为Cheena Koratuwa，意即"中国码头"。笔者以为立碑的地点很有可能就是石碑发现地Galle市，而非许多学者所言的栋德拉（Dondra）。

在中国的大地上，也留下了漂洋过海、客居中国的"番人墓"，如江苏南京的渤泥国王墓、山东淄博的苏禄王墓、广州的先贤墓、泉州的灵山圣墓和锡兰人墓、扬州的普哈丁墓、福州的琉球墓以及海南的穆斯林"番人墓"等，而其中尤以泉州发现的斯里兰卡人后裔碑刻最为引人注目。

1996年以来，在泉州发现了钦赐"世氏"的锡兰国后裔文物考古资料，包括世氏祖茔、世氏族人墓碑、留有世氏族人名录的碑刻、世氏族人买卖田宅的契约、流传至台湾地区的《世氏族谱》等。这些文物考古发现，可与乾隆《泉州府志·世拱显传》、道光《晋江县志·人物志·世拱显传》等地方文献对留寓泉州锡兰后裔的记载相印证，揭示出一段鲜为人知的珍贵历史。

泉州发现的有关世氏家族的碑刻、题记材料，李玉坤先生曾经做过收录工作，包括世家坑世氏祖茔墓碑、世氏老宅房契、洛阳桥世氏家族题名以及台北发现的世氏族谱，尤以族谱最为重要①。

泉州的锡兰后裔，在初到泉州之时，应该使用的是锡兰本族语言——僧伽罗语。但是，世氏族人定居泉州以后，与当地人迅速融合，族外通婚、继嗣的情况非常普遍。从考古发现的墓碑资料来看，被世氏纳入为妻的有林氏、杜氏、陈氏、吴氏、谢氏、张氏、瓮氏、蔡氏、黄氏、王氏、肖氏、童氏、周氏、赖氏、蒲氏、丁氏等；世氏族女外嫁的现象亦不少，可确考的例子有《凤栖杜氏家谱》杜庵公之妻为世来舍。尤为令人瞩目的是，世氏与同样寄寓泉州的伊斯兰蒲氏、丁氏也存在通婚现象。如现藏泉州海交史博物馆的明使臣碑碑文为"明　使臣世公，孺人蒲氏，孙华立"，此处蒲氏必为泉州蒲寿庚一族，是掌控泉州海外贸易的伊斯兰望族②。世家坑出土的另一方墓碑碑文为"□□丁氏世……"，众所周知，丁氏是泉州伊斯兰大族，其余脉延至今日仍十分兴旺。

除了通婚，世氏与外族之间还存在过继为嗣的现象。世家坑墓碑中有"锡兰何公祖坟"一方，查《世氏族谱·懋昭公小传》载：何家有恩于世氏，何家无嗣，世懋昭欲拨子女入何家为嗣，先后以二个女儿（一女不幸夭折）和次男宗炎继嗣何家，"锡兰何公祖坟"墓碑即入嗣何家的世宗炎（何宗炎）的墓碑。宗炎既然已经过继于何家，却依旧归葬于世氏祖茔之地，颇有意味。不仅如此，世氏族内的过继现象也是存在的，世宗炎的兄长世宗汉，就被过继给了其伯父，这在《世氏族谱·懋昭公小传》中也有记载。世氏与泉州当地人的融合，还突出地表现在世氏的汉化现象。《世氏族谱·祖训》言"吾家世读儒书，凡事须依礼而行"，所以嫁女娶妇以"耕读人家"为首选。按乾隆《泉州府志》和道光《晋江县志》所记，明清时期世氏家族有二人中举，一为世寰望，明万历四十六年举人；一为世拱显，康熙五十二年举人。《世氏族谱》所记，世氏家族中品学兼优、推为名儒者还有多人，甚而至于有十五世世星垣东渡台湾，在彰化设馆授徒。

值得说明的是，自锡兰山流寓泉州港以后，世氏族人还有人从事海洋贸易。世家坑墓碑中，即有"明使臣世公"墓碑1方、"通事世公"碑1方，此二人的经历显然与航海贸易有关，前者有"使臣"头衔。元明时期，福建沿海港口出洋贸易，官府冠之以使臣名义，是非常普遍的现象，逮至清代琉球贸易仍然如此，更何况，他的夫人就是从事海洋贸易的蒲氏家族。第二方墓碑主人的身份为"通事"，通事即翻译，郑和团队中的马欢、费信的身份就是"通事"，明清时期从事翻译工作的四夷馆、回回馆就有通晓波斯语、阿拉伯语等各种语言的"通事"。世氏家族从事海洋贸易的情况，

---

① 李玉昆、李秀梅：《中斯友好与泉州的锡兰王裔》，《海交史研究》1999年第2期，第25—33页。
② 参阅〔日〕桑原骘藏著，陈裕菁译：《蒲寿庚考》，中华书局，1954年。

在《世氏族谱》中也有反映，如世星垣，在杭州从事贸易，被洋贼剥抢一空；世哲"贸易到漳（漳州港），中途被害"。

从郑和布施锡兰山佛寺碑和泉州发现的石刻材料来看，元、明时期海上丝绸之路上的语言与族群呈现出复杂的多样性。汉文、阿拉伯语、波斯语、泰米尔文都曾被使团、商旅和宗教朝圣者使用。世氏墓碑的发现，说明斯里兰卡的僧伽罗语也曾被使用。阿拉伯文的情况，吴文良先生《泉州宗教石刻》所录阿拉伯文碑铭材料，已生动展示阿拉伯语在泉州港交流使用的情况，我们这里不做详细讨论。下面仅对波斯语和泰米尔文的情况略加说明。波斯语是古代东西方贸易活动中所使用的主要语言之一。以波斯语参与商业贸易活动的商团，其宗教信仰以伊斯兰教为主。而操波斯语、信奉伊斯兰教的族群则相对比较复杂，波斯湾口的忽鲁谟斯人，即是其中之一。我们通过东西方旅行家的记载，可以看出活跃在中东和印度洋航线上的很多商人、水手，都来自忽鲁谟斯王国。波斯人至迟在宋代就已定居泉州。日本东山寺所藏《波斯文书》，系日本僧人庆政上人从泉州带回的。《波斯文书·序》载："此是南蕃文字也，南无释迦如来，南无阿弥陀佛也，两三人到来舶上望书之。尔时大宋嘉定十年丁丑于泉州记之。""为遣本朝辨和尚，禅庵令书之，彼和尚殊芳印度之风故也，沙门庆政记之。"[1]

波斯语在泉州被使用的一个重要考古实证是艾哈玛德墓碑，碑文反映了泉州城内波斯人与汉人通婚的现象。按碑文所记，阿含抹的父亲艾哈玛德是混血儿，其母亲应当是泉州城内的汉人女子[2]。1965年，泉州通淮门外津头埔出土了一方墓碑，正、反面分别刻汉文、波斯文。此碑非常有名，西方文献中屡屡提到的东方大港"刺桐"，其确切的位置在汉文文献中一直找不到对应的港口，此碑因为明确提到"刺桐城"，从而使国际学术界聚讼多年的一宗悬案最终尘埃落定。此碑的汉文内容为："先君生于壬辰六月二十三日申时，享年三十岁。于元至治辛酉九月二十五日卒，遂葬于此。时至治二年岁次壬戌七月日，男阿含抹谨志。"碑文波斯语译文为："人人都要尝死的滋味。艾哈玛德·本·和加·哈吉姆·艾勒德死于艾哈玛德家族母亲的城市刺桐城。生于692年（伊斯兰历）即龙年，享年三十岁。"

泉州港出土的波斯文汉文墓碑和日本东山寺藏《波斯文书》，有力地证明了泉州港有操波斯语的族群存在。郑和布施的锡兰山佛寺碑，因为是在中国预先制备的，其波斯碑文也是在中国刻造的，如果锡兰碑是在南京刻造的，那么，南京等地应该也有

---

[1] 参阅李玉昆：《庆政上人从泉州带回〈波斯文书〉等》，《外国人在泉州与泉州人在海外》，海风出版社，2007年，第26、27页。
[2] 李玉昆：《混血儿艾哈玛德》，《外国人在泉州与泉州人在海外》，海风出版社，2007年，第48、49页。

波斯语族存在。笔者最近注意到，韩国新安沉船上有波斯釉陶盘出水，此盘为生活用器皿，不是贸易陶瓷，这说明，新安沉船上很有可能也有波斯商人。

使用泰米尔语、信奉印度教的南印度人，也是活跃在这条海路上的族群之一。南印度和斯里兰卡自不必说，中南半岛、苏门答腊和爪哇都曾经有过印度化的历史进程，爪哇的普兰巴南寺、马来半岛发现的泰米尔文石碑、越南美兰印度教遗址都是这一历史进程遗留下来的考古踪迹。迄今为止，中国泉州发现的印度教石刻总数多达300余方，其中包括泉州开元寺留下的印度教石刻。特别要提到的是，1956年，吴文良先生在泉州五堡豆芽巷发现了一方泰米尔文石刻，记载了1281年泰米尔人圣班达·贝鲁玛在泉州建立印度教寺院——番佛寺的情况，生动表明了泰米尔语族定居泉州的史实[①]。

佛教徒也是这条海路上的常客，斯里兰卡是法显、义静等中国佛教徒曾经朝圣过的国度，前者取海道归国，后者则是取海道往返。印度僧人真谛（拘那罗陀）、智亮、罗护那等也曾走海道东航到达中国泉州，弘扬佛法。这方面的研究成果十分丰富，这里就无须多言了。

郑和布施锡兰山佛寺碑三种语言、宗教并存，反映了海上丝绸之路上不同族群、语言和宗教共存的现象。泉州锡兰后裔墓碑的发现，也生动说明了僧伽罗语族与汉族、阿拉伯族群的融合与交流。但如果仔细考订相关资料与文献，也能看到不同族群与宗教之间的冲突。

郑和布施锡兰山佛寺碑背后隐藏的另一个史实，就是"锡兰山之战"。锡兰山之战在汉文文献中有一些记载，而以《大唐西域记》"僧伽罗国"条所记最详："今之锡兰山，即古之僧伽罗国也。王宫侧有佛牙精舍，饰以众宝，晖光赫奕，累世相承，敬礼不衰。今国王阿烈苦奈儿，锁里人也。崇祀外道，不敬佛法，暴虐凶悖，糜恤国人，亵慢佛牙。大明永乐三年，皇帝遣中使太监郑和奉香药诣彼国供养。郑和劝国王阿烈苦奈儿敬崇佛教，远离外道。王怒，即欲加害。郑和知其谋，遂去。后复遣郑和往赐诸番，并赐锡兰山国王，王益慢不恭，欲图害使者。用兵五万人，刊木塞道，分兵以劫海舟。会其下预泄其机，郑和等觉。亟回舟，路已阻绝。潜遣人出舟师拒之。和以兵三千，夜由间道攻入王城，守之。其劫海舟番兵，四面来攻，合围数重，攻占六日。和等执其王，凌晨开门，伐木取道，且战且行，凡二十余里，抵暮始达舟。……永乐九年七月初九日至京师。"

《大唐西域记》所言锡兰国王阿烈苦奈儿崇敬外道，暗指其信奉伊斯兰教。阿烈

[①] 碑铭释文参阅李玉昆：《印度人圣班达·贝鲁玛建番佛寺》，《外国人在泉州与泉州人在海外》，海风出版社，2007年，第62、63页。

苦奈儿来自锁里国，锁里，按陈高华、刘迎胜等先生的考订，即汉文文献中的南印度的西洋锁里。元明文献中又称注辇、锁里、马八儿，锁里是印度当地土著的自称，马八儿则是回回商团的称号，意即"渡口"[①]。锁里（马八儿）的宗教社会结构很有意思，其上层社会由伊斯兰背景的商人集团控制，土著的社会底层则是佛教、印度教教徒。阿烈苦奈儿来自锁里的伊斯兰商团，在以佛教和印度教为主流的锡兰国自然被看作"崇敬外道"。郑和劝其归奉佛教，遭到阿烈苦奈儿的拒绝，最终导致"锡兰山之战"，郑和由间道攻取王城，俘虏阿烈苦奈儿而回。

不同族群与宗教团体在海洋贸易方面的冲突，在《元史·马八儿等国传》中也有案可查。至元十八年（1281年），元使哈撒儿海牙、杨庭璧出使南印度俱蓝国，至马八儿，马八儿宰相马因的和不阿里告知算弹（苏丹）"籍我金银田产妻孥"，表明马八儿当地贵族与回族商贾势力之间存在一定的矛盾。马八儿五王回避与元朝贸易往来，回族商贾实力却力图推动双方的经贸交流，态度截然相反。

锡兰国后裔在泉州从事海洋贸易，也曾遭遇劫难。如《世氏族谱》记载，世星垣曾经在杭州遭洋贼抢劫，世哲在赴漳州月港进行贸易的中途被害。由此可见，元明时期的海洋贸易中，除了风暴海难外，不同族群、宗教团体之间的冲突也是不可回避的贸易风险。

[①] 参阅陈高华：《印度马八儿王子孛哈里来华新考》，《南开学报（哲学社会科学版）》1980年第4期；刘迎胜：《从〈不阿里神道碑铭〉看南印度与元朝及波斯湾的交通》，《海路与陆路：中古时代东西交流研究》，北京大学出版社，2011年，第20—31页。

第11章 中国古代航海与造船

国家文物局考古研究中心 孙键

11.1 概述

所谓航海史是指人类借助水上工具在海洋上航行的历史,广义上的航海史还包括江河湖沼的内陆水域在内。它是研究人类不同时间段的航海发展、变化的专业史,一般来讲是以航海活动、水上工具为研究主体,介于航海科学与历史学、考古学之间的一门边缘科学。航海是人类借助载具在海上航行,跨越海洋,由一方陆地去到另一方陆地的活动。在从前是一种冒险行为,因为人类的地理知识有限,彼岸是不可知的世界。在探索、考察人类航海活动变迁内在规律后,就会发现其与人类文明发展的紧密关系,反映了不同历史阶段的政治、军事、经济、科技、迁徙等诸多方面,是人类文明发展的重要组成部分。航海历史的发展离不开航海科学技术的进步。航海是由技艺逐步发展为科学技术的。

中国学者冯兴耿曾经进行过系统的梳理,总结了目前比较典型的航海的定义有,英国《航海史》:"航海是引导船舶安全地从地球水面一地到另一地的技艺。"英国《大不列颠百科全书》:"航海曾经被认为是一种技艺,现在已经成为一门科学和技术。"日本《世界大百科事典》:"航海是在海上确定船位,将船由一地安全迅速地引导到另一地的技术的总称。"《美国百科全书》:"航海通常包含了科学仪器和方法的发展,并且还包含了计算在内,航海仪器的熟练应用及对各种有用资料的解释,则可以被认是一种技艺。"在此基础上提出:"航海是一门综合性的工程应用科学和技术,古代航海只是一种技艺,至15世纪初才逐渐发展为技术……而到了19世纪中叶,它的科学形态才逐渐取得完善。这一过程与19世纪中叶自然科学的整体发展是一致的。"[①]这个观点对于如何对待航海发展的变化极为客观深刻。总之,对于航海的认知无论国内国外,都有一个渐进的过程,是属于包含经验与科学,涉及诸多领域的人类行为方式。

由于航海史是一门多学科交叉的边缘学科,因此研究的领域也非常广博,在研究时使用的材料主要包含了文献材料、实证材料、记忆材料。其中涉及社会科学范畴研究的领域有以下几个主要内容。主要研究对象有航海的时代、航海技术的应用与发展、航海工具(船舶、港口、附属设施)、航海活动实践与任务、海上航路与演变、海上生活、海洋文献、海洋军事、海洋开发、法规政策和水下(航海)考古学等。航海和造船是一个有机的整体,二者共同构成了一种新的生活形态与活动方式。人类要想进行水上航行必然就需要借助工具,而工具的使用必然会带来人类水上活动的增加与范围的扩大,从近岸、湖泊、河流最终延伸到广阔的海洋。由此产生了一门新的技

[①] 冯兴耿:《航海技术辩证法》,大连海事大学出版社,1995年,第18—31页。

艺、新的生产生活方式，也就是航海。"航海"是广义的，不仅仅是海洋范畴，事实上直至今天，包括河流、江湖的水上活动也都归属于海事局等部门管理。这与各个国家对航海的定义也是一致的。

船舶是人类在水上进行生产、交通、军事等行为的必要工具，是人类历史上最重要的发明之一。在不同历史时期，交通工具通常代表了该时期人类文明所能达到的高度，船舶更是如此。船只的建造、使用也随着人类社会发展不断改进发展。从水下考古学角度而言，"在新石器时代早期至19世纪的所有前工业化时期的社会里，舟船乃是人类制造的最庞大最复杂的'机器'"[1]。其包含作为机械、作为军事或经济体系中的要素，作为一个封闭的社群的要素。从历史记载和考古发现观察，水上工具的起源是多元的。水上工具的使用，一方面促进了不同文明间的交流，也带来了竞争与争斗，"长盛不衰者则几乎没有。从东方的中国称雄于西太平洋，印度人、阿拉伯人控制印度洋，西方希腊战胜波斯和罗马消灭迦太基起，到后来葡萄牙、西班牙、英国、荷兰、法国等国的争战都体现了这个原则"[2]。

中国陆地面积是960万平方千米，其间河流纵横，湖泊密布，流域面积大于100平方千米的河流超过5万条，可通航的河段长度达16万千米；面积大于1平方千米的湖泊有2800余个。这些河流与湖泊交织广布，形成了不同的交通网络，构成不同地区间的经济、文化交流的通道。与此同时，中国还是一个海疆广阔的国家，海洋国土面积超过400万平方千米，海岸线长达1.8万千米，从北向南依次是渤海、黄海、东海、南海与浩瀚无垠的太平洋连接，拥有天然形成的优越海上通航环境。自古以来，中华文明不仅是陆地黄色文明，更是面向海洋的蓝色文明，有着悠久的造船与航海历史，最早的萌芽甚至可以追溯到新石器时代，其后辉煌的航海业绩直至15世纪。从独木舟到大型风帆海舶，从内河航行到穿越大洋，从地貌导航到牵星过洋，中国水上活动不仅历史久远，且范围广阔，在世界文明史上具有独立性和创造性，在人类文明史上占有重要的位置。

由于缺乏系统研究和不被重视，中国古代航海活动被有意无意地忽略。随着近些年研究的深入与考古工作的开展，无论中外，学术界开始逐步认识到中国在航海历史中的重要地位。著名学者李约瑟指出："中国人被称作不善于航海的民族那是大错特错了。他们在航海技术上的发明随时可见。即使在欧洲的中世纪和文艺复兴时期，西方商人和传教士在中国内陆河道上所见到航船，数量之多使人咋舌，而中国的海上舰队，在1100—1450年之间肯定是世界上最伟大的。""有人确信，中国船的数量超过了世界各地所有船只的总和，这对欧洲人来说似乎是不可信的。""但是在世界各地

---

[1] 〔英〕基思·马克尔瑞著，戴开元、邱克译：《海洋考古学》，海洋出版社，1992年，第2页。
[2] 杨槱：《帆船史》，上海交通大学出版社，2005年，第1页，前言。

旅行以后，我认为这个看法是十分正确的。"[1]纵观中国的航海与造船历史，其在造船术、航海术等方面表现出强烈的独立性，在世界史占有独特的地位。从某种程度上说，中国舟船是自成体系的，这主要表现在传统舟船的定型设计、建造流程、结构特征、船舶工属具等各个方面。在没有近代科学、教育体系的古代，诸如造船经验和技术法则等，是通过工匠之间的口耳相传进行传承的。美国科技史学者坦普尔称："如果没有从中国引进船尾舵、'指南针'、多重桅杆等先进航海技术和导航的技术，欧洲绝不会有导致地理大发现的航行，哥伦布也不可能远航到美洲，欧洲人也就不可能建立那些殖民帝国。"[2]

回顾历史，中国古代造船与航海大体可以分为几个不同的历史时期，即旧石器—新石器时期为萌芽阶段，夏商—隋唐为发展阶段，宋元—明早期为繁荣阶段，明清—民国为衰落阶段，中华人民共和国成立至今为复兴阶段。

11.2　萌芽阶段：旧石器—新石器时期

11.2.1　自然材料的直接利用

早期人类为便于取水与获得水产食物，大多选择在湖滨、河川附近生活。随着不断繁衍，人口数量增多与活动范围扩大，很自然地就产生了对水上工具的需求。这个时期或因偶然失误、追逐猎物、规避危险等因素落入水中，人类发现借助攀附木头等浮体材料可以漂浮在水面以求生，自然地开始寻找使用适合的浮体，如葫芦、竹木等作为漂浮、救生的工具。之后，人类开始逐步尝试制造类似的助力浮体。这些早期的浮具均来自自然界现有的材质，如利用成熟的葫芦。葫芦中空、皮薄且较结实，能提供较大的浮力，将葫芦用绳拴起来系在腰上即可提供较大的浮力，使人浮于水面。葫芦科的植物可能在田螺山遗址时期已经被栽培了，在河姆渡文化时期，出土葫芦的遗址还有河姆渡、田螺山、鲻山等，为先民提供了浮渡的物质基础[3]。《庄子·逍遥游》"魏王贻我大瓠之种，我树之成，而实五石"，说明上古时期种植的普遍易得。相关的使用方式历代文献多有记载，如《庄子·逍遥游》："今子有五石之瓠，何不虑以为大樽而浮于江湖。"《国语·鲁语下》："夫苦瓠不才，于人共济而已。"《诗经·邶风》中亦有"瓠有苦叶，济可深涉"的描述。

---

[1]〔英〕李约瑟著，潘吉星主编，陈养正等译：《李约瑟文集：李约瑟博士有关中国科学技术史的论文和演讲集（1944—1984）》，辽宁科学技术出版社，1986年，第258页。

[2]〔美〕罗伯特·K. G. 坦普尔著，陈养正等译：《中国：发明与发现的国度——中国科学技术史精华》，21世纪出版社，1995年，第522页。

[3] 游修龄：《葫芦的家世——从河姆渡出土的葫芦种子谈起》，《文物》1977年第8期，第63、64页。

"壶，匏也，佩之而以济涉，南人谓之腰舟"①，所谓"南人谓之腰舟"描述的就是先民利用葫芦等植物涉水而行的真实写照。后人对于这种说法不断延续。《晋书·蔡谟传》："（谟）性尤笃慎，每事必为过防，故时人云，蔡公过浮航，脱带腰舟。"时至今日，世界各地仍有天然浮体材料的使用。

自然界反复出现的现象启迪了人的思想，进而为渡河、渔猎制造更为完善的浮体——原始船。不同地区根据可以直接获取的自然材料各有不同，如埃及使用纸莎草捆扎、美索不达米亚与秘鲁的喀喀湖地区使用芦苇等。在中国，因为盛产竹子，在南方则制作竹筏。这一时期，基本以捆扎形成平面的木筏为主。在缺乏竹木的地区利用动物皮革制造封闭材料，吹气膨胀后的皮浮囊也开始出现，由于各种原因，文献与实证材料比较缺乏，只能作为推测。但是，这种原始的工具都存在着没有干舷，筏体之间有开口缝隙，容易浸水，使用者与货物存在淹水现象；受浮体限制很大，载物种类有限且负载量小；使用的材质容易破损，安全性差，非常危险；外形各异，不利于控制等问题，只能在较小的地域范围和短时间内使用。

11.2.2 船的雏形——独木舟

早期的筏、葫芦、皮囊是直接利用自然界已有的材质，是最原始的渡水浮具，尚不能称之为船。距今约1万年前，我国有的地区已经进入新石器时代，浙江省浦江县上山遗址、江西省万年县大源仙人洞遗址表明，在距今1万年前，我国开始进入了新石器时代，能够保存火种和制造磨制石器。学会保存火种，使用磨制石器，就可以"刳木为舟，剡木为楫"了，其中的楫即是指桨。船的起源目前并无绝对的定论，一般认为可以追溯到旧石器时代，年代略有早晚，在世界各地分别发展。由于其时生产力低下，在很长的时间内并无太大变化。与通过观察自然现象，发现、利用葫芦等浮体一样，"古人见窾木浮而知为舟"②，《世本》中说"古者观落叶因以为舟"，表明最早的独木舟可能是古人受落叶或木头浮于水面的启迪，从树叶漂浮于水面的现象发明了雏形的船③。

与世界其他地区一样，中国有许多关于船的神话传说，所不同的是多数与宗教传说的关联程度并不高，从某种程度上讲，更接近于历史的真实情况。例如，《周易》中有伏羲氏"刳木为舟，剡木为楫。舟楫之利，以济不通"，《山海经》《墨子》《吕氏春秋》等有伏羲氏作舟，黄帝命共鼓、货狄作舟、番禺作舟、巧垂作舟、虞姁

---

① 黄怀信：《鹖冠子汇校集注》，中华书局，2004年，第515页。
② （西汉）刘安撰，陈广忠译注：《淮南子》，中华书局，2022年，第919页。
③ （晋）皇甫谧等撰，陆吉等点校：《帝王世纪·世本·逸周书·古本竹书纪年》，齐鲁书社，2010年，第119页。

作舟、化狐作舟、大禹作舟、伯益作舟等，《史记》中亦有"陆行乘车，水行乘船，泥行乘橇，山行乘檋""昔在黄帝，作舟车以济不通，旁行天下"的描述。虽然这些文献著述时间早晚各异，多为后世追记，但管中窥豹，说明上古时期水上、陆地往来都是非常重要且常见的交通方式。其反映的是新石器时代晚期，在中国各地开始普遍出现的现象，而非一人、一时、一地发明的客观历史状况。独木舟是原始的水上交通工具之一，其分布范围广泛，使用的时间也相当长，直至近世仍有使用。

在考古工作中，浙江余姚河姆渡、杭州水田畈、湖州钱山漾等新石器时代遗址中，均发现木桨遗存。我国已经发现几十条不同历史时期的独木舟。其中，河姆渡出土的7000年前的雕花木桨做工精美，在浙江萧山跨湖桥遗址出土的独木舟和两把木桨有8000多年历史，是亚洲目前最古老的独木舟。最新的考古材料来自浙江余姚市井头山遗址①。这是国内迄今为止发现的唯一一处全新世海平面上升过程中被海水淹没、被浅海沉积物掩埋的史前遗址，大量的木石器、编织物与密集的贝壳堆积等标本，提供了先民最早利用海洋的证据。值得注意的是出土了3只木桨和一件半成品，其中一件木桨非常精致和完整，形制为环首短柄、弧形桨叶、方头薄刃，背部中段带有两个方形突块，加工精细、器形显独特，是井头山人适应海洋、利用海洋的有力实证。20多个相关地层测年样品的^{14}C数据，均在距今8300—7800年，无疑是目前国内发现的最早用于近海航行划船的木桨，出土的实物证明了中国造船的悠久历史。跨湖桥出土的8000年前的独木舟，板厚均匀，光滑平整，还有人为修补过的痕迹，说明它还不是最初的独木舟。从桨叶的线性与加工精细程度上分析，都属于非常成熟的产品，不是最原始的桨与舟。中国出现独木舟的年代应在更早，大致距今10000—8000年。

独木舟的出现，是人类水上活动能力的巨大进步。将一段树干经过简单的平整、挖空就可以得到最原始的独木舟。其优势在于比同等体积的原木材质更轻便、承载更大重量而且更为坚固耐用。加工后的独木舟安全性更好，在水面平稳行驶不易翻滚，舟内干燥便于运输不同货物。在此阶段，目前尚未见到与使帆技术的明确记载与实证，总体来看，属于航海、造船的蒙昧时期，相关技术极不成熟。在推进技术上主要是以人力划桨、撑篙、牵引为当时的主要驱动方式。

独木舟在中国历史上存在的时间跨度很长，但是遗存物却很少见，已经发现的独木舟遗存不到30起。1979年上海川沙县出土的唐代（根据同出的器物判断）独木舟，虽然年代较晚，但为我们了解独木舟的演化提供了宝贵的实物证据。川沙古船船底两侧装有舷板，为一艘典型的加板独木舟，是我国发现的年代最早的实船船体连接结

---

① 2020年度全国十大考古新发现。孙国平、王永磊、杨芝：《从井头山遗址看宁波地理环境与海洋文化的关系》，《宁波通讯》2020年第18期，第62—67页。

构，反映了独木舟向尖底船过渡的信息。独木舟不再采用挖槽的简单处理方式后，开始向船底的龙骨形式演变，船的规模可以走向大型化。其结构对研究船舶发展史是难得的实证材料[①]。

11.3 发展阶段：商代—宋元明清

11.3.1 商—战国

船舶建造在商代开始有了较大的发展，这一阶段实际上最早可追溯到古史传说时期的夏代。在此阶段最大的发展在于木板船的出现。

这一时期出现的木板船意义极为重大，它是因载量增大的需求，而独木舟的尺寸又受到原料树木的直径限制制约，所产生的全新水上交通工具。冶金技术的发展及金属工具的使用，为建造木板船创造了有利条件，早期的木板船极有可能是榫卯结构以及使用竹钉、木钉连接。从独木舟向木板船存在一定的过渡期，一种是将独木做成船的近半面，用勾榫连接，另一种是在上面加木板。随着船舶越做越大，原来的独木演变为船底的龙骨。木板船与独木舟的区别在于独木舟是在成型的木材上直接挖掘，是一种简单的再加工；木板船则是人类真正使用工具，对形态各异的木材进行有计划、多步骤的施工，从而制造出的不同于原生状态的、完整的、可以在水面浮行的交通工具。木板船是在对筏、独木舟不断改进的基础上出现的，是人类水上交通工具的一次革命性变革，是造船史的一次飞跃，从此人们进入了水上航行史的新时代。

木板船的准确出现年代还需深入研究，一般认为最晚在商代，距今3600—3000年。河南安阳小屯殷墟遗址出土的殷墟甲骨文有"舟"和带"舟"字旁的字不同写法，甲骨文是象形文，从字的结构可以断定是木板船，商周的甲骨、金文的舟字正是小船的速写画。《诗经》《考工记》中有许多关于乘舟船、造船的描述，《史记·夏禹本纪》追述上古写大禹治水时说"陆行乘车，水行乘船"。

在商代，中国的船舶结构已经趋于复杂，出现了上层建筑，商船舱室有开窗通风的布置，船只根据大小也有了不同名称。"汤武圣主也，而不能与越人乘舲舟而浮于江湖"[②]，君主与普通人使用的舟船有了明确的等级、大小区别。一个时代最先进的技术总是第一时间被运用在军事上，造船也大抵如是。这一时期大量船只开始用于政治军事活动。公元前11世纪，著名的武王伐纣之役中，《史记·周本纪》载："武王遍告诸侯曰'殷有罪，不可以不毕伐'乃遵文王，遂率戎车三百乘，虎贲三千人，甲

---

① 王正书：《川扬河古船发掘简报》，《文物》1983年第7期，第50—53页。
② （汉）刘安撰，陈广忠校注：《淮南子》，中华书局，2014年，第117页。

士四万五千人,以东伐纣,十一年十二月戊午,师毕渡盟津,诸侯咸会。""武王伐殷,先出于河,吕尚为将,以四十七艘船济于河。"① 再利用舟船将数万军队运过水面,可见武王伐纣已经用到水军。在出土的商代甲骨卜辞中,还有用船只做交通工具镇压奴隶暴动的记载。

文献中关于其他水上活动的记载也多有记述,如《史记·周本纪》中"昭王之时,王道微缺。昭王南巡狩不返,卒于江上,其卒不赴告,讳之也"。应船只的频繁使用,相应的安全管理措施也开始出现。中国设置专职的船舶管理的官员始于公元前1048年(世界上最早)。《史记·齐太公世家》载:"武王即位九年(前1048年),欲修文王业,东伐以观诸侯集否,师行,师尚父,左杖黄钺,右把白旄以誓,曰'苍兕苍兕,总尔众庶,与尔舟楫,后至者斩'遂至盟津。"苍兕即是专责管理、分配船只使用的。《太平御览》卷七百六十八《舟部》中说:"季春之月,舟牧覆舟,五覆五反,乃告舟备具于天子。"为了确保船只的安全,需要将其状况报告周天子。可见船只的管理已经常态化,政府有专人和职能部门负责。

春秋战国是一个礼崩乐坏、世事纷争的时代,诸侯争霸,战乱不断,许多政治、军事、经济活动都借由水路展开,由于齐、楚、吴、越等诸侯国面海、濒湖、通江河,具有地域之利,发展尤为迅速。

吴楚征战时,吴国建造了著名的馀艎大舰,"馀艎鹢首,涉川之良器也"②,可作为吴王僚乘坐的王舟,作战时是指挥的旗舰。公元前549年,楚康王使用舟师伐吴,是中国历史上第一次水战。吴国的伍子胥训练水师,将船只按用途分为大翼、小翼、突冒、楼船、桥船等,大翼相当于陆军的冲车,楼船相当于楼车,桥船相当于轻骑……说明其时的水战组织、战术均有相当尺度,海军已趋于成熟。

吴国的近邻越国也是水上活动频繁的国家,利用水师多次进行征战。公元前473年,勾践灭吴后,从会稽北迁其都于山东琅琊(一说为连云港锦屏山),以利争霸中原,"起观台,周七里,以望东海",嗣后,公元前379年,越国因国事日衰,被迫复去琅琊,浮海南下,还都于吴。越国两迁其都,人员之多、物资之巨、舟船之众均为一时之盛。使楼船士卒"二千八百人伐松柏为桴",有"死士八千人,戈船三百艘"。规模之大可见一斑。其两迁都城展示了当时造船与航海水平的巨大进步。

五霸之一的齐国,利用山东半岛的地利,水师、造船与航海技术也非常发达。国君齐景公曾在海上游乐数月之久,可见当时船舶的结构与强度、航行性能都非常成熟。《左传·哀公十年》《左传·记事本末》中记载的发生在公元前486年的吴国派

---

① 徐玉青、王国民:《六韬》,中州古籍出版社,2010年,第120页。
② (晋)葛洪:《抱朴子》,中华书局,2013年,第987页。

"徐承帅舟师，将自海入齐，齐人败之，吴师乃还"，是中国历史上第一次发生的海战。齐国甚至借助海路运兵展开大规模军事行动，稍后的"秦攻燕……齐涉渤海"，显示了齐国对于黄渤海的控制。

同时期内水的运用也是非常频繁。公元前648年，晋向秦借粮，发生了著名的"泛舟之役"。运粮船队从秦国都城雍顺渭水进黄河，再逆汾河北上至晋国都城绛（今山西新绛）"船漕车转"，全程700余里，水陆联运。《左传》称之为"冬，晋荐饥，使乞籴于秦，秦输于晋，自雍及绛相继，命之曰'泛舟之役'"。中国国家博物馆所藏的鄂君启节是公元前323年楚怀王为了奖赏战功卓著而赐予鄂君启的特别通行证。凭此节，三条船为一舿，五十舿内船队可在湖北、湖南、江西、安徽进行运输不用交税，提供吃住。还严格规定了水陆运输的范围、船只的数量、载运牛马和有关折算办法，以及禁止运送铜与皮革等物资的具体条文，从一个侧面反映了其时的水运业发达。秦在统一战争的历史进程中，大量使用了水军用船。《太平御览》卷七六九引《蜀王本纪》言及秦沿江"攻楚"的战争准备，"秦为舶舡万艘，欲攻楚"。司马错伐楚时，顺江而下，用运输船舶万艘。"巴、蜀众十万，大舶舩万艘，米六百万斛，浮江伐楚，取商于之地，为黔中郡"[1]。为统一岭南，公元前214年，屠睢率军50万征岭南，征集民工数十万，开凿灵渠，沟通了漓水、湘水。灵渠全长约33千米，是世界上最古老的运河之一。灵渠由于水位落差大，为了解决船舶通航的问题，发明使用了船闸，共22处。船闸又称陡门，是中国应用船闸技术最早的证明。

战国时期，中国的船有了甲板。从河南山彪镇出土的战国铜鉴、成都百花潭中学出土的战国铜壶与故宫收藏战国时的文物上图样可以明显看出，此时有使用了甲板布置的战船。和前代相比，有甲板的船船内货物能保持干燥；货物装载作业方便且可提供稳定的作战平台；船内不易进水；船舶的强度增大，安全性得到提高，为船舶向大型化发展提供了保障。

这一时期，有关航海知识技术的启蒙也得到了发展。在地理认知上，突破了之前《尚书》中所谓的"方行天下，至于海表，罔有不服"，以海为世界边界的观念。开始将大陆外侧海域划分为不同水域，将渤海—北海、黄海—东海、东海—南海进行相对应的表述。《诗经·小雅》《尚书·禹贡》中"沔彼流水，朝宗于海"，"江汉朝宗于海"的表述，说明当时对于江河通海也有了概念，为江河—海洋航行提供了重要的地理知识基础。

在海洋水文上，其时对海洋水文特别是潮汐有了简单朴素的了解，已经知道趁涨潮出海，利用海洋定向潮流，顺流而下。《尚书·禹贡》中说"朝夕迎之，则遂行而

---

[1]（晋）常璩：《华阳国志》，齐鲁书社，2010年，第79页。

上"；"渔人之入海，海深万仞，就波逆流，趁危百里，宿夜不出"[①]，都表明了时人对潮汐规律的认识。

11.3.2 秦汉时期——航海的先声

随着国家大一统的建立，以国家力量推动的涉水活动成为常态。秦汉两代都从国家的层面上利用水上活动进行了大规模的军事行动与典仪巡视。

秦代交通所涉及的水上活动，开始对船舶制造有了更加明确的要求，为适应不同的水域与不同的性质活动，对造船各有要求。特别是秦始皇出行所用舟船，既有济渡内水又有泛海行舟，代表了当时的最高水平。秦始皇的五次巡游（前219—前210年），后四次均与航海活动有关，还分别视察了北方的诸港。环行了山东半岛东南地区，至成山、芝罘、琅琊、黄、腄五个港口，泊舟于海。秦始皇还登琅琊，亲至海上以连弩射大鱼，除让卢生入海求仙人外，还遣徐福发童男女数千人，入海求仙人，这是中国进行的第一次有组织、有计划、有目的的航海活动。

为解决北方驻军的后勤，转输粮食于河北，以山东东南诸港为始发港，循岸北上，绕成山角，西入渤海，沿山东半岛北岸西驶，至天津古黄河入海口，再上溯河北诸地。这是中国最早的海上漕运。

入汉以后，中国对于水运更为重视。汉代水师基地广布全国各地。水师常备军皆驻扎在沿江傍海各要地，属于所在郡守统辖。西汉的水师主要基地有豫章（江西南昌）、浔阳（江西九江一带）、庐江（安徽安庆）、会稽（江苏苏州）、句章（浙江余姚钱塘江口杭州湾处）、博昌（山东博兴入莱州湾处）等处。庐江、会稽等郡同时也都是重要的造船基地。在南方，统一东瓯、闽越、南越均大量使用水师，设有横海将军、戈船将军、伏波将军、楼船将军以及楼船校尉、楼船卒、棹卒等，规模至"楼船十万人"。北方因卫氏朝鲜与汉背盟，杀辽东官员，多次袭扰汉朝航路，为确保航路畅通，元狩二年（前109年），配合陆路进军，楼船将军杨仆统兵五万，从山东渡渤海，沿黄海北岸、东岸直攻王险城。次年卫氏朝鲜内讧，战事结束。汉设乐浪、临屯、玄菟、真番四郡。汉武帝本人还效仿秦始皇，前后七次巡海，行遣方士入海求仙、射蛟、封禅之事。

楼船是汉代最有名的船型，楼船始于战国，汉代继续发展，汉武帝时楼船大兴，设有"楼船将军""戈船将军"。"楼船者，船上施楼也"（《后汉书·岑彭传》），船体庞大，雄伟壮观，"高十余丈，旗帜加其上，甚壮"（《汉书·食货·下》），船体上建为多层，"其上屋曰庐，像庐舍也。其上重屋曰飞庐，在上，

[①]（春秋）管仲撰，李山、轩新丽译注：《管子》，中华书局，2019年，第459页。

故曰飞也，又在上曰爵室，于中候望如鸟雀之警示也"[1]。汉武帝曾在长安建昆明池，训练水师，作《秋风辞》曰"泛楼船兮济汾河，横中流兮扬素波"，以形容楼船的壮阔。在很多涉水行动中都有楼船的使用，《后汉书·马援传》载："马援平南越，将楼船大小二千余人，艘士二万余人进击九真。"《汉书·朱买臣传》载，汉武帝时朱买臣任会稽郡太守，"治楼船，备粮食，水战具"，可见楼船的使用十分频繁。

秦汉时期，航海技术进步主要表现在天文导航、地文航海、季风航海、海洋潮汐诸多方面。天文导航，对海洋星空的辨别与印证，对行星运行规律的认识，对二十八宿地理位置与相互关系的认识，对日月彗星以及彩虹等现象的认识已经有了明确的概念。《汉书·艺文志》中涉及海上导航的占星书籍虽然多已散佚，但留有其名的《海中星占验》有十二卷，《海中五星经杂事》二十二卷，《海中五星顺逆》二十八卷，《海中二十八宿国分》二十八卷，《海中二十八宿臣分》二十八卷，《海中日月慧虹杂占》十八卷，总计达一百三十六卷。从"夫乘舟而惑者，不知东西，见斗极则寐矣"可以看出，当时出海还是以白天为主，入夜不能航行[2]。

汉代开始出现测量海岛高度与距离的数学计算（使用规、表两次测量），3世纪刘徽著《海岛算经》对《九章算法》加以注释，进行了补充证明，首题即为测算海岛的高、远，创造性地运用了二次、三次、四次测望法，学术界对其成就给予了极高的评价[3]。

地文导航方面，对海洋地理认识不断提高，杨孚《异物志》中提到"涨海崎头，水浅而多磁石"，涨海是指今天的南海，说明当时已经对南海的地形地貌有了比较深入的了解，而且认识到南海的浅滩多礁石，靠近行驶会威胁航海的安全。

随季节而至的季风古代也称为信风，汉时有"五月有落梅风，江淮以为信风"的俗语，说明秦汉时期，已对季风航海有了初步的认识，对航海极为有利。

班固《汉书·地理志》记载了武帝时，汉使远航印度洋的著名南海航道："自日南障塞、徐闻、合浦船行可五月，有都元国。又船行可四月，有邑卢没国。又船行可二十余日，有谌离国。步行可十余日，有夫甘都卢国。自夫甘都卢国船行可二月余，有黄支国。……自黄支船行可八月，到皮宗。船行可二月，到日南、象林界云。黄支之南，有已程不国。汉之译使，自此还矣。"说明秦汉时期，海上丝绸之路已初具规模，形成了比较成熟的海上航行路线。

秦汉时期，中国的造船业与航行技术取得了长足进步，船舶推进、方向、停泊等技术，在这一时期都得到了巨大的发展并日趋成熟。风帆开始被广泛使用。远距离与

---

[1]（汉）刘熙撰，愚若点校：《释名》，中华书局，2020年，第111页。
[2]（汉）刘安撰，陈广忠译注：《淮南子·人间训》，中华书局，2022年，第1011页。
[3] 钱宝琮点校：《算经十书》，中华书局，2021年。

长时间的水上活动不可能只靠人力，在没有机械动力的古代，利用自然力量是唯一的选择。此一时期，船舶使用风帆借助风力推进，"帆，泛也，随风张幔曰帆，使舟疾泛泛然也"[1]，风帆已开始定型并广泛使用。《后汉书·马融传》载："方艅艎，连舼舟，张云帆。"说明其时中国船只已普遍使用了船帆，帆的材质为丝织品。汉代还开始使用了观风设备，海船主要靠风力航行。必须知道风向，汉武帝造建章宫，上装铜凤，后被装在船上，称"五两"，五两用鸡毛制成，可观察方向。

1955年发现于广州东汉墓的陶制船模，长54、宽11.5、高16厘米，艏部系锚，艉部有舵，其形制规范成熟，可以看出汉代中国船舶的诸多特点，可见航行工具非常成熟，桨、橹、锚一应俱全。橹可以不离开水体，比间歇性船桨更高效，通过加快摇动速度、单向加大入水角度，还可控制方向，是中国古代航海与造船的一大发明，今天仍广泛使用在非机动船舶上；舵桨与船尾舵出现，在这一时期，中国船舶已经开始使用了船尾舵，可以看出实际使用的时间应当更早。船尾舵的应用对船舶航行技术是飞跃性的进步，能够高效地控制船舶的行进方向；木石锚取代了原始石碇，系泊时抓力提高，可供大船建造使用，扩大航行水域。

航海工具的成熟，特别是风帆与舵的出现，是中国航海史上的大事。自此，船舶航行可以不完全依靠人力而借助外力航行；在水中能高效地控制方向，安全而稳定。帆、舵是中国远洋航海的重要物质基础。

对于海洋自然规律的认识也比以前有了进步。在春秋战国时期，人们对于潮汐升降特别是通河口的明显奇特的潮汐现象虽有所观察，但感到难以理解，只得归咎为神力迷信。汉代，人们关于潮汐的认识有了突破。对潮汐现象已经超越表面现象，进而研究成因与他物间的关系。"海之起也，随月盛衰"，"其发海中之时，漾驰而已；入三江（指钱塘江、山阴江、上虞江）之中，殆小浅狭，水激沸起，故滕为涛"[2]。解释了地月潮汐现象。

11.3.3 三国、两晋、南北朝

此时是中国的经济重心与航海重心开始南移，丝绸之路从陆地转向海洋的承前启后与最终形成的关键时期。

三国时期，东吴地处江南，水网密布且东临大海，具有得天独厚的优越条件，极为重视航海与造船业。《隋书·东夷传》提到孙权"制大船曰大安，亦曰大舶，在坐直之士三千人，与群臣泛舟于江津"。后隋造"五牙舰"，《隋书·杨素传》说：

---

[1]（汉）刘熙撰，愚若点校：《释名》，中华书局，2020年，第111页。
[2]（汉）王充撰，岳海燕校订，高苏垣选注：《论衡》，商务印书馆，2020年，第57页。

"上起楼五层，高百余尺，左右前后置六拍杆并高五十尺，容战士八百人。"虽有夸大之嫌，但船的规制显然还是非常庞大的。

三国时期，东吴多次遣使者航海，北上辽东、高句丽，南下夷州（今中国台湾地区）和东南亚今越南、柬埔寨等以和海外联系。为了绕过北方曹魏陆地控制区，从海上与魏辽东太守公孙渊建立联系，前后三次尝试开辟从长江口北航朝鲜再转赴日本的航路，开辟了自长江口直达朝鲜的航线。虽未能达到日本，却为南朝时形成的中日南道航线打下基础。《三国志·吴志》还有黄龙二年（230年）"将军卫温、诸葛直将甲士万人"出海，寻找夷洲和亶洲，"得数千人还"的记述。这是中国经营台湾地区的首次记载。北方北魏、西晋等客观条件虽不如江南，但也有很强的造船能力。建安十四年东征，曾泛舟万艘。《晋书·王濬传》载，王濬为伐吴于蜀中造"大船连舫，方百二十步，容两千人"，"舟楫之盛，自古未有"。

这一时期对外南北航线亦多有进展。通过南方航线与南海诸国的交往，《梁书·诸夷传》形容："海南诸国，大抵在交州南及西南大海洲上，相去近者三五千里，远者二三万里，其西与西域诸国接。汉元鼎中，遣伏波将军路博德开百越，置日南郡。其徼外诸国，自武帝以来皆朝贡。后汉桓帝世，大秦、天竺皆由此道遣使贡献。及吴孙权时，遣宣化从事朱应、中郎康泰通焉。其所经及传闻，则有百数十国，因立记传。晋代通中国者盖鲜，故不载史官。及宋、齐，至者有十余国，始为之传。自梁革运，其奉正朔，修贡职，航海岁至，逾于前代矣。今采其风俗粗著者，缀为《海南传》云。"此外，《魏书·西域传》《宋书·蛮夷传》《南齐书·东南夷传》均有类似记载。至6世纪，中国通过航海已越过南亚、印度半岛，与亚洲沿海地区有着广泛且频繁的交往，并开始延展到阿拉伯、波斯地区。

北方航路上，中日两国继续交往。除东吴三次大规模出动船队开辟自长江口直达朝鲜的航线外，《后汉书·光武帝纪》有中国史书上第一次对中日正式交往的记载，东汉建武中元二年（57年），"东夷倭奴国王遣使奉献"，曹魏景初二年（238年），倭女王卑弥呼遣使臣难升米来中国洛阳，与魏通好，"献男生口（奴隶）四人，女生口六人，班布二疋二丈"。魏明帝诏封卑弥呼为"亲魏倭王"，封难升米为"率善中郎将"，并赏赐大量各色丝绸绢锦、黄金、铜镜、真珠、五尺刀等物。曹魏与倭自魏景初二年至正始九年的十年间（238—248年），有六次派使节互相馈赠及答谢等往来。中日海上交通频繁，有南北两条路线。北方航路为山东渡渤海—曹魏属带方郡—釜山—对马岛—壹岐岛—九州福冈松浦；南道航路为从建康出发—长江口—山东成山—横渡黄海—朝鲜南部—济州海峡—对马岛—壹岐岛—福冈—穴门—濑户内海—大阪。中日南方航线比曹魏时经带方郡到日本的北道航线要短，但航海技术要求更高。南道航线开辟之时，中国由于政治经济文化中心的南移，5世纪南朝刘宋时期，日本曾先后八次遣使者"献方物"求诏封。中国文化、生产技术传到日本，对日本文化的发展产生了重大影响，并促进了中日文化交流及中日友谊。不少中国纺织工、养蚕缫丝工、陶工、厨师移居日本。这一时期，佛教亦经由中土传入日本，日本文化开始受到佛教影响。

这一时期航海技术的进步，还表现在对航行所经海区的海岸地形有了初步了解上，如对南海的珊瑚已有所认识，同时天文导航技术也已采用。孙权尝遣朱应、康泰出使扶南，途经百数十国，"涨海中列珊瑚洲，洲底有盘石，珊瑚生其上也"①。涨海即为南海，南沙群岛和西沙群岛绝大多数都是由珊瑚礁构成的。

三国时王震《南州异物志》中对当时航行南海的风帆驶风技术做过详细描述："其四帆不正前向，皆驶邪移，相聚已取风吹，邪张相取风气。""外域人名舡曰舶，大者长二十余丈，万去水三、二丈，望之如阁道，载六七百人。物出万斛。""随舟大小，或作四帆，前后沓载之。有卢头木叶，如牖形，长丈余，织以为帆。其帆不正向前，皆使邪移，相聚以取风，风吹后者，激而相射，亦并得风力。若急则随宜增减之，邪张相取风气，而无高危之虑，故行不避迅风激波，所以能疾。"②说明当时中国南海航行者已拥有增减随宜的四帆帆船，掌握"邪张相取风气"的打偏驶风技术，而且在印度洋上的航线，也是利用七帆帆船驶风而航行的。东南亚地区可操纵多桅帆的成熟技术开始传入中国，对中国多桅撑条式席帆海船具有深远影响。同时，随着航海活动增多，人们对西太平洋和印度洋的信风规律已有所认识和利用，从一个侧面也揭示了中外航海技术交流的广泛与深入。

三国时期，作为海上贸易之"大宗"者，当推丝绸、陶瓷等。孙吴的丝织业、制瓷业已远超两汉的水平与规模，而有自己独特的创新与发展。据张大可著《三国史》，孙吴造船业尤为发达。汉代主要造船地区在长江下游苏州、无锡、安庆等地，多是平底内河船。《武昌记》曰，樊口北有败舶湾，孙权尝装一船，名大船，容敌士三千人，与群臣泛舶中流。值风起，至樊口十里余便败。故因名其处为败舶湾也。后造船中心移往建安郡侯官、临海郡永宁县（今浙江温州）、横屿船屯（今浙江平阳）、南海郡番禺县等港口。孙权设置典船都尉，专门管理造船工场。孙吴所造的船主要为军舰，其次为商船，数量多，船体大，龙骨结构质量高。最大战舰可载三千士兵，有上下五层，雕镂彩画，非常壮丽，续航能力强。载马八十匹的海船称小船。航行在南海上的商船，"大者长二十余丈，高出水二三丈，望之如阁楼，载六七百人，物出万斛"。武装船队出海百余艘，随行将士万余人，吴国灭亡时，有战船、商船等5000多艘。1955年在广州出土的东吴的陶制船模，从船首到船尾有八根横梁，八根横

---

① （宋）李昉：《太平御览》卷六十九《地部三十四》。
② （宋）李昉：《太平御览》卷七百七十一《舟部四》。

梁说明有八副舱板，它们把船体分成九个严密的分舱（船舱）。这就是用横梁和隔舱形成的分隔舱结构造船技术。船要航行时，即使有一两个船舱受到破坏进水了，水也不会流入其他船舱中，船也不会马上沉没。进水的船舱可以抓紧时间抽水、堵塞漏洞和进行其他修理，并不影响船的继续航行。

法显航海是这一时期最著名的航海活动。法显（约337—422年），俗姓龚，山西襄垣县人。东晋安帝隆安三年（399年），法显从后秦京城长安出发，经西北陆路次年到天竺学习佛法，遍游北、中天竺。409年法显从印度搭乘商人海船经师子国回国。法显西行历经14年，最终70岁时经海路远航归国。回国后撰写了记述这次求经见闻的《佛国记》（《法显传》），计13000多字，是我国详细记述古代中亚、印度、斯里兰卡、南海诸国政治、经济、宗教、历史、地理、风土人情等情况的第一部著作，也是我国有关1500年前中印远洋航海的纪实之作。其史料价值极高，对促进中国同印度、尼泊尔等国的相互了解和文化交流，起到了重要作用。他发现，归国时走的海路，航行中"海中多有抄贼，遇辄无全。大海弥漫无边，不识东西，唯望日、月、星宿而进。若阴雨时，为逐风去，亦无准。当夜暗时，但见大浪相搏，显然火色，鼋鼍水性怪异之属，商人荒遽，不知那向。海深无底，又无下石住处。至天晴已，乃知东西，还复望正而进，若值伏石，则无活路。如是九十日许，乃到一国，名耶婆提（今印度尼西亚爪哇岛或苏门答腊岛，或兼称此二岛）"[1]。《佛国记》中说明了海上航行时，仍用天体定向导航，通过观察日月星辰辨别航行方向，在当时远洋航行中具有重要作用，从中可以了解到当时航海技术已有显著提高。可乘200人以上的大商船已往返于西太平洋和北印度洋了。多摩梨国、师子国、耶婆提国和广州已是重要港口。

晋代东晋末发生的孙恩、卢循海上之乱是中国历史上极为罕见的主要通过海上活动的起义。反映了其时海上活动的巨大规模。孙恩、卢循海上大起事发生在399—411年，以海岛为基地，经常以数十万人之众乘大海船航行于海上，进行军事活动，纵横东南海上和长江下游12年之久，前后所造战舰数万，小船不计其数，足见当时造船技术的普及、雄厚的造船基础、造船技术的高超和准确娴熟的航海技能，在我国造船航海史上占有重要的地位。孙恩军中战船的数量及种类很多，值得重视的是一种新型船只八槽舰，"卢循新造八槽舰九枚，起四层，高十余丈"[2]。八槽是指将船体分为八个舱室，船只得以具备水密舱壁；同时增加了船体横向结构强度，为船舶的大型化打下基础。在《宋书·武帝纪》也有"循即日发巴陵，与道覆连旗而下，别有八槽舰九枚，起四层，高十二丈"的大致相同的记述。

---

[1]（东晋）沙门释法显撰，章巽校注：《法显传校注》，中华书局，2008年，第142页。
[2]（宋）李昉：《太平御览》卷七百七十一《舟部三》。

车轮舟也是这一时期重要的发明,这种船只的推进方式是由人力推进动力的划桨转化为使用轮桨推进。桨楫的推进方式为间歇式,车轮舟则是桨轮运转的连续推动方式,蒸汽机出现后的明轮船即采用了这种推进方式(后逐渐被螺旋桨等更高效的方式替代),因此在造船史上具有重要意义。5世纪初的晋义熙十三年,中国最早出现了车轮舟。《南史·王镇恶传》载,晋刘裕部将王镇恶由黄河乘车轮舟,进攻后秦的长安,"溯渭而上,舰外不见有行船人。北土素无舟楫,莫不惊以为神"。此外,《南齐书·祖冲之传》又有南朝的祖冲之"又造千里船,于新亭江试之,日行百余里"的记载,许多学者也认为其属于车轮船的一种。在德国,刊行于1472年的技术手稿《军事》,提到制造桨轮船的建议。欧洲桨轮船的第1次试验是于1543年在西班牙的巴塞罗那进行的[1]。

11.3.4 隋唐、五代——拉开大航海时代的帷幕

经历了数百年的分裂、战乱之后,中国在隋唐时期重新回归一统,经济也逐渐得到恢复,为航海活动奠定了物质基础。隋开国时隋文帝既用水师渡江灭陈,之后隋炀帝还进行了多次规模巨大的军事航海。最重要的是大业八年至十年(612—614年)连续三年发动了对高丽的三次跨海用兵。军事航海行动既有横渡黄海线路,也有经渤海、黄海沿岸,从山东东莱出发后,纵渡渤海海峡,在辽东半岛南端登陆线路。《隋书·卷八十一·流求国》还记载了隋炀帝先后三次遣人去台湾,人数多达万人,自义安郡(今广东潮州)渡海"至高华屿又东行二日至鼊屿,又一日便至流求",高华屿即南澳(汕头至南澳60千米),鼊屿即澎湖列岛,由南澳至澎湖,约经度20°,二日便可至,由澎湖一日到台湾[2]。

隋炀帝开凿了大运河,造大龙舟及杂船数万艘,三下江都。大运河沟通了南北,实现了中国历史上第一次真正的融会贯通和大一统;不仅促进了沿河各地的经济发展,也有利于南北方的文化交融,实现了中华文化的多元化、互补化和共繁化;几大水系的沟通促进了民族之间的融合与交流以及中外的国际交流,隋炀帝开凿大运河奠定了唐代繁荣强盛的基础。

唐代(618—907年)经济之繁荣,文化之发达,疆域之广袤,国力之强盛,在当时世界上亦位于前列。在农业手工业生产发展的基础上,国家富强,科学技术文化发展,与海外亚非各国的贸易及其他各种性质的海外交往也加强了,促进了造船和航海业的进一步发展。《旧唐书·崔融传》曾赞曰:"天下诸津,舟航所聚,旁通巴

---

[1] 席龙飞等:《船文化》,人民交通出版社,2008年,第42页。
[2] 岑仲勉:《隋唐史》,商务印书馆,2020年,第40页。

汉，前指闽越，七泽十薮，三江五湖，控引河洛，兼包淮海。弘舸巨舰，千舳万艘，交贸往还，昧旦永日。"自西汉开辟了海上丝绸之路，到唐代与各国的海上交往进入繁荣时期。唐都长安成为国际性城市。海外各国的使者、留学生、留学僧、商人不断地到中国来，学习中国先进的文化、政治典章制度，进行经济贸易往来。这是唐代国家强盛、物产丰饶、科学技术发展，文化领先的必然结果。中国人在海外被称为"唐人"。"唐人"也常乘船前往海外。唐代开辟了多条海上航线，加强了与海外经济文化的交流与友好往来。

唐代造船业极为发达，造船工场遍及全国，能建造各种大小船只、海船、战舰等，很多发展成为建造、维修、管理的综合基地模式。

贞观十八年（644年），唐太宗以高丽不听勿攻新罗谕告，兴兵击高丽。命洪、饶（今江西鄱阳）、江三州造船400艘以运军粮。命张亮率兵四万、战舰500艘自莱州泛海取平壤。肃宗、代宗时，理财家刘晏为诸道盐铁转运使时，在扬子（江苏仪征）设10个造船工场，置专知官督办造千石大船，说明唐时有极强的造船能力。政府每年建造的船只极多，仅明州（浙江宁波）、温州两地就每年可造各类船只600艘，不但造船数量日益增多，而且造船的工艺水平日益先进。同时，民间的造船业也非常发达。"大历、贞元间，有俞大娘航船最大，居者养生、送死、嫁娶悉在其间。开巷为圃，操驾之工数百，南至江西、北至淮南，岁一往来，其利甚溥，此则不啻载万也。"[①]可以想象"俞大娘"航船规模之大。

唐朝的造船技术在当时居于世界领先地位。最突出的是在造船工艺上已广泛使用了榫接钉合（又称钉接榫合）的木工艺和水密隔舱等先进技术。榫接钉合的木工艺比不用铁钉的造船法要优越，所造船只要坚固得多。1960年江苏省扬州市施桥镇出土一条唐代木船，其后，1973年在如皋县又出土了一条唐代木船，这两条唐代木船都采用了榫接钉合技术，而扬州出土的船更采用了斜穿铁钉的平接技术，比如皋出土的木船采用的垂穿铁钉的搭接技术更先进。唐代大海船还建有水密隔舱，如皋出土的唐代木船就有九个水密隔舱。这就增强了船的抗沉力。水密隔舱是由底部和两舷肋骨以及甲板下的横梁环围而构成的水密舱壁。船中部以前的舱壁都安装在肋骨之前，中部以后的舱壁就装在肋骨之后，这种安排方法可防止舱壁移动，使船舷与舱壁板紧密地结合在一起，牢固地支撑着两舷，这就加固了船体的横向强度。由于船的坚固性加强了，就有可能多设船桅、船帆，更适合远洋航行。近代钢船水密舱壁周围角钢的铆焊方法从功用到铆焊部位都与我国古船极为一致，可以认为是从中国古代造船结构形式中继承下来的。

---

① （唐）李肇撰，聂清风校注：《唐国史补》，中华书局，2021年，第179页。

内水运输在唐代也得到了极大的发展。安史之乱后刘晏主持南粮北运的漕运，《新唐书·食货志》载："歇黄之江船200艘，每船受千斛。"分200纲，十艘为一纲，300人，篙工50人，每船载30人，5人操船，大致载重约50吨，是为正常大小。他首创三段运输法，江船不入汴（到扬州的江船不入汴河），汴船不入河（黄河），河船不入渭（通长安的渭水），各道水路均有专用船只，分工明确，线路清晰，船型简化，致使岁转输百一十万石无升斗溺者，极大地提高了效率和安全性。刘晏主持漕运30年，创唐代内河安全航运和运量的纪录。

《旧唐书·李皋传》载宗室曹王李皋"为战舰，夹两轮踏之，翔风破浪，疾若挂帆席"，在造船史占有一定地位，也可认为是近代明轮航行方式的先声。

1973年江苏如皋出土的唐代单桅内河木帆船，残长17.3、宽2.6、深1.6米，估计载重20吨。船内不设肋骨，以隔舱板（舱壁板）支撑船底、外壳和甲板。全船分9个隔仓，木构件均用铁钉连接，用桐油、石灰、麻丝艌料填缝密封。这是迄今发现的最早的有水密隔仓的古代船只。船的两舷用7根长木上下叠合，以两排铁钉交叉错列钉连，工艺水平非常成熟。表明唐时中国造船开始使用船板连接结构的水密隔舱，船只已经可以逐步走向大型化，航程亦可得到极大的扩展，中国航海者能够远航至更远的海域。与此同时，西亚、东南亚一带使用缝合法建造船体，"贾人船不用铁钉，只使桄榔须系缚，以橄榄糖泥之，糖干甚坚，入水如漆也"[①]。由于形体轻盈、航行快速，但构造脆弱、形制较小，抵抗恶劣海况能力不足，反而向小型化发展，从而导致在沟通东西方航路的大型海洋帆船逐渐由中国船主导，唐末五代开始，阿拉伯东航者多改为搭乘中国海船。

唐代开始出现分工明确的海港，这些港口背靠内陆，各有其主要职能。泉州、广州、明州、扬州并称四大港口，在这里进行贸易文化交流的主要是阿拉伯人、波斯人和东南亚人。他们有的经商，有的进行伊斯兰教传教活动，由于人数众多，还形成了集中居住的番坊。北方主要港口是登州港，由于濒临渤海，与辽东半岛隔海相望，是唐代内对东北地区，外对高丽、日本的主要港口，是北方第一大港。

唐玄宗开元二年（714年），在广州设立了市舶司作为专门从事航海贸易的管理机构，并委任了相应的官吏任市舶使。唐宪宗元和年间（806—820年），因原设的市舶使位卑权轻，不足胜此重任，便以岭南帅（节度使）兼领此职。唐代市舶使负责进出口航海贸易，包括征收船税，登船检查货物，代表政府收购珍宝异物、接收船商贡给中央或地方政府的礼品、收取货税等。

唐朝时，封建经济繁荣，国势强大，中国和日本的友好往来和文化交流空前繁

---

① （唐）刘恂撰，鲁迅校勘：《岭表录异》，广东人民出版社，1983年，第29页。

荣。贞观年间至唐末期，日本向中国派遣唐使并成行的就有13次之多，所使用的北方航路也不断变化发展。

唐朝初期（唐太宗贞观四年—高宗总章二年，630—669年）日本派出的使团，一般规模较小，船只一二艘，约200人，使用北路航线。航线为自九州博多湾—对马岛—沿朝鲜半岛沿岸—辽东半岛—山东半岛的登州、莱州，这条航线需时数十天，比较安全。

盛唐时期（武则天长安二年—玄宗天宝十一年，702—752年），日本派出的使团规模扩大很多，人数都在500人以上，分乘四艘船只来唐。开辟了自九州—日本南岛诸岛的种子岛、屋久岛、奄美大岛—横渡东海—明州、扬州的新的南岛航线，这条航线风险大，航程也不短。

唐朝后期（肃宗乾元二年—懿宗咸通十五年，759—874年），受安史之乱的影响，唐国势日衰，日本遣唐使团规模和人数大不如前。安史之乱后，开辟了一条新航线，即南线，自九州博多湾—长崎以西五岛列岛（等待顺风）—横渡东海—明州、扬州，这条航线航程短，遇顺风10天可到，但受日本船只建造水平及航海知识所限，风险最大。

著名的鉴真东渡中，第六次东渡走的是南岛航线，出航时本是横渡东海指向日本南岛诸岛奄美岛，但偏离了航线而到种子岛西南的冲绳岛。其时，日本在南岛各岛都树立有标牌，岛名、泊船处及去各处的航程、汲取淡水的地名等都有标示，说明了南岛航线在当时是一条航运非常繁忙的航线。

11.3.5 宋元明（明初）——中国大航海时代

宋代对海外贸易十分重视，海外贸易兴盛。安史之乱后，吐蕃、契丹、女真、蒙古等少数民族相继崛起，隔断了宋朝与海外的陆路联系，于是东南方的海路就成了宋朝对外贸易的唯一通道，海路贸易因而更加繁荣。十字军东征、塞尔柱突厥人的兴起，迫使活跃的阿拉伯商人把贸易视线转移到东方，向东方开辟商路，越来越多地出入我国沿海口岸。这就从客观上为宋代的海外贸易创造了有利的国际环境。宋朝比唐朝更加开放，宋朝的商业活动、商业氛围高度发达。唐朝来中国经商的以外国人为主，而宋朝的商人是走出去的。宋朝商人比外国商人更加活跃，"当时（宋代）我国的船只已经航行于印度洋各地，包括锡兰（今斯里兰卡）、印度次大陆、波斯湾和阿拉伯半岛，甚至达到非洲的索马里"[①]。

随着宋代的经济发展和科技进步，宋人在隋、唐航海经验的基础上，开辟了横渡印度洋的航海活动，把中国古代航海事业推向鼎盛时期。中国古代的航海史，到宋代

---

① 复旦大学、上海财经学院：《中国古代经济简史》，上海人民出版社，1982年，第251页。

已经从"原始航海"时期进入"定量航海"时期。宋代的造船技术臻于成熟——内河船舶和海洋船舶都有突出的成就。中国船只在唐代开始大型化,因为中国船较大,于印度西南部的故临港注淡水时,每次要收费1000迪尔汗,远高于他诸国船的10—20迪尔汗[1]。时人吴自牧所撰《梦粱录》记载宋代的远洋海船,"大者载重达五千料,可载五六百人"。宋徽宗宣和五年(1123年)派员从明州出海出使高丽,使团有两艘专门建造的神舟以及六艘普通客舟,客舟"长十余丈,深三丈,阔二丈五尺",而神舟长阔高皆三倍于"客舟",从岸上观之"巍如山岳,浮动波上"[2]。虽然不能简单地用等比放大神舟的尺寸,但神舟的规模之大可以肯定远超客舟,可见当时建造大型船舶水平之高。

宋代是我国封建社会对外贸易的黄金时代,商品经济发达,科技进步,海外贸易空前繁荣。由于国土面积狭小,长期居于东南一隅,传统税赋巨减而军费和官俸开支浩大,每年还要负担沉重的"岁币",不得不想方设法开辟新的财政来源,因而更加重视海外贸易。不仅进一步完善了建于唐代的市舶机构,而且疏浚海港,增辟口岸,制定条例,积极鼓励外商来华贸易,还对市舶官员招徕蕃商的成绩予以奖惩。同时,积极支持华商出海贸易。北宋中朝以后,海外贸易的收入一直占宋朝全年收入的很大比重,统治者认为"炳炳祖训,舶利最博。庶宽民力,免于椎剥"[3]。南宋时高宗更是直言:"市舶之利最厚,若措置合宜,所得动以百万计,岂不胜取之于民?朕所以留意于此,庶几可以少宽民力耳。"[4]。在政策上,宋代政府对海外贸易的管理更细化,对外贸易港口有20余处,设有广州、泉州、明州、杭州、密州等市舶司,市舶司下有的还设有市舶务、市舶场等下属机构。宋神宗元丰三年,政府正式修订《广州市舶条法》,委官推行,并援用于各市舶司。《元丰市舶条法》为中国最早的市舶条法,唐以前只是使职差遣,尚非专职的固定机构。《延祐市舶则法》《至元市舶则法》均在继承了宋法之后进行增益。

同时,由于北方的战乱,人口流徙到南方,大量南徙的北方人带来了先进的农业生产技术,促进了江南地区的进一步发展,经济重心彻底南移。手工业部门如制瓷业、纺织业、矿冶业、金属制造业在前代的基础上均有长足发展,为海外贸易提供了物质基础。造船工艺和航海技术的进步,是宋代海外贸易的另一重要原因。宋代造船业的规模和制作技术都比前代有明显的进步。东南沿海主要海港都有发达的造船业,

---

[1] 穆根来、汶江、黄倬汉译:《中国印度见闻录》,中华书局,1983年,第9、10页;转引自刘迎胜:《丝绸之路的缘起与中国视角》,《江海学刊》,2016年第2期,第160页。

[2] 徐兢:《宣和奉使高丽图经》,商务印书馆,1937年,第116、117页。

[3] (元)李元弼等撰,闫建飞等点校:《宋代官箴书五种》,中华书局,2019年,第290、291页。

[4] (清)徐松:《宋会要辑稿(影印本)》,中华书局,1957年,第3373页。

所造海船载重量大，速度快，船身稳，能调节航向，船板厚，船舱密隔。载重量之大，抗风涛性能之佳，处于当时世界领先地位。航海技术的进步还表现在海员能熟练运用信风规律出海或返航，通过天象来判断潮汛、风向和阴晴上。舟师还掌握了"牵星术"、深水探测技术，使用罗盘导航、指南针引路，并绘制了海道图。这些都大大促成了宋代海外贸易的兴盛。

宋代进出口货物的种类、数量比前代更多，进出口货物达410种以上。按性质可分为宝物、布匹、香货、皮货、杂货、药材等，单是进口香料，其名色就不下百种。进出口货物还有不同的来源和市场。如南海地区主要进口香料、宝物、皮货、食品，精刻的典籍主要销往高丽和日本。

宋代海外贸易的规模更大，经营者身份更复杂，据吴自牧《梦粱录》记述，宋代海船可乘五六百人以上。大批海外蕃客来华贸易且"住唐"，也有中国海商、水手"住蕃"的现象。宋代海外贸易按经营者身份可分官营和私营两类。官府经营又分两种：一种是国家之间的以交换礼物形式的所谓"贡""赐"贸易，这种"贡""赐"贸易是很频繁的，据《宋史》《宋会要》等不完全统计，高丽向宋派出的使臣达30多次；另一种是宋政府派使臣到海外贸易。民间的海外贸易更是发达，私商经营也分两种：一种是权贵和官僚；一种是民间商人，包括豪家大姓和中小商人。

由于北方丝绸之路逐渐衰落，宋政府规定，对西方贸易往来只能自广州路入贡，更不得于西蕃出入。宋与西方各国的往来通道只能走海路。宋代远洋航船已能横渡印度洋，沟通了从中国直达红海和东非的西洋航线。宋代和西方各国通商，据《岭外代答》《诸蕃志》等书记载就有50多个国家和地区。其中重要的在亚非航路上有高丽、日本、交趾、占城、真腊、蒲甘、勃泥、阇婆、三佛齐、大食、层拔等，远远超过了唐代的活动范围。宋代同海外的联系比前代更广，对海外的地理概念更加清晰。宋代专门记载海外情况的著作就有《海外诸蕃地理图》《诸蕃图》《诸蕃志》《岭外代答》等，其中对非洲的记述比前代更为广博，如东非的层拔国（桑给巴尔）、中理国（索马里），北非的木兰皮国（摩洛哥）、默伽国（摩洛哥）、施盘地国（埃及）、勿斯里国（埃及）等。宋代与中南半岛、南海诸国、大食诸国、西亚诸国的贸易频繁，与高丽、日本的来往也比前更为密切，高丽和日本都辟有专门对宋贸易的港口。

宋代南方主要的航海路线有，广州、泉州至三佛齐（中国至苏门答腊岛东南）；广州、泉州至阇婆（中国至爪哇）；广州、泉州至蓝里、故临（中国至印度）；广州或泉州经蓝里、故临至大食（中国至阿拉伯）；广州、泉州经蓝里至麻离拔（中国至东非）。其中广州、泉州经蓝里、横跨印度洋至东非的航线最为遥远。宋代罗盘针已应用于航海，中国海船建造水平及航海水平都达到前所未有的高度，处于世界前列。除华人外，阿拉伯人东来亦多搭乘中国海船直航广州，安全可靠。至宋代，往来于西方航路上的几乎全是中国船，宋代开辟的至阿拉伯与东非的航线标志着我国航海事业已达繁荣时期。

宋代北方主要是对高丽、日本的航线。去高丽的海路有南北两条，北线为从山东莱州出发，横渡黄海，用两天可到朝鲜半岛西南海岸的瓮津，比唐代的高丽渤海道便捷。南线为从明州出发至朝鲜西岸礼成江碧澜亭，约15天可到达。宋代高丽遣宋使57次，宋使往高丽30次。宋代到中国留学求法的高丽僧人很多。这些都促进了两国的经济文化交流。日本对北宋采取闭关政策，鲜有日本船来中国贸易。所以只有北宋一方的对日航海贸易活动。北宋、南宋时对日航线都是从明州出发，横渡东海，到达日本值嘉岛再转航到博多港。与唐时的渡日南线相同，全程约七天。到南宋时，日本平氏家族平清盛当权，鼓励并垄断了与中国的海上贸易。一改北宋以来华船独往的局面，恢复了中日海船交相往来的海上贸易盛况。宋船运往日本的货物主要有锦、绫、香料、药材、瓷器、竹木、书籍、文具、铜钱等，再从日本购回木材、黄金、硫磺、水银、砂金及工艺品宝刀、折扇、屏风等。我国的科学技术文化也传到日本、高丽。如宋版经书的引入直接刺激了日本的刊印发展，日本僧侣明庵荣西来华学习佛法，将禅宗传入日本。对日本产生了深远的影响。医疗科学、手工业技术、茶树种植等也纷纷通过海路外传。造船术、航海术等亦是如此，如帆船的可倒桅技术的外传。"嘉祐中（1056—1063年），苏州昆山县海上，有一船桅折，风飘抵岸。船中有三十余人，衣冠如唐人，系红鞓角带，短皂布衫。见人皆恸哭，语方不可晓。试令书字，字亦不可读。行则相缀如雁行。久之，自出一书示人，乃唐天祐中告授屯罗岛首领陪戎副尉制；又有一书，乃是上高丽表，亦称屯罗岛，皆用汉字。盖东夷之臣属高丽者。……时赞善大夫韩正彦知昆山县事……使人为其治桅，桅旧植船木上，不可动，工人为之造转轴，教其起倒之法。"①

元代是在横跨欧亚蒙古帝国的基础上建立的，幅员辽阔但国祚不长，不仅军事活动频繁，也重视商业贸易。其水运与国计民生的关系也极为紧密，在许多制度上承袭了宋制，促进了水上交通的发展。主要表现为大量的海上军事活动、大规模的海运漕粮；在造船业上，具备同时建造大批船舶的能力，将造船技术继续向前推进。元代建造了大量船只，其数量、质量均超过前代。有元一代，历经几十年的经营，其成果延续到明代，为明代航海奠定了基础。

元初时的宋元战争时期，依靠水军攻占了被围四年的襄樊。至元十一年，元军水师战舰数千艘占领汉口，顺江东下，直逼建康（今南京），至元十三年（1276年）攻占南宋都城临安。《大元海运记》《元史·兵志》等记载元初仅水师战舰就已有17900

---

① （宋）沈括撰，施适校点：《梦溪笔谈》，上海古籍出版社，2015年，第159页。

艘。还有无数民船分散在全国各地。至元二十二年（1285年），为济州河运粮，一次建造粮船达3000艘。元还在江海水陆要地遍设水驿站，有大量的邮递专用船。元世祖忽必烈凭借水师，每次可动用船只千艘。两次东征日本、出兵占城、征讨安南、出兵爪哇均是由海路进行的。马可·波罗在苏北见到"河上有属于大汗之船舶逾一万五千艘，盖于必要时运输军队赴印度海诸岛者也。缘此地距海仅有一日程"①，说明元代造船基地分布广泛且能力极强。

元代利用高度发达的造船业、航海业，开通了极具意义的海上漕运。至元八年（1271年）定都大都后，为巩固统治，需将南方物资大量北运，而内河漕运因河道损坏、过江入淮耗费巨大已不能满足需要。丞相伯颜平江南后，命朱清、张瑄将宋库藏图籍自崇明州从海道运至北京，以为海运可行，开始尝试南粮北运的海上漕运。据《元史·世祖本纪》《元史·食货志·海运》《元史记事本末》等载，至元十九年（1282年），伯颜据旧时运图书事，命上海总管罗壁、朱清、张瑄等造平底船（即沙船）60艘，运粮46000余石（平均每船载766石），由海道运至京师。元代海漕逐渐取代河漕由此开始，"终元世海运不废"。京师内外官府、大小吏士、黎民百姓都仰赖于北洋漕运用粮。海上漕运历经探索改进（航道改过三次），逐渐形成成熟的航路。《元史·食货志》记有刘家港—崇明—黑水洋—成山—转西至刘公岛—直沽航路，"当舟行风信有时，自浙西至京师，不过旬日而已"。船工在易出事故的险滩危崖上，白天立旗缨，夜里悬大灯。这是我国海上航标信号运用的早期实践。海上漕运开始是一年一运，后增至一年两运，影响至今。运量最高时，一年漕运米粮达352万余石，春秋两次起运，平均一次总运量为176万石。若用1000料（斛，一斛相当一石，120斤）海船装运，共需1760余艘船同时参加运输。船型不断改进。朱清、张瑄初行海运时，大船不过千石，小船不过300石，即40—130吨，元仁宗延祐年间（1314—1320年）以来，大船八九千石，小船2000余石。30年间逐渐发展为用300—1200吨的巨型沙船来运输了②。虽然秦至唐代也有经黄海、渤海向幽燕转运物资的事例，但均为军事行动，对于由中央政府组织大规模海运，开始于元朝一事，《明史·卷八十六·河渠》用"海运，始于至元"进行了总结。

元朝统治时期，各国的贡使、传教士、商人、旅行家不断来到中国。1271年意大利旅行家马可·波罗随其叔父经商来到中国，留居中国17年。马可·波罗记录了旅途中他所看到的中外海船情况，阿拉伯的船体偏小，仅一桅一舵，没有铁锚，在海上航

---

① 〔法〕沙梅昂注，冯承钧译：《马可波罗行纪》，商务印书馆，2012年，第300页。
② 杨熺：《承前启后的元代船舶》，《大连海运学院学报》1983年第9卷增刊，第105—119页。

行"乘此船者危险堪虞，沉没之数甚多"①。而中国船很大，竖四桅，张四帆，桅可以随意竖起或放下，船体有水密舱，船壳使用多重板，用铁钉连接，舱料密封防水；大船后曳小船，壳辅助抛锚、摆渡、捕鱼等。至元二十八年（1291年），马可·波罗从泉州起航护送阔阔真公主至波斯成婚，忽必烈"命备船十三艘，每艘具四桅，可张十二帆"②，使用的就是中国造海船。随着阿拉伯人的远洋航行逐渐衰落，在大航海来临前，中国的远洋海船广泛地航行在西太平洋、印度洋上。

11.3.6 明代——辉煌与衰落

海禁、朝贡贸易与郑和下西洋是明初对外关系上和航海有关的三件大事。海禁，指的是禁止国人擅自驾船到海外贸易。海禁与朝贡贸易以及倭患是密切相关联的，明开国、靖难时都曾遣使四出传达国书于海外各国，海外各国陆续入贡中国后，朝贡贸易体制初步建立，明朝出于加强专制主义中央集权国家控制的目的，防备沿海地区倭患，开始推行海禁政策。嗣后，经隆庆开海等数次反复，总体而言海禁是明海洋政策的主流，是中国古代航海、造船落后的一个主要因素，造成了极为严重的后果。海外国家要来中国贸易，需以"朝贡"的形式，也就是派遣使者附载方物入明进行"朝贡"，然后由明朝政府以"赏赐"的方式收购其"贡品"。这种做法，实际是一种变相的贸易形式，在海禁严厉期间，它几乎成了明朝进行海外贸易的唯一合法形式，故称之为"朝贡贸易"。郑和下西洋从某种意义上说，起到了招徕各国朝贡使者，为之扫清海道的作用，标志着明初朝贡贸易达到了鼎盛时期。明政府实施禁海政策后，国家层面的航海开始被民间的私商航海贸易所取代。明代航海是以中国的东部沿海为核心，将中国的瓷器丝织品以及铁器运往东南亚，又将东南亚的香料、特产等运回国内销售。来自东南沿海地区的海商贸易集团的航海行为活跃在明廷体制之外。但是，一如明人王圻在《续文献通考》所说："贡舶为王法所许，司于市舶，贸易之公也；海商为王法所不许，不司于市舶，贸易之私也。"在以内陆农业经济为基础的大一统封建体制下，局部的变化与冲动远不足以撼动强大的专制国家力量，"航海事业根本与封建制度格格不入"③，最终并未能影响、引领中国走向近现代化社会。从16世纪下半叶至17世纪上半叶，当欧洲殖民者东来、中西文化开始发生碰撞之际，当全球贸易开始在东亚海域形成与发展之时，中国已开始逐渐放弃海洋，退出了领先行列。

明代永乐—宣德年间（1405—1433年），明政府遣郑和先后七次下西洋，前后历

---

① 〔法〕沙梅昂注，冯承钧译：《马可波罗行纪》，商务印书馆，2012年，第61页。
② 〔法〕沙梅昂注，冯承钧译：《马可波罗行纪》，商务印书馆，2012年，第33页。
③ 恩格斯：《论封建制度的解体及资产阶级的兴起》，《封建社会历史译文集》，生活·读书·新知三联书店，1955年，第9页。

时28年，船队规模庞大，官兵2万余人，足迹遍及东南亚、南亚、西亚、阿拉伯，最远到达了非洲东海岸，是中国古代规模最大、船只和海员最多、时间最久的海上航行，也是15世纪末欧洲的地理大发现的航行以前世界历史上规模最大的海上活动。这一世界航海史上的壮举标志着中国古代造船、航海的顶峰。

船队所到之处进行的政治、经济、文化活动沟通了中外经贸联系与友好交流。至今各国一直保存着纪念郑和航海的文物和古迹。在爪哇有三宝垄、三宝洞、三宝公庙等，在泰国也有三宝寺。非洲索马里把当地发掘出土的明代瓷器作为中索人民传统友谊的象征。跟随郑和下西洋的费信著《星槎胜览》，马欢著《瀛涯胜览》，巩珍著《西洋番国志》，记述航海见闻，史料价值极高。它们既使中国人民对亚非一些国家人民的生活、风俗、社会生产等情况有所了解，也是研究中外关系史、航海史的重要资料。郑和船队以江苏太仓和南京为母港，由太仓、崇明出发航至福建福州闽江口五虎门扬帆出洋。每次出洋除宝船外还有船舰200余艘至数百艘不等，包括大量马船、粮船、水船等辅助船只。其中，宝船长44、阔18丈，中者长37、阔15丈，九桅12帆；其余马船八桅，粮船七桅，坐船六桅，战船有五桅。宝船有16—20橹，舵重4810千克[①]。1405年郑和下西洋比哥伦布1492年到达美洲早87年，比1497年达·伽马到达印度古里早92年，比1519年麦哲伦环球航行早114年。哥伦布航抵美洲时仅有三艘帆船，88名水手，达·伽马的葡萄牙船队只有四艘船，160名水手，麦哲伦船队有五艘帆船，260名水手，返回西班牙时只剩一只船，18名水手了，与郑和船队在各方面都无法相比。有关郑和航海的档案材料已经多已无存，现存的《郑和航海图》原称《自宝船厂开船从龙江关出水直抵外国诸番图》，由茅元仪辑入《武备志》第二百四十卷中得以保存。它是世界上最早的一部珍贵的航海技术文献和航海地图，也是研究15世纪中西交通史的重要史料。原图是按一字展开的长卷图式绘制的。收入《武备志》时改为书本式，自右而左，有序1页，图面20页，后附过洋牵星图2页。图从南京开始，遍及今南海及印度洋沿岸诸地，一直画到非洲东岸。图以航线为主，画出山形、岛屿、暗礁、浅滩等地貌，还标明航程、导航的陆标、测水深浅、观测星辰高低、停泊处所等。在横渡孟加拉湾和印度洋时，由于海面辽阔，水天一色，没有陆标导航，虽船上都设有指南针以确定船的航向、方位，但是天文导航仍很重要。随行的巩珍在其所著的《西洋番国志》自序中载："往还三年，经济大海，绵邈弥茫，水天连接，四望迥然，绝无纤翳之隐蔽，唯望日月升坠，以辨西东，星斗高低，度量远近。"马欢著《瀛涯胜览》中有《纪行诗》："欲投西域遥凝目，但见波光连天缘，舟人矫首混西东，唯望星辰定北南。"这些真实经历说明郑和船队离不开天文导航。天文导航古代叫"过洋

---

① 周世德：《中国沙船考略》，《科学史集刊》（第5期），科学出版社，1963年，第443页。

牵星"，《郑和航海图》后附录有四幅过洋牵星图：《古里往忽鲁谟斯过洋牵星图》《锡兰山回苏门答剌过洋牵星图》《龙涎屿往锡兰山过洋牵星图》《忽鲁谟斯回古里过洋牵星图》。这些航海科学知识都是留给后人的极其宝贵的文化遗产。

明世宗嘉靖年间（1522—1566年），倭寇猖獗。嘉靖三十二年（1553年），海盗王直等勾结倭寇，大举入犯，连舰百余艘，台（临海）、宁（宁波）、松（上海松江）、淮北、滨海数千里同时告警。倭寇所到之处，劫夺财物，屠杀居民并掳掠人口。为平息倭患，时戚继光开始大练水师。由于"福船耐风涛，且御火"，他亲自督造了适于作战的三种福船，即大福船、海苍和艟。《明史·志第六八·兵四》记载大福船"能容百人，底尖上阔，首昂尾高，柁楼三重，帆桅二，傍护以板，上设女墙及炮床。中为四层，最下实土石，次寝息所，次左右六门，中置水柜，扬帆炊爨皆在是，最上如露台，穴梯而登，傍设翼板，可凭以战。矢石火器皆俯发，可顺风行"。海苍船比大福船稍小，艟船比海苍船又小。依靠以福船、广船为主的水师，至嘉靖四十四年（1565年），东南沿海的倭寇基本被肃清，这也是明代除郑和下西洋之外的又一重要的海上活动。

11.3.7　清代——落日余晖、全面衰败

明清两代，海禁始终主导了政府的导向选择。自我孤立与外部世界的隔绝，拒绝与文明世界的交往，最终带来的就是愚昧与落后。从洪武十四年（1381年）设置禁止民间建造三桅以上大船，禁止民间船只下海通商，违者充军、斩首的刑律以来，政府对外交流的控制不断加强。

入清以后，法律愈加严酷，清政府实行了更为严格的海禁"迁海令"。清初顺治十二年（1655年），清政府颁布禁海令，《清实录顺治朝实录九十二卷》记："兵部议覆、浙闽总督屯泰疏言、沿海省分、应立严禁。无许片帆入海违者立置重典。从之。"《光绪大清会典·卷六二·事例》言："海船除给有执照许令出洋外，若官民人等擅造两桅以上大船，将违禁货物出洋贩卖番国，并潜通海贼，同谋结聚，及为向导，劫掠良民；或造成大船，图利卖与番国，或将大船赁与出洋之人，分取番人货物者，皆交刑部分别治罪。至单桅小船，准民人领给执照，于沿海附近处捕鱼取薪，营泛官兵不许扰累。"顺治十八年，自辽东至广东，近海居民各移内地30里，烧毁房舍、物资，砍伐树木，荒芜田地，民死过半。沿海三五十里被毁为无人区。从渤海湾到南海，"将沿海船只悉行烧毁，寸板不许下水"。即使收复台湾后，康熙五十六年（1717年）到雍正五年（1727年）仍实行海禁。康熙五十六年定《商船出洋贸易法》，不许商船往南洋吕宋等处贸易，造船须报地方官亲验烙印，取船户甘结，并将船只丈尺、客商姓名、货物往来某处贸易填写船单。按月册报督、抚存案。每日每人

准带食米一升，并余米一升，以防风阻。如有越额之米，查出入官，船户、商人一并治罪。如将船卖与外国者，造船与卖船之人皆立斩，所去之人留在外国，将知情同去之人枷号三月，该督抚行文外国，令其将留下之人解回立斩；沿海官员如遇私卖船只、多带米粮、偷越禁地等事，隐匿不报，从重治罪。康熙二十三年（1684年）停止海禁时，清政府公布了四大对外航海通商口岸，为广州、厦门、宁波、上海。后外国船只多由于贸易条件便利逐渐集中到广州。乾隆二十二年关闭除广州外的所有对外开放通商港口。在海禁稍迟宽松后，除去沿海的小型木船和内水帆船外，几无航海可言。

由于沿海航业的不断发展，海禁政策在清代不同时期也有松动，中国航海活动比前代无论在范围还是数量上均呈萎缩态势。雍正五年，因福建地狭人稠，人口日增，本地所产粮食不敷食用，闽浙总督高其倬奏复开海禁，从南亚进口大米。复开海禁后，清代的海上航运略有复兴，据《厦门志》载："服贾者（商人）以贩海为利薮，视汪洋巨浸为衽席，北至宁波、上海、天津、锦州，南至粤东，对渡台湾，一岁往来数次。外至吕宋、苏禄、实力、噶喇巴，冬去夏回，一年一次。初则获利数倍至数十倍不等，故有倾产而造船者。"说明18世纪以来，中国海船在东南亚还有一些活动，最主要的活动是对日本的矿业、越南的稻米贸易。

有清一代，只有同琉球国的来往是通过主动的海上活动完成的。清康熙五十八年（1719年）徐葆光撰《中山传信录》详细了记载出使琉球造船、航海的情况。这次为了出使琉球，自浙江宁波民间商船中选取了两只大海船作为"封舟"。"封舟"是皇帝册封赐有名字的船只，专为皇帝的使节（及其随从）乘坐前往有关国家进行国事活动的大海船。由于是从民间选取的，其中船舵不设副舵，以西洋法式营造，可见当时中式传统造船已汲取了西方的先进经验。《中山传信录》载，福州赴琉球的往返针路、里程、所需时间及地理形势，给后人留下了极珍贵的航海史料。使用民船出使，既说明民间的富有和当时造船航海业的发展，也从侧面显露出国家层面对航海的忽视与无力。

清代远洋航海业最盛时约有远洋商船600余艘，总运载能力可达20多万吨，在规模上虽大于前代，但是和快速发展世界航海、造船业相比已被远远地甩在后面，全面落后于时代。1793年英国马嘎尔尼使团访问清朝时，"惊奇地发现中国的帆船很不结实，由于船只吃水浅，无法抵御大风的袭击"，由此得出的判断是"中国船的构造根本不适应航海"，马嘎尔尼发出过这样的感叹："中国人首次看见欧洲的船只，至今已经有250年了，他们毫不掩饰对我们航海技术的赞赏，然而他们从未模仿过我们的造船工艺或航海技术。他们顽固地沿用他们无知祖先的笨拙方法，由于世界上没有一个国家能比中国更需要航海技术，因而中国人这种惰性更加令人难以置信。"[①]19世纪洋务运动兴起，近代机械动力船舶传入中国，中国开始建造近代化船只，在沿海地区又兴起了天津、牛庄、山东沿海诸地等一些新港口。这些已不属于传统的古代航海范畴内容。

总之，明代开始，中国封建社会已经越来越趋于没落、崩溃。中国古代的造船和航海技术在相当长的历史时期内一直处于世界领先地位，郑和下西洋时达到了顶峰。然而，对比郑和七下西洋与达·伽马、哥伦布、麦哲伦的环球航海，有许多值得反思的地方。经历了文艺复兴的西方资本主义开始飞速发展。欧洲开始的科学技术革命为生产力带来了颠覆性变革。在航海与造船技术上更是一日千里，开创了人类历史上恢宏的海上革命，蒸汽机械动力代替了人力风力，钢铁取代了木材，建立了完备的航海科学体系。15—16世纪开始，中国的航海与造船业逐渐落后，无论是造船术还是航海术都始终囿于经验与传统，徘徊不前，最终被抛在现代世界的后面。嗣后，虽然历经洋务运动、民国实业救国等数代人的努力，中国仍然远远落后于世界。中华人民共和国成立后，才使中国造船航海事业揭开了新的篇章。20世纪80年代改革开放以后，中国的造船业方迎来全面复兴，逐渐和世界发展接轨。

11.4 中国古代船型

中国是世界上造船历史最悠久的国家之一。在历史上，中国木船船型十分丰富。到20世纪50年代，估计有千种左右，仅海洋渔船的船型就有两三百种。古代航海木帆船中的沙船、福船、广船是最为常见的船舶类型，许多其他船型都是在三大船型的基础上修改而得。

11.4.1 沙船

沙船是我国最古老的一种船型，出土的独木舟及甲骨文（舟）字就可以看到它的平底、方头、方艄的特征。山东日照等地有许多沙船，相传是越王勾践由会稽迁都琅琊时遗留下来的船型。可说是沙船的前身了。唐代首先在今江苏崇明一带使用。宋代称"防沙平底船"。元代称"平底船"。明代通称为"沙船"。也有观点认为其发源于长江口、崇明一带的船型。康熙《崇明县志》载："崇明县乃唐（高祖李渊）武德间（618—626年）涌沙而成。"又载"沙船以出崇明沙而得名。太仓松江通州海门皆有……"可知沙船产生于唐代，明嘉靖初，始通称沙船。沙船船型为方头方艄，多桅多帆，长宽比

[①]〔法〕佩雷菲特著，王国卿、毛凤支、谷炘译：《停滞的帝国：两个世界的撞击》，生活·读书·新知三联书店，2013年。

大，平底浅吃水，具有宽、大、扁、浅的特征。沙船一般有五桅，挂长方形平衡纵帆，这种帆的风压中心靠近桅杆，操纵轻便。因为吃水浅容易横漂，深海航行时，需使用披水板置于下风，插入水中以防漂移；浅水区域则将舵提起防止触底。

沙船不怕沙滩，可在沙质海底的海域航行，也可在江河湖泊中航行。沙船底平能坐滩，不怕搁浅。在风浪中比较安全，特别是风向潮向不同时，因底平吃水浅，受潮水影响比较小。明茅元仪《武备志·军资乘》"沙船"条特意说明："沙船能调戗使斗风，然惟便于北洋，而不便于南洋，北洋浅南洋深也。沙船底平，不能破深水之大浪也。北洋有滚涂浪，福船、苍山船底尖，最畏此浪，沙船却不畏此。"载重量大也是沙船的特点。一般记载说沙船载重量是四千石到六千石（约合500—800吨）。一说沙船载重量是二千石到三千石（约合250—400吨），元代海运大船八九千石（1200吨以上）。

沙船的不足在于，因受水面积大，船头为平板，速度较慢。为此，在船身中间的两侧加装了披水板（腰舵），在船头两侧加装梗水木，在船尾挂太平篮（遇风浪大时装上石块船中），而大大增强了平稳性。特别是装了披水板之后，使得原来已具备的逆风张帆行驶的能力更为增强。可在七级风力的情况下行驶；沙船破浪能力差，在内河运输上具有运输量大、能适应河岸浅滩靠岸的特点。但在远洋海航方面体现出很大的弱点。所以一般用于内河运输和在远洋航行中在特殊季节作运输补给船使用。

由于沙船具有上述特点，所以，它在内河的民用运输中使用范围非常广泛，沿江沿海都有沙船踪迹。10世纪初，中国沙船远航到爪哇郑和下西洋期间，郑和船队中的宝船亦有沙船船型，南京宝船厂建造的大多是沙船船型海船。沙船在我国持续了使用很长时间，清代道光年间上海有沙船五千艘，估计当时全国沙船总数在万艘以上。沙船在中国航运史上占有重要地位。

11.4.2 福船

浙江、福建尖底海船的统称，福船又称福建船、白艚，是中国古远洋帆船的代表性船型。福船具有龙骨，吃水较深，适航性好。但不适宜进入浅水水域与狭窄航道，在许多港口需要使用小艇接驳货物与人员。船上多设两三桅，挂长方形平衡纵帆，甲板比较宽大，亦常被作为战船使用。

宋元时期中国出现了单龙骨的尖底船，《宣和奉使高丽图经》等有详细记载描述。其特点是尖底深吃水，"上平如衡，下侧如刃，贵其可以破浪而行也"；宽度大、长宽比小，有利于稳性、强度，对快速性并无大碍；船型瘦削，方形系数0.44，可以弥补宽度大对快速性的影响；V形横剖面有利于耐波性、抗漂性，有利于施工工艺；方龙骨，双层三层外板，多道水密舱壁，保证了船体强度和抗沉性。明嘉靖年间胡宗宪所著的《筹海图编》有对福船优缺点的描述，有"高大如楼，其底尖，其上阔，其首昂"；"能行于顺风顺潮回翔"；"不便亦不能逼岸而泊，须假哨船接渡而后可"等语。明嘉靖年间戚继光所著的《纪效新书》列举福船"高大如城，吃水一丈一二尺"，"惟利大洋，不然多胶于浅"，"非人力可驱，全仗风势"，以及"无风不可使"等优缺点

11.4.3 广船

广东及附近地区大型木帆船的总称，为我国古代主要船型之一。唐宋时期逐渐发展成熟，定型于元明，成为我国一种著名的船型。广船的船型与福船相近，上宽下窄，头尖体长，线型瘦尖底，梁拱小，甲板脊弧不高。船体的横向结构用紧密的肋骨与隔舱板构成，纵向强度依靠龙骨和大撤维持。结构坚固，在海上摇摆较快，但不易翻沉，有较好的适航性能和续航能力。广船另一显著特点为其帆面积大，船只宽度更宽阔，适合于远航。广船最大的特点是一般采用多孔舵，舵叶面积大，舵效好。舵叶上开数排菱形孔，可减轻舵叶自重，更重要的通过舵孔排水可把水流通过舵叶小孔时的涡流对船舶引起的阻力减到最小，使船只回转性好，操纵方便灵活。广船多用铁力木、柚木等硬木，《海防纂要》载："广船视福船尤大，其坚致亦远过之，盖广船乃铁力木所造，福船不过松杉之类而已，二船在海若相冲击，福船即碎，不能当铁力之坚也。倭夷造船，亦用松杉之类，不敢与广船相冲，但广船难调，不如调福船为便易，广船若坏，须用铁力木修理，难乎其继，且其制下窄上宽，状若两翼，在里海则稳，在外洋则动摇。广船造船之费倍于福船，而其耐久亦过之，盖福船俱松杉木，楸虫易食，常要烧洗，过八九汛后难堪风涛矣，广船铁力木坚，楸虫纵食之也难坏。"故广船坚固耐用，最长者可达数十年之久。我国第一艘驶向欧洲的"耆英号"就是典型的广船。

11.5 中国对航海的贡献

11.5.1 指南针用于航海

指南针亦称罗盘。早在战国时即已出现"司南"，汉有指南车，晋有指南舟。《鬼谷子》一书最早记录了"司南"一词："郑人之取玉也，必载司南之车，为其不惑也。"汉朝哲学家王充在《论衡》一书中记载："司南之杓，投之于地，其柄指南。"但是这种由天然磁石加工而成的圆勺形测向器，显然不适于在波涛颠荡的海洋上应用。宋代由于科技水平全面提高，特别是人工磁化技术的出现，才使这些划时代的导航仪器的诞生成为可能。"舟师识地理，夜者观星，昼者观日。阴晦观指南

针。"北宋人朱彧在《萍洲可谈》有"以针横贯灯心（即灯心草），浮于水上，亦指南，然常偏丙位"使用方式的记述。由于不论船舶在海中如何摇摆，容器中的水面总有维持水平的倾向，因此，水浮针的指向效果相当稳定。值得注意的是，北宋人所谓指南针"常微偏东"或"常偏丙位"（即正南偏东15°），表明当时已认识到地磁偏角的存在。沈括在《梦溪笔谈》指明："方家以磁石磨针锋，则能指南，然常微偏东，不全南也，水浮多荡摇。指爪及碗唇上皆可为之，运转尤速，但坚滑易坠，不若缕悬为最善。其法取新纩中独茧缕，以芥子许蜡，缀于针腰，无风处悬之，则针常指南。其中有磨而指北者。余家指南、北者皆有之。磁石之指南，犹柏之指西，莫可原其理。"这对于提高船舶的导航精度具有重大意义，比1492年哥伦布在横渡大西洋到达新大陆时的同样发现早4个世纪以上，是古代中国磁学与导航技术走在世界前列的明证之一。罗盘针在当时已成为一种主要的航路指南手段，是宋元时期地文航海技术的重大进步。罗盘的应用，在世界航海史上是一件划时代的大事。中国磁罗盘的发明及在世界上的广泛应用，使海图与航海技术发生了根本的变革。

11.5.2 放样造船、滑道下水

张中彦为金朝营造家，《金史·张中彦传》载："始制匠者，未得其法，中彦手制小舟，才数寸许，不假胶漆，而首尾自相勾带，谓之鼓子卯，诸匠无不骇服。"其后有南京张甓知处州时造大船，"幕僚不能计其值，甓教以造一小舟，量其尺寸，而十倍算之"，后又将此方法用于建筑材料的计算、施工，也取得了事半功倍的效果。"浮梁巨舰毕功，将发旁郡民曳之就水，中彦招役夫数十人，治地势顺下，倾泻于河，取新秫楷，密布于地，复以大木限其旁。凌晨督众，乘霜滑曳之，殊不劳力而致诸水。"张中彦在船造好后利用有斜度的土坡，垫以表面光滑的新高粱秆，借助早霜减小摩擦力，两边用大木限位。无论下水方式还是安全措施，均考虑得周到、细致。此是中国造船滑道下水最早的描述。古代发明的船舶沿滑道纵向下水的原理，一直使用到现代。在20世纪80年代，我国有的小型船厂，还是用土坡滑道。后世，明代李昭祥在嘉靖年间任工部主事时，著有《龙江船厂志》，该书中附有龙江船厂的厂区图，从图中可以看出，水渠中有多条船，陆地上也有多条船，具有从陆上船台以滑坡道将船下水的特征。

11.5.3 船尾舵

方头、方尾是中国帆船的又一特征。方尾船比尖尾船有利于装设尾舵口，因此中国帆船上出现尾舵的年代比较早。但方尾船航行时，船尾部产生的涡流较多，降低了舵效，为此，中国帆船在浅水海域航行还要依靠操作桨橹控制航向，驶入深水海域

后，将尾舵降到船底之下，提高舵效。船在偏逆风下航行，尾舵能起到减少船舶横漂的作用，提高航行效率。中国古船帆转动不同角度，与舵配合，可以形成独具特色的驾驶技术，逆风时通过采用"之"字航行，帆舵配合，也能行驶。《释名》中的"其尾曰柁，柁，拕也，在后见拕曳也，且弼正船使顺流，不使他戾也"是最早的记载。1954年在广州沙河顶出土的东汉陶船模型，其船前有系锚，船尾设有舵，是目前已知船尾舵的最早实物。舵对船舶航行极为重要。宋《太平御览》载赵壹《嫉邪赋》说："奚异涉海之失柁，坐积薪而待燃。"明代何汝宾《兵录》指出："舵工为一船司命，关系匪轻。"至迟到唐代，郑虔的画作中已出现了垂直轴线舵。其后，中国舵的样式又不断改进发展，后周—北宋开始使用了平衡舵，之后广船开始用了开孔舵。船尾舵作为定向工具，其舵压中心至舵杆轴线的距离小，转舵力矩小，但舵在水流作用下易摆动，远比使用划桨高效，是帆船能远距离航行的必要工具。船尾舵于10世纪首先传入阿拉伯地区，1180年传入欧洲，1242年欧洲开始使用。也较早地传入日本和朝鲜半岛（7世纪传到日本）。1901年西方开始使用。舵仍是现代各国船舶上应用最广泛的操纵设备。此项重大发明，是对世界造船和航海技术的一个巨大贡献。

11.5.4　水密隔舱

水密隔舱是指用隔舱板把船舱分成互不相通的独立舱室，一旦某几个隔舱发生破损进水，水流不会在其间相互流动，船舶在受损时，依然具有足够的浮力和稳定性，进而降低立即沉船的危险，是一种提升船舶安全性的造船设计和技术。各舱室不仅可以隔开水流，也可分装货物易于装卸，分隔舱室更便于使用。此外，水密隔舱作为船壳板弯曲的支撑点还增加了横向强度，起到加固船体作用。今天，所有船只仍必须按规范要求设一定数量的水密隔舱。水密舱是中国传统的造船工艺。中国帆船多用数量较多的横隔舱壁代替肋骨来支撑船两侧的外壳板，保持船体外形和保证船的横向强度。虽然有舱间距较小，不便装载大件货物的缺点，但船只破损时可把该舱与其他船舱隔开，确保整体的安全。

水密隔舱的记载最早见于《宋书》"八艚舰"。晋义熙六年（410年），卢循始造八槽舰。"卢循新造八槽舰九枚，起四层，高十余丈。""循即日发巴陵，与道覆连旗而下。别有八艚舰九枚，起四层，高十二丈。"八槽就是将船用舱壁分为八个舱。水密隔舱技术是对世界造船技术的重大贡献。从宋代开始，中国船舶已普遍设置了水密隔舱。在元代此技术传入到朝鲜半岛，日本16世纪末建造的大"安宅丸""关船""小早"还没有横舱壁，而用船梁作横向支撑，到18世纪后期的"三国丸"才使用横了舱壁。中西亚、东南亚等地区早期的木船多是用肋骨框架支撑，亦无隔舱板，元代之后方逐渐开始使用水密隔舱。这项发明于18世纪传入欧洲，逐渐被效仿，欧洲最早设计出水密舱壁技术的是英国的海军工程师塞缪尔·本瑟姆。这一技术逐渐为世界各国造船业所普遍采用，对航海事业的发展产生了极为重要的影响。

11.5.5 舭龙骨（减摇）

舭龙骨的主要作用是增加舰船横摇时的阻尼，减轻横摇的程度，属于一种固定式减摇装置。在船两舷对称布置，有连续式和间断式两种。舭龙骨与舭部列板的连接应保证舭龙骨损伤时不致损及舭部列板。舭龙骨一般用在方形系数小的船舶上，用来加强耐波性和稳定性。但是，船舶的舭部安装了舭龙骨，会相应地降低船舶的操纵性，在设计合理的情况下能够极大地降低横摇和纵摇以加强耐波性。减摇龙骨的发明是对世界航海事业的重大贡献。

宁波宋船实际应用了减摇龙骨技术，它对改善船舶航海性能、保证航海安全，起到了极其重要的作用。现代海船几乎无一例外地设置舭龙骨，李二和先生在《中国水运史》中指出："由于这一技术具有简单、经济的重要特点和优点，迄今仍在继续发挥重要作用。这是我们祖先对世界航海事业作出的重大贡献之一。"舭龙骨对提高船舶的稳定性和适航性都具有极其重要的意义，也是中国造船技术对人类的重大贡献之一。西方开始使用舭龙骨是在19世纪初的帆船时代，中国此项技术的实际应用，比西方要早出700多年。

11.5.6 捻缝技术和舱料

传统木船是用大量木质船板连接拼合而成的，木板与木板之间存在许多拼缝，如果不对这些缝隙进行严密封堵，水就会从缝隙间渗入船壳，导致船舶沉没。所以塞缝堵漏几乎是伴随船舶一起诞生的，把填补船壳木板空隙的技术称为"捻缝"，这项工艺专用的填充材料叫"舱料"。中国船用的舱料可能在战国已经出现，隋朝时期，舱料和舱缝工艺已经相当成熟了。

舱料亦称"油灰"，以桐油、石灰（蛎灰）、麻丝（竹绒）按比例精细加工而成，用来填补板缝隙，使船不渗漏水。舱料主要有两种。一种是由麻丝、桐油、石灰调制而成的麻板，福建沿海也常采用贝壳粉、桐油、麻丝调制的麻板。另一种舱料用桐油和石灰调制而成。麻板主要用于填塞木板之间较宽的缝隙，保证船的水密性；桐油和石灰调制而成的舱料则常用于密封船壳上的钉孔和其他的细小空洞、缝隙，可以防止铁钉锈蚀。木船建造成型后，对船壳表面进行刨光、清理，由专门的舱匠用工具将麻板填入木材缝隙，捣实后再把桐油灰敷在缝隙之上，用工具将封堵表面刮平，铲除多余的油灰。等整个船壳完成舱缝之后，再用桐油将船体刷一遍，舱料和船身就会融为一体。传统木船一般每年都要维修，在清除船底附着物后，重新用舱料和桐油来舱缝保养，使船体密封性更耐久。明《龙江船厂志》关于造船要求时载："夫造船之工，唯油舱最要。"船在水中，最怕渗、漏水。在古代，捻工偷工减料，要受到严厉处罚。

11.5.7 橹

橹是船舶的一种推进工具，汉刘熙《释名》的解释是："在旁曰橹，橹，膂也，用膂力然后舟行也。"是在舵桨的基础上发展演变而来的。舵桨加长后操作方式从"划"演变为鱼尾式的"摇"，就产生了中国特有的"橹"。橹的发明是中国对世界造船技术的重大贡献之一。

桨是划，橹是来回摇，橹叶连续产生推力，而且橹的支点近橹的中间位置，摇橹省力。故有"一橹抵三桨"之说。橹的工作原理符合现代才有的"机翼理论"。橹这种推进工具要比划桨优越，它是一种连续性的推进工具，而且具有操纵船舶回转的功能，被学者赞誉为中国发明的"可逆式螺旋桨"。这在2000年前的确是很了不起的事情。《三国会要·吴志》载：吕蒙"使白衣摇橹作商贾人服，日夜兼程"。橹从汉代一直使用到现在，在唐代传到日本，宋代传到朝鲜半岛。

11.5.8 锚

船在水中航行，必须在需要时能固定停泊。近岸靠港边可系缆停靠，当远离岸边，就需抛锚下碇了。可能受猫的启示，中国发明了四爪锚，早期铁锚写成"铁猫"，锚爪写成"猫爪"。"浅水抛锚，深水下木碇"，中国发明使用铁锚至少在宋代。明宋应星《天工开物》说："锚爪一遇泥沙扣底抓住，十分危急则下看家锚，系此锚者，名曰本身盖重言之也。"明代内河船上最大铁锚称"看家猫"。我国已有金代三爪金属锚（辽宁出土）、元代铁锚出土（菏泽出土），明代铁锚更是出土多个。日本12世纪末的镰仓时代开始使用中国船停泊用的木石碇（木石锚），15世纪室町时代开始用中国发明的四爪铁锚。同时期，四爪锚也传到了朝鲜半岛。

11.5.9 测深锤

北宋徐兢出使高丽时，总结航行经验，"海水不畏深，惟惧浅阁，以舟底不平，若潮落，则倾覆不可救，故常以绳垂铅锤以试之"，"故舟人每以过沙尾为难，当数用铅锤，时其深浅，不可不谨也"。在缺乏机械动力的风帆时代，因搁浅触底是船舶面临的最大的威胁之一。故行船怕水浅不怕水深。古人行船时浅水用竹竿探底，深水则用绳系铅锤。《海国闻见录》中"用绳驼探水，深浅若干，驼底带蜡油，以粘探沙泥"，即在绳上每间隔一托系住一布条，将铅垂丢入水中，到底拉上来，数布条数就知此处水深多少。《江苏海运全案》又说："锤上包以布，抹以蜡，泽以脂膏，俾水底沙泥缘锤而起,验其色以辨海运世界,计绳之长短,知水之深浅"。这种方法简单实用,是中国古代航海经验总结出的智慧。

11.5.10 平衡纵帆

中国航海帆船以设置两三根桅杆的居多。每根桅杆上只挂一面可以方便转动和升降的平衡纵帆。平衡纵帆是指风帆的风压中心距离桅杆很近,可以较省力地把帆面转动到任何角度,以适应不同风向。古代船的风帆是用多块四周用竹条加固的草席串联而成。后用牢固的帆布制成整面的风帆,用竹条加固使帆面平直,俗称"硬篷"。"硬篷"平直,在偏、逆风下使帆效率较高。中国式风帆的帆体较重,落帆快捷,特别是在突遇狂风袭击时,可以迅速落帆,摆脱危险。三国东吴丹阳太守万震著《南州异物志》云:"外徼人随帆大小或四帆,前后沓载之,有庐头木叶如牖形长丈余,织以为帆。其四帆不正前向,皆使邪移相聚以取风吹,风后者激而相射,亦并得风力,若急则随宜城减之,邪张相取风气,而无高危之虑,故行不避迅风激波,说所以能疾。"对使帆技术介绍最为具体。撑条式硬帆可分为长方形、扇形、上部扇形下部矩形的混合型3种,以混合型居多,又称为平衡硬式斜桁帆。帆叶较硬,中间加塞帆骨作为支撑;帆较重,上升慢降帆快;可根据风力大小调节帆型;由于材料限制,中式帆不能做太大,导致速度不够快。从战国时期便有此种帆叶。以后又出现了多桅多帆,以中间主桅杆最长,两头不对称排桅以增加受风面积,减少高度确保稳定。中国古船可有多道帆,郑和下西洋中最大的宝船有九桅十二帆。据《古今图书集成·经济汇编·考工典》载:"海舶广大,容载千人,风帆十余道,约二千四百丈布为之。"

中国古代船工创造了中式帆船,在船舶建造方面是自成体系的,具有船体结构坚固、航行性能优良、操作灵便等特点,所发明的船尾舵、水密舱壁、车轮舟和指南针等多项技术传播到世界不同地区,有力地推动了中国和全世界的造船与航海活动。现在,全世界绝大多数的运输船舶和战舰,几乎都无例外地使用水密舱壁和尾舵,都还使用罗盘针。车轮舟推动了蒸汽机船的发展,推动船舶前进的大桨轮成为机动船舶的象征,人们开始称车轮舟为"轮船"。尽管现今早已不再使用桨轮了,但轮船的"轮"字仍被沿用。美国科技史学者罗伯特·K. G. 坦普尔在1986年出版的《中国:发明和发现的国度——中国科学技术史精华》一书中指出:"如果没有从中国引进船尾舵、指南针、多重桅杆等改进航海和导航的技术,欧洲绝不会有导致地理大发现的航行,哥伦布也不可能远航到美洲,欧洲人也就不可能建立那些殖民帝国。"[1]

---

[1] 〔美〕罗伯特·K. G. 坦普尔著,陈养正等译:《中国:发明与发现的国度——中国科学技术史精华》,21世纪出版社,1995年,第11—18页。

第12章 海洋贸易陶瓷

国家文物局考古研究中心 孟原召

陶瓷器是古代海洋贸易中的重要商品。古希腊、罗马时代的地中海贸易中便有数量丰富的陶瓶、陶罐类陶器，甚至还通过红海、阿拉伯海的贸易销往南亚地区，西亚地区的波斯釉陶器也经由海洋贸易输往地中海沿岸和北非、东亚等地。随着中国同海外地区海上交通和贸易往来的发展，中国陶瓷器大量销往海外地区，同时，制瓷技术也随之互动交流，是中外经济文化交流的突出代表。

秦汉时期，岭南已与海外有一定的海上贸易往来，这条海上交通线路至少在汉代已经较为成熟，《汉书·地理志》记述了自"日南障塞、徐闻、合浦船行"，抵达印度、东南亚地区的海上航线，并记载黄门设"译长"，"与应募者俱入海市明珠、璧流离、奇石异物，赍黄金杂缯而往"[1]。汉晋时期，陶瓷器已有一定的海外流传。隋唐五代以来，随着航海技术的不断进步，海外交通得以迅速发展，及至宋元时期海外贸易达到空前繁荣，明清时期又出现了新的特点。瓷器和丝绸、茶叶成为海外贸易中对外输出的主要商品，连同由海外地区输入的香料、珍宝等物，形成了一条历史悠久的海上贸易线路，即后世所称的"海上丝绸之路"[2]。在这条漫长的贸易线路上，陶瓷器因数量多、易于保存而有大量发现，结合陶瓷生产地和海外消费地的情况，可以此来了解陶瓷器的海外贸易和海上丝绸之路的发展状况。

12.1 概念与地位

陶瓷器成为海上丝绸之路上的重要商品，制瓷技术的发展是前提。这显然要得益于中国传统制瓷技术的不断发展与繁荣。瓷器作为中国古代的伟大发明之一，商周时期即已生产出原始瓷器，至东汉晚期烧造出了成熟瓷器；历经三国两晋南北朝时期制瓷技术的不断改进和发展，隋唐五代时期达到了新的高度，并形成了以"南青北白"为主要特征的制瓷手工业分布格局；宋元时期制瓷手工业有了进一步的发展，生产规模扩大，产品类别增多，达到了空前繁荣；明清时期的瓷业格局有了新的变化，尤以景德镇窑的发展最为突出，产品则以青花瓷器为主，还有丰富多彩的彩瓷和单色釉瓷等[3]。这些常见的陶瓷器尤其是中国古代瓷器，不仅受到国内人们的普遍喜爱和广泛使用，成为人们社会生活中不可缺少的物品，而且广受海外地区人们的欢迎，海外市场需求越来越大，这在一定程度上也刺激了陶瓷生产规模的扩大与繁荣。正基于此，陶

---

[1]《汉书》卷二八下《地理志》，中华书局，1962年，第1671页。
[2] 陈炎：《略论海上"丝绸之路"》，《历史研究》1982年第3期，第161—177页；陈高华、吴泰、郭松义：《海上丝绸之路》，海洋出版社，1991年。
[3] 中国硅酸盐学会主编：《中国陶瓷史》，文物出版社，1982年；叶喆民：《中国陶瓷史》，生活·读书·新知三联书店，2006年。

瓷器才逐渐成为海外贸易中的重要商品，销往世界各地，在古代中外贸易往来和文化交流中占有重要地位。

12.1.1 概念

在讨论这一问题之前，本章先对海外贸易陶瓷的概念略作界定。这一点涉及在海外地区发现的陶瓷器的性质，一般而言可分为两类：一类应属于非商品类，如赏赐品、礼品等，此类数量有限；另一类则是作为商品对外广泛销售，这类最为常见，而且数量非常大，一般学者称之为"外销瓷"[1]，也有学者称为"贸易陶瓷""外贸瓷"等[2]，还有学者认为其因海洋贸易而兴起，应称为"海洋性陶瓷"或"海洋性瓷业"[3]，名称不一而足。当然，也有学者考虑到海外发现陶瓷器性质的差异，而统称之为"输出瓷器"[4]。事实上，这些输出到海外地区的陶瓷器性质也是多样的，除了政府外交用的赏赐瓷器外[5]，单就贸易瓷器而言，也可分为官府贸易和民间贸易。由于陶瓷器重且易碎，陆路运输比较困难，大规模对外输出主要依靠海路运输，通过海上贸易来实现，这一点已有学者做过明确论述，装载大量瓷器的沉船的发现更是明证。因此，本章所论的海洋贸易陶瓷主要是指作为海洋贸易商品而大量销往海外地区的陶瓷器，即一般所言的"外销瓷"或"外销陶瓷"。从这一点而言，海洋贸易陶瓷并非专指古代中国的陶瓷器，凡作为贸易商品通过海上贸易的陶瓷器均可包括在内，如销往

---

[1] 中国瓷器的"外销"这一概念的提出，大约始于20世纪中叶，如韩槐准《南洋遗留的中国古外销陶瓷》（青年书局，1960年）一书即使用了"外销陶瓷"。20世纪70—80年代，中国学者随之掀起了古外销陶瓷研究的热潮，并成立了中国古外销陶瓷研究会，推动了这项颇具中外文化交流范畴的研究。如：冯先铭：《中国古代瓷器的外销》，《海交史研究2》，中国海外交通史研究会福建省泉州海外交通史博物馆，1980年，第14—21页；李锡经：《中国外销瓷研究概述》，《中国历史博物馆馆刊》1983年总第5期，第53—55页。
[2] 对此类中国对外输出瓷器的称呼，日本学者称作"贸易陶磁"，如日本的贸易陶磁研究会于20世纪80年代开始主办的年会及论文集《贸易陶磁研究》等；英文一般用为"Trade Ceramics"、"Export Ceramics"或"Trade Porcelain"、"Export Porcelain"，20世纪西方出版的中国陶瓷图录和相关研究中均有体现。根据中国古代瓷器的生产与销售情况来看，其市场是相当复杂的，如一处窑场所产瓷器，往往是既可满足当地或国内市场需要，也有一部分可销往海外地区满足海外市场需要，因而，这一概念的使用也存有疑义。据香港学者苏基朗的概括："顾名思义，外贸瓷（Trade Ceramics / Export Ceramics）当然也是一种商品陶瓷，它和一般商品陶瓷的重要差别，在其主要目的的市场，既非本地区域市场，亦非其他国内市场，而是出口市场。"并且他还认为，"生产陶瓷时目的主要是国内市场，制成品最后仍可以销到海外市场"的"输出的陶瓷"，"都符合外贸瓷的定义"。这就明确了外销瓷的内涵与范畴，其是与海外市场息息相关的。事实上，输往海外地区的陶瓷也主要是"外销瓷"。这也是目前学术界对"外销瓷"最为普遍的看法，因此，本章也采用这一含义，并沿用较为通用的"外销瓷"这个名称。参考：苏基朗：《两宋闽南广东外贸瓷产业的空间模式：一个比较分析》，《中国海洋发展史论文集》（第六辑），"中研院"中山人文社会科学研究所专书（40）（后省略），1997年，第125—172页，引文参阅第126页。
[3] 吴春明：《古代东南海洋性瓷业格局的发展与变化》，《中国社会经济史研究》2003年第3期，第33—41页；王新天：《中国东南海洋性瓷业的历史进程》，天津古籍出版社，2019年。
[4] 王光尧：《对中国古代输出瓷器的一些认识》，《故宫博物院院刊》2011年第3期，第36—54页。
[5] 中国输往海外地区的赏赐瓷器总量并不多，而且其性质难以明确界定，因此本章仅在此提及这类瓷器，而不做进一步论述。

东方的波斯釉陶、销往西亚北非的泰国青瓷和越南青花瓷、销往欧洲的日本伊万里瓷器、销往世界的欧洲瓷器等[①]。

需要说明的是，中国陶瓷器的对外输出虽以海上贸易为主，但同时仍存在少量的陆路运输方式，西北及至中亚、西亚及东北亚等地区的部分陶瓷器应有一些便是通过陆上丝绸之路运输的。例如，明人沈德符《万历野获编》卷三十《外国》"夷人市瓷器"条记载了"鞑靼女真"及"天方诸国"由京师归国装载瓷器"陆行万里"时的装运方式，"初买时，每一器内纳少土，及豆麦少许。叠数十个，辄牢缚成一片。置之湿地，频洒以水。久之则豆麦生芽，缠绕胶固。试投之荦确之地，不损破者，始以登车。临装驾时，又从车上掷下数番，其坚韧如故者，始载以往"[②]，颇为讲究。此可作为瓷器陆路运输方式的参考，这一点也是对海洋贸易陶瓷的补充。

12.1.2　地位

关于陶瓷器在古代海上交通和海外贸易中的地位，我们可以从历史文献记载和文物考古发现两个方面进行说明。

从文献记载来看，《汉书·地理志》记述自"日南障塞、徐闻、合浦船行"，可至东南亚一带的都元国、邑卢没国、谌离国、夫甘都卢国等地，以及南亚地区的黄支国、已程不国，并"入海市明珠、璧流离、奇石异物，赍黄金杂缯而往"，这时已以"黄金、杂缯"经由南海诸国交易"明珠、璧流离、奇石异物"，也是海上丝绸之路贸易的明确记载，尚未有陶瓷贸易的记录。六朝时期的海上航线有了新的发展，但大规模的海外贸易仍有较大限制。隋唐五代以来，海外交通发展迅速，蕃舶往来频繁，《新唐书·地理志》收录有唐人贾耽所记由广州经南海、印度洋抵达红海、波斯湾沿岸的"广州通海夷道"，特别是晚唐西域丝绸之路受阻以后，海外贸易渐趋繁荣；同时，陶瓷器也逐渐成为中国对外输出的重要商品之一。这在当时文献中记载颇多，《宋会要辑稿·职官四四之一》记："市舶司掌市易南蕃诸国物货航舶……立通货易，以金银、缗钱、铅锡、杂色帛、精麄瓷器，市易香药……"[③]精粗瓷器是宋代用以市易蕃货的商品之一；宋人朱彧《萍洲可谈》卷二记载："舶船深阔各数十丈，商人分占贮货，人得数尺许，下以贮物，夜卧其上。货多陶器，大小相套，无少隙地。"[④]赵汝适《诸蕃志》中多次提到"番商兴贩"用"瓷器""青白瓷器""青瓷器"等博

[①] 事实上，这些陶瓷器的海上贸易也是颇为重要的，探讨海洋贸易陶瓷这一专题时不应忽略这一点，其与中国陶瓷的海外贸易共同构成了陶瓷器的全球贸易史。限于资料和篇幅，本章对其暂不做单独论述。
[②] （明）沈德符：《万历野获编》卷三十《外国》"夷人市瓷器"条，中华书局，1959年，第780页。
[③] （清）徐松：《宋会要辑稿·职官四四之一》，据前北平图书馆影印本复制重印，中华书局，1957年。
[④] （宋）朱彧撰，李伟国点校：《萍洲可谈》卷二，中华书局，2007年，第133页。

易[①];《元典章·户部》卷之八《市舶》中的"市舶则法二十三条"则有以"咱每这田地里无用的伞、摩合罗、磁器、家事、簾子博换他每中用的物件来"的记载[②];元人汪大渊《岛夷志略》记贸易之货用"青器""粗碗""青瓷器""青白花碗""青白花器""处器""青处器""青白处州瓷器"等[③];《马可·波罗行记》中也记载有:"刺桐城附近有一别城,名称迪云州(Tiunguy)。制造碗及磁器,既多且美。除此港外,他港皆不制此物,购价甚贱。"[④]伊本·白图泰谈到中国的瓷器时则谓:"只在刺桐和隋尼克兰城制造。……瓷器价格在中国,如陶器在我国一样或更为价廉。这种瓷器运销印度等地区,直至我国马格里布。这是瓷器种类中最美好的。"[⑤]可见宋元时期中国陶瓷器已在海外不少地区使用。明初太祖诏令"仍禁濒海民不得私出海"[⑥],至永乐时期郑和下西洋,在颁行海禁的同时,开展大规模的官方朝贡贸易,瓷器成为郑和船队对海外各国交易的物品之一,马欢《瀛涯胜览》记载换易或买卖交易使用"中国青磁盘碗""中国青花磁器""青磁盘碗""磁器"等[⑦],费信《星槎胜览》所记货用"青白花磁器""青花白磁器""青白磁器""磁器"等[⑧],巩珍《西洋番国志》则记有"中国青磁盘碗""青花磁器""磁器"[⑨],这是明代早期中国瓷器销往海外的重要史料。明代中期以后,特别是明末清初,欧洲商船相继来华贸易,物美价廉的中国瓷器是其竞相采购的商品之一[⑩]。荷兰、英国等商船档案中均有记载,荷兰东印度公司是这一阶段的典型代表,据统计,1602—1682年,其商船载运了1200万件以上的瓷器[⑪]。中国瓷器的对外输出进入了一个新的发展阶段,行销区域与规模均进一步扩大,除了传统贸易地区外,扩大到了欧洲、美洲等地。

同样,在海外地区遗址的考古发现和流传有序的传世品中有着十分丰富的实物资料。早在汉魏两晋南北朝时期,中国的陶瓷器在国外就有使用,如在朝鲜半岛、日本、东南亚等一些地区,已有少量流传。晚唐、五代时期,陶瓷器开始大批销往国外,特别是东亚的日本、朝鲜半岛,东南亚各地区,远至西亚、非洲东海岸等地区。

---

① (宋) 赵汝适,杨博文校释:《诸蕃志校适》,中华书局,2000年。
② (元) 官修:《大元圣政国朝典章》二十二《户部》卷之八《市舶》之"市舶则法二十三"条,元刊刻本,(台北)"故宫博物院"印行,1976年。
③ (元) 汪大渊撰,苏继顷校释:《岛夷志略》,中华书局,1981年。
④ 刺桐,即泉州,马可·波罗所说的迪云州,学者一般认为即为德化。
⑤ 〔摩洛哥〕伊本·白图泰著,马金鹏译:《伊本·白图泰游记》,宁夏人民出版社,1985年,第545、546页。刺桐,泉州;隋尼克兰,广州。
⑥《明太祖实录》卷七〇"洪武四年十二月丙戌"条,据红格本影印,《钞本明实录》第一册,线装书局,2005年,第349页。
⑦ (明) 马欢原著,万明校注:《明钞本〈瀛涯胜览〉校注》,海洋出版社,2005年。
⑧ (明) 费信著,冯承钧校注:《星槎胜览校注》,中华书局,1954年。
⑨ (明) 巩珍著,向达校注:《西洋番国志》,中华书局,1961年。
⑩ 朱杰勤:《十七、八世纪华瓷传入欧洲的经过及其相互影响》,《中国史研究》1980年第4期,第109—121页。
⑪ Volker T. *Porcelain and the Dutch East India Company (1602-1682)*. Leiden, Holland: Rijksmuseum voor Volkenkunde, 1954.

宋、元时期，制瓷手工业得到了空前发展和繁荣，受海外贸易政策的支持和影响，掀起了中国陶瓷海外贸易的新高峰，特别是华南沿海地区出现了一大批以国外市场为主要消费地的窑场，尤其是南宋、元代，以名窑和以仿烧名窑产品为主体的各窑场生产的各类瓷器，大量输往东亚、东南亚、西亚、非洲等地。明、清时期，制瓷手工业格局和面貌为之一新，而海外贸易体系亦有大变，江西景德镇民窑、福建漳州窑和德化窑、广东石湾窑、江苏宜兴窑等窑场的陶瓷器继续行销海外地区，并在亚洲、非洲的基础上，还广销至欧洲、美洲地区。这些变化和特征在其消费地均有明显体现。

除了海外消费地外，在这条商舶运输的海上贸易航线上，由于各种原因也遗留下了一大批古代沉船和水下遗物。20世纪70年代以来，随着水下考古在亚洲地区及各海域的广泛开展，发现了一批不同时期的沉船或水下文物点。由于商舶装载量大，陶瓷器又易于保存，不像丝绸、茶叶等有机质物品易腐烂消失，因此在一些沉船发现中不仅数量多，而且所占比重也较大，这从沉船出水的大批陶瓷器即可说明。例如，1998年发现于印度尼西亚勿里洞岛海域的黑石号沉船，其载货以瓷器为主，多达67000余件[①]。南宋时期的西沙群岛华光礁一号沉船[②]、广东台山上下川岛海域南海一号沉船[③]，所装载的陶瓷器则可达上万件乃至十数万件；元代晚期沉没于朝鲜半岛海域的新安沉船装载的陶瓷器也多达2万余件[④]。明代晚期的广东汕头南澳一号沉船出水瓷器近3万件[⑤]；沉没于福建平潭海域的碗礁一号清代中期沉船出水瓷器有17000多件[⑥]。明清时

[①] Flecker M. A 9th-century Arab or Indian shipwreck in Indonesian Waters. *The International Journal of Nautical Archaeology*, 2000, 29(2): 199-217; Flecker M. A Ninth Century AD Arab or Indian Shipwreck in Indonesia: First Evidence for Direct Trade with China. *World Archaeology*, 2001, 32(3): 335-354; Flecker M. A 9th-century Arab or Indian shipwreck in Indonesian Waters: Addendum. *The International Journal of Nautical Archaeology*, 2008, 37(2): 384-386; Regina K, Guy J, Wilson K, et al. *Shipwrecked: Tang Treasures and Monsoon Winds*. Smithsonian Books, 2011; 谢明良：《记"黑石号"（*BatuHitam*）沉船中的中国陶瓷器》，原载《台湾大学美术史研究集刊》2002年第13期，第1—60页，后收入氏著：《贸易陶瓷与文化史》，允晨文化，2005年，第81—134页。

[②] 中国国家博物馆水下考古研究中心、海南省文物保护管理办公室：《西沙水下考古（1998～1999）》，科学出版社，2006年。

[③] 国家文物局水下文化遗产保护中心、中国国家博物馆、广东省文物考古研究所：《南海Ⅰ号沉船考古报告之一——1989～2004年调查》，文物出版社，2017年；国家文物局水下文化遗产保护中心、广东省文物考古研究所、中国文化遗产研究院：《南海Ⅰ号沉船考古报告之二——2014～2015年发掘》，文物出版社，2018年。

[④] 〔韩〕文化财厅、国立海洋遗物展示馆：《新安船》Ⅰ、Ⅱ、Ⅲ，木浦：韩国文化财厅国立海洋遗物展示馆，2006年；〔韩〕文化公报部、文化财管理局：《新安海底遗物（资料编）》Ⅰ、Ⅱ、Ⅲ，1983、1984、1985年；〔韩〕文化公报部、文化财管理局：《新安海底遗物（综合编）》，高丽书籍株式会社，1988年；李德金、蒋忠义、关甲堃：《朝鲜新安海底沉船中的中国瓷器》，《考古学报》1979年第2期，第245—254页；〔韩〕郑良谟著，程晓中译：《新安海底发现的陶瓷器的分类与有关问题》，《海交史研究》1989年第1期，第94—98页。

[⑤] 广东省文物考古研究所、国家水下文化遗产保护中心、广东省博物馆：《广东汕头市"南澳一号"明代沉船》，《考古》2011年第7期，第39—46页；广东省文物考古研究所、广东省博物馆、国家文物局水下文化遗产保护中心：《孤帆遗珍："南澳Ⅰ号"出水精品文物图录》，科学出版社，2014年。

[⑥] 碗礁一号水下考古队：《东海平潭碗礁一号出水瓷器》，科学出版社，2006年；国家文物局水下文化遗产保护中心、中国国家博物馆、福建博物院等：《福建沿海水下考古调查报告（1989～2010）》，文物出版社，2017年。

期的西洋商船规模一般比较大，装载量也较大，船货类别丰富多样，所载瓷器少者几百、上千、几千余件，多者可达几万、十几万甚至几十万余件。例如，1600年沉没的西班牙商船圣迭戈号（San Diego）出水文物达34407件，其中瓷器有5671件[1]；1745年沉没于距离目的地哥德堡市不远的瑞典东印度公司商船哥德堡号，装载有2388捆瓷器、2677箱茶叶、19箱丝绸等约700吨物品，中国瓷器竟可多达50万余件[2]；1752年沉没于印度尼西亚海域的荷兰东印度公司商船哥德马尔森号（Geldermalsen），1985年由英国人迈克尔·哈彻打捞出水15万件景德镇窑瓷器和125块金条或金锭，由佳士得拍卖行在阿姆斯特丹拍卖，根据航海日志记载，该船装载有瓷器239200件、漆器625件、丝绸5240匹、茶叶约68.6万千克以及木材、金条等货物[3]；1822年沉没于印度尼西亚海域的泰兴号（Tek Sing）商船打捞出的青花瓷器也多达35万件[4]。此外，1305—1370年沉没于马来西亚海域的图日昂沉船（Turiang），出水遗物有陶瓷器、大型铁质凝结物、锌矿石等，船上所装载的陶瓷器约有6475件，其中泰国陶瓷占比达57%、中国陶瓷占35%、越南陶瓷约占8%，而泰国陶瓷以泰国素可泰时期的素可泰窑白釉黑彩或褐彩器和宋加洛窑青釉器产品为主，这可作为这一时期东南亚海域陶瓷贸易类别变化的一个佐证[5]。仅举数例可知，海洋贸易陶瓷在各个时期海外贸易中所占的分量，由此可见一斑。

值得注意的是，海洋贸易陶瓷的重要意义在于它不仅仅是一种贸易商品，它还伴随着东西方之间多样化的文化交流和技术交流。在海上陶瓷贸易的过程中，国外市场的需求不仅刺激了中国及周边地区制瓷手工业的发展，而且不少瓷器产品也吸收了一些外来文化因素，包括瓷器品种、类别甚至技术等多个方面，还适应了海外地区的特殊需要。与此同时，中国制瓷技术对国外地区也产生了重要影响，逐渐形成了当地颇具特色的陶瓷产品风格，其中，较为突出的有朝鲜半岛的高丽青瓷，日本的伊万里青花与五彩瓷，中南半岛泰国素可泰青瓷与褐彩瓷、越南的青瓷与青花瓷，以及17—18

---

[1] Valdes C O, Diem A I. *Saga of the San Diego (AD1600)*. National Museum. Inc. Philippines, 1993; Goddio F. *Treasures of the San Diego*. Paris, 1996.

[2] Wastfelt B, Gyllenevard B, Weibull J. *Porcelain from the East Indiamen Gotheborg*. Forlags A B Denmark, 1991.

[3] Christie's Amsterdam. *The Nanking Cargo: Chinese Export Porcelain and Gold*. Amsterdam, 1986; Christiaan J A Jörg. *The Geldermalsen: History and Porcelain*. Groningen: Kemper Publishers, 1986; Michael Hatcher with Antony Thorncroft. *The Nanking Cargo*. London: Hamish Hamilton, 1987; Sheaf C, Kilburn R. *The Hatcher Porcelain Cargoes: the Complete Record*. Oxford: Phaidon-Christie's, 1988.

[4] Nagel F. *Nagel Auctions: Tek Sing Treasures*. Stuttgart: Stuttgarter Kunstauktionshaus, 2000; Pickford N, Hatcher M. *The Legacy of the Tek Sing*. Cambridge: Granta Editions, 2000.

[5] Brown R, Sten Sjostrand, *Turiang: A Fourteenth-Century Shipwreck in Southeast Asina Waters*. Pacific Asia Museum, 2000; Sten Sjostrand. Turiang: A 14th century Chinese shipwreck, upsetting Southeast Asian ceramic history. In: *Southeast Asia-China Interactions*, the Malaysian Branch of the Royal Asiatic Society, 2002.

世纪以来欧洲地区相继仿东方瓷器烧制而成的荷兰代尔夫特陶、德国迈森瓷器等。

总之，海洋贸易陶瓷是古代海上丝绸之路的重要货物，在东西方海上贸易中占有重要地位，它不仅是早期全球贸易体系下的重要商品，也是东西方文化交流的重要媒介，更是不同文明交流互鉴的历史见证。与此同时，海洋贸易陶瓷的发展，又因制瓷手工业面貌和海外贸易状况的发展，而呈现出不同历史时期的阶段性特征。

12.2 唐五代时期

唐代早期瓷器的对外输出，多是通过陆路进行，一条经由汉唐时期的丝绸之路，向西输至中亚、西亚等地；一条则是经辽东半岛陆运至朝鲜半岛，再由海路运往日本。这两条主要的陆运通道一直可延续到宋元甚至明清时代，但其规模十分有限。因瓷器重且易碎，陆路运输比较困难，而海路交通尚未成为主要贸易通道，故中唐以前海外地区所见陶瓷器的数量并不多。随着航海技术的发展和海外贸易的扩展，晚唐时期已逐渐转变为主要依靠海路对外输出，由当时的主要港口扬州、明州、广州等地出发，通过海上丝绸之路，批量地销往海外地区，这一时期主要是东南亚、西亚和朝鲜半岛、日本等地。由于船舶装载量较大，陶瓷器外销的数量激增，在这一时期呈现出了中国陶瓷器外销的第一次高峰。

12.2.1 考古发现

12.2.1.1 海外发现

唐五代时期的海洋贸易陶瓷主要发现于日本、朝鲜半岛、东南亚各国等。日本的福冈鸿胪馆遗址（图12.1）[1]、博多遗址群[2]、京都府长冈京遗址[3]、平安京遗址与奈良平城京遗址[4]，出土有大量青釉瓷碗、盘、执壶等，以及白釉、青釉褐彩产品；朝鲜半岛的海

---

[1] 〔日〕福冈市教育委員會：《鴻臚館》，《鴻臚館跡》1—17，1991—2007年；〔日〕福冈市教育委員會：《アジアとの交流——鴻臚館跡出土貿易陶磁》，1990年；〔日〕田中克子著，黄建秋译：《鸿胪馆遗址出土的初期贸易陶瓷初论》，《福建文博》1998年第1期，第31—39页。

[2] 〔日〕田中克子：《日本博多（Hakata）遗址群出土的贸易陶瓷器及其历史背景——九世纪至十七世纪早期》，《考古学视野中的闽商》，中华书局，2010年，第151—172页。

[3] 〔日〕京都府教育委員会：《埋藏文化財発掘调查概報》，1976年；〔日〕京都市埋藏文化研究所：《京都市埋藏文化財调查概要》，1978年。

[4] 〔日〕橿原考古學研究所附属博物館：《貿易陶磁——奈良·平安の中國陶磁》，臨川書店，1993年；《奈良·平安の中國陶磁——西日本出土品を中心として》，1984年。

图12.1 日本福冈大宰府鸿胪馆遗址越窑系青瓷遗物堆积
（引自鸿胪馆遗址展览馆）

图12.2 印度尼西亚黑石号沉船出水瓷器

（引自Krahl Regina, John Guy, Keith Wilson, et al. *Shipwrecked Tang Treasures and Monsoon Winds*. Smithsonian Books, 2011: 55）

州龙梅岛[①]、东南亚的沙捞越地区[②]、西亚的伊朗[③]、非洲埃及福斯塔特遗址[④]等均有一些晚唐、五代陶瓷器的出土。

12.2.1.2 沉船发现

这一时期沉船发现并不多，但却颇有代表性。印度尼西亚勿里洞海域黑石号沉船、印坦（Intan）沉船、爪哇海域井里汶（Cirebon）沉船打捞出水了大批中国瓷器，而处于贸易航线上的福建平潭海域、澎湖地区、西沙群岛海域等也有发现。

根据目前发现的资料，载运大量中国陶瓷器的年代最早的沉船是黑石号沉船，1998年发现于印度尼西亚勿里洞岛海域，打捞出水有瓷器、金银器、铜镜及其他金属器等，船货中以瓷器为主（图12.2），多达67000余件，长沙窑瓷器占大多数，达56000

[①] 唐星煌：《汉唐陶瓷的传出和外销》，《东南考古研究》（第一辑），厦门大学出版社，1996年，第137—148页。
[②] 苏来曼著、傅振伦译：《东南亚出土的中国外销瓷器》，《中国古外销陶瓷研究资料》（第一辑），中国古外销陶瓷研究会，1981年，第68—75页。
[③] 欧志培：《中国古代陶瓷在西亚》，《文物资料丛刊》（第2辑），文物出版社，1978年，第229—243页；〔日〕三上次男著，魏鸿文译：《伊朗发现的长沙铜官窑瓷与越州窑青瓷》，《中国古外销陶瓷研究资料》（第三辑），中国古陶瓷研究会、中国古外销陶瓷研究会，1983年，第42—73页。
[④] 马文宽、孟凡人：《中国古瓷在非洲的发现》，紫禁城出版社，1987年；秦大树：《埃及福斯塔特遗址中发现的中国陶瓷》，《海交史研究》1995年第1期，第79—91页；〔日〕弓场纪知著，黄珊译：《福斯塔特遗址出土的中国陶瓷——1998—2001年研究成果介绍》，《故宫博物院院刊》2016年第1期，第120—132页。

余件，还有一些越窑青瓷、广东窑场烧造的青瓷和北方地区巩县窑等窑口的白瓷、青花、白釉绿彩瓷器[1]，其中一件长沙窑釉下彩绘碗的外壁刻有"宝历二年七月十六日"（826年）铭记，再结合船体结构形态，可以推断该船为唐代晚期的阿拉伯商船。最新的考古发现是在越南中部广义省平山县发现了一艘9世纪的新州（Chau Tan）沉船，但其周围被后期遗存扰动严重，出土有唐代越窑青瓷、北方白瓷和三彩器等；泰国湾附近也发现了一艘9世纪左右的帕农苏林（PhanomSurin）沉船，位于海湾附近的淤泥中，据船体结构判断应为阿拉伯商船，出有广东等地的青釉、褐釉陶瓷器等。

时代稍晚一些，则有印度尼西亚爪哇海域的井里汶沉船，2004—2005年打捞出水49万件（片）各类器物，包括金器、银锭、铜器、铁器、漆器、铅币、锡币、锡锭、玻璃器和玻璃料、青金石、红蓝宝石、象牙、香料、珍珠、水晶、东南亚陶器、中国瓷器等，应为东南亚船舶。其中，出水完整器155685件，可修复的器物达76987件，瓷片尚有262999片，其中以越窑青瓷为主，可达30万件，还有一些北方和南方地区的白瓷等[2]。根据所发现器物，可初步推断井里汶沉船年代约为10世纪后期，相当于五代晚期至北宋早期。沉没于印度尼西亚海域的印坦沉船，打捞出水的船货有金、银、铜、锡、铅、陶器及中国陶瓷器等，据统计，出水的中国陶瓷器7309件，广东生产的青黄釉小罐数量为4855件，其余则以越窑青瓷为主，还有少量青白瓷和白瓷；据水下船体构件推测其为东南亚造船舶，年代大致为10世纪[3]。

目前，中国沿海海域发现的最早沉船则为五代时期，以福建平潭海域的分流尾屿沉船为代表[4]，保存状况较好，且残存船体构件，出水遗物均为越窑青瓷（图12.3），类别有碗、盘、盏、盏托等；居于南海贸易航线关键区域的西沙群岛海域也有五代时期沉船遗存的发现，如石屿四号沉船、银屿五号沉船遗址等，出水遗物

图12.3 平潭分流尾屿五代沉船出水青瓷盘
（引自国家文物局水下文化遗产保护中心、中国国家博物馆、福建博物院：《福建沿海水下考古调查报告（1989～2010）》，文物出版社，2017年）

---

[1] Regina K, Guy J, Wilson K, et al. *Shipwrecked: Tang Treasures and Monsoon Winds.* Smithsonian Books, 2011；谢明良：《记"黑石号"（Batu Hitam）沉船中的中国陶瓷器》，《台湾大学美术史研究集刊》，2002年第13期，第1—60页。
[2] 秦大树：《拾遗南海补阙中土——谈井里汶沉船的出水瓷器》，《故宫博物院院刊》2007年第6期，第91—101页。
[3] Flecker M. *The Archaeological Excavation of the 10th Century Intan Shipwreck.* Java Sea, Indonesia. Oxford: BAR International Series 1047, 2002.
[4] 国家文物局水下文化遗产保护中心、中国国家博物馆、福建博物院等：《福建沿海水下考古调查报告（1989～2010）》，文物出版社，2017年，第7—19页。

则多为越窑青瓷、广东地区青瓷和褐釉瓷、南方或北方地区的白瓷。这一阶段澎湖地区发现的陶瓷器也多为五代时期，以越窑青瓷为主。

12.2.2 产地与类别

这一时期的外销陶瓷以浙江越窑的青瓷、河北邢窑和定窑的白瓷、河南巩义窑瓷器、湖南长沙窑瓷器等为主，安徽、福建、广东地区所产的一些瓷器也销往海外，如安徽繁昌窑、福州怀安窑、新会官冲窑、梅县水车窑的产品等。

唐五代时期形成的"南青北白"制瓷手工业生产格局，决定了这一时期外销瓷器以青釉、白釉为主。越窑青瓷最为常见，日本、东南亚、西亚、非洲东海岸等一些地区均有发现，一些沉船如井里汶沉船也以越窑青瓷为主。这些青瓷多为日常生活用器，器类有碗、盘、盂、罐、盒、执壶、盆等，以碗、盘居多。胎质细腻，胎色一般为灰色或浅灰色，碗内底心多见有支钉支烧痕迹或残留多枚支钉。福州怀安窑的外销数量较大，其产品以青瓷为主，属越窑青瓷系统产品，类别多见碗、盘、碟、执壶等，胎质略粗，支钉支烧痕迹明显，因其临近福州港，这是当时通往日本等地北向航线的重要港口，而多见于日本福冈等地遗址[①]。广东的新会官冲窑、梅县水车窑青瓷应是晚唐销往东南亚等地。白釉瓷器的外销主要是河北的邢窑、定窑，较早多是邢窑，晚唐、五代则逐渐变为定窑，还有河南巩义窑，南方地区则有繁昌窑等。日本奈良、京都、福冈、伊拉克萨玛拉、伊朗西拉夫、埃及福斯塔特等遗址出土较为集中。器类有碗、盘、杯、执壶、唾盂等，以碗为主，多为玉璧形底。唐代晚期长沙窑瓷器大量行销海外[②]，以日本和西亚地区出土较多，特别是京都、福冈、西拉夫、萨玛拉等最为集中。长沙窑瓷器与越窑、邢窑、定窑等具中国传统风格的瓷器不同，它为适应海外市场的需要，造型和装饰方法方面吸收了西亚的风格。器物以青釉瓷器为主，器形以执壶、双系或四系罐的数量最多。器物装饰有彩绘、模印贴花，题材丰富，内容有人物、瑞兽、鸟类、花草等。彩绘装饰以线描为主，多为褐彩，有的泛红、紫、绿等色，线条流畅，粗犷洒脱。执壶肩部多模印贴花（图12.4），有的贴有外国人物图案，明显带有异域色彩。此外，唐代巩义窑还烧造白釉绿彩、白釉黄绿彩和三彩器，类别多样，一些还仿烧金属器造型，并销往海外地区；并创烧了青花瓷器，20世纪70年代曾在扬州唐城遗址出土数片瓷片，黑石号沉船也出土了3件完整的青花瓷盘（图12.5），十分珍贵。这些海外发现的外销陶瓷器的器物特征、装饰风格与国内窑址及其他遗址出土的陶瓷器一致。

---

① 福建省博物馆、日本博多研究会：《福州怀安窑贸易陶瓷研究》，《福建文博》1999年第2期，第11—54页。
② 长沙窑编辑委员会：《长沙窑》，湖南美术出版社，2004年。

图12.4　黑石号沉船出水长沙窑贴花执壶
（引自Krahl Regina, John Guy, Keith Wilson, et al. *Shipwrecked Tang Treasures and Monsoon Winds*. Smithsonian Books, 2011: 58）

图12.5　黑石号沉船出水巩义窑青花盘
（新加坡亚洲艺术博物馆藏，作者摄）

结合这一时期陶瓷器产地、沉船及海外遗址发现情况，大体可知晚唐五代时期的海外贸易港口以扬州、明州、福州、广州等较为突出，航线已与宋代有所接近，向北可通朝鲜半岛、西日本等地，向南可达东南亚地区的中南半岛、苏门答腊、加里曼丹、爪哇等地，再向西越过孟加拉湾、阿拉伯海抵达波斯湾、红海沿岸地区。

12.2.3　制瓷技术交流

随着唐、五代时期中国陶瓷器的海洋贸易，商人不仅将大批的陶瓷产品输往海外，而且也促进了制瓷技术的交流。这种技术交流是双向的，而且蕴含了文化因素的深度交流。

一方面，一些瓷器风格受到海外因素的影响，尤为突出的是，长沙窑彩绘、模印贴花装饰的手法和纹样内容特征鲜明，当属异军突起，以及唐代青花瓷器的创烧和菱形花草纹图案等，甚至唐三彩的出现和一些纹样特征，应在一定程度上受到了西亚伊斯兰风格釉陶产品的影响。一部分瓷器的造型则模仿自中亚、西亚一带的陶器、金银器，如单耳把杯的西亚地区金银器风格等。

另一方面，这一时期中国的制瓷技术开始流传到国外地区。这方面最为突出的就是日本奈良三彩（图12.6）、朝鲜新罗三彩的仿制成功，虽其属釉陶器，但制作方法却来自唐代的三彩釉陶器；一些中东地区釉陶器的风格也受到了一定程度的影响。此外，9世纪末至

10世纪初的五代时期，朝鲜半岛从中国引进了龙窑技术，并开始烧造青瓷，窑场集中于朝鲜半岛西南部的京畿道仁川、全罗南道高兴郡、全罗北道高敞郡等地，这明显是受到浙江越窑制瓷技术的影响，并在此基础上进一步烧造出了高丽青瓷。

总体而言，唐五代时期，陶瓷器的海洋贸易较前代有了较大发展，并初具规模，甚至在晚唐五代时期出现了一次发展高峰，而且以广东、福建为代表的沿海地区外向型瓷业生产特征初见端倪；但是，这一阶段仍然受限于海洋贸易规模，区域和数量仍为有限。同时，伴随着陶瓷器海外贸易的发展，制瓷技术交流也呈现出了双向交流的特点，且以文化交融、技术输出为典型代表，为海洋贸易陶瓷的快速发展奠定了基础。

图12.6　日本伝滋贺县出土奈良三彩罐
（奈良时代，8世纪，九州国立博物馆藏，引自国立博物馆所藏藏品综合检索系统ColBase，https://colbase.nich.go.jp/collection_items/kyuhaku/G15?locale=ja）

12.3　宋元时期

宋元时期的海外贸易十分活跃，由于海外市场的需要，陶瓷器成为当时对外输出的重要商品之一。据朱彧《萍洲可谈》记载，贸易商船所载"货多陶器，大小相套，无少隙地"，这一时期文献中对瓷器外销记述最为集中的是南宋赵汝适的《诸蕃志》和元代汪大渊的《岛夷志略》[①]。赵汝适曾任福建路市舶提举，根据商舶往来记述了当时海外各国概况，其中提到了番商以瓷器"博易"的有占城、真腊、三佛齐、单马令、凌牙斯加、佛啰安、细兰、阇婆、南毗、故临、层拔、渤泥、麻逸、三屿、蒲哩噜等国及附属一些地区，提到了"青瓷器""青白瓷""白瓷器"三个品种。汪大渊则曾两次浮海南洋，根据见闻记述成书，其中提及作为"贸易之货用"的瓷器有50多个地区，如琉球、三岛、无枝拔、占城、丹马令、日丽、麻里噜等，涉及的瓷器品种有"青白花""青白""青磁器""青器"等，有的还具体到窑口，如"处州磁

[①] 关于宋元时期《诸蕃志》《岛夷志略》二书记载陶瓷器的海外贸易，一些学者做过整理，可参考：冯先铭：《元以前我国瓷器销行亚洲的考察》，《文物》1981年第6期，第66—68页，详见表一、表二；中国硅酸盐学会：《中国陶瓷史》，文物出版社，1982年，第307、352—353页；庄为玑：《泉州三大外销商品——丝、瓷、茶》，《海上集》，厦门大学出版社，1996年，第400、401页；叶文程：《宋元时期我国陶瓷器的对外贸易》，《中国古外销瓷研究论文集》，紫禁城出版社，1988年，第33—44页。

器"，有的述及器类，如盘、碗、壶、瓶等，是十分宝贵的瓷器外销资料。

由于宋元时期是制瓷手工业发展的繁荣阶段，随着海外贸易的发展，陶瓷器的外销和制瓷技术交流也达到了新的高峰。这一时期，不仅磁州窑、定窑、耀州窑、龙泉窑、景德镇窑、建窑、德化窑等各大名窑产品行销海外，而且在华南沿海地区，特别是泉州、福州、广州、明州等沿海贸易港口附近区域，出现了一大批以外销为主要目的的制瓷窑场，如广州附近的西村窑，福州附近的闽清义窑，泉州附近的泉州窑、磁灶窑、南安窑等。这些窑场一般多是仿烧名窑瓷器，以景德镇窑青白瓷器、龙泉窑青瓷器为主，而其消费市场则多为海外地区，这样就形成了一个规模庞大的外向型制瓷手工业生产体系[①]。

12.3.1 考古发现

12.3.1.1 海外发现

这一时期，国外地区发现的中国陶瓷器，不仅区域范围进一步扩大，地点明显增加，而且数量众多，品种丰富，规模远远超过了唐、五代时期[②]。举例来说，东北亚的日本、朝鲜半岛[③]，如福冈的鸿胪馆[④]、大宰府、博多遗址群（图12.7）[⑤]，南北方的各类瓷器均有发现；东南亚的菲律宾[⑥]、印度尼西亚[⑦]、马来西亚[⑧]、新加坡（图12.8）[⑨]，以及越南、泰国、柬埔寨等地[⑩]，以南方地区的青白瓷、青瓷和酱黑釉器居

[①] 苏基朗：《两宋闽南广东外贸瓷产业的空间模式：一个比较分析》，《中国海洋发展史论文集》（第六辑），1997年，第125—172页；苏基朗：《两宋闽南、广东、浙东外贸瓷产业空间模式的一个比较分析》，《江南的城市工业与地方文化（960—1850）》，清华大学出版社，2004年，第141—192页；孟原召：《闽南地区宋至清代制瓷手工业遗存研究》，文物出版社，2017年。

[②] 叶文程：《中国古外销瓷研究论文集》，紫禁城出版社，1988年。

[③] 〔日〕長谷部樂爾、今井敦编著：《日本出土の中國陶磁》，《中國の陶磁》（第12卷），平凡社，1995年；袁岚：《7—14世纪中日文化交流的考古学研究》，中国社会科学出版社，2001年；刘兰华：《宋代陶瓷与对日贸易》，《中国古陶瓷研究》（第五辑），紫禁城出版社，1999年，第155—172页；彭善国：《宋元时期中国与朝鲜半岛的瓷器交流》，《中原文物》2001年第2期，第76—79、85页。

[④] 〔日〕田中克子著，黄建秋译：《鸿胪馆遗址出土的初期贸易陶瓷初论》，《福建文博》1998年第1期，第31—39页。

[⑤] 〔日〕田中克子：《日本博多（Hakata）遗址群出土的贸易陶瓷器及其历史背景——九世纪至十七世纪早期》，《考古学视野中的闽商》，中华书局，2010年，第151—172页。

[⑥] The Oriental Ceramic Society of the Philippines. *Chinese and South-East Asian White Ware Found in the Philippines*. Singapore: Oxford University Press, 1993.

[⑦] Adhyatman S. *Antique Ceramics found in Indonesia. Various Uses and Origins* (second edition). Jakarta: Ceramic Society of Indonesia, 1990.

[⑧] 〔马来西亚〕柯佳育：《马来西亚砂劳越州沙隆河出土的宋元华南瓷器初探》，《海洋考古与遗产》（第2辑），科学出版社，2015年，第275—297页。

[⑨] Chery-Ann Low Mei Gek. Singapore from the 14th to 19th Century. In: *Early Singapore 1300s-1819: Evidence in Maps, Text and Artefacts*. Singapore: Singapore History Museum, 2005: 14-40.

[⑩] 〔日〕坂井隆：《東南アジア群島部の陶磁器消費者》，《國立歷史民俗博物館研究報告》（第94集），2002年；Guy J S著，〔日〕亀井明德译：《东南アジアの陶磁遗迹出土地名表》（第一稿）（Ceramics excavation sites in Southeast Asia, A preliminary gazetteer），《貿易陶磁研究》第9集（*Trade Ceramics Studies*, No.9），1989年，第161—192页。

图12.7　日本博多遗址出土瓷器

（引自〔日〕田中克子：《日本博多（Hakata）遗址群出土的贸易陶瓷器及其历史背景——九世纪至十七世纪早期》，《考古学视野中的闽商》，中华书局，2010年）

图12.8　东南亚遗址出土磁灶窑陶瓷

（新加坡遗址出土，引自John N. Miksic & Cheryl-Ann Low Mei Gek ed. *Early Singapore 1300s-1819, Evidence in Maps, Text and Artefacts*. Singapore History Museum, 2005）

多；南亚地区的印度、斯里兰卡，如阿莱皮蒂遗址不仅出土广州西村窑青瓷、青白瓷、酱釉器和潮州窑、闽南地区窑场青白瓷，还有景德镇窑青白瓷、耀州窑印花青瓷等[1]；西亚的伊朗高原、阿拉伯半岛地区[2]，如阿曼苏哈尔遗址[3]、也门舍尔迈遗址[4]，则出土有青白瓷、白瓷、黑瓷、青瓷等；非洲北部和东海岸地区[5]，如埃及的福斯塔特遗址（图12.9）[6]，肯尼亚的曼达[7]、格迪古城、乌瓜纳、马林迪等遗址[8]，多为南方地区的青白瓷、青瓷、青花瓷等产品。从目前考古资料来看，其年代约从北宋中期开始[9]，及至南宋和元代。

---

[1] Carswell J. China and Islam: A survey of the coast of India and Ceylon. *Transactions of the Oriental Ceramic Society*. 1977-1978, 42: 24-68; Carswell J. Chinese Ceramics from Allaippidy in Sri Lanka. In: *A Ceramic Legacy of Asia's Maritime Trade: Song Dynasty Guangdong Wares and Other 11th to 19th Century Trade Ceramics Found on Tioman Island, Malaysia*. The Southeast Asian Ceramic Society, West Malaysia Chapter, 1985: 31-47; 上海博物馆考古队、斯里兰卡中央文化基金会、凯拉尼亚大学：《斯里兰卡贾夫纳阿莱皮蒂遗址2018年发掘简报》，《考古学集刊》（第23集），社会科学文献出版社，2020年，第297—313页。

[2] 欧志培：《中国古代陶瓷在西亚》，《文物资料丛刊》（第2辑），文物出版社，1978年，第229—243页。

[3] 〔法〕米歇尔·皮拉左里（毕梅雪）著，程存浩译：《阿曼苏丹国苏哈尔遗址出土的中国陶瓷》，《海交史研究》1992年第2期，第100—116页。

[4] 赵冰：《中世纪时期贸易中转港：也门舍尔迈遗址出土的中国瓷片》，《法国汉学》（第11辑），中华书局，2006年，第79—116页。

[5] 马文宽、孟凡人：《中国古瓷在非洲的发现》，紫禁城出版社，1987年。

[6] 〔日〕出光美術館：《陶磁の東西交流》，出光美術館，1990年。

[7] Chittick N. Manda: Excavationsat an Island Port on the Kenyan Coast. *Memoir No.9 of the British Institute in Eastern Africa*. Nairobi: The British Institute in Eastern Africa, 1984.

[8] 刘岩、秦大树、齐里亚马·赫曼：《肯尼亚滨海省格迪古城遗址出土中国瓷器》，《文物》2012年第11期，第37—60页；丁雨、秦大树：《肯尼亚乌瓜纳遗址出土的中国瓷器》，《考古与文物》2016年第6期，第28—48页。

[9] 刘未：《北宋海外贸易陶瓷之考察》，《故宫博物院院刊》2021年第3期，第4—19页。

图12.9 埃及福斯塔特遗址出土龙泉窑青瓷片

（引自〔日〕出光美术馆：《陶磁の東西交流》，出光美术馆，1990年，第54页）

图12.10 连江定海白礁一号沉船瓷器堆积

（引自中国国家博物馆水下考古研究中心、厦门大学海洋考古学研究中心、福建博物院考古研究所等：《福建连江定海湾沉船考古》，科学出版社，2011年）

12.3.1.2 沉船发现

宋元时期海外贸易发达，处于贸易航线上的沉船数量大为增加[①]，多分布于中国沿海、东南亚海域和东北亚海域。

福建沿海地区有莆田北土龟礁一号沉船[②]、平潭大练岛西南屿水下文物点、小练岛东礁村水下文物点、泉州湾后渚港沉船[③]和法石沉船[④]、漳州海域半洋礁一号沉船、连江定海白礁一号沉船（图12.10）[⑤]、莆田北土龟礁二号沉船、湄洲岛文甲大屿沉船、漳浦沙洲岛沉船、圣杯屿沉船[⑥]、平潭大练岛元代沉船（图12.11）[⑦]等，不同阶段出水陶瓷器组合有一定差异，主要有浙江龙泉窑青瓷、景德镇窑青白瓷、德化窑青白瓷、闽南窑场青瓷、莆田庄边窑青灰釉瓷、连江浦口窑青灰釉瓷、晋江磁灶窑酱釉器、福清东张窑黑釉瓷等。

广东海域则有南海一号沉船（图12.12），发现于1987年，2007年整体打捞出水，经考古发掘已知装载船货多达18万件以上，以陶瓷器、铁条材、铁锅居多，陶瓷器均有龙泉窑青瓷、景德镇窑青白瓷、德化窑白瓷和青白瓷、福建青瓷、闽清义窑和晋

[①] 吴春明：《环中国海沉船——古代帆船、船技与船货》，江西高校出版社，2003年；刘未：《中国东南沿海及东南亚地区沉船所见宋元贸易陶瓷》，《考古与文物》2016年第6期，第65—75页。
[②] 国家文物局水下文化遗产保护中心、中国国家博物馆、福建博物馆等：《福建沿海水下考古调查报告（1989~2010）》，文物出版社，2017年。以下福建沿海沉船遗址资料，除单独注明外，均引自此报告。
[③] 福建省泉州海外交通史博物馆：《泉州湾宋代海船发掘与研究》，海洋出版社，1987年。
[④] 中国科学院自然科学史研究所、福建省泉州海外交通史博物馆联合试掘组：《泉州法石古船试掘简报和初步探讨》，《自然科学史研究》1983年第2期，第164—172页。
[⑤] 中国国家博物馆水下考古研究中心、厦门大学海洋考古学研究中心、福建博物院考古研究所等：《福建连江定海湾沉船考古》，科学出版社，2011年。
[⑥] 羊泽林：《漳浦圣杯屿元代沉船遗址调查收获》，《东方博物》（第56辑），中国书店，2015年，第69—78页；福建博物院、漳浦县博物馆：《漳浦县莱屿列岛沉船遗址出水文物整理简报》，《福建文博》2013年第3期，第2—8页。
[⑦] 中国国家博物馆水下考古研究中心、福建博物院文物考古研究所、福州市文物考古工作队：《福建平潭大练岛元代沉船遗址》，科学出版社，2014年。

图12.11 平潭大练岛沉船出水青瓷盘
（引自中国国家博物馆水下考古研究中心、福建博物院文物考古研究所、福州市文物考古工作队：《福建平潭大练岛元代沉船遗址》，科学出版社，2014年）

图12.12 南海一号沉船船舱细部
（引自国家文物局水下文化遗产保护中心、广东省文物考古研究所、中国文化遗产研究院等：《南海Ⅰ号沉船考古报告之二——2014~2015年发掘》，文物出版社，2018年）

江磁灶窑瓷器等，以及少量北方地区瓷器产品，还有金银器、银锭、漆器、铜镜及大量铜钱等[1]。

西沙群岛海域有北礁五号沉船、北礁四号沉船、银屿七号沉船遗址等[2]，多见器物组合为闽粤桂沿海地区青白瓷、广东佛山奇石窑酱釉器等，北礁四号沉船还出有龙泉窑或松溪窑青瓷。南宋时期则以西沙群岛华光礁一号沉船为代表（图12.13），发现于1996年，虽然保存状况不佳，但仍出水陶瓷器、铁条材、铜镜等

图12.13 华光礁一号沉船遗址瓷器堆积
（引自国家文物局考古研究中心、海南省文物局、海南省文物考古研究所：《华光礁一号沉船遗址发掘报告》，文物出版社，2022年）

遗物有万余件[3]，其中绝大部分为陶瓷器，有龙泉窑、松溪窑和南安窑的青瓷，闽清义窑的青白瓷和青瓷，景德镇窑、德化窑的青白瓷，磁灶窑的青釉、酱黑釉器等[4]。元代

---

[1] 国家文物局水下文化遗产保护中心、中国国家博物馆、广东省文物考古研究所等：《南海Ⅰ号沉船考古报告之一——1989~2004年调查》，文物出版社，2017年；国家文物局水下文化遗产保护中心、广东省文物考古研究所、中国文化遗产研究院等：《南海Ⅰ号沉船考古报告之二——2014~2015年发掘》，文物出版社，2018年。
[2] 孟原召：《西沙群岛海域古代沉船》，《中国沉船考古发现与研究》，科学出版社，2021年，第167—212页，第十一章。
[3] 中国国家博物馆水下考古研究中心、湖南省文物保护管理办公室：《西沙水下考古（1998~1999）》，科学出版社，2006年；赵嘉斌：《水下考古学在中国的发展与成果》，《水下考古学研究》（第1卷），科学出版社，2012年，第13—56页。
[4] 孟原召：《华光礁一号沉船与宋代南海贸易》，《博物院》2018年第2期，第11—26页。

则有石屿二号沉船①，出水有景德镇窑卵白釉和青花瓷器、德化窑白瓷、磁灶窑酱釉瓷、莆田庄边窑青灰釉瓷等。

东南亚海域沉船发现数量较多②，印度尼西亚、马来西亚、菲律宾海域均有发现。印度尼西亚海域的西村廖内沉船③，出水主要为广州西村窑青白瓷、青釉褐彩瓷和酱釉器等；西村勿里洞沉船出水也多为广州西村窑、南方白瓷和福建青白瓷等；廖内林加群岛西北部鳄鱼岛沉船则出水有广州西村窑、佛山奇石窑、龙泉窑或松溪窑，以及景德镇窑和闽南地区青白瓷、磁灶窑瓷器等④。爪哇岛北部海域的爪哇海沉船⑤，推测应是一艘南宋时期沉船，出水陶瓷器有景德镇窑青白瓷，龙泉窑青瓷，松溪窑和南安窑青瓷，闽清义窑青白瓷和青瓷，德化窑青白瓷，晋江磁灶窑酱黑釉器，福建地区黑釉瓷，还有一些福建地区烧造的白釉褐彩和白釉划花器等。爪哇海域的哲帕拉沉船⑥，出水有德化窑、闽清义窑、连江浦口窑、莆田庄边窑产品，以及龙泉窑、福建窑场青瓷和磁灶窑瓷器等。马都拉岛海域的枢府沉船则主要是景德镇窑的卵白釉瓷器⑦。马来西亚海域的丹戎新邦沉船⑧，出有300多件可复原中国瓷器，包括德化窑青白瓷、闽清义窑瓷器、南安窑青瓷、磁灶窑酱釉器等。马来西亚沙巴州北部海域的玉龙号沉船则出水了大批龙泉窑青瓷⑨，为元代中晚期沉没。南沙群岛海域的碎浪暗沙沉船⑩，出有景

---

① 中国国家博物馆水下考古研究中心、海南省文物局：《西沙群岛石屿二号沉船遗址调查简报》，《中国国家博物馆馆刊》2011年第11期，第26—46页。
② 童歆：《9—14世纪南海及周边海域沉船的发现与研究》，《水下考古学研究》（第2卷），科学出版社，2016年，第45—102页。
③ Gardellin R. Shipwrecks Around Indonesia. *The Oriental Ceramic Society Newsletter*, 2013, 21: 17, 18.
④ Ridho A, McKinnon E E S. *The PulauBuaya Wreck: Finds from the Song Period*. The Ceramic Society of Indonesia, 1998: 1-98; 胡舒扬：《宋代中国与东南亚的陶瓷贸易——以鳄鱼岛（PulauBuaya Wreck）资料为中心》，《人海相依：中国人的海洋世界》，上海古籍出版社，2014年，第48—67页。
⑤ Mathers W M, Flecker M. *Archaeological Report: Archaeological Recovery of the Java Sea Wreck*. Pacific Sea Resources, 1997: 1-94; Flecker M. *The Thirteenth-Century Java Sea Wreck: A Chinese Cargo in an Indonesian Ship*. The Mariner's Mirror, 2003, 89(4): 388-404.
⑥ Djuana A, McKinnon E E. TheJepara Wreck. *Proceedings of the International Conference: Chinese Export Ceramics and Maritime Trade, 12th-15th Centuries*. Hong Kong: ChungHwaBook Co. (HK) Ltd., 2005: 126-134.
⑦ Gardellin R. Shipwrecks Around Indonesia. *The Oriental Ceramic Society Newsletter*, 2013, 21: 15-19.
⑧ Flecker M. The China-Borneo Ceramics Trade Around the 13th Century: The Story of Two Wrecks Ancient silk Trade Routes. *World Sclentific*, 2015: 111-135. 秦大树、袁腱：《古丝绸之路：2011亚洲跨文化交流与文化遗产国际学术研讨会论文集》，新加坡世纪科技出版公司，2013年，第177—184页。
⑨ Flecker M. The Jade Dragon Wreck: Sabah, East Malaysia. *The Mariner's Mirror*, 2012, 98(1): 9-29; Flecker M. The China-Borneo Ceramics Trade Around the 13th Century: The Story of Two Wrecks Ancient silk Trade Routes. *World Sclentific*, 2015: 111-135. 秦大树、袁腱：《古丝绸之路：2011亚洲跨文化交流与文化遗产国际学术研讨会论文集》，新加坡世纪科技出版公司，2013年，第162—176页。
⑩ Dupoizat M F. The Ceramic Cargo of a Song Dynasty Junk Found in the Philippines and its Significance in the China-South East Asia Trade. In: *South East Asia and China: Art, Interaction and Commerce*, Percival David Foundation of Chinese Art, 1995; Goddio F, et al. *Weisses Gold*. Göttingen: SteidlVerlag, 1997: 47-68.

图12.14 绥中三道岗沉船出水瓷器

（引自张威主编：《绥中三道岗元代沉船》，科学出版社，2001年）

德镇窑、德化窑青白瓷、闽清义窑青白瓷和青瓷、南安窑青瓷、磁灶窑酱黑釉器，以及福建地区的黑釉瓷和白地褐彩瓷等。榆亚暗沙东北部海域的调查员沉船[1]，出有景德镇窑、龙泉窑、德化窑、闽清义窑、磁灶窑瓷器等，还有金属铜环和铁质凝结物。菲律宾海域的圣安东尼奥沉船[2]，出有南安窑青瓷、福建窑场青瓷、磁灶窑酱釉器等。

中国北方则有辽宁绥中三道岗沉船遗址[3]，出水磁州窑白地黑花、白釉、黑釉、孔雀绿釉产品等（图12.14）。

东北亚海域南宋时期有日本冲绳奄美大岛海域沉没的仓木崎沉船，虽未见船体遗迹，但遗物分布相对较为集中，以龙泉窑青瓷和福建地区青瓷为主，其次为莆田窑青灰釉瓷、闽清义窑青白瓷等福建窑场产品，还有少量景德镇窑青白瓷，其年代应略晚于南海一号沉船，与印度尼西亚爪哇海沉船年代相近[4]。最为著名的则是元代晚期沉没于朝鲜半岛海域的新安沉船，发现于1975年，1976—1984年经10次发掘和1次调查，打捞出水遗物主要包括铜钱、陶瓷器、金属器、石材、紫檀木、香料、药材、胡椒和果核等，还有墨书木简364支，应为货物标签，有的上书有墨书铭"至治三年"，为判别沉船的年代提供了重要依据。新安沉船出水陶瓷器20691件，除了7件高丽青瓷和2件日

---

[1] Goddio F, et al. *Weisses Gold*, 69-78; Dupoizat M F. The Ceramics of the Investigator Shipwreck. Paper presented at the Symposium on Chinese Export Ceramics Trade in Southeast Asia, organized by Asian Research Institute. National University of Singapore, 12th-14th, March, 2007.

[2] Clark P, Conese E, et al. Philippines Archaeological Site Survey, February 1988. *The International Journal of Nautical Archaeology*, 1989, 18(3): 255-262.

[3] 张威：《绥中三道岗元代沉船》，科学出版社，2001年。

[4] 〔日〕森达也：《宋元外销瓷的窑口与输出港口》，《考古与文物》2016年第6期，第56—64页；〔日〕國立歷史民俗博物館編集：《東アジア中世紀海道：海商・港・沉沒船》，每日新聞社发行，2005年，第48—50页。

本濑户窑釉陶外，皆为中国陶瓷器，以青瓷居多（图12.15），白瓷和青白瓷次之，再次为黑褐釉瓷器，窑口几乎包括了南北方代表性窑场，包括龙泉窑、景德镇窑、磁州窑、吉州窑、赣州七里镇窑、金华铁店窑和福建地区窑场的白瓷、青白瓷、黑瓷等[1]。近几年，韩国泰安马岛海域发现了多艘高丽时期沉船及陶瓷器、锭石等遗物[2]，这在一定程度上反映了朝鲜半岛高丽青瓷的海洋贸易状况，还出水了一些宋元时期的中国陶瓷器[3]，尤以福建窑场的青釉、青白釉、酱黑釉产品居多。

图12.15 新安沉船出水龙泉窑青瓷荷叶盖罐
（引自韩国文化财厅、国立海洋遗物展示馆：《新安船》，国立海洋遗物展示馆，2006年）

从上述沉船出水的陶瓷器组合来看，不同时期、不同海域的沉船中所载陶瓷器有着不同的组合，多是来自不同窑场；即使是同一沉船中发现的陶瓷器一般也是来自不同地区、多个窑场的产品。由此可知，沉船发现陶瓷器对研究当时海外贸易状况的重要性。

12.3.2 产地与类别

根据前述海外遗址和沉船资料综合分析，宋元时期海洋贸易陶瓷的品种以青釉瓷器、青白釉瓷器为主，也有不少黑釉瓷器、白地黑花瓷器、酱釉瓷器、白釉瓷器、钧釉瓷器等，元代则还有青花、釉里红瓷器等。

由于水路交通发达，运输便捷，这一阶段海洋贸易陶瓷产地不限于沿海地区，内地许多窑场的产品也大量外销。这些窑场主要有北方地区的定窑、磁州窑、耀州窑、临汝窑、钧窑等，以及周边的一些其他窑场，产品有白瓷、黑瓷、青瓷、白釉褐彩、红绿彩等；南方地区则有江西的景德镇窑、七里镇窑、吉州窑等，浙江的越窑、龙泉窑等，福建的松溪窑、浦城窑、建窑、南平茶洋窑、武夷山遇林亭窑、将乐窑、闽清

---

[1]〔韩〕文化财厅、国立海洋遗物展示馆：《新安船》Ⅰ、Ⅱ、Ⅲ，韩国文化财厅、国立海洋遗物展示馆，2006年；〔韩〕文化公报部、文化财管理局：《新安海底遗物（资料编）》Ⅰ、Ⅱ、Ⅲ，1983、1984、1985年；〔韩〕文化公报部、文化财管理局：《新安海底遗物（综合编）》，高丽书籍株式会社，1988年；李德金、蒋忠义、关甲堃：《朝鲜新安海底沉船中的中国瓷器》，《考古学报》1979年第2期，第245—254页。
[2]〔韩〕国立海洋文化财研究所：《泰安马岛海域探查报告书》，国立海洋文化财研究所，2011年。
[3]〔韩〕国立海洋文化财研究所：《泰安马岛出水中国陶磁》，国立海洋文化财研究所，2013年。

义窑、莆田窑、德化窑、晋江磁灶窑、南安窑及附近各窑等，广东有佛山奇石窑、广州西村窑、潮州窑等，其中以仿景德镇窑的青白瓷、仿龙泉窑的篦点划花青瓷、磁灶窑酱黑釉和绿釉瓷器颇具代表性，数量也较多。

这些输往海外地区的陶瓷器，大体可分为两类：一类普通生活用器，主要有碗、盘、碟、盒、执壶、罐、瓶等；一类是国内较少使用、多用于满足海外市场需要的器物，如军持、小口瓶、小罐、大罐等，而元代后期的青花瓷器中一些器型较大、花纹复杂的大盘（图12.16）、大碗等，则多见于西亚伊斯兰地区，目前所见比较集中、保存

图12.16　伊朗国家博物馆藏青花凤穿花大盘（原藏于阿迪比尔陵寺）

较好的两批是伊朗阿尔德比神庙[①]、土耳其托普卡帕宫旧藏瓷器[②]，另外印度德里图格鲁克王朝时期皇宫花园也出土了一批元代青花瓷器，以大盘居多，还有莲池纹盘、碗等，同出还有龙泉窑大盘等瓷器[③]，这应与当地伊斯兰风格的生活习俗有很大关系。

从前述海外地区和沉船发现来看，宋元时期陶瓷器的输出港口与窑口（产地）、目的地等有着较大关系[④]。大致可知，这一时期的海外贸易港口以明州、福州、泉州、广州等较为发达，特别是南宋和元代泉州港空前繁荣，成为当时东方第一大港。宋元时期海外贸易航线在以前的基础上更加成熟，大体有以下几条：一是由明州港出发至朝鲜半岛、日本各地；二是由福州港出发，至台澎地区，再至琉球、日本或菲律宾地区；三是由福州、泉州、广州等港口出发，沿南海航行至东南亚各地，或由此地港口再次转易，或由此直接继续向西航行，直至销往南亚、西亚、非洲东海岸等地。同时，中国海商也逐渐走出东亚和南海贸易圈，扩展到印度洋贸易圈，与马来人和阿拉伯人等相竞争。

---

① Pope J A. *Chinese Porcelains from the Ardebil Shrine*. Washington: Smithsonian Institution, Freer Gallery of Art, 1956.
② Pope J A. *Fourteenth-Century Blue-and-White, a Group of Chinese Porcelains in the TopkapuSarayi Müzesi, Istanbul*. Washington: Smithsonian Institution, Freer Gallery of Art, 1952.
③ Smart E S. Fourteenth Century Chinese Porcelain from a Tughlaq Palace in Delhi. *Transactions of Oriental Ceramic Society*, 1975-1977, 41: 199-230；埃伦 S. 斯马特撰，叶倩译：《德里塔格拉克宫所藏十四世纪中国瓷器》，《上海文博论丛》2009年第1期，第62—69页。
④〔日〕森达也：《宋元外销瓷的窑口与输出港口》，《考古与文物》2016年第6期，第56—64页；孟原召：《关于海上丝绸之路的几个问题》，《考古学研究》（十一），科学出版社，2020年，第379—404页。

12.3.3 制瓷技术交流

陶瓷器的贸易与输出，往往伴随着制瓷技术的交流，宋元时期颇为明显，包括产品特征和窑炉技术两个方面。

从陶瓷器的风格特征来看，存在着双向交流。一方面，产品受到外来因素的影响，造型、类别、纹饰等方面均有体现，如元代青花瓷器[1]、华南沿海窑场的个别器类等，均可看出异域风格。另一方面，宋元瓷器对国外瓷器或陶器也有着一定影响。例如，高丽青瓷在吸取越窑青瓷基础上，结合南方地区龙泉窑和北方地区汝窑、官窑等高质量青瓷，烧制出了高品质的青瓷（图12.17）和镶嵌青瓷[2]，日本的灰釉陶器和绿釉陶器，越南李、陈两朝的陶器，泰国的青瓷，伊斯兰釉陶器等[3]，造型、釉色、纹饰等吸取了一些中国瓷器特征，甚至是明显仿自中国同类产品。这些器物所呈现的融合特点，基本上反映了陶瓷器消费群体的价值取向，也是双方文化交流的重要内容。

在窑炉结构和烧成技术上，宋元时期则存在较为明显的对外影响和技术输出。朝鲜半岛在10世纪引入龙窑、M形匣钵等之后，继续发展吸收浙江越窑、龙泉窑的窑业技术，并改进产品装烧，促进产品质量进一步提高[4]，具有代表性的窑址有全罗南道康津郡大口面桂栗里窑[5]、龙云里窑[6]，依山而建，由火膛、窑室、出烟孔等几部分组成，并设有10余个投柴孔，为平焰式斜坡龙窑。其后，大概在南宋末至元初，13世纪左右，朝鲜半岛进一步改进窑炉结构和装烧方式，半倒焰式的分室龙窑由华南沿海地

图12.17 高丽青瓷七宝透刻香炉
（韩国国立中央博物馆藏，引自〔韩〕郑良谟著，〔韩〕金英美译，金光列校：《高丽青瓷》，文物出版社，2000年，第85页）

---

[1] 王光尧：《关于青花起源的思考》，《故宫博物院院刊》2003年第5期，第58—64页，图版八；陈克伦：《略论元代青花瓷器中的伊斯兰文化因素》，《上海博物馆集刊》（第六期），上海古籍出版社，1992年，第293—305页。
[2] 秦大树：《中国古代瓷器镶嵌工艺与高丽镶嵌青瓷》，《宿白先生八秩华诞纪念文集》，文物出版社，2002年，第325—344页。
[3] 〔日〕三上次男：《陶磁贸易の研究》，中央公论美术出版社，1987年；陈进海：《世界陶瓷艺术史》，黑龙江美术出版社，1995年。
[4] 〔韩〕姜敬淑：《韩国陶瓷史》，一志社，1989年；〔韩〕姜敬淑：《韩国瓷器窑址的研究》，时空社，2005年。
[5] 〔日〕野守健：《高丽陶磁の研究》，國書刊行會，1972年。
[6] 〔韩〕海剛陶磁美術館等：《康津之青磁窯址》《康津青磁窯址地表調查報告書》（第一卷），海剛陶磁美術館、全羅南道康津郡印行，1992年；〔韩〕國立中央博物館：《康津龍雲里青磁窯址發掘調查報告書》，國立中央博物館印行，1997年。

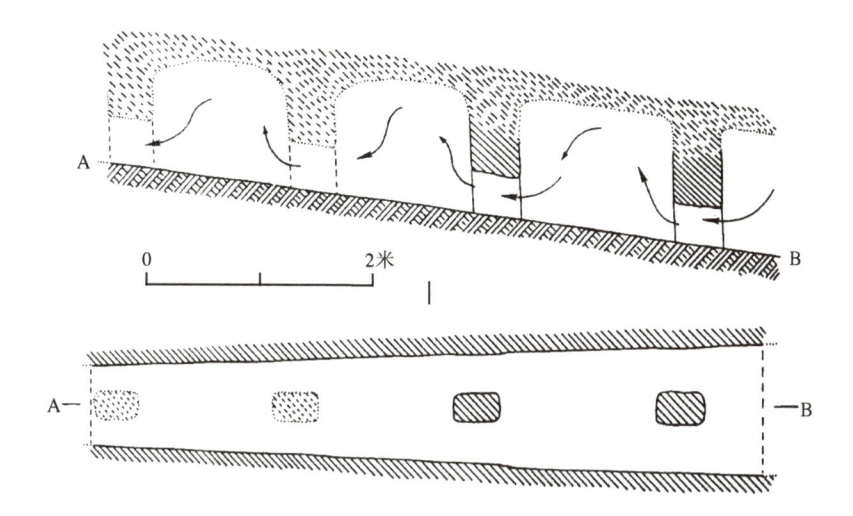

图12.18 朝鲜半岛全罗北道扶安郡山内里镇西里分室龙窑平、剖面图
（13世纪；引自熊海堂：《东亚窑业技术发展与交流史研究》，南京大学出版社，1995年，第240页，"第六章"）

区传入，如全罗北道扶安郡山内里镇西里窑（图12.18）[1]，这应与福建一带的分室龙窑如德化屈斗宫窑址等有着一定关系。

综上可知，宋元时期不仅是中国制瓷手工业的繁荣阶段，而且在政府海外贸易政策鼓励和支持下，海洋贸易陶瓷也进入了空前的发展期。这一时期，以福建、浙江沿海地区为核心，形成了一个成熟的颇具规模的外向型瓷业生产体系[2]，并且从沉船载运陶瓷的比例来看，福建替代广东成为这一时期最大的陶瓷输出地。而且，海洋贸易陶瓷数量庞大，在这一阶段的南海一号、华光礁一号、爪哇一号等沉船中尤见规模[3]，从海外地区所见的分布范围可知其消费群体不断扩大，已远超唐五代时期。同时，中国商人和商船则逐渐延伸活动范围，向西可抵达波斯湾、红海沿岸的阿拉伯人商圈。宋元时期的制瓷技术，在这一阶段明显具有独特优势，虽然存在双向文化交流，但技术输出更为明显。不过，在这条连通东西方的海上贸易线路上，中国陶瓷器扮着重要的角色，不仅是海上丝绸之路不断发展的基础，而且是当时海洋贸易体系中颇具世界竞争力的中国商品。

---

[1] 熊海堂：《东亚窑业技术发展与交流史研究》，南京大学出版社，1995年，第六章。
[2] 苏基朗：《两宋闽南广东外贸瓷产业的空间模式：一个比较分析》，《中国海洋发展史论文集》（第六辑），1997年，第125—172页；苏基朗：《两宋闽南、广东、浙东外贸瓷产业空间模式的一个比较分析》，《江南城市工业化与地方文化（960—1850）》，清华大学出版社，2004年，第141—192页；孟原召：《闽南地区宋至清代制瓷手工业遗存研究》，文物出版社，2017年。
[3] 刘未：《中国东南沿海及东南亚地区沉船所见宋元贸易陶瓷》，《考古与文物》2016年第6期，第65—75页；孟原召：《华光礁——沉船与宋代南海贸易》，《博物院》2018年第2期，第11—26页。

12.4 明清时期

明清时期，海外贸易制度和全球贸易格局发生较大变化。明初郑和船队七下西洋，是古代航海史的创举，其后因沿海局势不稳，实行海禁政策，但仍可通过官方朝贡贸易开展少量的海外贸易。明代中期开始逐渐开放海禁，隆庆元年（1567年），闽省开海，于漳州府海澄县月港开设督饷馆，允许本国商人出海贸易，"开海禁"，"准贩东西二洋"[①]，私人海外贸易合法化，并日益活跃起来；同时，西欧各国开辟新航线，陆续经营东方贸易，葡萄牙、西班牙和荷兰东印度公司等欧洲商船频繁来华贸易，使得明末清初成为这一阶段海外贸易最为活跃的阶段，清代中期以后，以欧美商船为主的海外贸易仍较为发达。

这一阶段中国陶瓷器的外销也是随着贸易制度的变化而兴衰的。明代前期瓷器的对外输出[②]，较之宋元时期锐减，虽实行海禁，但东南沿海的走私贸易一直不断[③]。同时，由于明朝陶瓷海外贸易的缩减，这一阶段泰国素可泰陶瓷、越南青花瓷器逐渐进入东南亚陶瓷海洋贸易市场，趁机成为中国瓷器的替代品。明代中叶以后，特别是明末清初，瓷器是欧洲商船来华采购的重要商品之一，中国瓷器的外销进入了一个新的发展阶段，并且出现了一些新的销售形式和瓷器类别，如订烧、广彩瓷器、纹章瓷等。清朝初年，朝廷严申海禁，闽海贸易为郑氏集团垄断，以厦门、泉州、福州为港口，开展与日本长崎、琉球、东南亚各地以及荷兰殖民者之间的海上贸易，在一定程度上形成了日本伊万里瓷器与中国瓷器在欧洲市场竞争的局面。康熙二十三年（1684年），清朝开放海禁，于福建设立闽海关，次年设江、浙、粤海关，以管理海外贸易，前往南洋贸易多经由闽、粤海关，海外贸易又有新的发展。至乾隆二十二年（1757年），清政府规定西洋商船"只许在广东收泊交易"[④]，西方商船仅留广州一口贸易通商，经由洋行开展海外贸易，故这一时期广州港甚为兴盛，大量销往欧洲的广彩瓷器风靡一时；但是，东洋、南洋和华人的海外贸易并未限制或禁行，仍有不少商船从闽、浙、江等地口岸出海贸易[⑤]。鸦片战争以后，清政府被迫进一步开放港口和市

---

① （明）张燮撰，谢方点校本：《东西洋考》卷七《饷税考》，中华书局，2000年，第131页。
② 刘淼：《明代前期海禁政策下的瓷器输出》，《考古》2012年第4期，第84—91页。
③ 林仁川：《明末清初私人海上贸易》，华东师范大学出版社，1987年。
④ （清）庆桂、董诰等纂修：《清实录·高宗纯皇帝实录》卷五五〇，乾隆二十二年十一月戊戌，《清实录》第15册，中华书局，1986年，第1023页。
⑤ 黄启臣：《清代前期海外贸易的发展》，《历史研究》1986年第4期，第151—170页；赵轶峰：《清前期的有限开放——以贸易关系为中心》，《故宫博物院院刊》2015年第6期，第99—115页；王宏斌：《乾隆皇帝从未下令关闭江、浙、闽三海关》，《史学月刊》2011年第6期，第40—45页。

场，五口通商变局促使东西方贸易格局再次变化，不过，清代中晚期的陶瓷贸易仍然较为活跃，但随着欧洲瓷器的烧制成功等诸多因素，中国陶瓷器也逐步丧失了市场竞争优势，渐渐地退出了海外市场。

12.4.1 考古发现

12.4.1.1 海外发现

明清时期陶瓷器外销的区域进一步扩大，有东亚的日本（图12.19）[①]、朝鲜半岛[②]，东南亚的越南[③]、泰国、菲律宾[④]、印度尼西亚[⑤]、马来西亚、新加坡[⑥]、文莱等[⑦]，西亚的伊拉克、伊朗等[⑧]，非洲的埃及[⑨]、坦桑尼亚、肯尼亚（图12.20）[⑩]等地。最为突出的是，明清时期的瓷器

图12.19　日本博多遗址出土明代瓷器

（引自〔日〕田中克子：《日本博多（Hakata）遗址群出土的贸易陶瓷器及其历史背景——九世纪至十七世纪早期》，《考古学视野中的闽商》，中华书局，2010年）

---

① 〔日〕長谷部樂爾、今井敦编著：《日本出土の中國陶磁》，《中國の陶磁》（第12卷），平凡社，1995年。
② 曹周妍：《韩国出土明代瓷器的初步研究》，《水下考古学研究》（第1卷），科学出版社，2012年，第313—330页。
③ 越南出土中国瓷器的遗址较多，而且延续时间较长，宋至清代均有发现，产地有景德镇窑、龙泉窑、德化窑、漳州窑等，如河内升龙皇城遗址、会安古城遗址等。〔日〕菊池诚一：《越南中部会安出土的陶瓷器》，《福建文博》1999年增刊，第93—96页。
④ The Oriental Ceramic Society of the Philippines. *Chinese and South-East Asian White Ware Found in the Philippines*. Singapore: Oxford University Press, 1993.
⑤ Adhyatman S. *Antique Ceramics found in Indonesia, Various Uses and Origins* second edition. Jakarta: Ceramic Society of Indonesia, 1990; Adhyatman S. *Zhangzhou (Swatow) Ceramics: Sixteenth to Seventeenth Centuries Found in Indonesia*. Jakarta: The Ceramic Society of Indonesia, 1999.
⑥ Guan K C. 16th-Century Underglazed Blue Porcelain Sherds from the Kallang Estuary, In: *Early Singapore 1300s-1819: Evidence in Maps, Text and Artefacts*. Singapore: Singapore History Museum, 2005: 86-94.
⑦ 韩槐准：《南洋遗留的中国古外销陶瓷》，新加坡青年书局，1960年。
⑧ 欧志培：《中国古代陶瓷在西亚》，《文物资料丛刊》（第2辑），文物出版社，1978年，第229—243页；〔日〕三上次男著，李锡经、高喜美译：《陶瓷之路》，文物出版社，1984年。
⑨ 〔日〕金泽阳：《埃及出土的漳州窑瓷器——兼论漳州窑瓷器在西亚的传播》，《福建文博》1999年增刊，第38—40页；〔日〕弓场纪知著、黄珊译：《福斯塔特遗址出土的中国陶瓷——1998—2001年研究成果介绍》，《故宫博物院院刊》2016年第1期，第120—132页。
⑩ Kirkman J S. *Fort Jesus: A Portuguese Fortress on the East African Coast*. Oxford: Clarendon Press, 1974. 刘岩、秦大树、齐里亚马·赫曼：《肯尼亚滨海省格迪古城遗址出土中国瓷器》，《文物》2012年第11期，第37—60页；丁雨、秦大树：《肯尼亚乌瓜纳遗址出土的中国瓷器》，《考古与文物》2016年第6期，第28—48页。

开始大量销往欧洲各国[1]，如葡萄牙（图12.21）[2]、西班牙[3]、荷兰[4]、英国、意大利、德国、匈牙利[5]、比利时[6]、瑞典（图12.22）[7]等国，美洲地区的美国[8]、加拿大[9]、墨西哥（图12.23）[10]、牙买加[11]、秘鲁等地，以及大洋洲地区，真正成为行销世界的全球化贸易商品。这在荷兰东印度公司等大量文献档案中均有记录，如1612年荷兰人在东南亚重要商埠万丹采购了38666件瓷器，而至1636年，运往荷兰的瓷器则高达487911件[12]。瓷器的使用已经遍布欧洲各地，其消费市场进一步扩大，而且数量大为增加，即使在海外贸易衰落的清朝末年，如光绪元年（1875年），出口的"瓷窑器"仍有"货五万六千三百四十五石四十六斤、价三十九万三百八十一两"，至光绪十三年复增加至"货二十三万石三十斤、价一百十一万三千十九两"[13]。17—18世纪，一些欧洲皇室、贵族还喜好收藏中国瓷器，它甚至成为竞相追逐的工艺品和奢侈品，颇受珍视，有的专门

---

[1] 朱培初：《明清陶瓷和世界文化的交流》，轻工业出版社，1984年；[英]哈里·加纳著，叶文程、罗立华译：《东方的青花瓷器》，上海人民美术出版社，1992年；[美]罗伯特·芬雷著，郑明萱译《青花瓷的故事：中国瓷的时代》，海南出版社，2015年；John Carswell. *Blue and White: Chinese Porcelain around the World.* London: British Museum Press, 2000。

[2] 金国平、吴志良：《流散于葡萄牙的中国明清瓷器》，《故宫博物院院刊》2006年第3期，第98—159页。

[3] Rocío Díaz. *Chinese Armorial Porcelain for Spain*. Jorge Welsh Books, 2010; Cinta Krahe, *Chinese Porcelain in Habsburg Spain*, Centro de Estudios Europa Hispánica, 2016; Maria Antonia Pinto De Matos & Joao Goncalo Do Amaral Cabral. *Chinese Export Porcelain: From the Museum of AnastacioGoncalves, Lisbon*, Philip Wilson Publishing Ltd, 1996.

[4] Volker T. *Porcelain and the Dutch East India Company (1602-1682)*; Christiaan J A Jorg, Jan van Campen, Philip Wilson, *Chinese ceramics in the collection of the Rijksmuseum, Amsterdam: The Ming and Qing dynasties*, the Rijksmuseum, Amsterdam, 1997; Jochem Kroes, *Chinese Armorial Porcelain for the Dutch Market*. W Books, 2008.

[5] Ibolya Gerelyes. Types of Oriental Pottery in Archaeological Finds from the 16th and 17th Centuries in Hungary. *Acta Orientalia Academiae Scientiarum Hungaricae*, 2008, 61(1/2): 65-76.

[6] 香港艺术馆：《中国外销瓷：布鲁塞尔皇家艺术历史博物馆藏品展》，香港市政局，1989年。

[7] 夏鼐：《瑞典所藏的中国外销瓷》，《文物》1981年第5期，第6—10页。

[8] [美]卡麦尔·阿拉-奥格鲁著，郝镇华译：《美国佛罗里达州文化遗址出土的中国明末清初瓷器碎片》，第155—164页，[美]奎尔马兹著，郝镇华译：《从北美太平洋沿岸遗址发掘的中国瓷器》，第165—168页，均载《中国古外销陶瓷研究资料》（第三辑），1983年。

[9] 赵德云：《加拿大路易斯堡遗址出土中国瓷器的初步研究——兼谈"克拉克瓷器"的若干问题》，《四川文物》2002年第2期，第36—42页。

[10] Priyadarshini M. *Chinese Porcelain in Colonial Mexico: The Material Worlds of an Early Modern Trade*. Palgrave Studies in Pacific History, Palgrave Macmillan, 2018; Fournier P, Sanchez R J. Archaeological Distribution of Chinese Porcelain in Mexico. pp.215-237; Sanchez R J. Pinzón G, Miyata E. The Chinese Porcelain from the Port of San Blas, Mexico, pp.239-251, In: Chunming Wu, Roberto Junco Sanchez and Miao Liu Editors. *Archaeology of Manila Galleon Seaports and Early Maritime Globalization*, Singapore: Springer Nature Singapore Pte Ltd., 2019.

[11] 龚国强：《牙买加发现的德化"中国白"》，《中国古陶瓷研究》（第三辑），紫禁城出版社，1990年，第108—113页；Dewolf H C. *Chinese Porcelain and Seventeenth-century Port Royal, Jamaica*. A Dissertation for PHD, Texas A&M University, 1998.

[12] Volker T. *Porcelain and the Dutch East India Company, Leiden*. Holland: Rijksmuseum voor Volkenkunde, 1954.

[13] 清钱恂制：《中外交涉类要表光绪通商综核表目》，"出口杂货衰旺表·综十五"，第175、183页。这里的一石为百斤，"古以三十斤为钧，四钧为石，石者，百二十斤也，今借石为百斤之名"，第97页，收入沈云龙：《近代中国史料丛刊续编》（第四十八辑），文海出版社，1977年。

图12.20 肯尼亚蒙巴萨耶稣城堡出土中国瓷器
(肯尼亚耶稣堡博物馆藏,作者摄)

图12.21 葡萄牙藏定制中国瓷器
(明嘉靖青花碗,1540—1550年;引自金国平、吴志良:《流散于葡萄牙的中国明清瓷器》,《故宫博物院院刊》2006年第3期)

图12.22 瑞典藏中国瓷器
(粉彩描金徽章纹盘,乾隆时期,1730年左右瑞典国王费雷德里克一世定制,皇冠下为瑞典国家徽章,哥德堡市立博物馆藏;引自故宫博物院:《瑞典藏中国陶瓷》,紫禁城出版社,2005年,第194页,图76)

图12.23 墨西哥出土中国瓷器
(明代,五彩瓷片,墨西哥城出土;引自Fournier P, Junco Sanchez R. Archaeological Distribution of Chinese Porcelain in Mexico. In: *Archaeology of Manila Galleon Seaports and Early Maritime Globalization*. Singapore: Springer, 2019: 223)

建有中国瓷器屋或宫殿,如勃兰登堡选帝侯腓特烈三世(普鲁士国王腓特烈一世)为其妻索菲·夏洛特修建的夏洛腾堡宫中,有收藏大量中国瓷器的"瓷器屋"[1]。时至今日,欧洲各大宫殿、公私博物馆仍藏有大量当时销往海外各地或辗转收藏的中国瓷器[2]。其

---

[1] 甘雪莉:《中国外销瓷》,东方出版中心,2008年,第87—95页。
[2] 〔法〕斯蒂芬·卡斯特鲁乔著,法国国家科学院、安德烈·查斯泰尔艺术史研究中心:《17世纪至18世纪欧洲的中国瓷器》,《东西汇融:中欧陶瓷与文化交流特集》,上海书画出版社,2021年,第21—36页。

中，德国德累斯顿的茨温格尔宫则是欧洲最大的瓷器博物馆，现藏有中国瓷器4万余件，明清时期的外销瓷有24100多件，大部分来自1670—1733年萨克森选帝侯、波兰国王奥古斯都二世及其子奥古斯都三世的皇家收藏[1]。

12.4.1.2 沉船发现

由于海上新航线的开辟，世界各海域均发现有明清时期的沉船，明显可看出沉船的分布范围较之以往大为扩大，尤以南中国海海域最为集中，出水贸易陶瓷的数量庞大，类别除中国陶瓷外，还有泰国、越南和日本产品，这也反映出了这一阶段制瓷手工业特征的变化。

图12.24 宁波小白礁一号沉船瓷器堆积
（引自宁波市文物考古研究所、国家文物局水下文化遗产保护中心、象山县文化管理委员会办公室：《"小白礁Ⅰ号"——清代沉船遗址水下考古发掘报告》，科学出版社，2019年）

中国沿海海域的沉船，有山东胶南鸭岛明代晚期沉船、浙江宁波小白礁一号清代沉船（图12.24）[2]、福建平潭老牛礁明代中期沉船[3]、九梁礁明代晚期沉船[4]、碗礁一号清代沉船（图12.25）[5]、广东汕头南澳一号明代晚期沉船（图12.26）[6]、西沙群岛盘石屿一号沉船、玉琢礁一号明代中期沉船、华光礁四号沉船[7]、北礁三号明代晚期沉船[8]、

---

[1] 黄忠杰：《波兰王奥古斯都二世收藏的中国外销瓷艺术研究》，福建师范大学博士学位论文，2012年；〔德〕埃娃·施特勒伯：《德累斯顿奥古斯都大帝藏品中的德化瓷器和宜兴紫砂器》，《中国古代白瓷国际学术研讨会论文集》，上海书画出版社，2005年，第519—536页。

[2] 中国国家博物馆水下考古研究中心、宁波市文物考古研究所：《浙江宁波渔山小白礁一号沉船遗址调查与试掘》，《中国国家博物馆馆刊》2011年第11期，第54—68页；宁波市文物考古研究所、国家文物局水下文化遗产保护中心、象山县文物管理委员会办公室：《"小白礁Ⅰ号"——清代沉船遗址水下考古发掘报告》，科学出版社，2019年。

[3] 国家文物局水下文化遗产保护中心、中国国家博物馆、福建博物馆等：《福建沿海水下考古调查报告（1989~2010）》，文物出版，2017年，第62—90页。

[4] 国家文物局水下文化遗产保护中心、中国国家博物馆、福建博物馆等：《福建沿海水下考古调查报告（1989~2010）》，文物出版，2017年，第90—119页；国家文物局水下文化遗产保护中心、福建博物院：《海坛海峡九梁Ⅰ号沉船调查新收获》，《水下考古》（第一辑），上海古籍出版社，2017年，第59—82页。

[5] 碗礁一号水下考古队：《东海平潭碗礁一号出水瓷器》，科学出版社，2006年；国家文物局水下文化遗产保护中心、中国国家博物馆、福建博物馆等：《福建沿海水下考古调查报告（1989~2010）》，文物出版社，2017年，第120—142页。

[6] 广东省文物考古研究所、国家水下文化遗产保护中心、广东省博物馆：《广东汕头市"南澳Ⅰ号"明代沉船》，《考古》2011年第7期，第39—46页；广东省文物考古研究所、国家水下文化遗产保护中心、广东省博物馆：《孤帆遗珍："南澳Ⅰ号"出水精品文物图录》，科学出版社，2014年。

[7] 孟原召：《西沙群岛海域古代沉船》，《中国沉船考古发现与研究》，科学出版社，2021年，第167—212页，第十一章。

[8] 中国国家博物馆水下考古研究中心、湖南省文物保护管理办公室：《西沙水下考古（1998~1999）》，科学出版社，2006年。

图12.25 平潭碗礁一号沉船出水青花瓷器

（引自碗礁一号水下考古队：《东海平潭碗礁一号出水瓷器》，科学出版社，2006年）

图12.26 南澳一号沉船船舱内瓷器堆积

（2011年南澳一号沉船水下考古发掘，孙键供图）

1

2

图12.27 南澳一号沉船出水瓷器

1. 漳州窑青花盘（国家文物局考古研究中心藏，作者供图）
2. 景德镇窑青花碗（国家文物局考古研究中心藏，作者供图）

金银岛一号沉船[①]、珊瑚岛一号清代沉船[②]等。其中，南澳一号沉船、碗礁一号沉船出水遗物均以瓷器为主，分别是明代晚期和清代中期贸易陶瓷的典型代表。

南澳一号沉船位于汕头市南澳县云澳镇三点金海域，经2010—2012年水下考古发掘，出水各类遗物近3万件，以瓷器为主，还有少量陶器、铜器、铁器、锡器、铅器、木器、石器等；还有2.4万余枚铜钱、2.9万粒串饰珠管，以及一些果壳果核、块茎作物和水银等遗物。出水瓷器有青花、五彩瓷器和白瓷等（图12.27），多为漳州窑青花瓷

[①] 西沙群岛2018年水下考古队：《金银岛一号沉船遗址2018年水下考古调查简报》，《水下考古》（第二辑），上海古籍出版社，2020年，第1—37页。

[②] 西沙群岛2015年水下考古队：《珊瑚岛一号沉船遗址2015年度水下考古发掘简报》，《水下考古》（第一辑），上海古籍出版社，2017年，第11—58页。

器，也有部分产自景德镇民窑和广东梅州窑、潮州饶平窑，以日常生活用器居多，器类有大盘、盘、碗、罐、小罐、碟、盆、钵、杯等，青花纹样丰富，有人物纹、花卉纹、动物纹等，色泽明艳，线条流畅。根据出水遗物形制、纹饰等工艺特征判断，南澳一号沉船年代应为明代晚期，约为万历时期。

碗礁一号沉船遗址位于平潭屿头碗礁海域，经2005年抢救性考古发掘，出水瓷器有17000多件，绝大部分为景德镇窑民窑产品（图12.28），大多数为青花瓷器，少量为五彩瓷器。青花瓷器的器形有罐、花觚、尊、小瓶、碗、盘、杯、盏、洗、炉、盒、笔筒等；五彩瓷主要有罐、盘、杯等。纹样丰富，有人物故事、植物花卉、动物、博古图等。根据出水瓷器的造型、釉色、纹饰图案，可断定年代为清代康熙中期。

菲律宾巴拉望海域的皇家舰长号沉船、皇家舰长暗沙二号沉船[1]、利纳浅滩沉船（图12.29）[2]、潘达南岛沉船[3]、吕宋岛圣安东尼奥沉船、维达号沉船[4]、好运岛海域西班牙大帆船圣迭戈号沉船（1600年）（图12.30）[5]、苏禄海格里芬号沉船（1761年）[6]。泰国湾帕提亚沉船[7]和西昌岛一号、二号沉船[8]。越南海域富国岛一号、二号沉船[9]、

---

[1] Goddio F. Discovery and Archaeological Excavation of a 16th Century Trading Vessel in the Philippines. *World Wide First*, 1988.

[2] Goddio F, Stacey Pierson, Monique Crick. *Sunken Treasures: Fifteenth Century Chinese Ceramics from the Lena Cargo*. London: Periplus Publishing, 2000.

[3] Honasan A B. The Pandanan Junk: The Wreck of a Fifteenth-Century Junk is Found by Chance in a Pearl Farm off Pandanan Island; Dizon E Z, Anatomy of a Shipwreck: Archaeology of the 15th Century Pandanan Shipwreck; Diem A I. Relics of a Lost Kingdom: Ceramics from the Asian Maritime Trade. *The Pearl Road, Tales of Treasure Ships in the Philippines*. Christophe Loviny, 1996.

[4] Clark P, Conese E, Nicolas N, et al. Philippines Archaeological Site Survey, February 1988. *The International Journal of Nautical Archaeology*, 1989, 18(3): 255-262.

[5] Valdes C O, Diem A I. *Saga of the San Diego (AD1600)*. National Museum. Inc. Philippines, 1993; Goddio F. *Treasures of the San Diego*. Paris, 1996;〔日〕森村健一著，曹建南译：《菲律宾圣迭戈号沉船中的陶瓷》，《福建文博》1997年第2期，第70—73页；〔法〕莫尼克·科里克著，王芳译，楼建龙校《界定"汕头器"的年代——1600年11月4日，"圣迭戈"号大帆船》，《福建文博》2001年第1期，第46—52页；〔菲律宾〕卜迪桑、奥里兰尼达：《菲律宾沉船发现的明代青花瓷》，《江西元明青花瓷》，香港中文大学文物馆，2002年，第211—223页。

[6] Daggtt C, Jay E, Osada F, The Griffin, An English East Indiaman Lost in the Philippines in 1761. *The International Journal of Nautical Archaeology*, 1990, 19(1): 35-41.

[7] Green J, Intakosai V. The Pattaya Wreck Site Excavation, Thailand, An Interim report. *The International Journal of Nautical Archaeology*, 1983, 12(1): 3-13; Green J, Harper R. The Excavation of the Pattaya Wreck Site and Survey of Three Other Sites. Thailand, *Australian Institute for Maritime Archaeology Special Publication*, 1983(1).

[8] Green J et al. The Excavation of the Pattaya Wreck Site and Survey of Three Other Sites, Thailand, *Australian Institute for Maritime Archaeology Special Publication*, 1983(1); Green J, Intakosai V. The Pattaya Wreck Site Excavation, Thailand, An interim report. *The International Journal of Nautical Archaeology*, 1983, 12(1): 3-13; Jeremy Green etc. The Kosichang one Shipwreck Excavation 1983-1985. A Progress Report. *The International Journal of Nautical Archaeology*, 1986, 15(2): 105-122.

[9] Blake W, Flecker M, A Preliminary Survey of a South-East Asian Wreck, Phu Quoc Island, Vietnam. *International Journal of Nautical Archaeology*, 1994, 23(2): 73-91.

第12章 海洋贸易陶瓷 389

1　　　　　　　　　　　　　　　　　　2

图12.28 平潭碗礁一号沉船出水瓷器

1. 青花将军罐　2. 五彩碟（均引自碗礁一号水下考古队：《东海平潭碗礁一号出水瓷器》，科学出版社，2006年）

图12.29 利纳浅滩沉船瓷器堆积

（引自Franck Goddio, Stacey Pierson, Monique Crick. *Sunken Treasures, Fifteenth Century Chinese Ceramics from the Lena Cargo*. Periplus Publishing, 2000）

图12.30 菲律宾海域圣迭戈号沉船出水青花盘

（引自江西省博物馆等：《江西元明青花瓷》，香港中文大学文物馆，2002年，第222页）

图12.31 越南平顺沉船出水青花凤鸣朝阳图盘

（引自中国广西壮族自治区博物馆、中国广西文物考古研究所、越南国家历史博物馆：《海上丝绸之路遗珍——越南出水陶瓷》，科学出版社，2009年）

图12.32 越南头顿沉船出水德化窑白瓷

（约1690年；引自Christiaan J A Jörg, Michael Flecher. *Porcelain from the Vung Tau Wreck: The Hallstrom Excabation*. Sun Tree Publishing Ltd, UK, 2001: 88）

平顺沉船（图12.31）[①]、头顿沉船（约1690年）（图12.32）[②]、金瓯沉船（1723—1735年）[③]等。马来西亚海域的万历号沉船[④]、马六甲海域沉船[⑤]。文莱海域的明代中期文莱沉船[⑥]。印度尼西亚海域中国帆船号（哈彻）明末沉船[⑦]、荷兰东印度公司哥德马尔森

---

① 刘朝晖：《越南平顺沉船出土的漳州窑青花瓷器》，《中国古陶瓷研究》（第十三辑），紫禁城出版社，2007年，第247—259页；中国广西壮族自治区博物馆、中国广西文物考古研究所、越南国家历史博物馆：《海上丝绸之路遗珍——越南出水陶瓷》，科学出版社，2009年。

② Flecker M. Excavation of an Oriental Vessel of c. 1690 off Con Dao, Vietnam. *The International Journal of Nautical Archaeology*, 1992, 21(3): 221-244; Christiaan J A Jörg, Flechker M. Porcelains from the Vung Tau Wreck. *Oriental Art*, 1999, XLV(1); Christiaan J. A. Jörg, Flecher M. *Porcelain from the Vung Tau Wreck: The Hallstrom Excabation*. Sun Tree Publishing Ltd, UK, 2001.

③ DinhChien N. *The Ca Mau Shipwreck*, Ha Noi, 2002; 李庆新：《越南海域发现清代广州沉船——金瓯沉船及其初步研究》，《国家航海》（第6辑），上海古籍出版社，2014年，第17—43页。

④ Sjostrand S, et al. *The Wanli Shipwreck and its Ceramic Cargo*. Department of Museums Malaysia, 2007.

⑤ Bound M. *The Excavation of the Nassau. Excavating Ships of War*. International Maritime Archaeology Series, 1997, 2; Flecker M. Magnetometer Survey of Malacca Reclamation site, *The International Journal of Nautical Archaeology*, 1996, 25(2): 122-134; 袁随善译：《关于在南中国海发现的四艘明代沉船的消息披露》，《船史研究》1997年第11、12期，第291—299页。

⑥ Hashim P H, Karim P D. *A Catalogue of Selected Artifacts from the Brunei Shipwreck*. Brunei Museums, 2000; Michel L'Hour, *The Sunken Treasures of Brunei DarussaLam*. Bergamo: Grafedit, 2001.

⑦ Sheaf C, Kilburn R. *The Hatcher Porcelain Cargoes: The Complete Record*. Phaidon-Christies, Oxford, 1988; Green J, et al. *The Maritime Archaeology of Shipwrecks and Ceramics in Southeast Asia*. Australian Institute for Maritime Archaeology Special Publication No.4, 1987; Edwards H, Hatcher M. Treasures of Deep. *The Extraordinary Life and Times of Captain Mike Hatcher*. Australia, Harper Collins, 2000.

图12.33 印度尼西亚泰兴号沉船出水瓷器

（约1822年；引自Fritz Nagel, *Nagel Auctions, Tek Sing Treasures*, Stuttgart, Stuttgarter Kunstauktionshaus, 2000）

号商船（1752年）[1]、迪沙如号沉船[2]、泰兴号沉船（约1822年）（图12.33）[3]等。大西洋海域的瑞典东印度公司哥德堡一号沉船（1745年）（图12.34）[4]，法国东印度公司康迪王子号沉船（1746年）[5]，荷兰东印度公司毛里求斯号沉船（1609年）[6]、白狮号沉船（1613年）[7]、乌斯特兰号沉船（1697年）[8]、奈伦约号沉船[9]等。非洲东海岸则有肯尼亚蒙巴萨耶稣堡外的葡萄牙圣安东尼奥·唐纳号沉船（1697年）也出水了一批康

---

[1] Christie's Amsterdam. *The Nanking Cargo: Chinese Export Porcelain and Gold.* Amsterdam, 1986; Christiaan J A Jörg. *The Geldermalsen: History and Porcelain,* Groningen: Kemper Publishers, 1986; Michael Hatcher with Antony Thorncroft. *The Nanking Cargo,* London: Hamish Hamilton, 1987; Sheaf C, Kilburn R, *The Hatcher Porcelain Cargoes: the Complete Record.* Oxford: Phaidon-Christie's, 1988; 黄时鉴：《从海底射出的中国瓷器之光——哈契尔的两次沉船打捞业绩》，《东西交流论谭》，上海文艺出版社，1998年，第466—480页。

[2] 中国嘉德四季拍卖会：《明万历号、清迪沙如号海捞陶瓷》，《嘉德四季》2005年第4期；中国嘉德四季拍卖会：《南海瓷珍》，《嘉德四季》2006年第4期。

[3] Fritz Nagel. *Nagel Auctions: Tek Sing Treasures.* Stuttgart: Stuttgarter Kunstauktionshaus, 2000; Nigel Pickford, Michael Hatcher, *The Legacy of the Tek Sing.* Cambridge: Granta Editions, 2000; 郑炯鑫：《从"泰兴号"沉船看清代德化青花瓷器的生产与外销》，《文博》2001年第6期，第49—50页；陈国栋：《关于所谓"的惺号"及其出水文物的一些意见》，《水下考古研究》（第2卷），科学出版社，2016年，第21—44页。

[4] Berit Wastfelt, Bo Gyllenevard, Jorgen Weibull. *Porcelain from the East Indiamen Gotheborg.* Forlags AB Denmark, 1991; 辛元欧：《瑞典的航海船舶博物馆与水下考古事业》，《船史研究》1997年总第11—12期，第200—214页；龚缨晏：《哥德堡号沉船与18世纪中西关系史研究——读〈对华贸易的黄金时代〉》，《东西交流论谭》，上海文艺出版社，1998年，第380—395页；故宫博物院：《瑞典藏中国陶瓷》，紫禁城出版社，2005年。

[5] L'Hour M, Richez F. An 18th century French East Indiaman: Prince de Conty (1746). *The International Journal of Nautical Archaeology*, 1990, 19(1): 75-79.

[6] L'Hour M, Long L, Rieth E. The Wreck of an 'Experimental' Ship of the 'Oost-IndischeCompanie': The Mauritius (1609). *The International Journal of Nautical Archaeology*, 1990, 19(1): 63-67.

[7] C L van der pijl-Ketel. *The Ceramic Load of the 'Witte Leeuw' (1613)*, Amsterdam, Rijksmuseum, 1982.

[8] Bruno Werz. *The shipwrecks of the 'Oosterland' and 'Waddinxveen', 1697, Table Bay.* Johannesburg: Zulu Planet Publishers, 2009.

[9] Lightley R A. an 18th Century Dutch East Indiaman, Found at Cape Town, 1971. *International Journal of Nautical Archaeology*, 1976, 5(4): 305-316.

图12.34 瑞典哥德堡一号载运的中国瓷器
1. 外酱釉内青花花卉纹碗 2. 外酱釉内青花花卉纹碗（均为哥德堡市立博物馆藏；分别引自故宫博物院：《瑞典藏中国陶瓷》，紫禁城出版社，2005年，第114页图15，第118页图19）

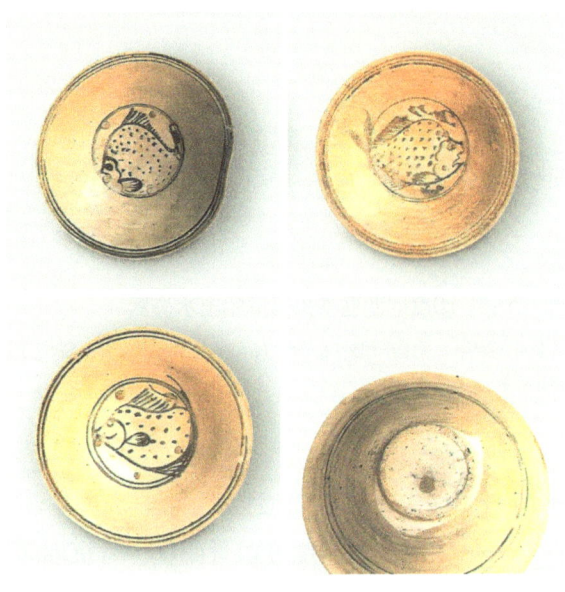

图12.35 马来西亚海域图日昂沉船出水泰国褐彩瓷器
（引自Roxanna Brown, Sten Sjostrand. *Turiang: A Fourteenth-Century Shipwreck in Southeast Asina Waters*. Pacific Asia Museum, 2000）

熙时期的瓷器[①]。印度洋、太平洋海域也有其他一些装载中国瓷器的沉船被发现。

值得提出的是，一些东南亚海域发现的14—16世纪沉船也装载了大量的泰国或越南生产的海洋贸易陶瓷，有些沉船则同时载有中国的陶瓷器。马来西亚海域沉没的图日昂沉船（Turiang，1305—1370年）载有大量泰国素可泰时期图日昂窑产品（图12.35）和一批中国陶瓷及少量越南陶瓷，其中，泰国青釉和褐彩瓷器占57%，中国青釉和褐釉瓷器占35%，越南釉下彩绘瓷器约占8%；这一海域的南洋沉船（Nanyang，约1380年）、龙泉沉船（Longquan，约1390年）、皇家南海沉船（Royal Nanhai，约1450年）、宣德沉船（Xuande，1500—1520年）等沉船也载有批量的泰国素可泰时期的青

---

① Piercy R C M. Mombasa Wreck Excavation: Third Preliminary Report, 1979. *The International Journal of Nautical Archaeology and Underwater Exploration*, 1979, 8(4): 303-308. Sassoom H. *Ceramics from the Wreck of a Portuguese Ship at Mombasa*. Azania: Archaeological Research in Africa, 1981, 16(1): 97-130. 秦大树、徐华烽、〔肯尼亚〕默罕默德·玛初拉：《肯尼亚蒙巴萨塔纳号沉船出水的中国瓷器》，《故宫博物院院刊》2014年第2期，第6—24页。

图12.36　越南建江沉船出水泰国宋加洛窑瓷器

1. 青瓷盘　2. 青瓷双耳瓶

（均引自中国广西壮族自治区博物馆、中国广西文物考古研究所、越南国家历史博物馆：《海上丝绸之路遗珍——越南出水陶瓷》，科学出版社，2009年）

图12.37　越南占婆岛沉船出水越南海阳窑青花罐

（引自中国广西壮族自治区博物馆、中国广西文物考古研究所、越南国家历史博物馆：《海上丝绸之路遗珍——越南出水陶瓷》，科学出版社，2009年）

瓷或褐彩瓷[①]。越南建江富国岛海域建江沉船（即富国岛一号沉船），出水遗物为15世纪泰国宋加洛窑青瓷（图12.36）[②]；广南海域约沉没于15世纪后期的占婆岛沉船，除极少数明代青花和蓝釉瓷器外，主要是15世纪下半叶产于越南北方的海阳省朱豆窑及河内等地窑场的青花产品（图12.37）[③]。菲律宾海域大约沉没于明代中叶弘治时期的利纳浅滩沉船，除载有景德镇窑青花瓷和龙泉窑青瓷之外，也载有一些泰国青瓷产品[④]；同样，文莱海域的文莱沉船也载有泰国青瓷等东南亚地区的陶瓷器[⑤]。

由此可见，不同时期的东南亚海域海洋贸易陶瓷的类别也具有较大的复杂性，是与当时的海外贸易政策和社会环境息息相关的。

[①] Brown R, Sjostrand S. *Turiang: A Fourteenth-Century Shipwreck in Southeast Asina Waters*. Pacific Asia Museum, 2000; Sjostrand S, Turiang: A 14th Century Chinese Shipwreck, Upsetting Southeast Asian Ceramic History. In: *Southeast Asia-China Interactions*. The Malaysian Branch of the Royal Asiatic Society, 2002.

[②] 中国广西壮族自治区博物馆、中国广西文物考古研究所、越南国家历史博物馆：《海上丝绸之路遗珍——越南出水陶瓷》，科学出版社，2009年，第43—53页。

[③] 中国广西壮族自治区博物馆、中国广西文物考古研究所、越南国家历史博物馆：《海上丝绸之路遗珍——越南出水陶瓷》，科学出版社，2009年，第54—91页；〔越〕阮庭战著，容常胜、钟珅译：《越南海域沉船出水的中国古陶瓷》，《中国古陶瓷研究》（第十四辑），紫禁城出版社，2008年，第60—83页。

[④] Goddio F, Pierson S, Crick M. *Sunken Treasures: Fifteenth Century Chinese Ceramics from the Lena Cargo*. London: Periplus Publishing, 2000.

[⑤] Hashim P H, Karim P D. *A Catalogue of Selected Artifacts from the Brunei Shipwreck*, Brunei Museums, 2000; Michel L'Hour. *The Sunken Treasures of Brunei DarussaLam*. Bergamo: Grafedit, 2001.

12.4.2 产地与类别

从考古发现和传世实物看，这一时期的海洋贸易陶瓷仍以中国陶瓷器为主，还见有东南亚泰国和越南等地生产的青瓷、白瓷、青花瓷等，日本的青花瓷和五彩瓷等，各具特色。

明、清两朝的外销陶瓷以景德镇民窑、漳州窑、德化窑、东溪窑等为主，类别以青花瓷器为主[1]，五彩瓷器和德化窑白釉瓷器也较为常见，清代还有宜兴窑紫砂壶[2]、石湾窑陶瓷器，还有一些龙泉窑青瓷，以及其他色釉的瓷器，这些窑场分布明显相对较为集中。青花、五彩瓷器以日常生活用器为主，有碗、盘、碟、壶、瓶等，一般用作餐具、茶具、咖啡具等，一般成套使用。器形较大的罐、瓶等也十分常见，多用于盛储或者摆设。青花的色泽较为浓艳，纹样内容十分丰富，主要为花卉纹、花草纹、博古图案、人物图案等东方风格，也有不少是西洋题材的图案[3]。其中一类青花瓷器的装饰为多开光图案，绘制山水、花卉、果实、人物、帆船（图12.38）等，器类有盘、碗、瓶等，以盘最为典型，这类瓷器国内很少使用，却大量输往欧洲，起初因葡萄牙"克拉克"商船装载，欧洲人不明其产地，而称之为"克拉克瓷"[4]，明代晚期甚为流行，至清康熙时期仍有市场（图12.39）。五彩瓷器以红、蓝、绿、黄等色绘制图案，色彩明快艳丽。有的瓷器在景德镇烧制坯体，至广州上彩烘烧，制成彩瓷，即"广彩"[5]，图案多西洋题材，有些为流行于西方市场的东方风

图12.38 景德镇窑青花帆船图盘
（18世纪，上海博物馆藏）

图12.39 碗礁一号沉船出水青花花卉纹盘
（中国国家博物馆藏，王霁摄）

---

[1] 〔英〕哈里·加纳著、叶文程、罗立华译：《东方的青花瓷器》，上海人民美术出版社，1996年。
[2] 〔德〕埃娃·施特勒伯：《德累斯顿奥古斯都大帝藏品中的德化瓷器和宜兴紫砂器》，《中国古代白瓷国际学术研讨会论文集》，上海书画出版社，2005年，第519—536页。
[3] 陈丽莲：《外销瓷纹饰与西方典故》，《东南文化》2001年第4期，第56—61页；耿东升：《十六至十八世纪景德镇外销瓷的欧洲艺术风格》，《收藏家》2005年第10期，第29—36页；牟晓林：《十八世纪中国瓷绘上的西洋人物》，《收藏》2012年第3期，第52—58页。
[4] Rinaldi M. *Kraak Porcelain: A Moment in the History of Trade*. London: Bamboo Pub, 1989；熊寰：《克拉克瓷研究》，《故宫博物院院刊》2006年第3期，第113—122页。
[5] 广东省博物馆：《广彩瓷器》，文物出版社，2001年。

图12.40 广彩天使图盘
（乾隆时期，广东省博物馆藏；引自广东省博物馆：《异趣同辉：广东省博物馆藏清代外销艺术精品集》，岭南美术出版社，2013年，第74页）

图12.41 青花粉彩徽章纹盘
[乾隆时期，荷兰银行家克利福德家族（Clifford定制），广东省博物馆藏；引自南京市博物总馆、宁波博物馆、上海中国航海博物馆：《CHINA与世界——海上丝绸之路沉船和贸易瓷器》，文物出版社，2017年，第452页]

图12.42 粉彩描金徽章纹盘
[乾隆时期，1750年定制，瑞典莫宁伯爵（右）和杜瓦尔女男爵（左）的徽章，哥德堡市立博物馆藏；引自故宫博物院：《瑞典藏中国陶瓷》，紫禁城出版社，2005年，第199页，图81]

俗纹样，一些依据欧洲市场来样来稿进行加工，构图繁密，色彩浓艳，金碧辉煌（图12.40）。德化窑白釉瓷器的对外输出也颇具规模，欧洲人称之为"中国白"（Blanc de Chine）[1]，胎质细腻，色白莹润，器类有盒、碗、盘、杯、塑像等，还有不少是西洋人物的雕像，生动逼真。

这一时期，出现了专门售卖给外国人或者国外定制的瓷器，据《景德镇陶录》记载："洋器，专售外洋者，商多粤东人，贩去与洋鬼子互市。式多奇巧，岁无定样。"[2]这类瓷器最为普遍的是餐具和咖啡具，式样不一，来稿来样均有详细说明。还有不少定制带有家族徽章的瓷器，即"徽章瓷"或"纹章瓷"[3]，种类多样，风格不一，有的绘东方色彩的粉彩花卉纹边饰（图12.41），有的绘洛可可风格的植物纹边饰（图12.42），花纹常见描金装饰，显得富丽堂皇，颇具特色。

在这一发展历程中，由于海外贸易政策等多种因素影响，14—16世纪泰国素可泰时期的素可泰窑白釉褐彩器、宋加洛窑青釉器和越南海阳窑等地的青花瓷器成为东南亚海

---

[1] [英]唐·纳利著，吴龙清译：《中国白——福建德化瓷》，福建美术出版社，2006年；刘幼铮：《中国德化白瓷研究》，科学出版社，2007年。

[2] （清）蓝浦著，郑廷桂补，欧阳琛、周秋生校注：《景德镇陶录》（卷二），江西人民出版社，1996年。

[3] Howard D S. *Chinese Armorial Porcelain*. London: Faber and Faber, 1974; David Sanctuary Howard. *Chinese Armorial Porcelain, Volume II*. Heirloom & Howard Ltd., 2003; 余春明：《中国名片：明清外销瓷探源与收藏》，生活·读书·新知三联书店，2011年。

域海洋贸易中一时颇为活跃的中国瓷器替代品①。17世纪，在东西方之间的海洋贸易陶瓷中，除中国瓷器外，日本、越南瓷器均占有一席之地②，特别是日本肥前的有田窑瓷器，还一度取代景德镇窑瓷器，成为当时欧洲市场上颇具竞争力的产品③。据荷兰学者统计，1602—1682年荷兰东印度公司载运有1200万件瓷器，在17世纪上半叶以中国瓷器为主；其后，随着清初海外贸易政策影响，中国瓷器出口锐减，而日本、越南瓷器比例增加；1653—1682年载运的日本瓷器有190万件，销往东南亚、西亚和欧洲等地；1663—1682年载运的越南瓷器有145万件，主要销往东南亚④。这一时期，荷兰、西班牙、英国等仿烧自东方青花瓷器的蓝彩器也颇为流行，一定程度上成为当时欧洲市场上的青花瓷器替代品；而进入18世纪以后，德国、法国等地瓷器的烧造成功，并成为欧洲市场上的重要商品，与来自中国、日本的东方瓷器相竞争，逐渐占据主要地位。

12.4.3　制瓷技术交流

明清时期制瓷技术的交流，可以通过两个方面来说明。一方面，大量吸收外来因素，尤其是订烧的瓷器，融入了中东地区伊斯兰文化因素，一些青花瓷器的造型、纹样还与奥斯曼帝国的青花陶器之间有着密切关系⑤。这一时期最为多见的青花、彩瓷、白瓷，也大量吸收了西洋风格的造型、图案等，呈现出了新的文化面貌特征，这在一定程度上促进了中外文化交流⑥。另一方面，制瓷技术进一步影响中南半岛、朝鲜半岛，并传入了日本、欧洲各地。

14—16世纪，东南亚地区泰国宋加洛窑青瓷和素可泰窑白釉黑彩或褐彩器⑦，明显受到龙泉窑、磁州窑等窑场的影响烧制而成；越南的海阳窑青花、五彩瓷器则是受到

---

① Brown R M. *The Ming Gap and Shipwreck Ceramics in Southeast Asia*. Los Angeles: Ph. D. dissertation, University of California. 2004; Brown R M. *The Ming Gap and Shipwreck Ceramics in Southeast Asia: Towards a Chronology of Thai Trade Ware*. Dist A C. River Books Press, 2009; Brown R M, *The Ceramics of South-East Asia: Their Dating and Identification* (2nd edition). Oxford: Oxford University Press, 1989.
② 〔越〕黄英俊著，刘志强译：《17世纪末东亚贸易背景下越南北河的陶瓷贸易》，《海洋史研究》（第十五辑），社会科学文献出版社，2020年，第196—213页。
③ 熊寰：《中日古瓷国际竞市研究——以景德镇和肥前瓷器为例》，《中山大学学报（社会科学版）》2012年第1期，第108—123页。
④ Volker T. *Porcelain and the Dutch East India Company (1602-1682)*. Holland: Leiden, Rijksmuseum voorVolkenkunde, 1954.
⑤ Walter B. Denny, Blue-and-White Islamic Pottery on Chinese Themes. *Boston Museum Bulletin*. Museum of Fine Arts, Boston, 1974, 72(368): 76-99.
⑥ 朱培初：《明清陶瓷和世界文化的交流》，轻工业出版社，1984年；〔美〕罗伯特·芬雷著，郑明萱译：《青花瓷的故事：中国瓷的时代》，海南出版社，2015年；〔英〕哈里·加纳著，叶文程、罗立华译：《东方的青花瓷器》，上海人民美术出版社，1992年；陈洁、曹慧中：《贸易陶瓷与16世纪至18世纪的中西交流》，《东西汇融：中欧陶瓷与文化交流特集》，上海书画出版社，2021年，第9—20页。
⑦ 傅云仙：《中国古代陶瓷和烧造技术在泰国的传播和发展——以素可泰窑和宋卡洛窑为例》，《昆明师范高等专科学校学报》2005年第1期，第22—24页；王建保：《宋加洛瓷器的磁州窑风格》，《收藏》2014年第15期，第52—53页；张越：《泰国素可泰陶瓷釉下彩画技艺的交流发展》，《东方收藏》2017年第6期，第66—70页。

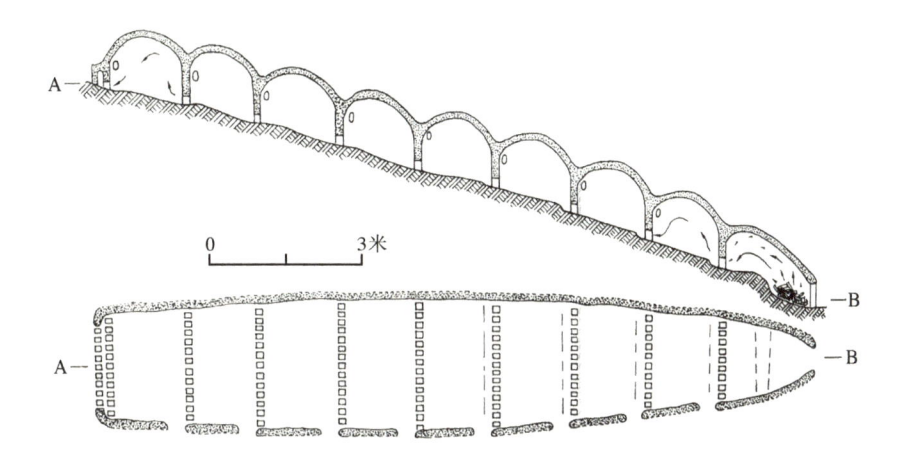

图12.43 朝鲜半岛京畿道骊州郡今五里横室连房阶级窑平、剖面图

（18—19世纪；引自熊海堂：《东亚窑业技术发展与交流史研究》，南京大学出版社，1995年，第243页）

景德镇窑的影响[1]。

受明代白瓷和青花瓷的影响，朝鲜李朝时期的白瓷得到迅速发展，并且烧造了青花瓷器、铁绣花瓷器等品种[2]。窑炉技术方面，进一步发展了分室龙窑，如忠清南道公州郡反浦面鹤峰里窑[3]、鸡笼山窑[4]，并从福建漳州地区引入了阶级窑，逐渐发展为横室连房式阶级窑，还使用了伞状支烧具，如京畿道丽州郡今五里窑（图12.43）[5]。

日本瓷器的烧制成功与明朝和朝鲜王朝关系十分密切。1616年，朝鲜陶工李参平在长庆之役被俘后定居日本，在日本有田町发现了瓷土并烧制出青花瓷器，即"染付"；在五彩瓷器影响下，大约17世纪40年代，有田陶工酒井田喜三右卫门烧制出彩瓷，即"色绘"（"赤绘"），因其烧制的柿形饰物受锅岛藩主赞赏，而赐名"柿右卫门"，并开始销往海外市场。这类江户时代有田一带生产的瓷器（"有田烧"），一般从伊万里港出口销往欧洲，因而又被称为伊万里（Imari）瓷器[6]。其造型、花纹有的仿自景德镇窑青花和五彩瓷器，也是当时西方流行的定制产品（图12.44），而一些产品则匠心独具，形成了自身的风格。例如，源自康熙时期青花五彩描金瓷器的伊万里五彩描金的

---

[1] Miksic J N. Kilns of Southeast Asia. In: *Southeast Asian Ceramics: New Light on Old Pottery*. Singapore: Southeast Asian Ceramic Society, 2009: 49-69.
[2] 〔韩〕姜敬淑：《韩国陶瓷器窑址的研究》，时空社，2005年。
[3] 〔韩〕姜敬淑：《韩国陶磁史》，一志社，1989年。
[4] 〔日〕野守健：《雞籠山麓窯址調查報告》，朝鮮總督府发行，1925年。
[5] 熊海堂：《东亚窑业技术发展与交流史研究》，南京大学出版社，1995年，第六章第六节。
[6] 〔日〕铃田由纪夫：《伊万里瓷器的历史与特征》，《扬帆万里：日本伊万里瓷器特展》，台北故宫博物院，2015年，第309—320页。

图12.44　日本江户时代伊万里瓷器

1. 青花开光凤凰花卉纹盘　2. 五彩开光花卉纹盘（均引自〔日〕出光美术馆：《陶磁の東西交流》，出光美术馆，1984年発行，1990年，第10页）

图12.45　日本江户时代"柿右卫门"瓷器

（五彩凤凰松竹梅柴垣纹盘；引自〔日〕出光美术馆：《陶磁の東西交流》，出光美术馆，1984年発行，1990年，第31页）

"金襕手"，色彩绚烂，富丽堂皇，雍容华贵；还有上述的"柿右卫门"赤绘瓷器，是在乳白色地（即"浊手"）上绘有红、蓝、黄、绿等明艳色彩的纹样，构图疏朗，色调优雅，清新脱俗（图12.45）[1]。这些日本伊万里瓷器大量销往荷兰、英国、法国、德国等地[2]，并在欧洲市场上与中国瓷器相竞争，也颇受西方人喜爱。与此同时，中国景德镇窑也出现了仿烧伊万里风格的瓷器，还对欧洲地区的瓷业生产有着一定影响。

日本于16世纪后半期出现了分室龙窑，如岐阜县土岐市泉町定林寺窑；16世纪末、17世纪初，引入了横室连房式阶级窑[3]，如长崎县大村市阴平町土井浦窑、佐贺县西松浦郡有田町原明窑[4]、上白川区天狗谷窑[5]，以及19世纪的熊本县天草郡天草町高浜窑[6]、爱知县濑户市西茨町勇右卫门窑（图12.46）[7]等，这些窑炉的形制与福建平和漳州窑[8]、华安东溪窑（图12.47）[9]、南靖东溪窑[10]、德化窑等华南沿海地区的横室连

---

[1] 关涛、王玉新：《日本陶瓷史》，辽宁画报出版社，2001年；郭富纯、孙传波：《日本古陶瓷研究》，文物出版社，2011年。
[2] 〔日〕出川哲朗：《欧洲的伊万里瓷器》，《扬帆万里：日本伊万里瓷器特展》，台北故宫博物院，2015年，第302—308页。
[3] 〔日〕三上次男：《日本·朝鲜陶磁史研究》，中央公論美术出版社，1989年。
[4] 〔日〕西有田町教育委員會：《原明古窯跡》，佐賀縣西有田町教育委員會，1981年。
[5] 〔日〕三上次男：《有田天狗谷窯調查報告》，中央公論美术出版社，1972年。
[6] 〔日〕熊本县教育委員会：《生产遗迹基本调查报告书》（Ⅱ），1980年。
[7] 〔日〕濑户市历史民俗资料馆：《濑户市历史民俗资料馆研究纪要》（Ⅵ），1987年。
[8] 福建省博物馆：《漳州窑——福建漳州地区明清窑址调查发掘报告之一》，福建人民出版社，1997年；福建省博物馆：《福建平和县南胜田坑窑址发掘报告》，《福建文博》1998年第1期，第4—30页；福建省博物馆：《平和五寨洞口窑址的发掘》，《福建文博》1998年增刊，第3—31页。
[9] 福建博物院、华安县博物馆：《华安东溪窑2007年发掘简报》，《福建文博》2016年第2期，第2—13页。
[10] 福建博物院、南靖县文物保护中心：《南靖县东溪窑封门坑窑址2015年发掘简报》，《福建文博》2015年第3期，第2—15页。

第12章 海洋贸易陶瓷 399

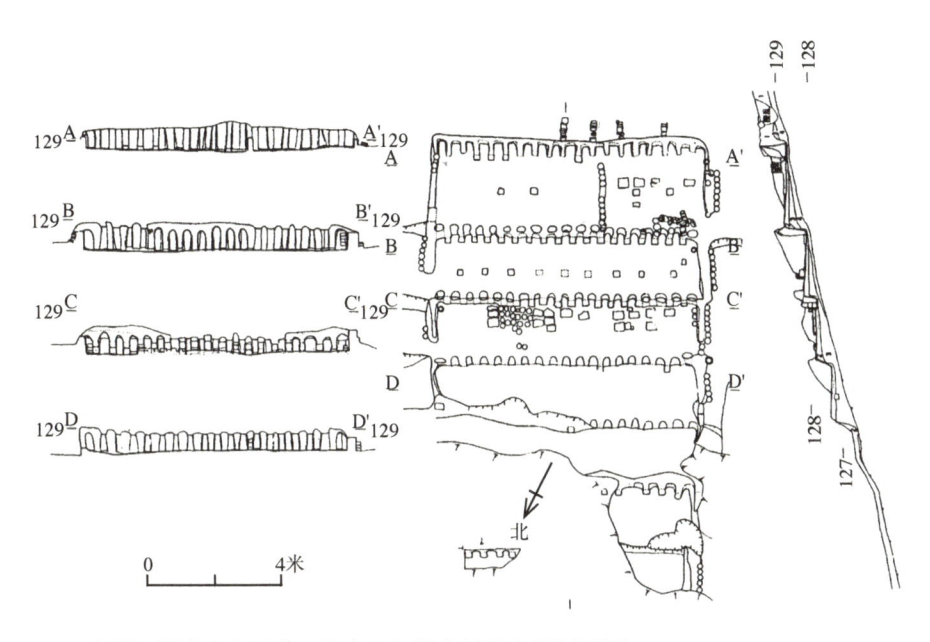

图12.46 日本爱知县濑户市西茨町勇右卫门横室阶级窑平剖面图

（1818—1860年文政年间，西茨2号窑；引自熊海堂：《东亚窑业技术发展与交流史研究》，南京大学出版社，1995年，第299页）

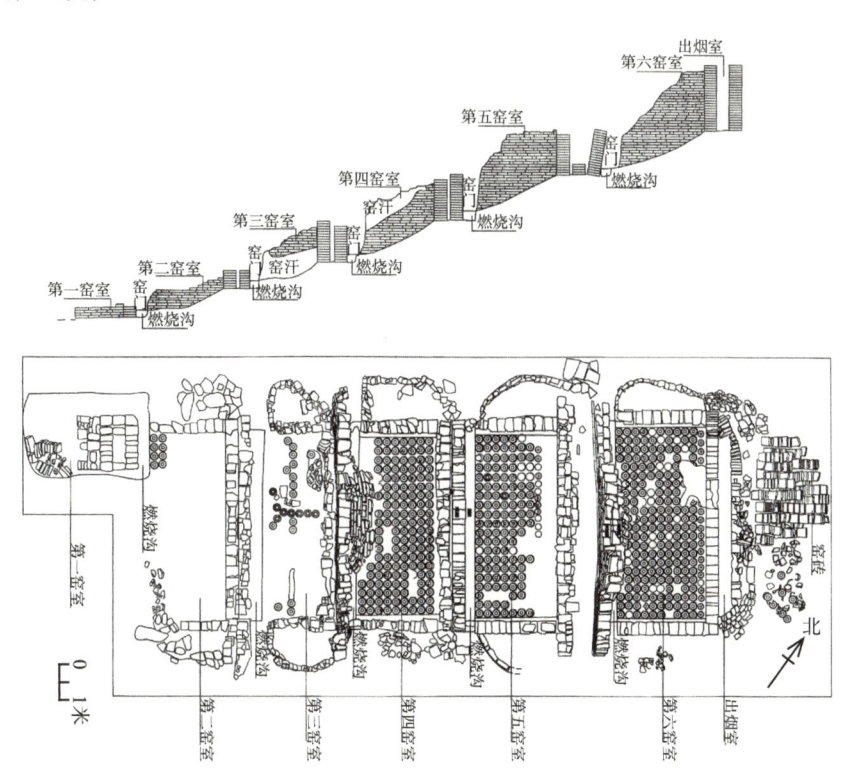

图12.47 华安东溪窑下洋坑窑平剖面图

（引自福建博物院、华安县博物馆：《华安东溪窑2007年发掘简报》，《福建文博》2016年第2期，第9页）

图12.48 银酒壶静物画

[威廉·考尔夫（Willem Kalf）作品，1655—1657年，布面油画，荷兰国立博物馆藏]

房式阶级窑基本一致[1]，其窑具和装烧工艺也与闽南地区有一定的联系。

这一时期，尤其是17—18世纪，中国瓷器在欧洲上层社会风靡一时，各国宫室大量定制，还作为收藏品珍藏，一些静物画中也时有出现（图12.48），对其社会生活产生了较大影响[2]。在此情况下，16—18世纪，中国对欧洲陶瓷产生了较大影响[3]，如16世纪西班牙的马约里卡陶器，特别是17—18世纪，欧洲一些国家烧制了仿中国瓷器样式的白地蓝彩陶器或软瓷器[4]，尤以荷兰代尔夫特（Delft）瓷厂的青花陶器成就最为突出（图12.49）[5]，较晚成立的瑞典罗斯坦得（Rörstrand）瓷厂亦有青花陶器生产（图12.50）[6]，这些瓷厂的产品除了本地的绘画风格之外，还大量模仿中国瓷器的山水、人物、花卉等各式纹样，也是当时欧洲社会风靡一时的"中国风"（Chinoiserie）的一种体现[7]。更为重要的是，经过多次反复试验，德国的伯特格尔利用优质高岭土于1709年烧制出欧洲第一件白釉瓷器，次年建立新的迈森（Meissen）瓷厂，烧制白瓷和彩绘瓷器[8]，轰动了整个欧洲，成为其杰出代表（图12.51）。18世纪，不少欧洲国家也相继烧制成功高温白胎瓷器，比如，法国的瓷器生产得到迅速发展，以巴黎郊区的塞佛尔（Sèvres）瓷器为代表；英国的韦奇伍德（Wedgwood）瓷厂烧制的奶色陶瓷也风靡一时（图12.52）[9]。实际上，17世纪以来，欧洲对东方瓷器的生产技术不断进

---

[1] 熊海堂：《东亚窑业技术发展与交流史研究》，南京大学出版社，1995年，第六章第七节。
[2] 〔比利时〕克莱尔·迪莫捷、帕特里克·阿贝著，黄洁华、杜甡译：《16世纪至18世纪中国对欧洲陶瓷的影响》，《东西汇融：中欧陶瓷与文化交流特集》，上海书画出版社，2021年，第45—61页。
[3] 王静灵：《17世纪欧洲绘画里的中国陶瓷及其相关问题》，《东西汇融：中欧陶瓷与文化交流特集》，上海书画出版社，2021年，第37—44页。
[4] 朱杰勤：《十七、八世纪华瓷传入欧洲的经过及其相互影响》，《中国史研究》1980年第4期，第109—121页。
[5] 孙晶：《青花里的中国风：17世纪荷兰代尔夫特陶器的模仿与本土化之路》，《清华大学学报（哲学社会科学版）》2019年第2期，第38—46页。
[6] 故宫博物院：《瑞典藏中国陶瓷》，紫禁城出版社，2005年，第164页。
[7] 袁宣萍：《十七至十八世纪欧洲的中国风设计》，文物出版社，2006年；许明龙：《欧洲十八世纪"中国热"》，外语教学与研究出版社，2007年。
[8] Clare Le Corbeiller. German Porcelain of the Eighteenth Century. *The Metropolitan Museum of Art Bulletin, New Series*, 1990, 47(4): 1-56.
[9] 陈进海：《世界陶瓷艺术史》，黑龙江美术出版社，1995年，第三编第三章；〔英〕简·迪维斯著，熊寥译：《欧洲瓷器史》，据英国伦敦布拉格出版社1983年版翻译，浙江美术学院出版社，1991年。

图12.49　荷兰代尔夫特瓷厂青花盘

1. 仿克拉克瓷（1660—1670年，荷兰国立博物馆藏，作者摄）
2. 东方人物纹盘（1680—1690年，荷兰国立博物馆藏，作者摄）

图12.50　瑞典罗斯坦得瓷厂青花花鸟纹盘

（1750年，哥德堡市立博物馆藏；引自故宫博物院：《瑞典藏中国陶瓷》，紫禁城出版社，2005年，第164页，图56）

图12.51　德国迈森瓷厂青花五彩开光人物纹瓶

〔约1730年；引自Le Corbeiller C. German Porcelain of the Eighteenth Century. *The Metropolitan Museum of Art Bulletin*, 1990, 47(4): 19〕

图12.52　英国韦奇伍德瓷厂青花山水楼阁纹壶

（19世纪，上海市历史博物馆藏；引自南京市博物总馆、宁波博物馆、上海中国航海博物馆：《CHINA与世界——海上丝绸之路沉船和贸易瓷器》，文物出版社，2017年，第464页）

行探索，直至1712年和1722年，法国神父殷弘绪先后两次写信寄回国内，将其利用传教之余实地考察所记述的景德镇制瓷方法系统地介绍给了西方[①]，并希望欧洲也能发现制瓷原料，在一定程度上促进了欧洲制瓷技术的发展。毫无疑问，欧洲瓷器的烧制成功，离

---

① 〔法〕杜赫德编，郑德弟译：《耶稣会士中国书简集：中国回忆录》（第二卷），大象出版社，2001年，第87—113、247—259页。

不开中国瓷器的影响，这也是中国古代制瓷技术对世界文明的伟大贡献。

总之，明清时期的海洋贸易体系出现一些新的变化，海上贸易格局随之改变，海洋贸易陶瓷也出现了新特点，东南亚、日本等地陶瓷与中国陶瓷竞相发展，而中国陶瓷的外销在明末清初时期达到了一个新的高峰，直至清代中期仍保持一定贸易规模。随着欧洲瓷器的烧制成功和大规模生产，中国瓷器的外销也逐渐走向衰落。从海域沉船发现和海外考古所见及传世品来看，这一时期的外销区域以传统的亚非地区为主，进一步扩展到了欧美地区，真正成为一种畅销全球的商品。这些产品以江西景德镇窑青花和彩瓷、福建漳州窑、德化窑的青花和白瓷为主，还有一些江苏宜兴窑紫砂器、广东佛山石湾窑产品等；同时，除了传统中国特色产品外，还出现了西方批量定制的成套瓷器和徽章瓷器等特殊类别的产品，独具特色。明清时期的制瓷技术，在这一阶段更为突出，从产品类别、装饰风格到窑炉结构、烧成技术均存在着明显的文化和技术交流，特别是日本、欧洲瓷器的烧制成功，与中国制瓷技术息息相关，也是中国瓷器对世界的一大贡献。

12.5　海洋贸易陶瓷与海上丝绸之路

12.5.1　海洋贸易陶瓷与陶瓷之路

海洋贸易陶瓷是经由海上贸易通道对外输出的商品，其生产地、贸易网络和消费群体是颇为复杂的，从早期的地中海贸易到红海、波斯湾的贸易，从印度洋贸易网到南海贸易网，不同时期有着不同的贸易陶瓷类别，也反映了不同时期的贸易商圈的变化与特点。在这个绵延久远、行销遐迩的陶瓷贸易网络中，中国陶瓷器是唐五代以来最为璀璨瞩目的主角。究其原因，中国陶瓷器美观实用、价格低廉，逐渐取代了海外地区使用的陶器、竹木器、金属器皿等，满足了当地人们的生活需要，因而受到了海外地区的普遍欢迎。随着海外贸易的不断发展，中国陶瓷器也源源不断地通过海上贸易输往海外地区。从另一个角度来讲，这在一定程度上也刺激了中国制瓷手工业的发展，尤其是华南沿海地区以外销为主的大批窑场的更迭兴起。因此，作为一类十分重要的贸易商品，海外市场的需求是中国陶瓷器外销的基础。

从海洋贸易陶瓷的发展历程来看，陶瓷器作为海外贸易的重要商品之一，是海上丝绸之路发展的一个缩影。这些海外地区遗址以及处于海上航线沉船中发现的贸易陶瓷器，是海外贸易史研究中最为突出、最具说服力的实物资料。一般而言，它们从当时的制瓷窑场出发，至沿海港口，而后扬帆远航，跨越海洋，转易他港，通达世界；或由明州、福州等地向北、向东航行，到达朝鲜半岛、琉球、日本等地；或由泉州、广州等地向南航行，至东南亚南海诸国，再至南亚、西亚、非洲东海岸，以至欧洲、美洲等地。在这条古代沟通东西方之间贸易往来的海上通道上，陶瓷器不仅是当时中国商品国际市场竞争力的杰出代表，也是中外文化交流的历史见证。因而，这条不断发展扩大的陶瓷器的海上贸易线路，有学者又称为"陶瓷之路"[①]或"海上陶瓷之路"[②]。这条被后世称为"海上丝绸之路"的海上贸易线路[③]，不仅运载着各个时期不同类别的贸易陶瓷，是海外贸易背景下商品大交换的重要途径，也是东西方文化交流的重要媒介，更是不同文明交流互鉴的历史见证。

12.5.2 腹地经济与海外贸易发展

海上丝绸之路是一条海上贸易线路，它以丝绸、瓷器和晚期的茶叶为主要输出商品，以香料、奇珍异宝、白银等为输入商品，在不同历史时期有着不同的贸易特点[④]。总体而言，经贸往来是海上丝绸之路发展的基础，它的发展离不开社会经济和市场网络的发展，而且这也是一项双向的经济活动，既有本地商品的输出，又有外域货物的输入。这些对外输出商品的生产或种植，便形成了一定区域和规模的腹地经济，这才是丝绸之路得以发展乃至繁荣的经济基础，如果离开这一点，便如《中国印度见闻录》所记黄巢攻占广州后砍伐桑树导致"阿拉伯各国失去货源，特别是失去丝绸"，而"连航行中国的海路也阻塞不通了"[⑤]。因此，海上丝绸之路的发展是离不开腹地经济发展的，这些经济腹地又通过纵横交错的内河水运和陆运路网，与沿海地区的港口有机连接起来，从而与海上航线相连，以实现各类海外贸易商品的载运和流通。

汉代海外贸易兴起后，随着社会经济逐渐发展，尤其是晚唐五代以来，南方地区的社会经济有了较大发展，经济重心逐渐由北方向江南地区移动[⑥]。入宋以后，商品经济十分活跃，促进了地方市场的发展[⑦]，兴起了一系列的草市镇[⑧]，这便拉动了城乡之间商品的交

[①] "陶瓷之路"是指中国古代陶瓷海外贸易的线路，首先由日本学者三上次男于20世纪60年代提出，并指出"这是连接中世纪东西两个世界的一条很宽阔的陶瓷纽带，同时又是东西文化交流的一座桥梁"。参看：〔日〕三上次男著，李锡经、高喜美译：《陶瓷之路》，文物出版社，1984年。此书以日文原著为底本《陶瓷の路》（岩波新书，1978年），出版后多次再版发行。中文译本有：文物出版社译本，庄景辉等译本（《陶瓷之路——访东西文明的接点》，即《中国古外销陶瓷研究资料》（第二辑），1981年），天津人民出版社胡德芬译本（《陶瓷之路——东西文明接触点的探索》，1983年），台北宋念慈译本（《陶磁路》，台北：艺术家出版社，1980年）。
[②] 马文宽：《论海上陶瓷之路》，《辽海文物学刊》1989年第2期，第89—98页。
[③] 〔日〕三杉隆敏：《海のシルクロードを求めて》（《探索海上丝绸之路》），創元社，1968年；陈炎：《海上丝绸之路与中外文化交流》，北京大学出版社，2002年；陈高华、吴泰、郭松义：《海上丝绸之路》，海洋出版社，1991年。
[④] 〔日〕三杉隆敏：《海のシルクロードを求めて》（《探索海上丝绸之路》），創元社，1968年；陈炎：《海上丝绸之路与中外文化交流》，北京大学出版社，2002年；陈高华、吴泰、郭松义：《海上丝绸之路》，海洋出版社，1991年；刘迎胜：《丝路文化·海上卷》，浙江人民出版社，1995年；国家文物局：《海上丝绸之路》，文物出版社，2014年。
[⑤] 〔日〕藤本胜次译注，穆根来、汶江、黄倬汉译：《中国印度见闻录》卷二，中华书局，1983年，第96—98页。
[⑥] 郑学檬：《中国古代经济重心南移和唐宋江南经济研究》，岳麓书社，2003年。
[⑦] 漆侠：《中国经济通史·宋代经济卷》（下册），经济日报出版社，1999年；龙登高：《宋代东南市场研究》，云南大学出版社，1994年；龙登高：《江南市场史——十一至十九世纪的变迁》，清华大学出版社，2003年；〔日〕斯波义信著，方健、何忠礼译：《宋代江南经济史研究》，江苏人民出版社，2001年。
[⑧] 傅宗文：《宋代草市镇研究》，福建人民出版社，1989年。

流与贸易的繁荣[①]。陶瓷器的生产与运输颇具代表性，以其为例略加说明。古代的陶瓷窑址多选在临近河流、靠近制瓷原料产地的丘陵山地一带[②]，而大批量的陶瓷器转运则主要还是通过水路运输来实现的，国内有运河航运与河流运输，沿海有近海航运，海外则有远洋航海，而至海外消费地之后亦是通过当地路网系统和市镇再通达具体消费者[③]，这些共同构成了庞大的发达的商品运输和贸易网络。因而，陶瓷产品从各个制瓷窑场出发，经由交织分布的溪流网络，分散到各地市镇交易，如各地府、州、县城等，尤其是一些较大的沿海港口市场，如明州、扬州、福州、泉州、广州等，一些名窑产品如越窑、长沙窑、定窑、龙泉窑、景德镇窑、德化窑等汇集于此，是海外贸易网络中的重要节点，并由此载运而踏上海上丝绸之路。此外，其他海外贸易商品，如丝织品[④]、茶叶[⑤]等亦是如此。

12.5.3 海外贸易港口兴衰及其影响

海外贸易港口的迭兴发展，也是不同时期的海上丝绸之路发展的反映。下面以福州、泉州、广州三港口为例进行说明。福州港位于南北海上交通及东洋航线的交叉口，是唐宋元明时期重要海外贸易港口[⑥]，以闽江流域为腹地支撑的制瓷手工业则包括闽江下游地区的唐代怀安窑、宋元明时期的闽清义窑、连江浦口窑及邻近的莆田庄边窑等诸多窑场，闽江中下游地区的宋元时期建窑系窑址等，甚至还有闽江上游支流的闽北地区的蒲城大口窑、松溪九龙窑等，这条通道沿支流入闽江，顺流而下至福州，抵达闽江入海口，其延续时间也较长，历唐至清均有运行，颇为重要；同时，闽江流域也是茶叶种植和加工业最为发达的区域之一，是18世纪以来茶叶海外贸易的重要产地，茶叶经由闽江顺流而下至福州港，再至广州口岸售与西洋商船，这显然又促进了福建地区茶叶经济的发展[⑦]。泉州则是宋元时期的海外贸易大港[⑧]，其以晋江流域为主

---

① 〔日〕斯波义信著，庄景辉译：《宋代商业史研究》，稻禾出版社，1997年；马润潮著，马德程译：《宋代的商业与城市》，中国文化大学出版部，1985年；张海英：《明清江南商品流通与市场体系》，华东师范大学出版社，2002年；〔加〕卜正明著，方骏、王秀丽、罗天佑译：《纵乐的困惑：明代的商业与文化》，生活·读书·新知三联书店，2004年。
② 一般来讲，制瓷窑场大多选在靠近制瓷原料产地、临近河流、交通便利的地区，参阅权奎山：《试论南方古代名窑中心区域移动》，《考古学集刊》（第11集），中国大百科全书出版社，1997年，第276—288页。
③ 〔阿拉伯〕伊本·胡尔达兹比赫著，宋岘译注：《道里邦国志》，中华书局，1991年。
④ 范金民、金文：《江南丝绸史研究》，农业出版社，1993年；王毓铨主编：《中国经济通史·明代经济卷》，《中国经济通史·清代经济卷》，经济日报出版社，2000年。
⑤ 仲伟民：《茶叶与鸦片：十九世纪经济全球化中的中国》，生活·读书·新知三联书店，2010年。
⑥ 廖大珂：《福建海外交通史》，福建人民出版社，2002年。
⑦ 庄国土：《鸦片战争前福建外销茶叶生产及营销对当地社会经济的影响》，《中国史研究》1999年第3期，第145—156页；庄国土：《18世纪中国与西欧的茶叶贸易》，《中国社会经济史研究》1992年第3期，第67—80、94页；庄国土：《从丝绸之路到茶叶之路》，《海交史研究》1996年第1期，第1—13页。
⑧ 苏基朗：《唐宋时代闽南泉州史地论稿》，台湾商务印书馆，1991年；苏基朗著，李润强译：《刺桐梦华录》，浙江大学出版社，2012年；李东华：《泉州与我国中古的海上交通（九世纪末——十五世纪初）》，学生书局，1986年。

要腹地经济支撑，包括泉州周边的泉州窑、晋江磁灶窑、安溪窑等，以及永春窑、南安窑、德化窑等，其产品通过东溪、西溪及其支流，进入晋江，进而汇入泉州港湾，南宋至元代尤为繁盛；明清时期，随着海外贸易政策的变化和泉州港的衰落，位于九龙江入海口附近的海澄月港则因独得"隆庆开海"之利而迅速兴起，九龙江流域的漳州窑蓬勃发展，至清代厦门港逐渐成为泉漳地区海外贸易的重要口岸，并成为鸦片战争后五口通商港口之一，九龙江及其支流上游一带的南靖、华安的东溪窑继续发展，而邻近地区的德化窑、安溪窑也保持了旺盛的发展势头，窑场规模进一步扩大，是这一时期泉漳地区港口迭兴和海外贸易发展的腹地经济重要支柱。广州港的海外贸易历史悠久，汉时的番禺已"为一都会"，珠江及其支流腹地纵深，附近有新会窑、水车窑、西村窑、奇石窑、潮州窑等诸多窑场，而这些窑场时代偏早，为唐至北宋，与文献所载北宋时"唯广最盛"颇相符合，及至明清又有石湾窑及广彩瓷器兴起，成为外销陶瓷产品；除此之外，清代的广式外销手工业颇为发达[1]，如织绣、绘画、壁纸、折扇、牙雕、家具、银器等工艺精湛，甚为欧美人士喜爱，这无疑也是广州港兴盛的重要因素之一。其他沿海港口亦是如此，即使是清代晚期兴起的上海港，也是以长江流域及南北海运贸易作为重要腹地和经济支撑的。当然，这里所论腹地经济并不排除沿海港口之间的转口贸易，如从北方到南方、南方至北方，或邻近港口之间的商品贸易互动，这也进一步扩大了扬帆海外港口的贸易商品支撑。

从另一个角度来看，沉船的船载货物类别和晚近时期西方商船的货物清单，是当时贸易商品的反映，尤以外销陶瓷器最为突出。因此，从考古发现的器物组合及其变化来分析，还可以大致看到海外贸易港口及其地位的变迁，以及不同的区域航线特点，如广州港的兴盛及发展，扬州港的兴衰，明州港、福州港的发展，泉州港的繁荣与衰落，漳州月港的兴起，厦门港、上海港的兴起与发展，这恰是不同时期海上丝绸之路腹地经济的反映。这一点与内河水系航运一起，为海上丝绸之路上的对外贸易港口输出了源源不断的商品。这在一定程度上也是这条海上丝绸之路所能辐射区域内的养蚕与丝织业、制瓷业、冶铁业、茶叶种植与加工业等经济作业发展的动因之一。

因此，海上丝绸之路也是一条促动经济发展的贸易之路，它的发展与繁荣离不开腹地经济的发展这一重要支撑，为一系列诸如纺织、制瓷、冶铁、茶叶种植与加工的产业链发展做出了重要贡献，并由此融入了全球化贸易网络和世界贸易体系[2]。

---

[1] 广东省博物馆：《异趣同辉：广东省博物馆藏清代外销艺术精品集》，岭南美术出版社，2013年。
[2] 〔德〕贡德·弗兰克著，刘北成译：《白银资本：重视经济全球化中的东方》，中央编译出版社，2008年。

后 记

　　历经三年，《水下考古学概论》一书就要付梓了。作为课程的发起者与主编，我的心情是既兴奋又忐忑。兴奋的是这本凝聚了中国水下考古30多年实践与理论成果的书稿终于面世，忐忑的是编写过程中的诸多困惑终究也未完全解决，成为本书的不足。

　　本书的编写主要缘于三点需求与一个契机：

　　第一，中国水下考古工作的总结与提升。自1987年中国水下考古工作开展30多年来，随着我国综合国力的提升，无论机构与人才、技术与装备、理论与实践，都经历了从无到有、从小到大、从弱到强的数次蜕变。毫无疑问，中国水下考古30多年取得的成就举世瞩目，已经成为中国考古不可或缺的重要组成部分。但是，我们也要清醒地看到，长期以来，我们的水下考古工作存在明显的"三重三轻"，即重调查发掘轻报告整理、重实践工作轻理论研究、重具体项目轻学科建设，这种情况在一定程度上影响了中国水下考古的高质量发展。编写本书的初衷之一就是希望弥补这一不足，通过对中国水下考古30多年工作的梳理，总结经验，发现问题，有的放矢，期许为未来30年的发展提供一些指导和帮助。

　　第二，中国考古学科体系的补充与完善。自1921年发现仰韶文化遗址，中国考古学已走过百年，学科体系建设不断完善。2011年3月，新修订后的《学位授予和人才培养学科目录（2011年）》正式实施，考古学从原来历史学的二级学科独立为历史学门类下的一级学科，学科建设得到大力发展，学科体系进一步完善。除了传统的史前考古、夏商周考古、秦汉魏晋南北朝考古、唐宋元明清考古外，环境考古、植物考古、动物考古、陶瓷考古、冶金考古、建筑考古、佛教考古等分支学科在各高校也得到快速发展。与此相比，如火如荼的水下考古在全国高校中基本一片空白，呈现冰火两重天的现象。为此，我们于2019年秋季、2020年秋季相继在山东大学、北京大学面向考古文博专业的本科生、硕士研究生开设了"水下考古学概论"课程，旨在弥补这一重要缺环，进一步补充和完善中国考古学科体系的建设。

　　第三，中国水下考古专业人才的建设培养。自1989年举办第一期水下考古专业人才培训班起，迄今我们总共培训了9期165人。这是中国水下考古30多年来的主力军，是中国水下考古工作得以顺利开展的基础。这种人才培训主要采取选拔沿海各省的考古专业人员，对他们集中开展专业潜水技术培训与水下考古理论方法训练。这一模式无疑对中国水下考古的发展起到了重要的推动作用，然而对于高校及早发现并及时培养水下考古专业人才并无任何帮助，从而影响了水下考古高端人才的培养与成长。为此，我们选择在山东大学、北京大学开设这一课程，就是要尝试在这两所大学发现并培养中国水下考古的高端人才，让他们在考古生涯的起跑阶段就锚定水下考古这个目标，以此引领中国水下考古未来的高质量发展。

以上是编写本书的三点需求，下面还有一个重要契机。

2018年11月6日，国家文物局水下文化遗产保护中心北海基地交付启用。这个基地面朝大海，坐落于美丽的青岛蓝谷，与山东大学青岛校区比邻而居。这一得天独厚的区位和资源优势为国家文物局水下文化遗产保护中心与山东大学的合作创造了有利条件。经初步沟通，我与山东大学历史文化学院院长方辉一拍即合，双方就水下考古学科建设、人才培养、项目合作迅速达成合作意向。2019年2月25日，国家文物局水下文化遗产保护中心与山东大学合作签约仪式在国家文物局水下文化遗产保护中心北海基地举行。基于双方合作框架，2019年秋季，我们在山东大学青岛校区开设了"水下考古学概论"课程。

当北京大学考古文博学院得知我们在山东大学开设"水下考古学概论"课程后，沈睿文院长希望我们在北京大学也增开这门课程。其实，早在1987年中国水下考古起步时，国家文物局就曾希望北京大学考古系开设水下考古课程，只是当时不具备条件，没有开成。另外，当年中国历史博物馆馆长俞伟超首先设立的水下考古机构——水下考古学研究室，从名称上可以看出，俞伟超先生是站在学科的高度来看待水下考古工作的。因此，我们能有机会在北京大学开设这门迟到30多年的课程，也算是圆了当年的一个梦。于是，2020年秋季，"水下考古学概论"课程同步在北京大学开设。

以上是一个契机，最后谈一下本书的编写与出版。

伴随课程的开设，自2020年春节后，我们启动了《水下考古学概论》一书的编写工作。课程的讲授与编写集中了当时国家文物局水下文化遗产保护中心的主要研究人员，按章节顺序是宋建忠、丁见祥、梁国庆、邓启江、周春水、张治国、王晶、孙键、姜波、孟原召（后因工作变动，姜波于2020年夏调入山东大学、丁见祥于2021

年夏调入上海大学），这是名副其实的集体成果。三年来，我们十多次召开线上线下会议，共同设计课程大纲，研讨编写体例结构，分工完成各自章节。在这个过程中，这些长期躬耕一线、缺乏教学经验的研究人员，在与学生的互动中得到了锻炼成长，做到了教学相长，实现了预定目标。需要指出的是，由于这是一项多达10人的集体成果，难免在编写的体例结构、文字风格上出现一些差异，甚至在一些内容上或有不同角度的重复。此外，原计划使用的一些地图、图片因诸多原因未能编入书中，也造成了本书的一丝遗憾。总之，由于水平所限及其他各种原因，本书一定存在不少不足，恳请读者不吝指正！

最后，感谢参与本课程讲授与本书编写的各位同事，没有你们三年来默默无闻的辛勤付出，就没有这门课程的开花结果。同时，感谢方辉院长和沈睿文院长，没有他们二位提供的三尺讲台，我们就不可能走进神圣的象牙之塔，将水下考古这颗种子植入学子心田。当然，还要感谢国家文物局和国家文物局考古研究中心的各位领导，没有他们的关心和支持，我们也不可能顺利完成这项工作。

宋建忠
2022年9月28日